# JOURNAL
## DU SIÉGE
### PAR UN BOURGEOIS
## DE PARIS

656 Paris. — Typographie Morris Père et Fils, rue Amelot, 64.

# JOURNAL DU SIÉGE

PAR UN BOURGEOIS

# DE PARIS

1870-1871

> Heureux le Peuple
> Qui n'a pas d'histoire

PARIS

E. DENTU, ÉDITEUR

Libraire de la Société des Auteurs et Compositeurs dramatiques

ET DE

la Société des Gens de Lettres

PALAIS-ROYAL, 17 & 19, GALERIE D'ORLÉANS

1872

# A MA CHÈRE FILLE

Ma bien-aimée fille,

C'est à toi que je dédie ce livre-journal. Tu le conserveras avec soin, comme souvenir d'un père qui t'aime tendrement. Si, dans l'avenir, le Dieu tout-puissant te donne à ton tour le bonheur d'avoir des enfants à chérir, en leur lisant les pages du grand-père, tu leur apprendras à haïr la guerre et la postérité de celui qui tenait dans ses mains les destinées de la France.

Paris, décembre 1871.

# AU LECTEUR

> Depuis le moment que j'ai commencé de faire imprimer, ma vie n'a été que peine, angoisses et douleurs de toute espèce. Je n'ai vécu tranquille, heureux, et n'ai eu de vrais amis que durant mon obscurité. Mon enfant, fais-toi petit, disait à son fils un ancien politique : et moi je dis à mon disciple Roustan : Mon enfant, reste obscur.
>
> (*Confessions*, 7me vol., p. 271.)

Voilà ce qu'écrivait, en 1761, J. J. Rousseau dans une lettre adressée à son disciple bien-aimé. Cette parole qui était déjà à cette époque une grande vérité, ne l'est-elle pas encore plus de nos jours, si c'est possible ? et tout homme sensé ne doit-il pas suivre le conseil du grand philosophe ? Voilà pourquoi, ami lecteur, au lieu de faire un livre, je n'ai fait qu'un simple journal ; c'est-à-dire l'enchaînement des faits qui se sont succédé durant le siége de Paris : Voilà encore pourquoi mon journal ne porte pas mon nom, car l'obscurité n'a pas, je crois, un ami plus sincère que moi. N'est-elle pas la véritable liberté ?

Celui qui a été présent et acteur dans ce grand drame retrouvera ici l'histoire, pour ainsi dire, de chaque heure ;

pour l'absent, il lui sera aisé de se rendre compte de nos angoisses. Ce que je tiens surtout à constater ici, c'est que mon journal a été fait avec la plus scrupuleuse exactitude et que ce que vous lirez a été écrit au jour le jour, ce qui fait, à mes yeux, le seul mérite de mon travail, que je recommande à toute votre indulgence.

Paris, mars 1871.

Un Bourgeois de Paris.

*P. S.* — Mars indique la date où mon journal devait paraître. Les événements du 18 sont venus arrêter mon travail pendant plus de trois mois. Je puis affirmer que, lorsqu'il a été repris, après cette longue interruption, rien n'a été ni ajouté ni retranché au manuscrit.

Paris, décembre 1871.

1870

# GOUVERNEMENT
## DE
# LA DÉFENSE NATIONALE
### AU 15 SEPTEMBRE

MM. Emmanuel Arago, ministre de la Justice.
Jules Favre, ministre des Affaires étrangères.
Jules Ferry.
Gambetta, ministre de l'Intérieur.
Garnier-Pagès.
Glais-Bizoin.
Pelletan.
Picard, ministre des Finances.
Rochefort.
Jules Simon, ministre de l'Instruction publique.
Trochu, gouverneur de Paris et président du Gouvernement.

### Ministres en dehors du Gouvernement.

MM. le général Le Flô, ministre de la Guerre.
Dorian, ministre des Travaux publics.
J. Magnin, ministre du Commerce.

### Secrétaires du Gouvernement.

MM. A. Lavertujon.
P. Hérold.
A. Dréo.
Durier.

# ARMÉE DE PARIS

Commandant en chef : Général Trochu, gouverneur de Paris.

—

Chef d'état-major : Général Schmitz.

—

Commandant supérieur de l'artillerie : Général Guiod.

—

Commandant supérieur du génie : Général Chabaud-La-tour.

—

Intendant général : Wolf.

---

## PREMIÈRE ARMÉE

Commandant en chef, général Clément-Thomas. — Chef d'état-major général, colonel Montagut. — 266 bataillons de garde nationale sédentaire. — Légion de cavalerie, colonel Quiclet. — Légion d'artillerie, colonel Schœlcher.

## DEUXIÈME ARMÉE

Commandant en chef, général Ducrot. — Chef d'état-major général, général Appert. — Sous-chef d'état-major, lieutenant-colonel Warnet. — Commandant de l'artillerie, général Frébault. — Commandant du génie, général Tripier. — Intendant général, intendant général Wolf, chargé spécialement du service de la deuxième armée.

### *Premier corps d'armée.*

Commandant en chef, général Blanchard. — Chef d'état-major général, colonel Filippi. — Commandant de l'artil-

lerie, général d'Ubexi. — Commandant du génie, général du Pouët. — Intendant Viguier.
Première division, général de Malroy, deux brigades.
Deuxième division, général de Maudhuy, deux brigades.
Troisième division, général Faron, deux brigades.

### Deuxième corps d'armée.

Commandant en chef, général Renault. — Chef d'état-major général, général Ferri-Pisani. — Commandant de l'artillerie, général Boissonnet. — Commandant du génie, colonel Corbin. — Intendant Baillod.
Première division, général Susbielle, deux brigades.
Deuxième division, général Berthault, deux brigades.
Troisième division, général de Maussion, deux brigades.

### Troisième corps d'armée.

Commandant en chef, général d'Exéa. — Chef d'état-major général, colonel de Belgarie.—Commandant de l'artillerie, général Princeteau. — Commandant du génie, colonel Ragon. — Intendant, de Préval.
Première division, général de Bellemare, deux brigades.
Deuxième division, général Mattat, deux brigades.
Division de cavalerie, général de Champeron, deux brigades.

## TROISIÈME ARMÉE

Commandant en chef, général Vinoy.
Première division, général Soumain, deux brigades.
Deuxième division, général de Liniers, deux brigades.
Troisième division, général de Beaufort, deux brigades.
Quatrième division, général Corréard, deux brigades.
Cinquième division, général d'Hugues, deux brigades.
Sixième division, contre-amiral Pothuau, deux brigades.
Cavalerie, deux brigades, général de Bernis.

# PARIS
## DIVISÉ PAR SECTEURS

---

#### PREMIER SECTEUR
##### *Bercy.*

Allant de la Seine (rive droite) à la rue de Montreuil.
7 portes, 11 bastions (du n° 1 au n° 11 inclus).

Porte de Bercy, de la rive au bastion 1. — Bastions 1, 2, 3. — Porte de Charenton, courtines 3, 4. — Bastion 4. — Porte de Reuilly, courtines 4, 5. — Bastion 5. — Porte de Picpus, courtines 5, 6. — Bastions 6, 7. — Porte de Montempoivre, courtines 7, 8. — Bastion 8. — Porte de Saint-Mandé, courtines 8, 9. — Bastion 9. — Porte de Vincennes, courtines 9, 10. — Bastions, 10, 11.

Commandant du secteur : Général de division d'infanterie de marine, BAROLET DE PULIGNY.

Bataillons de garde nationale montant : les n°s 14, 48. 49, 50, 51, 52, 53, 56, 73, 93, 94, 95, 96, 99, 121, 122, 126. 150, 162, 182, 183, 198, 199, 200, 210, 212, 254.

#### DEUXIÈME SECTEUR
##### *Belleville.*

Allant de la rue de Montreuil à la route de Pantin.
5 portes, 1 poterne, 13 bastions (n° 12 à 24 inclus)..

Porte de Montreuil, courtines 11, 12. — Bastions 12, 13. 14. — Porte de Bagnolet, courtines 14, 15. — Bastions 15, 16. — Porte de Ménilmontant, courtines 16, 17. — Bastions 17, 18. — Porte de Romainville, courtines 18, 19. — Bastions 19, 20. — Porte des Prés-Saint-Gervais, courtines 20, 21. — Bastions 21, 22, 23. — Poterne des Prés-Saint-Gervais 23, 24. — Bastion 24.

Commandant du secteur : Général de division CALLIER.

Bataillons de la garde nationale montant : les n°s 27,

30, 31, 54, 55, 57, 58, 63, 65, 66, 67, 68, 74, 76, 80, 86, 87, 88, 89, 123, 130, 135, 138, 140, 141, 144, 145, 159, 172, 173, 174, 180, 190, 192, 194, 195, 201, 204, 205, 206, 208, 209, 211, 213, 214, 218, 219, 232, 233, 234, 236, 237, 239, 240, 241.

## TROISIÈME SECTEUR

### La Villette.

Allant de la route de Pantin à la grande rue de La Chapelle-Saint-Denis.

3 portes, 9 bastions (du n° 25 au n° 33 inclus).

Porte de Pantin, courtines 24, 25. — Bastions 25, 26, 27, 28. — Porte de La Villette, courtines 28, 29. — Bastions 29, 30, 31. — Porte d'Aubervilliers, courtines 31, 32. — Bastions, 32, 33.

Commandant du secteur : Vice-amiral Bosse.

Bataillons de la garde nationale montant : les n°s 9, 10, 23, 24, 25, 26, 28, 29, 62, 107, 108, 109, 110, 114, 128, 137, 143, 147, 153, 157, 164, 167, 170, 175, 179, 186, 188, 191, 197, 203, 224, 230, 231, 238, 242, 246.

## QUATRIÈME SECTEUR

### Montmartre.

Allant de la grande rue de La Chapelle-Saint-Denis à la route d'Asnières.

4 portes, 2 poternes, 10 bastions (du n° 34 au n° 45 inclus).

Porte de la Chapelle, courtines 33, 34. — Bastion 34. — Poterne des Poissonniers, courtines 34, 35. — Bastions 35, 36. — Porte de Clignancourt, courtines 36, 37. — Bastions 37, 38. — Poterne de Montmartre au bastion 38. — Bastion 39. — Porte de Saint-Ouen, courtines 39, 40. — Bastions 40, 41, 42, 43. — Porte de Clichy, courtines 43, 44. — Bastions 44, 45.

Commandant du secteur : Contre-amiral Cosnier.

Bataillons de la garde nationale montant : les n°s 6, 7, 11, 32, 34, 36, 61, 64, 77, 78, 79, 116, 117, 124, 125, 129,

142, 152, 154, 158, 166, 168, 169, 189, 215, 216, 220, 225, 228, 229, 235, 245, 247, 252, 253, 256, 258, 2º bataillon de vétérans.

## CINQUIÈME SECTEUR

### *Les Ternes.*

Allant de la route d'Asnières à la porte Dauphine.
8 portes, 9 bastions (du n° 46 au n° 54 inclus).

Porte d'Asnières, courtines 45, 46. —Bastions 46, 47. — Porte de Courcelles, courtines 47, 48.—Porte de la Révolte, courtines 47, 48, bastion 48. — Porte de Champerret, courtines 48, 49. — Bastion 49. — Porte de Villiers, courtines 49, 50.—Bastion 50. — Porte de Sablonville, courtines 50, 51. —Porte des Ternes, courtines 50, 51. — Bastion 51. — Porte de Neuilly (Maillot), courtine, 52. —Bastions 52, 53, 54.

Commandant du secteur : Contre-amiral LECOURIAULT DU QUILIO.

Bataillons de la garde nationale montant : les n<sup>os</sup> 2, 3, 8, 33, 35, 37, 70, 90, 91, 92, 100, 111, 112, 113, 132, 148, 149, 155, 171, 181, 196, 207, 222, 223, 227, 244, 257, 259. Rueil, Argenteuil, Besons, Versailles, Le Pecq.

## SIXIÈME SECTEUR

### *Passy.*

Allant de la porte Dauphine à la Seine (rive droite).
7 portes, 13 bastions (du n° 55 au n° 67 inclus).

Porte Dauphine, courtines 53, 54, 55. — Bastions 55, 56, 57. — Porte de la Muette, courtines 57, 58. — Bastions 58, 59. — Porte de Passy, courtines 59, 60. — Bastions 60, 61, 62. — Porte d'Auteuil, courtines 62, 63. — Bastions 63, 64, 65.— Porte de Saint-Cloud, courtines 65, 66.— Bastion 66. —Porte du Point-du-Jour, courtines 66, 67. — Bastion 67. —Porte de Billancourt, bastion 67, à la rive droite de la Seine.

Commandant du secteur : Contre-amiral FLEURIOT DE LANGLE.

Bataillons de la garde nationale montant : les n⁰ˢ 1, 4, 5, 12, 13, 38, 39, 69, 71, 72, 224, 226, 260, 261, de Sèvres, de Saint-Cloud.

## SEPTIÈME SECTEUR

### *Vaugirard.*

Allant de la Seine (rive gauche) à la route de Vanves.
5 portes, 1 poterne, 8 bastions (du n° 68 au n° 76 inclus).

Porte de Bas-Meudon, de la rive à courtine 68.—Bastions 68, 69. — Porte de Sèvres, courtines 69, 70.—Bastion 70. — Porte d'Issy, courtines 70, 71. — Bastion 71. — Porte de Versailles, courtines 71, 72. — Bastion 72. — Poterne de la Plaine, courtines 72, 73. — Bastion 73. — Porte de Plaisance, courtines 73, 74. — Bastions 74, 75. — Porte de Vanves, courtines 75, 76. — Bastion 76.

Commandant du secteur : Contre-amiral de MONTAIGNAC.

Bataillons de la garde nationale montant : les n⁰ˢ 15, 17, 44, 45, 47, 81, 82, 105, 106, 127, 131, 156, 165, 178, 187.

## HUITIÈME SECTEUR

### *Montparnasse.*

Allant de la route de Vanves à la Bièvre (rive gauche).
6 portes, 1 poterne, 10 bastions (du n° 77 au n° 86 inclus).

Porte de Châtillon, courtines 77, 78, 79. — Bastions 77, 78. — Porte de Montrouge, courtines 79, 80. — Bastions 80, 81. — Porte d'Orléans, courtines 81, 82. — Bastions 82, 83. — Porte d'Arcueil, courtines 83, 84. — Bastions 84, 85. — Porte de Gentilly, courtines 85, 86. — Bastions 86, 85. — Poterne des Peupliers, courtines , 86. — Bastion 86.

Commandant du secteur : Contre-amiral MAQUET.

Bataillons de la garde nationale montant : les n⁰ˢ 16, 18, 19, 20, 40, 43, 46, 83, 84, 85, 103, 104, 115, 136, 146, 193, 202, 217, 243, 249.

## NEUVIÈME SECTEUR

### *Les Gobelins.*

Allant de la rive droite de la Bièvre à la rive gauche de la Seine.

6 portes, 9 bastions (du n° 87 au n° 94 inclus).

Porte de Bicêtre, courtines 86, 87. — Bastion 87. — Porte d'Italie, courtines 87, 88. — Bastion 88. — Porte de Choisy, courtines 88, 89. — Bastion 89. — Porte d'Ivry, courtines 89, 90. — Bastions 90, 91. — Porte de Vitry, courtines 91, 92. — Bastions 92, 93, 94. — Porte de la Gare, bastion 94, à la rive de la Seine.

Commandant du secteur : Contre-amiral DE CHAILLÉ.

Bataillons de la garde nationale montant : les n°ˢ 21, 22, 42, 44, 59, 60, 97, 98, 101, 102, 118, 119, 120, 133, 134, 139, 151, 160, 161, 163, 176, 177, 184, 185, 248.

# JOURNAL

## DU

# SIÉGE DE PARIS

EN

## L'AN DE GRACE 1870

### 1re JOURNÉE

**Jeudi 15 Septembre**　　　　　　　　3 % 55.20

Lorsqu'un grand événement comme celui qui émeut en ce moment l'Europe entière se présente, il ne manque jamais d'historiens pour en relater un jour les sombres défaites ou les glorieuses victoires, pour en définir les causes et en traduire les heureuses ou les déplorables conséquences. Mais, en général, ces histoires faites après coup, en s'aidant de la mémoire des uns et des autres, ou des feuilles publiques aux dossiers trop volumineux pour les fouiller soigneusement, ces histoires manquent souvent de logique et de vérité.

Ce qu'il faut à ces sortes de récits pour qu'ils soient sincères, c'est la pensée du moment confiée au papier, aussitôt qu'elle naît dans le cerveau.

J'aurai le courage de faire ce travail de chaque heure, et aujourd'hui je prends la détermination de dresser un journal des événements; de m'asseoir chaque soir à ma table et de relater, aussi succinctement que possible, les faits militaires, les nouvelles, les bruits de chaque journée, mes impressions, bonnes ou mauvaises, mes illusions, mes déceptions, mes espérances, mes craintes et même mes prévisions.

En agissant ainsi, lorsque finira le blocus, qu'il dure quinze jours ou trois mois, j'aurai en face de moi une relation qui devra surtout se recommander par son exactitude et sa vérité.

Ayant ainsi pris avec moi-même l'engagement formel de ne point faiblir en route, si la tâche devenait ardue : Je commence.

Après le désastre terrible de Sedan, les armées allemandes crurent un instant à la signature d'un traité de paix avec la France. Notre défaite, l'anéantissement subit et complet de notre armée devaient faire supposer une semblable conclusion. Mais les événements inattendus du 4 septembre (proclamation de la République), la chute sinistre, ou pour mieux dire l'écroulement précipité de l'Empire, enlevèrent bientôt aux Allemands leurs illusions.

Le roi de Prusse pensa que la République ne signerait pas la paix; et, après avoir donné à son armée le repos que nécessitaient les fatigues des luttes sanglantes de Jaumont, de Gravelotte et de Sedan, il se met en marche sur Paris, partageant ses cohortes victorieuses en trois corps qui s'avancent, l'un par la route de Soissons, l'autre par la route de Meaux, et le dernier par celle de Melun.

Pendant douze jours, les Allemands font double et triple étape, ne s'arrêtant que pour réquisitionner les villes, les villages et les bourgs. Tout tremble sous les pas victorieux de l'aigle du Nord.

Marche terrible ! marche exterminatrice !

Aujourd'hui seulement l'armée confédérée apparaît en avant de nos forts, sous la forme d'éclaireurs.

Les ponts placés sur les routes par lesquelles s'avance l'armée d'invasion ont été rompus ; les viaducs des chemins de fer minés sont détruits, dégâts incalculables, dégâts inutiles, car le passage des rivières et des fleuves n'étant point défendu, la marche de l'ennemi ne se trouve retardée que de quelques heures.

Les dépêches publiées par les journaux du soir signalent des masses ennemies à Senlis, à Crépy en Valois. 40,000 hommes à Joinville-le-Pont.

Les mêmes journaux nous disent aussi que M. Thiers, envoyé extraordinaire du gouvernement près les grandes puissances, est arrivé à Londres.

Les uns blâment, les autres approuvent l'intervention du vieux politique.

Cependant, on peut dire hautement que le choix est excellent ; car, s'il y a des traités à conclure, de graves questions à débattre, de hautes alliances à solliciter, le député de Paris, seul, a le pouvoir de le faire, et la réussite semble en être assurée, lorsque l'on pense à son patriotisme à toute épreuve, à son abnégation, à son talent, à sa position exceptionnelle et à ses brillantes relations avec tous les hommes d'État de l'Europe.

Puisse le grand politique réussir dans sa mission !

Pendant que l'armée ennemie nous menace à l'Est, l'Ouest depuis huit jours, nous envoie 90,000 hommes de gardes mobiles, le contingent de divers départements.

Ces troupes sont jeunes et robustes ; mais, hélas ! elles sont mal armées et misérablement vêtues : à peine si leur équipement est au complet. Leur vue inspire la pitié, et chacun se demande si, pour Paris, ces nouveaux venus ne sont pas plutôt des bouches inutiles que des défenseurs. L'avenir, ce grand révélateur, seul peut répondre : Attendons. Ils se répandent dans la ville, munis chacun d'un billet de logement, et cherchent leur demeure.

La population s'empresse de les renseigner, de les piloter dans le grand labyrinthe parisien, et tous trouvent enfin l'adresse du logis qui leur est désigné.

Suivant la teneur des billets de logement, l'habitant qui reçoit un garde mobile doit lui donner place au feu, le sel, la lumière et le coucher. Grand nombre de citoyens, ceux dont le local le permet, se mettent avec empressement en devoir de satisfaire aux ordres du gouvernement, faisant plus même que l'exige la prescription légale ; d'autres les logent dans les hôtels ou dans des maisons meublées, à raison de deux francs ou deux francs cinquante par jour, ce qui devient une dépense onéreuse pour les petites bourses.

La charge cependant a été proportionnée, elle n'incombe qu'aux personnes dont le loyer n'est pas au-dessous de huit cents francs.

Dans certains quartiers, des réclamations ont été faites à ce sujet, mais enfin chacun a fini par comprendre le devoir que lui impose la cruelle situation du pays, et les récalcitrants d'un moment sourient en tendant la main aux enfants de la province, qui ne demandent qu'à rencontrer un visage ami.

Paris a la fièvre, on se heurte, on se coudoie, on s'interroge, et c'est avec une crainte bien fondée que l'on n'ose formuler une pensée sur le dénoûment du drame qui, chaque jour, prend des proportions terribles.

Une activité incroyable règne à l'état-major de la garde nationale. De nombreux bataillons sont encore en voie de formation dans les arrondissements; mais les fusils sont rares, et c'est avec peine que les compagnies sont armées.

Certes, le nombre des inscrits est grand, mais les armes sont pitoyables; les uns reçoivent les tabatières (*ancien fusil à piston transformé*), les autres sont obligés de se contenter du fusil simple à piston, bon tout au plus pour le service des patrouilles qui pullulent chaque soir dans les rues de la capitale.

Je dois faire remarquer même qu'un service plus restreint eût été préférable et suffisant pour la police intérieure.

Avant-hier, le général Trochu, gouverneur de Paris, a passé en revue la garde nationale. Les bataillons, de la Madeleine à la Bastille, se faisant face sur les deux côtés des boulevards, étaient déployés sur deux rangs.

Au point de vue du nombre, cela était imposant; mais, au point de vue de la défense, l'aspect était misérable; l'indiscipline surtout présidait à cette réunion des masses parisiennes; mais le général a fait suivre cette revue d'une proclamation dont le sens droit et ferme aura, sans aucun doute, pour effet de donner l'équilibre à la chancelante organisation des défenseurs de Paris, et de faire passer dans l'esprit de tous une confiance et une volonté immuables de vaincre ou de mourir, et de penser que si l'œuvre est difficile, elle n'en sera pas moins honorablement accomplie.

Je n'ai plus rien à enregistrer aujourd'hui, *premier jour du siége*.

On peut prononcer ce mot, puisque des glacis verdoyants des forts de l'Est on aperçoit l'ennemi passer sur les hauteurs des villages suburbains.

Combien de temps resterons-nous investis ainsi?

Je l'ignore; mais, hélas! je suis obligé de le dire, puisque j'ai juré d'être vrai, je ne crois pas à une bien longue résistance.

Nous n'avons pas de discipline.

Nos canons sont restés à Sedan.

Nos soldats sont prisonniers, et l'armée nouvelle, formée de citoyens ignorants en matière militaire, n'a que des armes impuissantes.

La volonté fait la force, dit-on.

Hélas! aurons-nous même la volonté?

Attendons!

---

## 2ᵉ JOURNÉE

**Vendredi 16 Septembre**   3 % 54.20

Le temps est radieux, le soleil rayonne, la nature joyeuse semble vouloir dissiper par ses sourires la tristesse empreinte sur chaque front; mais, hélas! cette tristesse est plus forte que tout, et chaque âme reste sombre devant l'avenir menaçant.

Les Prussiens ne s'endorment point dans l'inactivité; ils continuent leur mouvement au Nord, sur Poissy, et au Sud par Choisy-le-Roi.

Or, aujourd'hui, les chemins de fer du Nord, d'Orléans, de Lyon et de l'Ouest sont entièrement coupés. Cependant, on peut encore aller à Saint-Germain et à Versailles par la gare Saint-Lazare.

Dès la nouvelle de l'approche à marche forcée de l'armée ennemie, toutes les campagnes procèdent promptement à l'enlèvement de leurs grains et de leurs fourrages, qu'ils dirigent sur Paris à l'aide de voitures réquisitionnées.

Depuis trois jours, ces voitures, dont les essieux crient sous la charge, opèrent la rentrée des céréales de toutes sortes dans la capitale, où des endroits ont été affectés d'urgence par la ville, comme devant servir de magasins de dépôt.

De tous côtés les habitants suivent leurs récoltes, encombrant camions, chars-à-bancs, tapissières et charrettes, de meubles et de linge. C'est un tohu-bohu infernal : de dix, de vingt lieues à la ronde arrivent aux portes de Paris ces déménagements qui serrent le cœur.

Les villas se dépeuplent, les propriétés se vident : Saint-Maur, Nogent, Chatou, Meudon, Le Raincy, Créteil, Joinville, Saint-Denis, Asnières, toutes ces charmantes campagnes qui ne vivaient que de plaisirs et de gaieté, voient leurs rues désertes et leurs coquettes maisons abandonnées à la merci de quiconque en brisera les portes, fermées par des mains tremblantes de peur et de découragement. Terrible épouvante ! profonde tristesse !

L'armement des fortifications commencé depuis un mois, mais assez mollement, est poussé aujourd'hui avec une vigueur extraordinaire.

On construit des poudrières, des magasins et des tranchées-abris. On comprend enfin la nécessité des millions dépensés pour fortifier le cœur de la France; millions si souvent reprochés à M. Thiers, qui, devinant trop bien l'avenir, plaida si longtemps avec persistance, en faveur de ce travail gigantesque auquel en ce moment, les plus opposants, les plus incrédules sont obligés de faire un suprême appel pour sauvegarder la dignité nationale.

De tous côtés on se prépare au siége, l'armée nouvelle s'organise; de nouveaux régiments sont formés.

Dès leur arrivée à Paris, les mobiles des départements ont été l'objet des soins du Gouvernement : on leur a commandé des vêtements; leur armement ne se fera point attendre, car on a trouvé à Vincennes des chassepots *ignorés* qui leur seront distribués dans quelques jours.

En attendant, dès ce matin, les compagnies font l'exercice sur les places, au milieu des grandes voies, ce qui donne à notre pauvre Paris une physionomie étrange, un aspect singulier. Paris n'est plus une ville, c'est un vaste camp retranché.

Depuis le 4 septembre, enregistrons l'ouverture des réunions publiques; elles sont nombreuses, animées, bruyantes.

Le même ordre du jour y est partout discuté. On demande des armes, chose assez naturelle puisque l'ennemi est à nos portes, et que nos foyers sont menacés; mais, si la discussion est prompte à aplanir les difficultés, il n'en est pas de même lorsqu'on en arrive à la pratique. L'organisation d'un corps comme celui de la garde nationale ne peut s'improviser en quelques jours; aussi règne-t-il dans les compagnies un désordre qui peut faire craindre que l'ennemi n'en profite, étant parfaitement avisé par ses espions dont le nombre incalculable se meut dans toutes les classes de la société.

Grand nombre de Prussiens sont encore à Paris. Ne sont-ils pas dangereux, et ne devrait-on pas les éloigner au plus vite?

Cette rigueur serait, je crois, salutaire pour nous.

Ce matin le *Journal officiel* a publié un décret qui convoque une Assemblée.

La chose est-elle possible? Non. Comme avant quarante-huit heures nous serons définitivement bloqués, les élections forcément seront remises.

Parmi les incidents insignifiants de la journée, il n'en est qu'un faisant exception et méritant d'être cité.

Le maréchal Vaillant, reconnu par plusieurs gardes nationaux, fut arrêté par eux, mais bientôt mis en liberté, grâce à Garnier-Pagès.

Ne commentons point ce fait, et prions Dieu que notre Liberté, mise en état d'arrestation par le roi de Prusse, trouve un Garnier-Pagès qui puisse briser ses chaînes.

## 3ᵉ JOURNÉE

**Samedi 17 Septembre**     3 % 54.25

Le temps favorise toujours la marche du torrent envahisseur ; les armées allemandes continuent leur mouvement d'hier sans être trop inquiétées par nos troupes de grand'garde ; les combats d'avant-postes sont sans importance et n'ont lieu qu'avec les cordons avancés des tirailleurs des différents corps créés à Paris ; du reste, leur marche s'effectue à une grande distance des forts, qui viennent d'être munis d'un grand nombre de pièces de marine à longue portée.

Le génie s'occupe toujours très-activement des terrassements devant compléter les travaux des fortifications.

Aujourd'hui encore les Parisiens ont pu se rendre par la voie ferrée à Versailles et à Saint-Germain, mais on craint que cette route fasse bientôt défaut aux voyageurs.

Comme hier, les portes de Paris sont encombrées de voitures de toute espèce, charriant toujours meubles, linge et céréales.

Les habitants de la banlieue grossissent le nombre des paysans venant chercher un refuge derrière l'enceinte fortifiée, les uns craignant l'ennemi, les autres obligés d'abandonner leurs propriétés comprises dans la zone militaire et devant tomber sous la pioche des ouvriers du génie afin de ne point gêner l'action de l'artillerie des fortifications.

Tous ces réfugiés remplacent et au delà les bouches inutiles sorties de la capitale. Au nombre des fuyards, on peut citer beaucoup de peureux que la crainte de porter un fusil pour défendre le sol envahi a fait abandonner même leurs propriétés, sans souci de l'avenir, se renfermant dans leur carapace d'égoïste.

Paysans et habitants de la banlieue se logent dans les maisons inhabitées, et certes la place ne manque pas.

Les uns sont obligés de payer très-cher leur loyer, car certaines gens ne se font aucun scrupule de profiter de leur cruelle situation. Les autres doivent à la sollicitude des propriétaires un abri, passant ainsi d'un jour à l'autre de leurs modestes chaumières aux somptueux appartements dorés dans lesquels s'entasse un mobilier hétéroclite, contrastant étrangement avec le lieu dans lequel, pêle-mêle, se trouvent le lit, des lapins, des poules, de la paille, du foin, et, placée symétriquement au milieu d'une cheminée à consoles richement ornée ; une pauvre pendule marquant tant bien que mal des heures qui seront peut-être longues et cruelles.

Hélas ! combien les pauvres gens doivent regretter leurs habitudes des champs et leurs simples maisons !

Cruelle et triste chose que la guerre !

Le *Journal officiel* de ce matin est bourré de décrets.

Décret concernant la garde nationale sédentaire : Les gardes nationaux vont nommer leurs chefs par le suffrage universel. La garde mobile va jouir des mêmes prérogatives.

Je n'hésite pas à dire que si la chose est sans inconvénient pour la garde nationale, il n'en est point de même pour les autres troupes.

Les soldats devant aller au feu doivent avoir des chefs instruits dans l'art de la guerre, et, dans ce cas, le suffrage universel est déplorable, car il fera tomber le choix sur des incapacités compromettantes.

Un général en chef, après mûr examen, doit avoir, seul, le droit de faire la nomination des chefs qui répondent de l'existence des hommes placés sous leur commandement.

Un autre décret ordonne les élections des maires dans toutes les communes de la France.

Un autre décret annonce le changement de nom de certaines rues et places.

Tant de décrets à la fois prouvent que le gouvernement a le temps de tout faire, même de petites choses.

Pauvres rues, pauvres places, combien de fois encore serez-vous appelées à un nouveau baptême? qui sait même si un jour vous ne reprendrez pas les noms que vous venez de quitter forcément?

De larges affiches, émanant de la Ville, engagent les Parisiens à faire des provisions pour la durée du siège.

A peine cet avis est-il donné que, dans certains quartiers, tout augmente de cinquante pour cent ; les marchands, profitant de la panique générale, spéculent honteusement sur la peur, née beaucoup trop vite dans de certains esprits.

Rien n'oblige cependant les marchands à doubler le prix des aliments, car les approvisionnements sont au grand complet, et journellement encore de nombreux troupeaux entrent dans la ville, et c'est par quantités considérables que l'on entasse dans les magasins des denrées alimentaires de toute nature..

Il est triste de penser qu'il y a des gens qui osent profiter même des malheurs de leur patrie.

Pauvre siècle !

Je dois signaler l'apparition de la première livraison des papiers trouvés aux Tuileries après la proclamation de la République. Le gouvernement a cru devoir nommer une commission pour classer et faire publier ces papiers.

L'ouvrage porte ce titre : *Papiers et Correspondance de la famille impériale.* La première livraison de cet ouvrage n'a qu'un succès de curiosité, car elle est sans grand intérêt.

Dans la journée, la compagnie des agents de change a décidé que, malgré le siége, la Bourse resterait ouverte. Comme dernier détail de ce jour, je mentionnerai le départ pour Tours de la délégation du gouvernement provisoire.

Cette délégation est confiée à MM. Crémieux et Glais-Bizoin.

Le choix n'est peut-être pas très-heureux, car l'un et l'autre sont des vieillards de 72 ans.

Hélas!...

## 4ᵉ JOURNÉE

**Dimanche 18 Septembre**  3 º/₀

Dimanche! beau jour d'automne, jour de gaieté !
Le soleil monte à l'horizon radieux, et resplendissant de lumière.

C'est aujourd'hui dimanche, et le Parisien doit se promener quand même; aussi dès le matin part-il, comme dans le temps ordinaire des joyeuses promenades, curieux, avide de voir, de savoir, insouciant, sans préoccupation de l'avenir, ne songeant simplement qu'à satisfaire le plus promptement possible le désir qui lui est venu.

Voitures, piétons, tout se heurte, se pousse, crie, chante, hurle en encombrant les routes qui mènent vers les endroits où chancun croit possible d'entrevoir les casques prussiens.

O curiosité !

Vers deux heures, la foule, partie le matin, sans souci de ce qui pouvait lui arriver le soir, la foule rentre assez précipitamment de tous côtés, effarée, tremblante, chassée par les coureurs ennemis.

Tout est donc bien fini; demain nous serons complètement bloqués.

Aujourd'hui encore, nous avons pu avoir des nouvelles de l'extérieur par la gare du chemin de fer de Bretagne.

Les journaux du soir nous apprennent qu'on s'est battu toute la journée avec les Allemands, dont les bataillons arrivent par masses compactes; mais les détails ne sont point précis; demain, sans doute, nous donnera des explications et nous fera connaître la vérité.

On parle cependant d'un combat très-sérieux, ayant eu lieu, ce matin, avec le corps du général Vinoy.

Les troupes prussiennes se dirigeaient de Choisy-le-Roi sur Versailles, contournant les positions de Châtillon et de Clamart.

L'ennemi opérait dans ce sens un mouvement très-considérable, qui fut constaté dès hier au soir par une reconnaissance sous les ordres du général Ducrot.

Cet officier occupait avec quatre divisions les hauteurs de Villejuif et de Meudon.

En considérant aujourd'hui Paris dans son ensemble, on ne supposerait jamais qu'un malheur terrible le menace.

On se demande vraiment si l'on est à Paris?

A l'intérieur, rien n'est changé à la vie habituelle : théâtres et concerts ouvrent comme d'habitude leurs portes au plaisir ; et, c'est avec peine qu'on voit cette foule pénétrer souriante dans ces lieux de distraction.

Les femmes sont en grandes toilettes..... On rit, on chante; les cafés sont combles... les promenades encombrées comme aux jours les plus calmes et les plus gais..... On soupe, on danse. Thérésa glousse la chanson des canards... et des remparts, où la sentinelle se promène en silence, on aperçoit les feux des bivouacs ennemis.

Oh ! Parisiens, ne changerez-vous donc jamais?

## 5ᵉ JOURNÉE

**Lundi 19 Septembre**  3 %  54

Le combat d'hier a continué, dès ce matin sept heures, aux environs de Châtillon, entre les troupes prussiennes massées dans les bois de Verrières, Meudon et Clamart, et le corps d'armée du général Ducrot, composé d'environ trois divisions.

Il est évident que l'ennemi, en forces considérables, avait passé la Seine à Villeneuve-Saint-Georges, et qu'il tournait Paris. Il est difficile d'apprécier son nombre.

Comme toujours, une artillerie formidable secondait merveilleusement son action.

La nôtre avait pris position au delà de Châtillon, sur une ligne partant de Bagneux à Clamart; elle se composait de douze batteries; mais son feu dirigé sur des taillis épais, où l'ennemi se cachait, fut sans résultat.

Après un engagement très-vif, l'artillerie ennemie sortit de son repaire, commença à riposter, et nos troupes engagées se sont trouvées presque à bout portant avec les Prussiens.

A ce moment la fusillade et la canonnade furent extrêmement vives.

Le gros des forces allemandes s'empara d'une hauteur qui domine le plateau sur lequel notre infanterie était établie; son artillerie y fut installée et nous mitrailla.

A neuf heures, notre première ligne se replia en arrière. Cette retraite, un peu tumultueuse, entraîna celle de la seconde, qui vint se replier sur la redoute inachevée de Châtillon.

Les Prussiens avançaient toujours en nous foudroyant.

Une regrettable précipitation dans la retraite devint bientôt une déroute...

L'alerte fut donnée à la porte de Montrouge, dont le pont-levis fut baissé, et l'on vit défiler des soldats effarés, portant les numéros des régiments suivants : 76e, 73e, 99e, 16e et 27e de ligne, et des zouaves qui les premiers ont lâché pied.

A onze heures l'affaire était terminée, et la triste nouvelle d'une défaite se répand bientôt dans Paris et y jette la consternation. L'esprit, prompt à tout exagérer, grossit, double, triple la mauvaise nouvelle.

Pour les Prussiens, le résultat de ce combat est d'une valeur réelle ; il nous ferme complétement la route de Bretagne.

Plusieurs combats d'avant-postes sans importance ont eu lieu sur d'autres points, mais sans résultats.

Le réseau télégraphique de l'Ouest, le dernier qui permit de transmettre et de recevoir des dépêches, a été coupé aujourd'hui à une heure.

De tous côtés le cercle allemand nous étreint. — Le siége commence.

Ce matin, avec le rapport militaire peu brillant, le Gouvernement fait paraître un décret nommant une Commission des barricades qui seront construites pour défendre les différentes entrées de Paris.

Le citoyen Rochefort, l'auteur si connu depuis la publication de *la Lanterne*, est nommé président de cette Commission.

Les journaux du soir donnent la nouvelle de l'entrée du

prince royal à Versailles : c'est la triste conséquence du combat de ce matin. Si cette nouvelle est fausse aujourd'hui, elle sera vraie probablement demain.

On donne d'un autre côté des renseignements complémentaires sur la position des armées allemandes.

L'ennemi borde la rive droite de la Seine ; il y aurait huit cents hommes dans chacune des communes suivantes : Conflans, Andresy, Carrières, Triel. L'artillerie prendrait position sur les hauteurs de Chanteloup.

Partout ils désarment la garde nationale, et font des réquisitions importantes.

On annonce la création d'un corps d'artillerie de la garde nationale, dont la formation et l'organisation sont confiées au colonel d'état-major de la garde nationale, Victor Schœlcher, sous la direction du général commandant supérieur. Son effectif ne devra pas dépasser le chiffre de neuf batteries.

Grand nombre de familles chassées de la banlieue et des localités environnantes, entrent encore aujourd'hui dans Paris. Il en résulte dans certains quartiers un encombrement auquel l'administration municipale s'attache à remédier, par une répartition plus régulière de ce surcroît de population.

J'enregistre l'arrestation du général Ambert, faite par la garde nationale. Le crime de cet officier supérieur se bornait à ne pas avoir voulu crier : Vive la République ! et d'avoir crié : Vive la France !

Et voici à quoi le Parisien emploie son temps, lorsque l'ennemi est à ses portes !

Toujours grand mouvement en ville de garde mobile et de garde nationale sédentaire ; cette dernière fait l'exercice matin et soir ; elle inaugure aujourd'hui son service au rempart, relevant les douaniers qui depuis un mois ont tenu les postes des fortifications.

Ce service sera très-pénible, surtout par le mauvais temps, si l'autorité supérieure ne fait pas de suite construire des baraquements et un plus grand nombre de tranchées-abris.

Chaque jour 70,000 hommes sont commandés pour ce service. Comme tout ce qui est nouveau plaît aux Parisiens, tous vont au rempart avec plaisir; ils y vont même en chantant.

Mon avis est que si le siège dure, il y aura moins d'entrain, moins d'enthousiasme.

Enfin, Paris est devenu tout à fait ville de guerre; les portes se ferment à la nuit et ne se rouvrent qu'une heure après le lever du soleil.

La garde mobile continue ses exercices, le temps de son instruction variant de six à huit heures par jour.

Parmi les masses de ces jeunes recrues des départements, on a remarqué de suite les bataillons de la Bretagne; ils sont composés de beaux et solides garçons, parlant peu ou point le français; on peut les reconnaître facilement à leurs chants bizarres dont ils s'accompagnent en marchant.

Ces troupes commencent à se transformer; on leur a distribué des souliers et des guêtres, ce qui leur donne une certaine tournure.

Ce changement de chaussures a eu son côté tout pittoresque que je dois noter en passant :

Grâce au beau temps de la journée, la distribution s'est faite en plein air, au lieu habituel de leurs exercices.

C'était un spectacle très-amusant et original que de voir ces milliers d'individus, assis sur les bords des trottoirs, changeant et abandonnant, sur la voie publique, leurs vieilles chaussures.

Voyez-vous d'ici l'aristocratique boulevard Haussmann et autres, jonchés de vingt ou trente mille vieilles bottes éculées ou de sabots à moitié brisés ?

Vraiment le tableau était digne du pinceau de Courbet, le réaliste par excellence.

Encore aujourd'hui, l'aspect de la capitale n'a point changé; même nombre de voitures, même nombre de promeneurs parcourant les rues et les boulevards en tout sens; même éclat de lumières, même luxe d'étalage.

De tous côtés on s'arrache les journaux du soir.

L'un de ces journaux parle déjà *d'armistice*!

Fausse nouvelle, comme tant d'autres!

Paris va s'endormir le cœur joyeux.

Mais attendons le réveil.

## 6ᵉ JOURNÉE

**Mardi 20 Septembre**  3 %  54 60

Les rapports militaires des commandants des forts annoncent la marche de l'ennemi sur des points différents, et divers combats en avant de nos premières lignes d'observation.

En avant de Noisy, d'Aubervilliers et de Saint-Denis, l'ennemi place ses avant-postes et grand'gardes, à 2,200 mètres de nos avancées. Aucun engagement sérieux à signaler.

Les journaux parlent ouvertement d'une visite projetée de M. Jules Favre au quartier général prussien; le bruit prend une certaine consistance.

Le *Foreign Office*, daté de Londres 18 septembre au soir, apporte à ce sujet les informations suivantes :

« Pendant les dix derniers jours, le gouvernement de
» Sa Majesté a servi d'intermédiaire aux belligérants, en
» faisant passer au gouvernement français, par lord Lyons,
» les communications de la Prusse et celles de la France à
» la Prusse par M. de Bernstorff.

» M. Jules Favre est résolu à se rendre au quartier général
» des armées allemandes.

» Aucune base de négociation n'a été acceptée. »

Le gouvernement anglais, d'après le *Foreign Office*, semblerait, par conséquent, considérer son rôle comme fini.

D'après le *Constitutionnel*, c'est ce qui aurait déterminé le départ de M. Thiers pour Tours, et c'est sans doute à la suite des communications transmises par lui à Paris que le gouvernement aurait résolu la demande d'entrevue que M. Jules Favre a adressée ou va faire adresser au roi Guillaume et à M. de Bismark.

On parle encore d'armistice. Certains journaux insistent à le proposer pour le temps nécessaire à l'élection et à la réunion d'une Assemblée constituante. De tous ces bruits, aucun n'est officiel aujourd'hui. Cependant, l'*Électeur libre*, journal toujours bien renseigné, affirme que M. Jules Favre et son sous-chef de cabinet, M. Ring, sont partis pour le quartier général du roi de Prusse dimanche à six heures du matin.

L'*Officiel* publie une proclamation du général Trochu à l'armée et à la population. Cette proclamation flétrit la retraite d'hier et rappelle que la loi militaire punit de mort tout soldat qui abandonne son poste en face de l'ennemi. Cette évocation faite du Code militaire doit avoir, je crois, accès sur l'esprit des troupes et portera dorénavant ses fruits. Le même journal insère plusieurs décrets, parmi lesquels nous citerons celui qui fait connaître la nomination de M. Clément Thomas au commandement du 3ᵉ secteur des fortifications.

Un autre décret peut être mentionné : celui portant abrogation de l'article 75 de la Constitution de l'an VIII, qui interdit les poursuites contre les fonctionnaires.

Maintenant que nous sommes complétement cernés, la question de la correspondance est à l'ordre du jour dans chaque famille, dans chaque pensée. La province sans nouvelles de Paris, Paris sans nouvelles des départements, que va-t-on devenir en effet?

Qui rassurera le père s'il ne reçoit des nouvelles de ses enfants? que deviendra le mari, le frère, la sœur, la mère, si on ne peut correspondre avec tous ces êtres chéris qui ne forment qu'une même âme et qu'une même pensée?

Le directeur des postes s'occupe, dit-on, de cette question importante; elle intéresse tout le monde, et chacun attend avec anxiété l'organisation d'un service qui puisse remédier à ce mal terrible qu'on appelle la séparation. On parle d'inaugurer un service régulier de ballons : l'idée n'est pas sans fondement; car, aujourd'hui, un avis affiché sur les murs de Paris, émanant de l'administration des postes, déclare qu'elle reçoit toutes les lettres ordinaires pour les départements et l'étranger, et qu'elle fera tous ses efforts pour les acheminer le plus promptement possible.

On donne la nouvelle officielle de l'entrée des Prussiens à Saint-Germain et à Marly.

Les troupes allemandes, munies de cartes détaillées des

environs de Paris, prennent de fortes positions et s'établissent sur les hauteurs qui sont à l'abri de nos forts. Saint-Cloud, Sèvres, Meudon, Clamart, Châtillon sont en leur pouvoir; de ces points importants ils dominent Paris; et la Providence leur donne, pour opérer des mouvements qu'ils ont savamment combinés, un soleil splendide.

Parmi les choses bizarres que le siége de Paris fait naître journellement dans ses murs, je crois devoir en extraire une, dont le détail tout particulier ne manque pas d'extraordinaire et dont le souvenir restera certainement attaché à la fatale année 1870.

La rareté du fourrage produit une singulière baisse de prix sur la race chevaline.

Beaucoup de paysans ayant amené avec eux leurs attelages sont obligés de les vendre aujourd'hui, faute de nourriture, à des taux insensés.

Pour 20 francs on peut acheter un bon cheval; pour 150 ou 200 francs, on obtient un lot de six chevaux; pour 500 francs, on achète un anglais que l'on payait 7,000 francs il y a trois mois; c'est le prix le plus élevé qui ait été atteint avant-hier à la vente de la superbe écurie de M. de Persigny.

A la vente des écuries de l'empereur, une paire de chevaux achetée 25,000 francs a été adjugée pour 1,200 francs.

Grandeur et décadence!

Une ordonnance du préfet de police fait fermer les théâtres et les cafés-concerts.

# 7ᵉ JOURNÉE

### Mercredi 21 Septembre        3 %   54.20

Les bruits qui circulaient du voyage de M. Jules Favre au quartier général prussien n'étaient point nés sans cause ; la nouvelle publiée par différents journaux n'était point une pure invention de la presse.

Le *Journal officiel*, parlant ce matin à ce sujet, s'exprime ainsi :

« Avant que le siège de Paris commençât, le ministre des
» affaires étrangères a voulu connaître les intentions de la
» Prusse jusque-là si silencieuse. La Prusse répond à ces
» ouvertures en demandant à garder l'Alsace et la Lorraine,
» par droit de conquête. Elle ne consentirait même pas à
» consulter les populations, et, quand elle est en présence
» de la convocation d'une assemblée qui constituera un
» pouvoir définitif et votera la paix ou la guerre, la Prusse
» demande comme condition préalable d'un armistice l'oc-
» cupation des places assiégées, le fort du Mont-Valérien et
» la garnison de Strasbourg prisonnière de guerre. Que
» l'Europe soit juge! Pour nous l'ennemi s'est dévoilé ; il
» nous place entre le devoir et le déshonneur, notre choix
» est fait. »

Certes le choix est facile à faire, notre devoir commande : nous devons vaincre ou mourir.

Pour les amis de la paix, voilà un échec rude. Que vont-ils faire? S'enfouir au fond de leur idée et attendre qu'on les en fasse sortir de gré ou de force.

Depuis le combat du 19, aucun fait de guerre important n'a eu lieu. Nos forts se sont bornés à des démonstrations qui ont eu pour résultat d'empêcher l'ennemi d'assurer ses positions.

Les rapports militaires de leurs commandants nous donnent cependant quelques détails sur des combats d'avant-postes, où les nombreux corps de francs tireurs qui les gardent font une guerre acharnée à l'ennemi, qui, maintenant qu'il a effectué son mouvement d'investissement, ne paraît plus que par petites bandes sur le front de nos lignes.

Les Allemands ont établi des ponts entre Vaux et Triel; des troupes d'infanterie et de cavalerie se sont installées au Pecq. Un pont a été jeté entre ce village et le Port-Marly. Sur tous les points du sud et de l'est, l'ennemi se tient à distance.

Protégé par des détachements, il fait un ouvrage entre Courneuve et le Bourget, à environ 6,000 mètres du fort de Romainville.

Du fort d'Issy, on distingue les vedettes prussiennes sur la route de Châtillon à Chevreuse, bordant la crête des hauteurs, comme à l'Hay, Villejuif et Chevilly, donnant ainsi la main à Meudon et à Saint-Cloud, où il construit des batteries.

Il occupe, dit-on, Versailles avec des forces considérables.

Le gouverneur de Paris a fait dans la journée d'hier une reconnaissance des défenses de Saint-Denis, qui sont remarquables.

Ce matin, le général Schmitz, son chef d'état-major, a reconnu également Courbevoie et Suresne.

Paris commence à s'inquiéter des positions occupées par les Prussiens. Du côté de Saint-Cloud, ils peuvent tenter un coup de main sur le Point-du-Jour, aussi y fait-on des travaux considérables. On fortifie également, pour la même cause, Boulogne de barricades solidement construites; on coupe tous les bois placés entre les remparts et les lacs pour éviter les surprises, et, sur le monticule du cèdre Mortemart, on élève une forte batterie qui doit recevoir des pièces de marine de gros calibre.

Pauvre bois!...

Si brillant encore il y a trois mois !...

Aujourd'hui deux manifestations ont été faites dans Paris, la première à l'Hôtel de ville, la deuxième sur la place de la Concorde, en face de la statue de la ville de Strasbourg. Cette dernière a eu lieu à l'occasion de l'anniversaire du 21 septembre 1792.

L'heure de la manifestation avait été fixée à midi.

Un piquet de garde nationale, composé d'environ vingt hommes arriva, fit déposer une couronne au pied de la statue, et se forma en cercle.

Leur chef prononça un discours qui a été fortement applaudi.

A une heure, la manifestation était terminée, le piquet de vingt hommes s'éloignait, mais pour être remplacé par des compagnies et des bataillons entiers, ayant même but et même idée.

Je pense que ces manifestations n'ont rien d'inquiétant et ne sauraient troubler l'ordre.

Il n'en pourrait être dit de même sur celle faite à l'Hôtel de ville par un grand nombre de chefs de bataillon de la Garde Nationale. Cette manifestation était contraire à l'armistice dont la nouvelle se répandait en ville.

Les événements ont abondé dans leur sens et leur ont donné satisfaction. Mais leur démarche a fait naître une panique sérieuse dans de certains esprits.

Les gardes mobiles ont fait des progrès remarquables dans les évolutions militaires et pour le maniement des armes.

Tous sont au comble de la joie, car, hier, on leur a fait une distribution de chassepots en échange de leurs fusils, qui vont être distribués aux gardes nationaux.

Les pauvres diables sont tellement satisfaits de cet échange, qu'ils ne quittent pas leur arme un seul instant, et en ont vite appris le mécanisme et le maniement, du reste assez faciles.

Un décret paru récemment instituait un corps de gardiens de la paix pour la police de Paris, en remplacement des sergents de ville.

Aujourd'hui, ces hommes, vêtus à la mode américaine, ont fait leur apparition dans le quartier des Halles.

Pour le moment, je crois qu'ils ne serviront à rien.

Depuis huit jours le nombre des ambulances et des drapeaux blancs à croix rouge se répandent dans Paris d'une manière considérable.

Un abus certain existe dans cette affluence d'appartements mis à la disposition des blessés ; beaucoup de personnes arborent un drapeau d'ambulance au fronton de leur demeure, afin de s'en faire une égide, une sauvegarde, — dans le cas où les Prussiens entreraient dans Paris, — et conserver ainsi leur propriété.

Beaucoup aussi se placent dans ce service afin d'éviter celui de la garde nationale ; on les appelle *les Chevaliers de la Croix*. Ce surnom leur vient de la casquette ornée d'une croix rouge, avec laquelle ils se promènent dans les rues de Paris.

De ces chevaliers on pourrait certes constituer deux ou trois bataillons fort valides.

Le nouvel Opéra vient d'être utilisé d'une façon bien hétéroclyte, mais aussi fort utile.

Ce splendide monument sert aujourd'hui à tout, sauf à la musique.

Au sommet de l'édifice on a placé un observatoire, un télégraphe et un appareil éclairant.

Dans les caves, sur lesquelles s'appuie le dernier dessous, on a, en creusant un vaste trou dans la cuvette de béton dont le sol était solidifié, fait jaillir une rivière qui donnera des millions de litres d'eau pour tous les besoins possibles.

Dans les étages supérieurs, on a entassé des approvisionnements de toutes sortes : du blé, de la farine, des conserves alimentaires, du vin, des montagnes de boulets et des équipements militaires.

On peut y compter encore une ambulance, et dans les foyers, de vastes fourneaux de cuisine qui fonctionnent pour les blessés.

C'est donc le *pandémonium* de la guerre que ce palais élevé aux arts de la paix.

Certes, on peut le dire : voici une bien étrange et bien triste inauguration.

## 8ᵉ JOURNÉE

**Jeudi 22 Septembre**  3 % 52.25

Les rapports militaires du jour sont très-succincts ; ils annoncent cependant quelques combats d'avant-postes.

En effet, on s'est battu toute la journée, et de différents côtés, au delà de la ligne des forts. Ces engagements n'avaient lieu qu'entre les tirailleurs des grand'gardes et quelques patrouilles en reconnaissance. Nous avons eu quelques hommes tués et blessés, et, pendant ce temps, les Parisiens faisaient, à l'Hôtel de ville, des manifestations armées et non armées. Comme si le gouvernement avait des heures de loisir et du temps à perdre pour répondre à toutes ces réclamations, dont les opinions, les idées s'entrecroisent et se heurtent en sens divers.

Aussi plaignons-nous sincèrement ceux qui ont pris la lourde tâche de gouverner la France en ce moment.

Toutes ces nouvelles manifestations ont pour but de demander que MM. Louis Blanc et Blanqui soient immédiatement adjoints aux membres du gouvernement de la défense nationale, et, en même temps, pour protester contre les nouvelles d'armistice, engageant le gouvernement à renoncer aux élections de la constituante et à ne signer aucun traité de paix.

La situation présente, plus que les manifestations, rendent les élections impossibles, et il est certain qu'elles seront ajournées.

L'ennemi nous entoure ; c'est l'heure de combattre, et non l'heure de discuter.

Le roi Guillaume a établi son quartier général au château de M. de Rothschild, à Ferrières ;

Le prince royal, à Meudon ;

Le prince Albert, à Brunoy ;

Le prince de Saxe, à Bezons ;

Le générél de Falkenstein, à Choisy-le Roi.

La Bourse commence à s'émouvoir de la situation nouvelle qui se dessine, après l'entrevue de M. Jules Favre avec M. de Bismark ; aussi la rente baisse-t-elle de 2 francs après l'article de l'*Officiel*, dont on remarque avec plaisir la dignité parfaite.

Je reproduis en entier le rapport du ministre des affaires étrangères au gouvernement de la défense nationale.

*A MM. les Membres du gouvernement de la Défense nationale.*

« Mes chers collègues,

» L'union étroite de tous les citoyens, et particulièrement celle des membres du gouvernement, est plus que jamais une nécessité de salut public. Chacun de nos actes doit la cimenter. Celui que je viens d'accomplir, de mon chef, m'étant inspiré par ce sentiment, il aura ce résultat. J'ai l'honneur de vous l'expliquer en détail. Cela ne suffit point. Nous sommes un gouvernement de publicité. Si à l'heure de l'exécution le secret est indispensable, le fait, une fois consommé, doit être entouré de la plus grande lumière.

» Mais nous ne sommes quelque chose que par l'opinion de nos concitoyens ; il faut qu'elle nous juge à chaque heure, et, pour nous juger, elle a le droit de nous connaître.

» J'ai cru qu'il était de mon devoir d'aller au quartier général des armées ennemies; j'y suis allé. Je vous ai rendu compte de la mission que je m'étais imposée à moi-même; je viens dire à mon pays les raisons qui m'ont déterminé, le but que je me proposais, celui que je crois avoir atteint.

» Je n'ai pas besoin de rappeler la politique inaugurée par nous, et que le ministre des affaires étrangères était plus particulièrement chargé de formuler. Nous sommes, avant tout, des hommes de paix et de liberté.

» Jusqu'au dernier moment, nous nous sommes opposés à la guerre que le gouvernement impérial entreprenait dans un intérêt exclusivement dynastique, et quand ce gouvernement est tombé, nous avons déclaré persévérer plus énergiquement que jamais dans la politique de la paix.

» Cette déclaration, nous la faisions quand, par la criminelle folie d'un homme et de ses conseillers, nos armées étaient détruites; notre glorieux Bazaine et ses vaillants soldats bloqués devant Metz; Strasbourg, Toul, Phalsbourg écrasés par les bombes; l'ennemi victorieux en marche sur notre capitale. Jamais situation ne fut plus cruelle; elle n'inspira cependant au pays aucune pensée de défaillance, et nous crûmes être son interprète fidèle en posant nettement cette condition : *Pas un pouce de notre territoire, pas une pierre de nos forteresses.*

» Si donc, à ce moment où venait de s'accomplir un fait aussi considérable que celui du renversement du promoteur de la guerre, la Prusse avait voulu traiter sur les bases d'une indemnité à déterminer, la paix était faite; elle eût été accueillie comme un immense bienfait; elle fût devenue un gage certain de réconciliation entre deux nations qu'une politique odieuse, seule, a fatalement divisées.

» Nous espérions que l'humanité et l'intérêt bien entendus remporteraient cette victoire, belle entre toutes, car elle aurait ouvert une ère nouvelle, et les hommes d'État qui y auraient attaché leur nom auraient eu comme guides la philosophie, la raison, la justice; comme récompense, les bénédictions et la prospérité des peuples.

» C'est avec ces idées que j'ai entrepris la tâche périlleuse que vous m'avez confiée.

» Je devais tout d'abord me rendre compte des dispositions des cabinets européens, et chercher à me concilier leur appui. Le gouvernement impérial l'avait complétement négligé, ou y avait échoué. Il s'est engagé dans la guerre sans une alliance, sans une négociation sérieuse; tout, autour de lui, était hostilité ou indifférence; il recueillait ainsi le fruit amer d'une politique blessante pour chaque État voisin, par ses menaces ou ses prétentions.

» A peine étions-nous à l'Hôtel de ville, qu'un diplomate, dont il n'est point encore opportun de révéler le nom, nous demandait à entrer en relations avec nous. Dès le lendemain, votre ministre recevait les représentants de toutes les puissances. La République des États-Unis, la République helvétique, l'Italie, l'Espagne le Portugal reconnaissaient officiellement la République française. Les autres gouvernements autorisaient leurs agents à entretenir avec nous des rapports officieux qui nous permettaient d'entrer de suite en pourparlers utiles.

» Je donnerais à cet exposé, déjà trop étendu, un développement qu'il ne comporte pas si je racontais avec détail la courte, mais instructive histoire des négociations qui ont suivi.

» Je crois pouvoir affirmer qu'elle ne sera pas tout à fait sans valeur pour notre crédit moral.

» Je me borne à dire que nous avons trouvé partout d'honorables sympathies.

» Mon but était de grouper et de déterminer les puissances signataires de la ligue des neutres à intervenir directement près de la Prusse, en prenant pour base les conditions que j'avais posées.

» Quatre de ces puissances me l'ont offert; je leur ai, au nom de mon pays, témoigné ma gratitude, mais je voulais le concours des deux autres.

» L'une m'a promis une action individuelle, dont elle s'est réservé la liberté ; l'autre m'a proposé d'être mon intermédiaire vis-à-vis de la Prusse. Elle a fait même un pas de plus : sur les instances de l'envoyé extraordinaire de la France, elle a bien voulu recommander directement mes démarches. J'ai demandé beaucoup plus, mais je n'ai refusé aucun concours, estimant que l'intérêt qu'on nous montrait était une force à ne pas négliger.

» Cependant, le temps marchait, chaque heure rapprochait l'ennemi. En proie à de poignantes émotions, je m'étais promis à moi-même de ne pas laisser commencer le siège de Paris sans essayer une démarche suprême, fussé-je seul à la faire. L'intérêt n'a pas besoin d'en être démontré. La Prusse gardait le silence, et nul ne consentait à l'interrompre.

» Cette situation était intenable; elle permettait à notre ennemi de faire peser sur nous la responsabilité de la continuation de la lutte; elle nous condamnait à nous taire sur ses intentions. Il fallait en sortir. Malgré ma répugnance, je me déterminai à user des bons offices qui m'étaient offerts, et, le 10 septembre, un télégramme parvenait à M. de Bismark, lui demandant s'il voulait entrer en conversation sur des conditions de transaction ?

» Une première réponse était une fin de non recevoir tirée de l'irrégularité de notre gouvernement.

» Toutefois, le chancelier de la Confédération du Nord n'insista pas, et me fit demander quelle garantie nous présentions pour l'exécution d'un traité?

» Cette seconde difficulté levée par moi, il fallait aller plus loin. On me proposa d'envoyer un courrier, ce que j'acceptai.

» En même temps on télégraphiait directement à M. de Bismark, et le premier ministre de la puissance qui nous servait d'intermédiaire, disait à notre envoyé extraordinaire que la France seule pouvait agir; il y ajoutait qu'il serait à désirer que je ne reculasse pas devant une démarche au quartier général. Notre envoyé, qui connaissait le fond de mon cœur, répondit que j'étais prêt à tous les sacrifices pour faire mon devoir, qu'il y en avait peu d'aussi pénibles que d'aller au travers des lignes ennemies chercher notre vainqueur, mais qu'il supposait que je m'y résignerais. Deux jours après, le courrier revenait. Après mille obstacles, il avait vu le chancelier, qui lui avait dit être disposé volontiers à causer avec moi.

» J'aurais voulu une réponse directe au télégramme de notre intermédiaire, elle se faisait attendre.

» L'investissement de Paris s'achevait. Il n'y avait plus à hésiter ; je me résolus à partir.

» Seulement, il m'importait que, pendant qu'elle s'accomplissait, cette démarche fût ignorée; je recommandai le secret, et j'ai été douloureusement surpris, en rentrant hier soir, d'apprendre qu'il n'avait pas été gardé!

» Une indiscrétion coupable a été commise ; un journal, l'*Électeur libre*, déjà désavoué par le Gouvernement, en a profité; une enquête est ouverte, et j'espère réprimer ce double abus.

» J'avais poussé si loin le scrupule de la discrétion que je l'avais observée, même vis-à-vis de vous, mes chers collègues. Je ne m'y suis pas résolu sans un vif déplaisir. Mais je connaissais votre patriotisme et votre affection ; j'étais sûr d'être absous. Je croyais obéir à une nécessité impérieuse. Une première fois, je vous avais entretenus des agitations de ma conscience, et je vous avais dit qu'elle ne serait en repos que lorsque j'aurais fait tout ce qui était humainement possible pour arrêter honorablement cette abominable guerre.

» Me rappelant la conversation provoquée par cette ouverture, je redoutais des objections, et j'étais décidé ; d'ailleurs, je voulais, en abordant M. de Bismark, être libre de tout engagement, afin d'avoir le droit de n'en prendre aucun. Je vous fais ces aveux sincères. Je les fais au pays pour écarter de vous une responsabilité que j'assume seul. Si ma démarche est une faute, seul j'en dois porter la peine.

» J'avais cependant averti M. le ministre de la guerre, qui avait bien voulu me donner un officier pour me conduire aux avant-postes. Nous ignorions la situation du quartier général. On le supposait à Grosbois. Nous nous acheminâmes vers l'ennemi par la porte de Charenton.

» Je supprime tous les détails de ce douloureux voyage, pleins d'intérêt cependant, mais qui ne seraient point ici à leur place.

» Conduit à Villeneuve-Saint-Georges, où se trouvait le général en chef, commandant le 6ᵉ corps, j'appris assez tard dans l'après-midi que le quartier général était à Meaux. Le général, des procédés duquel je n'ai qu'à me louer, me proposa d'y envoyer un officier porteur de la lettre présente que j'avais préparée pour M. de Bismark :

« Monsieur le comte,

» J'ai toujours cru qu'avant d'engager sérieusement des hostilités sous les murs de Paris, il était impossible qu'une transaction honorable ne fût pas essayée. La personne qui a eu l'honneur de voir Votre Excellence, il y a deux jours, m'a dit avoir recueilli de sa bouche l'expression d'un désir analogue. Je suis venu aux avant-postes me mettre à la disposition de Votre Excellence. J'attends qu'elle veuille bien me faire savoir comment et où je pourrai avoir l'honneur de conférer quelques instants avec elle.

» J'ai l'honneur d'être avec une haute considération,
  » De Votre Excellence,
  » Le très-humble et très-obéissant serviteur,
            » Jules Favre.
» 18 septembre 1870. »

» Nous étions séparés par une distance de 48 kilomètres. Le lendemain matin, à six heures, je recevais la réponse que je transcris :

« Meaux, 18 septembre 1870.

» Je viens de recevoir la lettre que Votre Excellence a eu l'obligeance de m'écrire, et ce me sera extrêmement agréable si vous voulez bien me faire l'honneur de venir me voir demain, ici, à Meaux.

» Le porteur de la présente, le prince Biron, veillera à ce que Votre Excellence soit guidée à travers nos lignes.

» J'ai l'honneur d'être avec la plus haute considération,
  » De Votre Excellence,
  » Le très-obéissant serviteur,
            » De Bismark. »

» A neuf heures, l'escorte était prête, et je partis avec elle. Arrivé à Meaux, vers trois heures de l'après-midi, j'étais arrêté par un aide de camp venant m'annoncer que le comte avait quitté Meaux avec le roi pour aller coucher à Ferrières. Nous nous étions croisés ; en revenant l'un et l'autre sur nos pas, nous devions nous rencontrer. Je rebroussai chemin, et descendis dans la cour d'une ferme entièrement saccagée, comme presque toutes les maisons que j'ai vues sur ma route. Au bout d'une heure, M. de Bismark m'y rejoignait. Il nous était difficile de causer dans un tel lieu. Une habitation, le château de la Haute-Maison, appartenant à M. le comte de Rillac, était à notre proximité ; nous nous y rendîmes Et la conversation s'engagea dans un salon où gisaient en désordre des débris de toute nature.

» Cette conversation, je voudrais vous la rapporter toute entière telle que le lendemain, je l'ai dictée à un secrétaire. Chaque détail y a son importance. Je ne puis ici que l'analyser.

» J'ai tout d'abord précisé le but de ma démarche. Ayant fait connaître par ma circulaire les intentions du gouvernement français, je voulais savoir celles du ministre prussien. Il me semblait inadmissible que deux nations continuassent, sans s'expliquer préalablement, une guerre terrible qui, malgré ses avantages, infligeait au vainqueur des souffrances profondes. Née du pouvoir d'un seul, cette guerre n'avait plus de raison d'être quand la France redevenait maîtresse d'elle-même ; je me portai garant de son amour pour la paix, en même temps que de sa résolution inébranlable de n'accepter aucune condition qui ferait de cette paix une courte et menaçante trêve. M. de Bismark m'a répondu que, s'il avait la conviction qu'une pareille paix fût possible, il la

signerait de suite. Il a reconnu que l'opposition avait toujours condamné la guerre. Mais le pouvoir que représente aujourd'hui cette opposition est plus que précaire. Si dans quelques jours Paris n'est pas pris, il sera renversé par la *populace*. Je l'ai interrompu vivement pour lui dire que nous n'avions pas de *populace* à Paris, mais une population intelligente, dévouée qui connaissait nos intentions, et qui ne se ferait pas complice de l'ennemi en entravant notre mission de défense. Quant à notre pouvoir, nous étions prêts à le déposer entre les mains de l'Assemblée convoquée par nous. « Cette Assemblée, a repris le comte, aura des des-
» seins que rien ne peut faire pressentir, mais si elle obéit
» au sentiment français, elle voudra la guerre. Vous n'ou-
» blierez pas plus la capitulation de Sedan que Waterloo,
» que Sadowa, qui ne vous regardait pas. »

» Puis il a insisté longuement sur la volonté bien arrêtée de la nation française d'attaquer l'Allemagne et de lui enlever une partie de son territoire. Depuis Louis XIV jusqu'à Napoléon III, ses tendances n'ont pas changé, et, quand la guerre a été annoncée, le Corps législatif a couvert les paroles du ministre d'acclamations. Je lui ai fait observer que la majorité du Corps législatif avait, quelques semaines avant, acclamé la paix; que cette majorité, choisie par le prince, s'était malheureusement crue obligée de lui céder aveuglément; mais que, consultée deux fois, aux élections de 1869 et au vote du plébiscite, la nation avait énergiquement adhéré à une politique de paix et de liberté.

La conversation s'est prolongée sur ce sujet, le comte maintenant son opinion alors que je défendais la mienne, et, comme je le pressais vivement sur ses conditions, il m'a répondu nettement que la sécurité de son pays lui commandait de garder le territoire qui la garantissait. Il m'a répété plusieurs fois : « *Strasbourg est la clef de la maison, je dois l'avoir.* » Je l'ai invité à être plus explicite encore. « *C'est inutile*, objectait-il, *puisque nous ne pouvons nous entendre. C'est une affaire à régler plus tard.* » Je l'ai prié de le faire de suite ; il m'a dit alors que les deux départements du Bas-Rhin et du Haut-Rhin, une partie de celui de la Moselle avec Metz, Château-Salins et Soissons lui étaient indispensables, et qu'il ne pourrait y renoncer.

Je lui ai fait observer que l'assentiment des peuples dont il disposait ainsi était plus que douteux, et que le droit public européen ne lui permettait pas de s'en passer.

« Si fait, m'a-t-il répondu. Je sais fort bien qu'ils ne » veulent pas de nous. Ils nous imposeront une rude corvée, » mais nous ne pouvons pas ne pas les prendre. Je suis sûr » que dans un temps prochain nous aurons une nouvelle » guerre avec vous. Nous voulons la faire avec tous nos » avantages. »

» Je me suis récrié, comme je le devais, contre de telles solutions. J'ai dit qu'on me paraissait oublier deux éléments importants de discussion : l'Europe d'abord, qui pouvait bien trouver ces prétentions exorbitantes et y mettre obstacle ; le droit nouveau ensuite, le progrès des mœurs, entièrement antipathique à de telles exigences. J'ai ajouté que, quant à nous, nous ne les accepterions jamais. Nous pourrions périr comme nation, mais non nous déshonorer ; d'ailleurs, le pays seul était compétent pour se prononcer sur une cession territoriale. Nous ne doutons pas de son sentiment, mais nous voulons le consulter. C'est donc vis-à-vis de lui que se trouve la Prusse. Et, pour être net, il est clair qu'entraînée par l'enivrement de la victoire, elle veut la destruction de la France. Le comte a protesté, se retran-

chant toujours derrière des nécessités absolues de garantie nationale. J'ai poursuivi : « Si ce n'est pas de votre part un
» abus de la force, cachant de secrets desseins, laissez-nous
» réunir l'Assemblée, nous lui remettrons nos pouvoirs, elle
» nommera un gouvernement définitif qui appréciera vos
» conditions. »

» Pour l'exécution de ce plan, a répondu le comte, il fau-
» drait un armistice, et je n'en veux à aucun prix. »

» La conversation prenait une tournure de plus en plus pénible. Le soir venait. Je demandai à M. de Bismark un second entretien à Ferrières, où il allait coucher, et nous partîmes chacun de notre côté.

» Voulant remplir ma mission jusqu'au bout, je devais revenir sur plusieurs des questions que nous avions traitées, et conclure. Aussi, en abordant le comte vers neuf heures et demie du soir, je lui fis observer que les renseignements que j'étais venu chercher près de lui étant destinés à être communiqués à mon gouvernement et au public, je résumerais en terminant, notre conversation pour n'en publier que ce qui serait bien arrêté entre nous. — « Ne prenez pas cette peine, me répondit-il, je vous la livre tout entière, je ne vois aucun inconvénient à sa divulgation. » Nous reprîmes alors la discussion, qui se prolongea jusqu'à minuit.

» J'insistai particulièrement sur la nécessité de convoquer une assemblée. Le comte parut se laisser peu à peu convaincre, et revint à l'armistice. Je demandai quinze jours. Nous discutâmes les conditions. Il ne s'en expliqua que d'une manière très-incomplète, se réservant de consulter le roi. En conséquence, il m'ajourna au lendemain, onze heures.

» Je n'ai plus qu'un mot à dire; car, en reproduisant ce douloureux récit, mon cœur est agité de toutes les émotions qui l'ont torturé pendant ces trois mortelles journées, et j'ai hâte de finir. J'étais au château de Ferrières à onze heures. Le comte sortit de chez le roi à midi moins le quart, et j'entendis de lui les conditions qu'il mettait à l'armistice ; elles étaient consignées dans un texte écrit en langue allemande et dont il m'a donné communication verbale.

» Il demandait pour gage l'occupation de Strasbourg, de Toul et de Phalsbourg ; et comme sur sa demande j'avais dit la veille que l'Assemblée devait être réunie à Paris, il voulait, dans ce cas, avoir un fort dominant la ville..... celui du Mont-Valérien par exemple... Je l'ai interrompu pour lui dire : « Il est bien plus simple de nous demander Paris ! Comment voulez-vous admettre qu'une Assemblée française délibère sous vos canons ? J'ai eu l'honneur de vous dire que je transmettrais fidèlement notre entretien au gouvernement ; je ne sais vraiment si j'oserai lui dire que vous m'avez fait une telle proposition. » — « Cherchons une autre combinaison, » m'a-t-il répondu. Je lui ai parlé de la réunion de l'Assemblée à Tours, en ne prenant aucun gage du côté de Paris. Il m'a proposé d'en parler au roi, et revenant sur l'occupation de Strasbourg, il a ajouté : « La ville va tomber entre nos mains, ce n'est plus qu'une question de calcul d'ingénieur. Aussi je vous demande que la garnison se rende prisonnière de guerre. » A ces mots, j'ai bondi de douleur, et, me levant, je me suis écrié : « Vous oubliez que vous parlez à un Français, monsieur le comte ; sacrifier une garnison héroïque qui fait notre admiration et celle du monde serait une lâcheté ; — et je ne vous promets pas de dire que vous m'avez posé une telle condition.

» Le comte m'a répondu qu'il n'avait pas l'intention de

me blesser, qu'il se conformait aux lois de la guerre ; qu'au surplus, si le roi y consentait, cet article pourrait être modifié.

» Il est rentré au bout d'un quart d'heure. Le roi acceptait la combinaison de Tours, mais insistait pour que la garnison de Strasbourg fût prisonnière.

» J'étais à bout de force et craignis un instant de défaillir. Je me retournai pour dévorer les larmes qui m'étouffaient, et, m'excusant de cette faiblesse involontaire, je prenais congé par ces simples paroles :

» Je me suis trompé, monsieur le comte, en venant ici ; je ne m'en repens pas ; j'ai assez souffert pour m'excuser à mes propres yeux ; d'ailleurs, je n'ai cédé qu'au sentiment de mon devoir. Je reporterai à mon gouvernement tout ce que vous m'avez dit, et s'il juge à propos de me renvoyer près de vous, quelque cruelle que soit cette démarche, j'aurai l'honneur de venir. Je vous suis reconnaissant de la bienveillance que vous m'avez témoignée ; mais je crains qu'il n'y ait plus qu'à laisser les événements s'accomplir. La population de Paris est courageuse et résolue aux derniers sacrifices ; son héroïsme peut changer le cours des événements. Si vous avez l'honneur de la vaincre, vous ne la soumettrez pas. La nation tout entière est dans les mêmes sentiments.

» Tant que nous trouverons en elle un élément de résistance, nous vous combattrons. C'est une lutte indéfinie entre deux peuples qui devraient se tendre la main. J'avais espéré une autre solution. Je pars bien malheureux, et néanmoins plein d'espoir.

» Je n'ajoute rien à ce récit trop éloquent par lui-même. Il me permet de conclure et de vous dire quelle est à mon sens la portée de ces entrevues.

» Je cherchais la paix, j'ai rencontré une volonté inflexible de conquête et de guerre. Je demandais la possibilité d'interroger la France représentée par une Assemblée librement élue, on m'a répondu en me montrant les fourches caudines sous lesquelles elle doit préalablement passer. Je ne récrimine point ; je me borne à constater les faits, à les signaler à mon pays et à l'Europe. J'ai voulu ardemment la paix, je je ne m'en cache pas ; et en voyant pendant trois jours la misère de nos campagnes infortunées, je sentais grandir en moi cet amour avec une telle violence, que j'étais forcé d'appeler tout mon courage à mon aide pour ne pas faillir à ma tâche.

» J'ai désiré non moins vivement un armistice, je l'avoue encore, je l'ai désiré pour que la nation pût être consultée sur la redoutable question que la fatalité pose devant nous. Vous connaissez maintenant les conditions préalables qu'on prétend nous faire subir. Comme moi, et sans discussion, vous avez été unanimement d'avis qu'il fallait en repousser l'humiliation. J'ai la conviction profonde que, malgré les souffrances qu'elle endure et celles qu'elle prévoit, la France indignée partage notre résolution, et c'est de son cœur que j'ai cru m'inspirer en écrivant à M. de Bismark la dépêche suivante, qui clôt cette négociation :

« Monsieur le comte,

» J'ai exposé fidèlement à mes collègues de la défense nationale la déclaration que Votre Excellence a bien voulu me faire.

» J'ai le regret de faire connaître à Votre Excellence que le gouvernement n'a pu admettre vos propositions.

» Il accepterait un armistice ayant pour objet l'élection et la réunion d'une Assemblée Nationale, mais il ne peut souscrire aux conditions auxquelles Votre Excellence le subordonne :

» Quant à moi, j'ai la conscience d'avoir tout fait pour que l'effusion du sang cessât, et que la paix fût rendue à nos deux nations pour lesquelles elle serait un grand bienfait. Je ne m'arrête qu'en face d'un devoir impérieux, m'ordonnant de ne pas sacrifier l'honneur de mon pays déterminé à résister énergiquement. Je m'associe sans réserve à son vœu, ainsi qu'à celui de mes collègues. Dieu, qui nous juge, décidera de nos destinées. J'ai foi dans sa justice.

» J'ai l'honneur d'être,
» Monsieur le comte,
» De Votre Excellence,
» Le très-humble et très-obéissant serviteur.

» Jules Favre.

» 21 septembre 1870. »

» J'ai fini, mes chers collègues, et vous penserez, comme moi, que si j'ai échoué, ma mission n'aura cependant pas été tout à fait inutile. Elle a prouvé que nous n'avons pas dévié. Comme les premiers jours, nous maudissons une guerre par nous condamnée à l'avance; comme les premiers jours aussi, nous l'acceptons plutôt que de nous déshonorer. Nous avons fait plus : nous avons tué l'équivoque dans laquelle la Prusse s'enfermait et que l'Europe ne nous aidait pas à dissiper.

» En entrant sur notre sol, elle a donné au monde sa parole qu'elle attaquait Napoléon et ses soldats; mais qu'elle respectait sa nation.

» Nous savons aujourd'hui ce qu'il faut en penser. La Prusse exige trois de nos départements, deux villes fortes, l'une de cent, l'autre de soixante-quinze mille âmes, huit à dix autres également fortifiées. Elle sait que les populations qu'elle veut nous ravir la repoussent, elle s'en saisit néanmoins, opposant le tranchant de son sabre aux protestations de leur liberté civique et de leur dignité morale.

» A la nation qui demande la faculté de se consulter elle-même elle propose la garantie de ses obusiers établis au Mont-Valérien et protégeant la salle des séances où nos députés voteront.

» Voilà ce que nous savons, et ce qu'on m'a autorisé à vous dire. Que le pays nous entende et qu'il se lève, ou pour nous désavouer quand nous lui conseillons de résister à outrance, ou pour subir avec nous cette dernière et décisive épreuve.

» Paris y est résolu.

» Les départements s'organisent et vont venir à son secours.

» Le dernier mot n'est pas dit dans cette lutte ou maintenant la force se rue contre le droit : il dépend de notre constance qu'il appartienne à la justice et à la liberté.

» Agréez, mes chers collègues le fraternel hommage de mon inaltérable dévouement.

Le vice-président du Gouvernement de la défense nationale, ministre des affaires étrangères.

» JULES FAVRE. »

» Paris ce 21 septembre 1870. »

La lecture de ce document, d'une dignité remarquable, affiché dans les rues, est faite avec avidité.

On aurait pu croire à de la consternation, le contraire est prouvé. Une nouvelle ardeur se manifeste dans tous les esprits, et l'on semble presque satisfait de savoir enfin ce que M. de Bismark veut de la France.

La France répond : *Ni un pouce de terrain ni une pierre de nos forteresses.*

Mais n'est-ce pas là une réponse aventurée et bien dangereuse ?

C'est donc maintenant *la guerre à outrance.*

Le mouvement de Paris tend à diminuer sensiblement; le nombre des voitures en circulation s'amoindrit, et les boutiques, dont la vente journalière paye à peine les frais du luminaire, ferment à la nuit, ce qui rend la ville plus triste le soir. Cependant les boulevards conservent une animation relative, grâce aux nombreux cafés qui restent encore ouverts jusqu'à minuit.

## 9ᵉ JOURNÉE

**Vendredi 23 Septembre**  3 % 52.65

L'activité militaire augmente tous les jours. La garde nationale et la garde mobile complètent leur instruction avec un zèle qu'il est bon de citer en passant. L'effectif de cette première s'accroît encore tous les jours et se monte à 248 bataillons, représentant 300,000 hommes environ.

La situation terrible qui fait aujourd'hui de tout homme valide un soldat est acceptée par beaucoup avec patriotisme. Outre la garde nationale, dont les bataillons sont presque entièrement organisés, un nombre considérable de corps de francs tireurs se forment pour inquiéter l'ennemi aux avant-postes et se donnent des noms assez bizarres.

Ainsi nous mentionnerons le corps des *Francs tireurs de la Presse,* le corps des *Lilas,* de la *Branche de houx,* des *Traqueurs*; des *Compagnons de saint Hubert* et des *Amis de la France*. Ce dernier, composé exclusivement d'étrangers, est commandé par le comté de Von der Meere, Belge d'origine. Remercions ici publiquement ces braves soldats, ces hommes courageux qui sont restés parmi nous pour défendre notre pays, tandis que bien des Français sont partis pour se soustraire aux lois militaires, nous pourrions même dire au danger. Aujourd'hui, le maire de Paris prie ses concitoyens, et au besoin les requiert, de continuer le logement des gardes mobiles, ce que beaucoup de personnes font avec plaisir, car ces jeunes soldats sont très-doux et très-bons. Le *Journal officiel* contient ce matin différentes notes et plusieurs décrets que je crois utile de ne point passer sous silence.

Je citerai en première ligne une instruction relative à la garde des remparts.

### RÉPUBLIQUE FRANÇAISE
#### Gouverneur de Paris

*Instruction pour l'occupation et la garde des remparts.*

« Paris ne tardera pas à être en but aux entreprises directes de l'ennemi, et il me paraît nécessaire de dire à ses défenseurs et aux habitants par quels moyens il est possible d'en atténuer les effets.

» L'ennemi continue ses mouvements d'investissement en opérant contre les forts, et avant d'en arriver à une attaque sur le corps de place, il essayera de déterminer des incendies sur les points de la ville qui seraient accessibles à son artillerie. Plus tard, il dirigera ses projectiles sur la rue de rempart, où est actuellement réuni le personnel de la défense.

» Pour les incendies, il sera beaucoup plus facile qu'on

ne le pense généralement de les arrêter dès leur origine. Le feu provoqué par l'explosion d'un projectile creux, couve très-longtemps avant de se propager.

» Aussitôt l'explosion entendue, on peut arriver à temps sans aucun danger, et, à l'aide de quelques seaux d'eau, le commencement de l'incendie est éteint.

» Il suffit, par conséquent, pour écarter le péril que je signale, de surveiller la chute des projectiles, d'accourir après l'explosion, et de se servir des approvisionnements d'eau que chaque habitant a le devoir de tenir en réserve pour cet objet dans les étages supérieurs des maisons. Pour assurer la sécurité du personnel chargé de la défense de l'enceinte, les précautions ci-après indiquées sont nécessaires :

» Pendant la nuit, les défenseurs peuvent et doivent-être groupés sur les terre-pleins, dans la rue de rempart et aux abords, afin de repousser les attaques que l'ennemi tenterait par surprise.

» Dans le jour, au contraire, le rempart ne doit être occupé que par le nombre d'hommes nécessaire pour le service des pièces et pour la mousqueterie.

» La rue de rempart, où tomberont les projectiles rejetés par les maisons qui la bordent doit être vide. Les postes, les réserves et tous les groupes de service devront être formés derrière ces maisons, dans les rues parallèles aux remparts, à l'abri du feu de l'ennemi. Là, où la rue de rempart n'est pas bordée de maisons, seront établis des abris formés avec des madriers et des planches, recouverts d'un mètre de terre. En un mot, il faut que dans un siège où les habitants s'associent directement, chacun s'industrie en vue de servir autant qu'il est en lui les intérêts de la défense et de la sécurité commune.

» Je dirai encore quelques mots des paniques imprévues qui s'emparent des foules, particulièrement la nuit, et qui donnent lieu toujours à une dangereuse confusion. quelques fois à de grands malheurs. Quelques coups de fusil tirés mal à propos, des clameurs subites, de faux bruits répandus par l'ignorance ou par la malveillance suffisent à déterminer ces paniques.

» Il faut que chacun des défenseurs, se pénétrant des avertissements que je donne ici, sache se soustraire, par un effort de volonté propre, à ces impressions irréfléchies. Dans ces conditions, la panique disparaît comme elle est venue, et son plus redoutable effet, qui consiste ordinairement à une fusillade désastreuse pour les défenseurs eux-même, est écarté.

» Enfin je recommande aux préoccupations de tous, le soin des cartouches, qui par leur nature même, sont si facilement détériorées. C'est là un objet d'importance capitale devant la grande consommation que nous sommes appelés à en faire pour la défense, et je considère tout abus ou tout gaspillage de munition de canon ou de fusil, comme l'un des actes les plus coupables qui se puisse commettre pendant la durée de la crise.

» Je répète ici, en terminant, que si l'esprit public, sans se laisser intimider par les souffrance du siége, soutient les défenseurs, la ville ne pourra pas être prise.

» Tous les efforts de l'ennemi tendront à frapper les imaginations, à troubler les cœurs, à soulever contre la défense les sentiments de la population qui ne combat pas.

» J'adjure tous les bons citoyens de réagir énergiquement autour d'eux, par leurs conseils et par leurs exemples, contre de tels entraînements; de relever par leur attitude les courages chancelants et de persuader à tous, que seule la constance peut abréger la durée de l'épreuve et assurer le succès.

» Paris le 22 Septembre, 1870.

» Le président du gouvernement,

» Gouverneur de Paris,

» Général Trochu. »

Parmi les décrets citons celui qui confère le grade de sous-lieutenant à tous les élèves de l'École polytechnique, employés en ce moment à la défense de Paris. Ces dispositions sont prises pour régulariser leur position et pour leur permettre de toucher leur solde.

Un autre décret de la Défense organise un corps du train de la garde nationale pour le service de l'artillerie et des transports pendant le siège.

Ce corps sera exclusivement recruté dans le personnel de la compagnie générale des Omnibus et de la compagnie générale des Petites Voitures.

Par mesure de police, un arrêté du ministre de l'agriculture et du commerce rétablit la taxe de la viande de boucherie à Paris.

Dans une ville assiégée, cette mesure est de toute justice, et il devrait en être autant pour le prix du pain.

Le temps est toujours magnifique, ce qui donne journellement aux Parisiens des *idées effrénées* de villégiature; mais, hélas! la promenade est impossible; aussi Paris commence-t-il à se fatiguer de la prison, de sa séparation du monde extérieur, et comme un enfant il se réjouit du départ du ballon-poste.

Certes, Paris a raison de se réjouir, car à ce départ est

attaché notre suprême espérance... celle qui doit donner des nouvelles à nos familles éloignées, à nos femmes, à nos enfants.

Le canon s'est fait entendre toute la journée; ce sont les forts dont les pièces à longue portée détruisent les travaux prussiens qui se font dans le parc de Saint-Cloud, à la lanterne de Diogène; batterie qui peut atteindre facilement les remparts du Point-du-Jour.

Il y a eu aujourd'hui un combat de très-grande importance à Villejuif : la division Maudhuy a été portée en avant des forts d'Ivry et de Bicêtre, et a occupé, vers quatre heures du matin, le moulin Saquet et le village de Vitry.

Les forts de Bicêtre et de Montrouge ont couvert de feu les hauteurs de Villejuif, protégeant ainsi la division qui devait occuper l'endroit dit des Hautes-Bruyères.

L'ennemi a poussé une forte reconnaissance sur le moulin Saquet, mais a été repoussé sur toute la ligne.

Nous avons donc repris deux positions importantes : Villejuif et les Hautes-Bruyères, qui dominent la plaine; nous nous y fortifions.

Cette journée, malgré les pertes que nous avons subies, peut compter comme une bonne journée. Les troupes ont été au combat avec entrain et vigueur; les soldats se sont bien battus.

Vers midi, le bruit de ce combat s'est répandu dans Paris, et a soulevé l'enthousiasme de tous.

On ne peut s'imaginer l'absurdité des nouvelles, enflées, grossies par la voix de la foule. C'est incroyable!

On annonçait 40,000 prisonniers, 50 canons pris aux Prussiens; un corps d'armée tout entier massacré entre deux forts; et d'autres choses plus absurdes les unes que les autres, dans le même cours d'idées ; et il y avait des gens assez simples pour croire à ces impossibilités, et s'en faire l'écho ridicule.

Je l'ai déjà fait observer, il n'y a que le peuple de Paris pour croire naïvement tout ce qu'on dit. On a été jusqu'à raconter que Bazaine marchait sur Paris ! que les Prussiens refusaient de se battre, qu'ils n'avaient plus de vivres, plus de chaussures, plus de linge...

Et cependant malgré tout cela, les Prussiens sont sous les murs de Paris.

Et les journaux, qui nous donnaient avec un aplomb formidable ces nouvelles comme certaines, étaient lus avec avidité et crus sans discussion.

Le général Trochu a fait paraître aujourd'hui un ordre du jour à l'effet de mettre fin aux manifestations et aux promenades militaires qui se font journellement, et sans ordre supérieur, soit à l'Hôtel de ville, soit à la statue de Strasbourg, où des bataillons se rendent en armes pour honorer la résistance de cette ville commandée par le général Uhrich. Cet ordre, j'en suis persuadé, restera lettre morte, car ce qui caractérise la garde nationale, c'est surtout l'indiscipline.

Une ordonnance, émanant de la préfecture de police, enjoint aux cafetiers et aux marchands de vin de fermer leurs boutiques à dix heures et demie du soir.

Cette mesure, qu'on ne peut blâmer, va diminuer sensiblement le mouvement de Paris, et rendre pour certaines personnes les soirées tristes et longues.

Les réunions publiques sont, en revanche, excessivement animées.

Les élections municipales y sont à l'ordre du jour. Suivant le décret qui les concerne, elles doivent avoir lieu le

28 de ce mois ; mais aujourd'hui l'*Officiel* rend toute discussion inutile, le Gouvernement les ajournant, attendu la guerre.

Certes, on ne peut qu'approuver cette sage mesure. Nous avons autre chose à faire que de nommer des maires.

Avant tout, il faut songer à se défendre.

## 10° JOURNÉE

**Samedi 24 Septembre** 3 % 52.50

Il y a un mois à peine, le samedi était encore un jour d'allégresse ; c'était la perspective du dimanche, jour du repos et des plaisirs.

Maintenant ce jour n'est plus et doit être comme les autres, celui de la privation.

Il y a un mois à peine, l'ouvrier touchait encore, le samedi, le prix du travail de la semaine, faisait la part des besoins de la famille et la part du dimanche, c'est-à-dire celle de la joie.

Le commerçant suivait le même système, le riche le même cours d'idées, et chacun livrait à la satisfaction de la famille le surplus des exigences de la vie journalière. Heureux temps quand reviendrez-vous ? Quand nous aurons vaincu ! ou que... je n'ose achever ; je n'achève pas.

Ne raisonnons plus, calculons froidement, et voyons, tels qu'ils nous apparaissent, les cruels incidents nés de l'état de siége. La violence des journaux du parti radical extrême n'a plus de bornes. Ce déluge d'idées inadmissibles provient de la remise des élections municipales. Ces journaux, *le Combat* (rédacteur Félix Pyat), *la Patrie en danger* (rédacteur Blanqui) ont le fiel sur les lèvres.

Nous les plaignons sincèrement, comme on doit plaindre des fous.

Nous sommes dans un courant d'idées où certes l'esprit libéral doit être l'esprit de chacun ; mais de la raison à la folie il y a l'abîme d'un monde, celui du désordre et de l'anarchie. La raison doit, sous tous les rapports, condamner ces énergumènes qui ne voient la liberté qu'au travers des ruisseaux de larmes et de sang.

N'ayant pas le courage de verser le leur, peu leur importe celui qu'on peut répandre.

Cette situation affreuse, dans laquelle nous sommes ancrés profondément à cette heure, et qui se traduit chaque jour par des fusillades et des canonnades, devrait cependant museler tous les utopistes.

Encore aujourd'hui on entend le canon sur toute la ligne, ce sont les forts qui tirent sur les travaux prussiens.

Journellement les avant-postes font des reconnaissances, mais les engagements qui ont lieu sont sans importance et sans intérêt.

Le bruit circule que Paris est infesté d'espions. On ne sait d'où cette supposition prend naissance, mais elle a fait un chemin rapide, aussi chacun fait-il dans son quartier une police active et même parfois tyrannique.

Malheur à celui qui place par mégarde sa lampe ou sa bougie près d'une fenêtre ; de suite il est accusé de faire des signaux à l'extérieur et d'entretenir des intelligences avec l'ennemi. La garde nationale, trop prompte à soupçonner, fait alors une descente au domicile du prévenu, et souvent opère des arrestations chez des gens qui ne sont pas plus coupables que ceux qui les accusent avec trop de facilité.

En général, la garde nationale est déplorable : lorsqu'elle veut faire du zèle, elle le fait malheureusement sans raison et sans intelligence. Cette affaire d'espions occupera les esprits pendant quelques jours, ensuite ce sera une affaire terminée et complétement oubliée.

Il faut que Paris s'occupe toujours de quelque chose, mais jamais pendant longtemps.

Le mouvement de la capitale diminue encore ; aussi, quand vient le soir, la ville est-elle d'une tristesse désolante.

Plus de voitures en circulation, si ce n'est l'omnibus, et encore le nombre en a-t-il été diminué sur chaque ligne.

Peu ou point de piétons, mais la police ne laisse rien à désirer sous le point de vue de la sécurité. On a établi dans beaucoup de rues des corps de garde, en se servant des boutiques non occupées.

Pour assurer le service de l'ordre à l'intérieur, on vient encore de créer le corps civique. Cette légion, composée de gens âgés, est chargée de faire la police dans les boucheries. Ils ne sont point armés ; leurs postes sont établis dans différents quartiers où ils reçoivent des plaintes de toute nature, veillant ainsi, autant qu'ils le peuvent, au salut et à l'ordre publics.

## 11° JOURNÉE

**Dimanche 25 Septembre**   3 %

Paris est une ville étrange, qui ne ressemble à aucune autre. Habitué au luxe, aux plaisirs, aux joies pures ou profanes, Paris a du mal à refaire sa physionomie du jour au lendemain. La transformation est lente, et c'est par gradations infinies que la ville se change en cité militaire et résolue, que Babylone se refond en Lutèce.

La situation s'est profondément modifiée depuis quelques jours, et c'est en bien. Ce n'est pas seulement parce que notre artillerie s'est montrée habile, parce qu'on a livré quelques combats heureux, c'est aussi et surtout parce qu'on ne songe plus à la paix, et que tout le monde ne s'occupe plus qu'à remplir son devoir et à soutenir la lutte. Nous n'avons plus d'incertitude; nous n'avons plus de fausses espérances ni d'illusions trompeuses. Nous savons où nous allons. D'après les communications officielles, les opérations du siége n'ont présenté, depuis la journée du 23, aucun incident de grande importance. Tout est calme. Seule, notre flottille canonnière a agi du côté de Meudon, afin d'empêcher les Prussiens d'y asseoir leur artillerie. Les dépêches de tous les forts constatent ce matin la tranquillité la plus absolue; on signale seulement des mouvements de troupes de la rive droite de la Seine, vers Choisy-le-Roi, entre Notre-Dame-des-Mèches et Mély.

Le calme a régné toute la journée; les soldats de Guillaume nous ont fait respecter le dimanche. Le jour du Seigneur, pas un seul coup de canon n'a été tiré.

Le Gouverneur de Paris a reconnu les défenses de *Saint-Denis, Saint-Ouen* et *Aubervilliers*. De son côté, le ministre de la guerre a visité les positions entre *Courbevoie, Neuilly, Boulogne* et l'enceinte.

La foule affluait aujourd'hui dans les églises; en les parcourant, on était heureux de les trouver encombrées de gardes mobiles. La remarque que je fais n'a rien d'étrange, sans doute; cependant il est bon de constater ce fait en faveur de ces jeunes soldats. Enfants des campagnes, ils ne ressemblent en rien au peuple blasé de Paris; les premiers croient à leur religion, à leur Dieu; ils ont la foi, le culte de la famille; les autres ne croient à rien qu'à eux-mêmes.

La vue de ces églises réjouit le cœur et l'âme de ceux qui pensent que la nature est l'œuvre d'un être suprême qui commande aux destinées humaines et devant lequel chacun doit s'incliner.

Jamais le temps n'a été si magnifique; aussi les Parisiens profitent-ils des rayons du soleil pour circuler, autant que faire se peut, dans l'enceinte fortifiée, car le bois de Boulogne est fermé depuis longtemps et sert en ce moment de parc aux bestiaux destinés à l'alimentation.

Le but des promeneurs est surtout le Trocadéro, où, pour 25 centimes, ils peuvent apercevoir au bout d'une lorgnette, les casques pointus de nos ennemis.

En suivant la route qui conduit à cette promenade, on se croirait au milieu d'un camp; artillerie, caissons, tentes, fourgons, convois de toutes sortes, encombrent les voies et les terrains vagues. Sur les quais, le service des subsistances, représenté sous toutes les formes, prouve que Paris aura de quoi s'alimenter pendant longtemps.

Le doute ne semble pas permis lorsque l'on voit descendre aux abreuvoirs de la Seine d'immenses troupeaux en parfait état.

Les nouvelles diverses sont assez nombreuses aujourd'hui, aussi puis-je en citer plusieurs des plus intéressantes pour le moment actuel.

La Monnaie frappe depuis quelques jours des pièces de 5 francs à l'effigie de la République ; on a repris le coin de 1848 : une tête couronnée d'épis. Au revers figure la couronne de laurier et de chêne. Sur l'exergue de la pièce, on lit : « Dieu protége la France! » Espérons tous que cela sera.

Le Gouvernement vient de requérir toutes les voitures de factage des chemins de fer pour le service des ambulances. Ces voitures sont plus particulièrement destinées aux remparts, comme l'indique une large bande de calicot appliquée sur les panneaux.

Un puits va être percé devant la rotonde de l'Institut. Les ingénieurs de la ville ont, en effet, signalé en cet endroit l'existence d'une nappe d'eau potable recouverte d'une couche de terrains faciles à percer. Il en sera de même sur la place de la Trinité. Ces puits prennent le nom de puits municipaux.

Des jardiniers et des hommes de journée sont occupés dans les petits jardins du Louvre à remplir de terre des sacs de grosse toile. Ils les disposent dans les ouvertures des fenêtres qui éclairent les galeries où sont exposés les antiques. Les mêmes précautions sont prises à l'École des Beaux-Arts ; elles ont pour effet de préserver ces trésors en cas de bombardement.

Une réunion du corps diplomatique résidant à Paris a eu lieu sous la présidence du nonce.

Voici ce qui a été décidé dans cette réunion :

1° Le corps diplomatique continuera à séjourner à Paris

jusqu'au jour où l'un des belligérants le préviendra officiellement que, d'après la tournure que prendra l'attaque ou la défense, il y avait lieu pour les représentants des neutres de s'absenter de la ville.

2° Demander au Gouvernement français et au roi de Prusse de faciliter les départs des courriers qui porteraient à l'étranger les dépêches du corps diplomatique resté à Paris.

En ce moment la création des ambulances augmente dans Paris. Certes, il n'est point d'œuvre qui ait une plus actuelle utilité et qui ne mérite l'encouragement et le concours de tous. La garde nationale sédentaire s'occupe avec un zèle, qu'il est utile de louanger, de cette organisation. A l'heure où j'écris ces lignes, le comité des ambulances fait passer à Londres l'adresse suivante :

« *Le commerce de Paris au commerce de Londres :*

» L'infortune rapproche les hommes de cœur.

» Au premier bruit du canon retentissant sous nos remparts, le commerce de Paris s'est uni dans une association dévouée et philanthropique.

» De concert avec la garde nationale, il vient de former des ambulances spéciales de la garde nationale sédentaire, l'étendant à tous les bataillons de la milice citoyenne, et grâce à une direction unique, centralisant les secours de toute sorte. Les nombreuses voitures dont peut disposer le commerce parisien ont été généreusement mises à la disposition des ambulances spéciales agréées par la convention de Genève, qui leur a donné l'autorisation de porter ses couleurs.

» A l'aide de ces voitures, l'administration établit des

correspondances incessantes entre les combattants et leurs familles et leurs quartiers.

» Mais une telle organisation, pratiquée sur une large échelle, a nécessairement entraîné des dépenses considérables : voitures, chevaux, secours aux blessés, vin, bouillon, nourriture. L'initiative individuelle, à laquelle on a déjà beaucoup demandé, a aussi déjà beaucoup fait. Le commerce parisien a beaucoup donné.

» Mais en ce moment, de rudes sacrifices lui sont imposés, et la guerre, en paralysant les affaires, épuise des ressources que rien ne renouvelle.

» Dans ces circonstances pénibles, en face d'éventualités plus graves encore, le commerce de Paris fait à celui de Londres un appel fraternel et pressant.

» Trop de liens, et des liens trop puissants, unissent les deux premières villes du monde pour qu'une interruption momentanée des affaires brise aussi les sympathies.

» Le croire serait faire injure au caractère anglais et méconnaître tout ce qu'il y a en lui de véritablement grand et de noblement humain. Aussi le commerce parisien ne l'a pas cru.

» C'est avec une confiance absolue et qui ne sera pas trompée qu'il dit :

» Nous avons ici de grandes souffrances, aidez-nous à les secourir; vous êtes le pays de l'initiative personnelle; secondez l'effort que fait à Paris la philanthropie privée. Nous vous appelons.

» Venez à nous. »

Semblable appel doit être fait au commerce de *New-York* et de *Philadelphie*.

Outre les ambulances formées par le comité du commerce de Paris, les municipalités des vingt arrondissements prennent des mesures sérieuses afin de pouvoir recevoir nos blessés. Chaque mairie va bientôt avoir sous ses ordres huit ambulances en moyenne, ce qui sera d'un grand secours pour les hôpitaux qui se trouveraient encombrés. Le zèle des maires est louable, et je suis certain que l'appel fait à tous pour meubler en linge et literie et autres objets, sera entendu, et que les dons charitables ne feront point défaut.

Le service des ambulances sera fait mi-partie par des femmes, mi-partie par des hommes, pris dans les compagnies, mais dont l'âge ne donnera point lieu à des récriminations de la part des gardes nationaux.

Des directeurs choisis parmi des comptables seront mis à la tête de ces ambulances, mais sans rétribution aucune. La solde allouée aux infirmiers et aux infirmières ne dépassera pas 1 franc 50 centimes par jour.

Plusieurs ambulances ne payent pas leur personnel, la nourriture seule les défraye de leur travail.

Les réunions publiques sont toujours d'une violence extrême au sujet des élections municipales.

On y vote l'ordre du jour qui s'arroge le droit de procéder aux élections malgré le Gouvernement.

Les orateurs les plus acharnés demandent l'établissement de la Commune, et espèrent, à l'aide de ces élections, renverser le Gouvernement de la défense.

Les gens qui commandent et conduisent ce mouvement sont dangereux; aussi les vrais Français s'indignent-ils de ces manœuvres honteuses, qui ne sont faites que pour allumer la guerre civile. Paris est inquiet de ces menées odieuses... car, s'il faut ajouter l'émeute à notre cruelle position, la mesure sera comble; avec une telle perspective, on a raison de s'inquiéter et de craindre !

Ce matin est parti de Montmartre le premier ballon-poste. C'est celui qui s'élevait chaque jour pour surveiller les opérations militaires prussiennes.

A sept heures, une voiture de l'administration des postes déposait, pour être expédiés, plusieurs sacs énormes remplis de lettres. M. Rampont et le directeur des télégraphes étaient présents. Le ballon le Neptune était gonflé, se trouvant en permanence depuis dix-sept jours pour les ascensions qui se suivaient sans arrêt. La manœuvre était faite par les ex-équipiers du Géant; ils sont d'une excellente tenue et n'ayant rien de commun avec les servants des aéronautes forains. Ils étaient assistés de huit hommes de la flotte et de vingt-cinq soldats de ligne. A sept heures et un quart, le chargement étant fait, l'aéronaute prononça le sacramentel : Lâchez tout ! Le ballon gagna vite une hauteur de quinze cents mètres et se dirigea sur la Normandie.

Oh! messager d'espérance, porte nos baisers à nos enfants, à nos familles, que Dieu te protége et que l'aile des vents te soit propice.

## 12ᵉ JOURNÉE

**Lundi 26 Septembre**  3 %  53.05

L'ennemi ne semble dessiner d'attaque sur aucun point; il établit des ouvrages et occupe les hauteurs à grande distance.

La défense veille activement sur tous les points. Aussitôt que l'on aperçoit un convoi ou une reconnaissance, les forts y envoient des obus, et les coups portent presque toujours heureusement. Le Gouvernement et les habitants se préoccupent beaucoup du bombardement, et de tous côtés on prend de sérieuses mesures.

Une affiche, divisée par articles et placée devant chaque maison, indique les précautions à prendre. On bouche les soupiraux des caves, et l'on fait mettre dans les cours des tonneaux remplis d'eau, et du sable pour éteindre les bombes au pétrole.

Quoique bien éloigné de blâmer toutes ces mesures de sûreté, je ne puis cependant croire au bombardement, et j'espère que l'avenir me donnera raison.

Puisque nous en sommes sur ce chapitre, je puis enregistrer la création d'une *Assurance contre les incendies produits par le résultat dudit bombardement;* mais comme elle demande fort cher, je crois pouvoir lui prédire très-peu de succès.

La part du feu étant faite, je continue.

Au point de vue militaire, la journée a été sans importance. Toutes les apparences sont toujours d'accord pour indiquer une concentration de forces ennemies en avant de Versailles, où l'on dit qu'il se trouve déjà une armée de 100,000 hommes.

La jolie ville de Saint-Cloud est noire de Prussiens; au lieu d'être noire de Parisiens, qui tous les ans, à cette même époque, vont souhaiter joyeusement la fête à ce pauvre pays.

Les Allemands y établissent des batteries un peu partout. On craint donc beaucoup de ce côté, mais les dispositions les plus sérieuses ont été prises pour contre-battre les positions de Saint-Cloud, Montretout et Meudon, et les Prussiens rencontreront là une défense des plus énergiques;

sans oublier le service des canonnières, qui sera d'une importance très-grande contre la batterie de Brimborion, située au Bas-Meudon. A Saint-Denis, la défense s'organise aussi parfaitement, en même temps qu'elle se régularise. Les rues y sont fermées par de solides barricades, et les forts qui protégent ces points ont encore été renforcés dans leur armement.

Du côté de Nogent et du fort de l'Est, on a établi sur la droite deux énormes redoutes, celle de la Faisanderie et de Gravelle, reliant Nogent et Charenton. Presque toutes les défenses extérieures ont des marins pour pointeurs; aussi le tir de nos pièces est-il toujours excellent.

Nous nous fortifions d'une manière formidable au Moulin-Saquet et aux Hautes-Bruyères, position qui va devenir l'une des plus importantes de la défense.

Plus le danger semble augmenter, plus Paris se peuple d'ambulances. Le théâtre de la Porte-Saint-Martin vient de mettre un certain nombre de lits au service des blessés. On peut encore citer le Théâtre-Français, l'Odéon et le Théâtre-Lyrique. Les habitants du 1er arrondissement viennent de fonder un certain nombre de salles réservées aux blessés militaires; ils en supporteront tous les frais. Le service médical y est gratuit, et les pharmaciens de l'arrondissement livrent les médicaments aux prix de revient. On compte là 750 lits.

On continue la publication des *Papiers et Correspondances de la famille impériale*, mais les nouvelles livraisons, comme la première, offrent toujours peu d'intérêt.

Plusieurs décrets ont paru à l'*Officiel* de ce matin.

Entre autres je cite :

1° Celui qui autorise l'administration des postes à expédier par la voie d'aérostats montés les lettres ordinaires à destination de la France, de l'Algérie et de l'étranger ;

2° Celui qui complète la commission des barricades par l'adjonction des citoyens *Albert,* ancien membre du Gouvernement provisoire, et *Cournet.*

La commission se trouve ainsi composée de neuf membres chargés de diriger, avec autant d'ingénieurs, les travaux de défense intérieure dans les neuf secteurs.

La commission s'est partagée en trois groupes.

MM. *Louis Ulbach*, *Ernest Blum* et *Émile Raspail* ont été nommés secrétaires de chacun de ces groupes correspondants à trois secteurs.

Les personnes qui ont eu l'idée de conduire leurs pas du côté des Champs-Élysées ont assisté à un spectacle étrange et navrant. C'était le transport des fuyards de la bataille de Châtillon qui se rendaient au conseil de guerre. Ils ont traversé Paris à pied entre un piquet de gendarmes à cheval. Ces indignes Français, ces honteux soldats avaient la capote à l'envers, la visière du képi retournée, les mains liées derrière le dos.

Sur la poitrine de chaque homme était attachée une pancarte dont voici la teneur :

« Un tel.

» *Misérable lâche qui a abandonné son poste devant l'ennemi, tous les honnêtes gens sont invités à lui cracher au visage!* »

## 13ᵉ JOURNÉE

**Mardi 27 Septembre**   3 % 53.15

Aujourd'hui, en ouvrant l'*Officiel*, nous trouvons des nouvelles de Tours que nous inscrivons :

« Nous avons fait afficher dans toute la France la proclamation et les décrets suivants :

### » PROCLAMATION.

» Avant l'investissement de Paris, M. Jules Favre, ministre des affaires étrangères, a voulu voir M. de Bismark, pour connaître les dispositions de l'ennemi. Voici la déclaration du ministre du roi Guillaume : La Prusse veut continuer la guerre et réduire la France à l'état de puissance de second ordre.

» La Prusse veut l'Alsace et la Lorraine jusqu'à Metz par droit de conquête.

» Pour consentir à un armistice, la Prusse a osé demander la reddition de Strasbourg, de Toul et du Mont-Valérien.

» Paris exaspéré s'ensevelirait plutôt sous ses cendres. En effet, à d'aussi insolentes prétentions, on ne répond que par la lutte à outrance. La France accepte cette lutte et compte sur tous ses enfants. »

### DÉCRET :

« Vu la proclamation ci-dessus qui constate la gravité des circonstances, le Gouvernement décrète :

» Toutes élections municipales et pour l'Assemblée constituante sont suspendues et ajournées. — Nous envoyons partout des ordres et des hommes pour surexciter l'esprit de défense nationale. Nous faisons les plus grands efforts pour jeter sur les derrières de l'armée prussienne toutes les forces possibles soit comme guérillas, soit comme forces régulières. Déjà l'amiral Fourichon a envoyé en avant d'Orléans des forces qui ont eu plusieurs petits engagements ; elles harcèlent l'ennemi sans relâche, sous les ordres du général Polhès. »

Tel est le contenu de cette dépêche. Elle prouve que la province ne nous abandonne pas, et que des hommes peuvent encore percer les lignes ennemies.

Les rapports militaires sont muets ; la journée a été d'un calme parfait ; pas un seul coup de canon. Si les Prussiens nous laissent en repos, on n'en peut dire de même du parti républicain extrême, qui réclame toujours avec violence les élections *soi-disant* de la *commune* et qui semble vouloir faire une *journée*. Aussi est-on inquiet pour demain 28, jour fixé primitivement pour les élections municipales.

A en croire les écrivains socialistes et les orateurs des clubs, le salut du pays ne sortira que d'un ensemble de mesures révolutionnaires.

Ils parlent d'emprisonnement, de destitution en masse, de mise en accusation.

Dans leur ardeur à renouveler la face de la société, ils oublient presque les batteries ennemies dressées contre Paris, et c'est le Gouvernement de la défense nationale qu'ils lacèrent de leurs traits.

Cette attitude ne peut être que désavouée par le pays et elle l'est.

Les feuilles de ces orateurs violents sont aujourd'hui peu

lués, leurs discours peu écoutés, et leurs attaques échouent contre l'indifférence du public. Les gens sensés sont trop pénétrés de leur devoir pour ne pas les condamner hautement. Les franc-tireurs non soldés, qui ont pris le nom de carabiniers parisiens, ont été admis à servir d'éclaireurs au général Vinoy. La première compagnie de ce corps est partie hier soir pour commencer son service.

Les employés de l'administration centrale du Mont-de-Piété ont passé la nuit de dimanche à lundi pour achever d'urgence un travail demandé par le ministre de l'intérieur.

M. Gambetta, en effet, au milieu des nombreux travaux qui le pressent de toutes parts, n'a pas perdu de vue l'intérêt des classes ouvrières, si éprouvées dans les circonstances cruelles où se trouve le pays. Il vient de proposer une mesure qui autorise le directeur du Mont-de-Piété à restituer gratuitement tous les objets d'habillement, de lingerie, de literie dont l'engagement ne dépasse pas 15 francs.

Ce travail a été envoyé dans la journée à M. le ministre de l'intérieur. La mesure si louable qui est soumise ce soir au Gouvernement nécessitera une dépense de 3,000,000 de francs.

Dans la journée, à une heure, une épaisse colonne de fumée noire et compacte montait vers le ciel et couvrait à peu près la moitié de Paris. De toutes les directions, on courait vers la gare de l'Est, qui, disait-on, était en feu.

Il n'en était rien.

Informations prises, des tonneaux d'huile de pétrole entreposés dans le lac desséché des Buttes-Chaumont avaient pris feu.

Vers trois heures, sans être complétement éteint, l'incendie n'offrait plus aucun danger.

Les rumeurs les plus exagérées ont été mises en circulation à propos de cet accident. Selon beaucoup de gens, l'or prussien avait payé celui qui avait mis le feu à ces tonneaux de pétrole.

Cet incendie n'est nullement le résultat de la malveillance. Les pertes sont pécuniairement peu considérables.

Ce matin, il y a eu une grande émotion dans tous les quartiers de la capitale. Les boucheries sont fermées ! Les bouchers ne veulent plus vendre suivant la taxe; leur raison s'appuie sur ce que cette taxe n'est point assez avantageuse pour eux. Ces messieurs veulent continuer d'encaisser des bénéfices comme au temps prospère; espérons que demain on y aura mis bon ordre.

Les appels faits par le Gouvernement à l'industrie privée et au génie civil, ont amené des résultats auxquels on devait s'attendre devant les dangers qui nous menacent. Ingénieurs officiels et ingénieurs civils se sont spontanément offerts et dirigent entre eux les travaux de guerre exécutés au delà des forts.

Ils sont secondés, par les entrepreneurs et les ouvriers, avec un égal dévouement. Des mobiles les gardent, dans ces entreprises périlleuses, contre les éclaireurs ennemis.

Les commissions militaires, qui ne voyaient qu'avec une extrême défiance l'industrie se mêler de la fabrication de l'artillerie et des armes, renoncent à ces mille exigences inutiles. Il leur suffit de la perfection du tir et de la qualité des matières; grâce à ces sages tolérances, les chefs d'industrie entreprennent avec entrain et comme un devoir public les travaux qui leur sont confiés.

Paris est un arsenal dont les ressources semblent inépuisables. Ateliers, outillage, métaux et ouvriers permettent d'y improviser, en quelques semaines, l'armement de plusieurs armées, et Paris possède en fer et en bronze un approvisionnement important. On travaille donc avec ardeur.

L'idée d'un bombardement prochain persiste toujours dans tous les esprits.

Ce soir, une note du colonel commandant le fort de Charenton, au gouverneur de Paris, fait connaître qu'une forte reconnaissance a été poussée par le 14ᵉ de ligne et les tirailleurs parisiens vers les villages de Maisons-Alfort et de Créteil et sur la ferme des Mèches.

La reconnaissance, qui s'était portée avec trop d'ardeur sur cet endroit, fut accueillie par une vive fusillade et forcée de battre en retraite après un court et vif engagement, mais peu meurtrier.

## 14ᵉ JOURNÉE

**Mercredi 28 Septembre**  3 %  54.10

Les rapports militaires du matin n'offrent en somme aucune nouvelle intéressante. Nous devons cependant mentionner une série de petits combats engagés depuis le point du jour, sur les bords de la Marne, dans les localités situées en avant des forts, à Nogent, à Joinville et à Créteil.

Les francs-tireurs occupent plusieurs maisons dans ces villages, dont ils ont fait d'intelligents observatoires.

Les Prussiens paraissaient avoir pris la résolution de déloger d'un coup ces importuns. Dès l'aube des détachements assez nombreux ont attaqué les maisons occupées par nos francs-tireurs, qui, profitant des avantages de leur position, se sont fort bien défendus.

Vers dix heures, le canon de Nogent a forcé les assaillants à se replier, et nous avons pu effectuer tranquillement notre retraite sur le fort sans subir de pertes considérables.

Le ministre de la guerre a visité hier les ouvrages entre le Point-du-Jour et Vitry. Il a pu constater que la position de Villejuif a été fortifiée avec la plus grande énergie. Le Gouverneur de Paris a reçu une communication annonçant que l'ennemi a fait des sondages dans les bras de la Seine du côté du Bas-Meudon.

Le général du génie Javin a reçu l'ordre d'abattre les ombrages qui peuvent cacher les travaux de pontonniers que les ennemis se proposent évidemment de faire sur ce point, et de faire soutenir nos travailleurs.

Les fossés des fortifications sont inondés du côté de Grenelle. La Seine est barrée, dans cette partie de Paris, par un solide pont de bateaux. Un barrage semblable a aussi été construit en avant du pont de Bercy, à cinq cents mètres environ des fortifications.

M. le préfet de police a mis à la disposition de M. le ministre de la guerre un corps de 3,000 hommes formé des ex-sergents de ville et agents de la sûreté qui, choisis parmi les anciens soldats constituent une force sérieuse et capable de rendre les plus grands services.

Le 13e corps en a reçu 1200 ; le reste s'est joint au 14e corps d'armée.

Une nouvelle estafette nous apporte de Tours les nouvelles suivantes :

» Nous n'avons point encore le rapport détaillé de M. le ministre des affaires étrangères, nous n'en avons encore que le résumé, qui a été transmis tout de suite à la France entière et à toute l'Europe. L'impression partout est la même. En France, enthousiasme et exaltation pour la guerre; à l'étranger, blâme absolu des prétentions prussiennes, approbation complète de notre ferme confiance que l'Europe ne permettra pas le morcellement de notre territoire.

» C'est dans ce sens que les négociations se poursuivent activement, elles sont accueillies avec faveur. L'attitude de Paris cause autant d'émotion que de respect. On considère la position des Prussiens comme très-aventurée. Il paraît certain qu'ils ont beaucoup souffert devant Issy, qu'ils ne s'attendaient pas à la défense de Paris et qu'ils en sont troublés. »

Les nouvelles sont encore meilleures aujourd'hui qu'hier. Tout semble prendre un état normal, un état de guerre bien entendu; enfin tout se fait avec plus de régularité que par le passé, et l'on sent dans l'ordre qui s'établit le résultat des forces peu à peu reconquises.

Les délégués du Gouvernement provisoire ont, dit-on, vu se former auprès d'eux, à Tours, une sorte de comité, né de l'initiative de nos départements et composé de notabilités provinciales. Ce conseil organise l'armement des volontaires très-nombreux que la France du Midi et de l'Ouest envoie à Tours.

Les fonderies de Bourges et du Midi fabriquent des canons en grand nombre. Un journal annonçait hier que M. Thiers prêtait le concours de son expérience à l'amiral Fourichon pour l'organisation de l'armée de la Loire. Ce concours ne serait qu'accidentel, car la mission dont le Gouvernement de la défense nationale a chargé M. Thiers est loin d'être terminée. Enfin, la situation morale qui nous est faite est bonne. A cette heure, l'ennemi n'a plus à gagner à la guerre qu'il nous fait. Vaincu, il est perdu sans ressources ; vainqueur, il ne saurait prétendre qu'à une occupation prolongée, mais précaire, et sans profit décisif.

Nous, au contraire, nous nous battons pour le suprême combat. C'est l'honneur, c'est la patrie, c'est la vie de nos femmes, de nos enfants, qui s'abritent sous nos murs.

Du courage et de la persévérance, et, dans quelques semaines, les soldats de la délégation nationale de Tours seront trois cent mille, et c'est par le canon et la mitraille que les communications seront rétablies entre la capitale et le reste de la France.

Ce que je viens de transcrire est la pensée du plus grand nombre, mais j'avoue franchement que ce n'est pas entièrement la mienne.

Certes, deux choses peuvent nous sauver : l'énergique résistance de la capitale et la rapide formation en province d'une armée de secours. Il faut que Paris compte sur la province et que la province compte sur Paris ; il faut que la résolution soit égale de part et d'autre ; il faut que chacun s'arme, ici de patience et de fermeté, là-bas de promptitude et d'énergie.

Entre une capitale qui tient à outrance et une nation qui se lève en toute hâte, l'armée envahissante peut être accablée, pourvu que la capitale tienne assez longtemps et que la nation forme une armée forte, et bien disciplinée ; mais, malgré moi, je ne puis croire que l'effort du pays puisse y arriver, et je crains que nous ayons sous les drapeaux beaucoup d'hommes mais peu de soldats, car, outre la volonté, il faut, pour former une armée, des généraux et surtout des officiers, qui ne peuvent s'improviser en un jour.

Nous pouvons avoir confiance, mais il ne faut pas que

nous nous fassions d'illusions. Ce sont les illusions qui nous ont perdus, qui nous ont jetés sans préparation dans une guerre terrible, qui nous ont trop longtemps caché l'abîme où nous sommes.

Nous n'avons encore supporté que de légères épreuves, ayons le courage de le reconnaître, et d'en prévoir de plus rudes.

Ne croyons pas non plus trop facilement au découragement de l'ennemi, dont on nous parle tant. L'ennemi joue une grande partie, il risque tout pour tout gagner; il aura certainement autant de persévérance qu'il a de hardiesse.

Défions-nous des impatiences fébriles et des espérances prématurées !

Une affiche, posée hier sur tous les murs de Paris, nous apprend qu'afin de réprimer les attentats à la propriété, le maraudage, le vol, l'espionnage qui se propagent dans la banlieue, le gouverneur de Paris a ordonné l'institution de cours martiales à Vincennes et à Saint-Denis, et dans les 13ᵉ et 14ᵉ corps d'armée.

Ce matin, le *Journal officiel* publie plusieurs décrets : l'un constituant une commission des subsistances; un autre faisant juger, pendant la durée du siége, les crimes et délits commis par les gardes nationaux, par des conseils de guerre dits de la garde nationale.

Messieurs de Belleville délibèrent toujours.

Dans une séance encore assez orageuse, ils ont décrété que leur maire était déchu de ses fonctions, et que le citoyen Ranvier était élu à sa place et serait installé demain; que M. Godillot (le fournisseur de l'armée) serait arrêté comme prévenu de haute trahison, que les ateliers, l'outillage, marchandises et tout le matériel lui appartenant seraient expropriés au profit de la nation, moyennant une indemnité qui sera payée par annuité; que l'exploitation du sieur Godillot sera concédée à une société ouvrière coopérative. Enfin, on décide que l'élection de la Commune de Paris se fera le 29, par acclamation dans la garde nationale et dans les réunions publiques. Si l'ennemi n'était pas devant nos portes, il faudrait en rire de pitié.

L'alimentation n'est pas la moindre des choses en ce moment.

Si, en temps de paix, la chose est difficile, jugez de ce que cela doit être en temps de siége; aussi m'occuperai-je assez souvent de cet article :

Alimentation.

En ce moment, nous avons à manger :

447.000 quintaux de farine, sans compter le blé à battre et à moudre;
  25.000 bœufs,
150.000 moutons,
   6.000 porcs.

Voici, certes, des vivres en assez grande quantité, sans compter encore les autres comestibles, tels que : Volailles, pâtés, conserves et légumes secs. Maintenant, la ville, qui vend la viande par l'intermédiaire de MM. les bouchers qui ont bien voulu prêter leur boutique, abat par jour, réglementairement :

500 bœufs et 4.000 moutons.

Un décret, dont la mesure est d'une extrême sagesse, vient de taxer le pain; espérons que les boulangers seront plus patriotes que messieurs de la boucherie.

Comme on le voit, les vivres sont abondants. Cependant le prix des légumes est assez élevé.

Il sera curieux d'enregistrer aujourd'hui le prix de différentes denrées, afin de pouvoir juger, si le siége se prolongé, de la hausse progressive.

Depuis une huitaine de jours, il s'est créé une nouvelle industrie parisienne, celle de la maraude. Cette maraude consiste à aller dans les champs, souvent au péril de ses jours, et d'y prendre des légumes dont on charge des voitures pour les ramener vers Paris.

Arrivés aux barrières, les maraudeurs trouvent des acheteurs en gros, qui revendent en ville, au détail.

C'est tout simplement le vol et le pillage organisés, et je vois avec plaisir la formation des cours martiales qui seront chargées de punir ce véritable brigandage, fait au détriment de ces pauvres réfugiés.

Déjà j'apprends qu'un service régulier est organisé pour relever ces denrées alimentaires, et qu'il rentre à Paris, tous les matins, de sept à huit cents voitures chargées de légumes frais, récoltés par les propriétaires eux-mêmes. Malgré cette abondance relative, tout est cher.

C'est ici que je cite les prix de différents objets :

| | | |
|---|---|---|
| Un chou-fleur | 1 | 50 |
| Navets ou carottes (la botte) | 1 | 50 |
| Un chou | 1 | » |
| Un poulet ordinaire | 10 | » |
| Un canard | 12 | » |
| Une oie | 20 | » |
| Une dinde | 40 | » |
| Une anguille | 15 | » |
| Le beurre frais (la livre) | 8 | » |
| Le raisin | » | 75 |
| Une poire | » | 25 |

## 15° JOURNÉE

**Jeudi 29 Septembre**  3 % 53 95

Les rapports militaires du jour signalent quelques incidents, mais pas de résultats. L'ingénieur de la Tour de Solferino (Vaugirard) et le général commandant Saint-Denis donnent seuls connaissance de légers engagements. Un feu très-vif de mousqueterie s'est entendu du côté de Saint-Denis, mais le brouillard empêchait de distinguer le point où avait lieu l'action. Quelques coups de canon du fort de l'Est et de la Double-Couronne ont délogé l'ennemi du château de Stains et ont incendié le Bourget. Les travailleurs ont continué à hauteur de Dugny, à droite et à gauche. Quelques mouvements de cavalerie ont eu lieu aussi de ce côté. Hier, le capitaine Thomasset, commandant la flottille des canonnières de la Seine, a fait appuyer par une batterie et deux chaloupes-vedettes les troupes du général Blanchart, chargées de déboiser l'île de Billancourt. Nos tirailleurs ont échangé une vive fusillade avec les Prussiens établis dans les jardins de l'orphelinat du Bas-Meudon.

Le général, chef d'état-major, a visité ce matin le fort d'Ivry, les positions du Moulin-Saquet et des Hautes-Bruyères. Sur tous ces points, la défense est dans les meilleures conditions.

Depuis le 23, les Prussiens se sont tenus à une telle distance de Paris, qu'à peine avons-nous pu apercevoir depuis ces six journées quelques-uns de leurs avant-postes. Il est cependant certain que l'ennemi n'est pas resté inactif depuis vendredi. S'est-il contenté de se fortifier dans les principales positions qu'il compte garder sur les routes et sur les hauteurs ? A-t-il travaillé à assurer ses postes d'investissement et ses communications, en préparant en même temps ses principales batteries à longue portée ? Nous ne pouvons faire là-dessus que des conjectures, car les reconnaissances de nos éclaireurs n'ont pas été poussées assez loin pour nous renseigner à ce sujet. Malgré la complète ignorance des actes de l'armée assiégeante, le temps n'a pas été perdu pour nous. Les travaux de défense ont été continus dans les parties des fortifications relativement les plus faibles, et le Point-du-Jour a été surtout l'objet de l'attention particulière du gouverneur. En effet, lorsque l'on jette les yeux sur la carte des environs de Paris, on voit trois points d'attaque : Saint-Cloud, Meudon et Châtillon ; cette dernière hauteur, dominant les forts de Vanves et d'Issy. Les Prussiens se trouvent donc de ce côté très-près de Paris, et hors de portée du Mont-Valérien ; ce sera donc là qu'aura lieu probablement l'attaque, car à l'est, les forts, se trouvant fort éloignés des remparts, forcent l'ennemi à demeurer à une grande distance de la ville. C'est donc à l'ouest et au sud que l'on travaille le plus.

A mesure que le moment solennel approche, Paris devient plus grave, et sa physionomie prend toujours un aspect plus sérieux, plus recueilli. La mobile n'a pas cessé un seul moment ses exercices et se familiarise avec les postes qu'elle est chargée de garder. Quant à la sédentaire, les paisibles citoyens, qui, il y a quelques jours, se promenaient, fiers de leur képi, sachant à peine porter le ceinturon, embarrassés du poids de leur fusil, ont fini par se donner un air militaire. Sur toutes les places ils font l'exercice avec dévouement et résolution. Il y a encore hésitation dans la manœuvre, mais on sent qu'ils veulent bien faire, et que, l'heure arrivée, ils tireront bravement sur l'ennemi.

Paris est encore plein de mouvement, mais ce mouvement est fébrile. Il y a du monde dans la rue, mais c'est un monde inquiet, défiant. Les maisons sont toujours là, mais que de volets fermés ! sur les théâtres, sur les monuments publics on voit écrit ce triste mot :

AMBULANCE.

Aussi toute gaieté est-elle loin : au fond, on a le cœur serré ; cependant on vit avec l'espérance. La province s'arme pour délivrer Paris ; on n'en a pas de nouvelles, mais on ne doute pas qu'elle se prépare. On éprouve ce sentiment d'anxiété et de hâte qui envahit le cœur quand on attend un être aimé qu'on n'a pas vu depuis longtemps.

Espérons !

Contrairement à ce qu'ont annoncé plusieurs journaux, les Prussiens n'ont encore fait leur apparition ni à Suresnes ni à Asnières. Le 58e régiment de ligne s'est fortement retranché dans Puteaux, où de gigantesques barricades ont été élevées. L'église a été convertie en ambulance.

A l'endroit connu sous le nom des Cinq-Arches de Puteaux, un peu en avant du village, le génie militaire a fait abattre une dizaine de maisons qui gênaient le tir du mont Valérien.

Ce village et Saint-Denis ont été visités hier par les membres du Gouvernement préposés aux barricades.

Tous les mobiles de Paris sont casernés, et l'habitant se trouve enfin délivré du lourd impôt du logement des troupes. On leur a construit, au Champ-de-Mars et sur les boulevards extérieurs, de solides et commodes baraques en planches, recouvertes de toiles goudronnées.

Aujourd'hui a paru un décret du Gouvernement de la Défense fixant les bases de la discipline dans la garde nationale qui forme maintenant une armée appelée au service de guerre. L'allocation de 1 fr. 50, faite, en date du 10 septembre, aux gardes nationaux pendant la durée du siége, vient de faire naître un avis de la mairie de Paris, dont nous donnons la teneur en entier.

### MAIRIE DE PARIS.

Le maire de Paris rappelle à ses concitoyens qu'aux termes du décret du 10 septembre, et de l'arrêté du 24 courant, l'indemnité de 1 fr. 50 allouée aux gardes nationaux n'est due qu'à ceux d'entre eux qui n'ont pas d'autres ressources, et que tout citoyen convaincu d'avoir perçu ou retenu des sommes supérieures à l'indemnité fixée par ce décret, dissimulé sa profession et trompé d'une manière quelconque sur la nature de ses ressources, sera rayé des contrôles, et, s'il y a lieu, porté à l'ordre du jour ou déféré aux tribunaux. Il importe que chacun se pénètre bien de l'esprit de ce décret. Que tous les citoyens qui n'ont pas d'autres ressources se fassent donc inscrire dans leurs compagnies pour toucher une indemnité qui est la juste rémunération du temps que leur prend la défense du pays ; mais que tous ceux, au contraire, que le service de la garde nationale ne prive pas d'un salaire indispensable pour vivre, s'abstiennent scrupuleusement de réclamer cette allocation.

Le Maire de Paris,

E. Arago.

Certes, après cet avis d'une grande sagesse, si quelques hommes ont ou mal compris ou mal interprété le décret du 10 septembre, il est de leur devoir de se faire rayer de suite de la liste des nécessiteux dressée dans chaque compagnie. Mais, hélas! je crois que nous aurons à déplorer plus d'un oubli volontaire, car il y a bien des gens ayant fort bien compris le décret et qui ne se sont fait aucun scrupule de toucher, jusqu'à ce jour, l'allocation, et disons à la honte de ces gens, qu'en face de leurs noms on pourrait inscrire un revenu qui, certes, ne peut les faire classer au nombre des besoigneux.

L'état-major de la garde nationale vient de constituer un corps chargé de construire dans les 9 secteurs des abris casematés. Ce corps se compose de neuf ingénieurs placés sous la direction de M. Tresca. Un crédit provisoire de 225,000 francs est ouvert pour cet objet par M. le ministre de l'intérieur après avis de M. le ministre des finances.

La fabrication des armes et munitions ne chôme pas. La vente de la viande est réglée et se débite dans un certain nombre de boucheries assez bien approvisionnées et dans lesquelles on se présente chaque jour pour s'alimenter; mais comme toutes les ménagères veulent arriver les premières, il s'ensuit que l'on fait queue aux boucheries dès 5 heures du matin, et que, pour maintenir l'ordre, il faut employer la garde nationale. On s'occupe activement de compléter la formation de la garde civique qui sera chargée spécialement de ce service.

Comme on le craignait, la journée ne s'est point passée sans manifestation. Le major Flourens veut des élections quand même. De sa propre autorité il a fait battre le rappel, réuni cinq bataillons, quoiqu'il n'ait le droit d'en commander qu'un seul, et s'est dirigé avec ses hommes, en armes, sur l'Hôtel de ville. Arrivé là, les chefs montent et demandent à parler au Gouvernement. On discute, on parlemente et on finit par calmer ces écervelés. La manifestation rentre chez elle en chantant *la Marseillaise*. Par prudence, le rappel avait été battu dans plusieurs quartiers, et des bataillons se réunissaient sous les armes à tout événement. La soirée se passe avec beaucoup de calme de tous côtés; mais le parti extrême demande toujours la Commune!. comme si vraiment nous avions le temps de penser à discuter les idées de ces messieurs.

La masse sage de la population est bien décidée à combattre les Prussiens de M. de Bismark, comme ceux de M. Flourens.

Un rapport de M. le préfet de police contient des détails précis sur l'incendie des Buttes-Chaumont. L'autorité s'est empressée de prescrire une enquête pour découvrir les causes de ce sinistre. Une pipe non consumée ayant été ramassée sur les lieux, on a su qu'elle appartenait à un ouvrier de Belleville. Cet individu qu'on a trouvé au lit, atteint de graves brûlures aux mains, a été l'objet d'un interrogatoire, après quelques réticences et dénégations qu'il n'a pu soutenir, il a fait des aveux complets. La cause du sinistre est ainsi expliquée tout naturellement, et le résultat de l'enquête a pleinement confirmé les déclarations de cet individu. On évalue à 4,000 le nombre des barils détruits. La commission des barricades s'est réunie au ministère des travaux publics, sous la présidence de M. Dorian. Elle s'est déclarée en permanence et prête à recevoir et à entendre toute communication relative aux engins ou inventions propres à la défense de Paris. Dans cette première réunion, à laquelle assistaient : MM. Rochefort et Flourens, il a été décidé que Paris serait divisé en 9 secteurs à la tête de chacun desquels serait placé un des membres de la commission.

Un rapport militaire communiqué dans la soirée nous donne les détails suivants :

Ce matin, plusieurs reconnaissances ont été vigoureusement poussées par les francs-tireurs : l'une par les chasseurs de Neuilly en avant de nos positions de Villejuif, l'autre par le corps des Lilas, vers Drancy. Cette dernière a surpris les avant-postes de l'ennemi vers Stains, Garges et plus à l'est, vers Orgemont et Saint-Gratien. La Redoute des Hautes-Bruyères a canonné un long convoi ennemi entre Chevilly et l'Hay, en avant du fort de Nogent, à environ 3,000 mètres de l'avancée ; trois obus ont forcé à une retraite précipitée le parti allemand.

## 16° JOURNÉE

**Vendredi 30 Septembre**      3 % 53.85

Aujourd'hui l'armée de Paris a fait une forte reconnaissance sur Choisy-le-Roy.

Le dernier combat, nommé combat de Villejuif, avait obligé les Prussiens à battre en retraite jusqu'à l'Hay et Chevilly, deux villages placés sur la route de Choisy à Versailles.

Ces opérations nous avaient laissés maîtres de nos positions avancées du Moulin-Saquet et des Hautes-Bruyères, qui couvrent les forts de Montrouge, Bicêtre et Ivry. Mais Chevilly et l'Hay aux Prussiens, ils peuvent, par surprise, reprendre les Bruyères et Saquet ; il était donc nécessaire de chercher à les refouler au delà du plateau. La sortie d'aujourd'hui a fait atteindre ce but en partie. Hay et Chevilly sont brûlés; l'attaque a été chaude, et les troupes ont vaillamment donné; elles se sont massées pendant la nuit sous les forts d'Ivry et de Bicêtre. Lorsqu'elles sortirent de leurs lignes, elles furent reçues par une vive fusillade. Bientôt l'engagement devint général et dura près de trois heures. Pendant que les troupes du général Guilhem refoulaient l'ennemi, le général Blaise pénétrait dans Thiais et s'emparait d'une batterie de position qui n'a pu être enlevée malheureusement faute d'attelage. Mais à ce moment nous avons été obligés de nous arrêter devant les masses ennemies, et la retraite a été ordonnée.

Le combat d'aujourd'hui peut compter comme le plus meurtrier depuis le commencement du siège. Nous avons à déplorer la mort du général Guilhem, qui est tombé à la tête de ses troupes.

Au moment où, forcés d'évacuer les villages incendiés, les Prussiens se sont repliés sur Choisy, ils ont été littéralement mitraillés par nos redoutes.

Du côté de Bougival, le général Ducrot a fait aussi une sortie, mais on la compte comme étant sans importance.

Le service fait par la garde nationale est maintenant parfaitement organisé. Chaque bataillon monte toujours la garde au même bastion, au lieu d'être obligé chaque jour de changer d'ordre de service, ce qui amenait des ennuis et des confusions regrettables. Du reste, je crois que l'habitude de tenir toujours le même bastion, en familiarisant les hommes avec la consigne, doit augmenter l'ordre et la défense. Les jours de garde deviennent aussi moins fréquents, et je suis certain qu'ils diminueront encore quand tout sera complétement organisé.

Puisque nous parlons ici des postes des fortifications échus comme service à la garde nationale, je me permettrai de faire quelques réflexions à ce sujet.

Je ne dirai pas que partout les choses se passent de la même façon, mais je puis citer plusieurs bastions où la garde des remparts est souvent faite d'une façon déplorable, et où la discipline est complétement oubliée par les gardes nationaux, les sous-officiers et même les officiers.

On donne mal les consignes, on parle, on cause, on chante en faction, on abandonne trop facilement son fusil pour une cause quelconque, et souvent le chef de section ou le caporal de pose est obligé d'aller chercher ses hommes chez le marchand de vin pour relever les factionnaires qui attendent le bon plaisir de ces messieurs.

Dans le jour cet oubli des devoirs est pénible, mais on pourrait ne pas trop y attacher d'importance, car on sait qu'il est difficile pour ceux qui n'y sont point habitués de se plier aux exigences de la discipline militaire; mais, pour le service de nuit, cette désobéissance aux ordres publiés par le Gouvernement de la défense nationale n'a pas de nom et ne peut trouver d'excuse.

Souvent on voit des hommes ne point répondre à l'appel pour leur tour de faction; on en voit d'autres y répondre, mais dans un tel état d'ivresse qu'ils ont perdu connaissance même de leurs actions. Quelques officiers ne sont point exempts du blâme que nous infligeons à ceux qui se sont rendus coupables de pareils faits.

Il est pénible pour moi d'être obligé de citer de si tristes écarts, mais ils sont vrais, je ne puis les passer sous silence.

Ce manque de discipline a souvent enfanté de graves accidents. Ainsi, pour ne parler que d'un seul, je dirai qu'une nuit un factionnaire tua de sa baïonnette un caporal ivre qui ne pouvait lui donner le mot de ralliement et voulait forcer la consigne.

Ordinairement les nuits de garde aux remparts se passent à chanter et à boire; aussi, le lendemain, dans différents bataillons, un tiers des hommes rentrent-ils dans leurs quartiers pouvant à peine se soutenir.

D'où vient cette plaie?

Des cantines volantes des compagnies et de celles dressées en plein vent sur la rue du rempart; des chefs, qui autorisent l'ouverture de ces cantines pendant la nuit, et du peu de raison des hommes.

Quant aux cantines volantes, où l'on débite l'alcool à plein verre, j'espère qu'on leur donnera des ordres qu'elles ne pourront enfreindre sans encourir une peine sévère.

Les réunions publiques sont toujours de plus en plus animées. Les élections municipales en sont toujours le sujet principal.

Ledru-Rollin, Blanqui et Félix Pyat, les doyens de 1848, et le major Flourens, excitent les esprits par des discours violents. Soir et matin, dans leurs journaux, ils traînent dans la boue le Gouvernement de la Défense nationale.

Au milieu de ces insolences sans nom, de ces attaques extravagantes, Paris reste calme et résolu.

Je ne puis m'empêcher de citer ici quelques passages d'un article très-spirituel du *Journal des Débats* écrits à ce sujet :

« Les clubs, ou, pour mieux dire, les meneurs de clubs et les journaux qui leur servent d'organe, ne s'accommodent pas de l'ajournement des élections municipales. Cet ajournement, en effet, leur ôte le moyen de profiter d'un moment où la population a mieux à faire que d'avoir des bulletins de vote pour ressusciter par un coup de main électoral l'ancienne Commune de Paris et engager sérieusement la lutte contre le Gouvernement provisoire, assuré aujourd'hui du concours de la France entière, et soutenu par tout ce qu'il y a d'intelligent et d'honnête dans ce qu'on appelle le parti avancé.

» C'est vraiment une curiosité de voir comment ces hommes, dont la manie est de ne supporter d'autorité d'aucune sorte, et qui ne veulent à aucun prix être gouvernés, s'acharnent à gouverner les autres. Tout homme qui remplit une fonction publique est, pour cela seul, à leurs yeux, convaincu d'exercer la tyrannie; mais quand il s'agit d'eux-mêmes, c'est bien différent, ils ne peuvent être ni tyrans ni despotes, et il n'y a rien de plus légitime que leur autorité. Parce qu'ils possèdent la tradition révolutionnaire et qu'ils prétendent gouverner révolutionnairement, ce mot dit tout et il répond à tout, et il donne la science infuse. Ce ne sont plus de simples mortels comme nous, ce sont des pontifes qui officient; ils boivent et mangent révolutionnairement! Ils se couchent et se lèvent révolutionnairement!

» Dès l'aube, leurs crieurs de journaux se répandent par la ville, troublent par leurs vociférations le repos des gens et font hurler les chiens du quartier, et, lorsqu'on ouvre ces journaux, qu'y trouve-t-on? Que le Gouvernement provisoire ne gouverne pas révolutionnairement! Que le noble et éloquent rapport de M. Jules Favre est honteux pour la France, qu'il n'est point écrit révolutionnairement! et que ce n'est pas révolutionnairement non plus que le ministre des affaires étrangères s'est rendu au quartier général prussien pour conférer avec M. de Bismark.

» Ils sont même infaillibles et sacrés et ne doutent de rien. Ils trouvent mauvais que le citoyen Thiers ait reçu et accepté une mission diplomatique. Il eût mieux valu s'adresser au citoyen Pricochot ou au citoyen Galoubet, que les puissances étrangères n'auraient pu contempler sans être frappées de respect. Vous proposeriez au premier venu d'entre eux de commander une armée, il accepterait haut la main ; de faire manœuvrer une flotte, il s'en chargerait sans hésitation, et, si vous lui demandiez comment il viendrait à bout de tout cela, n'en sachant pas le premier mot, il vous répondrait qu'il n'y aurait rien de plus aisé, par la raison que, sortant de la routine, il procéderait révolutionnairement! et, hélas! si la liberté a si souvent fait naufrage en France, c'est à ces tristes maniaques et à l'effroi causé par leurs extravagances que nous le devons. »

Voilà la vérité, et j'ai cru devoir ne point m'abstenir de l'enregistrer sur ce journal. L'article est fait de main de maître et dépeint finement et spirituellement ces messieurs des clubs.

Par décret en date de ce jour la Ville nous met à la ration de bœuf et de mouton, et l'on choisit un vendredi pour cela!

Comme la ration paraît un peu mince, la population de Paris commence à manger du cheval, dont la viande est assez bonne au goût.

J'en parlerai plus longuement dimanche.

## 17e JOURNÉE

**Samedi 1er Octobre**            3 %  52-70

Le temps n'a point changé depuis quinze jours; le soleil est toujours radieux et la température agréable.

Les journaux du matin sont pleins de détails sur l'affaire de Chevilly. Le départ des ballons marche régulièrement, grâce au vent d'Est que nous possédons. Le bruit circule que le Gouvernement ne fait partir que ses dépêches. Il ne faut en rien croire, tout se fait aussi bien que possible pour le moment où nous sommes, même le service de la ville, qui, dans les premiers jours du siége, avait laissé beaucoup à désirer.

Nous entamons aujourd'hui le mois d'octobre, et voici une grosse question qui surgit, la question des loyers; car tout le monde sait qu'à Paris, les loyers se payent tous les trois mois, et que le 15 octobre est une des quatre échéances de l'année. Les événements survenus depuis le 15 juillet ont tout bouleversé en anéantissant le commerce, et bien des gens seront fort embarrassés de payer. Il est donc urgent de prendre une mesure sérieuse. Mais laquelle? Autant de journaux, autant d'avis. Les uns disent : Laissez aller les choses; ceux qui seront en état de payer le feront; ceux qui se trouveront dans le cas contraire ne payeront pas; là, les tribunaux apprécieront, il y a cas de force majeure. D'autres veulent un décret du Gouvernement; ce dernier doit être très-embarrassé, car la justice ne sera dans aucune des dispositions prises probablement. Si l'on admet que le locataire ne doit pas payer, le propriétaire, qui compte sur ses rentrées, ne pourra payer non plus ni l'impôt ni ce qu'il peut devoir au crédit foncier ou à d'autres. Nous attendons une décision du Gouvernement.

## 18ᵐᵉ JOURNÉE

**Dimanche 2 Octobre**  3 %

Voici le troisième dimanche que nous passons le deuil dans l'âme depuis l'investissement. Il a fait une de ces journées d'automne qui font revivre les plus belles de l'été. Un soleil resplendissant inondait l'atmosphère de ses rayons, et s'il nous avait été donné d'aller à la campagne, il ne serait certes pas resté âme qui vive dans la capitale. Mais, hélas! nous sommes enfermés, et alors il faut choisir le but de ses excursions dans l'espace que l'ennemi nous laisse vacant. Pauvre promenade! on ne peut aller que jusqu'à Charenton, presque notre extrême frontière, et au Point-du-Jour, pour examiner les travaux de défense que le génie militaire entasse toujours les uns à côté des autres. On fait aussi le tour de Paris en suivant la rue du Rempart, ou a l'aide de la seule voie ferrée qui nous reste, le chemin de fer de ceinture. Il paraît qu'avec ce moyen de locomotion, on peut assez bien juger l'ensemble de la défense générale. Je compte accomplir ce voyage un de ces jours, afin de pouvoir me rendre compte par moi-même.

Aujourd'hui dimanche, je m'occuperai donc du bulletin alimentaire de la semaine. Il y a quinze jours on vivait dans l'abondance, aujourd'hui chacun commence à sentir l'effet du siége relativement à la viande. Dans l'un des jours précédents, j'enregistrais que l'on commençait à manger du cheval. Le préjugé seul fait rejeter cette viande comme aliment, car bien apprêtée elle est passable. Ce qui la rend différente de celle du bœuf, c'est la substance huileuse qu'elle renferme et qu'elle rejette à la cuisson : il faut donc lui enlever ce principe en la faisant bouillir pendant un quart d'heure dans une première eau ; après cette opération, la viande n'est pas désagréable au goût. Les viandes de conserves commencent à devenir d'un prix très-élevé, et ce que l'on vous vend pour du bœuf n'est tout simplement que du tire-fiacre. C'est ainsi que le peuple a baptisé la viande de cheval. Toutes les denrées augmentent.

Œufs, la douzaine.................. 2 fr. » c.
Aubergines, id.................... 2 fr. » c.
Haricots verts, la livre ............. 1 fr. 50 c.
Un poulet ........................ 10 fr. » c.
Une oie.......................... 24 fr. » c.
Un canard....................... 10 fr. » c.

Malgré le dimanche, la garde nationale fait l'exercice comme les jours ordinaires, et tout le monde montre un zèle sans forfanterie.

Les exercices à feu ont été la cause de nombreux accidents produits par la maladresse, l'imprudence, et, faut-il le dire aussi ? par l'ivresse. Les plus coupables sont les chefs qui, par leur faiblesse, et fermant les yeux sur l'état de leurs gardes, ont été involontairement la cause de mort d'homme.

Je termine cette journée en enregistrant un désastre.

Le Gouvernement fait afficher ce soir :

« Le Gouvernement vous doit la vérité sans détours, sans

commentaires. Les coups redoublés de la mauvaise fortune ne peuvent plus déconcerter vos esprits, ni abattre vos courages. Vous attendiez la France, mais vous ne comptiez que sur vous-mêmes; prêts à tout, vous pouvez tout apprendre. Toul et Strasbourg viennent de succomber. Cinquante jours durant, ces deux héroïques cités ont essuyé avec la plus mâle constance, une véritable pluie de boulets et d'obus. Épuisées de munitions et de vivres, elles défiaient encore l'ennemi. Elles n'ont capitulé qu'après avoir vu leurs murailles, abattues, crouler sous le feu des assaillants. Elles ont en tombant jeté un regard vers Paris, pour affirmer une fois de plus l'unité et l'intégrité de la patrie, l'indivisibilité de la République, et nous léguer avec le désir de les délivrer, l'honneur de les venger.

» Gambetta. »

Depuis longtemps, la prise de ces deux villes était prévue ; mais cela n'empêche pas le cœur de se serrer en lisant ces tristes nouvelles qui ne permettent pas le doute avec lequel l'esprit se soutient quelquefois.

Pauvre Strasbourg ! Nous resteras-tu? Chère ville, dois-tu, après plusieurs siècles, retourner au pays allemand? l'avenir seul doit nous répondre!

On nous dit de te venger ; espérons-le. Mais pour te délivrer, la possibilité en sera-t-elle jamais entre nos mains. La journée a mal fini pour la France! depuis deux mois hélas! il en est toujours ainsi, et Dieu semble nous condamner puisqu'il nous accable.

## 19ᵐᵉ JOURNÉE

**Lundi 3 Octobre.**          3 °/₀ 52.70.

Le ministre de la guerre fait aujourd'hui un rapport détaillé sur la distribution des armes; il en résulte que 390,000 fusils ont été donnés aux troupes, et qu'il en reste 10,000 en réserve, pour remplacer ceux qui peuvent être mis hors de service. Ce rapport prouve l'activité du ministre, et nous donne une fois de plus la certitude qu'on n'a pas perdu de temps.

Suit la nomenclature des corps auxquels les fusils ont été distribués :

| | |
|---|---:|
| Garde nationale. | 280,000 |
| Francs-tireurs. | 20,000 |
| Mobile. | 90,000 |
| En réserve. | 10,000 |
| | 400,000 |

Il nous est arrivé aujourd'hui quelques journaux anglais qui nous donnent des nouvelles graves : la prise de Rome par les Italiens; le réveil de la question d'Orient. Cette dernière version n'est qu'un on dit.

Malgré la gravité de ces faits, rien ne peut nous émouvoir, et ces deux nouvelles passent sans nous troubler le moins du monde. Cela se comprend, Paris est tellement absorbé par ses propres affaires qu'il ne voit rien en dehors de lui-même. On dit aussi que M. Thiers est parti pour

Saint-Pétersbourg de retour de Londres, où il n'a pas réussi dans la mission délicate qu'il avait bien voulu accepter. Les nouvelles des départements, quoique sans détails précis, sont mauvaises, elles nous apprennent que les Prussiens se répandent dans les départements, ne trouvant aucune armée pour lutter contre leur invasion dans le Nord.

Aujourd'hui, nous avons à signaler un événement d'une grande importance, l'arrivée à Paris d'un voyageur, le général américain Burnside. Quelques personnes croient qu'il est venu en parlementaire. Le fait n'est point exactement vrai. Le général n'a aucune mission diplomatique. Il a été frappé, dit-on, du bon ordre qui règne dans la capitale, car les Prussiens sont persuadés que nous sommes livrés à l'anarchie, et que nos divisions intérieures leur ouvriront bientôt et sans coup férir les portes de Paris. Nos ennemis seront probablement fort étonnés lorsque le général américain leur affirmera le contraire. Il a été reçu par M. J. Favre, puis il s'est rendu chez le général Trochu, avec lequel il s'est entretenu longuement. Parti vendredi matin du quartier général de Ferrières, après avoir eu beaucoup de peine à obtenir de M. de Bismark l'autorisation de se rendre à Paris, il rencontra à Versailles de nouvelles difficultés, et on lui refusa de le laisser poursuivre son voyage ; ce n'est que sur un ordre du roi qu'il put enfin franchir les avant-postes. Le général doit repartir aujourd'hui même.

Depuis le matin le canon a fait entendre de nouveau sa voix formidable. Plusieurs reconnaissances ont été poussées fort loin par nos troupes du côté de Meudon, Sèvres et Saint-Cloud. Elles nous ont donné la certitude que l'ennemi est très-éloigné de nos forts.

Les réunions publiques s'occupent toujours des élections, et le parti extrême pousse toujours ses apôtres à les soutenir, espérant toujours avec ces élections pouvoir renverser le Gouvernement.

Voilà les préoccupations auxquelles nous sommes soumis depuis dix jours.

Pendant la journée, l'aspect de Paris est encore assez animé; mais les mouvements de troupes ont fortement diminué. Les gardes mobiles ont quitté leurs logements de Paris pour aller camper hors de la ville, et nous garder ainsi des surprises nocturnes de l'ennemi. Pour compléter cette surveillance on a établi, aux forts et dans les différents secteurs, des foyers de lumière électrique munis d'instruments très-puissants qui lancent leurs rayons à 1,500 mètres en avant des positions et percent même l'intensité du brouillard.

## 20ᵉ JOURNÉE

**Mardi 4 Octobre**　　　　　　　　　　3 %　51.60

Les mauvaises nouvelles circulent toujours de plus en plus sans être démenties par qui de droit. Jamais à la Bourse, depuis le siége, l'esprit public n'a été aussi découragé qu'aujourd'hui. On y affirme que notre petite armée de la Loire a été battue, et d'autres nouvelles encore plus attristantes les unes que les autres. La persistance de semblables bruits répand dans la ville une profonde tristesse. Chacun semble s'éviter dans les rues, comme si l'on craignait de se communiquer ou d'apprendre des nouvelles plus terribles encore.

Le canon a grondé toute la journée. On ne signale cependant aucun fait de guerre saillant. Le temps est de toute beauté, et l'on se demande au fond de l'âme si la Providence ne nous abandonne pas en la voyant répandre sur la terre tout ce qui peut être profitable à nos ennemis.

Depuis le commencement du siége, l'administration des postes a expédié cinq ballons, et, depuis quelques jours, on a commencé la construction de dix aérostats nouveaux, qui seront livrés au fur et à mesure par les soins de M. Godard. On a essayé des ballons libres, mais on semble y renoncer.

Les journaux commencent à discuter beaucoup la question des sorties de la garnison de Paris et de la garde nationale, chose excessivement délicate, à mon avis. Si nous avions possédé une armée instruite, aguerrie, certes, les sorties auraient dû être faites dès les premiers jours, mais qu'avons-nous de forces militaires à l'heure où je trace ces lignes? Beaucoup d'hommes et peu de soldats. En effet, calculons et voyons notre contingent tel qu'il est :

90,000 mobiles depuis un mois seulement sous les armes, à peine formés à la discipline et à l'instruction militaire.
280,000 sédendaires, beaucoup moins instruits que les mobiles et surtout moins disciplinés.
60,000 hommes de troupes recrutés à la hâte, tous jeunes gens, c'est-à-dire de nouvelles recrues à peine formées.

Voulez-vous aller au feu avec de semblables bataillons? Opposer de telles troupes à l'armée disciplinée et solide des Prussiens, retranchés dans des positions choisies? Non! non! c'est impossible. Il faut tâcher avant tout de faire des soldats de ces hommes dont je ne veux pas mettre en doute un seul instant la volonté de vaincre. Notre première sortie, et ses résultats donnent cent fois raison à mon dire. Quant à la garde nationale, telle qu'elle est maintenant, une sortie est pour elle impraticable, et l'idée seule en paraît insensée.

On travaille toujours aux fortifications, et tous les jours on peut constater le progrès des moyens de défense. C'est surtout à Bercy que l'on peut facilement faire cette remarque, au pont du chemin de fer. Les batteries placées sur les bastions de chaque côté de la Seine sont aujourd'hui garanties. Des travaux avancés, dont la hauteur domine le fleuve, ont été exécutés en dehors de la barrière, et le pont lui-même, ainsi que le viaduc du Point-du-Jour, en aval de la Seine, sont devenus de véritables forteresses. Quant à l'armement, on s'en occupe avec une activité surprenante. Cependant on éprouve toujours quelques tiraillements avec le comité d'artillerie, qui pourtant a renoncé à ses anciens errements. Mais je ne doute pas que toutes les difficultés ne soient bientôt aplanies, car le temps presse.

## 21ᵐᵉ JOURNÉE

**Mercredi 5 Octobre.**         3 %    51.60.

Aujourd'hui, le ballon-poste est parti par un temps merveilleux et propice. Voici nos lettres envolées ! mais, hélas ! point de réponse à celles déjà parties ; et devons-nous espérer que celles d'aujourd'hui auront un meilleur sort ? Plusieurs personnes ont fait et font encore des efforts inouïs pour obtenir des nouvelles, mais sans résultats. Cette situation critique éveille dans les esprits une inquiétude mortelle. Chacun voudrait trouver le moyen de pouvoir rompre cette ligne de fer qui supprime tout espoir. On parle d'engager des hommes que l'on chargerait de franchir les lignes prussiennes emportant lettres et dépêches. Ces facteurs d'un nouveau genre devront se rendre dans une ville désignée par avance, mettront les lettres à la poste et y séjourneront huit jours, afin que les réponses aient le temps de venir à l'endroit indiqué. Celles-ci arrivées le messager reprendra la route de Paris en suivant les mêmes précautions qu'au départ et en s'exposant naturellement aux mêmes périls. Les messagers seront aussi faciles à trouver que la mission sera difficile à accomplir. Pour moi, si l'idée n'est pas impraticable, l'exécution en est dangereuse et ne doit, par cela même, fournir aucun résultat heureux.

Le canon a tonné encore pendant une partie de la journée, mais seulement pour empêcher l'ennemi de travailler à ses ouvrages de défense. L'attitude des Allemands fait supposer qu'ils ne songent nullement à faire le siége de Paris, mais à l'affamer; telle est mon opinion personnelle et celle qui commence à s'accréditer dans la population. Les retranchements qu'ils établissent et derrière lesquels ils s'abritent de tous côtés ne sont point faits, jusqu'à présent du moins, au point de vue de l'attaque, mais bien pour se protéger contre nos sorties; leur tactique est pour moi d'une logique écrasante, leur raisonnement peut se traduire ainsi :

Pourquoi tenter de prendre Paris de vive force? s'exposer à perdre 50,000 hommes sans être assuré du succès? non, ce se serait sottise. Nous avons pour nous le temps et le ravitaillement assuré; les armées de province ne nous donnent aucun sujet de crainte pour le moment. Attendons donc patiemment que Paris ait épuisé ses vivres, et ses portes s'ouvriront d'elles-mêmes. Voici pour moi la pensée de la Prusse.

Qu'avons-nous donc à faire? Hélas ! qu'une seule chose :

Attendre ! Le siége doit donc se prolonger.

Il est entré dans Paris quelques journaux étrangers. Comment? on l'ignore, mais on suppose qu'ils ont été donnés — avec l'intention bien marquée de nous les faire parvenir — à quelques maraudeurs qui, malgré de sévères défenses, se faufilent encore au delà des avant-postes. Ces journaux, comme bien on pense, ne chantent pas nos avantages. Ils sont de la fin de septembre et nous indiquent toujours la marche de l'invasion.

Le vent qui souffle des réunions publiques n'a pas diminué d'exagération ni de violence. Les élections en sont sans cesse le motif principal. Hier au soir, les présidents de ces clubs, réunis en un comité central, ont décidé, dans leur haute et extrême sagesse, que les élections municipales auraient lieu dimanche 9 du courant, qu'elles soient approuvées ou non par le Gouvernement. Cette décision publiée par certains journaux circule vite dans la foule en quête de nouvelles, jette l'inquiétude dans les esprits et fait craindre du bruit dans Paris. Cette appréhension, jointe au malaise général, vient augmenter les douleurs des hommes sages et leur donne une cause de plus, de vivre dans une fièvre lente, terrible, et de passer de longues nuits sans sommeil. Afin d'appuyer la décision de messieurs des clubs, dans l'esprit populaire, on couvre Paris de petites affiches qui engagent la garde nationale et les citoyens à se réunir le samedi 8 du présent mois, sur la place de l'Hôtel-de-Ville pour exiger du Gouvernement le décret des élections. La manifestation sera dirigée par le major Flourens.

En attendant cette manifestation du 8, où tout Paris se trouve convoqué, on a manifesté ce matin pour ne pas en perdre l'habitude. A 11 heures, une musique militaire jouant *la Marseillaise* et précédant de nombreux bataillons débouchait par le boulevard de Sébastopol et la rue de Rivoli, pour venir faire irruption sur la place de l'Hôtel-de-Ville. Ces bataillons descendaient de Belleville et de Ménilmontant, conduits toujours par M. le major Flourens. En un clin d'œil, 5,000 hommes investissaient le palais municipal avec le plus grand ordre et formaient les faisceaux. La circulation fut suspendue, et le major présidait lui-même avec beaucoup de méthode à cet envahissement. Les faisceaux formés, il demanda à parler au Maire de Paris. Celui-ci ayant été appelé au dehors par la nécessité du service, il fallut l'envoyer chercher et attendre son retour. Pendant ce temps la garde nationale observa le plus grand calme. A midi, le major Flourens, accompagné de plusieurs autres chefs de bataillon et d'un corps d'officiers assez nombreux, put être introduit dans la grande salle où siège le Gouvernement de la Défense. Là il fit connaître les motifs de la manifestation qu'il commandait. Ils demandaient :

1° De faire des sorties contre l'ennemi;

2° A être armés de chassepots;

3° A être habillés de vareuses et soigneusement équipés, car la plus grande partie des hommes présents, dont l'instruction militaire est excellente, sont encore vêtus de blouses ou de bourgerons ;

4° Que le Gouvernement fasse preuve d'énergie ;

5° Qu'il soit procédé de suite aux élections municipales.

Le général Trochu prit le premier la parole, et n'eut pas

de peine à démontrer que des hommes sans armes ne pouvaient encore faire des sorties.

Il promit des chassepots, l'habillement et l'équipement de campagne. M. Gambetta alors intervint, et fit observer que le Gouvernement avait promis de procéder aux élections municipales lorsque les listes électorales seraient faites et révisées, mais que personne ne s'en occupait dans les mairies, la chose étant impossible en ce moment. Il ajouta que le Gouvernement allait s'occuper de nouveau sérieusement de cette question. Cette réponse amena une discussion violente; mais lorsqu'elle fut terminée, le major prit l'engagement de reconduire avec le plus grand ordre les bataillons dans leurs quartiers respectifs. La promesse fut régulièrement tenue.

A six heures du soir, le gouverneur de Paris fait afficher une dépêche de Tours. Cette dépêche, dont on pourrait critiquer le laconisme, fait renaître un peu l'espoir perdu : elle affirme que la province se lève pour marcher au secours de Paris. Espérons donc!... c'est de la province seulement que peut venir le salut. Paris doit tenir même au milieu de toutes les privations, pour retenir les Allemands autour de ses murs et donner ainsi à la France le temps de se frayer un passage jusqu'à nous.

Quant à croire que Paris pourra se débloquer seul, disons-le hautement, ce serait folie de le penser. Moi, je soutiens la chose impossible ; et, l'histoire en main, je le prouve, car on n'y trouve pas d'exemple d'une ville assiégée qui se soit délivrée elle-même.

## 22ᵉ JOURNÉE

**Jeudi 6 Octobre** 3 %, 54.00

Le sort semble nous gâter en ce moment en nous prodiguant d'heureuses nouvelles. Hier une dépêche de Tours, aujourd'hui une seconde. Celle-ci, quoique fort brève, entre cependant dans de plus amples détails que la première. Elle annonce la formation de trois armées dont les centres principaux sont déjà réunis en Normandie, sur la Loire et à Lyon. Nous avons donc à cette heure la certitude que la province fait des efforts et ne nous abandonne pas. Certes, cette dépêche est faite pour ranimer les cœurs les plus défaillants. Mais au milieu de tout espoir, il faut chercher la vérité, sans l'enthousiasme ardent qui grossit l'espérance, et c'est ce que je fais en cette circonstance. Je me réjouis des nouvelles, mais je suis inquiet de la nature du secours que l'on nous prépare. Je ne veux pas voir tout en noir; certes, je demande autant que tout autre le jour du combat et surtout le jour de la victoire, mais, avant, il faut, au risque de se porter préjudice à soi-même, envisager franchement les choses. Cette dépêche a fait hausser d'un cran le moral de la bonne ville de Paris, qui avait fortement besoin de cela, soit dit sans l'offenser. Pour contribuer au moral, *le Gaulois* a eu la bonne fortune de recevoir un journal de Rouen, il nous en donne quelques extraits. Quoique datées du 25 septembre, pour des assiégés, ces nouvelles, un peu surannées, sont des fruits nouveaux; elles annoncent que du côté de la Normandie nous avons eu déjà des engagements. Nos troupes sont commandées par M. Estancelin ; elles nous donnent aussi des avis de Metz, place bien importante pour nous, puisqu'elle retient sous ses murs au moins cent cinquante mille hommes, qui viendraient prendre position sur la Loire, s'ils n'étaient pas là condamnés à l'inaction. De plus, la feuille de Rouen nous annonce de fortes commandes d'armes sur tous les points de la France. Enfin, tout indique la ténacité, l'activité et le désir de vaincre. Une dernière nouvelle nous informe que les Prussiens s'avancent rapidement sur Orléans et que cette ville sera probablement évacuée.

La généralité des journaux du matin blâme hautement la manifestation Flourens. L'*Officiel*, en termes très-précis, lui fait la recommandation, parfaitement inutile du reste, de ne plus recommencer ses promenades armées. Mais le major a tant de prédilection pour ces sortes d'exercices, qu'il ne lui sera pas facile de profiter de la leçon. Enfin, chacun naît avec son défaut !

On s'est battu aujourd'hui aux avant-postes. Une sortie du fort de l'Est a fait une reconnaissance sur le Bourget.

L'action n'a pas été de longue durée. Les faits de guerre, comme on le voit, sont presque nuls.

En somme, la journée a été bonne, et ce soir le Parisien s'endormira le cœur plus léger, l'esprit moins soucieux, s'il peut dormir toutefois avec le bruit des tambours et des clairons, qui ne marchandent même pas la nuit leurs sonneries ou leurs batteries désagréables.

## 23ᵉ JOURNÉE

**Vendredi 7 Octobre**　　　　　　　　3 % 54.30

Comme le Parisien ne sait jamais regarder les choses de sang-froid et les envisager dans leur nature propre ; qu'il augmente toujours ou le bien ou le mal sans s'occuper de la vérité, la nouvelle d'hier monte les esprits, remplit de fièvre les imaginations, et ce matin tout est sauvé. Quant à moi, je prends la dépêche pour ce qu'elle vaut, pour ce qu'elle est : une bonne nouvelle, rien de moins ; mais rien de plus.

On peut dire franchement, sans être contredit, que notre délégation du Gouvernement à Tours n'est pas assez fortement constituée pour être à la hauteur de la situation ; il faudrait à côté d'elle un homme jeune. Le Gouvernement l'a bien senti, puisqu'il vient de décider d'y envoyer un de ses membres. Le choix est tombé sur M. Gambetta, qui est ardent, plein de conviction, travailleur, trop enthousiaste pour être homme d'État, mais qui, sans aucun doute, donnera, par son ardeur, l'élan qui pourrait manquer à la province. Il faut, en somme, que l'on ait jugé ce départ indispensable, car il est certain qu'il affaiblit le Gouvernement de la Défense nationale à Paris.

A cette occasion, le décret et la proclamation qui suivent ont paru à l'*Officiel* :

« Le Gouvernement de la Défense nationale, considérant qu'à raison de la prolongation de l'investissement de Paris, il est indispensable que le ministre de l'intérieur puisse être en rapport direct avec les départements et mettre ceux-ci en rapport avec Paris pour faire sortir de ce concours une défense énergique,

» DÉCRÈTE :

» Art. I. M. Gambetta, membre du Gouvernement, ministre de l'intérieur, est adjoint à la délégation de Tours; il se rendra sans délai à son poste.

» Art. II. M. Jules Favre, ministre des affaires étrangères, est chargé par intérim du ministère de l'intérieur, à Paris. »

« En exécution de ce décret, le ministre de l'intérieur est parti ce matin même par le ballon. Il a emporté la proclamation qui suit, à l'adresse des départements :

» Français,

» La population de Paris offre en ce moment un spectacle unique au monde : une ville de deux millions d'âmes, investie de toutes parts, privée jusqu'à présent, par la criminelle incurie du dernier régime, de toute armée de secours, et qui accepte avec courage, avec sérénité, tous les périls, toutes les horreurs d'un siége. L'ennemi n'y comptait pas ; il croyait trouver Paris sans défense. La capitale lui est apparue hérissée de travaux formidables, et, ce qui vaut mieux encore, défendue par 400,000 citoyens qui ont fait d'avance le sacrifice de leur vie.

» L'ennemi croyait trouver Paris en proie à l'anarchie ; il attendait la sédition, qui égare et qui déprave ; la sédition qui, plus sûrement que le canon, ouvre à l'ennemi les places assiégées ; il attendra toujours. Unis, armés, approvisionnés, résolus, pleins de foi dans la fortune de la France, les Parisiens savent qu'il ne dépend que d'eux, de leur bon ordre et de leur patience, d'arrêter pendant de longs mois la marche des envahisseurs.

» Français ! c'est pour la patrie, pour sa gloire, pour son avenir, que la population parisienne affronte le fer et le feu de l'étranger. Vous qui nous avez déjà donné vos fils, vous qui nous avez envoyé cette vaillante garde mobile dont chaque jour signale l'ardeur et les exploits, levez-vous en masse et venez à nous : isolés, nous saurions sauver l'honneur, mais avec vous et par vous, nous jurons de sauver la France.

» Paris, 7 octobre 1870.

» *Les membres du Gouvernement de la Défense nationale,*

» Général TROCHU, JULES FAVRE, EM. ARAGO, JULES FERRY, GAMBETTA, GARNIER-PAGÈS, PELLETAN, E. PICARD, ROCHEFORT, JULES SIMON. »

Comme l'annonce le décret précédant cette ploclamation, M. Gambetta est parti ce matin par le ballon-poste. Ce moyen de transport répugnait au jeune ministre, mais il était le seul, et il fallait partir. Le départ s'est effectué à Montmartre, en présence de trois ou quatre mille personnes et dans les meilleures conditions : par une brise excellente; le ballon a disparu par le nord-ouest. M. Gambetta était accompagné de son secrétaire. On a eu soin d'emporter des pigeons qui nous reviendront avec les nouvelles de leur atterrissement.

Un ordre du jour du général Tamisier blâme les manifestations de la garde nationale. Je doute fort que cela y fasse quelque chose. Les manifestations sont la joie du Parisien, il faut qu'il manifeste quand même; le plus souvent, les

trois quarts ne savent pas pourquoi, mais ceci leur est tout
à fait indifférent ; ils vont... pour le plaisir d'aller.

Le journal *l'Opinion nationale* fait à ce sujet cette réflexion fort juste :

« Les bataillons qui manifestent se composent en immense
majorité, sinon en totalité, des citoyens qui touchent la gratification quotidienne de 1 fr. 50 c. accordée par le Gouvernement. Est-ce pour leur donner le moyen de manifester
et troubler la tranquillité publique ? S'ils touchent leur paye,
c'est pour faire le service des remparts et autres, et non
pour venir en armes sur la place de l'Hôtel-de-Ville. »

La conduite de ces criards est pour moi sans nom. On
peut se rendre un compte exact du but et des aspirations de
ces individus.

Ils peuvent se diviser en quatre classes :

Les ambitieux, qui, sous prétexte de constituer une Commune destinée à venir en aide au Gouvernement de la défense, veulent tout simplement le renverser en lui substituant une commune de leur choix.

Les agitateurs, ceux qui forment la masse exploitée par les
premiers, demandent aussi la Commune. Ils ont raison dans
ce sens que le Gouvernement doit se hâter, dès qu'il en aura
le loisir, de constituer, non-seulement la Commune de Paris, mais celles de toute la France. Seulement ils ont tort
de ne pas voir que ce qu'ils demandent actuellement est tout
simplement une mesure révolutionnaire qui ne pourrait
amener que la guerre civile.

La troisième classe, plus nombreuse qu'on ne pense, se
compose d'ennemis de leur pays, de complices de la Prusse,
qui se faufilent dans les rangs de la démocratie avancée pour
la pousser à réaliser le mot de M. de Bismark :

« Dans quelques jours vous serez renversés par la populace. »

La quatrième classe est celle des niais, et celle-là n'est pas la moins nombreuse.

Jusqu'au jour de la délivrance ou de la chute, Paris ne doit avoir qu'un seul et unique but : conserver l'intégrité du territoire français, et assurer, après tant de désastres, si c'est possible, le triomphe définitif des armes françaises.

La journée militaire est intéressante.

Le général Vinoy a fait occuper le village de Cachan ; nos troupes n'ont pas rencontré d'obstacles sérieux ; le canon de Montrouge et de Bicêtre les a protégées, ainsi que nos travailleurs, contre toute tentative des tirailleurs ennemis. Vers midi une reconnaissance a été faite, à Clamart, par douze compagnies de mobiles de la Seine ; elle a rapporté des armes, des sacs de farine et des outils trouvés dans les bois.

Le canon a tonné sur plusieurs points, et le bruit de la canonnade a fait croire un moment à une bataille. La canonnière Farcy a lancé avec beaucoup de précision des obus sur le château de Meudon. Pendant ce temps, le commandant de la flottille explorait la rive gauche de la Seine et envoyait quelques obus dans toutes les directions. Il est de plus en plus certain que les ouvrages établis par les Prussiens sur les hauteurs du parc de Saint-Cloud ont été absolument ravagés par nos projectiles.

Les forts de Montrouge, de Vanves et d'Issy ont tiré également sur leurs ouvrages. Jusqu'à présent l'ennemi ne travaillait que de nuit, aujourd'hui il a modifié ses allures et a envoyé ses terrassiers en vue des forts du Sud. De deux à trois heures un feu très-vif les a dispersés. Ivry a reçu le baptême du feu. Une bombe, la première depuis le siége, est venue y éclater en pleine cour, sans blesser personne. Bicêtre, Charenton, Gravelle n'ont cessé de tirer aujourd'hui. Leur feu était dirigé tour à tour sur la barricade Pompadour et sur les ouvrages avancés de Choisy-le-Roi.

Une reconnaissance prussienne a été faite sur l'île de Beauté. Nos avant-postes les ont accueillis par un feu nourri qui les a forcés à battre en retraite. Tous les jours, on les voit arriver sur les bords de la Marne avec un matériel de pont volant, mais les obus lancés de la redoute de la Faisanderie les mettent en déroute. Quelques compagnies du cinquième de marche et un fort détachement de mobiles se sont avancés par Créteil jusqu'aux bords de la Seine, où l'ennemi a déjà construit une tête de pont. Vers deux heures, la fusillade semblait arriver à son maximum d'intensité; on ignore encore le résultat de cette rencontre. Du côté de Drancy, une promenade militaire, faite par le 8e bataillon de la mobile de Paris, a essayé, mais inutilement, d'y surprendre l'ennemi.

Le temps continue à être splendide; j'en ai profité aujourd'hui pour faire le tour de Paris, le seul voyage qui nous soit permis. La population en profite largement. Ce voyage s'effectue fort démocratiquement sur le haut des wagons, pour la somme de 50 centimes. Les départs se font de la gare Saint-Lazare, prenant la direction d'Auteuil, et, dans le trajet, on ne peut juger de l'ensemble des fortifications que dans quatre endroits différents.

Le premier au Point-du-Jour, où la vue est complétement à découvert et offre un splendide spectacle, car on embrasse d'un coup d'œil depuis le Mont-Valérien jusqu'à Châtillon. On peut donc, de ce côté, juger facilement les travaux de la défense. On travaille encore activement aux remparts, qui sont loin d'être en état; ainsi beaucoup d'embrasures attendent leurs pièces. Les approches cependant sont parfaitement défendues, tant par des torpilles que par de solides barricades et des chevaux de frise. Le pont du chemin de fer, comme je l'ai déjà dit plus haut, est plutôt une forteresse qu'un ouvrage avancé, tant les travaux sont combinés savamment. Passé le pont, la route est en contrebas jusque vers le chemin de fer d'Orléans. Là on distingue parfaitement les forts de Bicêtre et d'Ivry ; puis, en traversant la Seine, on voit Charenton. Quoi qu'on en dise, les approches des remparts, de ce côté, ne semblent pas aussi bien défendues qu'au Point-du-Jour. De là, on se dirige vis-à-vis de Vincennes, en suivant la rue du Rempart. De ce côté les portes sont bien défendues ; mais que de choses restent encore à faire pour terminer les travaux ! Sur tous les points on a supprimé un nombre considérable de portes qui ont été murées et crénelées. Après Charonne, le train disparaît sous le Père-Lachaise et sous les Buttes-Chaumont, et l'on ne revoit les remparts qu'en face Saint-Ouen, où je me fais descendre pour rendre visite au canon Joséphine, une des formidables pièces de la défense. C'est une pièce de marine qui peut au besoin porter à 8 et 9,000 mètres. La garde nationale lui a fait, on ne sait pourquoi, une réputation merveilleuse, et, lorsque dans Paris on prononce le nom de Joséphine, on sait parfaitement de qui l'on parle. Elle est en ce moment très-populaire, et cependant elle n'a pas encore parlé. C'est peut-être pour cela.

Je me connais fort peu en fortifications, mais comme résultat de mon voyage, je le dis franchement, il y a encore énormément à faire tant en travaux qu'en armements.

## 24ᵉ JOURNÉE

Samedi 8 Octobre            3 %   52.70

Les faits de guerre se bornent encore aujourd'hui à des reconnaissances. Une colonne, composée d'un détachement des tirailleurs des Ternes, d'un détachement des francs-tireurs de Paris, de six cents mobiles de la Seine, du bataillon d'Ille-et-Vilaine et du bataillon de l'Aisne, le tout sous la direction du général Martinet, ont poussé jusqu'à la Malmaison, en passant par Nanterre et Rueil. Le commandant Thierrard, avec les francs-tireurs et quelques sapeurs du génie, ont pétardé le mur et sont entrés dans le parc. En même temps, quatre compagnies de gardes mobiles de la garnison du Mont-Valérien, et les éclaireurs volontaires de la ligne, faisaient la même opération au sud. Malheureusement l'ennemi était parti. Nos tirailleurs ont poussé jusqu'aux premières maisons de Bougival et sur les hauteurs de La Jonchère. Quelques cavaliers seulement ont été vus, et l'on n'a aperçu que la fumée de quelques coups de canon tirés de Bougival sur notre cavalerie formée en bataille dans la plaine, entre Rueil et le chemin de fer de Saint-Germain. Pendant cette opération, à gauche, les éclaireurs de la garde nationale de la Seine s'avançaient dans la presqu'île de Gennevilliers jusqu'aux bords du fleuve, où ils ont engagé une vive fusillade avec les tirailleurs ennemis embusqués sur l'autre rive.

L'ensemble de tout ce mouvement était soutenu par les éclaireurs volontaires de la 1ʳᵉ division d'infanterie et appuyé par quatre batteries et quatre escadrons de cavalerie, dragons et gendarmes. Les éclaireurs à cheval, sous les ordres du commandant Franchetti, ont prêté leur concours avec leur entrain habituel. Deux hommes tués et onze blessés. De tous côtés, au nord comme au sud, à l'est comme à l'ouest, nos tirailleurs vont en avant, soutenus par de fortes patrouilles et par les forts. On harcèle l'ennemi.

Les Prussiens ont une qualité indiscutable, la persévérance. Chaque jour notre canon détruit ou au moins bouleverse leurs ouvrages, et chaque matin nous trouvons ces ouvrages relevés. Aussi le Mont-Valérien, la canonnière Farcy et Issy envoient-ils souvent des projectiles variés à ces travailleurs obstinés.

Le tour de Marne est le pays aux reconnaissances. Le canon n'y a pas encore joué un grand rôle, mais nos éclaireurs et nos travailleurs font merveille et se sont emparés hier d'un petit convoi de vivres.

On se plaint encore beaucoup du maraudage et de ses conséquences. On le croira avec peine, mais je l'affirme à notre honte, il se fait le plus souvent avec les Prussiens. Ces messieurs reçoivent les journaux de Paris tous les jours, et quel est l'obligeant facteur? C'est le maraudeur qui sort de nos lignes avec les journaux cachés sous ses vêtements; prétextant la récolte des légumes, il va aux avant-postes ennemis, où il échange les feuilles publiques contre de l'argent et de la viande. En revenant il remplit son sac de légumes, rentre dans Paris, et vend le produit de ce vol à des prix très-élevés. C'est un métier à gagner 40 ou 60 fr. par jour. Voilà évidemment des partisans de la défense à outrance. Le commerce des journaux se fait principalement par des enfants; ils vendent à l'ennemi 1 fr. et 1 fr. 50 c. ce qu'ils achètent 10 et 15 c.; il y a de ces enfants qui gagnent jusqu'à 75 fr. par jour. Je puis donner ces renseignements comme positifs, les tenant d'un général de division commandant à Charenton.

Maintenant que j'en ai terminé avec ces ignominies et avec les Prussiens de l'extérieur, je vais m'occuper des Prussiens de l'intérieur, agitateurs et clubistes, fomenteurs de manifestations.

En vue de la manifestation annoncée pour aujourd'hui dans les réunions publiques d'hier soir et dans le journal *le Combat* de ce matin, des mesures ont été prises pour maintenir l'ordre et protéger l'Hôtel de ville. La garde nationale a été convoquée dans les lieux ordinaires des réunions de bataillon. A une heure de l'après-midi, on remarque quelques groupes sur la place et à l'entrée du pont d'Arcole. Ils se prononcent contre la manifestation projetée, principalement les femmes. Les grilles du palais municipal sont fermées, mais les portes sont ouvertes à deux battants. Aux fenêtres, on remarque MM. Garnier-Pagès, Rochefort, Ferry, de Kératry, Ét. Arago. Un bataillon de mobiles, campe dans la cour. Dès deux heures, la foule augmente ; aucun cri ne se fait entendre. Le 84e bataillon, vient prendre position devant les grilles de l'Hôtel ; la foule l'acclame. De toutes parts on crie : Vive la garde nationale ! vive la République ! Des cris de vive la Commune ! se font entendre, ils sont peu nombreux. A deux heures et demie, le général Trochu arrive, à cheval, accompagné de quelques aides de camp ; il laisse son état-major et parcourt seul la place au milieu de la foule. Son sang-froid paraît faire une grande impression sur le public. Les cris de vive Trochu ! se mêlent aux cris de vive la Commune !

Un certain nombre de gardes nationaux lèvent la crosse en l'air et laissent un groupe de personnes s'avancer jusqu'à la porte principale du palais. Mais cette porte, gardée intérieurement est immédiatement fermée. La foule augmente toujours, et l'on peut dire qu'il y a près de cinq mille personnes, mais cent curieux pour un partisan de la Commune; cependant les meneurs avaient donné leur mot d'ordre par affiches et dans les réunions publiques. *La Patrie en danger*, imprimée plus tôt que de coutume, convoquait ses partisans à la manifestation contre le Gouvernement, qui, le matin même, avait fait paraître dans l'*Officiel* la note suivante :

« Le Gouvernement avait pensé qu'il était opportun et conforme aux principes de faire procéder aux élections de la municipalité de Paris, mais, depuis cette résolution prise, la situation ayant été profondément modifiée par l'investissement de la capitale, il est devenu évident que des élections faites sous le canon seraient un danger pour la République. Tout doit céder à l'accomplissement du devoir militaire et à l'impérieuse nécessité de la concorde. Les élections ont donc été ajournées, elles ont dû l'être.

» D'ailleurs, en présence des sommations adressées au Gouvernement et dont il est encore menacé de la part de gardes nationaux en armes, son devoir est de faire respecter sa dignité et le pouvoir qu'il tient de la confiance populaire.

» En conséquence, convaincu que les élections porteraient une dangereuse atteinte à la défense, le Gouvernement a décidé leur ajournement jusqu'à la levée du siège. »

M. Flourens avait également publié ce matin un manifeste. Le journal *le Réveil*, comme *le Combat*, était très-violent; toutes les forces du parti étaient sous les armes. La réponse de Paris à cet appel ne peut être discutée.

Je l'ai dit plus haut, un communeux contre cent curieux. La plupart des gens qui manifestent sont sans armes ; beaucoup de groupes discutent, mais ces discussions sont calmes et tranquillisantes.

Le flot augmente à chaque minute, et le nombre a doublé depuis une heure. Le général Tamisier arrive et en profite pour haranguer la foule et lui dire que ce n'est pas au moment où l'ennemi est aux portes qu'il est permis de créer des embarras au Gouvernement. Les gardes nationaux arrivent en grand nombre et font évacuer la place. Il est quatre heures. On opère des arrestations. Tout à coup, le tambour bat aux champs, c'est le Gouvernement de la Défense qui passe devant les troupes, de tous côtés, on crie : Vive la République ! A bas la Commune ! et les partisans de cette dernière ne réussissent plus à se faire entendre. A cinq heures, tout est terminé. La manifestation est enterrée au milieu du ridicule, et la garde nationale rentre chez elle, indignée du service supplémentaire que les agitateurs l'obligent à faire.

Le chancelier de l'Allemagne confédérée, qui disait aux ministres des affaires étrangères que le Gouvernement serait renversé par la populace s'est encore trompé aujourd'hui ; c'est qu'elle n'est qu'une minorité turbulente que désavouent l'honnêteté, la loyauté, le vrai citoyen, en un mot.

Il y a quelques jours je disais que Paris s'impatientait du silence de l'armée ennemie. Cette inquiétude a augmenté depuis deux ou trois jours, et le bruit se répand encore que les Prussiens veulent nous prendre par la famine. Pour celui qui veut un peu réfléchir et voir le fond des choses de sang-froid, cette hypothèse ne serait nullement impossible. Dans une journée précédente, nous en avons parlé en arrivant à des déductions vraisemblables. Comme Metz, Paris est et restera bloqué tant qu'une force extérieure ne viendra pas rompre la ligne d'investissement. Je n'hésite pas à l'écrire, aujourd'hui 8 octobre : Si dans un mois nous ne sommes pas secourus, nous serons bien près d'être perdus.

A trois heures de l'après-midi s'élevait du gazomètre de la Villette un ballon monté par M. Ziper, fournisseur de l'armée, accompagné de son secrétaire et d'un employé de M. Godard. Poussé par un vent de sud-ouest, le ballon se dirigeait assez lentement vers le nord, lorsqu'après une demi-heure de marche environ, il s'est dégonflé brusquement et est tombé comme une masse. La situation était critique ; les voyageurs étaient tombés dans une mare, à quatre cents mètres de Pierrefitte, occupé par l'ennemi. De trois côtés à la fois, des feux de pelotons furent dirigés sur les naufragés, qui ne trouvèrent rien de mieux à faire que de rester dans l'eau et de simuler la mort. Cette situation terrible dura trois heures. A sept heures et demie, la nuit étant à peu près complète, M. Ziper et ses compagnons se hasardèrent à se dégager et à se diriger du côté de nos grand'gardes. A peine sortis de l'eau, ils ont été faits prisonniers par un détachement des francs-tireurs de la Presse. Après interrogatoire et reconnaissance, les trois naufragés ont été recueillis à la Courneuve, où on leur a donné tous les soins que nécessitait leur position. Les dépêches ont été sauvées.

Ce soir, au Moulin-de-la-Galette (Montmartre), aura lieu l'essai d'un appareil nouveau (invention Bazin), qui projette la lumière à 3,300 mètres. Elle est moins éblouissante que la lumière électrique et permet de distinguer parfaitement les plus petits objets.

## 25ᵉ JOURNÉE

**Dimanche 9 Octobre**　　　　　　　　　　　3 %

Aujourd'hui le temps est sombre, il pleut ; mais, cependant, on se sent le cœur plus léger, et le temps semble moins triste, tant l'esprit est satisfait de la journée d'hier. Le Gouvernement de la Défense remercie la population de Paris de son attitude calme en face de la manifestation d'hier. La garde nationale a sa large part des félicitations. En effet, elle s'est levée en masse pour se grouper autour de ce qui nous reste de pouvoir, et tous les journaux sont unanimes ce matin pour admirer son sang-froid, son patriotisme, et confirmer notre opinion, que quelques braillards insensés n'entraîneront jamais dans leurs rangs tout une majorité d'hommes qui ne demandent pas mieux que de défendre le pays, mais qui ne feront jamais cause commune avec les agitateurs.

M. Flourens s'agite de son côté ; le résultat qu'il pensait obtenir hier n'a pas été atteint. Aussi tonne-t-il contre tous. M. Rochefort est surtout le point de mire de ses attaques ; il veut qu'il quitte le Gouvernement, où il n'est point, dit-il, à sa place, n'y défendant pas les intérêts de la Commune.

M. Rochefort adresse, à cet effet, la lettre suivante au major :

　　　　　　　　　　　　　　　Paris, le 9 octobre 1870.

　　Mon cher Flourens,

Vous me pressez de donner ma démission de membre du

Gouvernement. J'ai accepté à mon corps défendant la mission; mais la démission, ai-je bien le droit de la donner? Voilà la question.

J'ai demandé les élections municipales, et bien d'autres choses encore. Je regrette qu'on ne les ait pas faites dans les premiers jours de la République. Aujourd'hui, la question de la Commune est devenue un champ de bataille, et si j'avais soulevé sur cet incident une question de cabinet, qui vous dit qu'à cette heure on n'entendrait pas à la fois les coups de canon sur le rempart et des coups de fusil dans les rues?

Je suis descendu presque dans les sous-sols les plus impénétrables de ma conscience, et je suis remonté en me disant que mon départ pourrait provoquer un conflit, et que, provoquer un conflit, c'était ouvrir une brèche aux Prussiens. Voilà pourquoi j'ai souscrit à l'ajournement des élections. Depuis vingt ans l'Empire nous ajourne. Ayons la patience d'allonger la courroie jusqu'après la levée du siège. Vous m'objecterez, mon cher et excellent ami, que je capitule avec mes convictions; si cela est, vous m'excuserez, car c'est pour ne pas être obligé de capituler avec l'ennemi. Dans les circonstances actuelles, une démission serait peut-être le prélude d'un désastre. Vous le savez bien, vous qui avez patriotiquement retiré la vôtre.

Je fais taire mes instincts politiques; que nos braves amis de la première circonscription laissent sommeiller les leurs. Le moment venu, c'est-à-dire le Prussien parti, nous saurons bien nous retrouver tous.

Mille embrassements fraternels,

Henri Rochefort.

Dans cette lettre prétentieuse, qui, en certains endroits,

joue sur les mots, dans cette pièce, bonne à conserver, M. Rochefort, comme on le voit, se donne une grande importance. Mais, en somme, je suis de son avis, il a bien fait de ne pas donner sa démission.

Ce matin, dès dix heures, les Parisiens franchissaient, pour fêter le dimanche, les ponts-levis de leurs remparts, et s'éparpillaient entre l'enceinte et les forts. La pluie a arrêté ces enragés curieux, qui cherchent sans cesse les points les plus élevés afin de voir un ennemi toujours invisible.

La journée militaire est sans beaucoup d'importance. La demi-batterie du Point-du-Jour a tiré quelques obus sur la station de Bellevue, et, pour la première fois, sur la lanterne de Diogène, au parc de Saint-Cloud, et qui sert d'observatoire à l'ennemi. Montretout a encore été bombardé par la batterie flottante en permanence entre le pont de Sèvres et celui de Billancourt. Le mont Valérien a complétement détruit la ferme de Fouilleuse. Au nord de Paris, il n'y a rien de bien saillant à noter : les forts ont canonné les ouvrages du Bourget; mais, malgré notre feu, on y voit toujours les terrassiers prussiens. Vers le sud, on barricade fortement Gentilly, Cachan et Villejuif, autrefois au pouvoir de l'ennemi, qui possède toujours Hay, Chevilly et Thiais.

J'enregistre le second voyage du général Burnside. Il est arrivé à Paris hier au soir accompagné de son secrétaire. Partis de Versailles dans la matinée, les deux voyageurs n'ont pas rencontré les mêmes obstacles qu'à leur premier voyage. Le retour du général dans nos murs, après toute une semaine passée au quartier général prussien, a une signification sérieuse on doit le supposer. Cependant je puis dire que sa mission consiste surtout à remettre des dépêches à M. Washburn, ministre des États-Unis, qui s'occupe activement de faire sortir de Paris ceux de ses compatriotes qui n'ont pas quitté la capitale avant l'investissement. Telle est la principale raison de son retour. Le général, dont les relations amicales avec les membres du Gouvernement sont bien connues, a eu, aussitôt après son arrivée, de longs entretiens avec le gouverneur de Paris et M. Jules Favre; il repart demain. Des bruits de pourparlers diplomatiques circulent.

J'ai fait aujourd'hui un travail assez curieux. Ce sont des recherches pour connaître les différents siéges que Paris a eu à subir. Si je ne me trompe il s'en trouve huit en comptant celui de 1870.

En remontant à l'an 451, on trouve Paris menacé par Attila; c'est à cette époque que sainte Geneviève, par ses prières, détourna le fléau, et la ville reconnaissante la nomma patronne de Paris.

885. Siége des Normands qui ne dura pas moins de treize mois. Paris capitula; il était défendu par l'évêque Galin et le comte Eudes.

1359. La ville n'est que menacée par Charles le Mauvais, roi de Navarre.

1420. Siége et prise de Paris par les Anglais.

1436. Les Anglais perdent Paris, qui se rend à Charles VII.

1589. Paris, au pouvoir des ligueurs, est assiégé par Henri III et Henri de Navarre. Le premier est assassiné par Jacques Clément, et la défection des catholiques force le roi de Navarre à lever le siége.

1593. Deuxième siége par Henri IV, la ville aux abois ouvre ses portes au roi après sa conversion au catholicisme.

1814. Les armées de l'Europe coalisée s'emparent de Paris après la bataille dite de Paris.

1815. Nouvelle prise de Paris par les mêmes coalisés après la bataille de Waterloo.

1870. Puisse l'armée allemande ne pas faire comme en 1815!

Après les vésuviennes de 1848, voici les amazones de France de 1870.

On parle de femmes voulant former un corps franc pour aller combattre aux remparts. Doit-on rire de cette idée? Si l'intention est bonne, avouons franchement qu'elle n'a pas le sens commun.

Les grands appartements du Palais-Royal viennent d'être transformés en ambulances sous le patronage de la mairie du premier arrondissement. Les principaux médecins du quartier, assistés de notabilités chirurgicales, donnent leur concours le plus dévoué à cette ambulance.

C'est aujourd'hui le jour de mon bulletin alimentaire; je crois que chaque semaine amènera des changements de prix assez curieux.

Occupons-nous premièrement des pauvres.

Le Gouvernement a supprimé la direction de l'Assistance publique qui sera remplacée par les municipalités qui, étant bouleversées de fond en comble, ne feront rien et n'administreront rien. Telle est mon opinion. Pourquoi créer du désordre dans du désordre? Cela sûrement causera dans la question de l'alimentation des pauvres de graves difficultés, et cependant nous n'en avons pas besoin. Je me réserve de m'occuper de cette question plus tard.

Il vient de se créer dans le neuvième arrondissement un établissement fort utile, et qui, sans aucun doute, servira de modèle à beaucoup d'autres et se multipliera vivement dans Paris, c'est la création des cantines municipales, où l'on distribue gratuitement, ou a des prix très-réduits des rations de viandes et légumes. Comme toutes les bonnes innovations, ces cantines voient se grouper autour d'elles toutes les sympathies et l'argent des sincères amis des pauvres. Ce sera d'une grande ressource pour les nécessiteux si le siége se prolonge.

Une nouvelle viande a fait son apparition, c'est celle d'âne. On la dit préférable au cheval; dans quelques jours on sera à même d'en juger. Il ne faut pas se récrier, en interrogeant les vieilles chroniques : on y trouve que le bon roi Henri IV, de glorieuse mémoire, se faisait souvent servir de l'ânon rôti. Nous pouvons donc bien en manger.

Le cheval entre de plus en plus dans la consommation. Les petits restaurants et les marchands de vins débitent cette viande sous le nom de bœuf, ce qui leur procure un très-gros bénéfice.

Le poisson de Seine est assez abondant.

Voici le prix de certaines choses :

| | | | |
|---|---|---|---|
| Une anguille........ | 15 | Une carpe........ | 15 |
| Un brochet......... | 15 | Une friture....... | 3 |
| Botte de carottes..... | 2 | Une aubergine..... | 0.50 |
| — poireaux.... | 1 | Un chou-fleur..... | 2 |
| — de navets ... | 2 | Haricots verts..... | 1.50 |
| — de salsifis... | 2 | Pommes de terre.. | 3.50 |
| Un poulet.......... | 14 | Une dinde........ | 45 |
| Une oie............ | 25 | | |

Les fruits n'augmentent pas et les œufs se vendent 25 c.

Quelques charcutiers et pâtissiers ont encore des pâtés de volaille et de jambon, filet de bœuf et jambon de 3 à 6 francs, suivant la grosseur. Quelques-uns aussi débitent du rosbif et du filet rôti à raison de 3 et 4 fr.

On peut avoir un peu de beurre salé à 9 fr. le kilo. A part quelques morues de qualité médiocre, il n'y a plus de salaisons aux halles centrales.

Avant de clore la journée, je donnerai encore quelques détails qu'on ne peut passer sous silence. D'abord, je parlerai d'un bruit absurde répandu par plusieurs journaux et qui avait fait sensation sur l'esprit des Parisiens, celui du bombardement de Paris fixé au 9 octobre par le roi de Prusse. Aussi aujourd'hui, à chaque moment, la population qui croit tout, qui prend tout pour parole d'Évangile, attendait un obus et le voyait déjà foudroyant enfants, femmes et soldats. Nous le répéterons encore, il faut être aussi crédule que le Parisien pour croire à un bombardement lorsque l'ennemi est à 15 ou 20 mille mètres de Paris. Les points les plus à craindre sont ceux de Sèvres et de Saint-Cloud ; mais outre que le temps a encore manqué aux Allemands, le Mont-Valérien est une sentinelle active qui veille trop bien pour se laisser surprendre. N'oublions rien. A midi, dans beaucoup de quartiers on a encore battu le rappel, ce maudit rappel, cauchemar de tout citoyen tranquille. A cette heure, c'est une surprise de l'ennemi ! c'est la guerre civile ! ! !

Heureusement, cette batterie agaçante n'était qu'une mesure de précaution. Malgré le mauvais temps, il y a eu une contre manifestation à celle d'hier. La place de l'Hôtel-de-Ville était encombrée par une foule immense ; mais elle était calme et sans esprit révolutionnaire prononcé, pour mieux dire, et tout en me servant d'un terme vulgaire, ce n'était que la queue de l'orage qui avait grondé hier, pendant quelques heures autour du Gouvernement de la Défense nationale.

Il faut rendre ici justice aux citoyens, malgré le service

fatigant des remparts; au premier coup de baguette, chacun était prêt à marcher pour rétablir l'ordre, si quelques malencontreux avaient voulu le troubler. Je finis par une réflexion.

Elevé dans la religion protestante, je suis exactement les prédications religieuses, et je m'étonne que l'on fasse tant de politique en chaire. Je sais qu'émanant de nos pasteurs, elle est faite à un point de vue tout chrétien. Mais sincèrement je la crois mal placée étant tout à fait en dehors de l'Église qui ne doit point aborder ces questions. Qu'elle nous trace notre devoir, qu'elle nous montre le chemin que nous devons suivre pour sauver la patrie; elle le doit, mais là s'arrêtent ses conseils et elle ne doit point nous dire du haut de sa chaire ses préférences en déclarant le Gouvernement de la République meilleur que le Gouvernement tombé.

## 26ᵉ JOURNÉE

**Lundi 10 Octobre**  3 % **53.10**

On s'est battu cette nuit sur le plateau de Villejuif. L'ennemi a été refoulé sous Choisy-le-Roi après une résistance assez énergique, en laissant entre nos mains des blessés et des prisonniers. A onze heures du soir, les canons du fort de Bicêtre et ceux des redoutes élevées près du Moulin-Saquet ont lancé des obus sur un détachement prussien qui cherchait à réoccuper Gentilly. A une heure, le mouvement de retraite de ce détachement a été prononcé. On a ramené une quinzaine de morts et de blessés. A deux heures, le calme le plus complet régnait sur toute la ligne.

Les rapports militaires ne donnent rien de bien sérieux à signaler : nous en extrairons cependant quelques passages.

Vers onze heures du soir, le Mont-Valérien tira quelques coups de canon. D'autres, à la même heure, semblent partir des forts d'Issy et de Vanves; quelques autres coups du Point-du-Jour et des fortifications, vis-à-vis de la Muette et d'Auteuil.

Cet après-midi, la demi-batterie établie par les Prussiens sur la terrasse du château de Meudon a répondu mollement au feu du fort d'Issy, mais les obus de nos canonnières ont éteint le feu de l'ennemi.

Vers trois heures, le drapeau prussien a été arboré au faîte du château. A ce moment, les coteaux qui s'élèvent au-dessus de Sèvres ont été littéralement bombardés par nos canonnières.

Vers neuf heures, des bombes tombèrent sur Saint-Ouen sans causer aucune perte à nos troupes. La batterie répondit alors, et nos artilleurs pointèrent si juste que les ouvrages prussiens furent détruits après une vingtaine de coups.

Ce qui gêne de ce côté le fort de La Briche nous paraît être le château d'Épinay, reconnu comme propriété anglaise, ce qui fait que nos canons le respectent, tandis que les Prussiens, moins scrupuleux, s'y embusquent à toute occasion.

Les Allemands, en avant de Saint-Denis, travaillent à leurs terrassements avec une grande persévérance.

Sur la route de Pierrefitte à Sarcelles, entre le barrage et les briqueteries, sur le plateau découvert qui s'élève un peu en arrière de Stains, on voit circuler de nombreux convois soutenus ou accompagnés de troupes de toute espèce.

Le fort d'Aubervilliers a canonné une partie du jour divers points, et notamment certaines usines crénelées servant de forteresses à l'ennemi.

Devant Pantin, les avant-postes des mobiles échangent sans cesse des balles avec les grand'gardes de Drancy et de Bobigny.

Vive fusillade à Joinville. Le pont que nous avons jeté en cet endroit, sur la Marne, préoccupe vivement les Prussiens, qui cherchent constamment à le détruire. Les artilleurs de la Faisanderie les mettent en déroute chaque fois qu'ils essayent d'approcher. Ils ont également poussé une tentative d'attaque sur la redoute de Gravelle, qui surveille et gêne le mouvement de leurs troupes entre Chennevières et Choisy-le-Roi.

Les forts de Charenton et d'Ivry ont fait sur Choisy-le-Roi la même chose qu'Aubervilliers.

Vers trois heures, les avant-postes français et prussiens, campés à Boulogne et à Saint-Cloud, et séparés seulement par la Seine, ont échangé une fusillade très-vive. Ces parages de la Seine sont toujours très-surveillés, car on peut craindre la construction d'un pont de bateaux.

Un lieutenant des guérillas de l'Ile-de-France, en garnison au Port-à-l'Anglais, s'est déguisé en paysan pour faire une reconnaissance sur le territoire ennemi. Les Prussiens de grand'garde ont cru aux explications qu'il leur donnait avec une ingénuité apparente et l'ont fait conduire de poste en poste jusqu'à Boissy-Saint-Léger, où il possède un petit domaine. Cet officier, M. Pestre, a pu constater qu'ils avaient élevé de formidables redoutes à Chennevières, Sucy et Valenton. Un général de division a établi son quartier général à Grosbois, dans le château du prince de Wagram. Il n'évalue pas à moins de *cinquante mille* hommes l'effectif du corps qui opère entre Neuilly-sur-Marne et Bonneuil. Son retour s'est bien effectué.

Le fort de Bicêtre a lancé une soixantaine de boulets dans la direction de Chevilly et de l'Hay, où les éclaireurs avaient signalé un passage considérable de troupes ennemies. Il est à remarquer que les rapports militaires donnent tous avis de grands mouvements de troupes.

Les Parisiens pensent toujours au bombardement : pour eux l'heure doit être proche et les craintes redoublent. Je persiste dans mon idée : je ne crois pas au bombardement, car les batteries ennemies que l'on craint à ce sujet ne sont établies que pour défendre le pont et le village de Sèvres qui conduisent à Versailles, du moins c'est probable.

En parlant de Versailles; on affirme que le roi Guillaume vient d'y établir son quartier général. Il s'y trouverait une armée de cent cinquante mille hommes. C'est respectable.

Aujourd'hui quelques individus ont encore tenté une manifestation sur la place de l'Hôtel-de-Ville, aux cris de *vive la Commune!* Ces cris sont restés sans écho.

A quatre heures et demie, un bataillon de la garde nationale est venu, par précaution, prendre position sur la place. On voit que les Prussiens de Paris n'ont garde de se faire oublier.

M. Blanqui, ayant donné sa démission de chef de bataillon, à la suite de la manifestation du 5, a réuni ses hommes pour le renouvellement de son grade.

Le discours qu'il prononça approuvait la manifestation et appuyait fortement la demande de la Commune. Il n'eut aucun succès. L'orateur, interrompu à tout moment, n'a pu achever, et il a été décidé qu'il ne serait point réélu.

Puisque nous parlons des démissions et des réélections, nous continuerons en citant les documents curieux dont *Paris-Journal* donne le texte, et qui indiquent l'état de certains esprits.

PREMIÈRE LETTRE DE M. FLOURENS AU GÉNÉRAL TAMISIER.

« Paris, 7 octobre 1870.

» Monsieur le général,

» En présence de l'obstination mise par le Gouvernement de la Défense nationale à ne donner satisfaction à aucune de nos légitimes réclamations, j'ai dû remettre ma démission des fonctions de major de rempart que je remplissais au 2ᵉ secteur.

» Cette démission a été acceptée par vous.

» Je ne puis la retirer et reprendre mes fonctions que si le Gouvernement provisoire *daigne* nous faire immédiatement justice.

» Veuillez recevoir, monsieur le général, l'expression de ma considération.

» G. FLOURENS. »

DEUXIÈME LETTRE DE M. FLOURENS AU GÉNÉRAL TAMISIER
APRÈS SA RÉÉLECTION.

«Paris, 7 octobre 1870.

» Monsieur le général,

» Malgré votre acceptation de ma démission, je me vois obligé, pour conserver l'ordre et la paix dans Paris, d'y maintenir mon commandement.

» Il est inutile de vous dire que je n'abandonne rien de

mes réclamations, et que cette démarche est convenue ave
tout mon état-major.

» G. Flourens. »

M. Flourens est-il vraiment essentiel au maintien de
l'ordre? Voilà ce qu'on peut se demander. Il me semble que
Paris a déjà répondu.

La physionomie de la Bourse est bonne, mais on ne fait
aucune affaire, et il est utile en passant de donner un tableau de ce palais, autrefois fréquenté par tant de monde,
traitant presque toutes les valeurs de l'Europe, et réduit aujourd'hui à un public composé d'environ soixante personnes demandant le cours de la rente qui s'enregistre une
fois toutes les heures. Quant à la corbeille où se tiennent
les agents de change, elle est complétement veuve de ses
habitués. Ces messieurs ne paraissent que vers trois heures,
instant de la clôture.

Je suis à même d'enregistrer un fait assez bizarre et qui
prouve évidemment que le blocus de Paris n'est pas
parfait.

Il est entré aujourd'hui dans la capitale, venant de Dijon, cinq cents hommes de troupes ; ils n'ont point rencontré
un seul casque prussien. Le fait est positif, je l'affirme, ayant
parlé moi-même à des hommes de ce détachement.

Les journaux des nuances les plus diverses trouvent que
le général Le Flô manque d'énergie et d'invention. Partout
on fait l'éloge de M. Dorian, ministre des travaux publics, et
on pousse sa nomination au ministère de la guerre. En ce
cas, M. Dorian resterait à la tête des deux administrations.

J'enregistre quelques bruits du jour :

On continue la publication des papiers et correspondances de la famille impériale, trouvés aux Tuileries. Tou-
ours peu d'intérêt dans la lecture de ces fascicules.

On parle de distribuer aux gardes nationaux des cartes d'identité. C'est une excellente mesure. Ces cartes doivent indiquer les noms, prénoms, lieu de naissance et domicile, ainsi que le bataillon et la compagnie auxquels ils appartiennent. Ces cartes d'idendité devront être portées journellement par les gardes. Cette carte est d'une véritable utilité.

.I. Louis Blanc, dit-on, vient de partir en ballon pour l'Angleterre. Pourquoi?

### NOUVELLES DU DEHORS.

Les Prussiens continuent leur marche dans l'intérieur ; ils auraient dépassé Orléans et seraient près de Blois.

La Banque de France a établi, à Clermont-Ferrand, des ateliers pour la fabrication des billets de vingt-cinq francs.

Au Havre, il règne un grand élan, la défense s'organise.

### DÉCRETS.

Le Gouvernement de la Défense nationale

DÉCRÈTE :

Art. 1er. Le palais du Luxembourg est placé dans les attributions du ministère de l'instruction publique et des cultes.

Art. 2. Le ministre de l'instruction publique et des cultes est chargé de l'exécution du présent décret.

Vient ensuite un deuxième décret abolissant le cautionnement des journaux. Les journaux qui ont versé un cautionnement pourront le retirer, suivant les formes prescrites par la loi, après la cessation de la guerre actuelle.

Le ministère des travaux publics fait paraître les avis suivants :

### AVIS.

Les constructeurs, mécaniciens, ajusteurs, tourneurs, e tous les ateliers qui travaillent les métaux, en un mot, toutes les industries capables de concourir à la fabrication des pièces qui composent le fusil chassepot, sont invités à se présenter à la commission d'armement, au ministère des travaux publics, pour faire connaître le nombre et la nature des pièces qu'ils pourraient produire, les prix qu'ils demanderaient, et le temps qui leur serait nécessaire.

Les listes de déclarations seront closes dimanche prochain, 16 courant.

Le comité des ingénieurs civils, dont le siége est au Conservatoire des Arts-et-Métiers, adresse le même appel aux fondeurs en bronze de Paris, en les engageant à prendre connaissance d'un type de pièce d'artillerie de campagne se chargeant par la culasse, qui est déposé au Conservatoire.

Malgré la guerre, malgré le blocus, malgré la tristesse de toutes les âmes, l'Académie des sciences a siégé, aujourd'hui 10 octobre, sous la présidence de M. Liouville. On ne s'y occupe que d'alimentation; et si je vous mettais sous les yeux le compte rendu de la séance, vos cheveux se dresseraient sur votre tête en pensant à ce qu'elle nous fera manger si le siége se prolonge : la chandelle, les os, le sang des animaux y jouent un grand rôle.

La journée finit mal; à sept heures on bat le rappel dans plusieurs quartiers. Que se passe-t-il donc encore?

## 27ᵉ JOURNÉE

**Mardi 11 Octobre.** 3 °/₀ 53.20

Le soin que l'on a de prendre des pigeons dans les ballons qui partent de Paris fait que nous avons aujourd'hui une poste ayant un soupçon de régularité. Ainsi, par ce charmant petit animal, le Gouvernement a reçu ce matin la nouvelle de l'arrivée de M. Gambetta.

Voici la dépêche :

« Montdidier (Somme), 8 heures du soir.

» Arrivé après accident en forêt, à Epineuse. Ballon dégonflé. Nous avons pu échapper aux tirailleurs prussiens, et, grâce au maire d'Épineuse, venir ici, d'où nous partons dans une heure pour Amiens, d'où voie ferrée jusqu'au Mans et à Tours. Les lignes prussiennes s'arrêtent à Clermont, Compiègne et Breteuil, dans l'Oise. Pas de Prussiens dans la Somme. De toutes parts on se lève en masse. Le Gouvernement de la Défense nationale est partout acclamé. »

Cette dépêche nous indique bien la position des ennemis.

Le rappel battu hier au soir dans plusieurs quartiers n'avait rien de sérieux fort heureusement. Le bruit s'était répandu que les bataillons de Belleville réunis par les ordres du major Flourens, allaient encore descendre à l'Hôtel de ville pour manifester. A propos du major Flourens, je me permettrai cette réflexion. M. Flourens est républicain, ce qui veut dire : *Liberté, Égalité, Fraternité*. Comment se fait-il que l'apôtre de cette trinité égalitaire se mette au-dessus de tous les autres chefs de bataillon, ses collègues? Il n'a le droit de commander *qu'un* seul bataillon, mais, lui républicain, il a trouvé bon de *prendre* le titre de major et d'en commander *cinq*.

A 4 heures, la place de l'Hôtel-de-Ville est occupée militairement. On y comptait beaucoup de curieux, mais le calme le plus complet régnait au milieu de la foule. D'instant en instant, de nouveaux bataillons arrivaient et se groupaient derrière les premiers. De manifestations point; c'était une fausse alerte. A huit heures, tout étant paisible, la garde nationale rentre chez elle, sauf deux bataillons qui tinrent la place, par précaution.

Heureusement, le bons sens de la population a pris le dessus et fait justice de tous ces révolutionnaires. Nous avons assez de ces gens qui font un métier des révolutions et qui osent l'exercer effrontément lorsque l'ennemi est là prêt à profiter des moindres fautes commises. Si tous ces gens veulent, en travaillant ainsi, prouver leur amour pour le pays, certes, ils ne peuvent mieux s'y prendre. On les connaît maintenant et on les juge. L'attitude ferme et résolue de la garde nationale, nous garantit contre le retour de ces manifestations déplorables, pour un certain temps au moins.

Le Gouvernement craint le bombardement, aussi, en prévision, cache-t-il tout ce que nos musées et nos bibliothèques ont de précieux dans des caves et dans des lieux sûrs.

Toujours combats d'avant-postes et destruction des travaux ennemis; les rapports militaires du jour nous donnent certains détails.

Dans la journée, de nombreux mouvements de troupes

ont été signalés chez l'ennemi, en avant de nos lignes du sud, hors de portée de nos feux.

Le Gouverneur de Paris a été visiter le Moulin-Saquet, Villejuif et les Hautes-Bruyères. Toutes ces positions sont en remarquable état de défense.

L'occupation de la maison Millaud, avant-poste ennemi menaçant Cachan, s'est opérée après un signal donné par cinq coups de canon, tirés contre elle, du fort de Montrouge. Nos soldats se sont immédiatement élancés, et y sont entrés, ainsi que dans les maisons voisines. Ils y ont trouvé de nombreux débris attestant la présence récente de l'ennemi et les traces de ses blessés.

La mise en défense a commencé immédiatement sans être inquiétée, bien que les éclaireurs se soient rapprochés jusqu'à 300 mètres. Les maisons les plus voisines ont été incendiées ou détruites pour dégager les abords.

Le Mont-Valérien, la batterie Mortemart et la canonnière de Suresnes, ont entretenu un feu assez vif sur Saint-Cloud.

La batterie de Courbevoie a tiré sur Houilles, et celle de Saint-Ouen sur Orgemont.

Dans la nuit, les Prussiens placés sur la rive gauche de la Marne, ont tenté encore de franchir cette rivière pour s'emparer de la redoute de la Faisanderie établie en avant du fort de Vincennes, entre Joinville et Nogent; mais ils étaient surveillés de près, et malgré leurs efforts, ils ont été repoussés.

### COMBATS A ÉPINAY, MONTMORENCY, DUGNY, BONNEUIL, ETC.

Les francs-tireurs, disons-le, rendent de véritables services dans ces avancées, et il est de toute impossibilité de rendre compte des petits engagements qui ont lieu chaque jour, sans tomber dans les redites et la monotonie. Le siège de Paris et la défense sont tellement gigantesques, que les petits combats disparaissent complètement.

Comme à Paris il faut plaisanter, même dans les plus mauvais jours, et qu'on ne voit presque point de Prussiens, beaucoup de gens assurent qu'ils sont partis, et ils trouvent du public pour les croire.

Le Gouvernement de la Défense nationale, décrète :

La prorogation de délais accordés par la loi du 13 août, et le décret du 10 septembre 1870; relatifs aux effets de commerce, est augmentée d'un mois à compter du 14 octobre courant.

Cette disposition est applicable même aux valeurs souscrites postérieurement à la loi et au décret susvisés.

Le présent décret est applicable à l'Algérie.

---

Voici un autre décret concernant les corps francs.

Voulant régler d'une manière définitive l'organisation des corps francs levés à Paris et dans les environs, depuis l'ouverture de la campagne contre la Prusse, le Gouvernement de la Défense nationale décrète :

Art. 1er. Les corps francs existant en ce moment à Paris, seront maintenus en activité pendant tout le temps de la durée de la guerre contre la Prusse.

Art. 2. Chacun de ces corps sera placé sous les ordres d'un commandant militaire.

Art. 3. Les officiers, sous-officiers, caporaux ou brigadiers et soldats qui en font partie pourront, en vertu d'arrêtés du ministre de la guerre, être traités sous le rapport de la solde et des vivres, comme la garde nationale mobile.

Aucune allocation, soit en deniers, soit en nature, ne pourra leur être faite par le département de la guerre.

Art. 4. Dans le cas où les bataillons de la garde nationale sédentaire de Paris seraient autorisés à former des compagnies de volontaires destinées à faire des sorties, il ne serait rien changé à la position des officiers, sous-officiers, caporaux ou brigadiers et gardes nationaux de ces compagnies sous le rapport de la solde et des vivres, c'est-à-dire qu'ils continueraient à être traités exactement comme les autres gardes nationaux sédentaires.

Art. 5. Aussitôt après la promulgation du présent décret, il sera passé une revue d'effectif par un fonctionnaire de l'intendance militaire.

L'effectif constaté à cette revue ne pourra jamais être dépassé.

Art. 6. Il sera délivré de nouvelles commissions à tous les officiers des corps francs par le ministère de la guerre.

Art. 7. Les grades dans les corps francs ne donneront à ceux qui en exercent, ou qui en auront exercé les fonctions, aucun droit à un grade régulier dans l'armée.

Art. 8. Il ne sera plus délivré, à dater de la promulgation de ce décret, aucune autorisation de lever des corps francs.

Art. 9. Le ministre de la guerre est chargé de l'exécution du présent décret.

Fait à Paris, le 11 octobre 1870.

(*Suivent les signatures.*)

## 28ᵉ JOURNÉE

**Mercredi 12 Octobre**  3 °/₀  53.05

La pluie cesse, le temps se remet au beau, et c'est pour nous un heureux signal ; la poste doit partir.

Ce matin, un magnifique ballon, *le Washington*, s'élance dans les airs, de la gare d'Orléans, emportant 300 kilogrammes de dépêches.

M. Lefèvre, chargé d'une mission officielle, se trouvait dans sa nacelle.

*Le Washington* emporte trente pigeons, ainsi qu'une personne qui s'occupe beaucoup de l'élève des pigeons voyageurs. On va développer ce moyen de correspondance. Le Gouvernement de la Défense nationale vient de désigner la gare d'Orléans pour la construction et le départ des ballons-postes de la rive gauche. Pour suffire à ce service, MM. Godard dirigent une école d'aréonautes composée de marins. Nous voilà donc rassurés, nous voilà heureux ! Un ballon parti, c'est nos familles, nos femmes, nos enfants recevant de nos nouvelles et rassurés... c'est la joie, c'est le bonheur ; car tous ces pauvres éloignés doivent vivre dans de continuelles et de cruelles inquiétudes.

L'espérance renaît !

Si vous voulez avoir quelques détails curieux, laissez-moi vous conduire à la gare d'Orléans.

Le type des ballons construits par M. Godard, pour l'administration des postes, est tout à fait sphérique, en forte percaline lustrée, huilée et vernie. Ces bandes de percaline sont cousues ensemble, à l'aide de fil double et ciré. Cette opération se fait dans un immense atelier où il y a cent ouvrières. Lorsqu'il est cousu, le ballon passe dans l'atelier des hommes, où il est soumis à l'huilage pour le rendre imperméable. L'opération consiste à répandre l'huile sur l'étoffe et à frotter vigoureusement, de façon à ce qu'elle pénètre dans la trame. Cette opération se fait six fois de suite. Dans un autre atelier, on fabrique les filets ou ficelle goudronnée devant envelopper le ballon qui mesure : 15 mètres 75 centimètres de diamètre.

Longueur de la circonférence à l'équateur : 49 mètres 48 centimètres, 779 mètres carrés de superficie, 2,045 mètres cubes de volume.

La nacelle en osier mesure : 1 mètre 10 centimètres de largeur, 1 mètre 40 centimètres de longueur, 1 mètre 15 centimètres de hauteur.

Six personnes, au besoin, peuvent y prendre place et s'asseoir sur deux petits bancs établis à cet effet.

Les soupapes sont en noyer.

Les dépêches et autres objets s'accrochent en dehors, aux parois extérieures de la nacelle.

Le ballon-type enlève un poids net de 1,050 kilos, répartis entre le lest, trois personnes et 500 kilos de dépêches.

Il faut dix jours pour construire chaque aérostat. Si le vent était bon, on pourrait être en mesure de faire partir un ballon tous les deux jours.

Si l'on nous avait dit cela il y a un an : l'aurait-on cru ?

Nous devons rendre hommage à l'activité des frères Eugène et Jules Godard.

Ce matin, le lieutenant colonel Reille, commandant le 7ᵉ régiment des gardes mobiles du Tarn, a exécuté une reconnaissance importante, dans le but de s'assurer de la présence des forces ennemies au bois de Neuilly et au plateau d'Avron.

De son côté, le général Ducrot a poussé, dans la journée, une reconnaissance au delà de la Malmaison, où il a rencontré l'ennemi et des batteries prussiennes à la bifurcation des routes de Bougival et de la Jonchère. Ces batteries se sont démasquées à 300 mètres et ont fait feu. Heureusement, les boîtes à mitraille ayant fait balle, au lieu de s'écarter, aucun des nôtres n'a été atteint.

Cette artillerie, bientôt réduite au silence se replia jusqu'à Bougival, poursuivie par les obus du Mont-Valérien.

Toujours du côté de Meudon et de Bellevue travail incessant des Prussiens, que nous détruisons le plus possible. De ce côté, nos avant-postes vont jusqu'au Val.

Les batteries de Saint-Ouen surveillent toujours les hauteurs d'Orgemont. Les forts du sud canonnent Choisy-le-Roi et les environs, véritables fourmilières de Prussiens.

Le fort de Montrouge a salué de cinq ou six coups de canon un détachement ennemi qui marchait entre Fontenay et Bourg-la-Reine, dans la direction de Villejuif.

L'ennemi s'est replié dans la direction de Choisy-le-Roi, poursuivi par un bataillon de mobiles déployé en tirailleurs en avant de Cachan. Engagements et reconnaissances par les francs-tireurs sur tous les points de la ligne d'investissement.

Que de ruines on verra, que de désastres l'on connaîtra, lorsque cette guerre sera terminée! Les environs de Paris, si beaux, si riches, si riants; ces villages si coquets, si animés, ne seront plus que des décombres renfermant sous leurs amas fumants des cadavres français et prussiens!

Le bruit circule que les Allemands ont détaché de leur

armée de Paris un certain nombre de troupes pour se porter sur la Loire ; mais rien de précis sur cette nouvelle.

Plusieurs avis ont été placardés ce matin sur les murs de Paris ; l'un signé de M. Arago, maire de Paris, l'autre du général chef d'état-major Schmitz ; le premier est ainsi conçu :

AVIS.

Les délégués pour la fabrication des poudres de guerre préviennent MM. les boulangers, propriétaires, locataires, concierges et autres personnes occupant les bâtiments des administrations publiques, et en général toutes personnes brûlant du bois dans leur ménage ou dans des administrations publiques ou privées, qu'ils sont requis de faire, dans un délai de quarante-huit heures, la déclaration des quantités de cendres provenant de la combustion du bois qu'ils peuvent livrer immédiatement ou successivement à l'administration de la guerre.

Ces déclarations seront reçues dans les mairies de chaque arrondissement et dans les bureaux de M. Alphand, inspecteur général des ponts et chaussées, l'un des délégués, 9, place de l'Hôtel-de-Ville.

Ces cendres seront payées à leurs détenteurs à raison de vingt centimes l'hectolitre, et enlevées à domicile par les soins des délégués, qui remettront des bons constatant les quantités de cendres livrées et les sommes dues.

Paris, le 12 octobre 1870.

Vu et approuvé :

Le maire de Paris,

ÉTIENNE ARAGO.

Comme chacun sait que des cendres de bois on retire du salpêtre, cet avis a effrayé beaucoup de gens qui ont cru deviner, par cette mesure de précaution, que Paris assiégé manquait déjà de poudre.

Il faut si peu de chose pour effrayer les gens. Voici le deuxième avis.

### AVIS.

En raison de la diminution croissante des jours, les portes de la place de Paris seront, à partir du 15 octobre, ouvertes dès l'aube et fermées à six heures du soir.

Fait à Paris, le 12 octobre 1870.

Le Gouverneur de Paris.

P. O. Le général chef d'état-major,

Schmitz.

Le *Journal officiel* publie deux décrets, l'un complétant, par quelques dispositions explicatives, le décret du 27 septembre 1870 sur les conseils de guerre de la garde nationale; l'autre, que je transcris en entier.

### DÉCRET.

Art. 1$^{er}$. Les articles de lingerie, consistant en draps de lit et chemises, engagés au Mont-de-Piété depuis le 19 juillet 1870, pour un prêt n'excédant pas 15 francs, seront rendus aux déposants.

Art. 2. Le ministre des finances est chargé de l'exécution du présent décret.

Fait à Paris, le 12 octobre 1870.

(*Suivent les signatures.*)

On ne peut qu'approuver une pareille pensée, car, hélas! combien de pauvres gens se sont-ils déjà, pour vivre, démunis des choses de première nécessité!

Deux gardes mobiles ont été assassinés en plein Paris, l'un par un journaliste, dit-on, l'autre par un garde national resté inconnu. Ces deux crimes ont exaspéré les troupes. Avis aux journaux *avancés* qui excitent leurs amis contre ces jeunes soldats qui viennent pour les défendre. Voilà comme à Paris on comprend les choses !

M. Blanqui, après la journée du 8, ne veut pas s'avouer vaincu, et il est curieux de tracer ici son langage dans le journal *la Patrie en danger* :

### UNE NOBLE VICTOIRE.

« Le bonapartisme triomphe. A quand la restauration de Napoléon III ? Messieurs de la Défense nationale, à quand l'entrée des Prussiens ? Elle ne leur coûtera pas cher. Quelques catarrhes, quelques rhumatismes, tout au plus une fluxion de poitrine de ci, de là, parmi les vieux. Joignez-y de temps à autre une balle, un éclat d'obus pour constater qu'on est en guerre ; à ce prix, les bons Allemands attendront avec flegme la fin de nos bœufs et de nos farines. Après quoi, le Gouvernement de la Défense déclarera en pompe que Paris s'est héroïquement défendu, et qu'il est temps de songer au pot-au-feu. Les bataillons de l'ordre proclameront aussitôt, avec enthousiasme, que l'heure de la potbouille est sonnée, et qu'après s'être surchargé de gloire, il est bien permis de se garnir l'estomac.

» Du premier jour, il était facile de dérouler l'ordre et la marche de la cérémonie. Factieux, Prussiens, ennemis publics, ceux qui prévoyaient tout haut une lâcheté finale ; ennemis publics et traîtres, ceux qui s'opposeront à cette lâcheté ! Prussiens, qui ne voudra pas ouvrir les portes aux Prussiens ? On assomme aujourd'hui dans les rues, comme coupables d'échec à la défense, les réclamants de la *Com-*

*mune*, désespérés qu'on se défende si peu. On mettra en pièces, sur les places publiques, les obstinés de résistance, provocateurs de famine et d'anarchie.

» Sa Majesté le roi Guillaume fera son entrée solennelle, entouré de baïonnettes bien pensantes, quelque peu rougies du sang des factieux mal intentionnés pour la Prusse.

» La Bourse montera de 20 francs ; les lupanars et les maisons comme il faut illumineront *à giorno*. La joie sera dans les cuisines et dans les salles à manger.

» L'affaire des exaltés ne sera pas bonne. Il n'est pa sain d'entrer en guerre contre les ventres.

» Le 8 octobre 1870 marquera dans l'histoire. Ce jour-là, le premier article de la capitulation de Paris a été écrit par les baïonnettes bourgeoises ; les autres suivront d'eux-mêmes. La signature se donnera au son des cloches et des fanfares, et le Gouvernement de la Défense nationale aura terminé sa glorieuse mission.

» Blanqui. »

Vous n'avez jamais dit si vrai, monsieur Blanqui ; le premier article de la capitulation de Paris a été écrit le 8 octobre 1870. Seulement il faut retourner votre phrase et dire : par vous et non par la garde nationale. Quant aux autres articles, vous pourrez les inscrire aussi vous-même, chaque fois que vous vous insurgerez et que vous manifesterez dans les rues.

Allons ! Messieurs de la *Commune*, nous n'en sommes plus aux mots ; allez en volontaires exposer votre vie pour défendre votre pays, et quand vous reviendrez, nous vous lirons peut-être avec moins de chagrin. Agissez, au lieu de discourir. Vous aimez peut-être mieux la plume que le fusil... être assis dans un bon cabinet, en effet, est plus agréable et surtout moins dangereux que d'être aux avant-postes!

À dater d'aujourd'hui, et jusqu'à nouvel ordre, les omnibus ne prennent plus de voyageurs après dix heures et demie du soir.

De nouvelles boucheries de cheval viennent d'être autorisées provisoirement dans différents quartiers de Paris.

Le premier conseil de guerre a commencé à juger, aujourd'hui, les déserteurs à la bataille de Châtillon. Des cinq coupables qui ont déjà comparu, un seul a été condamné à mort, le nommé Jules Baudechou, du 82$^e$ de ligne.

On dit que M. Gambetta a emporté un plan de campagne concerté avec MM. Trochu et Le Flô, et approuvé par tous les membres du Gouvernement de la Défense nationale. On conçoit qu'il était indispensable de s'entendre d'avance sur es moyens de combiner le plus heureusement possible les efforts des armées de la province avec ceux de Paris. Grâce au départ de M. Gambetta, toutes ces armées pourront agir avec ensemble et dans un but commun :

Sauver la France.

## 29$^e$ JOURNÉE

**Jeudi 13 Octobre**  3 % 53.25

Aujourd'hui, jour de combat.

Des mouvements de troupes considérables ayant été signalés pendant ces derniers jours chez l'ennemi, le Gouvernement a décidé qu'une reconnaissance offensive serait faite ce matin par la division Blanchard, du 13ᵉ corps.

Ce général a disposé ses troupes en trois colonnes : celle de droite devait agir dans la direction de Clamart, celle du centre sur Châtillon, celle de gauche, mobiles de la Côte-d'Or et de l'Aube, sur Bagneux.

Ces mouvements, protégés par le tir des forts de Montrouge, de Vanves et d'Issy, se sont exécutés avec beaucoup d'ordre et de vigueur. Le gouverneur avait envoyé le général Schmitz, chef d'état-major général, à la droite des positions, pour suivre l'ensemble des mouvements.

Le général Vinoy, commandant le 13ᵉ corps, avait disposé ses réserves en arrière du fort de Montrouge.

Bagneux a été enlevé vaillamment par les mobiles de la Côte-d'Or et les mobiles de l'Aube, à la tête desquels est tombé frappé à mort le comte Picot de Dampierre, chef de bataillon.

Au centre, nos troupes, cheminant dans les maisons de Châtillon, ont presque sans pertes enlevé deux barricades, et se sont avancées jusqu'à l'église et à la route qui relie Châtillon à Clamart.

Entre ces deux points, deux bataillons se sont déployés dans le plus grand ordre, avançant sous le feu de l'ennemi jusque dans les vignes qui bordent les pentes de la carrière de Calvents. De là ils ont fait le coup de feu avec les tirailleurs ennemis, postés sur le plateau de Châtillon. Deux batteries prussiennes se sont démasquées rapidement, l'une près de la Tour-à-l'Anglais, l'autre vers Châtillon. Leur feu a été successivement éteint par les canons de Vanves et d'Issy. A ce moment, les masses prussiennes se sont montrées sur les crêtes du plateau, se découvrant ainsi au feu de l'artillerie et des forts. Du côté de Clamart, nous avons occupé le Moulin-de-Pierre, et l'ennemi n'a pu nous faire quitter la position. Nos pertes sont peu considérables; celles de l'ennemi, qui est resté constamment sous notre feu, ont eu un grand caractère de gravité; c'est ainsi qu'il a laissé trois cents morts dans Bagneux. Ses pertes ont été également considérables à Châtillon et sur les hauteurs.

Le chiffre des prisonniers connus s'élève à plus de cent.

Pour nous, la journée a été glorieuse sans être avantageuse. Je me suis imposé le devoir de dire la vérité, et je l'écris selon ma conviction.

L'honneur de la journée revient au général Vinoy et à son lieutenant le général Blanchard. Dans le combat de la Tour-aux-Anglais, les Prussiens ont tenté de rompre notre ligne, à plusieurs reprises, avec un acharnement dont ils n'avaient pas encore donné pareille preuve. Chaque fois ils ont été culbutés, assaillis qu'ils étaient par le feu de nos forts, ceux de notre artillerie de campagne et surtout par nos mitrailleuses. C'est sur ce point que nous avons fait une centaine de prisonniers. Ils étaient presque tous Badois. La plupart sont imberbes et paraissent à peine avoir dix-sept ou dix-huit ans. Un groupe se composait de Wurtembergeois, parmi lesquels se trouvait un officier supérieur. Commencé à neuf heures du matin, le combat a cessé à quatre heures et demie. A trois heures, le général Trochu arrivait, par l'avenue d'Orléans, sur le plateau de Villejuif, d'où il a pu voir la partie la plus animée et la plus importante de l'action. A cinq heures, il rentrait dans Paris par la porte de Montrouge.

Le général Vinoy est rentré avec son état-major une demi-heure après lui.

C'est à dix heures du matin, en entrant dans le village de Bagneux, que le comte Picot de Dampierre a été atteint en pleine poitrine; à cinq heures du soir, il expirait à l'ambulance d'Arcueil, donnant ainsi sa vie pour son pays. Du reste, c'est coutume dans sa famille.

Je passerai rapidement en revue les autres points de la circonférence de Paris.

Je noterai d'abord l'incendie du château de Saint-Cloud. Cette magnifique demeure était devenue le séjour favori des Prussiens. Le Mont-Valérien y a envoyé une grêle d'obus et de bombes, et le feu, promptement mis aux combles, s'est communiqué à tout le reste de l'édifice et aux arbres du voisinage. Un vent très-violent a contribué puissamment à cette œuvre de destruction.

Le château et ses dépendances n'existent plus. Les objets précieux que cette royale demeure renfermait avaient heureusement été rentrés à Paris lors de l'investissement.

Le village de Saint-Cloud offre à cette heure le spectacle le plus effrayant de la dévastation.

Depuis Louis XVI, les souverains ont presque *tous* habité ce palais, qui vit naître le Régent et mourir Henriette d'Angleterre et le frère du *Roi-Soleil*. C'est dans l'orangerie du château que, le 18 brumaire, Bonaparte fit son coup d'État (1799), et c'est aussi là que Charles X voulut faire le sien en signant ses fameuses ordonnances. Il fut, comme on sait, moins heureux que le premier. C'est enfin sous les magnifiques ombrages du parc que venait se promener le Parisien, ce qui peut-être ne lui arrivera plus; car, après la guerre, sans aucun doute, on complétera de ce côté la défense de Paris en y construisant un fort et des redoutes avancées.

Les Prussiens continuent leurs travaux de la batterie d'Orgemont. Nous continuons à leur envoyer force projectiles.

Même situation sur toute la ligne du Nord de la parallèle prussienne de la Butte-Pinçon, à Bondy. Nogent, la Faisanderie, Gravelle, Charenton, Port-à-l'Anglais, Ivry et Bicêtre, ont tonné de concert pendant une partie de la journée. Bicêtre envoyait ses obus et ses bombes sur Chevilly et sur Thiais. Ivry canonnait Choisy-le-Roi. Les canonnières, placées en avant du Port-à-l'Anglais, tiraient sur une maison blanche située à six cents mètres en avant de Choisy et où quatre ou cinq cents Prussiens s'étaient retranchés. De Charenton, on a lancé des bombes sur le même point. Gravelle dirigeait ses coups sur la gauche et abattait quelques fermes situées entre le carrefour Pompadour et Port-Créteil, où les Prussiens sont fortement installés. Pendant ce temps, les troupes engageaient, au devant de Maisons-Alfort, une vive fusillade avec les grand'gardes ennemies. L'engagement, qui a duré trois quarts-d'heure, s'est tourné à notre avantage. A Joinville, les carabiniers parisiens ont fait une brillante reconnaissance dans la direction de la villa Bourbaki, où ils sont installés en ce moment.

Les mobiles et les troupes se sont bien battus, et l'ennemi a dû trouver aujourd'hui une grande différence entre cette journée et celle de Châtillon, où la retraite avait eu de si funestes résultats.

Si, au point de vue de l'investissement, la bataille d'aujourd'hui est nulle, si l'opération est sans résultat, la tenue des troupes peut nous faire envisager l'avenir sous des couleurs moins sombres.

Le moral de l'armée s'est relevé enfin.

La foule se pressait aujourd'hui sur la place de l'Hôtel-de-Ville, mais cette fois elle n'était pas attirée par les partisans ou les adversaires de la Commune.

Une vingtaine de fourgons, pris le matin aux Prussiens,

dans les environs de Bondy, avaient été amenés au palais municipal. Ce qui augmentait la satisfaction du public, c'est que ces fourgons étaient de fabrique française et nous avaient été pris à Sedan. Quelques-uns des chevaux même portaient la marque distinctive de notre cavalerie.

On a créé une vaste fabrique de cartouches dans le cirque des Champs-Élysées. Les munitions y sont faites par quantités considérables chaque jour.

Le Gouvernement de la Défense nationale vient d'adopter pour l'éclairage à distance la lumière au magnésium, en concurrence avec la lumière électrique. Cette lumière porte parfaitement à 3,500 mètres.

De tous côtés, dans toutes les mairies, on a ouvert des souscriptions dont le produit doit servir à la fabrication de canons ou de mitrailleuses. Depuis hier, cette souscription, ouverte à la mairie du XI<sup>e</sup> arrondissement, a produit 4,850 francs. Puisque nous parlons du XI<sup>e</sup> arrondissement, je ne passerai point sous silence un acte déplorable du maire.

M. Jules Mottu, un républicain enragé, a fait arracher dans toutes les écoles chrétiennes de son arrondissement les Christs qui ornaient les salles d'étude des enfants. Le Christ est cependant le premier républicain du monde. Ne l'oubliez jamais, monsieur Mottu.

M. Dorian paraît avoir remporté une première victoire sur la routine du génie militaire; le tout est de savoir s'il pourra en profiter. Il ne faut pas qu'il tombe de Charybde en Scylla, et qu'après avoir conquis sa liberté d'action, il se la laisse ravir. Ce n'est pas plus à un comité du Conservatoire des arts et métiers qu'à un comité d'artillerie que M. Dorian doit s'adresser pour constituer un nouveau matériel de guerre, c'est à cette grande usine qui s'appelle

Paris, et dont les ateliers dispersés dans tous les quartiers peuvent fournir les pièces variées dont se composent les canons de siége, les canons de campagne, les mitrailleuses et les chassepots.

Malgré une note assez violente du *Journal officiel* contre la maison Cail, cette fonderie vient d'accepter une commande de canons et de mitrailleuses qui avait été refusée primitivement je ne sais pour quel motif.

Cette commande s'énumère ainsi :

25 pièces de marine de gros calibre.

50 canons de bronze, nouveau type.

50 mitrailleuses.

La maison Claparède et plusieurs autres fonderies ont traité pour le même objet avec le Gouvernement de la Défense nationale.

On doit donc compter pour l'artillerie sur toute l'activité désirable.

Les gardes nationaux du 10ᵉ bataillon ont fait entre eux une souscription dans le but de faire cadeau d'un canon à la défense.

La pièce d'artillerie a été commandée à l'usine Claparède.

Les communications officielles sont aujourd'hui peu nombreuses et surtout de très-peu d'importance.

Un décret concernant les révocations ou les réélections d'officiers dans la garde nationale mobile.

Des changements de maires et d'adjoints.

Une lettre du ministre de l'instruction publique au maire de Paris pour la fondation, pendant le siége, d'une École normale primaire pour les instituteurs et les institutrices. Voici le total des actes officiels :

Je dois cependant ne pas oublier deux arrêtés du ministre de l'agriculture et du commerce.

1° Le ministre de l'agriculture et du commerce,

Considérant que dans une ville assiégée il est indispensable de connaître exactement le nombre et la nature des bestiaux qui s'y trouvent renfermés ;

Vu les décrets des 29 septembre et 1ᵉʳ octobre 1870 ;

Arrête :

Tous les propriétaire de bœufs, vaches, veaux, moutons et porcs, devront déclarer personnellement et par écrit :

1° L'espèce des animaux qu'ils possèdent ;

2° Leur nombre ;

3° La quantité de fourrage dont ils disposent pour l'alimentation de ces animaux.

Une mention spéciale désignera les vaches laitières qui sont déclarées.

Ces déclarations seront reçues au bureau des subsistances, 60, rue Saint-Dominique-Saint-Germain, à partir d'aujourd'hui jusqu'au 19 courant.

Fait à Paris, le 13 octobre 1870.

Le ministre de l'agriculture et du commerce,

J. MAGNIN.

2° Par arrêté du ministre de l'agriculture et du commerce,

A partir du vendredi 14 octobre jusqu'au jeudi 20 octobre inclusivement, la viande de bœuf et la viande de mouton seront payées dans la ville de Paris aux prix suivants :

*Viande de bœuf.*

1ʳᵉ CATÉGORIE : Tende de tranche, culotte, gîte à la noix, tranche grasse, aloyau : 2 fr. 10 c. le kilog.

2ᵉ CATÉGORIE : Paleron, côtes, talon de collier, bavette d'aloyau, rognons de graisse : 1 fr. 70 c. le kilog.

3ᵉ CATÉGORIE : Collier, pis, gîtes, plats de côtes, surlonges, joues : 1 fr. 30 c. le kilog.

Le filet et le faux filet détachés, ainsi que le rognon de chair, sont taxés à 3 fr. le kilog.

*Viande de mouton.*

1ʳᵉ CATÉGORIE : Gigots carrés : 1 fr. 80 c. le kilog.

2ᵉ CATÉGORIE : Épaules : 1 fr. 30 c. le kilog.

3ᵉ CATÉGORIE : Poitrine, collet, débris de côtelettes : 1 fr. 10 c. le kilog.

Les réunions publiques se sont un peu calmées ; le projet des élections *quand même* est tombé dans l'eau. Seuls, les journaux *le Combat* et *la Patrie en danger* ont gardé leur ton violent.

Ces deux feuilles parlent toujours au nom du peuple, et, comme le dit ce matin fort spirituellement le *Journal des Débats*, ils parodient le fameux mot de Louis XIV en disant non pas : *L'État, c'est moi,* — mais : *Le Peuple, c'est moi !*

---

## 30ᵉ JOURNÉE

**Vendredi 14 Octobre**  3 % 52.95

Aujourd'hui 14 octobre, anniversaire de la bataille d'Iéna. Cet anniversaire n'est fêté par aucune victoire sous les murs de Paris.

Deux ballons-postes ont emporté, ce matin, nos lettres à

nos chers parents : des pigeons, et enfin M. de Kératry, le préfet de police, qui part en mission.

La journée militaire ne ressemble en rien à celle d'hier; tout est à peu près calme aujourd'hui. Les Prussiens ayant demandé un armistice pour relever leurs morts, une suspension d'armes a été accordée, de onze heures à cinq heures, en avant des forts du sud. Cette demande indique une perte assez considérable du côté de l'ennemi; car on sait que les Prussiens ont l'habitude d'enlever de suite leurs morts et leurs blessés.

Nos soldats ont quitté Bagneux, et les Prussiens l'occupent ce soir très-fortement. Tout ce côté a reçu des renforts considérables. J'avais donc raison, hier, en disant que la journée n'avait donné aucuns résultats.

Un coup de main heureux a été exécuté sur Rueil par les éclaireurs de la garde nationale de Paris, sous les ordres du commandant Thierrard. Ces éclaireurs ont, cette nuit, surpris, dans Rueil, un assez fort détachement de Prussiens occupés à brûler deux maisons pour dégager une de leurs barricades, et ils leur ont tué une vingtaine d'hommes.

Cette nuit encore, de onze heures du soir à deux heures du matin, le fort de Montrouge a tiré quelques coups de canon sur des patrouilles ennemies. Des espions lancés dans la direction du bois de Verrières, rapportent que ce bois est rempli de troupes ennemies. A minuit, une fusillade des plus vives, qui a duré une demi-heure environ, a été entendue dans la direction de Vitry. De ce côté, les postes avancés de l'ennemi ont été considérablement renforcés par des troupes accourues de Versailles.

Dans l'après-midi, le gouverneur a visité les positions situées à l'est de Vincennes; il a fait tirer, par la redoute de Gravelle, des obus à longue portée sur un parc considérable, établi par l'ennemi à Montmesly; les coups ont été très-bien dirigés.

Une reconnaissance a occupé Créteil pendant plusieurs heures, pour faciliter le chargement et le transport de quantités considérable de blé, avoine et paille restés dans des fermes situées en avant de Maisons-Alfort, sur la droite de la route de Lyon. Ces approvisionnements ont été ramenés dans Paris. L'ennemi n'a pas bougé. Il occupe toujours la barricade de la route de Bâle, à 1,200 mètres en avant de Créteil.

Le canon a tiré ce matin sur Bonneuil et en arrière de Montmesly.

Aujourd'hui, à trois heures, sur la place de la Concorde, passaient quelques éclaireurs de la garde nationale, rapportant plusieurs trophées pris sur l'ennemi; casques bavarois, fusils à aiguille et deux chevaux capturés à des uhlans. Ces diverses prises proviennent d'une reconnaissance d'avant-postes effectuée au bas Meudon.

D'après les observations faites depuis l'ouverture du siége, on a pu se rendre compte de la tactique militaire des Prussiens.

Dans les positions rapprochées de nos forts, l'ennemi déploie un rideau continu de grand'gardes protégées par des maisons, par tous les accidents qu'offre le terrain, au besoin par de légers retranchements.

Ces grand'gardes escarmouchent avec nos tirailleurs isolés et avec nos petits détachements. Si elles ont le désavantage, elles se replient très-rapidement sur une seconde ligne de postes établis sur les routes et sur des points stratégiques solidement protégés par de l'artillerie. Là, l'ennemi se défend avec acharnement, et, comme tous ces points de repère sont reliés par des lignes télégraphiques, dès que nous nous y portons en nombre considérable, l'état-major prussien en est instruit à l'instant, et envoie alors sur le lieu du combat des renforts qu'il prend dans les trois ou quatre grands groupes de troupes qui correspondent entre eux par des routes sûres et bien gardées. Ce n'est qu'à ces conditions essentielles qu'il faut accorder la vivacité avec laquelle, lorsque nous livrons un combat sur un point quelconque, l'ennemi reçoit, en moins de deux heures, des soutiens considérables. Il est à remarquer que, si notre attaque est un peu forte, elle réussit généralement d'abord, puis elle faiblit. J'ignore pourquoi nous ne suivons pas le système des réserves prussiennes.

Le Corps diplomatique, resté à Paris, vient d'avoir des difficultés sérieuses avec M. de Bismark, qui ne veut laisser correspondre les représentants des puissances étrangères qu'à lettre ouverte, avec leur cabinet respectif. Cette rigueur a soulevé des tempêtes assez justes. Le Corps diplomatique se refuse à cette exigence, et proteste aujourd'hui par une lettre au grand chancelier de la Confédération du Nord. Je trouve inutile de reproduire ici ce document.

Je me borne à dire que je considère cette protestation comme *un coup d'épée dans l'eau*.

M. de Bismark se renferme strictement dans les lois de la guerre.

Aujourd'hui, le général Vinoy publie un rapport sur la bataille du 13. Le général ne nous donne aucun détail nouveau qu'on puisse joindre à ceux qui sont renfermés dans les rapports militaires de la journée précédente. Il loue l'entrain des troupes, leur solidité devant l'ennemi, et le courage des officiers et soldats qui ont pris part à ce combat. Dans son rapport, le général Vinoy assure que nous n'avons pas eu plus de trente hommes tués et quatre-vingts blessés. Le but que l'on s'était proposé a été, dit-il, complétement atteint. Nous avons obligé l'ennemi à montrer ses forces et à essuyer le feu meurtrier de nos pièces de position et de notre excellente artillerie de campagne.

Un comité de dames, à la tête duquel se trouve mesdames Jules Simon et Dorian, se dévoue activement à l'œuvre des fourneaux économiques.

Presque tout le jardin du Luxembourg est interdit aux promeneurs. Il ne reste d'accessible à la circulation que la partie haute, comprise entre le bassin, le bâtiment de l'École des Mines et le boulevard d'Enfer. La partie opposée est toujours occupée par des troupeaux de moutons. La grande allée du milieu a pour bordure une double rangée de canons, sur leurs affûts, prêts à être envoyés sur les points où leur présence sera réclamée.

C'est la première fois que les Parisiens voient des pièces d'artillerie alignées dans les allées du jardin du Luxembourg en guise de chaises.

On vient d'ouvrir, au théâtre de la Gaîté, de vastes ateliers de confection de linge pour les hôpitaux civils et militaires.

Le conseil de guerre, après avoir jugé les déserteurs de Châtillon, voit comparaître devant lui quatre soldats sous la prévention d'avoir pillé une ambulance établie à Nogent-sur-Marne. C'est le 13 septembre dernier que s'est passé ce fait. Cinq compagnies de dépôt, appartenant aux 38e, 66e, 82e, 86e et 100e de ligne, venaient de prendre position dans une propriété voisine de l'ambulance. Tout à coup un grand nombre de ces soldats envahirent l'ambulance et la mirent au pillage. A la suite de l'instruction faite sur ce crime, l'accusation a retenu seulement quatre militaires sur la participation desquels les dépositions des témoins ne laissent aucun doute.

Ce sont :

1° Pierre-Marie Lamy, soldat de 2° classe au 38° de ligne;

2° Jean Celeri, soldat de 2° classe au 82° de ligne;

3° Louis Moricet, soldat de 2° classe au 82° de ligne;

4° Pierre-Marie Legrand, soldat de 2° classe au 82° de ligne.

Les quatre accusés ont été condamnés à cinq ans de réclusion.

Le *Journal officiel* publie un décret instituant un conseil de contrôle chargé de la vérification des comptes de la garde nationale, se basant surtout sur l'allocation faite aux gardes de l'indemnité de 1 fr. 50 c.

La mesure est excellente, car il s'agit de bien établir que certains gardes nationaux n'ont point droit, par leur position de fortune, à cette allocation, qui en réalité n'est faite que pour les gens vraiment nécessiteux.

Un autre décret paraît aussi concernant les inventeurs.

Ce décret les dispense de verser immédiatement la première annuité de la taxe en prenant un brevet.

Ce versement sera fait ultérieurement.

Suit un autre décret pour la formation des listes du jury, mais sans intérêt pour le lecteur.

M. André Lavertujon, président de la commission chargée de publier les papiers et la correspondance de la famille Bonaparte, adresse un rapport au ministre de l'intérieur à l'effet d'obtenir le remplacement des membres démissionnaires qui lui étaient adjoints. MM. Taxile Delord, Laurent Pichat et Ludovic Lalanne sont nommés par un arrêté en date de ce jour. Comme on le voit, la publication de ces papiers occupe toujours le Gouvernement de la Défense, et les fascicules classés sont tous les jours livrés au public. La huitième livraison, paraissant aujourd'hui, renferme deux lettres du général Ducrot au général Frossard; elles sont très-curieuses. La première surtout est une véritable prophétie.

PREMIÈRE LETTRE DU GÉNÉRAL DUCROT<br>AU GÉNÉRAL FROSSARD.

« Strasbourg, 28 octobre 1868.

« Mon cher général,

» Je vous envoie le résumé de mes longues et intéressantes conversations avec M. de D.... Je me suis attaché à rendre scrupuleusement ses pensées et ses appréciations sans commentaires ni amplifications. Vous me dites, dans votre dernière lettre, que vous avez lieu de penser que M. de D... se laisse quelque peu emporter par sa haine contre la Prusse.... Non, non, ne croyez pas cela. M. de D.... est un homme de soixante-six ans ; il a un jugement trop sûr, une trop grande expérience des hommes et des choses pour se laisser aveugler par la passion ; mais il a des oreilles pour entendre, des yeux pour voir et tout le bon sens nécessaire pour tirer de justes conclusions de tout ce qu'il voit et entend. De plus, il a assez de caractère pour ne pas se laisser aveugler par la peur, cette détestable conseillère, qui a fait et fera faire encore tant de sottises ! Tout ce que je vois et entends moi-même corrobore trop bien les appréciations de M. de D... pour qu'il me reste un doute sur l'exactitude de ses renseignements et la justesse de ses vues.

» Je viens de voir, il y a quelques instants, madame la

comtesse de Pourtalès, qui arrive de Berlin. Jusqu'à ce jour je l'avais toujours trouvée d'un optimisme qui m'irritait. Prussienne par son mari, elle était en admiration perpétuelle devant tous les actes de M. de Bismark, du roi Guillaume et de tous ses Prussiens ; elle prétendait que rien ne pouvait motiver une guerre entre la France et la Prusse, que nous étions faits pour nos entendre et nous aimer. Bref, son langage était une variante poétique des discours *Rouher* et des circulaires *La Valette*. Or, voilà que cette adorable comtesse me déclare qu'elle revient de Berlin la mort dans l'âme, que la guerre est inévitable, qu'elle ne peut manquer d'éclater au premier jour, que les Prussiens sont si bien préparés, si habilement dirigés, qu'ils sont assurés du succès.

« Eh quoi ! lui ai-je dit, vous embouchez la trompette de
» Bellone juste au moment où de tous côtés l'on ne parle
» que des intentions pacifiques de nos bons voisins, de la
» salutaire terreur que nous leur inspirons, du désir de
» M. de Bismark d'éviter tout prétexte de conflits, lorsque
» nous renvoyons tous nos soldats dans leurs foyers, et
» qu'il est même question d'une réduction des cadres, à tel
» point que je m'apprête à aller au premier jour planter
» mes choux en Nivernais.

» — Oh ! général, s'est-elle écriée, c'est ce qu'il y a
» d'affreux. Ces gens-là nous trompent indignement et
» comptent bien nous surprendre désarmés... Oui, le mot
» d'ordre est donné : en public, on parle de paix, du désir
» de vivre en bonnes relations avec nous ; mais lorsque,
» dans l'intimité, l'on cause avec tous ces gens de l'entou-
» rage du roi, ils prennent un air narquois, vous disent :
» Est-ce que vous croyez à tout cela ? Ne voyez-vous pas

» que les événements marchent à grands pas, que rien dés-
» ormais ne saurait conjurer le dénoûment?

» Ils se moquent indignement de notre Gouvernement,
» de notre armée, de notre garde mobile, de nos ministres,
» de l'Empereur, de l'Impératrice ; prétendent qu'avant
» peu la France sera une seconde Espagne ! Enfin, croiriez-
» vous que le ministre de la maison du roi, M. de Schleinitz,
» a osé me dire qu'avant dix-huit mois notre Alsace serait
» à la Prusse? Et si vous saviez quels énormes préparatifs
» se font de tous côtés, avec quelle ardeur ils travaillent
» pour transformer et fusionner les armées des États ré-
» cemment annexés, quelle confiance dans tous les rangs de
» la société et de l'armée !... Oh ! en vérité, général, je re-
» viens navrée, pleine de troubles et de craintes. Oui, j'en
» suis certaine maintenant, rien, non, rien ne peut conju-
» rer la guerre, et quelle guerre ! »

» Madame de Pourtalès sera probablement à Compiègne
dans quelques jours, et par conséquent vous pourrez avoir
le plaisir d'entendre ses doléances et ses récits effrayants.

» Pour faire pendant au propos de M. de Schleinitz relatif à l'Alsace, je citerai un mot de M. le général de Moltke
sur le même sujet. Ce grand général causait avec un Badois
qui occupe une assez haute position dans son pays. Ce personnage lui assurait que la population du grand-duché était
généralement peu sympathique aux Prussiens et très-op-
posée aux projets d'annexion.

« En vérité, dit M. de Moltke, c'est incompréhensible,
» car ces gens-là devraient comprendre que leur avenir est
» entre nos mains, que bientôt nous pourrons leur faire ou
» beaucoup de bien ou beaucoup de mal. Lorsque nous
» serons en mesure de disposer de l'Alsace, et cela ne sau-
» rait tarder, en la réunissant au grand-duché de Bade,

» nous pourrons former une superbe province comprise
» entre les Vosges et la Forêt-Noire, traversée dans toute
» sa longueur par un beau fleuve, et, à coup sûr, aucun
» pays au monde ne se trouvera dans des conditions pa-
» reilles de bien-être et de prospérité. »

» Et vous voulez qu'en présence de pareilles rodomontades, de si insolentes prétentions trop hautement affirmées, je reste calme et patient ! En vérité, il ne faudrait plus avoir dans les veines une goutte de vieux sang gaulois !... Je l'avoue donc, je vis dans un état permanent d'exaspération ; j'éprouve la rage que doit ressentir un homme qui, voulant sauver un noyé, rencontre une résistance volontaire et se sent prêt à sombrer avec celui qu'il veut sauver...

Vous voyant vous impatienter en lisant ces lignes, je serais tenté de m'écrier comme Thémistocle : *Frappe, mais écoute !*

» Croyez, mon cher général, à l'assurance de mes sentiments les plus affectueux et les plus dévoués.

» Général A. Ducrot.

» *P. S.* Un mot pour terminer qui peint assez bien la situation ; il est d'un diplomate fort bien en cour et certainement en position d'être parfaitement informé : « En vé-
» rité, écrivait dernièrement le prince de M..., l'on dirait
» que nous marchons avec des jambes en coton sur des
» œufs, comme si nous avions peur de les casser. »

### DEUXIÈME LETTRE DU GÉNÉRAL DUCROT AU GÉNÉRAL FROSSARD SUR LES PRÉPARATIFS DE LA PRUSSE EN 1869.

Strasbourg, le 31 janvier 1869.

« Mon cher général,

» Je viens de voir le commandant Schenck, qui m'a apporté de vos nouvelles et m'a dit que vous l'aviez entretenu de certains faits qui se passeraient en ce moment à Mayence et Rastadt, et seraient assez significatifs.

» Les mêmes renseignements me sont parvenus à Strasbourg par des bruits qui circulent dans la ville et à l'origine desquels il m'a été impossible de remonter. Les Prussiens, dit-on, font couper les arbres sur les glacis de Mayence et de Rastadt ; dans le grand-duché de Bade, l'on met en réquisition les médecins et vétérinaires en état de marcher, et l'on en fait la répartition, comme auxiliaires, entre les différents corps de troupes.

» N'ayant plus la possibilité d'envoyer des officiers à l'étranger, j'ai dû chercher un moyen détourné pour vérifier l'exactitude de ces renseignements, et je me suis adressé à M. de Gaston, ancien sous-officier français, fixé à Landau depuis quelques années, et qui, ayant fréquemment l'occasion d'aller à Mayence et dans le duché de Bade, a bien voulu se charger de prendre, *de visu*, tous les renseignements utiles.

» Quant à l'affaire des médecins et vétérinaires, M. de Gaston m'a cité un fait qui paraît concluant. Il y aujourd'hui quinze jours, son vétérinaire, qui habite Mannheim, a reçu une commission de vétérinaire de première classe pour un corps de troupes (M. de Gaston n'a pu se rappeler lequel), avec injonction de se tenir prêt à rejoindre au premier ordre.

» Il est vraiment fâcheux que nous n'ayons aucun moyen de surveiller ce qui se fait ou ce qui se prépare chez nos trop actifs voisins. Ne serait-il pas indispensable d'organiser dès à présent un service d'espionnage militaire qui mettrait à notre disposition un certain nombre d'agents chargés de nous tenir au courant des moindres incidents présentant quelque signification, et qui, le jour où la guerre éclaterait, pourraient nous rendre d'incalculables services. Ce n'est pas au moment où les relations seront interrompues qu'il sera possible d'organiser ce service, il faut du temps et beaucoup d'adresse pour le monter convenablement. Je livre ces réflexions à votre appréciation.

» Je vous remercie d'avoir bien voulu me communiquer les bonnes paroles de l'Empereur à mon sujet, cela m'a fait grand plaisir. J'ai écrit au général Castelnau dans le sens que vous m'avez indiqué, mais je sais à quoi m'en tenir sur ses bienveillantes intentions à mon égard.

» Croyez, mon cher général, à l'assurance de mes sentiments les plus dévoués.

» Général A. Ducrot.

» Schenck est parti ce matin pour Rastadt; il sera demain à Darmstadt, mercredi à Mayence, et de retour ici jeudi soir. »

Ces deux lettres prouvent assez que, bien avant la guerre, l'Empereur connaissait les préparatifs de la Prusse.

Que de coupables, hélas ! ont à regretter aujourd'hui leur inaction.

Nous sommes sans nouvelles de l'extérieur et le temps nous semble long.

On fait circuler le bruit que la garde nationale doit aller tenir garnison dans les forts.

Je n'en crois rien.

## 31ᵉ JOURNÉE

**Samedi 15 Octobre**        3 %   52.85

Le spirituel et habile rédacteur du *Figaro* avait eu une heureuse idée dont nous avons parlé déjà dans une des journées précédentes; c'était le moyen de faire correspondre les familles entre elles à travers les lignes ennemies, à l'aide de courriers volontaires, et moyennant une rétribution de cinq francs par lettre portée. Le hardi messager devait se rendre dans une ville désignée à l'avance, y mettre à la poste son précieux dépôt, y attendre la réponse pendant huit jours et revenir au point de départ. A la suite d'une absurde et violente attaque du *Siècle*, le projet a été abandonné par *le Figaro;* mais, comme en somme l'idée en est ingénieuse et très-bonne en elle-même, *le Siècle* aura beau faire, elle fera son chemin, et quoi qu'il arrive, nous n'en remercierons pas moins M. de Villemessant de son initiative.

Les nouvelles et les rapports militaires sont fort succincts.

Ce matin, une brume épaisse s'étendait autour des forts; à dix pas on ne pouvait rien distinguer; aussi les sentinelles veillaient-elles avec plus d'attention que jamais.

Tandis qu'une myriade de gens de toutes conditions recueillaient les fruits de la terre, dans toute l'étendue de la plaine de Bondy et aux environs de Bobigny, sous la protection des mobiles du Finistère et du Nord, et sous celle de l'infanterie de marine, l'artillerie de Romainville chassait l'ennemi de la ferme de Groslay. De son côté, l'artillerie de Rosny a contenu l'ennemi dans le village du Raincy, et celle de Noisy l'a foudroyé au camp retranché du pont de la Poudrette et dans la Maison-Grise.

Un nombre considérable de voitures de légumes frais sont entrés dans Paris; nous aurons donc de quoi nous alimenter pendant plusieurs jours.

Les éclaireurs de la Seine, sortis du village de Bondy ont engagé une vive fusillade avec les Prussiens embusqués de l'autre côté du canal de l'Ourcq. Pendant ce temps, une escouade de charpentiers de marine s'est avancée sous le feu de l'ennemi et a coupé une vingtaine d'arbres qui nous masquaient la vue du camp retranché prussien.

A cinq heures et demie du soir, un obus du bastion n° 2, a tué les deux officiers à cheval qui venaient faire mettre en batterie une section d'artillerie.

Le gouverneur est allé aujourd'hui visiter les ambulances et les hôpitaux; il était accompagné dans cette visite par M. Wolff, intendant général de l'armée.

Des renseignements certains font connaître que, dans la journée du 13 octobre, l'ennemi a eu plus de 1,200 tués ou blessés. Dans cette même journée du 13, le bataillon des gardiens de la paix (anciens sergents de ville), a eu un officier tué, le sous-lieutenant Lherminier, un gardien, le nommé Robert, tué, et cinq blessés. Le Gouvernement de la Défense nationale a décidé que les veuves de ses braves seraient traitées commes les veuves des officiers et soldats de l'armée.

Le ministre de l'agriculture et du commerce, vu l'arrêté du 7 octobre 1870, établissant la taxe sur la viande de cheval,

ARRÊTE :

Art. 1er. Dans les étaux autorisés à vendre de la viande

de cheval, le prix de vente de ladite viande est fixé ainsi qu'il suit :

    Filet et faux filet.                 1 fr. 80 c. le kilo.

    Tende de tranche, culotte, gîte à la noix, tranche grasse, aloyau.                 1 fr. 40 c. le kilo.

    Tous autres morceaux.          » » 80 c. le kilo.

Art. 2. Le présent arrêté aura une durée de sept jours, à partir du lundi 17 octobre.

Art. 3. Toute infraction aux dispositions du présent arrêté sera punie des peines portées par les articles 479 et 480 du Code pénal ainsi conçus :

« Art. 479. Seront punis d'une amende de 11 à 15 francs, les bouchers qui vendront la viande au delà du prix fixé par la taxe légalement faite et publiée.

« Art. 480. Pourra, selon les circonstances, être prononcée la peine d'emprisonnement pendant cinq jours au plus.

Fait à Paris, le 15 octobre 1870.

                              J. Magnin.

Par arrêté du ministre de l'intérieur, il est créé des compagnies de pourvoyeurs, qui seront chargés de procéder à la récolte des fruits et légumes dans les environs de Paris.

Tout citoyen qui désirera faire partie de ces compagnies devra se faire inscrire à l'Hôtel de ville (galerie de la Comptabilité, n° 11).

Il sera alloué à chacun d'eux une indemnité de 1 franc par jour, ou de 75 centimes. A cette dernière indemnité sera jointe celle des vivres de campagne.

Le ministre de l'intérieur, d'accord avec l'autorité militaire, fera protéger ces compagnies pendant la durée de leur travail.

Le commandant de Pindray est chargé de la direction des ouvriers.

Fait à Paris le 15 octobre 1870.

*Le ministre des Affaires étrangères, chargé par intérim du département de l'Intérieur.*

JULES FAVRE.

Par arrêté, en date du 15 octobre, le maire de Paris a décidé qu'à partir de ce jour, il ne serait perçu aucun droit de place ni aucune contribution de balayage dans le marché du Temple, dans les Halles centrales et dans les marchés à comestibles et aux fleurs, régis directement par la Ville ou concédés par des particuliers. Cette mesure sera maintenue pendant toute la durée du siége.

Le maire de Paris invite par un *Avis* les abonnés au gaz d'éclairage et de chauffage, à régler leur consommation avec la plus sévère économie. L'éclairage de la voie publique vient déjà d'être réduit; un bec de réverbère seulement est éclairé sur deux; les rues deviennent encore plus tristes.

Je passe à différentes nouvelles :

Après chaque escarmouche, chaque combat, un certain nombre de nos soldats rapportent du champ de bataille un objet quelconque provenant de l'ennemi.

Il y a déjà une petite bourse établie à cet effet et dont voici les prix :

| | |
|---|---|
| Casque prussien en bon état............... | 6 fr. |
| Casque prussien détérioré ............... | 3 » |
| Sabre de cavalerie..................... | 12 » |
| Sabre d'infanterie ... ................. | 7 » |
| Giberne............................. | 2 » |
| Médaille de Sadowa.................... | 6 » |

Monseigneur Chigi, le nonce du pape, a quitté Paris aujourd'hui avec un sauf-conduit qui lui a été apporté de la part de M. le comte de Bismark.

M. le colonel anglais Lindsay vient d'arriver à Paris, apportant au ministre de la guerre une somme de 500,000 fr., destinée au soulagement des militaires français, blessés ou malades, en traitement dans nos ambulances. Cette somme est le produit de souscriptions recueillies en Angleterre. Une commission sera nommée pour diriger et surveiller l'emploi de ces fonds. M. le colonel Claremont, attaché militaire à l'ambassade de Sa Majesté Britannique, sera prié d'en accepter la présidence.

Le journal *le Temps* a reçu communication d'un numéro du *Standard* du 4 octobre et un autre numéro du *Globe* du 10 octobre.

On y lit les dépêches suivantes :

DÉPÊCHES DU *Standard*.

Le général Loufine a chassé un régiment de Prussiens d'Arthenay. Les Prussiens sont en grand nombre à Toury, où ils ont réuni de nombreux troupeaux de bestiaux.

Kœnisberg, 3 octobre.

Les phares de Lubeck et Travemün ont été réallumés.

Saint-Pétersbourg, 3 octobre.

M. Thiers part demain pour Vienne.

Versailles, 2 octobre.

Les pertes des Français dans l'engagement du 30 s'élèvent à 1,200 tués et blessés. On a pris 300 prisonniers non blessés.

La perte des Allemands s'élève à 80 tués et 120 blessés, dont 8 officiers.

*Neufchâteau, 2 octobre.*

On assure qu'un corps de 100,000 Allemands se forme à Toul pour marcher sur Lyon.

*Tours, 2 octobre.*

L'amiral Fourichon a donné sa démission de délégué du Gouvernement provisoire, mais reste à la marine.

Le ministère de la guerre sera administré par le général Lefort.

La cause de la démission de l'amiral est l'arrestation du général Mazure par ordre du préfet de Lyon (Challemel-Latour). Malgré ses protestations, cette arrestation a été approuvée par le Gouvernement.

Le général Uhrich, prisonnier sur parole, est arrivé à Tours pour rendre compte de sa conduite. Il doit retourner à Bâle retrouver sa femme.

DÉPÊCHES EXTRAITES DU *Globe* DU 10.

*Versailles, 9 octobre.*

Le roi a dispensé la ville de la contribution de 400,000 fr. Le comte de Bismark a informé le maire que les Prussiens étaient disposés à faciliter les élections de l'Assemblée législative, mais que le Gouvernement de Paris s'y était refusé.

*Berlin, samedi.*

L'armée du maréchal Bazaine est engagée, depuis avant-hier, au nord de Metz. Le maréchal tâche de se frayer un chemin à travers la Belgique.

*Berlin, dimanche.*

Notre quatorzième corps d'armée, sous le commandement du général Werther, marche contre l'armée française de Lyon, qui se trouve entre Belfort et Langres.

Le *Peuple français* communique aussi à ses lecteurs un certain nombre de renseignements qui proviennent de journaux prussiens, anglais et français, introduits dans Paris par un étranger qui a pu franchir les lignes ennemies.

Orléans. Le *Moniteur prussien* aurait annoncé, dit-on, qu'un corps a attaqué l'armée de la Loire et occupé Orléans; mais, d'après les bruits répandus au sein même du quartier général prussien, l'armée française, un instant repliée, aurait repris l'offensive le lendemain et chassé l'ennemi de cette ville.

Rouen. Attitude des populations et des gardes nationales pleines d'ardeur et de courage. Résolution de résister à outrance.

Lyon. La ville est en très-bon état de défense; il est donc faux que les Prussiens aient eu des succès de ce côté.

Marseille. Garibaldi est arrivé.

Saint-Dié. Les francs-tireurs des Vosges, réunis à la garde nationale, ont attaqué, la semaine dernière, les Badois qui ont été repoussés avec de grandes pertes.

Tours. On annonce que M. Gambetta serait nommé ministre de la guerre.

Faut-il mettre en doute ces nouvelles recueillies de l'extérieur, ou faut-il les croire? Le mieux est de s'abstenir.

Plusieurs journaux blâment sévèrement l'intolérance philosophique dont viennent de faire preuve deux maires d'arrondissement, MM. Ranc et Mottu, en ordonnant que les images du Christ et autres emblèmes religieux fussent enlevés des écoles ou des salles d'ambulance établies dans leurs arrondissements.

Nous avons déjà blâmé nous-même, précédemment, M. Jules Mottu : nous infligerons la même peine à M. Ranc. La liberté de conscience est la première des libertés.

Depuis la chute de l'empire, il s'est publié un grand nombre de caricatures contre son chef et ses amis. Dans le principe, il y en a eu quelques-unes d'assez spirituellement touchées. Mais aujourd'hui la verve de nos caricaturistes étant épuisée, on en arrive à des dessins aussi indécents qu'ils sont stupides. Puisque leurs auteurs ne craignent pas de braver le public, puisque les libraires ont l'impudeur de les étaler à leurs vitrines, il faudra bien que le préfet de police intervienne. De l'esprit, de la malice, à la bonne heure ! Des choses ordurières, jamais !

Le rare public qui est venu aujourd'hui à la Bourse en est reparti le visage bien sombre. Les bruis les plus étranges circulaient. On y disait :

Que la République rouge régnait à Lyon, Henri V en Bretagne, et les princes d'Orléans en Normandie. Notre pauvre France avait donc, d'après les nouvellistes, quatre gouvernements différents, en comptant celui de Paris. Heureusement que nous connaissons un proverbe qui nous apprend que *celui qui dit trop ne dit rien;* mais comme les esprits sont très-mal disposés, sans positivement accepter toutes ces nouvelles au pied de la lettre, on se décourage et l'on craint.

Au milieu de tous ces bruits ahurissants on entend encore des journaux parler d'armistice. C'est un tohu-bohu d'idées confuses dans lequel l'esprit se perd.

## 32ᵉ JOURNÉE

**Dimanche 16 Octobre**  3 %

Aujourd'hui le temps est assez beau, mais frais : vrai temps d'automne avec son brouillard du matin. Il marche avec une vitesse prodigieuse, ce temps, et si le ciel n'est pas encore pour nous, lui du moins nous reste avec la mauvaise saison. Les églises regorgent de monde et il s'y fait de bien sincères prières.

Espérons donc, espérons !

Les rapports militaires font connaître que les éclaireurs placés en embuscade de nuit à Créteil, ont été attaqués ce matin par les Prussiens, qui ont été repoussés. D'après les ordres du général Ducrot, le général Berthaut a porté ce matin en avant de Colombes une partie de sa brigade avec huit pièces d'artillerie dans le but de reconnaître et de canonner les travaux de l'ennemi au pont d'Argenteuil. A 2,000 mètres, nos pièces de 12 ont lancé, sur le pont même, quelques obus ainsi que dans les retranchements de l'ennemi. Au moment où notre feu cessait, une batterie de campagne Prussienne est venue se placer dans les vignes d'Argenteuil, et de là a ouvert son feu dans la direction de Colombes. Des obus lancés par la batterie de Courbevoie ont décidé la retraite immédiate de l'ennemi. Nos zouaves ont échangé une fusillade très-vive avec les tirailleurs prussiens.

Le *Journal Officiel* dément ou plutôt répond à tous les bruits répandus hier dans le public par plusieurs journaux. Il donne en outre une reproduction *in extenso* du *Journal de Rouen* du 13 octobre qui lui est parvenu, et qui ne renferme aucune des fausses nouvelles lancées à droite et à gauche, hier, sur la situation intérieure de la France. Si nous sommes rassurés de ce côté par ces documents, nous n'avons point à nous louer des nouvelles militaires que ce journal renferme. Maintenant, nous savons d'après cette feuille que l'invasion allemande s'étend jusqu'à *Dreux*, *Vendôme*, *Orléans*, *Pithiviers*, *Nemours*, ne trouvant devant elle que des gardes nationaux dont elle fait bon marché. Le même Journal enregistre les vains efforts de Bazaine pour rompre le cercle de fer qui l'étreint.

L'*officiel* dit aussi un mot de la seconde visite à Paris de M. Burnside, et avoue des pourparlers d'armistice.

Le *Journal de Rouen* après différents détails fort longs, après la reproduction d'une proclamation de Gambetta aux départements, et différentes nouvelles extraites des journaux étrangers, clôture par ce que nous annoncions déjà hier, l'arrivée de Garibaldi à Marseille.

Cette nouvelle, disons-le bien vite, amène le sourire sur les lèvres. Que vient faire en France ce vieux héros des Chemises rouges, bon autrefois à la tête de ces soldats, mais bon aujourd'hui qu'il est perclus de douleurs, à garder la chambre en se rappelant tous ses espoirs déçus? Son arrivée fait triompher les journaux républicains, ils croient tout sauvé; mais on se demande si le républicain Garibaldi seul suffit pour chasser les Prussiens. Nous en doutons beaucoup, nous autres gens pratiques.

M. Thiers est arrivé à Vienne; il a eu avec M. de Beust une conférence de deux heures, puis une audience de l'Empereur. Dans l'après-midi l'illustre homme d'État visite les comtes *Andrassy*, *Potocki* et *Taafe*; il doit partir pour Florence. M. Thiers va faire son tour d'Europe.

Les armées de Victor-Emmanuel sont à Rome. Pour nous maintenant, ce fait n'a aucune importance.

Ajoutons aux maux de la guerre les maux de la République ; l'ouverture du club des femmes, la proposition faite, à nouveau, de la formation de bataillons d'amazones pour la garde des remparts et une nouvelle idée Mottu qui défend aux institutrices laïques de son arrondissement d'enseigner le catéchisme aux enfants, et qui, au lieu de prières, veut qu'on leur fasse chanter *la Marseillaise.* Où allons-nous, citoyen Mottu, quel *absolutisme*, pour un *Républicain* !

Le service funèbre de M. de Dampierre, le chef de bataillon tué à l'affaire de Bagneux, a eu lieu aujourd'hui à l'église de la Madeleine. Le général Trochu, accompagné de ses principaux officiers, d'état-major conduisait le deuil avec les généraux Vinoy et Schmitz, accompagnés d'un immense concours de population.

L'organisation des neuf conseils de guerre de la garde nationale sédentaire est complétement achevée.

C'est aujourd'hui dimanche ; le Parisien ne peut manquer à ses habitudes de promenade. Il va jusqu'au pont de Saint-Cloud, notre extrême frontière.

Rien de curieux comme ce petit voyage. On se fait conduire en chemin de fer jusqu'à Auteuil. Arrivé là, on pénètre dans le bois. La jolie route qui conduit à la grille du village de Boulogne n'est plus qu'au milieu d'une vaste plaine, et l'on a beaucoup de peine à se reconnaître dans ce désert. La délicieuse mare d'Auteuil n'est plus qu'une simple mare. Vous souvenez-vous des vieux arbres qui l'entouraient? Hélas! Ils sont tous tombés sous la cognée du génie militaire. Ils avaient vu et entendu bien des choses, ces pauvres vieux arbres centenaires, ils avaient résisté à bien des tourmentes! L'invasion de 1870 les a détruits! Déjà si vous allez au rond Mortemart, où jadis trônait le cèdre fameux et renommé, l'aspect change, vous y trouverez une forteresse munie de canons de marine qui menacent Saint-Cloud, Sèvres et Bellevue. Sur cette hauteur vous pouvez envisager, les larmes aux yeux, les désastres engendrés par la défense de Paris, et quand on songe qu'il y a cinq mois l'Europe entière circulait dans ce magnifique parc en partie détruit, le cœur se serre et bat à se briser.

Dans ce qui reste du bois se trouvent les campements des mobiles et de la troupe de ligne. Ces campements sont très-curieux à voir par la variété et le pittoresque des constructions. En le quittant, vous pénétrez dans ce beau village de Boulogne, jadis si pimpant, si coquet, si animé, et à cette heure complétement abandonné. Toutes les maisons sont fermées, comme si la mort avait visité chaque seuil, sans en excepter un seul. On passe devant la charmante église ancienne et si bien restaurée, et en la voyant on se demande si celui pour lequel on priait chaque jour sous les voûtes de pierre permettra qu'elle résiste à la destruction générale. Enfin, on arrive au pont de Saint-Cloud, près duquel il n'est point prudent de s'approcher. Cet endroit est fortement défendu par une large barricade au-delà de laquelle, sur l'autre rive, se trouve en ce moment l'Allemagne victorieuse. Pauvre Saint-Cloud, si riche, si vivace, et maintenant si morne, si pauvre et détruit en grande partie. Oh! vous, lecteurs, qui lisez ces lignes, ayez horreur de la guerre, ce fléau qui ne sait rien respecter. Honte à celui qui l'a fait naître!... maudit soit celui qui l'a provoqué!

Le Gouvernement décrète aujourd'hui la formation de bataillons mobiles dans la garde nationale sédentaire.

Chaque bataillon devra fournir une compagnie de mobiles dont l'effectif sera porté à 150 hommes. Ces hommes seront recrutés par voie d'inscription volontaire. Si la liste des inscriptions volontaires ouverte dans chaque mairie d'arrondissement dépasse le chiffre de 150, les hommes âgés de moins de 35 ans, célibataires, d'une constitution vigoureuse, ayant porté les armes ou acquis la pratique des exercices militaires, seront choisis de préférence. Le conseil de famille de chaque bataillon sera chargé de faire ces désignations. Les officiers, les cadres des sous-officiers et caporaux seront nommés à l'élection pour chaque compagnie. Quelle faute! Quatre compagnies réunies sous le commandement d'un chef de bataillon formeront un bataillon de guerre. Ces compagnies seront armées de fusils à tir rapide.

Les permis de circulation, qui étaient jusqu'à ce jour délivrés par le gouverneur de Paris, seront, à l'avenir, accordés par les généraux commandant le front des avant-postes.

L'entrée des forts est rigoureusement interdite à toute personne qui n'y est pas appelée par le service.

Les exercices à feu de la garde nationale, au tir de Vincennes, sont toujours meurtriers. On cite plusieurs hommes tués et un plus grand nombre de blessés.

C'est navrant.

On parle de l'arrestation de M. Portalis, le rédacteur en chef du journal *la Vérité*. Cette arrestation serait motivée par un article publié par *la Vérité*, sous forme de question, avec un grand appareil de titres saillants des nouvelles de la nature la plus inquiétante qu'il accusait le Gouvernement de cacher. Ce sont ces nouvelles que l'*Officiel* flétrissait aujourd'hui en rassurant le public. Nous concevons que l'auteur de pareils actes soit traduit devant les tribunaux.

Je dois à cette journée le bulletin d'alimentation promis.

Il vient de se créer dans le neuvième arrondissement un comité qui a entrepris d'assurer notre alimentation et de mettre un frein à l'agiotage des marchands. Un magasin de denrées, fournies par le ministère du commerce et vendues sans autre surtaxe que le montant des frais généraux, est ouvert depuis deux jours, à l'angle du faubourg Montmartre et de la rue du cardinal Fesch. Les acheteurs y sont admis, munis d'une carte de subsistances, et peuvent s'y approvisionner pour trois jours, selon le nombre de bouches à nourrir. L'idée est excellente. D'ici à huit jours, le comité qui a pris cette heureuse initiative aura plusieurs boutiques dans l'arrondissement.

Le rationnement de la viande la fait augmenter de prix, aussi le cheval entre-t-il plus que jamais dans la consommation journalière. On le vend au même prix que le bœuf. On mange aussi de l'âne avec plaisir, mais il est fort cher. A la Vallée, la volaille n'est pas d'un prix très-élevé.

Un poulet vaut de 5 à 8 francs.

Une oie de 20 à 25.

Un dindon de 30 à 40.

Mais les revendeurs vous écorchent. Les légumes frais sont très-abondants, mais très-chers. Nous en aurons encore pendant longtemps, car l'on met en culture tous les terrains qui se trouvent entre les forts et les remparts. Cet appoint de secours n'est point à dédaigner. On sale en ce moment beaucoup de viande de cheval. Dans une ville assiégée, rien ne doit être négligé pour venir en aide à l'estomac, rien ne doit être perdu ; aussi fait-on du boudin avec du sang de bœuf et de cheval, du saucisson des andouilles; la graisse de bœuf et la graisse de cheval remplacent le saindoux. Les pieds, les muffles, les oreilles de bœuf, autrefois dédaignés, sont aujourd'hui des mets goûtés et recherchés. Aujourd'hui notre dîner de famille pour six personnes se composait ainsi :

Potage tapioca conservé.

Filet de cheval.

Choux-fleurs frits.

Pommes et poires.

Le fromage est difficile à trouver. Les rognons de mouton qu'on trouvait chers à 0,30 c. sont maintenant à 0,50 centimes, les rognons de bœuf cotés il y a huit jours à 1 fr. 25 valent 2 fr. 50, les pieds de mouton 2 fr. 50 la botte. Le chou cœur de bœuf 1 fr. 50, le chou-fleur 1 fr. 75, la botte de carottes 2 fr. Les terrines de gibier seules sont trouvables chez les marchands de comestibles dévalisés de tout ; mais elles atteignent des prix excessifs :

| | |
|---|---|
| Le perdreau | 15 fr. |
| Le lièvre | 30 » |
| La bécasse farcie | 20 » |
| Le faisan | 50 » |

3 fr. les pois verts

2 fr. 50 les haricots.

1 fr. 25 les choux de Bruxelles.

Le poisson est hors de prix.

Terminons cette journée par la nouvelle d'un système de correspondance présenté au directeur général des postes par M. Paul Lacoin. Félicitons-le d'abord de son idée, quoique incomplète encore.

On a trouvé le moyen de départ mais non celui du retour. C'est cette lacune que cherche M. Lacoin.

Un bureau central, selon lui serait établi à Tours ; c'est là que seraient adressées les dépêches de province. Ces dépêches devraient être très-succinctes ; réunies au bureau, elles seraient copiées ou autographiées sur une feuille unique puis expédiées sur Paris par courrier ou pigeon. De cette manière, une partie au moins des dépêches pourraient nous être transmises.

Tel est en ses points essentiels le système de M. Lacoin qui, je crois, réussira à le compléter, et par ce moyen rendre aux pauvres assiégés de Paris un service signalé.

## 33$^{me}$ JOURNÉE

**Lundi 17 Octobre.**     3 °/₀ 52 95.

Je commence cette journée par deux lettres intéressantes que je reproduis en entier. Ces documents politiques, émanant de deux sommités, resteront comme un chef-d'œuvre de diplomatie. L'une de ces lettres, du comte de Bismark, fut publiée en allemand par le *North German Correspondant;* l'autre, de M. Jules Favre, paraît ce matin dans le *Journal officiel.*

### LETTRE DE M. DE BISMARK.

Ferrières, ce 27 septembre 1870.

Le rapport adressé par M. Jules Favre à ses collègues, le 21 courant, relativement à l'entretien qu'il a eu avec moi, m'engage à faire à Votre Excellence une communication qui vous permettra de donner une idée exacte de la marche de ces entretiens. Il faut avouer, qu'en général, M. Favre s'est efforcé de faire un récit exact de ce qui s'est passé entre nous. S'il n'y a pas toujours entièrement réussi, il faut l'attribuer à la longueur de notre conférence et aux circonstances particulières dans lesquelles elle a eu lieu. Je dois pourtant élever des objections à la tendance générale de son exposé, et insister sur ce fait que le sujet principal que nous avions à discuter n'était point celui de la conclusion d'un traité de paix, mais celui d'un armistice qui devait précéder ce traité. Relativement aux demandes que nous devions faire avant de signer un traité de paix définitif, j'ai déclaré expressément à M. Jules Favre que je me refusais à entamer le sujet de la nouvelle frontière réclamée par nous jusqu'à ce que le principe d'une cession de territoire eût été ouvertement reconnu par la France. Comme conséquence de cette déclaration, la formation d'un nouveau département de la Moselle, contenant les circonscriptions de Sarebourg, Château-Salins, Sarreguemines, Metz et Thionville, fut mentionnée par moi comme un arrangement conforme à nos intentions; mais, en même temps, je n'ai nullement renoncé à notre droit de faire de nouvelles stipulations, dans un traité de paix, proportionnées aux sacrifices qui nous seraient imposées par la prolongation de la guerre.

Strasbourg, place désignée par M. Favre comme « *clef de la maison,* » expression qui laissait toujous douter si la France était la maison en question, fut expressément déclarée par moi être « *la clef de notre maison,* » que nous ne désirions pas laisser, par conséquent, entre des mains étrangères.

Notre première conversation au château de Haute-Maison, près Montry, ne dépassa pas les limites d'une discussion académique sur le présent et sur le passé, dont la sub-

stance s'est trouvée renfermée dans la déclaration de
M. Favre, qu'il était prêt à nous céder « *tout l'argent que
nous avons,* » tandis qu'il se refusait à admettre l'idée
d'une cession de territoire. Quand j'ai parlé d'une cession
comme étant tout à fait indispensable, il a déclaré que les
négociations de paix n'auraient aucune chance de succès, et
a soutenu que céder une portion quelconque du territoire
serait humiliant et déshonorant pour la France. Je n'ai pu
le convaincre que des conditions que la France avait imposées à l'Italie et demandées à l'Allemagne sans avoir été en
guerre avec l'un ou l'autre de ces pays (*conditions que la
France nous aurait imposées, à nous, si nous avions
été vaincus, et qui ont été la conséquence inévitable de
presque toutes les guerres, même dans les temps modernes*) ne sauraient être honteuses pour un pays ayant
succombé après une courageuse résistance, et j'ai ajouté
que l'honneur de la France ne différait pas essentiellement
de celui des autres nations. Je n'ai pu réussir non plus à
persuader à M. Favre que la restitution de Strasbourg n'impliquait pas davantage un déshonneur à la France que la
cession de Landau et de Sarrelouis ; et que les conquêtes
violentes et injustes de Louis XIV n'étaient pas plus étroitement liées à l'honneur de la France que celles de la première République ou celles du premier Empire.

Notre conférence prit un tour plus pratique à Ferrières,
où nous avons discuté exclusivement la question d'un
armistice, fait qui réfute l'allégation d'après laquelle j'aurais
déclaré que je n'accepterais un armistice dans aucune circonstance. La manière dont M. Jules Favre me fait dire,
relativement à cette question et à d'autres : « *Il faudrait
un armistice, et je n'en veux à aucun prix,* » et autres
choses analogues, me forcent à rectifier ces assertions, et à

ajouter que, dans des conversations pareilles, je ne me suis jamais servi et je ne me sers jamais d'une locution indiquant que *moi* je *désire* personnellement, *exige* ou *approuve* quoi que ce soit. Je parle toujours des intentions et des demandes du gouvernement dont je suis le représentant.

Dans cette conversation, les deux partiés ont convenu de considérer la nécessité de donner à la nation française une occasion de choisir des représentants qui seuls seraient en position d'accorder au gouvernement actuel les pouvoirs suffisants pour lui permettre de conclure une paix sanctionnée par le droit international, comme motif d'un armistice. J'ai appelé l'attention sur le fait qu'un armistice était toujours un désavantage militaire pour une armée engagée dans une marche victorieuse ; que, dans le cas actuel, c'est un gain des plus importants en fait de temps pour la défense de la France et la réorganisation de son armée, et que, par conséquent, nous ne pouvions accorder un armistice si on ne nous offrait pas des avantages militaires équivalents.

A ce propos, j'ai mentionné la reddition des forteresses qui empêchaient nos communications avec l'Allemagne, car une trêve devant prolonger la période pendant laquelle nous devions alimenter notre armée, des concessions pour faciliter le transport des vivres devaient en être les conditions préliminaires. Strasbourg, Toul et d'autres places de moins d'importance formèrent le sujet de cette discussion.

En ce qui concerne Strasbourg, j'ai fait remarquer que les glacis ayant été entamés, la prise de la ville ne pouvait tarder, et que nous pensions que la situation militaire rendrait la reddition de la garnison nécessaire, tandis que l'on permettrait à ceux qui gardaient les autres places d'en sortir avec les honneurs de la guerre.

Une autre question difficile se rapportait à Paris. Comme nous avions entièrement cerné la ville, nous ne pouvions permettre l'entrée de nouveaux approvisionnements qu'à condition qu'ils n'affaibliraient pas notre position militaire et ne prolongeraient pas le temps nécessaire pour réduire la ville par la famine. Après avoir consulté les autorités militaires, j'ai offert, par ordre de S. M. le roi, les alternatives suivantes relativement à Paris :

Ou la position de Paris doit nous être concédée par la reddition d'une partie dominante de la défense, et dans ce cas nous sommes prêts à permettre la libre communication avec Paris, et à ne pas empêcher l'alimentation de la ville ;

Ou on pourrait *ne pas* nous concéder la position devant Paris, mais dans ce cas nous ne pourrions consentir à abandonner l'investissement, et nous devrions insister sur la continuation du *statu quo militaire* devant cette ville, puisque autrement nous nous trouverions en face de Paris approvisionné de nouveau en armes et en vivres.

M. Favre a expressément rejeté la première alternative relative à la reddition d'une partie des défenses de Paris, ainsi que la condition de garder comme prisonnière de guerre la garnison de *Strasbourg*. Il a promis de consulter ses collègues sur la seconde alternative relative au maintien du *statu quo militaire* devant Paris. Le programme que M. Favre a rapporté avec lui à Paris comme le résultat de nos conversations, et qui y a été discuté, ne contient donc rien au sujet des termes d'une paix future, mais seulement au sujet de l'accord d'un armistice de quinze jours ou de trois semaines, pour préparer les voies à l'élection d'une assemblée nationale dans les conditions suivantes :

1° La continuation du *statu quo* dans ou devant Paris.

2° La continuation des hostilités à *Metz* et autour de *Metz* dans un certain rayon dont l'étendue sera déterminée.

3° La reddition de *Strasbourg*, dont la garnison deviendrait prisonnière de guerre, et celles de *Toul* et de *Bitche*, dont on permettrait aux garnisons de sortir avec les honneurs de la guerre.

Je crois, ~~dans~~ que notre conviction, que nous avons fait des offres très-conciliantes sera partagée par tous les cabinets neutres.

Si le Gouvernement français s'est décidé à ne pas profiter de l'occasion présentée de procéder à l'élection d'une assemblée nationale, même dans les parties de la France occupées par nous, cela démontre sa résolution de ne pas se débarrasser des difficultés qui empêchent la conclusion d'une paix conforme au droit international et à ne pas écouter l'opinion publique du peuple français. Des élections libres et générales tendraient à des résultats favorables à la paix; telle est la conviction qui s'impose à nous et qui n'a pu échapper à l'attention de ceux qui exercent le pouvoir à Paris.

Je prends la liberté de prier Votre Excellence de porter la présente circulaire à la connaissance du gouvernement auprès duquel elle est accréditée.

De Bismark.

LETTRE DE M. JULES FAVRE.

*M. Jules Favre, ministre des affaires étrangères, vice-président du Gouvernement de la Défense nationale, vient d'adresser la circulaire suivante aux représentants diplomatiques de la France à l'étranger.*

« Monsieur,

» Je ne sais quand cette dépêche vous parviendra. Depuis trente jours, Paris est investi, et sa ferme résolution de résister jusqu'à ce qu'il ait obtenu la victoire peut prolonger quelque temps encore la situation violente qui le sépare du reste du monde.

» Néanmoins, je n'ai pas voulu retarder d'un jour la réponse que mérite le rapport rédigé par M. le comte de Bismark sur l'entrevue de Ferrières ; je constate d'abord qu'il confirme en tous points mon récit, sauf en ce qui concerne un échange d'idées sur les conditions de la paix, qui, suivant M. de Bismark, n'auraient pas été débattues entre nous.

» J'ai reconnu que sur ce sujet le chancelier de la Confédération du Nord m'avait opposé dès les premiers mots une sorte de fin de non-recevoir tirée de ma déclaration absolue : « *Que je ne consentirais à aucune cession de territoire* » ; mais mon interlocuteur ne peut pas avoir oublié que sur mon instance il s'expliqua catégoriquement, et mentionna, pour le cas où le principe de la cession territoriale serait admis, les conditions que j'ai énumérées dans mon rapport : l'abandon par la France de *Strasbourg* avec *l'Alsace* entière, de *Metz* et d'une partie de *la Lorraine.*

» Le chancelier fait observer que ces conditions peuvent être aggravées par la continuation de la guerre. Il me l'a, en effet, déclaré, et je le remercie de vouloir bien le mentionner lui-même. Il est bon que la France sache jusqu'où va l'ambition de la Prusse ; elle ne s'arrête pas à la conquête de deux de nos provinces, elle poursuit froidement l'œuvre systématique de notre anéantissement.

» Après avoir solennellement annoncé au monde, par la bouche de son roi, qu'elle n'en voulait qu'à Napoléon et à ses soldats, elle s'acharne à détruire le peuple français ; elle ravage son sol, incendie ses villages, accable ses habitants de réquisitions, les fusille quand ils ne peuvent satisfaire à ses exigences, et met toutes les ressources de la science au service d'une guerre d'extermination.

» La France n'a donc pas d'illusions à conserver ; il s'agit pour elle d'être ou de n'être pas. En lui proposant la paix au prix de trois départements qui lui sont unis par une étroite affection, on lui offrait le déshonneur ; elle l'a repoussé ; on prétend la punir par la mort. Voilà la situation bien nette.

» Vainement, lui dit-on, il n'y a pas de honte à être vaincu, encore moins à subir les sacrifices imposés par la défaite ; vainement ajoute-t-on encore que la Prusse peut reprendre les conquêtes violentes et injustes de Louis XIV. De telles objections sont sans portée, et l'on peut s'étonner d'avoir à y répondre.

» La France ne cherche pas une impuissante consolation dans l'explication trop facile des causes qui ont entraîné son échec ; elle accepte ses malheurs et ne les discute pas avec son ennemi. Le jour où il lui a été donné de reprendre la direction de ses destinées, elle a loyalement offert une réparation ; seulement, cette réparation ne pouvait être une cession de territoire. Pourquoi ? parce que c'était un amoindrissement ? Non ; parce que c'était une violation de la justice et du droit dont le chancelier de la Confédération du Nord ne semble tenir aucun compte. Il nous renvoie aux conquêtes de Louis XIV. Veut-il revenir au *statu quo* qui les a immédiatement précédées? Veut-il réduire son maître à la couronne ducale placée sous la suzeraineté des rois de Pologne? Si, dans la transformation que l'Europe a subie, la Prusse est devenue d'un État insignifiant une puissante monarchie, n'est-ce pas à la conquête qu'elle le doit? Mais, avec les deux siècles qui ont favorisé cette vaste recomposition, s'est opéré un changement plus profond et d'un ordre plus élevé que celui qui déterminait jusqu'ici les morcellements du territoire. Le droit humain est sorti des régions abstraites de la philosophie; il tend de plus en plus à prendre possession du monde, et c'est lui que la Prusse foule aux pieds quand elle essaye de nous arracher deux provinces, en reconnaissant que les populations repoussent énergiquement sa domination.

» A cet égard, rien ne précise mieux sa doctrine que ce mot rappelé par le chancelier de la Confédération du Nord : *Strasbourg est la clef de notre maison.* C'est donc comme propriétaire que la Prusse stipule, et cette propriété, elle l'applique à des créatures humaines dont elle supprime par ce fait la liberté morale et la dignité individuelle. Or, c'est précisément le respect de cette liberté, de cette dignité, qui interdit à la France de consentir à l'abandon qu'on lui demande. Elle peut subir l'abus de la force, elle n'y ajoutera pas l'abaissement de sa volonté.

» J'ai eu le tort de ne pas faire sur ce point suffisamment comprendre ma pensée quand j'ai dit, ce que je maintiens, que nous ne pouvons, sans déshonneur, céder l'*Alsace* et la *Lorraine.* J'ai caractérisé par là, non l'acte imposé au vaincu ; mais la faiblesse d'un complice qui donnerait la main à l'oppresseur et consommerait une iniquité pour se racheter lui-même. M. le comte de Bismark ne trouvera pas un Français digne de ce nom qui pense et agisse autrement que moi.

Et c'est aussi pourquoi je ne puis reconnaître qu'une proposition d'armistice sérieusement acceptable nous ait été faite.

Je désirais avec ardeur qu'un moyen honorable nous fût offert, de suspendre les hostilités et de convoquer une assemblée. Mais, j'en appelle à tous les hommes impartiaux, le gouvernement pouvait-il accéder au compromis qui lui était proposé ? L'armistice n'eût été qu'une dérision s'il n'avait rendu possibles de libres élections. Or, on ne lui donnait qu'une durée effective de quarante-huit heures. Pendant le surplus de la période de quinze jours ou trois semaines, la Prusse se réservait la continuation des hostilités, en sorte que l'Assemblée eût délibéré sur la paix et la guerre, pendant la bataille qui aurait décidé du sort de Paris.

De plus, l'armistice ne s'étendait pas à Metz. Il excluait le ravitaillement, et nous condamnait à consommer nos vivres pendant que l'armée assiégeante aurait largement vécu par le pillage de nos provinces. Enfin, l'Alsace et la Lorraine n'auraient pas nommé de députés, par la raison vraiment inouïe qu'il s'agissait de prononcer sur leur sort: la Prusse ne leur reconnaissait pas ce droit, nous demandait de tenir la poignée du sabre avec lequel elle le tranche.

Voilà les conditions que le chancelier de la Confédération du Nord ne craint pas d'appeler « *très-conciliantes,* » en nous accusant « *de ne pas saisir l'occasion de convoquer une Assemblée Nationale, témoignant ainsi notre résolution de ne pas nous débarrasser des difficultés qui empêchent la conclusion d'une paix conforme au droit national, et de ne pas écouter l'opinion publique du peuple français.* »

Eh bien, nous acceptons devant notre pays, comme devant l'histoire, la responsabilité de notre refus. Ne pas l'opposer aux exigences de la Prusse eût été à nos yeux une trahison. J'ignore quelle destinée la fortune nous réserve, mais, ce que je sens profondément, c'est qu'ayant à choisir entre la situation actuelle de la France et celle de la Prusse, c'est la première que j'ambitionnerais. J'aime mieux nos souffrances, nos périls, nos sacrifices, que l'inflexible et cruelle ambition de notre ennemi. J'ai la ferme confiance que la France sera victorieuse. Fût-elle vaincue, elle resterait encore si grande dans son malheur, qu'elle demeurerait un objet d'admiration et de sympathie pour le monde entier. Là est sa force véritable, là sera peut-être sa vengeance.

Les cabinets européens qui se sont bornés à de stériles témoignages de cordialité, le reconnaîtront un jour; mais il sera trop tard, et au lieu d'inaugurer la doctrine de haute médiation, conseillée par la justice et l'intérêt, ils autorisent, par leur inertie, la continuation d'une lutte barbare qui est un désastre pour tous, un outrage à la civilisation. Cette sanglante leçon ne sera pas perdue pour les peuples. Et qui sait? l'histoire nous enseigne que les régénérations humaines sont par une loi mystérieuse étroitement liées à d'ineffables malheurs.

La France avait peut-être besoin d'une épreuve suprême; elle en sortira transfigurée, et son génie brillera d'un éclat d'autant plus vif, qu'il l'aura soutenu et préservé de défaillances en face d'un puissant et implacable ennemi.

Lorsque vous pourrez, monsieur, vous inspirer de ces réflexions dans vos rapports avec le représentant du Gouvernement près duquel vous êtes accrédité, la fortune aura prononcé son arrêt; en voyant cette grande population de Paris assiégée depuis un mois, si résolue, si calme, si unie, j'attends avec un cœur ferme et confiant l'heure de la délivrance.

Recevez, etc.

JULES FAVRE.

Il résulte de la lecture attentive de ces deux pièces importantes que le siége se prolongera ; du moins, telle est mon opinion. Il est impossible de s'entendre avec de pareilles exigences du côté de la Prusse.

Le Gouvernement de la Défense nationale, considérant que, malgré l'investissement de Paris, les ressources du Trésor permettent de donner aux déposants un nouvel à-compte de 50 francs en espèces sur les sommes versées par eux ;

Sur le rapport du ministre des finances,

DÉCRÈTE :

Les déposants qui, en vertu du décret du 7 septembre dernier, ont demandé le remboursement en espèces d'une somme de 50 francs, et qui auront encore à leur compte une provision suffisante, seront admis, à partir du 18 de ce mois, à faire une nouvelle demande de remboursement en espèces de 50 francs.

Fait à Paris, le 10 octobre 1870 :

Général TROCHU, JULES FAVRE, E. PICARD, ROCHEFORT, EMMANUEL ARAGO, JULES FERRY, JULES SIMON, GARNIER-PAGÈS.

Au moment où le siége de Paris semble définitivement passer de la période purement défensive à la période offensive, il est bon d'enregistrer, en résumé, l'effort immense et parfois méconnu qui a fait en quelques semaines d'une ville jugée hors d'état de se défendre une place véritablement imprenable.

#### DÉFENSE DE PARIS

Au lendemain des grands désastres de l'armée du Rhin, l'immense enceinte de la capitale était non seulement dépourvue de tout armement, mais elle n'avait ni abris ni magasins à poudre. La zone militaire était couverte de constructions sans nombre, et soixante-neuf avenues, dont quelques-unes atteignaient jusqu'à 80 mètres de largeur, la traversaient de part en part. Quant aux forts, ils n'étaient pas non plus en état de défense; et les ouvrages extérieurs étaient pour la plupart effacés par le temps. La nécessité de mettre Paris en état de défense n'était jamais apparue au précédent gouvernement, même après les premiers revers, qu'à une échéance plus ou moins lointaine. Aussi se proposait-on d'abord, pour compléter la défense extérieure, d'établir quatre forts permanents en maçonnerie à Gennevilliers, à Montretout, aux Hautes-Bruyères et à Châtillon ; mais à peine l'exécution avait-elle commencé, qu'il fallut, par suite de la rapidité des événements, y renoncer et substituer des redoutes en terre qui furent également abandonnées par suite du prompt investissement de la place.

Dans les forts tout était à faire : il n'y avait ni abris, ni plate-formes, ni magasins, ni casemates, ni embrasures; ni, à plus forte raison, aucune des défenses accessoires qu'il est nécessaire d'accumuler aux abords des ouvrages. Le génie militaire a accompli tous ces travaux avec une rapidité remarquable. Dans les six forts occupés par la marine, les travaux d'armement et de terrassement ont été exécutés par les marins eux-mêmes. Une autre œuvre, et celle-ci des plus considérables, fut de fermer les soixante-neuf portes et d'établir des pont-levis. A ce travail seul, plus de 11,000 ouvriers furent employés. Il fallait en même temps barrer les quatre canaux et placer des estacades dans la Seine. La zone militaire était déblayée, les bois de Boulogne et de Vincennes abattus en partie ; les dehors des forts garnis de palissades, sur une ligne d'un développement de 64,000 mètres courants ; enfin, trois batteries tout à fait nouvelles s'élevaient à Saint-Ouen, à Montmartre et aux Buttes-Chaumont.

Sur les remparts, où, comme dans les forts, tout faisait défaut, le génie militaire a construit des traverses, des abris; deux millions de sacs à terre ont couronné les parapets ; 70 magasins voûtés ont été construits pour recevoir les poudres et le matériel de défense. La partie de l'enceinte qui correspond au Point-du-Jour semblait, il y a six semaines, ouverte au feu de l'ennemi ; elle est devenue, grâce aux travaux exécutés en avant dans le village de Billancourt, et au deux retranchements intérieurs, un des points les plus forts de la place. Les travaux ont été complétés par l'exploration des nombreuses carrières qui se développent en tous sens sur notre front, et que les dispositions les plus sages, appuyées de la surveillance la plus vigilante, mettent désormais à l'abri de toute tentative de l'ennemi, par la transformation des égouts en fourneaux de mines sous le sol de Boulogne, de Billancourt, de Neuilly, de Clichy etc.; par la construction d'appareils électriques d'une grande puissance dans tous les forts et d'un système d'observatoires militaires qui se complète de jour en jour; par la construction de barrages destinés à maintenir le niveau de l'eau dans la ville, et ainsi assurer en amont et en aval l'action des cannonnières blindées de la marine et le fonctionnement de la pompe de Chaillot; enfin, par l'occupation très-solide des villages qui avoisinent l'enceinte.

De Vitry à Issy, d'une part, entre Saint-Denis et le canal

de l'Ourcq, d'autre part, les maisons ont été crénelées, les rues barricadées ; une ligne continue relie maintenant les redoutes de Gravelle et de la Faisanderie aux forts qui se succèdent jusqu'à Saint-Denis. En avant de cette ligne, les villages de Noisy, Rosny, Nogent ont été également retranchés ; on travaille à une ligne nouvelle qui s'étendra de la Seine à la Marne en passant par Maisons-Alfort. Plus de 80,000 travailleurs ont coopéré à cette œuvre immense qui représente des mouvements de terre incalculables.

En même temps que la place se renforçait, le rayon de la défense s'étendait de jour en jour. Ainsi, tandis que le 19 septembre, après l'affaire de Châtillon, nous étions réduits à la ligne des forts, nous avons aujourd'hui reconquis sur l'ennemi, en avant de nos ouvrages, Vitry, Villejuif, Arcueil, Cachan, Issy (dont l'ennemi occupait le parc au 19 septembre, et où nous avons aujourd'hui des défenses formidables), Villeneuve, une partie de Pierrefitte, Stains, La Courneuve, Fontenay-sous-Bois et Nogent-sur-Marne, où les assiégeants pénétraient à leur aise et que nous avons couvert de barricades. Enfin, nous possédons vers l'Est une tête de pont à Joinville, et à l'Ouest nous disposons, dans sa totalité, de la presqu'île de Gennevilliers.

Théoriquement, et d'après les règles établies en 1867, l'armement des forts et de l'enceinte devait se composer de sept pièces par bastion. Or au début de la guerre, le matériel de l'artillerie n'était, pour les forts, que de trois pièces par bastion, et il n'existait pas une seule pièce en batterie sur les remparts de l'enceinte. Jusqu'au 8 août, on se borna à y placer quelques canons, plutôt pour satisfaire l'opinion publique qu'en prévision d'un siège, qu'on regardait comme impossible. A toute place de guerre il faut une réserve ; deux parcs d'artillerie, de 250 bouches à feu, devaient com-

poser celle de Paris; mais, en vue des opérations de la
guerre du Rhin, ils avaient été envoyés à Metz et à Strasbourg, et ils y sont encore. Les munitions confectionnées ne
représentaient que dix coups par pièce. On avait des projectiles sphériques en abondance ; mais les obus oblongs,
qui sont actuellement presque seuls en usage, étaient en
très-petit nombre. Les boîtes à mitraille et les éléments pour
en faire manquaient à peu près complétement ; l'approvisionnement en poudre à canon n'était que de 540,000 kilogrammes. Le personnel de l'artillerie était plus pauvre encore
que le matériel, une dizaine d'officiers tout au plus était
répartie sur l'immense étendue de l'enceinte. Dans quelques
forts, le service de l'artillerie était représenté par un simple
gardien de batterie.

Aujourd'hui, grâce au patriotisme des officiers retraités
ou démissionnaires rappelés à l'activité, aux batteries prises
dans les dépôts, au concours de plus en plus efficace des
artilleurs de la garde mobile de la Seine, de Seine-et-Oise,
de la Drôme, du Rhône, de la Loire-Inférieure et du Pas-
de-Calais, à la création de compagnies de canonniers auxiliaires recrutés parmi les anciens militaires, et par dessus
tout grâce à l'activité et au dévouement de la marine, qui
nous a donné ses amiraux, ses officiers, ses artilleurs en
même temps que 7,000 de ses marins, le personnel de l'artillerie de la place est arrivé au chiffre respectable de 13,000
officiers, sous-officiers et soldats.

Aujourd'hui, l'artillerie a mis en batterie sur l'enceinte
ou dans les forts, 2,140 bouches à feu.

Nous avons porté de 540,000 kilogrammes à 3 millions l'approvisionnement des poudres, et d'ailleurs, la
fabrication continue. Celle des projectiles oblongs a été
développée sur une large échelle. On a fait venir tous

ceux qui existaient dans les forges de l'Ouest et du Midi ; on a fait appel à l'industrie privée, qui s'est mise en état d'en fournir une production constante et qui dépasse dès aujourd'hui les besoins prévus. De dix coups par pièce, l'approvisionnement a été porté à quatre cents coups, et jusqu'à cinq cents pour les canons des forts. On fait deux millions de cartouches par semaine. Tous les forts de la rive droite, à l'exception d'Aubervilliers, de Vincennes et de Nogent, ont reçu des canons d'un puissant calibre. Le Mont-Valérien, Charenton, Gravelle, La Faisanderie, La Double-Couronne, divers points de l'enceinte continue en ont été abondamment pourvus. Le même genre de pièce a servi à former les magnifiques batteries des Buttes-Chaumont et Montmartre, qui battent tout le terrain, de Gennevilliers à Romainville; ainsi que les importantes batteries du parc de Saint-Ouen, qui protégent le fort de la Briche et qui portent leurs projectiles jusqu'au versant qui domine la Seine à droite d'Argenteuil.

L'armement des forts de la rive gauche et de l'enceinte qui les avoisine a été fortifié de la même manière, de façon à protéger le Point-du-Jour, la vallée de la Seine en amont, le confluent de la Marne et l'entrée dans Paris du chemin de fer d'Orléans. Enfin les bastions sont tous prêts à recevoir, en peu de temps, la réserve nécessaire aux fronts d'attaque.

Cette réserve, qu'il a fallu, comme nous l'avons dit, créer tout entière, ne s'élève pas à moins de 350 bouches à feu. Ce qui fait un total en canons de 2,490.

Les ingénieurs des ponts-et-chaussées ont été les auxiliaires actifs du génie militaire et de l'artillerie dans l'exécution des immenses travaux de construction et de terrassement qu'ont nécessités la fermeture des portes de

Paris, la mise en état des fossés et des glacis, l'établissement des batteries nouvelles, le déblayement de la zone militaire. Ce sont eux qui ont réuni le bois nécessaire à l'établissement des plates-formes et des embrasures sur les remparts. Ils ont puisamment concouru à la mise en défense de Saint-Denis par les travaux exécutés le long du canal, et en amenant dans les fossés de la place les eaux du canal de l'Ourcq ; ils ont également coopéré à la construction des redoutes de la plaine de Gennevilliers, de celles de Charlebourg, d'Asnières et du pont de Clichy. Maintenant, d'accord avec le génie, ils achèvent la seconde enceinte de Paris, dont le chemin de fer de Ceinture est la base sur certains points. Enfin ils participent aux travaux de la *Commission des Barricades.* Ils ont construit miraculeusement, en 18 jours, le chemin de fer de la rue Militaire, cet élément si important de la défense, qui permet le transport rapide des troupes et du matériel sur tout le pourtour de la place. Cette voie ferrée ne représente pas moins de 40 kilomètres de développement, et ils achèvent en ce moment les baraquements de la garde nationale aux abords de la rue Militaire.

A ces immenses travaux, il convient d'ajouter deux barrages sur la Seine, à Suresnes et au nord de l'île de la Grande-Jatte, une estacade au Point-du-Jour, un pont de bateaux en amont du mur d'enceinte, deux barrages incombustibles au pont Napoléon, destinés à arrêter les brûlots incendiaires que la Seine pourrait charrier. Les égouts et aqueducs ont été mis en défense. De leur côté, les ingénieurs des mines ont exploré les carrières souterraines qui se trouvent en si grand nombre dans le sol parisien ; les puits ont été comblés, les galeries murées ; les ouvertures placées à portée des glacis, soigneusement détruites ; les carrières à ciel ouvert qu'on n'a pu combler ont été rendues impraticables. Ils ont également construit la vaste poudrière blindée qui doit servir de dépôt aux munitions de l'artillerie, et ce sont eux qui ont présidé à l'œuvre si délicate de la rentrée dans Paris, et de l'enfouissement des pétroles et autres matières incendiaires que nos environs contenaient en si grande abondance.

Le service des eaux n'a pas été négligé. Les quartiers que l'aqueduc de la Dhuys, coupé par l'ennemi, a cessé d'alimenter, seront pourvus par les grands réservoirs de Belleville et de Ménilmontant; la zone moyenne, par les machines établies dans Paris; enfin, les parties basses, au moyen des locomobiles installées sur la Seine, du puits artésien de Passy, et de celui qu'un grand industriel, M. Say, a mis généreusement à la disposition de la Ville.

L'administration des travaux publics a institué une commission pour l'étude et l'application des moyens de défense. Cette commission, présidée par M. Raynaud, directeur de l'École des Ponts-et-Chaussées, a examiné un grand nombre de projets émanés de l'initiative des citoyens. Parmi ces problèmes, il s'en trouvait d'un grand intérêt, tels que l'emploi de la lumière électrique, pour entraver les travaux de nuit des assiégeants; l'éclairage au magnésium, la fabrication du coton-poudre comprimé, l'emploi des matières inflammables les plus récemment étudiées par la science. Comme moyen d'arrêter l'ennemi sur la brèche, l'enflammation des mines à distance. Elle a réalisé un système de boîtes explosibles, ou torpilles terrestres, qui se cachent facilement à la surface du sol et qui éclatent sous la pression du pied; les abords des forts ont été semés de ces redoutables engins. Depuis le 4 septembre, cette commission a examiné plus de cent vingt propositions diverses.

La commission d'armement formée peu après le 4 septembre, pour centraliser l'achat des armes, a dû bientôt se diviser en deux sections : l'une qui s'est rendue à Tours, afin de poursuivre les opérations d'achat; l'autre qui s'occupe, à Paris, de la transformation, de la réparation et de la fabrication des armes. Quinze ateliers de réparations gratuites ont pu être ouverts, grâce au concours des Compagnies de chemins de fer et des industriels. L'atelier central du Louvre a réparé, jusqu'à ce jour, plus de vingt mille fusils de différents modèles. La transformation des fusils à percussion en fusils à tabatière se poursuit avec rapidité dans les ateliers de MM. Mignon et Rouart et dans ceux de M. Godwing; ils fournissent régulièrement huit cents fusils par jour de travail.

Le résultat le plus important à signaler, c'est la solution d'un problème qui paraissait insoluble : la fabrication du fusil chassepot, à Paris. Après de laborieuses recherches, on est parvenu à vaincre les difficultés que la question présentait. Les petits armuriers de Paris seront admis à fabriquer les pièces dont l'arme se compose, et l'administration des travaux publics en fera le montage dans un atelier spécial.

Une commission de pyrotechnie, annexée à la commission d'armement, a eu à étudier plus de deux cents propositions présentées par autant d'inventeurs. Elle a fait elle-même un nombre considérable d'expériences, et, entre autres, elle a mis en train la fabrication de la dynamite.

Une commission du génie civil a reçu du ministre la mission de centraliser les offres de concours adressées par le génie civil, par les industriels et par les particuliers. Elle veille à l'exécution des commandes de matériel et de munitions, émanées du ministère des travaux publics, et dont voici les principales :

102 mitrailleuses de divers modèles, commandées dans des établissements différents, pour être livrées du 13 au 27 octobre ;

115 mitrailleuses des systèmes Gatling et Christophe, à livrer à partir du 27 octobre ;

312,600 cartouches pour mitrailleuses, livrées ;

50 mortiers et leurs accessoires, avec 50 affûts, livrés ;

400 affûts de siége, dont la livraison est commencée ;

500,000 obus de différents calibres, commandés aux différentes fonderies de Paris, qui les livrent tous les jours ;

5,000 bombes ;

Plusieurs grosses pièces de marine à longue portée, dont la livraison est prochaine ;

Enfin, 300 canons de 7 centimètres, rayés, se chargeant par la culasse, portant à 8,000 mètres, et dont la livraison commencera le 25 octobre. Cette commande, reçue par les principaux fabricants de la capitale, pourra être portée à 500 pièces.

On doit encore à la Commission du génie civil l'organisation d'un service spécial d'inspection des secours à prendre contre l'incendie, et, dans le voisinage des musées et des établissements publics, les appareils les plus propres à dominer, à l'origine, tous les sinistres.

La Commission des barricades, organisée dans les premiers jours de l'investissement, s'est mise aussitôt en rapport avec le service des ponts et chaussées. On doit à cette entente et au concours des ingénieurs civils le plan d'une troisième enceinte dont l'exécution est avancée sur plusieurs points, et qui permettrait de rendre, si cela était nécessaire, l'intérieur de la ville inexpugnable.

Pour terminer, je trace un tableau de l'habillement et de l'équipement délivré aux gardes mobiles et aux gardes nationaux depuis le 5 septembre jusqu'au 12 octobre, par le Gouvernement.

### GARDE MOBILE.

| | |
|---|---:|
| Vestes | 50.868 |
| Tuniques | 3.019 |
| Vareuses | 46.052 |
| Pantalons | 68.853 |
| Képis | 8.786 |
| Chemises | 48.758 |
| Cravates | 23.694 |
| Caleçons | 11.992 |
| Ceintures de flanelle | 31.686 |
| Guêtres (Paires de) | 47.024 |
| Souliers (Paires de) | 31.952 |
| Ceinturons seuls | 12.801 |
| Ceinturons complets | 17.207 |
| Cartouchières | 27.344 |
| Porte-fourreaux de sabres-baïonnettes | 31.274 |
| Porte-fourreaux de baïonnettes | 18.071 |
| Bretelles de fusils | 47.819 |
| Havre-Sacs | 4.328 |
| Besaces-musettes | 25.372 |

### GARDE NATIONALE SÉDENTAIRE.

| | |
|---|---:|
| Fourreaux de baïonnettes | 20.650 |
| Porte-fourreaux | 11.000 |
| Ceinturons | 4.200 |
| Vareuses | 10.000 |
| Pantalons | 10.000 |

A DIFFÉRENTS SERVICES.

| | |
|---|---:|
| Vareuses | 3.095 |
| Pantalons | 3.340 |
| Ceinturons | » 50 |
| Porte-fourreaux de baïonnettes | 1.900 |
| Bretelles de fusil | 1.400 |
| Cartouchières | 1.400 |
| Képis | 3.400 |
| Cravates | 3.000 |

En résumé, il a été exécuté, reçu, distribué du 5 septembre au 12 octobre :

637,471 objets.

Pendant cette même période de temps, l'administration de la guerre, de son côté, délivrait directement aux gardes mobiles un grand nombre d'effets d'habillement et d'équipement et tous les objets de campement, tels que les demi-couvertures, tentes, ustensiles, etc.

Pour assurer l'avenir, de nouveaux marchés sont passés, et l'on travaille avec activité.

L'énumération de la création de tant d'engins de défense et de destruction, de tant de travaux, est vraiment un prodige; on est émerveillé lorsque l'on pense que tout cela s'est fait dans une ville bloquée depuis un mois!

Le Gouvernement donne la communication suivante:

« Nous sommes heureux de pouvoir rassurer le public
» et les artistes sur le sort des objets d'art qui décoraient
» le Palais de Saint-Cloud aujourd'hui réduit en cendres.

» On avait eu le soin de retirer de ce palais, pour les mettre
» à l'abri dans Paris, antérieurement au siége, tous les
» tableaux, à l'exception des plafonds et dessus de portes,

» toutes les tapisseries des Gobelins, magnifiques repro-
» ductions de la galerie de Rubens, les plus belles pièces
» d'ameublement, trente-huit vases précieux en cristal de
» roche, jaspe, etc., avec montures, datant en partie de la
» Renaissance, la statue de la Nuit, par Collet, et la Sapho
» de Pradier.

» Quant au célèbre tableau de Murillo qui avait été
» porté autrefois du Louvre à Saint-Cloud, il était rentré
» au Louvre dès le milieu d'août. »

Toutes les précautions ont été prises pour protéger le Palais de l'Institut, dans lequel, malgré le siége, l'Académie Française n'a pas interrompu ses séances.

Le bulletin militaire est complétement nul aujourd'hui.

Je transcris, pour finir cette journée, les nouveaux détails que j'ai recueillis sur le système de correspondance Lacoin.

L'intelligent innovateur, en concentrant toutes ses dépêches à Tours, les réunit sur une seule feuille de papier, par la copie, puis, voyez combien l'idée est ingénieuse, il reproduit cette copie par la photographie en réduisant à la dimension d'une feuille assez petite pour qu'elle puisse être transportée par un pigeon.

A l'arrivée à Paris, la dépêche sera lue à la loupe, recopiée et envoyée à son adresse.

Les assiégés ne sauraient trop avoir de reconnaissance pour M. Lacoin et ses collaborateurs MM. Caddnio et Charles Boissay.

Les journaux annoncent la mort d'Alexandre Dumas, un homme d'un immense talent, et qui certes avait bien gagné son fauteuil d'immortel. Il le sera malgré l'académie.

## 34ᵉ JOURNÉE

**Mardi 18 Octobre**  3 % 52.90

Constatons avant toutes choses qu'il y a aujourd'hui un mois que Paris est complétement investi, qu'il est retranché de la France et séparé du monde. Combien de temps le sera-t-il encore?

Depuis les manœuvres des premiers jours pour cerner la ville, les Allemands n'ont pas fait un seul grand mouvement offensif. On constate même qu'au lieu de nous serrer de très-près, comme ils en manifestaient d'abord l'intention, ils ont pris le parti de se placer à distance. Après avoir dit qu'il espérait venir à bout de Paris en peu de temps, l'ennemi paraît avoir changé d'avis.

En effet, le problème a changé d'aspect. Le siége de Paris n'était, il y a un mois, qu'une affaire de surprise pour les Prussiens. Ce moment est passé, et, après un mois d'investissement, les idées ont changé dans l'un et l'autre camp. Paris ne se défendra plus seulement pour que l'honneur soit sauf, mais pour que la France soit sauvée, et les Allemands ont compris que Paris ne pouvait être pris par surprise. Ils nous ont laissé un mois de répit, c'est vrai, mais cela ne veut pas dire qu'ils se sont lassés et qu'ils vont lever le siége, comme le disent certains journaux. Ne nous faisons pas d'illusions ni sur nous-mêmes ni sur l'ennemi. Après les déclarations de M. de Bismark, il est aussi nécessaire aux Prussiens de prendre Paris qu'à Paris de se défendre avec énergie, et à la France de le secourir. Si l'ennemi nous a laissé un mois de répit, cela ne veut pas dire qu'il n'ait pas beaucoup travaillé, qu'il soit découragé. Les Prussiens, comprenant que Paris ne se laisserait pas surprendre, n'ont rien voulu laisser au hasard et ils attendent. Nous n'avons qu'à travailler et attendre aussi de notre côté que la France organise ses armées pour nous secourir avant que la famine ne donne aux Prussiens ce qu'ils n'ont pu obtenir par la ruse.

Combien durera le siége? autant de personnes, autant d'avis. Quant à moi, qui croyais à une entrée de vive force, ce qu'ils auraient pu faire dès le début s'ils avaient connu notre armement, je commence à croire que le siége se prolongera, et que nous devons attendre la Province, pour rompre les lignes d'investissement. Enfin, ceux qui ne croyaient pas au sérieux de la résistance hésitent maintenant à formuler leur pensée.

Nous n'avons aucune nouvelle du Gouvernement de Tours.

Le siége au point de vue militaire commence à devenir monotone, et le bilan journalier est un peu toujours le même. Une reconnaissance très-hardie a cependant été exécutée en avant des forts de Rosny et de Nogent par les mobiles de la Drôme, de la Côte-d'Or et du Tarn, sous la direction du lieutenant colonel Reille. La gauche de la reconnaissance s'est avancée dans le parc du Raincy jusqu'à la porte de Paris, et de là s'est rabattue sur Villemonble, qui a été fouillé en tous sens. L'ennemi a été ensuite débusqué du parc de Launay. Pendant ce temps, quelques compagnies ont gravi les pentes d'Avron, occupé tout le plateau, et tiraillé à son extrémité sur le poste avancé de la Maison-Blanche. Le centre, aussitôt Avron occupé, est entré dans le village du bois de Neuilly, qui était évacué. Nos tirailleurs l'ont ensuite dépassé et se sont portés sur Neuilly-sur-Marne, où l'ennemi était retranché en forces considérables.

Cette reconnaissance a permis de constater que les avant-postes prussiens occupent aujourd'hui Launay, la Maison-Blanche et Neuilly-sur-Marne, c'est-à-dire à 4 kilomètres de Nogent.

Les obus de Nogent ont porté, ce matin, sur un gros d'ennemis, à l'extrémité du plateau d'Avron.

La Faisanderie a tiré sur le poste prussien, à la Fourche de Champigny ; la maison a été détruite.

Cette nuit, à deux reprises, l'ennemi a tenté des attaques sur un poste de mobiles, à Cachan ; elles ont été aisément repoussées et ont donné lieu à une vive canonnade de nos forts, dont les obus ont été fouiller les positions ennemies de Châtillon, jusqu'à Bourg-la-Reine et l'Hay.

Deux promenades militaires ont été faites : l'une à Créteil, évacué par l'ennemi, l'autre à Colombes.

Nos troupes ont occupé Asnières et s'y sont fortifiées.

Le Mont-Valérien, la batterie Mortemart et quelques pièces du 6ᵉ secteur (Point-du-Jour), ont inquiété les travaux de l'ennemi, à Montretout.

L'organisation de l'artillerie de la garde nationale est à peu près terminée ; elle compte dix batteries de 4 et de 12.

La tristesse de Paris augmente chaque jour; la grande ville est morne, sombre et silencieuse ; autrefois la capitale des rires, du luxe, du plaisir et des lumières, elle n'a plus l'air que d'un tombeau. Si vous passez sur les boulevards, sauf les cafés et quelques rares boutiques, tout est fermé.

Pour qui, du reste, les magasins resteraient-ils ouverts ? Dès huit heures du soir tout est clos ; plus de circulation, quelques rares piétons rentrant chez eux par des rues noires, car on commence à nous mettre à la ration du gaz, même dans nos demeures. Malgré tout cela, Paris charitable vit plus que jamais ; on a fait hier une grande vente d'objets d'alimentation dont le produit est pour les pauvres.

Je cite les prix qu'ont atteint plusieurs objets :

| | |
|---|---|
| Lentilles (un litre)............................ | 10 fr. |
| Harengs (deux)................................ | 10 fr. |
| Œufs (deux).................................... | 10 fr. |
| Lait (un litre).................................. | 20 fr. |
| Pigeon (un).................................... | 100 fr. |
| Faisan (un).................................... | 75 fr. |

Politiquement parlant, Paris est au calme plat. Le parti extrême sent son impuissance et chacun pense qu'il restera tranquille à cette heure. L'union générale de tous les Parisiens est un fait considérable à enregistrer ; mon sentiment est qu'il doit en rester quelque chose d'heureux après la guerre, et que cette fraternité forcée du moment fera disparaître la désunion d'autrefois. Si cela pouvait être, les Prussiens auraient donc servi à quelque chose ! Peut-être cette pensée n'est-elle qu'une vaine illusion de plus.

Par décret en date de ce jour, il y a eu plusieurs nominations de juges de paix aux 3e, 20e et 13e arrondissements, ainsi que pour le canton de Vincennes.

Le ministre de l'agriculture et du commerce,

Vu les décrets du Gouvernement de la Défense nationale, en date du 29 septembre et 1er octobre 1870 ;

Considérant que dans les divers magasins existent des quantités consdiérables de fourrages destinés au commerce ;

Considérant que l'intérêt public exige que ces fourrages soient affectés à l'alimentation du bétail destiné à la consommation de Paris ;

DÉCRÈTE :

Art. 1ᵉʳ. Réquisition est faite, au nom du Gouvernement de la Défense nationale, de tous les fourrages existant dans Paris, entre les mains des marchands de fourrages.

Art. 2. Le prix de ces fourrages sera payé aux propriétaires, suivant la qualité, en prenant pour base le prix moyen résultant des mercuriales de la première quinzaine de septembre.

Art. 3. La qualité sera appréciée par trois experts nommés :

L'un par le ministre du commerce ;

L'autre par le propriétaire ;

Le troisième, par le président du tribunal de commerce.

Fait à Paris, le 18 octobre 1870.

J. Magnin.

On entend répéter sur tous les tons :

« Les Prussiens sont mieux informés que nous ; leurs espions les tiennent au courant de tout ce qui se passe et se dit, tandis que nous ne savons seulement pas s'ils sont à Versailles ou sur la route d'Orléans. » Il y a du vrai dans ces observations ; mais sans parler de notre esprit chevaleresque qui nous fait repousser comme indigne et lâche ce moyen d'informations, il faut rechercher la vraie cause de cette infériorité, et je la trouve dans les règles sévères de comptabilité léguées par les précédents gouvernements et par la hiérarchie à outrance. Qu'un espion apporte à M. de Bismark ou au général de Moltke un renseignement utile, on lui compte immédiatement deux, trois ou quatre cents thalers ; aussi voyez-vous leurs espions s'exposant aux plus grands dangers pour gagner leur argent. Qu'un Français, au contraire, après avoir traversé les lignes ennemies, se présente à l'état-major général, il ne pourra pénétrer auprès du gouverneur de Paris, et c'est tout au plus s'il sera reçu par un officier subalterne, qui, après avoir écouté son rapport, lui fera un remerciment bien senti, à moins, toutefois, qu'il ne le renvoie en lui disant que « *ses renseignements sont en constradiction avec ceux du gouvernement.* » Admettons qu'il soit reçu par le général Trochu, celui-ci l'écoutera avec sa politesse et sa bienveillance habituelles, et le congédiera en lui offrant une poignée de main. Et remarquez qu'il ne peut faire autrement à moins de donner de l'argent de sa poche. Il faudrait, pour donner un billet de 500 francs, passer par mille formalités d'écritures bureaucratiques ; aller du gouvernement au ministre des finances, du ministre au chef de division, du chef de division au chef de bureau de la comptabilité ; de là au payeur central, etc., etc., sans compter que le mandat devrait plus tard être soumis à la cour des comptes. Allez donc payer des espions, dont la mission doit avant tout être secrète, avec de pareils moyens. Deux personnes qui habitaient Meudon et qui ont pu arriver à Paris en franchissant les lignes prussiennes, nous apportent sur l'occupation de ce village, des renseignements intéressants et dont je puis garantir l'exactitude. Meudon n'a pas été pillé comme on l'a dit. Les officiers, Polonais pour la plus part s'y sont opposés avec une grande énergie. On n'a forcé que les portes des débitants de vins et de comestibles ayant abandonné le pays. Quatre maisons bourgeoises seulement ont été démeublées. Ce sont : les propriétés Grouchy, Riverain, Hersaut et de Grainville. Les Prussiens installés dans les constructions de la fabrique d'armes de Chalais, n'apparaissent qu'en patrouilles dans le pays. Un poste seulement est établi à la maison du Bel-Air, près la gare, dont le belvédère sert d'observatoire. Tout habitant qui sort de sa maison n'est nullement inquiété. Mais il est dangereux de faire montre de patriotisme. C'est ainsi que le curé, un vieillard octogénaire, et son vicaire, l'abbé Voler, ont été déportés à Versailles. Les bombes du fort d'Issy ont brûlé une baraque des haras et détruit plusieurs ateliers qui servaient de caserne aux Prussiens. La couverture de l'aile gauche du château est enlevée, ainsi qu'une partie des communs. Encore un palais perdu !

Meudon, moins célèbre que Saint-Cloud dans l'histoire contemporaine, compte parmi ses propriétaires la fameuse duchesse d'Etampes, favorite de François I$^{er}$, puis Louvois. Il passa maison royale sous Louis XIV, qui en fit présent au Dauphin. C'est de cette époque que date sa véritable splendeur. A la mort du Dauphin il fut abandonné. La révolution l'utilisa à la construction de ce qui fait notre joie maintenant, des aérostats. C'est là que fut construit celui qui aida au gain de la bataille de Fleurus en 1794. Pauvre palais ! voilà, comme celui de Saint-Cloud, ton histoire finie !

## 35$^{me}$ JOURNÉE

**Mercredi 19 Octobre.**        3 % 53 05.

Rendons grâce à Dieu ! nous avons reçu des nouvelles de a province. Ces nouvelles sont des plus importantes si l'on veut approfondir le sens de la dépêche suivante :

### Gambetta a J. Favre

Nous avons eu nouvelle constatant journées des 8 et 13, par les deux ballons Moclet et Keratry. Elle a produit une immense impression dans toute la province, et une vive émotion sur le corps diplomatique établi à Tours. A ce sujet, prière de vouloir annoncer l'arrivée de monsieur Thiers dans deux jours. Nous avons ici le général Bourbaki, qui nous a donné des nouvelles de Metz, où nous avons encore 90,000 hommes qui, dans des combats incessants, continuent à retenir des forces imposantes autour d'eux. Nous gardons ici Bourbaki.

Frédéric-Charles, qu'on dit remis de sa dyssenterie, serait parti pour Paris, d'après dépêches du sous-préfet de Neufchâteau. On nous mande, au contraire, de Bruxelles qu'il est à toute extrémité. Malgré la pointe des Prussiens, et les entreprises audacieuses sur Orléans, nos affaires semblent prendre une bonne tournure. Si les convois de l'armée que nous attendons et qui sont en route nous arrivent dans les délais annoncés, la face des choses changera promptement.

Lyon est complétement calmé; tous les prisonniers sont relâchés.

Malgré l'occupation de Mulhouse, le général Cambriels se maintient fermement de Belfort à Besançon. Cette dernière ville est tout à fait en état de défense et occupée par de l'artillerie de marine, servie comme vous le savez. On a donné d'ailleurs de nombreux commandements aux officiers de la flotte. Tel est l'ensemble de la situation.

Nous avons la conviction que la prolongation inattendue de votre résistance et les préparatifs militaires de jour en jour plus considérables des départements déconcertent les envahisseurs et commencent à les exaspérer. La sympathie de l'Europe, les bruits de médiation par la voie anglaise ou russe, circulent avec une intensité croissante. Il faut faire à la Prusse une guerre de ténacité, et nous la forcerons à reconnaître qu'en prolongeant elle-même la guerre, elle n'augmentera pas ses bonnes chances, et qu'au contraire elle les compromet. Nous vous avons envoyé de bien nombreux émissaires, et ce n'est pas ma faute si vous ne recevez pas plus souvent de nos nouvelles.

Salut fraternel.

LÉON GAMBETTA.

Je n'ai pas besoin de faire ressortir l'importance des nouvelles que nous transmet cette dépêche. Elles permettent d'espérer davantage. Ainsi, loin d'être, comme le disaient certains journaux, livrée à l'anarchie, la province s'unit étroitement à la délégation du gouvernement siégeant à Tours, pour organiser énergiquement la défense et marcher au secours de Paris.

Le général Bourbaki met sa glorieuse épée au service de la République. Nous sommes donc en droit de repousser de vaines alarmes. Nous ne nous dissimulons pas nos difficultés; mais en restant unis et résolus, nous pouvons envisager avec plus de confiance les épreuves que nous avons à traverser pour obtenir enfin un succès qui sera le prix de notre constance.

Comment Bourbaki est-il sorti de Metz? Nous l'ignorons. Mais c'est un appui qui ne doit point nous faire défaut au moment où l'on croit qu'une action militaire va s'engager.

De tous côtés, les nouvelles sont bonnes. M. Steenakers, le directeur des télégraphes à Tours, dépêche au ministre des finances le télégramme suivant :

Arrivée du ballon le *Jean-Bart* à Nogent-sur-Seine.

Ranc, Ferrand, Tissendier, Lefèvre, Kératry, à Tours.

Tous les ballons partis de Paris sont arrivés en bon état. Recommander que tout ballon soit aussitôt porté à Tours.

Recommander aux commandants des forts et aux Parisiens de prêter aide et protection à tous ballons qui peuvent arriver à Paris d'un moment à l'autre.

Ce matin, 19, à neuf heures du matin, a eu lieu à la gare d'Orléans le départ du *Lafayette*, aérostat conduit par M. Louis Jossec. Il a emporté deux secrétaires de M. de Kératry, M. Antonin Dubost, secrétaire général de la préfecture de police, chargé d'une mission du gouvernement auprès de la délégation de Tours ; 305 kilogrammes de lettres et 66 kilogrammes de journaux.

La Faisanderie a continué son tir avec succès sur plusieurs maisons servant de poste à l'ennemi ; le fort de Charenton a canonné plusieurs positions en avant de Choisy-le-Roi, et particulièrement la batterie de Thiais, qui incommodait nos travailleurs en avant de Villejuif. Son feu a été éteint en peu de temps.

Cette nuit, comme hier, les Prussiens ont cherché, mais sans résultat, à attaquer nos avant-postes à Cachan et à la maison Millaud.

Les obus des forts ont été atteindre leurs réserves jusqu'à l'Hay, Bourg-la-Reine et Bagneux.

Les bastions de l'enceinte, numéros 62, 63 et 64, et le Mont-Valérien ont croisé leurs feux sur les travaux de Montretout et de Garches. Vers trois heures, on a aperçu un incendie près de la route de Châtillon à Clamart.

Les observatoires des forts indiquent toujours des mouvements de troupes et de matériel chez l'ennemi. Grand nombre d'arrêtés ont paru aujourd'hui au *Journal Officiel*.

L'un, émanant du commandant supérieur des gardes nationales de la Seine, donne l'ordre qu'une liste soit ouverte dans chaque bataillon pour recevoir les inscriptions des gardes nationaux qui demandent à faire partie des compagnies de volontaires.

Cet arrêté composé de plusieurs articles, donne des instructions pour leur formation et pour l'élection des officiers, s'étendant encore à d'autres détails militaires ayant pour objet l'organisation des conseils de famille, de l'équipement de l'armement et de l'administration particulière de ces compagnies.

Un autre arrêté du gouverneur de Paris complète l'organisation du corps de train formé par la compagnie des omnibus. Ce corps devra comprendre cent vingt voitures, dont soixante seront mises à la disposition de la garde nationale sédentaire, et soixante à la disposition de l'armée.

Les réquisitions relatives à la fourniture seront faites exclusivement :

Par le chef d'état-major de la garde nationale ;

Par l'intendant général de l'armée et par les généraux commandant l'artillerie ou le génie.

Le Ministre de l'intérieur, considérant que les sociétés de secours mutuels doivent pouvoir librement s'établir en France et en Algérie sous la seule déclaration préalable contenant leurs statuts, les noms de leurs adhérents, et les jours, lieux et heures de leurs réunions publiques ;

ARRÊTE :

Que la commission instituée au ministère de l'intérieur pour la surveillance des sociétés de secours mutuels est supprimée à dater de ce jour.

Un arrêté du ministère de l'agriculture et du commerce:

Ordonne réquisition des avoines, des seigles, orges, escourgeons, gerbes de blé, de seigle et d'avoine ; des farines de seigle, d'orge et d'escourgeon qui existent actuellement dans l'enceinte de la ville de Paris.

Un avis de la mairie de Paris annonce le rétablissement de l'octroi.

Les facilités accordées à l'entrée des denrées dans Paris avaient donné lieu à des abus et à des fraudes qu'il fallait nécessairement empêcher.

Un ordre du général Tamisier, commandant supérieur des gardes nationales de la Seine règle d'une manière définitive l'élection des officiers, sous-officiers et caporaux. Ces élections ne pourront être faites que par bulletins de vote sous la présidence du maire, d'un adjoint où d'un membre du conseil municipal, pris dans l'ordre du tableau, assisté de deux membres du conseil de recensement.

Les décrets sont rares. Un seul nous est connu ; celui qui crée deux régiments d'infanterie de marche qui porteront les n°s 38 et 39.

Dans la journée, le 95ᵉ bataillon de la garde nationale faisait des exercices de tir à Vincennes. Quelques gardes, en attendant leurs camarades, découvrirent à quelques centimètres de profondeur du sol des pièces de métal.

Quelques coups de pioche donnés mettent au grand jour quatre pièces d'artillerie.

Arrive sur ces entrefaites un officier, qui prétend empêcher les fouilles, puis un second qui cherche à intimider les travailleurs.

Le premier des deux fut arrêté et conduit au général Trochu.

On affirme qu'en chemin il a avoué que vingt et une

pièces pareilles avaient été enfouies dans le plateau de Vincennes.

Grande rumeur dans Paris.

Une enquête doit être immédiatement ordonnée.

M. Mottu vient d'être remplacé à la mairie du XI° arrondissement par M. Arthur de Fonvielle nommé en même temps, ainsi que M. Réné Ménard, publiciste, membre de la commission relative à l'enseignement communal.

MM. Thouvenain et Ducheux sont nommés les adjoints de M. de Fonvielle en remplacement de MM. Poirier et Blanchon.

Ce soir minuit, au moment où j'écris ces lignes, on entend une très-forte canonnade du côté du Mont-Valérien et on aperçoit un fort incendie dans la direction du Grand-Montrouge.

Que c'est lugubre le canon pendant la nuit ! Qu'elles sont sinistres ces lueurs d'incendie, et que d'insomnies cela donne ! Que les heures sont longues !

## 36° JOURNÉE

**Jeudi 20 Octobre**  3 °/₀  52.80

Le canon entendu hier soir n'avait pour raison que la destruction des ouvrages prussiens de Montretout et de Saint-Cloud. Aujourd'hui même le feu continue, et il vient s'y ajouter celui des remparts : bastions 62, 63 et 64.

Vers quatre heures, l'ennemi a tiré quelques coups de canon sur les travailleurs répandus entre Issy et Clamart ;

leurs pièces étaient installées sur la lisière du bois de Meudon.

Rien autre chose aujourd'hui comme détails militaires. On se borne à commenter l'attaque dirigée par les Prussiens sur Cachan, dans la soirée d'avant-hier, et il ressort de là que l'ennemi avait projeté d'établir des batteries sur ce plateau et de profiter de la nuit pour tenter une surprise. Les forts de Bicêtre et de Montrouge ont complétement déjoué ce projet.

Tous les journaux ont été d'accord pour se réjouir des nouvelles données par Gambetta. Quelques exaltés seuls les trouvent insuffisantes. Quoi qu'ils puissent dire, elles sont excellentes. A Lyon comme à Paris, les sentiments de concorde ont fini par prévaloir ; les traditions de la Terreur ont été vainement évoquées. Le sentiment patriotique, qui a produit en un mois de si grands résultats, ne fera certainement que se généraliser et s'accroître.

Les journaux étrangers, introduits dans Paris, nous apportent un renseignement intéressant sur l'armée ennemie. L'authenticité en est, paraît-il, incontestable.

L'armée d'investissement est sous les ordres directs du roi, dont le quartier général est à Versailles.

Elle se compose de :

1° Le corps d'armée de Wurtemberg :

2 Divisions d'infanterie ;

1 Division de cavalerie ;

12 Batteries d'artillerie.

Cette armée est placée entre la Seine et la Marne. Les avant-postes sont près de Créteil. Le quartier général est au château de Plessis-Lalande.

2° Le 11ᵉ corps, contingent de Nassau et de Hesse, qui

se trouve à gauche du précédent, sur Choisy-le-Roi, l'Hay et Chevilly.

Le quartier général est probablement à Rungis.

3° Le 6ᵉ corps, contingent de Silésie, qui occupe le plateau de Châtillon et tous les versants ayant vue sur Sceaux, Fontenay-aux-Roses et le Plessis-Picquet.

Ce corps est appuyé par :

4° Le 2ᵉ corps bavarois, massé dans les villages de Bagneux, Clamart et Châtillon.

Les quartiers généraux de ces deux corps sont à Palaiseau et Plessis-Picquet.

5° Le 1ᵉʳ bavarois, placé en réserve en arrière des deux précédents, et qui tient les hauteurs s'étendant depuis Issy jusqu'à Meudon et Sèvres.

Le quartier général est à Sèvres même.

6° Le 5ᵉ corps, contingent de la basse Silésie et du duché de Posen, qui forme la gauche extrême des positions ennemies et s'étend dans toute la partie située au sud-est du fort du Mont-Valérien, sur Montretout, Saint-Cloud, Bougival et Rueil.

Quartier général inconnu.

Ces différents corps composent l'armée placée sous les ordres du prince royal de Prusse.

L'armée du prince royal de Saxe, appelée aujourd'hui armée de la Marne, est formée par :

1° Le 4ᵉ corps, province prussienne de Saxe, Thuringe, qui occupe toutes les hauteurs entre Saint-Denis et Saint-Brice, comprenant les positions du moulin d'Orgemont, d'Argenteuil, de Pierrefitte, de Sarcelles, de Stains et du Bourget.

Le quartier général paraît être à Sarcelles.

2° Le corps de la garde, corps d'élite recruté dans toutes

les provinces de la Prusse, qui se trouve entre Saint-Denis et Sevran.

Le quartier général est au Tremblay.

3° Le 12ᵉ corps, contingent du royaume de Saxe, qui s'étend depuis Sevran jusqu'à la droite des Wurtembergeois, sur Gagny, Montfermeil, Neuilly-sur-Marne.

Le quartier général de ce corps semble être à Montfermeil, où l'ennemi a établi des batteries de position.

Enfin, 4 fortes divisions de cavalerie, représentant environ 9,000 chevaux, battent la campagne dans le sud et le sud-ouest de Paris, sous le commandement du prince Albert de Prusse, et assurent le ravitaillement de l'armée ennemie.

L'armée d'investissement comporte donc huit corps d'armée et quatre divisions de cavalerie. Si nous tenons compte des pertes éprouvées, depuis le commencement de la campagne, par ces troupes qui ont assisté aux batailles de Wissembourg, Reichshoffen et Sedan, nous croyons être dans la vérité en estimant à deux cent quarante ou deux cent cinquante mille hommes le chiffre des forces ennemies qui cernent la capitale.

A ce compte, nous sommes certains de trouver à qui parler s'il nous arrive d'aller nous promener aux environs de Paris.

Un avis du ministère des finances rappelle aux porteurs de certificats de l'emprunt national de 750 millions que le premier terme à payer échoit le 24 de ce mois. Le Trésor, auquel de si lourdes charges incombent en ce moment, ne comptera pas vainement sur l'exactitude que les porteurs de certificats mettront à se libérer. Du reste, leur patriotisme n'a pas attendu l'échéance de droit, car depuis le 1ᵉʳ septembre, ils ont versé par anticipation, à Paris seulement, une somme de 90,179,000 francs, laquelle, s'ajoutant aux versements de même nature, effectués en souscrivant, représente plus d'un tiers du montant des termes non encore échus.

---

Déférant à un double vœu formulé par la commission de l'enseignement communal à Paris, le maire de Paris vient d'ouvrir un crédit de cent mille francs, destinés, pour une part, à subvenir aux frais d'ouverture d'un certain nombre d'écoles laïques nouvelles, et, pour l'autre, à accorder des subventions aux écoles libres, également laïques, qui, sur l'indication des maires d'arrondissement, recevront des enfants réfugiés à Paris.

La réquisition de tous les fourrages existant chez les marchands va forcer les particuliers sans provisions de vendre leurs chevaux; ce qui fera, certes, diminuer encore la circulation des voitures dans les rues de Paris. Il faudra vendre ses chevaux pour la boucherie. Un cheval en bon état se vend de 200 à 250 francs.

Les départs des ballons se succèdent avec régularité; hier encore, départ, le matin, avec lettres et journaux. Aujourd'hui, du jardin des Tuileries, la poste-aérostat s'est élancée dans les airs.

La question des ballons est fortement à l'ordre du jour : j'enregistre les travaux de M. Dupuy de Lôme, membre de l'Académie des Sciences, sur la direction des ballons ; question ardue, déjà étudiée, souvent abandonnée et reprise enfin par les hommes les plus distingués.

## 37ᵉ JOURNÉE

**Vendredi 21 Octobre**  3 % 52.80

Les rapports militaires ont aujourd'hui une assez grande importance.

Une reconnaissance a occupé Créteil pour protéger les transports des récoltes et denrées sur Paris. Une autre reconnaissance, chargée de protéger les travailleurs dans la plaine située entre le chemin de fer de Lyon et la Seine, a eu un engagement assez vif avec l'ennemi.

Une sortie a été faite par le général Ducrot dans la direction de Rueil, La Malmaison, la Jonchère et le château de Buzenval. Après une canonnade très-vive, nos troupes se sont avancées avec le plus grand entrain sur tous les points, repoussant les tirailleurs ennemis jusque dans l'épaulement qui borde les hauteurs de la Jonchère. L'action ne s'est terminée qu'à la nuit.

Sur la rive gauche, entre Ivry et Issy, le général Vinoy a fait pendant ce temps déployer ses troupes sur la route stratégique. Son artillerie, celle des forts et les canonnières de Billancourt ont couvert d'obus toutes les positions de l'ennemi.

Le général de Bellamare s'était d'autre part porté de Saint-Denis sur Gennevilliers et Colombes pour couvrir la droite de l'opération du général Ducrot.

Le bruit a circulé dans Paris que l'on se battait depuis Saint-Denis jusqu'à Châtillon.

La nouvelle était positive, mais le vent ne nous apportant

pas le bruit du canon, on ne pouvait se douter qu'il y eût combat. Demain les rapports militaires nous donneront le résultat de cette journée ; car il faut bien se garder de s'arrêter aux absurdes récits des journaux, qui tous les jour parlent du découragement de l'armée allemande. On nous leurre avec ce mot depuis le commencement de la guerre. Pour ma part, je n'y ajoute foi en aucune façon et me mets en garde sérieusement contre ces dires. Ils nous affirment aussi, et plus que jamais, qu'ils veulent lever le siége de Paris. Bruits absurdes ; les Prussiens sont devant Paris, ils y entreront ou seront forcés de s'en éloigner ; mais, quant à lever le siége de leur plein gré, jamais !... Ce serait un échec dont ils ne se releveraient pas.

Sauf aujourd'hui, depuis le 13 octobre, les troupes qui défendent Paris n'ont été engagées dans aucun combat bien sérieux. On se tromperait toutefois en croyant que la situation militaire est restée absolument la même durant ces huit derniers jours.

Les bulletins de l'état-major peuvent sembler une répétition monotone et insignifiante des mêmes faits, cependant, lorsqu'on les suit dans leur ensemble, on reconnaît qu'un travail et un progrès importants s'opèrent à notre profit.

Les boulets et les obus lancés par nos canons à longue portée ont forcé peu à peu l'ennemi à éloigner, sauf sur deux points, sa ligne d'investissement.

Il y a un mois, ses avant-postes occupaient : Rueil, Nanterre, Puteaux, Courbevoie, Asnières et Colombes. Aujourd'hui, il ne lui reste plus que Rueil.

Au Nord et à l'Est, nous l'avons forcé à évacuer Villetaneuse, une partie de Pierrefitte, Stains, la Courneuve. Villemonble, Fontenay-sous-Bois et Nogent-sur-Marne.

Devant cette partie de l'enceinte, ses postes avancés sont à quatre kilomètres de la ligne des forts.

Sur la Marne, nous sommes bien défendus.

Au Midi, nous avons successivement repris Vitry, Villejuif, Arcueil et Cachan. Nos puissantes redoutes du Moulin-Saquet, de Villejuif, des Hautes-Bruyères, munies d'excellente artillerie, dominent les positions de l'Hay et de Chevilly.

C'est à partir de Châtillon jusqu'à Saint-Cloud que l'ennemi a gardé une suite de positions véritablement menaçantes. Ne parviendrons-nous pas là, aussi, à éloigner ses lignes, comme nous avons réussi à le faire partout ailleurs ?

Par arrêté du gouverneur de Paris, il est institué une commission supérieure d'inspection du service des blessés civils et militaires de l'armée de Paris.

Cette commission est ainsi composée :

MM. Jules Ferry, membre du Gouvernement de la Défense nationale, *Président*;

Wolf, intendant général de l'armée;

Larrey, médecin en chef de l'armée, Président du Conseil de santé ;

Champouillon, médecin en chef de la garde nationale mobile ;

Chenu, médecin de la Société internationale ;

Guyon, chirurgien des hôpitaux ;

Labbé, chirurgien des hôpitaux, membre de la Commission centrale d'hygiène;

Béhier, médecin de l'Hôtel-Dieu, professeur de la faculté de médecine ;

Broca, professeur à la faculté de médecine, vice-président du Conseil général des hospices;

Le docteur Jules Worms, *secrétaire*.

Un arrêté de la même date, en sept articles, donne des instructions précises et règle le service des voitures d'ambulance pour le service en campagne et l'enlèvement des blessés.

Le général Bourbaki est, dit-on, nommé au commandement en chef des armées de secours qui s'organisent en province.

Un comité de dames a été formé pour présenter à la sous-commission de l'enseignement communal de la ville de Paris, un rapport sur toutes les questions relatives à l'instruction des femmes et aux salles d'asile. Par arrêté du maire de Paris, ce comité se compose de M^mes Jules Simon, Carnot, Goudchaux, Julie Toussaint, Millard, Coignet, Léon Béquet, Chenu, Nancy Fleury, Lucie Lachaud (née Dupont de Bussac), Marcheff-Goiard, Baubiée de Friedbery, Gandon.

Il y a foule en ce moment dans la rue des Saints-Pères et la rue Taranne. Tous les jours, mobiles, soldats et gardes nationaux vont, *par ordre*, se faire vacciner à l'Académie de médecine. Ils sont tellement nombreux qu'ils interceptent absolument la circulation dans ce quartier.

On reforme, à Paris, deux nouveaux régiments de marche qui porteront les numéros 36 et 39. Ils seront à trois bataillons de six compagnies.

—

Quelques journaux nous apprennent que le major Flourens n'a pas été réélu chef de son bataillon. Cet échec rapproché de celui de M. Blanqui et de M. Brunereau, ami personnel de M. Félix Pyat, nous paraît un excellent symptôme de l'esprit public.

On s'occupe encore trop des soi-disant signaux faits aux fenêtres de diverses maisons. Chaque nuit amène des arrestations ou des perquisitions ridicules.

Les premiers canons commandés à l'usine Lainé, rue du Faubourg-du-Temple, ont été coulés aujourd'hui, en présence de M. Dorian, ministre des travaux publics, accompagné de MM. Garnier-Pagès, Bethmont, du général Morin, de MM. Tresca, Martelet, ingénieur des mines, Martin, président de la Société des Arts-et-Métiers, Laurens, professeur à l'École Centrale, Lecœuvre, professeur aux Arts-et-Métiers, et Villemin, ingénieur. L'opération, habilement menée, a parfaitement réussi. La seule fonderie Lainé pense, dès aujourd'hui, fournir tous les trois jours quatre canons se chargeant par la culasse.

Le service des bastions devient de plus en plus pénible ; le temps est froid et pluvieux, les nuits sont longues, et plus la mauvaise saison avance, moins les précautions sont prises pour assurer aux citoyens le plus petit adoucissement. Les capotes pour les sentinelles sont insuffisantes, les cantines n'ont pas de vivres, et les abris ne sont pas assez grands pour contenir le nombre d'hommes de service.

Il y aurait donc urgence de subvenir à ces besoins.

Le terme est échu depuis quelques jours ; l'argent manque à beaucoup de locataires. La question des loyers préoccupe vivement les esprits ; quantité de personnes ont dû faire constater par le juge de paix leur impossibilité de payer ; mais cela n'est pas une solution.

On assure que des observations à ce sujet ont été adressées au maire de Paris, qui, sans doute, interviendra sagement pour maintenir l'intégrité du droit.

Le mouvement de Paris diminue sensiblement tous les jours. Comme on vit dans ce milieu, on s'en aperçoit moins, mais à l'observation, la remarque est facile à faire. L'aspect de la ville est parfois étrange ; il y a des quartiers transformés en vastes fermes : on voit beaucoup de poules et de pigeons dans les rues, y cherchant leur nourriture. En outre, beaucoup de vastes boutiques ont été transformées en vacheries. dont l'odeur, agréable, du reste, se répand dans les rues et nous remet en mémoire les jours heureux de la campagne qui sont, hélas! bien loin de nous.

## 38ᵉ JOURNÉE

**Samedi 22 Octobre**　　　　　　　　　3 % 52.90

Le Gouvernement a reçu aujourd'hui de Tours une dépêche dont il a retranché, pour la livrer au public, ce qui touche au mouvement des troupes.

Voici cette dépêche :

« Gambetta est parti hier pour Besançon, son absence ne durera que trois jours. Beaucoup de renseignements prouvent qu'il y a une grande démoralisation dans l'armée ennemie. Elle trouve la guerre longue et s'en plaint; elle est inquiétée et tourmentée. La résistance de Paris remplit la France et le monde entier d'admiration ; que Paris tienne bon et le pays sera sauvé. Gambetta déploie la plus grande énergie, on sent déjà sa présence et le résultat de son travail; nous espérons bientôt vous en donner des preuves.

STEENAKERS. »

Les détails nous sont connus sur le combat d'hier. Il nous a coûté 435 hommes tués ou blessés et 2 canons pris par l'ennemi.

La sortie qui a eu lieu hier en avant de nos lignes comptait trois groupes d'attaque.

Le premier groupe, commandé par le général Berthaut, comptait 3,400 hommes d'infanterie, 20 bouches à feu, un escadron de cavalerie, et était destiné à opérer entre le chemin de fer de Saint-Germain et la partie supérieure du village de Rueil.

Le deuxième groupe, général Noël, était composé de 1,350 hommes d'infanterie, 10 bouches à feu, et devait opérer sur le côté sud du parc de la Malmaison et dans le ravin qui descend de l'étang de Saint-Cucufa à Bougival.

Le troisième groupe, colonel Cholleton; 1,600 hommes d'infanterie, 18 bouches à feu, un escadron de cavalerie, était destiné à prendre position en avant de l'ancien moulin, au-dessus de Rueil, à relier et à soutenir la colonne de droite et la colonne de gauche.

En outre, deux fortes réserves étaient disposées, l'une à gauche, sous les ordres du général Martenot, composée de 2,600 hommes d'infanterie et de 18 bouches à feu; l'autre au centre, commandée par le général Paturel, composée de 2,000 hommes d'infanterie, de 28 bouches à feu et de deux escadrons de cavalerie.

A une heure, tout le monde était en position, et l'artillerie ouvrait son feu sur toute la ligne formant un vaste demi-cercle de la station de Rueil à la ferme de la Fouilleuse. Elle concentra son tir pendant trois quarts d'heure : sur Buzenval, la Malmaison, la Jonchère et Bougival. Pendant ce temps, nos tirailleurs et nos têtes de colonne s'approchaient des objectifs à atteindre, c'est-à-dire la Malmaison pour les colonnes Berthaut et Noël, et Buzenval pour la colonne Cholleton.

A un signal convenu, l'artillerie a cessé instantanément son feu, et nos troupes se sont élancées avec un admirable entrain ; elles sont arrivées promptement au ravin qui descend de l'étang de Saint-Cucufa au chemin de fer américain, en contournant la Malmaison. La gauche du général Noël a dépassé ce ravin et a gravi les pentes qui montent à la Jonchère ; mais elle s'est trouvée bientôt arrêtée par un feu violent de mousqueterie partant des bois et des maisons où l'ennemi était resté embusqué malgré notre artillerie.

En même temps, quatre compagnies de zouaves, sous les ordres du commandant Jacquot, se trouvaient acculées dans l'angle que forme le parc de la Malmaison, au-dessous de la Jonchère, et auraient pu être très-compromises sans l'énergique intervention du bataillon de Seine-et-Marne, qui est arrivé fort à propos pour les dégager.

Dès le commencement de l'action, quatre mitrailleuses, sous les ordres du capitaine de Grandchamp, et la batterie de 4 du capitaine Nismes, le tout sous la direction du commandant Miribel, s'étaient portées avec une remarquable audace très en avant pour soutenir le mouvement de l'infanterie ; ses positions étaient d'ailleurs très-bien choisies, et les résultats obtenus ont été très-satisfaisants.

En même temps, les francs-tireurs de la 2ᵉ division, commandés par le capitaine Faure-Biguet (colonne Cholleton), se précipitaient sur Buzenval, y entraient, et se dirigeaient sous bois vers le bord du ravin de Saint-Cucufa. Vers cinq heures, la nuit arrivant et le feu ayant cessé partout, le général Ducrot prescrivit aux troupes de rentrer dans leurs cantonnements respectifs.

Nous avions eu devant nous pendant le combat la 9ᵉ division du 5ᵉ corps prussien, une fraction du 4ᵉ corps et un régiment de la garde. Ces troupes ne nous ont opposé qu'une force d'artillerie inférieure à la nôtre.

En résumé, le but a été atteint, c'est-à-dire que nous avons enlevé les premières positions de l'ennemi, que nous l'avons forcé à faire entrer en ligne des forces considérables, qui, exposées pendant presque toute l'action au feu formidable de notre artillerie, ont dû éprouver de grandes pertes ; le fait est d'ailleurs constaté par les récits de quelques prisonniers.

Les batteries du commandant Miribel ont poussé l'audace jusqu'à la témérité, ce qui a amené un incident fâcheux. La batterie de 4 du capitaine Nismes a été surprise tout à coup près de la porte du long boyau par une vive fusillade qui, presque à bout portant, a tué le capitaine commandant la compagnie de soutien, 40 canonniers et 15 chevaux ; il en est résulté un instant de désordre pendant lequel deux pièces de 4 sont tombées entre les mains de l'ennemi.

Pendant l'opération principale, le général Martenot faisait une utile diversion à notre gauche ; un bataillon s'installait à la ferme de la Fouilleuse, et ses tirailleurs poussaient jusqu'aux crêtes, occupant même pendant un instant la redoute de Montretout et les hauteurs de Garches.

Pendant qu'on se battait à la Malmaison, comme je l'ai dit hier, le général Vinoy opérait au sud de Paris, et a fortement canonné les positions ennemies. Nos pauvres villages !... que seront-ils ? qu'en restera-t-il après cette guerre désastreuse ?

Maintenant, si l'on veut juger les combats d'hier et en tirer conséquence, je dirai simplement ceci : Nos soldats se sont très-bien battus, ce qui est beaucoup, c'est vrai ; mais quant au résultat matériel, il est complétement nul.

Il aurait fallu pouvoir conserver cette redoute de Montretout. Alors, là, le résultat était sérieux. Je dirai donc encore cette fois : La journée est honorable. Le rapport du général Ducrot a un mérite que je dois constater ; il est empreint d'une grande vérité, ce qui empêchera les imbéciles de débiter dans Paris les fausses nouvelles dont les journaux nous inondent.

Les arrivages nous font complètement défaut, les pigeons emportés auront sans doute oublié le chemin du colombier ; pas un seul n'est revenu. Quant aux ballons dont on nous promet l'envoi de province, il n'y faut pas compter ; telle est mon opinion.

La température change beaucoup en ce moment, le temps est moins beau et le froid se fait déjà sentir ; aussi en résulte-t-il beaucoup de décès. Depuis trois semaines la mortalité augmente, et son chiffre surpasse le chiffre des années précédentes ; il est à craindre que cet état de choses prenne de plus grandes proportions. Cette semaine il y a eu 1600 décès au lieu de 900, chiffre ordinaire.

Le temps étant compté, on attribue aussi ce surcroît de morts à l'agglomération de la population de la banlieue de Paris réfugiée dans nos murs, et qui se trouve plus ou moins sainement logée, et plus encore à l'épidémie de variole qui règne depuis un an, et qui a sensiblement augmenté dans nos murs depuis le siége.

Un ordre du jour du gouverneur de Paris, félicite chaleureusement les troupes sur le combat d'hier.

Le Gouvernement de la Défense nationale, par un décret, autorise une société d'assurances mutuelles en cas de décès entre les gardes nationaux de la Seine.

Les statuts de cette société ont été déposés. Ils se composent de vingt articles.

Les Prussiens ont mis en réquisition les imprimeries de Versailles et de Saint-Germain pour publier un journal français qui, répandu à profusion en province donne quotidiennement, sur l'état de la capitale, les informations les plus mensongères.

Une association pour l'organisation du travail des femmes sous le nom d'*internationale du travail*, vient de se former dans le but de procurer du travail aux femmes de Paris pendant et après la durée du blocus.

Je ne pourrais, sans manquer à moi-même, oublier de joindre à cette journée une lettre de Gustave Flourens à Félix Pyat, publiée dans le journal *le Combat;* elle est très-curieuse.

22 Octobre 1870.

« Mon cher Pyat,

» Quelques journaux bonapartistes viennent d'émettre ce mensonge que, soumis à la réélection, je n'aurais pu réunir à nouveau les suffrages de mes cinq bataillons.

» C'est juste le contraire qui est la vérité.

» Après avoir donné ma démission à la suite du refus fait par le gouvernement provisoire de tenir compte de nos légitimes réclamations, j'ai été immédiatement réélu à l'unanimité commandant en chef des cinq bataillons de Belleville.

» Si je n'exerce pas actuellement ce commandement, c'est que *par une violation manifeste de la loi du suffrage universel*, l'état-major de la place Vendôme s'est refusé à ratifier cette réélection. Il importe de bien préciser les faits, et de ne laisser aucun subterfuge à la réaction qui s'emporte follement à cette heure contre les républicains et nous provoque sans cesse à la guerre civile ; le dernier caporal de la garde nationale représente infiniment plus la volonté populaire que des hommes dont le seul droit à gouverner la France est d'avoir prêté serment à l'empire.

» Je serais enchanté de pouvoir croire au plan du général Trochu, mais il est par trop dangereux pour une nation de vouloir à tout prix un sauveur. Ce n'est pas en se donnant aveuglément à un homme, et attendant tout de lui que la France s'est sauvée en 1793 ! N'y a-t-il pas eu une heure où nous avons cru au plan de Bazaine et au salut par ce bienheureux plan?

» La garde nationale de Paris s'ennuie de ne rien faire. Elle voit l'ennemi à ses portes, elle sent déjà l'aiguillon de la famine, la rougeur de la honte lui vient au front.

» Et cependant, sous prétexte de la mener aux combats, on la désorganise et on l'affadit en lui enlevant le plus possible de ses éléments virils à propos de bataillons de marche. J'avais cru que les épouvantables désastres de notre pauvre France, le sanguinaire couteau prussien sur notre gorge, venaient du règne des culottes de peau et des avocats, et qu'il était temps que ce règne finît.

» Puissent de nouveaux et de plus épouvantables désastres ne pas nous venir encore de la continuation de ce règne.

» Quant à moi, je n'ai jamais voulu que l'union et le bonheur de mes concitoyens, de l'humanité entière. J'ai pleinement sacrifié ma personnalité afin de mieux marcher vers ce but sacré. Je ne demande qu'à donner ma vie pour le bonheur de tous, je voudrais surtout éviter à la France ces horribles hécatombes si fréquentes aujourd'hui, causées par l'incapacité absolue de ses chefs militaires. Je voudrais mettre assez de Français en ligne contre les Prussiens pour que ceux-là puissent vaincre ceux-ci. Ce n'est pas avec d'inutiles escarmouches, où, faute de nombre suffisant, on est toujours obligé à reculer, que l'on parviendra à aguerrir nos troupes. Décrétons la victoire comme en 1793 ; donnons à un homme les moyens de vaincre sur un point donné, bien éclairé à l'avance, et faisons fusiller séance tenante tout général qui aura été vaincu.

» Comment, nous sommes à Paris 400,000 hommes valides, et nous ne savons même pas combien de Prussiens nous entourent et où sont ces Prussiens. En Crète, nous étions des sauvages à peine armés ; pourtant nous savions toujours où était l'ennemi, ce qu'il faisait, combien il était. Une bonne défaite des Prussiens, et ils seront perdus ; et nous reprendrons le droit de porter haut la tête, qu'il nous faut tenir si bas aujourd'hui pour ne rien voir et ne rien entendre de toutes nos hontes.

» Quant à moi, j'ai dit, et ma tête est là pour répondre de la sincérité de mes paroles : Être tué par les Prussiens ou par les réactionnaires, peu m'importe ; il me sera toujours doux de mourir pour la grande, la sainte République démocratique et sociale, universelle !

» Votre tout dévoué,

» GUSTAVE FLOURENS. »

Monsieur Flourens a beau dire, nous sommes certains que sa réélection est controuvée. Les bataillons qu'il commandait n'ayant procédé encore à aucune réélection à la connaissance du gouvernement, M. Flourens n'a plus aucun grade dans la garde nationale. On se demande donc à ce propos, pourquoi, puisqu'il n'est plus major, il conserve les deux chevaux appartenant au domaine, qu'il s'était fait prêter pour les besoins du service.

On publie toujours les papiers et correspondances de la amille impériale. Les collectionneurs trouvent peut-être pâture pour leur esprit dans cette publication, mais le public reste vraiment bien froid en face de cette exhumation sans le moindre intérêt. Que peut-on chercher dans ces paperasses ? Des pièces à charge contre l'empire. L'empire n'en a pas besoin pour être condamné.

## 39ᵉ JOURNÉE

**Dimanche 28 Octobre** 3 %

Aujourd'hui encore une dépêche de Tours. L'*Officiel* parle et nous la communique :

« La levée des hommes et la constitution de l'armée de la Loire continuent avec une grande activité. Nous avons fait venir tout ce qu'il y avait dès à présent de disponible en Algérie. On y a trouvé plus d'artillerie qu'on ne croyait en avoir. Marseille est tout à fait rentré dans l'ordre ; le préfet, naguère si attaqué, a passé dimanche une revue de cinquante mille gardes nationaux, qui lui ont fait un chaleureux accueil. L'ennemi a occupé Orléans. Nos forces sont concentrées sur la Loire, couvrant Bourges et se préparant à prendre l'offensive. Les mouvements de nos troupes dans la Franche-Comté et les Vosges et ceux de l'Ouest se continuent. »

Il résulte de cette dépêche que nos armées se forment, mais qu'elles ne peuvent venir à notre secours, puisqu'elles vont se trouver aux prises avec les Prussiens, qui ont occupé Orléans et qui menacent Bourges, en face duquel on a concentré nos forces. En même temps que cette nouvelle, une autre nous arrive par *le Nouvelliste de Versailles*, charmant journal prussien, qui s'imprime sous les auspices de M. de Bismark. *Le Nouvelliste de Versailles* nous annonce la prise de Châteaudun. Lorsqu'on rapproche ce fait de la prise d'Orléans, il est aisé de voir que l'ennemi se dirige sur Tours par deux routes différentes.

Le journal de la Prusse nous signale aussi un voyage de Gambetta à Besançon (*nous le savions*), et donne à la France des nouvelles très-alarmantes de Paris.

On s'occupe beaucoup en ce moment de la question des volontaires de la garde nationale. A ce sujet, je mets sous les yeux des lecteurs une lettre de M. Jules Favre, concernant la formation de ces compagnies.

« Monsieur le maire,

» Le décret du 16 octobre et l'instruction de M. le commandant supérieur des gardes nationales de la Seine du 19 ont tracé les règles qui doivent présider à la formation des bataillons de volontaires mobilisables. Ces règles avaient déjà été exposées dans la lettre de M. le gouverneur de Paris du 16 octobre ; mais, au moment de les appliquer, je crois utile de les bien préciser, et d'aller au-devant de quelques difficultés qui pourraient jeter de l'incertitude dans les esprits.

» En plaçant sous la main de l'autorité militaire des bataillons de volontaires pris dans les rangs de la garde nationale, le Gouvernement s'est conformé au vœu de la garde nationale elle-même, légitimement impatiente de concourir avec l'armée et la garde nationale mobile à l'œuvre offensive que nécessite la tactique de l'ennemi. Fournissant à la défense un effectif de 344,000 baïonnettes, la garde nationale peut, sans s'affaiblir, offrir un contingent de guerre dont la coopération sera précieuse, peut-être décisive. Toutefois, elle n'a jamais entendu perdre son caractère essentiellement civique, et le Gouvernement veut le lui conserver. C'est pour la délivrance de Paris qu'il accepte son action, en lui rappelant, ce qui est dans le cœur de tous, que sauver notre foyer du contact de l'étranger, c'est délivrer la France entière de son étreinte. La Prusse a voulu l'immoler dans nos murs. Elle se flattait de les franchir au pas de course. Elle les regarde depuis trente-trois jours et s'arrête devant leurs défenseurs. C'est maintenant à nous de lui prouver la force nouvelle que nous avons puisée dans le sentiment de notre droit, dans notre union, dans le retour à la discipline, dans la confiance virile que nous inspirent des chefs aussi prudents que braves.

» Pour cela, les généreux dévouements ne suffisent pas. Nous avons à lutter contre la science mise au service d'une froide ténacité. Sachons lui opposer un choix semblable, accru par notre courage naturel et les nécessités de notre salut. Lancer des hommes valeureux, mal armés, contre des troupes médiocres munies d'engins perfectionnés, c'est les vouer à une défaite certaine ; et comme, grâce aux désordres du régime précédent, un tiers seulement de la garde nationale a reçu des fusils à tir rapide, on ne peut lui demander une mobilisation qui dépasserait cette proportion, beaucoup plus que suffisante, d'ailleurs, pour l'œuvre à accomplir.

» De là, la nécessité de l'échange d'armes que faciliteront l'esprit fraternel et l'amour du devoir. C'est par les soins de MM. les maires de Paris que cette opération s'accomplira. Ils prouvent chaque jour que leur patriotisme a le don de résoudre des problèmes plus difficiles. Le gouvernement compte sur leur intelligente fermeté. L'échange aura lieu d'abord dans le même bataillon ; puis, si cela devient nécessaire, de bataillon à bataillon, et d'arrondissement à arrondissement, par le concours combiné de MM. les maires, de M. le maire de Paris et de l'état-major de la garde nationale.

» Mais, préalablement, il faudra procéder à la formation des bataillons mobilisables. Les articles 1er et 2 du décret du 16 octobre indiquent que le recrutement s'en effectuera par voie d'inscription volontaire sur un registre ouvert dans chaque mairie. L'inscription du 19 a modifié cette dernière disposition en autorisant l'inscription dans le bataillon, centre véritable de tous les éléments qui peuvent le mieux préparer ce travail.

» Le Gouvernement s'est vivement préoccupé de cette question des inscriptions volontaires et ne l'a résolue qu'après mûr examen. Il aurait pu, avec la loi du 21 mars 1831, maintenue en ce point par celle de 1851, prendre dans l'ordre qu'elle fixe, tous les hommes de 20 à 35 ans. Il a préféré faire appel aux volontaires, estimant que l'honneur et le danger stimuleraient puissamment les âmes, et que la patrie serait servie avec d'autant plus d'héroïsme que le sacrifice qui lui serait fait ne serait pas obligatoire. D'ailleurs, les labeurs imposés aux corps mobilisés exigent des aptitudes physiques et morales qu'une libre vocation ne peut manquer d'affermir. Il ne s'agit pas pour eux de partager complétement le rôle de la troupe, mais de la seconder, de l'appuyer dans ses manœuvres, de la remplacer au besoin dans les postes avancés. La vigueur, la décision, la patience, sont indispensables à l'accomplissement d'une telle tâche. Ceux-là en seront certainement les modèles qui s'offriront de leur plein consentement pour la remplir.

» Le décret ne détermine pas le nombre des compagnies fournies par chaque bataillon. La fixation de leur effectif par 150 hommes permet de croire que les bataillons nombreux en donneront plusieurs. Nous réservons, d'ailleurs, par l'article 3 de l'instruction, les droits des compagnies formées en vue des sorties, et qui, en respectant le principe de l'inscription individuelle, sont prêtes à entrer dans cette combinaison. Toutes ces compagnies seront constituées par les soins d'un conseil de famille de bataillon. Elles seront ensuite groupées en bataillon par un comité d'arrondissement. L'instruction du 19 octobre règle la composition de ces deux institutions.

» Nous les avons empruntées non à la loi, muette à cet égard, mais à une pratique intelligente et sage adoptée par la garde nationale de la Seine. S'inspirant peut-être des articles 79 et 80 de la loi de 1831, qui confient à un conseil l'administration de la légion et du bataillon, la garde nationale de la Seine a institué par compagnie un conseil auquel elle a donné le nom très-heureux de conseil de famille, dont le capitaine est le président de droit, et qui se composent des officiers et de délégués des gardes nationaux. Ces conseils se sont donné la mission de régler les différends intérieurs et surtout de soulager les infortunes cachées. Ils ont rendu et rendent encore de très-utiles services; on ne saurait trop les encourager.

» Le Gouvernement les étend au bataillon, et y appelle naturellement les capitaines commandants et un délégué par compagnie, sous la présidence du chef de bataillon. Cette autorité paternelle sera chargée de l'organisation des compagnies réunies elles-mêmes en bataillons par le comité d'arrondissement composé du maire président et des chefs de bataillon de l'arrondissement.

« Les élections auront lieu dans chaque compagnie et dans chaque bataillon suivant les formes ordinaires, ce qui me donne l'occasion de rappeler, ainsi qu'a bien voulu déjà le faire M. le commandant supérieur, qu'aux termes de l'article 37 de la loi du 13 juin 1851, les chefs de bataillon sont élus par les officiers du bataillon et par un nombre égal de délégués nommés dans chaque compagnie. Nous n'avons pas à examiner si ce mode d'élection est préférable à celui du suffrage direct, il est imposé par la loi, et notre devoir est de nous soumettre à ses prescriptions tant qu'elles demeureront en vigueur.

» Les bataillons ainsi formés et pourvus de tous les objets d'équipement indiqués dans le décret et dans l'instruction seront placés sous le commandement immédiat des chefs de secteurs chargés de les instruire et de les diriger : c'est assez dire qu'en devenant ainsi des hommes de guerre, ils ne cesseront pas d'être des volontaires concourant avec l'armée exclusivement aux opérations du siége, et que leur service spécial prendra fin avec le siége lui-même. Ce que le Gouvernement attend d'eux, c'est une participation effective à la défense des dehors de l'enceinte, des forts qui la protégent et des points stratégiques destinés à appuyer le mouvement qui rompra l'ennemi.

» Cette noble et glorieuse entreprise, complément de celle qui déjà donne à Paris un titre d'honneur dans l'histoire, mettra en relief la vaillance, l'ardeur, l'intelligence guerrière de cette intrépide jeunesse qui frémit d'indignation à la vue des lignes prussiennes qui nous étouffent. Nous les avons contenues, nous avons à les briser ; mais, pour le tenter avec succès, il faut s'y préparer par l'instruction, la discipline, la foi dans les chefs. La garde nationale de Paris doit se pénétrer de l'importance de ces dispositions, elles sont indispensables à la victoire.

» Les fautes de l'empire lui imposent un devoir patriotique que certes elle n'avait pas prévu, qu'elle accepte cependant avec une simplicité pleine de grandeur, qui l'illustrera devant le monde et devant la postérité. Elle répond ainsi héroïquement aux mépris et aux défiances de certains hommes d'État incapables de comprendre la vertu civique. On ne saurait trop le redire, la garde nationale est fille de la liberté; 1789 est la date de son acte de naissance, le premier Empire la désarma, la Restauration la licencia; rétablie en 1830, victorieuse en 1848, elle tomba sous les coups de la réaction impériale, et lorsque, menacée par la folle entreprise de la guerre actuelle, la France, par l'organe des députés de l'opposition, demandait les armes qui pouvaient la sauver, le pouvoir et la majorité, sa complice, lui opposaient d'insultants refus; à la dernière heure, ils proposaient un armement hypocrite des hommes de trente à quarante ans. Il a fallu les coups de foudre répétés d'une implacable fortune pour que l'institution pût renaître et que Paris saisissant les armes dédaignées par la troupe courût aux remparts pour faire reculer l'ennemi.

» Mais dans ces quelques jours, que de prodiges d'activité et de patriotisme ! En même temps que la cité se transformait, hérissant son enceinte d'approches inexpugnables, les hommes dévoués qui siègent dans ses municipalités s'épuisaient en courageux efforts pour habiller et équiper les citoyens accourus en foule au signal de la liberté reconquise. Ils fournissaient 172,346 vareuses, 156,178 pantalons, 210,503 képis, 158,503 couvertures, 139,648 paires de souliers. C'est plus que la moitié de cette immense tâche. Le reste est en voie d'achèvement. Encore un peu,

Paris aura dans son sein 344,000 combattants armés et équipés, sans parler des 36 bataillons du génie prêts à se dévouer comme leurs camarades, et concourant à la défense par de rudes et utiles travaux. Tel est le rempart vivant que la capitale oppose aux envahisseurs, et ce n'est pas seulement sa force numérique, ce n'est pas sa ceinture d'acier, c'est son âme, qui défient l'ennemi et rendent la patrie invincible. Paris uni pour mourir dans un sublime élan peut sans forfanterie espérer la victoire. Il l'aurait remportée sous le feu de ses murailles, il ira la chercher au delà. Seulement, ce serait de sa part une illusion dangereuse que de se dissimuler les périls de cette entreprise. Les connaître et les envisager d'un œil ferme, c'est déjà les amoindrir. Arrêter l'ennemi à ses portes était un avantage immense : il l'a mis à profit pour se recueillir, s'instruire et s'armer. Devenu docile et grave par raison et par esprit de sacrifice, il comprend que l'obéissance et la méthode doivent doubler ses forces, et, résolu à tout pour chasser l'étranger, il modère son ardeur et consent à suivre ceux qui le guident au lieu de se précipiter au-devant de leurs pas. C'est là le plus utile triomphe de la puissance morale qui nous gouverne seule depuis six semaines et qui sera notre salut.

» Je demande à chacun de mes concitoyens de lui rendre hommage en se commandant à lui-même, en devenant son premier juge, en prenant sa raison et son intérêt comme les éléments les plus sûrs de la discipline à laquelle je les convie. Les bataillons de volontaires vont donner l'exemple de ces mâles vertus tant de fois invoquées contre les railleries du despotisme. Ils accepteront sans murmure la fatigue des exercices, l'austérité du commandement. Sobres, vigilants, dévoués, ils iront au-devant de l'épreuve et par là même l'abrégeront. A côté d'eux, leurs camarades rivaliseront d'esprit patriotique et militaire, et tous ensemble enflammés par le saint amour de la patrie, ils auront la gloire de relever la France un instant abattue, et d'inaugurer dans le monde une ère de civilisation et de liberté.

» Quant à moi, je mourrai plus que récompensé de mes efforts, s'il m'est donné, après l'honneur insigne d'avoir été un jour le compagnon de leurs travaux, d'applaudir à leur victoire, qui sera celle de la France et de l'humanité !

» Agréez, monsieur le maire, l'expression de mes affectueux sentiments.

» Le ministre des affaires étrangères, chargé par intérim du département de l'intérieur.

» JULES FAVRE. »

Par arrêté du commandant supérieur des gardes nationales de la Seine :

MM. les maires sont autorisés à adjoindre aux comités d'arrondissement, institués par l'arrêté du 20 octobre, les comités d'armement de leurs arrondissements.

Les membres de ces comités d'armement pourront être délégués par les maires auprès des bataillons, pour y activer la formation des compagnies de volontaires.

On fait beaucoup de bruit pour les canons trouvés au polygone de Vincennes ; mais il en sera de cela comme de beaucoup de choses, les bruits diminueront, cesseront, et les canons seront mis sur les remparts.

Si les choses continuent, mon journal va devenir, sous le point de vue militaire, d'une monotonie désespérante. Voici, comme faits, ce que nous avons à enregistrer seulement aujourd'hui :

Ce matin, à deux heures, un poste avancé ennemi, sur la route de Neuilly-sur-Marne, a fui devant une patrouille de la grand'garde du fort de Nogent, laissant entre ses mains vingt-deux sacs de légumes.

Le fort de Charenton a tiré hier, vers quatre heures, sur une troupe d'infanterie, forte de deux cents hommes environ, qui se rendait à Choisy, par la route du carrefour Pompadour, et a jeté le trouble dans ses rangs.

On le voit, les journées sont au calme. Malgré la position de Paris, les jours se suivent et se ressemblent, au point de vue militaire ; il n'en est point de même pour le temps. Depuis le commencement du siège, jamais nous n'avons eu un jour plus épouvantable comme pluie et comme rafale. Le thermomètre est à la tempête, comme la situation ; mais c'est un bon temps pour les amis de la France, mauvais pour les Prussiens, qui peuvent difficilement s'abriter.

En date de ce jour, un décret du général Trochu appelle les anciens militaires d'artillerie, faisant aujourd'hui partie des différents corps spéciaux relevant du ministère de la guerre, à concourir à la formation des nouvelles batteries qui s'organisent pour la défense de la capitale. On a trop réclamé l'exécution de cette importante mesure pour ne point l'enregistrer avec plaisir.

Nous aurons bientôt des canons, voilà des artilleurs.

Un autre décret du ministre de l'agriculture et du commerce.

Vu l'arrêté du 7 octobre 1870, établissant la taxe sur la viande de cheval,

ARRÊTE :

Art. 1er. Dans les étaux autorisés à vendre de la viande de cheval, le prix de vente de ladite viande est fixé ainsi qu'il suit :

Filet et faux filet.............. 1 fr. 80 le kil.

Tende de tranche, culotte, gîte à
la noix, tranche grasse, aloyau. 1 fr. 40 le kilo.
Tous autres morceaux............  »     80 c.

Art. 2. Le présent arrêté aura une durée de sept jours, à partir du lundi 24 octobre.

Art. 3. Toute infraction aux dispositions du présent arrêté sera punie des peines portées par les articles 479 et 480 du Code pénal.

Je vous promets que l'article 3 est bien lettre morte.

Par décision du Gouvernement de la Défense nationale, jusqu'à la levée du siége de Paris, aucun ballon ne pourra être lancé sans l'autorisation du gouvernement. La même autorisation sera nécessaire pour l'admission de toute personne dans la nacelle d'un aérostat.

Peut-on le croire ? Il se trouve des maraudeuses qui préfèrent vendre leurs légumes aux avant-postes prussiens où elles se rendent en bravant les balles françaises, plutôt que les apporter à Paris. C'est que les légumes ne sont qu'un prétexte, et que le motif véritable est dans le commerce très-lucratif qu'elles font des journaux de toutes sortes. Hier et avant-hier, trois ont été tuées par les sentinelles avancées du 8e bataillon.

L'Administration des Postes prévient le public qu'il peut se faire délivrer, dans tous les bureaux de Paris, des mandats de poste jusqu'à la somme de trois cents francs, inclus, à destination des départements non envahis.

Le versement du premier terme de l'emprunt national de 750 millions, a commencé et a amené au Trésor une affluence assez considérable, pour qu'il ait été difficile de recevoir tous les versements. En conséquence, il a été décidé que les guichets du Trésor resteraient ouverts, même le dimanche 23 de ce mois, aux porteurs de certificats. Voilà une bonne affaire pour le Trésor, car, hélas! il ne faut pas se le cacher, les dépenses de Paris doivent être dans des proportions gigantesques !...

Il vient de se former un cercle très-important au théâtre de la Porte-Saint-Martin. Ces réunions sont très-suivies, car on y entend des gens très-distingués. Elles sont présidées par l'avocat Desmarest ; et M. Coquerel, le puissant orateur y a eu un succès énorme. Ah! si tous les républicains étaient comme ces messieurs, que la république serait un beau gouvernement ! Au lieu de cela, la violence nous en fait un gouvernement où trône sans cesse la guerre civile. Les Blanqui, les Pyat, les Gaillard, les Vésinier continuent à tenir bon pour la Commune.

Lorsqu'au début du siége, le Gouvernement a dit que Paris avait pour deux mois de vivres, on n'y a pas cru ; cependant voilà un bon mois d'écoulé, et il n'y a pas encore ce qu'on peut appeler vraiment une crise alimentaire.

Le pain et le vin abondent; la viande seule subit un rationnement. Quant aux légumes, on les vend dans les rues comme aux temps ordinaires ; plus cher, c'est vrai. Pour le moment, le lait et le beurre sont très-rares. Eh bien, en envisageant aujourd'hui la situation, nous avons encore pour plusieurs mois de pain. Je dis plusieurs mois, parce que l'on est certain qu'il y a beaucoup de blé et de farine encore chez les particuliers. Or on étend la durée de l'abondance relative jusqu'à la fin de mars. Pour les liquides, rien n'est non plus à craindre. Bercy regorge. Quant à la viande, on aurait dû la rationner dès le début. Il y avait environ 12 millions de kilos de viande fraîche ; aujourd'hui nous n'en avons plus que 6 millions. Voici d'où provient le rationnement à 100 grammes. Ici l'imprévoyance est la seule cause de cette disette. On estime le débit de la viande, avec le rationnement à 100 grammes, à 125,000 kilos par jour. En comptant ainsi, nous serions donc encore approvisionnés pour quarante-cinq jours.

Mettons un peu moins, à cause de la mauvaise situation du bétail dans Paris, qu'on est souvent forcé d'abattre pour éviter les pertes, et nous n'avons encore rien à craindre de ce côté.

Le cheval entre de plus en plus dans la consommation et nous donne encore un appoint de chair fraîche.

Le nombre des chevaux abattus chaque jour à Paris est en moyenne de 100, soit un millième de la quantité existante.

Dans cette nomenclature, je ne parle ni des salaisons, ni des conserves, ni du riz, ni des légumes secs; chocolat, café et sucre en très-grande abondance.

Beaucoup de choses ont disparu de la consommation, mais je suis convaincu que, si le siége se prolonge, ces denrées alimentaires, momentanément cachées, reparaîtront.

Les pruneaux sont devenus presque introuvables; quelques grands marchands en avaient encore, il y a quelques jours, à 3 francs la livre. En revanche, la figue n'est pas rare; elle vaut de 1 fr. 20 c. à 1 fr. 50 c.

En dépit des Prussiens, le poisson de Seine a été assez abondant aux halles, mais d'un prix très-élevé. Une belle carpe vaut vingt francs.

Il y a encore quelques œufs assez frais pour être servis à la coque, mais il faut les payer 3 fr. 60 c. la douzaine.

Un grand nombre de restaurants sont fermés. D'autres établissements préviennent que, par ordre supérieur, ils ne peuvent donner qu'un plat de viande par repas.

Les établissements Duval ont averti ceux de leurs clients

qui ne remettraient pas leur carte de boucherie qu'ils ne pourraient tenir à leur disposition que les mets suivants :

    Saucissons de cheval,
    Boudin de cheval,
    Poissons salés.

## 40° JOURNÉE

**Lundi 24 Octobre**      **3 °/₀ 52.70.**

Le *Nouvelliste de Versailles* est l'actualité, la chose à sensation du moment, et les journaux s'en préoccupent ; je puis même ajouter outre mesure. A tous les points de vue, il faut cependant l'avouer, ce journal est intéressant à lire, d'abord parce qu'il donne quelques nouvelles de la province, et à la province quelques nouvelles de Paris ; ensuite, parce qu'on peut y découvrir, en le lisant attentivement, les espérances de M. le comte de Bismark, et par contre notre peu d'espérance à nous, de sortir de la situation sans être bien meurtris. On peut y lire encore certains détails qui font supposer que bientôt, les habitants de Paris, augmentés des réfugiés de la banlieue ne tarderont pas à se trouver aux prises avec la faim, que le gouvernement aura de graves embarras et qu'il sera bientôt débordé par la situation.

En publiant tout cela, le journal prussien a un but ; celui de jeter la panique dans nos provinces et de ralentir l'élan de patriotisme qui les fait s'armer pour venir à notre secours. Heureusement, nos ballons sont là pour aller porter en province un démenti formel aux mensonges du *Nouvelliste de Versailles.*

On a reçu des nouvelles de M. Thiers. On dit que cet envoyé, plein de dévouement et de cœur, a été bien reçu à Saint-Pétersbourg et à Vienne. Sa mission offre de grandes difficultés, et, suivant le cours des choses actuelles, on doute sur la réussite de son entreprise et sur un résultat immédiat; cependant des bruits, parlant des armements de la Russie, circulent dans Paris.

Rien d'important dans les rapports militaires. On veille et on arme.

Le Cirque National a donné un concert populaire au bénéfice des blessés, demain le Théâtre-Français rouvre ses portes pour une représentation dont la recette sera versée pour les victimes de la guerre. On parle de la réouverture de certains théâtres.

Voici un réveil singulier. La population de Paris a besoin de changer ses idées. Serait-ce un symptôme de lassitude? Je ne crois pas, cependant. Il est curieux d'enregistrer la manière dont *La Patrie en danger* (le journal Blanqui) s'exprime sur le concert populaire dirigé par M. Pasdeloup.

« M. Pasdeloup commet une mauvaise action en donnant un concert. Ce n'est pas au moment où nos femmes meurent de faim, où nos frères râlent dans les fossés de Paris, qu'il est décent de râcler les violons au sein de la ville assiégée.

» Quand le drapeau noir flotte sur nos murs, tous les cœurs doivent être tristes, on avait eu raison de fermer les théâtres, on a tort de laisser recommencer l'orgie. »

Il est certain que tout le monde n'est pas de l'opinion du *citoyen* Blanqui, car la salle était pleine et beaucoup de personnes, faute de place, n'ont pu entendre le concert.

Un accident a eu lieu vers 4 heures du soir à la fabrique de bombes, impasse Massonet, 26, rue des Poissonniers, 2. Cette fabrique vient de sauter. La maison est complétement démolie ; un homme tué et trois blessés.

Conformément à des ordres supérieurs, les bataillons de la garde nationale font depuis quelques jours des marches militaires dans les environs de Paris. Ces promenades ordonnées par le Gouvernement de la Défense ont certes un très-grand avantage, celui de rompre le parisien à l'habitude de la marche en colonne, mais cela a le défaut de nous faire lire tous les jours dans les journaux des rapports d'une longueur démesurée sur ces évolutions qui n'ont rien d'intéressant.

La bibliothèque du Luxembourg, où le public n'était point admis, est, à dater d'aujourd'hui, ouverte tous les jours, de onze heures à trois heures, le dimanche excepté.

Aussitôt après le siège, des séances du soir seront en outre organisées à cette bibliothèque. A quand ?

En date de ce jour, nous pouvons enregistrer plusieurs décrets de la Défense nationale, insérés au *Journal officiel*. Ces décrets ont trait à l'armée, régularisant la position des officiers démissionnaires en retraite rappelés au service par les événements. Ces officiers auraient droit à l'avancement et pourraient conserver leurs grades après la guerre.

Un des décrets précités, après rapport du ministre de la guerre, fait connaître aux officiers affectés à des régiments de marche et qui n'ont pas rejoint leur poste dans les régiments qu'ils cessent d'en faire partie.

Les officiers qui n'y étaient que détachés passent définitivement dans le cadre.

---

## 41° JOURNÉE

**Mardi 25 Octobre**        3 %    52.80

La confirmation de la prise de Châteaudun annoncée par le *Nouvelliste de Versailles* nous est donnée par une dépêche apportée par un pigeon. La voici :

« A M. Jules Favre, à Paris.

» Dans la journée du 18 octobre, la ville de Châteaudun (Eure-et-Loir) a été assaillie par un corps de 5,000 Prussiens. L'attaque a commencé à midi sur tout le périmètre de la ville, dont les rues intérieures étaient barricadées. La résistance s'est prolongée jusqu'à huit heures et demie du soir. Les francs-tireurs de Paris, la garde nationale de Châteaudun ont rivalisé de courage et d'énergie. A un moment, la place de la ville était couverte de cadavres prussiens; on estime les pertes de l'ennemi à plus de 1,800 hommes. La ville n'a pas été occupée, elle a été bombardée, incendiée, et les Prussiens ne se sont établis que sur des ruines. L'incendie dure encore.

» Ces détails ont été rapportés par M. de Thevenon, receveur des postes, qui a brillamment fait son devoir de citoyen.

» Le commandant de la garde sédentaire, M. Testanières, a été tué à la tête de son bataillon.

» La résistance de Châteaudun, ville ouverte, peut être mise à côté des pages les plus héroïques de notre histoire.

» La délégation du gouvernement ouvre un crédit pour subvenir aux besoins des familles de Châteaudun. Le décret porte que cette noble petite cité a bien mérité de la patrie

» Léon Gambetta. »

Cette dépêche me semble empreinte d'exagération, mais, en tout cas, on a le droit de se demander ce que fait cette armée de la Loire dont on parle toujours et qui ne paraît pas. Où se trouve-t-elle donc, hélas! puisqu'elle n'était ni à Orléans ni à Châteaudun.

Le décret annoncé par M. Gambetta est ainsi conçu :

La délégation du Gouvernement de la Défense nationale établie à Tours,

Considérant que, etc.,

Décrète :

Art. 1er. La ville de Châteaudun a bien mérité de la patrie.

Art. 2. Un crédit de 100,000 francs est ouvert au ministère de l'intérieur pour aider la population de Châteaudun à réparer les pertes qu'elle a subies à la suite de la belle résistance de la ville aux Prusiens dans la journée du 18 octobre 1870.

Art. 3. Les ministres de l'intérieur et des finances sont chargés, chacun en ce qui les concerne, de l'exécution du présent décret.

Fait à Tours, le 20 octobre 1870.

L. Gambetta, Ad. Crémieux, Glais-Bizoin

Viennent, en outre, plusieurs arrêtés sans importance, ayant trait à la discipline militaire et à l'organisation de l'armée.

A Paris, le Gouvernement de la Défense nationale a signé plusieurs décrets.

Le 1<sup>er</sup> crée dans tous les bataillons de la garde nationale mobile un emploi d'officier-payeur. Cet officier sera nommé par le ministre de la guerre.

Le 2<sup>e</sup> a trait aux officiers, sous-officiers et caporaux des bataillons de volontaires de la garde nationale, appelés à l'extérieur par un service de guerre. Ces cadres recevront la solde allouée aux officiers, sous-officiers et caporaux de l'armée active, les vivres de campagne en plus. Les volontaires, outre les vivres de campagne, recevront la solde de 1 fr. 50.

Cette solde pourra être déléguée par les gardes à leur famille.

Pendant la durée du siége, les chefs des bataillons de volontaires recevront une ration de fourrage.

Un arrêté du ministre de l'agriculture et du commerce arrête :

La réquisition de toutes les peaux de mouton, chabraques, paletots peaux de chèvres, existant dans les magasins de la halle aux cuirs.

Le journal l'*Electeur libre* nous donne le texte d'une circulaire de M. de Bismark, datée du 16 septembre. Je crois peu utile de la reproduire. Toutes les circulaires de M. de Bismark sur le conflit actuel se ressemblent. C'est toujours la nécessité pour l'Allemagne de garder l'Alsace et la Lorraine comme un rempart contre les ambitions séculaires de la France ; c'est toujours le reproche adressé au Gouvernement de la Défense nationale de s'être opposé à la paix ; c'est toujours enfin l'irrégularité de son origine jetée à la face de ce gouvernement, et l'obstacle qui en résulterait pour la Prusse de traiter avec lui.

Le même journal nous apprend (est-ce une fausse nouvelle?) que l'ambassade d'Angleterre fait ses paquets. L'intendant a reçu l'ordre de descendre dans les caves tous les papiers, toutes les archives de l'ambassade, et de prendre tous les soins nécessaires pour les mettre à l'abri de toute éventualité. Le premier secrétaire et les deux premiers attachés militaires quitteront Paris vendredi, et emmèneront avec eux ceux de leurs nationaux qui en feront la demande.

Si la nouvelle est vraie, on pourrait voir dans ce départ l'annonce du prochain bombardement de Paris.

Je n'en crois rien.

Ce matin, à huit heures, est parti le ballon-poste *le Montgolfier*, emportant le colonel Lapierre, le commandant Lecouëdic, l'aéronaute chargé de surveiller la manœuvre, et un matelot montant pour la première fois ce genre de navire.

*Le Montgolfier* emportait 350 kilos de dépêches. Le *Journal officiel* est le seul jusqu'à présent qui soit envoyé en province par les ballons-poste.

Aujourd'hui, pas de rapports militaires, mais quelques renseignements sur Versailles et sur les positions de l'ennemi. Je les note avec empressement.

Les Prussiens ont fait de cette ville leur base d'opérations contre Paris. Ils y ont leurs approvisionnements, leurs réserves de toutes sortes, leurs magasins généraux, et, afin de pouvoir maintenir leurs communications avec Villeneuve-Saint-Georges par la belle route construite par Louis XIV, ils ont fortifié Thiais, Choisy-le-Roi et les hauteurs qui s'élèvent entre ce point et Juvisy, où se trouve la bifurcation du chemin de fer.

Pendant qu'ils s'établissaient sur un des côtés de la Seine, ils ne négligeaient pas la route qui s'étend sur l'autre rive, et ils envoyaient un corps, qui est placé depuis Villeneuve-Saint-Georges jusqu'à Corbeil.

Après s'être ainsi organisés à Versailles, les Prussiens ont réparti une portion des différents corps d'armée à Marly, Argenteuil, Meulan, Palaiseau, Poissy, Sèvres, Saint-Germain-en-Laye, Ville-d'Avray. Des télégraphes militaires, surveillés par des postes assez nombreux, relient entre eux tous ces différents corps de troupes. Les habitants des localités sont rendus responsables de la rupture des fils.

Le rôle que joue Versailles dans son plan actuel d'attaque a décidé l'ennemi à y construire des ouvrages de campagne à l'entrée des routes et des principales avenues. De très-fortes redoutes s'élèvent sur celles de Saint-Cloud, de Sceaux et de Paris. Elles sont entièrement armées.

Dans la plaine de Satory, il y a un parc formidable d'artillerie. On y remarque beaucoup de pièces de campagne rayées de six en acier fondu.

Les troupes qui se trouvent dans la ville ne sont pas très-nombreuses, et l'on croit à Versailles que toutes les troupes employées à l'investissement de Paris ne dépassent pas le chiffre de 300,000 hommes.

M. Thiers, revenu de son voyage près les cours étrangères, est rentré à Tours dans la nuit du 20 au 21 octobre.

Hier soir a paru, au-dessus de Paris, une aurore boréale. Beaucoup de personnes crurent à un immense incendie. La projection des rayons s'étendait à 180 degrés.

Ce phénomène ne fut pas sans donner, du moins pendant un moment, de graves inquiétudes à la population parisienne, toujours prête à s'effrayer. Il a donné aussi lieu à des rumeurs étranges. Les uns assuraient que cette aurore boréale était le précurseur de grands malheurs. L'observatoire, qui est plus pratique, a expliqué ce phénomène en nous disant, qu'en général ces signes peuvent être suivis de très-mauvais temps.

En effet, le ciel ouvre de plus en plus ses cataractes sur nos têtes, c'est un déluge nouveau ! Ce temps exécrable n'est vraiment pas fait pour rasséréner les esprits. La pluie et le nouveau rationnement de la viande descendu de 100 grammes à 75 par personne, augmente l'ennui et les souffrances de la population. La vie devient vraiment difficile. Cependant, aujourd'hui encore, les légumes, quoique chers, sont encore assez abondants, grâce toujours aux maraudeurs, qui ont établi un vrai commerce près des lignes prussiennes. Outre les maraudeurs, il y a aussi les propriétaires de terrains qui, tout en faisant partie de la garde nationale, trouvent le moyen de surveiller leurs propriétés et de faire leur récolte. On cite la garde nationale de Joinville-le-Pont, qui, tout en allant voir ce que son village et ses champs étaient devenus, a fait une brillante reconnaissance et fermement tenu tête à des patrouilles prussiennes.

Par décision du maire de Paris, prise sur la proposition de M. Arthur de Fonvielle, maire du XIe arrondissement, le boulevard du Prince-Eugène portera désormais le nom de boulevard Voltaire, et la statue du grand philosophe remplacera celle d'Eugène de Beauharnais. Pourquoi ?... Il y a des idées si absurdes qu'il est inutile de chercher à les approfondir : Eugène de Beauharnais était un vaillant soldat qui donna sa vie pour son pays, et Voltaire était l'ami de

15

Frédéric le Grand, roi de Prusse, vainqueur du maréchal de Soubise à Rosbach.

Brave monsieur le maire, le moment est bien choisi, et la France vous en sera reconnaissante. A quoi sert donc l'histoire... et M. le maire de Paris l'ignore donc aussi ?

---

## 42ᵉ JOURNÉE

**Mercredi 26 Octobre.**     3 % 52.05

Concernant les affaires d'Orléans et de Châteaudun, les impressions de Paris sont mauvaises; en effet, à tous les points de vue, la prise de ces deux villes est attristante. La Bourse est noire et les fonds baissent violemment; le découragement s'est emparé de toutes les âmes et chacun se demande avec raison quand on verra la fin de tous ces malheurs. Un autre bruit, celui de la capitulation de Bazaine est venu combler la mesure et porter le dernier coup à notre chère espérance.

Mais, comme à Paris les mauvaises nouvelles engendrent toujours les mauvaises nouvelles, n'ajoutons qu'une foi minime à cette dernière et attendons *l'Officiel;* nous saurons assez tôt si elle est vraie, et si nous devons enregistrer un deuil de plus sur les pages de l'histoire de cette guerre exécrable et terrible.

Le repos le plus absolu règne autour de nos forts; et Paris ne s'occupe que d'armement. De tous côtés on fait encore des souscriptions pour des canons; les théâtres, les concerts donnent toujours des représentations affectées à cet effet.

Les journaux demandent 1,500 canons! Il faut toujours que nous tombions dans l'exagération. On pense que du 2 au 14 novembre, l'industrie privée en pourra fournir 350.

L'usine Cail a fondu son premier hier; aujourd'hui deux, et bientôt cette maison pourra en fondre dix par jour; elle construit en outre une locomotive blindée, pouvant porter trois canons; elle transforme aussi l'acier des rails et va se trouver en mesure de pouvoir faire des chassepots.

Les Prussiens paraissent construire de fortes batteries du côté de Bezons, en face de Courbevoie. Ce point de défense aurait peut-être besoin d'être renforcé par des pièces de de marine, pour pouvoir résister aux batteries prussiennes. Nos canons actuels, au Rond-Point de Courbevoie, ne portent qu'à 5,000 mètres, tandis que la dimension des canons ennemis fait supposer qu'ils doivent porter à 7 et 8,000 mètres.

Le bruit a couru que les Prussiens avaient abandonné Choisy-le-Roi. Le fait qui a pu donner lieu à ce bruit est sans doute la diminution de la garnison de cette petite ville.

Le bruit circule ce soir que M. Thiers va revenir à Paris, sur la recommandation de la Russie. M. de Bismark le voudra-t-il? Il laisse sortir de Paris les Russes, les Anglais et les Américains; mais je ne crois pas qu'il y laissera rentrer un Français comme M. Thiers.

La division du général d'Exéa possède, à ce qu'il paraît, un sergent qui va devenir légendaire, et dont le nom restera dans l'histoire du siège de Paris.

Le sergent Hoff a tué hier son vingt-troisième Prussien; dans des circonstances qui indiquent un rare sang-froid.

Hoff appartient au 13ᵉ corps d'armée et est campé en

avant de Vincennes. Après avoir observé longuement une vedette ennemie, il a passé la Marne à la nage, s'est précipité sur elle le sabre à la main et lui a fendu la tête, a pris ses armes et a repassé la rivière. Un poste prussien a fait feu sur lui, mais il est sorti sain et sauf de cette vingt troisième aventure.

Hoff a eu, dit-on, deux de ses parents tués par les Prussiens, dans une ville de l'Est; désormais il a fait le sacrifice de sa vie, en jurant à l'ennemi une haine à mort.

Le général Trochu a transmis à la caisse centrale du Trésor, les trente mille francs, montant de la souscription des agents de change, pour la fonte des canons. Cette caisse recevra *tous les versements affectés à cet objet.*

L'amiral Cécille a souscrit pour cinq mille francs.

La commission municipale de la ville d'Argenteuil, installée à Paris, a voté une somme de mille francs. Le conseil de la Société de secours aux blessés vient de décider, par un vote unanime, qu'elle enverra ving-cinq mille francs aux blessés de Châteaudun.

Une bonne nouvelle. Toutes les terres des environs de Paris qui sont sous le feu des forts vont être, à partir de demain, mises en culture. On plantera des amers, des verdures maraîchères, destinés à venir en aide à l'alimentation.

Le journal *l'Opinion Nationale* publie une pièce fort étonnante, et destinée, comme il l'avoue d'ailleurs ingénument, à faire sourire les sceptiques.

## JUGEMENT MAÇONNIQUE

### CITATION.

Au nom de l'humanité outragée ! Au nom de la liberté de

conscience révoltée! Au nom du droit et de la justice méconnus!

Les FF∴

Guillaume Ier, roi de Prusse,

Et Frédéric-Guillaume-Nicolas-Charles de Prusse, prince royal héréditaire ;

Sont cités à comparaître en personne ou par représentant ayant qualité maçonnique, le samedi 29 octobre 1870, au local maçonnique de la rue Jean-Jacques Rousseau, 35, à sept heures du soir, pour répondre à l'accusation de *parjure* portée contre eux par la franc-maçonnerie parisienne.

Faute par eux de se rendre ou de se faire représenter sur la présente citation, il leur sera nommé un défenseur d'office, et il sera procédé ainsi que les usages maçonniques le comportent.

O∴ Loge de Paris, 21 octobre 1870.

(*Suivent les signatures des délégués des Loges*).

Si l'aurore boréale du 24 a été vraiment remarquable, celle d'hier soir 25 n'a pas été moins intéressante à étudier, car elle a offert des particularités singulières.

A cinq heures du soir, le ciel offrait déjà des apparences non équivoques du phénomène au-dessus de notre horizon. A six heures, le ciel, comme avant-hier, s'offrait à nous sous un aspect des plus curieux. Mais, cette fois, personne ne crut à des lueurs d'incendie.

La journée, comme celle d'hier, était un vrai déluge. Une pluie torrentielle est tombée pendant près de six heures. Le temps a été si mauvais, que les opérations militaires ont été suspendues. Chose incroyable, nous n'avons point eu de rapports, ce qui n'était point arrivé depuis quarante et un jours.

Aujourd'hui encore diminution de la ration de viande de bœuf, aussi le débit de la chair de cheval se fait sur une très-grande échelle. On commence à manger aussi beaucoup de viande d'âne.

La rue du Cardinal-Fesch a changé de nom. A dater d'aujourd'hui, elle s'appellera la rue de Châteaudun, en souvenir de l'héroïque résistance de cette petite ville contre l'envahissement prussien.

A quatre heures, le général Tamisier a passé en revue le 116° bataillon de la garde nationale, qui venait lui présenter les premières compagnies de volontaires destinées à prendre une part active aux opérations du siége en dehors de l'enceinte. Malgré la pluie battante, les gardes nationaux du 116° bataillon, par leur excellente tenue militaire et par la résolution virile empreinte sur tous les visages, ont donné, dans cette vraie fête civique, le meilleur exemple de l'ardeur réfléchie et résolue qui peut nous conduire au succès. Espérons que chaque jour verra de nouveaux bataillons fournir ainsi leurs volontaires, et ces volontaires prendre devant tous, comme l'a fait aujourd'hui le 116°, sur la place publique, l'engagement de devenir soldats et soldats intrépides, en sachant rester citoyens.

## 43ᵉ JOURNÉE

**Jeudi 27 Octobre**        3 % **51.25**

La baisse d'hier, à la Bourse, déjà si importante, se trouve aggravée aujourd'hui. Le 3 % a reculé de 52 à 51.25.

Les bruits concernant la capitulation de Bazaine prennent une très-grande consistance: Le journal de M. Pyat, *le Combat*, a fini de semer dans Paris une inquiétude mortelle. Il a publié en tête de ses colonnes, encadrées de grands filets noirs, l'affirmation que voici :

### LE PLAN BAZAINE.

Fait vrai, sûr et certain, que le Gouvernement de la Défense nationale retient par devers lui comme un secret d'État, et que nous dénonçons à l'indignation de la France comme une haute trahison.

Le maréchal Bazaine a envoyé un colonel au camp du roi de Prusse pour traiter de la reddition de Metz, au nom de Sa Majesté l'empereur Napoléon III.

Cette nouvelle, comme bien on pense, a grandement émotionné les esprits. Pour que *le Combat* dise d'un pareil fait qu'il est *vrai, sûr, certain*, il faut que M. Félix Pyat en ait eu la preuve authentique, et il est notoire que les communications avec l'armée du maréchal Bazaine sont rigoureusement interceptées. Le Gouvernement a déclaré de nouveau aujourd'hui qu'il était toujours sans nouvelles de Metz et qu'il considérait la publication du *Combat* comme une chose odieuse et une criminelle invention. Après cette réponse, déchaînement complet des hommes de l'ordre contre M. Pyat, qui, passant ce soir sur le boulevard, fut reconnu et eut beaucoup de peine à se dérober à la foule, qui lui demandait avec indignation d'où il tenait la sinistre nouvelle, et voulait le conduire à l'Hôtel de ville et le forcer à s'expliquer catégoriquement.

Comment a-t-il connu ce fait? Il faut que M. Pyat le dise, s'il ne veut être justement exposé à la plus grave accusation qui puisse atteindre un citoyen.

L'organisation de la garde nationale mobilisée paraît suspecte aux clubistes et leur soupçon est sublime de pensée. Ils prétendent que le général Trochu, par ce système, veut se débarrasser des vrais républicains. Dans ce soupçon, moi, je ne distingue que l'esprit des peureux qui se voient atteints par le décret et qui craignent de marcher, et ceux qui aiment mieux se réserver pour la guerre civile; les Prussiens pour eux sont en dernière ligne. Ce qu'il leur faut, c'est d'être tous présents lorsque l'on fera des démonstrations sérieuses contre l'Hôtel de Ville.

On parle de la nomination du fils de Victor-Emmanuel au trône d'Espagne. Hélas! pourquoi ne pas l'avoir choisi de suite.

Aujourd'hui, rapport militaire.

Le Mont-Valérien, la batterie Mortemart, les bastions 63 et 64 de l'enceinte, ont, dans l'après-midi couvert de feux Brimborion et l'orangerie de Saint-Cloud; sur ce dernier point, des soldats en grand nombre ont pris la fuite en tous sens. Les forts d'Issy et de Vanves ont, de leur côté, tiré sur les travailleurs ennemis de la Tour-des-Anglais et du moulin de Châtillon, et les ont forcés d'abandonner la place.

Du côté de Bezons, en face de Courbevoie, ils continuent la construction de fortes batteries.

Le Président du gouvernement de la Défense nationale, considérant que, dans les circonstances présentes, il y a intérêt à accueillir la demande qui lui a été adressée par les gardes mobiles de 1848, dans le but de former un bataillon pour la défense nationale; considérant, d'autre part, que cette demande avait été adressée antérieurement au décret du 11 octobre 1870,

Arrête :

Art. 1er Les anciens gardes mobiles de 1848, formeront un bataillon de 550 hommes dont l'effectif ne pourra être augmenté. Cette troupe sera licenciée à la fin de la guerre.

Art. 2. Les grades seront donnés à l'élection, depuis celui de caporal jusqu'à celui de capitaine inclusivement, par les hommes inscrits sur le contrôle. Les officiers nommeront le chef de bataillon.

Art. 3. Cette troupe recevra les allocations en argent et en nature attribuées à la garde mobile.

Art. 4. Il sera pourvu à l'armement, à l'équipement et à l'habillement par les soins du ministère de la guerre.

Paris, le 27 octobre 1870.

Général Trochu.

Le Gouverneur de Paris, en raison des déprédations commises journellement dans la banlieue par des maraudeurs sortis de Paris,

Arrête :

Toute personne portant des paquets ou conduisant une voiture chargée d'objets de mobilier ou de denrées ne pourra entrer dans Paris que sur la présentation d'une autorisation du maire de sa commune, justifiant de la propriété et de la provenance de ces objets.

Cet ordre sera exécutoire à partir du 27 octobre.

Général TROCHU.

C'est un arrêté qui aurait dû être rendu depuis un mois.

Par arrêté de M. Jules Ferry, membre du Gouvernement, délégué près de l'administration du département de la Seine : à partir de ce jour, l'administration départementale se charge de donner du pain aux familles nécessiteuses des communes du département. A cet effet des bons de pain de 500 grammes chacun seront remis aux maires desdites communes qui les délivreront, sous leur responsabilité, suivant les demandes et les besoins. Ces bons seront revêtus de la signature du maire et porteront le cachet de la mairie. Ils seront servis chez tous les boulangers de l'arrondissement qui y sera désigné.

Le contrôle des bons se fera au moyen de listes nominatives dressées par les maires au fur et à mesure des distributions. Ces listes qui comprendront une période de huit jours, seront adressées à la direction de l'administration départementale (bureau des communes).

Les bons reçus par les boulangers seront remis par eux à M. Poisson, caissier de l'administration départementale, à l'Hôtel de ville, où le remboursement sera effectué.

Par un autre arrêté du maire de Paris, le budget de l'enseignement primaire communal de la ville de Paris est élevé pour l'exercice 1871 au chiffre de 16,027,941 francs, afin d'augmenter le traitement des instituteurs et des institutrices.

Un crédit spécial sera ultérieurement ouvert pour les dépenses afférentes à la ville des deux écoles normales primaires, la création de nouvelles écoles sur le plan de l'école Turgot et la fondation de bibliothèques communales dans chacun des vingt arrondissements de Paris.

Aujourd'hui, à 8 h. 35 minutes du matin, le ballon-poste *le Vauban* est parti de la gare d'Orléans, sous la direction du matelot Guillaume, élève des frères Godard. Le *Vauban* emportait un personnage officiel, chargé d'une mission importante: il emportait, en outre, 30 pigeons accompagnés du directeur en chef des pigeonniers de l'État, 270 kilos de lettres, un paquet du *journal officiel* de 50 kilos, et 550 kilos de lest.

Samedi matin partira le *Sultan*, et dimanche, le *Christophe Colomb*. Les frères Godard ont actuellement sur le chantier trois nouveaux ballons, *le Jacquart*, *l'Archimède* et *le Galilée*, dont la construction sera terminée sous peu.

Je suis allé aujourd'hui faire une promenade aux Halles. Leur vue était vraiment fort réjouissante; aussi, quand on a admiré l'étalage attrayant des denrées, on revient plus calme et l'on se dit que Paris a encore bien de quoi ne pas mourir affamé; la ration de la viande n'est qu'une simple mesure de précaution.

## 44ᵉ JOURNÉE

**Vendredi 28 Octobre**          3 %    **50.50**

Le Gouvernement tient à honneur de respecter la liberté de la presse; il aurait pu, au nom du salut public et de la loi, supprimer *le Combat*, il a mieux aimé s'en référer à l'opinion publique, qui est sa vraie force. Le Gouvernement de la Défense nationale dément formellement la nouvelle publiée hier par le journal de M. Pyat.

Moi, qui aime cependant assez les libertés, du moment qu'elles n'empiètent point sur la licence, j'aurais tout simplement supprimé *le Combat*, ce journal qui ne rêve que la guerre civile.

L'opinion peut flétrir le fauteur de tels scandales, mais l'opinion ne l'empêchera jamais de semer les défiances dans les esprits, et de ruiner, par ces mensonges, l'autorité de ceux qui combattent les ennemis de la France.

Un conseil de guerre et le châtiment, voilà ce que méritait l'article du *Combat*.

Le général Trochu, par quelques mots, vient de faire naître dans les âmes une espérance bien belle, si elle était réalisée ou si elle pouvait se réaliser. Je l'inscris à dessein dans ce journal, marquant la date pour en juger plus tard.

Le gouverneur de Paris a dit : « Le 15 novembre, la campagne de Paris sera terminée, et le 20 novembre, la campagne de France commencera !!! » On peut facilement se rendre compte de la joie et de la satisfaction que de semblables paroles peuvent faire naître dans le cœur des assiégés. Ces phrases ont été dites par le général Trochu à un de ses amis ; elles sont donc toutes intimes.

Le gouvernement a reçu, cette nuit, une dépêche de Tours, du 24. Il ne peut la reproduire textuellement, la plus grande partie étant spécialement réservée aux opérations militaires. Cette dépêche annonce que M. Thiers est arrivé à Tours, et qu'il espère entrer à Paris pour y rendre compte des résultats de sa mission.

Voici deux jours déjà que les journaux ont donné cette

nouvelle sous toutes réserves; comment se fait-il que les journaux soient instruits bien avant le gouvernement? Il y a dans ce fait matière à réflexion sérieuse. On dira bien que *le Nouvelliste de Versailles* ébauche ces bruits, c'est possible; mais il y en a beaucoup qui ne proviennent pas du *Nouvelliste de Versailles*, et qui ne sont aucunement dénués de fondement. La preuve en arrive de Tours, quelques jours après leur publication à Paris.

Aujourd'hui, grand départ d'Anglais, de Russes, d'Américains, avec la permission de M. de Bismark. Aussi, ce matin, dès sept heures, il y avait grand encombrement à la porte de Charenton. Des fourgons, des omnibus, des huit-ressorts, même des fiacres, avaient été chargés des objets de ces messieurs et y stationnaient. Tout était prêt; on allait partir; mais au dernier moment arriva la triste nouvelle que les autorités prussiennes voulaient bien laisser passer les Américains et les Russes, mais qu'elles retiraient aux Anglais l'autorisation qui leur avait été donnée. Il fallut se résigner et reprendre en maugréant le chemin de Paris.

La caravane étrangère prit le chemin de Charenton et traversa Créteil, qui n'est plus qu'un désert.

Le gendarme conduisant les voyageurs et portant le drapeau parlementaire, s'avança avec un trompette, qui sonna du clairon, et attira ainsi l'attention du poste prussien, dissimulé derrière une barricade. Un officier parut et l'on parlementa. Les formalités demandèrent assez de temps, et au bout d'une heure les voitures furent visitées, les lettres remises à l'officier prussien, et les étrangers purent franchir la barricade. Les Prussiens ont été fort courtois, et nous ont assuré qu'il n'y avait aucune nouvelle de l'étranger. Voilà comment maintenant on quitte Paris.

Des enrôlements volontaires ont été faits hier, place du Panthéon, 5° arrondissement; la municipalité a théâtralement organisé cette solennité.

Un immense bureau est dressé devant le monument consacré à nos gloires nationales. Au-dessous de la célèbre inscription : *Aux grands hommes la patrie reconnaissante*, se lit celle-ci, écrite sur une grande toile blanche, qui surmonte le bureau d'enrôlements :

### CITOYENS, LA PATRIE EST EN DANGER!

Des faisceaux d'armes sur lesquels flottent des drapeaux tricolores, des cartouches portant nos devises républicaines : *Liberté, Égalité, Fraternité!* et les dates de nos époques de rénovation politique : 1789, 1792, 1830, 1848, 1870, sont placés sur le bureau que tiennent le maire du 5° arrondissement, les adjoints, les membres du comité d'armement et les employés de la mairie.

Une grande foule, contenue par les gardes nationaux est massée devant le monument et encourage de la voix et du geste ceux qui viennent se faire inscrire et offrir leurs bras à la patrie en danger.

Au fond du bureau sont affichées les proclamations du maire et des membres du comité d'armement. Devant l'estrade, se trouve un tronc destiné à la souscription pour les canons.

Voici la proclamation du maire, qui est trop curieuse pour ne pas la transcrire.

*Aux Familles des Volontaires du 5° Arrondissement.*

Citoyens,

La République de Venise avait son *Livre d'Or*, où elle

inscrivait le nom des élus, des grands citoyens de la République..

Que les volontaires qui vont sortir de vos rangs, qui vont nous sauver de la faim et fonder la République, soient les élus de notre arrondissement. Pour garder souvenir de leur patriotique dévouement, ouvrons pour eux aussi le *Livre d'Or* du 5ᵉ arrondissement. C'est au Panthéon, rendu à la patrie, que nous eussions aimé inaugurer cette fête; au moins les abords du temple recevront les inscriptions sur des registres qui seront conservés précieusement dans nos archives municipales.

Citoyens,

La détermination d'un volontaire, d'un père de famille, n'est pas seulement un acte de dévouement du volontaire, mais aussi du vieux père, de la mère, de l'épouse. Comme autrefois, il faut que ce soit la femme qui boucle son ceinturon, pour que l'homme parte fier et confiant.

Citoyennes, vous tenez les cœurs des hommes dans vos mains; n'y faites naître que de nobles et mâles résolutions. Françaises, les hommes s'en souviendront, votre maire veut contribuer à en fixer le souvenir: c'est pourquoi la municipalité,

Arrête :

1° En face le portique du Panthéon, dix registres recevront les inscriptions déjà faites ou nouvelles des volontaires de chacun des dix bataillons de l'arrondissement. Un onzième registre sera réservé au bataillon d'Ivry. Un douzième registre recevra les engagements des volontaires que le manque d'armes n'a pas encore permis d'incorporer. Au centre, la souscription pour la fabrication des canons.

2° La municipalité adopte les familles des volontaires inscrits sur ses registres et acceptés par le comité d'arrondissement; elle les place solennellement sous sa sauvegarde.

3° Au moment de l'inscription, il sera remis au volontaire une bande de toile blanche portant d'un côté, en impression rouge, le triangle républicain, et, en bleu, le cachet avec la signature de la municipalité, et, de l'autre, le nom et l'adresse du volontaire.

4° Cet insigne n'est définitivement acquis que par le volontaire accepté, qui, en partant, le laisse à sa famille. Cet insigne sera pour elle le gage du civisme de son chef, la marque toujours présente de la protection spéciale que lui accorde la municipalité.

5° La mère ou l'épouse, la fille ou le vieux père, portant ce signe sur la poitrine, entreront partout sans attendre, soit à la mairie, soit dans les distributions de vivres ou de travail, soit aux réunions ou aux fêtes de la République, et dans toute assemblée ou la municipalité étend sa juridiction.

6° Le maire leur promet surtout, durant l'absence du volontaire, sa paternelle protection.

7° Enfin, si une blessure grave ou une mort glorieuse enlève à la famille un appui sur lequel elle comptait légitimement, la municipalité accepte cette famille et s'engage solennellement à venir en aide aux femmes, à leur procurer un travail rémunérateur, à fournir l'éducation aux enfants, indépendamment des secours que leur a votés l'État. Le maire rappelle en terminant que l'État n'a pas eu moins de sollicitude pour les volontaires que la municipalité n'en montre pour les familles. Le volontaire reste assimilé au garde national. Son engagement cesse avec la levée du siége. Il reste sous le commandement de l'amiral du secteur, et, les grandes opérations militaires exceptées, il s'éloigne rarement des rayons de son secteur. Il reste donc en communication facile avec sa famille. Enfin, il reçoit la nourriture, l'habillement, et conserve la même solde de 1 fr. 50 c., qu'il peut faire verser directement à sa famille. Aucun motif ne peut donc être allégué par les citoyens en état de porter les armes : pain quotidien assuré, protection à leur famille, honneur à tous. Allons, citoyens, formez vos bataillons. L'inscription des volontaires commencera jeudi 27 octobre, et se continuera les jours suivants, de midi à quatre heures, au bataillon.

Le maire du 5ᵉ arrondissement,

Dʳ BERTILLON.

FRISER et VIMOUT,
    adjoints.

Paris, 27 octobre 1870.

Je suis allé voir cette cérémonie, très-patriotique au fond, mais beaucoup trop théâtrale. Si le patriotisme est subordonné à l'effet produit par la pompe déployée, nous sommes vraiment de singuliers patriotes. On aurait certes mieux agi en faisant les choses plus simplement; d'abord on n'aurait pas vu le peu d'entrain que mettaient les volontaires à venir s'inscrire sur le Livre d'or du 5ᵉ arrondissement. Je ne parle que de cet arrondissement, puisque le total général des inscriptions se compte par ce chiffre : 45,000 hommes. — Enfin, pour terminer, nous ne sommes pas dans un moment où il faut faire du spectacle, fût-ce même au profit de la patrie. On a voulu refaire les enrôlements du Pont-Neuf.

Une réunion générale des maires a eu lieu sous la présidence de M. Arago, maire de Paris. On a mis à l'ordre, dans cette réunion, la question du rationnement pour la population ; question multiple et qui entraîne avec elle une foule de questions de détail et de questions accessoires. Le principe de l'uniformité de la ration pour tous les arrondissements de Paris a réuni tous les suffrages. Mais pour bien régler la répartition par arrondissement, il faut le recensement exact. Ce qui va être fait.

Un magnifique ballon est parti ce matin de l'usine de La Villette. Au point de vue de la correspondance, il y a amélioration, et je remarque que le Gouvernement se trouve à cette heure en rapport assez régulier avec Tours, grâce aux pigeons voyageurs. On assure même que quelques dépêches particulières sont parvenues à de certaines familles par l'intermédiaire du Gouvernement. Attendons-nous donc, avant peu, à recevoir des nouvelles assez fréquentes de ceux qui nous sont chers. Pour celui qui est enfermé, cela devient une idée fixe.

Ce matin, avant le jour, le général de Bellemare a fait exécuter une surprise sur le Bourget par les francs-tireurs de la presse. Après une fusillade d'une demi-heure, l'ennemi a été débusqué du village et rejeté en arrière du ruisseau de la Morée, vers le pont Iblon.

Dans la journée, 30 pièces d'artillerie et des forces considérables d'infanterie ennemie sont descendues de Gonesse et d'Écouen. Leur feu n'a pu faire quitter le Bourget à nos hommes ; et après une canonnade de plusieurs heures, la plus grande partie du corps ennemi s'est repliée vers le nord.

Nos artilleurs sont restés placés en avant du village, à la hauteur de la route n° 20, venant de Dugny, à la route de

Lille. Le gros de nos troupes reste dans le village du Bourget, qu'elles vont mettre en état de défense.

Drancy a été également occupé, sans que l'ennemi ait tenté de le défendre. Il a laissé entre nos mains quelques prisonniers, des sacs et des armes.

La taxe de la viande n'a subi aujourd'hui ni hausse ni baisse. Le ministre de l'agriculture et du commerce a fait afficher l'avis suivant :

### AVIS.

« Il est arrivé à la connaissance du Gouvernement que plusieurs bouchers débitant de la viande de cheval la vendent au-dessus de la taxe. Toute contravention de ce genre sera rigoureusement punie des peines édictées par la loi. » Coup d'épée dans l'eau.

L'artillerie de la garde nationale compte aujourd'hui six batteries armées ; les pièces ont été remisées dans le parc du chevet Notre-Dame. Dans quelques jours la livraison sera complète, et les 2,500 artilleurs volontaires pourront se livrer à l'école du canon.

A propos de canon, on affirme que les Prussiens ont reçu leur matériel de siége au complet. Ils seraient occupés à établir leurs batteries.

On conçoit que le mauvais temps les empêche de pousser leurs travaux avec toute l'activité nécessaire. On sait aussi que nos pointeurs aiment assez que les ouvrages de l'ennemi soient complétement terminés pour les détruire. Nous pouvons donc nous attendre, si le fait de l'arrivée du matériel prussien est exact, à une prochaine et terrible consommation de poudre et d'obus.

Le Gouvernement de la Défense nationale,

Décrète :

A l'avenir, la décoration de la Légion d'honneur sera exclusivement réservée à la récompense des services militaires et des actes de bravoure et de dévouement accomplis en présence de l'ennemi.

Fait à Paris, le 28 octobre 1870.

Général Trochu, Jules Favre, Garnier-Pagès, Jules Simon, H. Rochefort, E. Pelletan, Em. Arago, Jules Ferry.

Décret destiné à être rapporté évidemment.

A la même date ont été rendus plusieurs autres décrets :

1° Un décret. Le licenciement de la garde impériale. Elle est en Prusse.

2° Un décret relatif à l'organisation des régiments de marche, qui prendront la dénomination de régiments de ligne et porteront les numéros 101 et suivants jusqu'au numéro 139 inclusivement.

Le régiment de zouaves de marche deviendra le quatrième régiment de zouaves.

Un article du même décret règle l'administration de chacun de ces régiments.

Ce décret est suivi d'un état de cadre des régiments d'infanterie de ligne de 101 à 139 et du quatrième régiment de zouaves.

3° Par décret, les élèves de l'École Polytechnique nommés sous-lieutenants, le 21 septembre 1870, et actuellement employés aux travaux de la Défense de Paris, seront classés pour faire le service des batteries d'artillerie déjà formées ou à former.

4° Autre décret en deux articles, ouvrant un crédit de 40,000 francs, au budget extraordinaire du ministère de l'instruction publique, pour être affecté à la construction des ballons.

M. Dupuy de Lôme est chargé de l'exécution et de la direction des travaux; auxquels il imprimera toute l'activité possible. Espérons-le.

Un dernier décret appelle à l'activité pour les armées de terre et de mer les jeunes gens formant le contingent de la classe de 1870.

Il y a aujourd'hui soixante-quatre ans que nous entrions triomphalement à Berlin. Hélas! que les temps sont changés!...

---

## 45ᵉ JOURNÉE

**Samedi 29 Octobre**      3 % 51. 25.

Aujourd'hui, dans tout Paris, l'affaire du Bourget est la préoccupation générale.

Ce combat vient de démontrer une fois de plus la valeur et la solidité de nos troupes, et il a eu cet avantage sur les précédents, qu'il ne s'est point résumé en une simple reconnaissance. Nous avons pris des positions, et, malgré tous les efforts de l'ennemi, elles ont été gardées. Une fois n'est pas coutume. Cette affaire, d'ailleurs, a été supérieurement conduite.

Je crois néanmoins devoir faire remarquer avec quelle

faible artillerie nous avons engagé l'attaque du Bourget. L'ennemi disposait de 2 batteries de position et de 2 batteries de campagne, en tout 32 pièces, tandis que nous n'avions de notre côté que 2 pièces de 4 et 2 pièces de 12. Ce n'est pas la première fois qu'un pareil fait se produit, et je n'hésite pas à dire qu'il est regrettable. L'opinion publique a certes mille fois raison quand elle réclame des canons; cependant nous n'en manquons pas.

Aujourd'hui, vers midi, le général de Bellemare envoie la dépêche suivante :

« Le feu continue par intermittence, comme hier. Pas d'attaque d'infanterie; nous sommes en très-bonne position; nous tenons et nous y restons. »

L'occupation du Bourget recule d'une façon fort appréciable, vers le nord, la ligne d'investissement de l'ennemi; elle augmente l'étendue des mouvements qu'il devrait accomplir à découvert sous le feu de nos forts, s'il avait la prétention de pénétrer vers Paris par ce qu'on appelle « la trouée d'Aubervilliers ». Elle donne à nos avant-postes une position excellente, et nous permet de tenir de ce côté nos grand'gardes à huit kilomètres de l'enceinte continue.

Dans cette affaire, les Prussiens paraissent avoir eu beaucoup de blessés; quant aux morts, la dépêche du général de Bellemare fait observer que le terrain en avant de ses tirailleurs est jonché de cadavres.

Deux chaloupes-védettes ont poussé une reconnaissance jusqu'au dernier coude de la rivière, avant Choisy-le-Roi. Une vive fusillade s'est engagée entre nos marins et les Prussiens établis sur la rive gauche et dans la Gare-aux-Bœufs.

L'ennemi a envoyé quelques obus d'une batterie en position à Thiais. Nos chaloupes ont riposté et ont achevé leur reconnaissance, qui était appuyée par des tirailleurs du 90ᵉ.

Les Prussiens capturés sur le champ de bataille pendant les reconnaissances faites aux environs de Paris, et enfermés à la prison de La Roquette, sont au nombre de 77, dont voici le détail :

Hussards, 2 ; 22ᵉ de ligne, 1 ; uhlan, 1 ; dragons, 3, grenadiers de la reine, 1 ; 58ᵉ de ligne, 3 ; 103ᵉ de ligne, 1 ; 10ᵉ de ligne, 2 ; 62ᵉ de ligne, 1 ; 18ᵉ de ligne, 1 ; 1ᵉʳ régiment bavarois, 21 ; 15ᵉ régiment bavarois, 1 ; 5ᵉ chasseurs, 30 ; 76ᵉ de ligne, 3 ; 14ᵉ de ligne, 1 ; 46ᵉ de ligne 5.

La nourriture quotidienne des prisonniers se compose des vivres suivants :

Pain, 750 grammes ; vin, 1/4 de litre ; riz, 100 grammes ; eau-de-vie, 1/16 de litre.

Il serait fort agréable de savoir, en fin de compte, si c'est dans l'intérêt des blessés et des malades que beaucoup d'ambulances particulières ont été établies, ou si c'est dans l'intérêt spécial de leurs fondateurs. Toutes ces sociétés particulières, agissant isolément, ont fini par produire une confusion et un désordre auxquels il a fallu mettre un frein ; et c'est ce qu'a voulu faire le gouverneur de Paris, par son arrêté en date du 20 octobre, concernant l'enlèvement des blessés sur le champ de bataille et leur répartition dans les ambulances particulières.

La plupart de ces ambulances n'ont ni le personnel ni le matériel nécessaires pour recevoir indistinctement tous les grands blessés. Elles peuvent être, au contraire, de très-utiles auxiliaires des hôpitaux en recevant d'eux, soit les blessés légèrement, soit les blessés en voie de guérison, soit même les fiévreux. Quand on aura rattaché toutes les ambulances particulières aux hôpitaux militaires, dont elles seront, en quelque sorte, le très-utile déversoir, on mettra complétement fin à ce désordre et à ce scandale. Je dis scandale, car on rit vraiment en voyant le nombre prodigieux de drapeaux de la Convention de Genève et de porteurs de brassards. Les chevaliers de la Croix auraient besoin, je crois, d'être strictement épluchés.

*Le Combat,* sous la tutelle de M. Félix Pyat, continue ses infamies et ses mensonges. On lit, ce matin, dans ses premières colonnes :

### DÉCLARATION

« C'est le citoyen Flourens qui m'a dénoncé pour le salut du peuple (*salus populi*), selon sa propre expression, le plan Bazaine, et qui m'a dit le tenir directement du citoyen Rochefort, membre du gouvernement provisoire de la Défense nationale.

» Félix Pyat. »

On ne peut pas faire d'affirmation plus catégorique. Notez bien que M. Félix Pyat a pris quarante-huit heures pour formuler son explication.

Or, voici une lettre de M. Flourens qui donne un démenti absolu à M. Félix Pyat. M. Flourens déclare que M. Rochefort ne lui a rien communiqué du tout. « J'affirme que : *Je n'ai pas vu le citoyen Henri Rochefort depuis plusieurs jours,* » ajoute M. Gustave Flourens.

La conclusion à tirer de cette contradiction est claire : Ou M. Flourens ment, et nous l'en croyons incapable ; ou bien c'est M. Pyat qui a menti effrontément en faisant intervenir le nom de M. Rochefort pour essayer d'excuser le service qu'il a rendu à la Prusse, en coopérant aux manœuvres du journal de M. de Bismark.

Tout ce que l'on peut accorder à M. Félix Pyat, c'est

que la vague rumeur sur laquelle il a posé son odieuse publication ne lui est pas venue directement des Prussiens, mais d'un *citoyen* anonyme dont il n'a pas même pris la peine de demander le nom, ce qui ne l'a pas empêché d'accuser M. Rochefort.

Quel gâchis déplorable!

La réouverture de la Bibliothèque, Sainte-Geneviève se fait aujourd'hui. Le public y sera admis chaque jour, de dix heures à trois heures, et le soir, de six heures à dix heures.

Les anciens sergents de ville, campés sur le plateau de Vanvres, sont traités sur le même pied que la division Blanchard dont ils font partie. Le général n'a qu'à se louer du service de ces hommes.

Le corps des francs-tireurs de Paris vient d'être dissous. On nous dit qu'il sera remplacé auprès du général Ducrot par la légion des *Amis de la France*. Un peu de statistique à propos de ce corps.

La légion compte :

95 Belges,
47 Suisses,
29 Italiens,
28 Anglais,
31 Hollandais,
16 Luxembourgeois,
14 Américains,
12 Suédois,
10 Autrichiens,
10 Espagnols,
7 Polonais,
3 Russes,
2 Grecs.

Les différentes colonies anglaises, la Hongrie, Haïti, l'Irlande, la Valachie et Guayaquil sont aussi représentés dans la légion, qui compte un seul Turc et un seul Danois.

Le Danois est le comte de Schmettow, veneur du roi Christian IV, et peintre de talent.

J'ai déjà dit que ce corps était commandé par le général Van der Meer, ancien ministre de la guerre, à Bruxelles.

## 46<sup>e</sup> JOURNÉE

**Dimanche 30 Octobre**  3 %

S'il faut en croire le bruit qui circule dans Paris, M. de Bismark proposerait aujourd'hui à la France de traiter aux conditions suivantes :

Cinq milliards d'indemnité; formation d'un État neutre du Rhin, composé de l'Alsace et de la Lorraine, unies à une certaine quantité équivalente de territoires allemands.

Tel serait l'ultimatum que M. Thiers serait chargé de transmettre au Gouvernement de la Défense nationale, à son prochain retour à Paris. Ce bruit est une mauvaise nouvelle, sans compter celle qui remplit les cœurs de tristesse et les yeux de larmes brûlantes. Le Bourget est repris par les Prussiens.

Si cette position nous a été enlevée, si une partie des nôtres est restée blessée, tuée et prisonnière entre les mains de l'ennemi, c'est, il faut hautement le dire, par notre faute, par notre très-grande faute. Au lieu de faire occuper solidement, après la bataille, le village par de l'infanterie, de l'artillerie, enfin par des forces fraîches et assez considérables pour repousser tout retour offensif de l'ennemi, on a laissé les troupes harassées seules maîtresses de leurs positions, sous une pluie torrentielle et sans vivres, pendant quarante-huit heures ; ne songeant même pas à leur envoyer une réserve de soutien et sans renforcer l'artillerie qu'on avait reconnue insuffisante, malgré la victoire. Tant d'imprévoyance est incompréhensible.

On assure que la veille on avait parfaitement vu les Prussiens établir 24 pièces en batterie en face du Bourget. Rien ne fut fait pour rendre égal un combat auquel on devait s'attendre, et nos soldats passèrent la nuit sous la pluie et les pieds dans la boue après avoir combattu pendant quatorze heures !

A sept heures, au jour levant, les Allemands avaient ouvert le feu de leurs batteries sur le Bourget, dont les maisons s'effondraient. Leurs projectiles détruisaient en même temps les barricades construites à la hâte, balayant les avenues de la grande route de Lille à la voie ferrée.

A voir l'ensemble de cette attaque, c'est à croire qu'ils nous avaient laissé venir au Bourget pour nous y cerner et nous y enlever.

A cinq heures et demie du soir, le rapport militaire était affiché sur les murs de Paris et nous donnait les détails suivants :

30 octobre, 5 h. 1/2 du soir.

Le Bourget, village en pointe en avant de nos lignes, qui avait été occupé par nos troupes, a été canonné pendant toute la journée d'hier, sans succès, par l'ennemi. Ce matin, de très-bonne heure, des masses d'infanterie, évaluées à plus de 15,000 hommes, se sont présentées de front, appuyées par une nombreuse artillerie, pendant que d'autres colonnes ont tourné le village venant de Dugny et de Blanc-Mesnil.

Un certain nombre d'hommes, qui étaient dans la partie nord du Bourget, ont été coupés du corps principal et sont restés entre les mains de l'ennemi. On n'en connaît pas exactement le nombre en ce moment. Il sera précisé demain.

Le village de Drancy, occupé depuis vingt-quatre heures seulement, ne se trouvait plus appuyé à sa gauche, et le temps ayant manqué pour le mettre en état respectable de défense, l'évacuation en a été ordonnée pour ne pas compromettre les troupes qui s'y trouvaient.

Le village du Bourget ne faisait pas partie de notre système général de défense; son occupation était d'une importance secondaire, et les bruits qui attribuent de la gravité aux incidents qui viennent d'être exposés sont sans fondement.

Le Gouverneur de Paris,<br>
Général TROCHU.

Si l'occupation du Bourget était d'une importance secondaire dans le système général de défense, pourquoi avoir cherché à l'occuper et ne pas avoir veillé, une fois en notre possession, à ce que nos soldats n'y fussent point écrasés. Imprévoyance ou incurie.

Malgré le siége, malgré les privations, malgré la guerre, l'esprit léger des Parisiens ne change point. On s'occupe aujourd'hui des théâtres, et la foule demande leur réouverture en masse. Dans une journée précédente, j'ai déjà parlé de cet objet, mais je ne croyais pas avoir à y revenir. Il paraît certain, à présent, que Paris ne peut rester sans spectacles. Les théâtres ont commencé modestement leur réouverture par des concerts ou des représentations au bénéfice des blessés, à cette heure, ce sont des représentations quotidiennes. Ce soir, le théâtre de l'Ambigu rouvre ses portes par une pièce de circonstance. On a beaucoup discuté la question théâtre et de leur fermeture pendant le siége, car on sait qu'il y a une certaine partie de notre population qui se passerait plutôt de pain que de plaisir, et qui a dû souffrir énormément de l'ordonnance de M. de Kératry, qui fermait les portes des spectacles et des cafés concerts en raison du deuil national. Aujourd'hui on tolère l'ouverture de ces établissements; le public va donc trancher la question en nous montrant son assiduité aux représentations journalières. Nous verrons si l'Ambigu résistera longtemps avec sa pièce nouvelle.

La troupe de l'Opéra étant disloquée, ce théâtre, à dater de mercredi prochain, donnera seulement des concerts.

Ce soir, les clubs sont d'une violence inexprimable contre le Gouvernement de la Défense. La reprise si inattendue du Bourget en est la cause un peu méritée.

Le bruit d'armistice circule toujours dans la ville.

Par ordre du Maire de Paris, la consommation du gaz doit être réduite de un bec sur deux dans les maisons particulières et dans les établissements publics, à dater du 1$^{er}$ novembre. Si le gaz manque, qu'allons-nous devenir ?

Par décret en date de ce jour, les caisses d'épargne sont autorisées à rembourser un à-compte de 50 francs sur les livrets, et à prendre terme pour le surplus.

On doit se rappeler combien, en 1848, le Gouvernement fut embarrassé par la caisse d'épargne. L'expérience n'a produit aucun fruit, et voilà le Gouvernement de la Défense avec les mêmes embarras qu'en 1848, et avec les mêmes demandes considérables de remboursement. Le Gouvernement ne doit point se faire le caissier des classes nécessiteuses, et en voilà bien la preuve.

La loi des caisses d'épargne crée des associations privées pour ces sortes d'institutions; mais l'État toujours besogneux, laissant la loi de côté, absorbe tout. Aussi, aux grandes époques de calamité publique, l'État paye très-cher l'avantage qu'il peut retirer de ce moyen, en temps de prospérité. Mais le passé ne nous sert à rien ; nous retombons toujours dans les mêmes fautes.

Une curieuse expérience a eu lieu au Mont-Valérien, sous les auspices du corps du génie volontaire, en présence de M. le général Noël, commandant du fort.

Il s'agissait d'éprouver la puissance destructive d'une substance particulière introduite dans la gueule d'une pièce de marine de 0$^m$16, hors d'usage. Une boîte métallique de très-petites dimensions, contenant la matière détonnante, avait été préparée à l'avance par les soins de M. Champion, ingénieur et chimiste. Elle a été placée dans l'âme de cet énorme canon dont les parois mesuraient 9 centimètres d'épaisseur. La pièce a volé en éclats, à ce point que des blocs de 50 à 60 kilos ont été projetés à 20 et 25 mètres de distance.

Cette matière serait employée pour détruire les canons pris aux ennemis par nos soldats, et que le manque de chevaux les obligent souvent à laisser sur place.

Les bataillons de la garde nationale sont menacés de perdre leurs cantinières. L'expérience aurait démontré que l'institution laisse beaucoup à désirer, et qu'à part d'honorables exceptions, les citoyennes qui se dévouent pour abreuver les gardes nationaux portent le trouble et le désordre dans leurs rangs.

Nous avons eu l'occasion de faire cette remarque : que les cantinières sont des jeunes filles, presque des enfants, placées là par protection et par des paernts dont la moralité ne saurait faire l'objet de la moindre discussion.

Un nouveau système de mitrailleuses sortant de la maison Flaud a été mise à l'essai. Ces mitrailleuses ont la taille et la forme d'une pièce de 12, et n'ont que le poids d'une pièce de 8. Elles se composent d'un assemblage de 25 canons. Leur tir est efficace entre 2,500 et 2,700 mètres. Une batterie a été livrée.

Les travaux de défense, déjà si complets, se continuent néanmoins sur plusieurs points de l'enceinte, et notamment dans la partie comprise entre le boulevard Serrurier et la route de Pantin. Casemates, tranchées, banquettes et barricades, tout cela s'élève, se creuse avec une ardeur et une activité extraordinaires.

### UNE SINGULIÈRE ARRESTATION.

On a amené, à la Place, un petit garçon de onze ans qui, tous les jours, venait de Versailles à Paris faire les commissions de l'ennemi. Il emportait surtout les journaux. C'est le fils d'un Prussien qui habitait Paris, et qui est allé demeurer à Versailles, lorsqu'il a été forcé de quitter la capitale. Cet enfant, grâce à son âge et à son costume de paysan, passait inaperçu, et c'est ainsi que pendant plus d'un mois, il a pu faire ce coupable service.

Aujourd'hui dimanche, je dois ne pas oublier la revue alimentaire.

Il n'y a plus d'œufs !!!

Plus d'œufs, c'est-à-dire plus de liaisons, plus de sauces blanches, plus de gâteaux, plus d'omelettes, plus de crèmes et tant d'autres choses. Ah! pauvres ménagères, que ferez-vous maintenant?...

Il n'y a plus d'œufs!

Entendons-nous, cependant. Il n'y a plus d'œufs chez les marchands en gros, mais il en reste chez les fruitières; ils se vendent 75 centimes. A ce prix, c'est comme s'il n'y en avait plus.

En revanche, les légumes frais continuent à abonder, grâce aux razzias faites entre les fortifications et les grands'-gardes ennemies.

Cette abondance n'a cependant pas modifié les prix.

Un choufleur se paye 1 fr. 25 à la halle, 1 fr. 50 dans la rue ou chez la fruitière.

Même observation pour les simples choux.

En cherchant un peu, on trouve du beurre frais à 25 fr. la livre; par faveur on peut en obtenir à 18 fr.

Un dixième de fromage de Brie coûte 6 fr., une anguille vaut 20 fr., une carpe, de 20 à 25 fr.

Chez les marchands de comestibles, tout est hors de prix : la moindre des boîtes de viande vaut 12 et 15 fr., ce qui peut représenter environ deux livres de chair.

Les noms donnés à ces victuailles sont tellement appétissants, que l'on s'empresse d'en faire provision. A ce sujet, simple remarque : Depuis qu'on rationne le bœuf, il y a avalanche de rosbif et de filet en boîte.

Pourquoi?

Mystère!

## 47ᵉ JOURNÉE

**Lundi 31 Octobre**  3 % **50.95**

Notre infortuné pays n'a pas épuisé encore la série des cruels malheurs qui le frappent. Ce matin, c'était la nouvelle de la capitulation de Metz. Ce soir, c'est le commencement des dissensions intérieures. Demain, ce sera peut-être la guerre civile. Que Dieu éloigne du moins de nous cette dernière douleur.

Ce matin, en sortant, chacun lisait sur les murs de Paris les deux affiches suivantes :

« Le Gouvernement vient d'apprendre la douloureuse nouvelle de la reddition de Metz. Le maréchal Bazaine et son armée ont dû se rendre après d'héroïques efforts, que le manque de vivres et de munitions ne leur permettait pas de continuer. Ils sont prisonniers de guerre. Cette cruelle issue d'une lutte de près de trois mois, causera dans toute la France une pénible et profonde émotion, mais elle n'abattra pas notre courage. Pleine de reconnaissance pour la généreuse population qui a combattu pied à pied pour la patrie, la ville de Paris voudra être digne d'elle. Elle sera soutenue par son exemple et par l'espoir de la venger.

» La nouvelle de la reddition de l'armée de Metz circulait dans le public. Le Gouvernement connaissait ces bruits, mais, comme il en savait l'origine exclusivement prussienne, il avait refusé d'y ajouter foi.

» La nouvelle officielle est venue de Londres au Gouvernement de Tours par le télégraphe ; nous ne connaissons pas encore exactement la date, d'ailleurs extrêmement récente, de ce grand désastre. Mais, si l'on s'en rapporte aux déclarations des prisonniers prussiens interrogés à ce sujet, elle devrait être fixée au 27 octobre, c'est-à-dire à jeudi dernier. »

Voici la seconde :

« M. Thiers est arrivé aujourd'hui à Paris ; il s'est transporté sur-le-champ au ministère des affaires étrangères. Il a rendu compte au Gouvernement de sa mission. Grâce à la forte impression produite en Europe par la résistance de Paris, quatre grandes puissances neutres, l'Angleterre, la Russie, l'Autriche et l'Italie, se sont ralliées à une idée commune.

» Elles proposent aux belligérants un armistice, qui aurait pour objet la convocation d'une Assemblée nationale. Il est bien entendu qu'un tel armistice devrait avoir pour condition le ravitaillement proportionné à sa durée, et l'élection de l'Assemblée par le pays tout entier.

» Le ministre des affaires étrangères, chargé, par intérim, du département de l'intérieur,

» Jules Favre. »

L'espoir de venger Metz, nous dit le Gouvernement : Avec quoi ? à l'aide de quoi ? qu'avons-nous à espérer maintenant ?... Quelles sont nos forces ? Les conscrits de l'armée de la Loire ? Et l'armée de Frédéric-Charles qui se trouve libre de tous mouvements. Toutes ces paroles ne sont que des phrases d'avocats. Mieux vaudrait ne rien dire que de jeter sur des affiches ces grands discours vides de tout sens commun.

M. Thiers a quitté Tours vendredi dernier 28 octobre ; il

est venu d'Orléans par terre. Il a franchi les lignes avec un sauf-conduit que la Prusse lui avait accordé sur la demande expresse de la Russie et de l'Angleterre, demande à laquelle l'Autriche et l'Italie se sont empressées de se rallier. Aujourd'hui, après avoir exposé au Gouvernement tous les détails de sa mission et reçu ses instructions, il quitte de nouveau Paris pour conférer avec les représentants de la Prusse sur les propositions des quatre grandes puissances.

La nouvelle de la capitulation de Metz et celle de l'armistice ont déterminé aujourd'hui à l'Hôtel de ville des incidents graves.

Depuis dix heures du matin, la foule se presse sur la place. Divers détachements de la garde nationale paraissent et mettent en l'air la crosse de leurs fusils. On entend les cris répétés de : *Vive la Commune ! La levée en masse ! Pas d'armistice !* Ces cris semblent devenir le mot d'ordre de la manifestation.

Des hommes circulent avec de grandes pancartes en carton blanc sur lesquelles sont écrites ces résolutions.

Une députation se précipite dans l'Hôtel de ville en bousculant les gardiens. Rochefort essaye une allocution qui n'est pas entendue. MM. Arago et Floquet promettent la levée en masse.

A midi, le tambour bat le rappel dans tous les quartiers de Paris, les bataillons se forment et marchent sur l'Hôtel de ville.

Les vingt maires de Paris qui sont en conférence avec le général Trochu, réclament les élections municipales *à l'unanimité.*

En ce moment, des coups de feu se font entendre sur la place, suivis des cris : Pas d'armistice ! Résistance à mort ! Vive la République ! A bas Trochu ! Une panique s'empare de la foule, à qui des malintentionnés veulent persuader que c'est le Gouvernement qui fait tirer sur le peuple. Mais on reconnaît qu'il ne s'agit que de quelques coups de revolver tirés en l'air.

La foule se presse de tous côtés. L'émotion gagne partout, et bientôt toutes les rues se trouvent encombrées de gardes nationaux en armes et de curieux avides.

A une heure vingt minutes environ, le général Trochu descend sous le vestibule de la cour Louis XIV de l'Hôtel de ville, et prononce ces quelques paroles :

— Citoyens, voulez-vous entendre la parole d'un soldat ?
— Oui ! oui ! répond la foule.
— C'est en vain que vous suspectez mon patriotisme qui me conduira à la mort pour la défense de la République. J'ai trouvé Paris sans défense ; il pouvait être envahi en quarante-huit heures sans difficulté. J'ai consacré tous mes efforts à le rendre imprenable ; il l'est aujourd'hui.

Des cris : « La Commune ! » couvraient la voix du gouverneur, qui cependant continuait :

— Aucun ennemi, aussi puissant qu'il soit, ne peut y entrer !

Et la voix de la foule couvrait toujours les paroles du général en criant :

— A bas Trochu !

Impassible, le général continuait toujours :

— Ne voyez-vous pas que, pour nous défendre, nous avons besoin de tous les moyens? Si nos armées ont été vaincues, c'est qu'elles n'avaient pas ce qu'il faut pour vaincre : elles manquaient d'artillerie. Nous faisons tous les plus grands efforts pour triompher ; nous avons réuni des forces capables de lutter avec l'ennemi.

A ce moment les cris redoublèrent : un flot nouveau, terrible, une houle humaine, se ruait sur la place, et le général Trochu, poussé par cette vague populaire, que le 107ᵉ bataillon vient encore de grossir, est obligé, malgré les efforts de M. d'Auvergne, commandant des mobiles du Finistère, d'abandonner la place et de rentrer dans les salles de l'Hôtel de ville.

M. Jules Simon monte sur une chaise, essaye de parler à son tour ; mais il ne parvient pas à se faire entendre.

M. Flourens apparaît à une fenêtre de la mairie de Paris.

A trois heures, MM. Lefrançois et Chassin se présentent chez le général Trochu, demandant la déchéance du Gouvernement de la Défense nationale. Enfin, un peu avant cinq heures, M. Flourens proclame plusieurs noms pour la formation de la Commune, devant près de deux mille personnes, qui le laissent parler sans manifester d'approbation ou d'improbation. On retient surtout ceux de Flourens, Millière, Avrial, Ranvier, Louis Blanc, Félix Pyat, Ledru-Rollin, Mottu, Delescluze, Martin Bernard.

Par trois fois le nom de Henri Rochefort est prononcé par la foule ; ce n'est qu'à la quatrième que M. Flourens proclame le nom du représentant de Paris. Il en est de même pour M. Hugo. Cette liste varie de minute en minute. Enfin à cinq heures on publie la formation du nouveau gouvernement : MM. Dorian, président, Ledru-Rollin, Félix Pyat, Delescluze, Schœlcher, Joigneaux, Hugo, Martin Bernard, Greppo, Bonvalet, Mottu.

Pendant ce temps le bruit courait dans tous les quartiers de Paris qu'on se battait à l'Hôtel de ville, et de tous côtés les commerçants fermaient précipitamment leurs boutiques.

On assure qu'un drapeau rouge a été hissé aux fenêtres du palais ; ce qu'il y a de certain, c'est que l'on a vu un groupe de femmes déguenillées, éhontées, ivres, se promener dans certaines rues, agitant au bout d'un bâton une loque de cette couleur !...

On les huait sur leur passage.

Sous la présidence de M. Dorian, on a élu, dit-on, un gouvernement pour vingt-quatre heures ; on va faire procéder immédiatement à l'élection de la Commune.

Vers six heures un certain nombre d'agitateurs ont déclaré en état d'arrestation MM. Trochu, Jules Favre, Ferry. On parle de M. Rochefort comme ayant été arrêté aussi. M. Étienne Arago avait été mis en surveillance dans son cabinet.

Dans les salles ouvertes des autres corps du bâtiment, les gardes nationaux partisans de la Commune, bêtes fauves déchaînées, volaient, souillaient, pillaient, et buvaient les vins volés dans les caves, dont ils avaient brisé les portes.

Le rappel se battait toujours dans les rues de Paris.

Dans la salle des délibérations du Gouvernement le citoyen Flourens, qui avait la direction de l'émeute, s'obstinait à demander aux ministres leurs démissions écrites.

On vocifère, on hurle, on crie !... M. Flourens monte sur une table pour se faire entendre. Il lui faut toujours quelque chose qui l'élève ; c'est une manie !

Vers neuf heures les choses changent de face : le 106e bataillon, commandant Ibos, clairons en tête, gravit l'escalier, dont on a brisé la rampe magnifique, et pénètre dans la salle du Trône, où des citoyens communards achèvent un repas arrosé de libations copieuses. Les officiers s'introduisent dans la salle dite du Zodiaque et réclament le général Trochu. Le gouverneur de Paris se présente ; il est aussitôt entouré et acclamé. Empêchera-t-on le général de sortir ? Cela équivaudrait à la lutte, car les hommes du 106ᵉ sont armés. On consulte Flourens, toujours perché sur sa table et gesticulant. Il jette un coup d'œil vers la fenêtre. Toute la place est envahie par des gardes nationaux et des citoyens qui crient : « A bas la commune ! » Cette attitude lui donne à réfléchir, le fait descendre en lui-même ; et il *décide* (c'est le mot) la mise en liberté du général Trochu. Tandis que les uns applaudissent, les autres crient à la trahison. MM. Jules Favre, Magnin et Ferry profitent de ce moment de désordre pour sortir de l'Hôtel de ville par les souterrains communiquant avec les bâtiments annexes.

Il est onze heures ; ~~Jules Favre~~, Garnier-Pagès et le général Tamisier sont toujours gardés à vue par la haute milice de Belleville.

Ils semblent prendre leur parti et s'installent de leur mieux dans leurs fauteuils.

A côté, le nouveau gouvernement discute. Delescluze tonne, Flourens fume, ~~Louis-Blanc tremble~~, et Blanqui signe des ordres.

On surprend à M. Arago un décret pour les élections de la Commune, fixées au mardi 1ᵉʳ novembre, et M. Dorian, qui préside provisoirement, malgré lui, revêt de sa signature cette convocation.

Les agitateurs sentaient si bien la nécessité de s'associer le concours de cet honnête homme justement estimé par tous les partis, qu'ils le comprirent d'office dans toutes leurs combinaisons, qu'ils allèrent jusqu'à lui offrir la présidence du gouvernement nouveau. M. Dorian repoussa énergiquement ces propositions.

Dans la nuit, l'affiche suivante est envoyée à tous les journaux, adressée par le maire de Paris :

« Citoyens,

» Aujourd'hui, à une heure, les maires des vingt arrondissements, réunis à l'Hôtel de ville de Paris, ont déclaré à l'unanimité que, dans les circonstances actuelles et dans l'intérêt du salut national, il est indispensable de procéder aux élections municipales.

» Les événements de la journée rendent tout à fait urgente la constitution d'un pouvoir municipal autour duquel tous les républicains puissent se rallier.

» En conséquence, les électeurs sont convoqués pour demain mardi 1er novembre, dans leur section électorale, à midi.

» Chaque arrondissement nommera, au scrutin de liste, quatre représentants. Les maires de Paris sont chargés de l'exécution du présent arrêté.

» La garde nationale est chargée de veiller à la liberté de l'élection.

» Vive la République!

» Fait à l'Hôtel de ville, le lundi 31 octobre 1870. »

DORIAN, président de la Commission des élections; J. SCHOELCHER, vice-président de la Commission des élections; ÉTIENNE ARAGO, maire de Paris; CH. FLOQUET, HENRI BRISSON, CH. HÉRISSON, CLAMAGERAN, adjoints au maire de Paris.

Tel est le résumé de la soirée ; mais, à minuit, tout changeait de face. Un bruit formidable se fait entendre. Ce sont les mobiles bretons qui, faisant subitement irruption à l'Hôtel de ville, démolissent une barricade construite par les envahisseurs, derrière la porte de la place Lobau.

Au moment où ils achèvent leur besogne, et qu'ils s'élancent la baïonnette en avant, surgissent de terre six cents mobiles berrichons cachés dans les souterrains, et qui se joignent à eux. Alors, à l'intérieur, la panique est à son comble. Les insurgés tombent littéralement à genoux et demandent la vie sauve, d'autres gagnent les greniers. Les mobiles, aidés des gardes nationaux du 203ᵉ bataillon, après avoir reconduit jusqu'à la porte de l'Hôtel de ville, en leur rendant les honneurs militaires, MM. Jules Favre, Garnier-Pagès, Tamisier, commencent alors leurs perquisitions et enlèvent des barricades construites à presque toutes les issues.

Les envahisseurs, saisis par groupes, sont conduits à la caserne Napoléon. Pendant ce temps, vers deux heures et demie, le général Trochu, suivi de tout son état-major, passait en revue les gardes nationaux de l'ordre, réunis sur la place de l'Hôtel-de-Ville, aux cris de : Vive Trochu ! De là, il se rend à la place Vendôme, où il reçoit la même ovation. Enfin, il rentre à son hôtel ; il était cinq heures du matin. Le calme était rétabli. Cette fois la *Commune* était vaincue.

En dehors de l'Hôtel de ville, divers incidents ont signalé cette journée du 31 octobre qui restera mémorable dans les journées du siège de Paris. Au 1ᵉʳ arrondissement, c'est l'arrestation du docteur Pillot qui, muni de pouvoirs signés de Blanqui, était venu s'installer en qualité de maire. Au XIᵉ arrondissement, c'est le citoyen Mottu, usurpant dans les mêmes circonstances la place de M. de Fonvielle, et y renonçant dès le lendemain en prenant soin de se mettre en lieu de sûreté. Partout où passent ces messieurs de la Commune, ce n'est que pillage. Les caves surtout sont soigneusement visitées.

Au ministère des finances, c'est un lieutenant qui se

présente vers deux heures, en demandant où est la caisse ; sur la réponse qui lui fut faite que la caisse était fermée, il s'informa des appartements du ministre et s'y rendit. On l'introduisit chez le secrétaire général, auquel il présenta sans tarder un bon de réquisition signé BLANQUI, sommant le caissier central d'avoir à remettre au porteur QUINZE MILLIONS.

Rien que ça!

M. Dufayet fit appeler M. de Calmen, capitaine de la 1re compagnie du 171e bataillon, de service au ministère et lui ordonna aussitôt d'arrêter le chargé d'affaires de M. Blanqui.

Par suite de cet ordre, l'officier fut emmené dans un bureau du second étage, gardé à vue, et conduit plus tard à la préfecture de police.

Pendant cette nuit du 31 octobre, les compositeurs du *Journal officiel* reçurent divers décrets envoyés par le gouvernement improvisé. On reconnut que *cette copie n'émanait pas du pouvoir régulier, parce qu'elle était remplie de fautes d'ortographe.*

Dans la soirée, des individus au nombre de deux à trois cents, se sont présentés à l'hôtel de la préfecture de police pour en prendre possession. M. Edmond Adam a refusé de livrer le poste que lui avait livré le Gouvernement de la Défense. M. Hauréau a également refusé de livrer l'imprimerie nationale. M. Louis Blanc s'est abstenu d'aller à l'Hôtel de ville. M. Ledru-Rollin s'y serait présenté et aurait été invité à se retirer par le 106e bataillon de la garde nationale.

Les partisans de la Commune ont précisément choisi l'anniversaire de l'exécution des Girondins pour faire leur coup de main.

Singulier anniversaire, et la veille du jour des morts.

Voici pour aujourd'hui tout ce que je puis raconter des faits qui se sont passés dans cette journée. Comme d'autres détails me seront connus sans nul doute, je les joindrai à mesure qu'ils m'arriveront aux journées suivantes.

Les nouvelles que le Gouvernement de la Défense nationale vient de recevoir de Tours constatent le progrès continu de nos armements. Mais elles constatent également un fait qui mérite attention et qui est la conséquence de l'isolement de la capitale. C'est une certaine tendance à localiser la défense, à disséminer la résistance par département, par ville ou par province. Il y a là un danger. Le Gouvernement estime que la convocation d'une assemblée nationale, qui se réunirait dans les murs de la capitale, est un moyen infaillible de rendre à l'unité française la cohésion qui fait sa force, et qu'elle doit conserver, sous peine de mort.

Garibaldi est parti de Tours avec le titre de général français, et investi du commandement de tous les francs-tireurs sur la ligne de l'Est, depuis Strasbourg jusqu'à Paris.

L'armée de la Loire est composée de cent mille hommes. ce sont là les nouvelles de province.

Depuis ce matin, une batterie d'artillerie est installée dans la mairie de la rue Drouot. Cette batterie a été offerte par M. Alexis Godillot au comité d'armement du 9ᵉ arrondissement.

La délégation gouvernementale de Tours vient de publier toute une série de décrets ayant pour objet de conférer aux autorités militaires les pouvoirs les plus étendus pour l'exécution des travaux de défense et pour l'organisation des forces à opposer à l'invasion. Les deux plus importants déclarent en état de guerre tous les départements dont l'ennemi est éloigné de moins de 100 kilomètres, et permettent l'appel sous les armes de tous les gardes nationaux jusqu'à l'âge de quarante ans, lesquels seront dès lors placés sous le régime militaire.

Un autre décret, d'après un journal de province qui nous est parvenu, ordonne de fondre l'argenterie de la liste civile pour la convertir en monnaie.

Un autre décret du Gouvernement de la Défense nationale traduit devant un conseil de guerre tous les chefs de corps ou de détachement qui se seront laissé surprendre par l'ennemi, ou qui se seront engagés sur un point où ils ne soupçonnaient pas sa présence.

Si nous publions les décrets du Gouvernement de Tours, que nous font connaître les journaux extérieurs, nous ne devons pas oublier ceux de Paris.

Le Gouvernement de la Défense nationale,

Considérant que dans la crise suprême que traverse la France tous les citoyens doivent se lever, combattre, et, s'il le faut, mourir pour chasser l'étranger;

Considérant qu'en retour de leurs sacrifices ils sont en droit d'attendre pour leurs familles l'appui de la patrie.

Décrète :

*Article unique.* La France adopte les enfants des citoyens morts pour sa défense.

Elle pourvoira aux besoins de leurs veuves et et de leurs familles qui réclameront le secours de l'État.

Général Trochu, Jules Favre, Emmanuel Arago, Jules Ferry, Garnier-Pagès, Ernest Picard, Henri Rochefort, Jules Simon.

Je finis la journée en inscrivant une bonne nouvelle. On assure que la poste des pigeons va se trouver définitivement installée.

---

## 48ᵉ JOURNÉE

**Mardi 1ᵉʳ Novembre**        3 %   53.90

A la tempête d'hier, le calme a succédé. Ce matin, *l'Officiel* parle sagement et nous donne le loisir de l'applaudir de tout cœur. En quelques lignes, je traduis sa pensée :

« Le Gouvernement aurait pu en finir plus tôt avec cette triste insurrection, mais il s'était fait un devoir d'éviter par dessus tout une collision en face de l'ennemi. A force de patience, on a pu éviter un conflit sanglant, c'est là un grand bonheur. Mais, de pareilles aventures ne peuvent se renouveler, la garde nationale ne peut être absorbée par la nécessité de mettre à la raison une minorité factieuse. Il faut que Paris se prononce une fois pour toutes. Le Gouvernement consultera la population de Paris tout entière dès après-demain, sur la question de savoir si elle veut pour gouvernement MM. Blanqui, Félix Pyat, Flourens et leurs amis, renforcés par une Commune révolutionnaire, ou si elle conserve sa confiance aux hommes qui ont accepté, le 4 septembre, le périlleux devoir de sauver la patrie. Le Gouvernement se doit à lui-même, après cette journée, après le coup de main qui a failli réussir, de demander à ses concitoyens si, *oui* ou *non*, il conserve sa confiance. Dans la situation où nous sommes, la force du

Gouvernement n'est qu'une force morale, l'acclamation du 4 septembre ne suffit plus, il faut le suffrage universel. Si le suffrage prononce contre nous, dans les vingt-quatre heures la population sera mise à même de le remplacer ; s'il décide au contraire que le pouvoir restera dans les mêmes mains, les hommes qui le tiennent aujourd'hui le conserveront avec cette consécration nouvelle. Mais, pour que personne ne se trompe sur le sens du scrutin qui va s'ouvrir, ils déclarent avant l'élection que la journée du 31 octobre doit être la dernière de tout le siége ; qu'ils n'accepteront désormais le pouvoir que pour l'exercer dans sa plénitude et même dans sa rigueur ; qu'ils ne souffriront plus qu'aucun obstacle leur vienne du dedans. Fidèles observateurs des lois, pour leur propre compte, ils contraindront tout le monde à se tenir dans la légalité, afin que tous les efforts se réunissent sur ce qui doit être désormais notre unique pensée : l'expulsion de l'ennemi hors du territoire. »

Que le Gouvernement passe son temps à parlementer ou à se défendre personnellement, lorsqu'il est tenu d'agir sans relâche contre l'ennemi ; que la garde nationale et l'armée se morfondent de froid et de fatigue dans nos rues, tandis que tous devraient être aux remparts, c'est un crime contre le bon sens et la nation. Ce crime ne doit plus se reproduire en aucun cas. Le moment des efforts suprêmes approche rapidement ; Paris n'est plus une ville, c'est une armée. La France, qui marche à notre aide, a besoin, avant tout, de nous savoir unis. Nous le serons, nous devons l'être. Tel est le sens que le Gouvernement donne aux élections du 3 novembre, ordonnées par le décret qui suit ces lignes. Il veut être maintenu ou tomber !

En conséquence, le ministre de l'intérieur fait afficher vers trois heures un avis qui ordonne aux maires de Paris de suspendre toutes les élections qui avaient été décrétées par le *Comité de salut public* de l'Hôtel de ville, pour aujourd'hui, et annonce un plébiscite pour le jeudi 3 courant.

J'enregistre le décret concernant les élections du 3 novembre.

Le Gouvernement de la Défense nationale,

Considérant qu'il importe à la dignité du Gouvernement et au libre exercice de sa mission de défense de savoir s'il a conservé la confiance de la population parisienne ;

Considérant, d'autre part, que, d'une délibération des maires des vingt arrondissements municipaux de la ville de Paris, légalement convoqués à l'Hôtel de ville dans la matinée du 31 octobre, il résulte qu'il est opportun de constituer régulièrement par l'élection les municipalités des vingt arrondissements,

DÉCRÈTE :

Art. 1$^{er}$. Le scrutin sera ouvert, le jeudi 3 novembre, de huit heures du matin à six heures du soir, sur la question suivante :

« La population de Paris maintient-elle, *oui* ou *non*, les pouvoirs du Gouvernement de la Défense nationale ? »

Art. 2. Le vote aura lieu dans les sections accoutumées de chaque arrondissement ; ces sections seront indiquées par les soins des maires.

Art. 3. Prendront part au vote, tous les électeurs de Paris et des communes réfugiées à Paris, qui justifieront de leurs droits électoraux.

Art. 4. Il sera procédé, le samedi 5 novembre, à l'élection d'un maire et de trois adjoints pour chacun des arrondissements municipaux de la ville de Paris. Les électeurs inscrits sur les listes électorales, à Paris, prendront seuls part à ce vote.

Le vote aura lieu par scrutin de liste pour chaque arrondissement, et à la majorité absolue des suffrages. En cas de second tour, le nouveau scrutin aura lieu le lundi 7 novembre.

Art. 5. Le ministre de l'intérieur, le maire de Paris, les maires actuellement en fonctions dans les arrondissements et le membre du Gouvernement délégué près l'administration du département de la Seine, sont chargés, chacun en ce qui les concerne, de l'exécution du présent décret.

Fait à l'Hôtel de ville, le 1ᵉʳ novembre 1870.

Général Trochu, Jules Favre, Emmanuel Arago, Jules Ferry, Garnier-Pagès, E. Pelletan, Ernest Picard, Jules Simon.

Ce décret et la note qui le précède produisent sur la masse un très-bon effet. Les Parisiens sont heureux du calme retrouvé, et sans changer leurs habitudes, ils vont, suivant l'usage amené par le jour de la Toussaint, rendre visite aux morts, qui sont vraiment bien heureux de ne pas assister à toutes ces misères humaines.

On remarque que le décret concernant le plébiscite et la note ayant trait à l'annulation des élections ordonnées par le gouvernement Blanqui, sont privés de la signature de Henri Rochefort.

En effet, M. Rochefort se retire du côté des communeux. En lisant sur les murs l'affiche qui ajourne les élections municipales, affiche qui ne lui avait pas été communiquée au préalable, l'auteur de *la Lanterne*, qui avait promis ces élections la veille, au nom de ses collègues, a cru devoir envoyer sa démission de membre du Gouvernement de la Défense nationale.

Fidèle à ses principes, le citoyen Rochefort entre dans les rangs de l'opposition.

Pour ceux qui restent fidèles à leur poste, le 31 octobre comptera certainement en leur faveur ; pour l'histoire, ce sera une date fort instructive. Elle démontrera surtout que les honnêtes gens sont encore plus nombreux que ceux auxquels nous ne voulons pas donner un nom que leur conduite leur fait cependant mériter. Le journal *le Combat* publiait hier soir l'acte qui finissait la journée du désordre organisé par les partisans de la Commune.

Art 1$^{er}$. Le Gouvernement de la Défense nationale a donné sa démission au peuple de Paris, qui l'a acceptée, à l'Hôtel de ville.

Art. 2. Le peuple de Paris nomme le citoyen Dorian président intérimaire pour la convocation de la Commune.

Art. 3. Le citoyen Dorian convoque les électeurs de Paris dans leurs comices, pour la nomination de la Commune, demain 1$^{er}$ novembre.

Art. 4. Le scrutin aura lieu par scrutin de liste de quatre représentants dans les vingt arrondissements de Paris.

Voici donc ce que *le Combat* publiait, au moment où M. Pyat et consorts se croyaient vraiment maîtres de l'Hôtel de ville.

Dans cette journée si triste, si navrante, la conduite de plusieurs maires a été fort douteuse ; d'autres se sont mis de suite à la disposition du vrai Gouvernement.

A la date de ce jour, on compte encore plusieurs décrets :

1° Un décret qui défend à tout bataillon de la garde nationale de sortir en armes en dehors des exercices militaires et sans convocation régulière, sous peine d'être immédiatement dissous et désarmé. Tout chef de bataillon qui aura convoqué son bataillon en dehors des exercices ordinaires, ou sans ordre régulier, pourra être traduit devant un conseil de guerre;

2° Un décret prononçant la révocation des chefs de bataillon de la garde nationale dont les noms suivent :

G. Flourens, chef du 1er bataillon de volontaires ;

Razoua, chef du 61° bataillon ;

Goupil, chef du 115° bataillon ;

Ranvier, chef du 141° bataillon ;

De Frémicourt, chef du 151° bataillon ;

Jaclard, chef du 158° bataillon ;

Cyrille, chef du 167° bataillon ;

Levraud, chef du 204° bataillon ;

Millière, chef du 208° bataillon.

Très-bonne mesure et pour l'un et l'autre de ces décrets.

3° Un décret nommant le général Clément-Thomas commandant du 3° secteur, adjudant général commandant en second des gardes nationales de la Seine.

Je mentionne, en outre, une proclamation du général Trochu aux gardes nationales de la Seine (bataillons de l'ordre). Le général remercie les gardes nationaux qui ont, dans cette journée, sauvé la République par leur ferme attitude. Il expose, en outre, nettement le caractère de la proposition d'armistice présentée par les puissances neutres, en faisant bien comprendre que l'interprétation en a été généralement faussée, et qu'elle n'est point, comme on a semblé le dire, le prélude d'une capitulation.

Les événements n'ont, pour ainsi dire, rien changé de la physionomie ordinaire de Paris dans cette journée; mais le soir, vers sept heures et demie, la ville est complétement déserte. Chacun est rentré chez soi, fatigué au physique et au moral.

Quant à la guerre et aux Prussiens, depuis deux jours, il n'en a point été question; pas plus que si l'Allemagne n'était pas sur les bords de la Seine; et cependant elle est là... C'est aussi près de nous, qu'elle a transporté ses frontières.

A quatre heures, M. Thiers est reparti pour le quartier général prussien.

Savez-vous comment le citoyen Félix Pyat appelle, dans son journal, les bataillons qui ont décidé du sort de la journée?

« Des émeutiers! »

Ah! c'est écrit. Il n'y a pas à dire non.

## 49º JOURNÉE

**Mercredi 2 Novembre**  3 º/₀  53

Hier soir il a paru, dans quelques journaux, une dépêche du Gouvernement, annonçant un succès remporté dans les Vosges. Ce matin, le *Journal officiel* dément cette nouvelle, ajoutant que les émeutiers du 31 octobre ont pris à l'Hôtel de ville, les entêtes de lettres, ainsi que tous les cachets du Gouvernement, et que c'est à l'aide de ces deux choses qu'ils ont trompé les journaux, auxquels ils avaient envoyé une note paraissant toute officielle. Si ces messieurs n'avaient volé que cela; mais il paraît qu'outre les papiers et les cachets, ils ont débarrassé la Maison de ville de toutes les provisions de bouche.

Ce matin, les murs sont garnis d'affiches annonçant : 1° les élections de demain ; 2° la nomination des maires et adjoints par le suffrage universel.

Ces élections ne ressemblent en rien à celles désirées par la Commune ; elle doivent, au contraire, en être la négation.

Quelques maires ayant donné leur démission, il est bon de pourvoir à leur remplacement, et le Gouvernement a cru sage de donner aux magistrats municipaux la consécration de l'élection populaire. Ils conserveront leur caractère d'agents du pouvoir exécutif qui leur est attribué par la loi. C'est aux citoyens à faire leur choix selon leur conscience. Malgré le peu de temps donné aux électeurs, le mouvement électoral est très-animé ; les citoyens organisent des réunions préparatoires. Tous sentent qu'il est nécessaire de défendre la liberté contre une minorité qui ne puise sa force que dans sa violence et son organisation.

M. Edmond Adam, préfet de police, et M. Pouche secrétaire, ont donné leur démission.

Les journaux de province nous font passer le chiffre total de notre armée extérieure, en la divisant par commandements et par lieux d'action.

| | hommes. |
|---|---|
| Armée des Vosges, général Cambriels.............. | 35.000 |
| Armée de Besançon........................ | 90.000 |
| Armée de l'Ouest, général de Kératry.......... | 90.000 |
| Armée du Nord, général Bourbaki............ | 40.000 |
| Armée du Centre, général Tripart............ | 90.000 |
| Armée de la Loire, général Aurelle de Paladines. | 80.000 |
| Total...... | 425.000 |

Si la chose est vraie, nous devons certainement avoir grande confiance. Mais, hélas! l'espérance nous a fait si souvent défaut, que je n'ose plus espérer.

Dans la journée, il y a eu grande réunion des officiers de la garde mobile pour s'entendre, en cas de troubles intérieurs, pendant la journée des élections. Je crois que cette prévoyance sera inutile pour aujourd'hui, les communeux sont fortement bridés.

A la Bourse, les bruits d'armistice circulent toujours; aussi la rente monte-t-elle de 2 francs. Le départ de M. Thiers est bien interprété, et l'on compte beaucoup sur les puissances neutres. Les propositions de l'armistice, selon beaucoup de personnes se disant bien renseignées, sont :

1° Ravitaillement proportionné à la durée de l'armistice ;

2° Échange des courriers entre Paris et la province ;

3° Élection d'une Assemblée.

Le marché financier change d'aspect subitement, en entendant ces bonnes paroles. Jointe à cela, l'espérance pour demain d'une majorité immense, et l'on se croit revenu aux beaux jours. Ah! c'est que l'armistice, c'est la paix! Quel mot magique, après trois mois d'angoisses.

Les places publiques sont encore occupées militairement, mais par précaution seulement; car rien ne fait présager de nouveaux troubles.

Chose remarquable : depuis qu'on parle d'armistice, les comestibles de toute nature semblent sortir de terre. La raison est facile à comprendre : si l'armistice était signé, toutes ces denrées baisseraient de 75 %.

## 50ᵉ JOURNÉE

**Jeudi 3 Novembre**                        3 %   **54.70**

C'est aujourd'hui une grande journée pour Paris. Hâtons-nous de dire qu'elle s'est passée fièrement et au milieu d'un calme digne et profond. Quelques précautions militaires ont cependant été prises ; les Champs-Élysées sont occupés par des troupes de ligne et de la garde mobile ; on a massé des bataillons de garde nationale sur toutes les places et particulièrement à l'Hôtel de ville ; précaution tout à fait inutile comme je le prévoyais hier. Paris est calme, quoique naturellement très-animé. L'affluence dans les sections de vote est considérable et l'on est obligé de faire la queue. On y vote pour ainsi dire à bulletin ouvert, et beaucoup de gardes nationaux portent leur vote sur leur képi, heureux de montrer qu'ils font partie de l'ordre. Dans beaucoup de quartiers, on remarque qu'il n'y a pas de distribution de bulletins de NON. Il n'en sera pas de même partout, malheureusement. La mobile et l'armée ont voté comme un seul homme. On a remarqué beaucoup de bulletins sur lesquels on avait ajouté à la plume ces deux mots : LA PAIX.

Je signale ce fait comme un indice certain de lassitude.

Dès qu'arrive le soir, une foule immense attend sur les boulevards, fiévreuse, impatiente, et se jette avec avidité sur les journaux lorsqu'ils arrivent. Malgré cette foule, océan humain, qu'ils sont sombres et tristes, ces grands boulevards autrefois si gais et si lumineux. Quand on voit ces beaux cafés privés de gaz, éclairés par quelques malheureuses bougies, le cœur se serre vraiment et l'on souffre.

A minuit, la garde nationale qui était à l'Hôtel de ville rentre chez elle après avoir défilé au Louvre devant le général Trochu.

Les citoyens qui rentrent nous apportent vers une heure du matin le résultat suivant du vote :

OUI 559.000
NON 62.000

Voilà un bon résultat.

La guerre semble ne pas exister. On n'en parle pas plus aujourd'hui qu'hier. On a peut-être tort d'oublier que nous ne sommes pas libres.

La Bourse a été très-animée, la rente monte encore sur les bruits obstinés d'armistice. Les gens sensés y croient avec plaisir, y aspirent avec ardeur, parce qu'ils sont bien convaincus que ce serait la fin d'une guerre qui, plus elle se prolongera, plus elle sera ruineuse pour la France. Beaucoup de personnes disent que, plus on résistera, plus les conditions de paix seront posées d'une façon acceptable. Moi, je déclare, que je crois au contraire, que ces conditions seront très-dures, en raison du temps écoulé et des dépenses de la Prusse. On ne doit pas se bercer follement de l'idée que les Allemands lèveront facilement le siège de Paris. Pour eux ce serait la défaite, et leur amour-propre en ce moment leur fait un devoir d'éviter tout ce qui pourrait ressembler à un échec. Nous devons dire franchement, en outre, qu'ils sont véritablement les plus forts. Il est pénible, je le comprends, d'avouer de pareilles choses, mais on ne peut cependant nier l'évidence. L'idée de l'armistice en somme ne sera pas facile, je crois, à faire entrer dans l'esprit parisien. Il y a une partie de la population, très-guerrière, qui résiste à cette pensée. Je puis parfaitement donner la raison de cette ténacité ; c'est, je crois, qu'ils n'ont point encore marché à l'ennemi, et que pour eux le jeu du soldat les attire.

En effet, qu'ont fait nos gardes nationaux jusqu'à présent ? rien, que manger, boire, outre mesure, et bien dormir toutes les nuits, à l'abri, dans leurs demeures. N'ayant point eu à souffrir, ils ne redoutent rien, ils ne songent qu'à eux, ne pensant point un seul instant à notre pauvre France ravagée. Ils veulent se battre ! quand même ! hélas ! pauvres soldats !... que feriez-vous en face de l'ennemi ?

Données par des nouvelles de province, mille versions absurdes circulent sur la reddition de Metz... Bazaine est un traître ! Voilà comme on explique les choses à Paris. Quand on ne réussit pas, on trahit ; quand on n'est pas vainqueur, on est un lâche ! singulier mode d'appréciation.

Pour moi, qui prends avant tout pour guide le bon sens, je n'apprécie pas, ne sachant rien. Lorsque l'on connaîtra les causes qui ont déterminé Bazaine à rendre Metz à la Prusse, alors on pourra s'ériger en juges et condamner. Avant d'avoir le droit de juger, acquis par des preuves indiscutables, il y a infamie à dire : Bazaine est un traître !

Inutile de dire que dans les clubs communistes on est très-irrité du vote d'aujourd'hui ; cela devait être. Ce sont des grognements désespérés, lorsqu'à chaque instant on fait connaître à la noble assemblée les résultats obtenus dans les sections des différents arrondissements.

Ce soir, à la dernière heure, on assure que les négociations relatives à l'armistice sont en bonne voie de réussite. On dit que pendant sa durée, les belligérants conserveront strictement les positions acquises. On ajoute que le lendemain de la signature, paraîtra un décret de convocation de l'assemblée. Les nouvelles sont heureuses ; si elles ne sont pas fausses, comme presque toutes nos bonnes nouvelles.

Pendant les événements qui ont absorbé la population de Paris durant quelques jours, il y a eu un changement de situation à Saint-Cloud. Les Prussiens ont donné ordre aux derniers habitants qui y étaient restés, de partir dans les vingt-quatre heures. Ce temps écoulé, ils ont fait dans la ville une installation complète d'artillerie. Depuis hier, toutes les maisons sont désertes. Suresne possède encore quelques habitants. Colombes est occupé par les gardes mobiles, et la presqu'île de Gennevilliers sera dans quelques jours dans un parfait état de défense.

Pour donner une idée des actes charmants exécutés par messieurs les partisans de la Commune, je transcrirai la proclamation du maire du 19ᵉ arrondissement :

« Citoyens,

» La mairie du 19ᵉ arrondissement a été, le 31 octobre, envahie, à six heures du soir, par des gardes nationaux entraînés par l'ex-chef de bataillon Jules Vallès. Une commission sans mandat s'est installée par la force à la mairie. La municipalité a été arrêtée. Le maire, ayant fait aux envahisseurs sommation de se retirer, a eu son écharpe déchirée et arrachée ; il a été l'objet de violences exercées sur sa personne, fait prisonnier, gardé à vue par quatre sentinelles, et mis en liberté à quatre heures du matin seulement. Du vin destiné aux blessés et les vivres des pauvres ont été gaspillés. Des bons du bureau de bienfaisance ont disparu et le magasin d'équipement de la garde nationale a été pillé. Les services des subsistances et des fourneaux ont été désorganisés ; enfin la mairie a offert le triste spectacle de scènes d'ivresse. »

Voilà ce qu'ils ont fait! Croyez-vous qu'avec de pareils hommes on puisse sauver la patrie? Non! c'est impossible.

Honte à la Commune, et gardons-nous bien pour l'avenir!

## 51e JOURNÉE

**Vendredi 4 Novembre**  3 % 54.90

Le scrutin d'hier a donné largement le résultat sur lequel les hommes de l'ordre comptaient. C'est une grande victoire pour la France. Une immense majorité a consacré le maintien du Gouvernement de la Défense nationale, et c'est avec joie que j'enregistre le vote de chaque arrondissement de Paris.

| | OUI. | NON. |
|---|---|---|
| Ier Arrondissement. — Quartiers Saint-Germain-l'Auxerrois, Halles, Palais-Royal, place Vendôme. | 15.403 | 812 |
| IIe Arr. — Quartiers Gaillon, Vivienne et Bonne-Nouvelle. | 14.964 | 837 |
| IIIe Arr. — Arts-et-Métiers, Saint-Ambroise, la Roquette, Sainte-Marguerite. | 18.425 | 9.114 |

| | | |
|---|---:|---:|
| IVe Arr. — Saint-Merry, Saint-Gervais, Arsenal, Notre-Dame. | 16.838 | 1.823 |
| Ve Arr. — Saint-Victor, Jardin-des-Plantes, Val-de-Grâce, Sorbonne. | 13.840 | 1.839 |
| VIe Arr. — Monnaie, Odéon, Notre-Dame-des-Champs, Saint-Germain-des-Prés. | 16.625 | 846 |
| VIIe Arr. — Saint-Thomas-d'Aquin, Invalides, École-Militaire, Gros-Caillou. | 13.897 | 483 |
| VIIIe Arr. — Champs-Élysées, Roule, Madeleine. | 10.650 | 264 |
| IXe Arr. — Opéra, Saint-Georges, Chaussée-d'Antin, Montmartre, Rochechouart. | 16.978 | 709 |
| Xe Arr. — Saint-Vincent-de-Paul, Porte-Saint-Denis, Saint-Martin. | 21.370 | 3.406 |
| XIe Arr. — Folie-Méricourt, Popincourt, Oberkampf, Saint-Maur. | 8.557 | 11.277 |
| XIIe Arr. — Picpus, Bercy. | 10.532 | 1.925 |
| XIIIe Arr. — Salpêtrière, Maison-Blanche. | 8.374 | 1.970 |
| XIVe Arr. — Observatoire, Montparnasse, Montrouge. | 11.007 | 2.424 |
| XVe Arr. — Vaugirard, Grenelle. | 11.503 | 1.627 |
| XVIe Arr. — Auteuil, la Muette. | 7.288 | 189 |
| XVIIe Arr. — Les Ternes, Batignolles. | 14.740 | 2.364 |
| XVIIIe Arr. — Clignancourt, la Chapelle. | 17.006 | 5.882 |
| XIXe Arr. — La Villette, Combat, Amérique. | 14.277 | 3.415 |
| XXe Arr. — Belleville, Charonne. | 8.294 | 9.625 |

On donnait ce matin comme certaine l'arrestation de Félix Pyat. Cette bonne nouvelle sera-t-elle une réalité? Espérons-le.

La démission du citoyen auteur de la *Lanterne*, Henri Rochefort de Luçay, non retirée avant le vote est donc définitive, puisque les électeurs n'ont pas confirmé ses pouvoirs.

Tant mieux pour lui, tant mieux pour nous!!!

Parlons maintenant des élections municipales, grande question à l'ordre du jour. C'est demain que les intéressés vont nommer leurs représentants d'arrondissement; et comment voteront-ils? L'opportunité est tellement précipitée que personne n'a eu le temps vraiment de s'occuper des candidats. Le peu de réflexion donné par la précipitation va engendrer, je le crois, des candidatures extraordinaires. Mon avis est qu'étant pris ainsi à l'improviste, on votera pour les maires existants ou démissionnaires. Il y aurait intérêt à surseoir à ces élections, et le Gouvernement, après le plébiscite qui lui montre la confiance dont il est entouré, aurait pu le faire sans inconvénient. Et, pour parler franchement, des choses plus essentielles restent à faire, et des préoccupations plus grandes que l'élection des maires doivent tenir le Gouvernement de la Défense nationale en éveil.

Enfin, la coupe est pleine, il faut la vider... pour ne pas faire murmurer l'échanson.

Cette journée, qui se date 4 novembre, fait faire, par son chiffre, un singulier rapprochement avec le passé. On a proclamé officiellement aujourd'hui, à l'Hôtel de ville, le résultat du plébiscite : il y a juste deux mois à pareille date que la République se proclamait ainsi, et depuis deux mois on a déjà voulu renverser ce même gouvernement. Je me suis pourtant laissé dire par des républicains que leur triomphe fermait l'ère des révolutions. Je ne le vois guère.

La hausse sur les fonds publics persiste vigoureusement, car on parle toujours d'armistice, et les journalistes ne marchandent pas leurs appréciations. Tous ces bruits ont fait naître un certain relâchement dans le service de la garde nationale. Ainsi, du côté du bois de Boulogne, j'ai constaté des remparts presque dégarnis.

Paris est calme, et le soleil, qui a brillé, n'est pas certes en rapport avec la situation.

Aujourd'hui, il y a eu un départ de ballons avec lettres et pigeons.

J'ai fait remarquer que la nouvelle d'armistice avait fait voir le jour à des vivres de toutes sortes chez les marchands. Cette exhumation ne les a pas fait diminuer de prix. Les légumes sont fort chers. Le beurre vaut 25 francs la livre. Si une solution n'est pas prompte, nous aurons encore une forte augmentation sur toute chose.

---

## 52ᵉ JOURNÉE

Samedi 5 ~~Octobre~~ Novembre 3 % 54.50

Paris a procédé aujourd'hui aux élections municipales. Ces élections, quoique fort étranges comme résultat, ne s'en sont pas moins faites avec calme et sang-froid. Je crois qu'il est assez curieux de faire un tableau des élus du 5 octobre.

### ÉLECTIONS MUNICIPALES DE PARIS.

| | | | |
|---|---|---|---|
| 1er Arrondissement. | Tenaille-Seligny...... | Modéré |
| 2e | — | Tirard........... | Avancé |
| 3e | — | Bonvalet......... | — |
| 4e | — | Vautrain......... | Modéré |
| 5e | — | Vacherot......... | Avancé |
| 6e | — | Hérisson......... | Modéré |
| 7e | — | Arnaud de l'Ariége.... | — |
| 8e | — | Carnot........... | — |
| 9e | — | Desmarest........ | — |
| 10e | — | Dubail........... | — |
| 11e | — | Mottu............ | Avancé |
| 12e | — | Grivot........... | — |
| 13e | — | Pernolet......... | Modéré |
| 14e | — | Asseline......... | — |
| 15e | — | Corbon........... | — |
| 16e | — | Henri Martin...... | — |
| 17e | — | François Favre..... | — |
| 18e | — | Clémenceau....... | — |
| 19e | — | Delescluze....... | Avancé |
| 20e | — | Ranvier.......... | — |

Si tous ces messieurs sont assez habiles pour bien gérer les municipalités que le suffrage universel leur a confiées, certes nous applaudirons des deux mains. Quant à présent, nous resterons muets spectateurs, attendant l'avenir.

Le Gouvernement de la Défense a adressé à la population parisienne la proclamation suivante, la remerciant de son vote du 3 octobre :

« Citoyens,

» Nous avons fait appel à vos suffrages, vous nous répondez par une éclatante majorité, vous nous ordonnez de rester au poste que nous avait assigné la révolution du 4 septembre, nous y restons avec la force qui vient de vous, avec le sentiment des grands devoirs que votre confiance nous impose. Le premier est celui de la défense ; elle a été, elle continuera d'être l'objet de notre préoccupation exclusive. Tous, nous serons unis dans les graves efforts qu'elle exige : à notre brave armée, à notre vaillante mobile, se joindront les bataillons de garde nationale frémissant d'une généreuse impatience. Que ce vote consacre notre union désormais. C'est l'autorité de votre suffrage que nous avons à faire respecter et nous sommes résolus à y mettre toute notre énergie. Donnant au monde le spectacle d'une ville assiégée dans laquelle règne la liberté la plus illimitée, nous ne souffrirons pas qu'une minorité porte atteinte aux droits de la majorité, brave les lois et devienne par la sédition l'auxiliaire de la Prusse. La garde nationale ne peut être incessamment arrachée aux remparts pour contenir les mouvements criminels. Nous mettrons notre honneur à les prévenir par la sévère exécution des lois. Habitants et défenseurs de Paris, votre sort est entre vos mains. Votre attitude depuis le commencement du siège a montré ce que valent les citoyens dignes de la liberté. Achevons notre œuvre. Pour nous, nous ne demandons d'autre récompense que d'être les premiers au danger et de mériter, par notre dévouement, d'y avoir été maintenus par votre volonté !

» Vive la République !
» Vive la France ! »

Suivent les signatures.

Il est de toute justice de remercier aujourd'hui la population et de lui adresser des louanges sincèrement méritées.

La dignité de son vote est une preuve irrécusable que la France est encore le pays le plus fort du monde.

La proclamation qu'on vient de lire est très-belle, mais elle sent l'avocasserie ; nos gouvernants aiment trop les proclamations et je vous fais grâce de celle du ministre de l'intérieur, remerciant aussi les électeurs de Paris de leur vote, leur assurant que ce vote a substitué la raison à la violence, et démontrant que le droit enseigne le devoir.

Que Dieu exauce ces bonnes pensées.

Aujourd'hui, les fonds sont moins fermes à la Bourse. On trouve que les négociations avec la Prusse se prolongent beaucoup.

Les bruits les plus absurdes circulent sur les conditions de l'armistice ; il y a même des journaux qui affirment que les négociations n'aboutiront pas, que l'armistice ne sera point signé. *L'Électeur libre* va plus loin dans ses dires. Il affirme que le refus de la Prusse se confirmait ce matin. Qui croire?... Que penser dans ce chaos de contradictions, au milieu de ces nouvelles changeant de note de minute en minute?...

On assure que la Russie est bien disposée en notre faveur. Les retards dans les négociations effrayent beaucoup de monde, et en somme, en calculant bien et en lisant attentivement les journaux du soir s'occupant de cet objet, on sent qu'ils sont moins affirmatifs qu'hier.

Si l'armistice ne se signe pas, forcément les événements devront se dérouler vivement, car on prétend que nous n'avons plus de vivres que pour jusqu'au 20 décembre, au plus tard.

M. Cresson a été nommé préfet de police en remplacement de M. Adam, démissionnaire.

Voici le texte d'un des rares documents émanés du Gouvernement du 31 octobre.

GOUVERNEMENT DE LA DÉFENSE NATIONALE

*Ordre.*

Aux chefs de bataillons de faire battre le rappel et de conduire leurs bataillons à l'Hôtel de ville pour s'y mettre aux ordres du Gouvernement.

Le 31 octobre 1870.

Les membres du Gouvernement,
Blanqui, G. Flourens, Millière, Ranvier.

Autorisation aux bataillons de marcher même sans leurs chefs, qui n'existent pas en ce moment.

---

Par un décret en date du 4 novembre, MM. le baron Tessier de Margueriltes, chef du 69ᵉ bataillon de la garde nationale, et Eudes, chef du 168ᵉ bataillon, sont révoqués de leurs fonctions.

Aujourd'hui a paru un décret concernant la formation des trois armées concourant à la défense de Paris; le détail exact s'en trouve au commencement du journal.

## 53ᵉ JOURNÉE

**Dimanche 6 Novembre** 3 %

Depuis le commencement de la guerre, j'ai fait la remarque que le dimanche était pour nous le jour aux mauvaises nouvelles. C'est un dimanche que nous apprenions la première défaite de Mac-Mahon ; c'est un dimanche que nous parvînt la nouvelle de la retraite de la Sarre sur Metz ; c'est un dimanche que nous fut apportée la défaite de Sedan ! C'est encore un dimanche que nous apprîmes la chute de Toul, et celle de Strasbourg. C'est toujours un dimanche que nous fûmes officiellement avertis de la reddition de Metz. C'est aujourd'hui dimanche, et l'*Officiel* nous fait connaître l'avortement des négociations relatives à l'armistice. Les puissances ont fait un effort ; nous ne pouvons guère compter sur la province et dans un temps donné, Paris doit tomber fatalement au pouvoir de la Prusse. A moins d'un miracle, la chose est mathématiquement calculée. Hélas ! comme les miracles ne sont plus de saison, nous serons bombardés ou cernés, l'incendie ou la famine ; peut-être les deux.

Il faut que Dieu nous juge bien mauvais pour qu'il laisse tomber sur nous ces effroyables calamités.

Les quatre grandes puissances neutres, l'Angleterre, la Russie, l'Autriche, l'Italie avaient pris l'initiative d'une proposition d'armistice à l'effet de faire élire une assemblée nationale. Le Gouvernement avait posé ses conditions, qui étaient : le ravitaillement de Paris et le vote pour l'assemblée nationale par toutes les populations françaises.

La Prusse a expressément repoussé la condition du ravitaillement, elle n'a d'ailleurs admis qu'avec réserve le vote de l'Alsace et de la Lorraine. Le Gouvernement de la Défense nationale a décidé à l'unanimité que l'armistice ainsi compris devait être repoussé. Du reste, l'opinion de la défense à outrance semble s'être fortement ancrée dans les esprits depuis que par une note insérée à l'*Officiel*, il y a quelques jours, le Gouvernement faisait connaître les dispositions de la province à se défendre chez elle et à localiser la guerre s'il le fallait. Si cette note est véridique et si nous en sommes arrivés à cette idée de résistance, comme je le crois, pour ma part, la perte de Paris, je le répète, est certaine comme celle de Metz. Avec l'armistice on pouvait espérer ne pas voir les Prussiens à Paris; à cette heure il nous sera bien difficile d'éviter qu'ils ne souillent de leur présence notre pauvre capitale. Quelle triste chose !

Voici comment on raconte le second voyage de M. Thiers.

### ENTREVUE DE SÈVRES.

M. Thiers arrivé à Sèvres hier matin, a eu, au pont de Sèvres, une entrevue avec M. le ministre des affaires étrangères. A neuf heures, une voiture arrivait au pont de Sèvres, elle renfermait M. J. Favre. A ce moment une sonnerie de clairon s'est fait entendre, et un soldat porteur du drapeau parlementaire s'est avancé. Il en fut de même du côté de l'ennemi. M. J. Favre, pendant ce temps, se promenait sur la berge accompagné du général Ducrot. Après un moment d'attente, une nouvelle sonnerie partait du poste prussien et un personnnage en habit de ville se présentait à son tour sur le bord de la rivière en compagnie du premier parlementaire et de deux officiers. A ce moment, un canot se détachait de la rive française et se dirigeait sur Sèvres. Alors parut M. Thiers accompagné du même personnage qui ne le quitte qu'au moment où il met pied sur le bateau. Arrivé du côté de Paris, M. Favre, vivement ému, marche à la rencontre de notre négociateur. Après l'échange de démonstrations affectueuses, les deux hommes se sont longuement entretenus sur la berge même, et c'est là que M. Thiers a appris au vice-président de la République que sa mission avait échoué.

M. Thiers, arrivé mardi dernier à Versailles avec ses

instructions, vit officiellement M. de Bismark, mercredi. Il paraît certain, du moins pour le moment, que c'est surtout la question du ravitaillement de Paris refusé, qui a rendu tout le débat inutile.

En effet, admettons un instant l'armistice sans ravitaillement, que fait Paris? Pendant huit jours, quinze jours, un mois peut-être, il épuise ses provisions, et si au bout d'un mois la paix n'est pas conclue, les hostilités recommencent, et la ville n'a plus rien dans ses murs pour l'alimentation de ses habitants.

Après le refus de la Prusse, que vont faire les puissances qui ont aidé aux négociations? Vont-elles poursuivre leurs efforts, ou abandonner la partie?

Je crois fermement qu'en face de l'âpre ténacité de l'Allemagne, elles vont se renfermer à cette heure dans une stricte neutralité.

Pendant que les discussions s'établissent, et sans savoir si elles aboutiraient, des ouvriers nombreux ont préparé la salle du Corps législatif. Le palais est prêt à recevoir les nouveaux députés (676). Je crois que les bancs vides attendront encore longtemps, et moi qui croyais à une résistance de courte durée!

Depuis le 1ᵉʳ novembre, le parti de la Commune ayant continué ses menées sourdes et violentes, on fait de nombreuses arrestations.

Mais d'après certaines assertions, le Gouvernement serait porté à ne pas poursuivre les agitateurs du 31 octobre. Le scrutin du 3 novembre impliquerait une sorte d'amnistie qui ferait oublier complètement le passé. Si quelques arrestations ont eu lieu, on assure qu'elles n'ont d'autre motif que des actes antérieurs au plébiscite. A ce dernier titre, les modérés mêmes approuvent le Gouvernement.

Beaucoup de personnes commentent la formation des trois armées de la Défense de Paris. On s'occupe surtout de la première armée comprenant la garde nationale. Je ne doute pas, moi, de son bon vouloir ; mais vouloir n'est rien, il faut pouvoir, et je doute qu'elle puisse se plier à la discipline militaire, sans laquelle on ne pourra jamais rien faire ; et, pour moi, je ne connais pas de corps plus indiscipliné que celui de la garde nationale. Tous les journaux auront beau parler de la première armée, ils ne feront point changer ma manière de voir.

Les denrées alimentaires augmentent encore. On mange maintenant du mulet dont la viande est excellente.

Depuis quelques jours on vend à la criée dans le pavillon de la marée, aux halles centrales, le poisson que l'administration de la ville de Paris fait pêcher dans la Marne et dans les lacs si abondamment pourvus des Bois de Vincennes et de Boulogne. Les prix sont des plus raisonnables.

M. de Kératry, nommé commandant en chef de l'armée de l'Ouest, a fait aux troupes sous ses ordres une énergique proclamation. Ce sont les nouvelles recueillies dans les journaux de province qui nous l'affirment.

M. de Kératry, général en chef. Il faut bien y croire, puisque la province nous l'assure.

Le *Châteaudun*, aréostat-poste de 2,000 mètres cubes, est parti ce matin, à neuf heures et demie, de la gare du Nord, avec une direction sud-ouest, emportant un chargement de 475 kilog. de lettres et de dépêches, une grande quantité de numéros du *Journal officiel* et vingt-quatre sacs de lest pesant chacun 25 kilog.

Le *Nouvelliste de Versailles* a changé de nom ; aujourd'hui, de par la volonté de S. M. Guillaume de Prusse, il s'appelle le *Moniteur officiel du département de Seine-et-Oise*.

Le trente-septième et dernier tirage des obligations de l'emprunt municipal de 1853 a eu lieu le 2 novembre dernier.

A ce tirage, il a été extrait de la roue 2,673 numéros; les soixante premiers numéros ont donné droit à différentes primes dont la première, n° 39,839, est de 50,000 francs. Les autres ont varié à partir de 20,000 francs jusqu'à 500 francs.

On voit que, malgré le siège, la Ville fait les choses régulièrement.

Le temps était superbe aujourd'hui. Aussi, j'avoue que jamais, depuis le commencement du siége de Paris, je n'avais vu pareille foule élégante aux avant-postes français.

Dès onze heures du matin, Boulogne et ses barricades étaient envahies par des dames du meilleur monde, qui fouillaient avec des lorgnettes les maisons de Saint-Cloud.

De Sèvres au pont de Billancourt, de Billancourt au fort d'Issy, toutes les voies de communication, depuis les grandes routes nationales jusqu'aux chemins de traverse, regorgeaient de promeneurs.

La même observation est à faire pour les autres points des environs de Paris.

Les uns allaient voir des mobiles, les autres des parents, les autres étaient simplement attirés par la curiosité.

Un photographe s'était installé dans la plaine de Montrouge, et, aidé par le beau temps, en photographiait les environs.

## 54ᵉ JOURNÉE

#### Lundi 7 Novembre                    3 % 53

Deux opinions sont en présence, au sujet de l'armistice : ceux qui le jugent comme chimérique et ceux qui le regardent comme possible. Ces derniers pensent encore que rien n'est perdu, et qu'il peut encore être signé, malgré la déclaration du Gouvernement, et ils s'appuient sur les efforts des puissances qui ne voudront point abandonner leur projet de pacification.

La majorité de la presse était favorable à la réussite des négociations, mais souvent la presse se trompe, et nous a presque toujours trompé depuis la guerre, ou du moins leurré. Il est curieux de citer, à cette occasion, un article de la *Patrie en danger* :

« L'armistice n'est pas signé, il ne se signera peut-être jamais. » Puis, plus loin, en parlant de ceux qui veulent l'armistice, il ajoute : « Paris tombe en défaillance; il s'ennuie de ses habitudes perdues, de ses vivres rognés, de ses joies envolées; il en a plus qu'assez du rôle de Strasbourg, et ne tient pas à manger les rats de ses égoûts. Voici quarante jours de carême; revenons au carnaval. Votez donc, enfants de Sybaris, votez donc pour la Défense nationale qui rendra la ville aux Prussiens, la viande à vos marmites, les chalands étrangers à vos magasins et à vos lupanars. La Défense nationale a préparé les armistices qui apportent la paix, donc vivent la paix, la viande, les légumes, la musique, le trottoir et la bombance ! Jetons par-dessus bord la République, l'Alsace, la Lorraine et même la France, si Bismark la demande. Nous serons Prussiens, mais nous ne ferons plus queue chez les bouchers et les laitières reviendront au coin des portes. »

Voici mon sentiment, à moi : Le Gouvernement n'a pas osé accepter l'armistice sans ravitaillement ; là est le seul motif, la seule raison, celle qui ne peut être mise en doute, car je connais personnellement certains membres de la Défense qui y auraient adhéré avec beaucoup de joie, si cette question n'avait pas été une des conditions principales. Mais le parti extrême étant là, il faut ne pas oublier qu'on doit compter avec lui, et qu'il n'aurait point manqué de jeter les hauts cris, si cette clause rayée, les négociations avaient abouti.

Le bruit — car on n'entend que des bruits — circule que la délégation de Tours a fait un emprunt. Le Gouvernement déclare ignorer complétement cette opération financière.

Je note en passant l'ouverture des tribunaux à la date du 3 de ce mois.

La Bourse aujourd'hui semble moins découragée qu'elle ne devrait l'être ; elle espère toujours la signature de l'armistice.

Depuis quelques jours aucun rapport militaire ne se trouve dans les colonnes des journaux; on n'entend pas un seul coup de canon : la suspension d'armes existe de fait; je puis en profiter pour donner quelques détails sur les travaux ennemis à Châtillon.

Avant l'arrivée des Allemands autour de Paris on avait reconnu l'importance de la position de Châtillon ; aussi avait-on commencé là des travaux, qui furent forcément abandonnés au combat du 19 septembre.

La redoute de Châtillon, qui est au pouvoir des Prussiens, forme trois faces représentant à peu près trois côtés d'un parallélogramme dont la grande base reste dégagée pour former la gorge de l'ouvrage. La route départementale est dans l'axe même de la redoute. En regardant la carte topographique, on voit que cette disposition, bonne pour la défense, est moins bonne pour l'attaque, et il est à présumer que nos travaux servent de magasins et de casemates aux Prussiens, et que leurs batteries, qui seront sans doute bientôt démasquées, ont été construites un peu au-dessous du plateau, entre la Tour-des-Anglais et le Moulin-à-Ailettes. Des observatoires de Paris on signale tous les jours des mouvements d'hommes et de matériaux, se dirigeant du plateau vers cette position. Un épaulement de peu d'importance, dont la crête dépasse le sommet d'un petit mur blanc crénelé, donne une indication très-précise du point où l'on construit la batterie. Mais cette levée de terre est si minime qu'on ne peut supposer qu'elle cache une batterie tracée d'après les procédés ordinaires. Cependant les rapports sont formels et ne peuvent laisser subsister aucun doute sur l'établissement d'un ouvrage formidable à cet endroit. On pense donc que les Prussiens ont adopté un mode dont ils se sont servis déjà dans la guerre contre le Danemark.

On sait qu'une batterie s'établit par le creusement d'un fossé dont les terres sont rejetées du côté de l'occupant, pour former le talus. Ce talus, percé d'embrasures garnies et bastionnées, protége les pièces qui y sont amenées. Il en résulte que pendant le travail de terrassement les soldats sont à découvert et exposés au feu. Le système prussien consiste à rejeter les terres à l'extérieur, de manière à former en peu de temps un mur abritant les travailleurs et dissimulant l'ouvrage qu'ils exécutent. Le creusement continue jusqu'à ce que le fossé ait atteint la profondeur voulue pour dissimuler les casemates, les poudrières et les pièces. C'est sur le fond du fossé, sur le terrain solide, que sont disposées les plates-formes qui doivent supporter les canons et devant lesquelles on perce une galerie destinée à recevoir la bouche de ces canons.

Comme on le voit, ce travail, des plus ingénieux, peut se faire sans que l'assiégé en ait la moindre connaissance, et pour démasquer la batterie il suffit d'ouvrir, par quelques coups de pioche, les embrasures à l'air libre.

Dans les terrains à pente rapide, la profondeur du fossé doit être considérable, car c'est d'elle que dépend la longueur des embrasures et, par suite, l'épaisseur de résistance du mur de la batterie.

On comprend facilement la solidité de tels travaux, qui ne peuvent être attaqués que par l'obus.

Rien ne nous affirme que les Prussiens ont opéré de cette façon ; mais cela est plus que probable, car on est certain, sans pouvoir en juger *de visu*, qu'il se construit sur les hauteurs de Châtillon des batteries considérables. Or, puisqu'on n'aperçoit aucun travailleur, tout porte à croire qu'ils suivent le mode de la guerre de Danemark.

Après avoir quitté M. Jules Favre avant-hier au pont de Sèvres, où il était venu lui annoncer le rejet de l'armistice, par M. de Bismark, M. Thiers a traversé Versailles sans s'arrêter, et s'est rendu directement à Tours. C'est de là qu'il envoie, nous assure-t-on, des nouvelles de l'armée de la Loire, qu'il trouve dans une bonne situation. De la part de M. Thiers, cette affirmation n'est point à mettre en doute.

Dans les sphères militaires, l'activité règne toujours ; plus nous allons et plus le courage semble décupler. Le gouverneur fait savoir, par la voie de l'*Officiel*, que tout décret inséré dans ce journal suffit pour être promulgué.

Tous les officiers du 170ᵉ bataillon de la garde nationale ont donné leur démission, qui a été acceptée. Ce corps appartenait à M. Flourens.

Les théâtres et les cafés-concerts donnent encore des représentations au bénéfice des blessés. Le Théâtre-Français a joué deux actes de *Tartuffe*, un acte des *Plaideurs* et un acte du *Mariage de Figaro*. La Porte-Saint-Martin, au bénéfice des héroïques victimes de Châteaudun, a joué *Cinna*.

L'Ambigu joue tous les soirs sa pièce de circonstance : *Les Paysans lorrains*.

---

## 55ᵉ JOURNÉE

**Mardi 8 Novembre**     3 %   53.05

Décidément le Gouvernement abandonne les poursuites contre les fauteurs des désordres du 31 octobre. Mon avis est que le Gouvernement a tort : ne point punir aujourd'hui, c'est vouloir que demain les mêmes crimes se représentent ; c'est de la faiblesse.

En réponse au refus de l'armistice, M. Jules Favre vient d'adresser la circulaire suivante aux agents diplomatiques du Gouvernement de la République française.

### CIRCULAIRE DE M. JULES FAVRE.

« Monsieur, la Prusse vient de rejeter l'armistice proposé par les quatre grandes puissances neutres, l'Angleterre, la

Russie, l'Autriche et l'Italie, ayant pour objet la convocation d'une assemblée nationale. Elle a ainsi prouvé, une fois de plus, qu'elle continuait la guerre dans un but étroitement personnel, sans se préoccuper du véritable intérêt de ses sujets et surtout de celui des Allemands qu'elle entraîne à sa suite. Elle prétend, il est vrai, y être contrainte par notre refus de lui céder deux de nos provinces. Mais ces provinces, que nous ne voulons ni ne pouvons lui abandonner, et dont les habitants la repoussent énergiquement, elle les occupe, et ce n'est pas pour les conquérir qu'elle ravage nos campagnes, chasse devant ses armées nos familles ruinées, et tient, depuis près de cinquante jours, Paris enfermé sous le feu des batteries derrière lesquelles elle se retranche. Non : elle veut nous détruire pour satisfaire l'ambition des hommes qui la gouvernent. Le sacrifice de la nation française est utile à la conservation de leur puissance. Ils le consomment froidement, s'étonnant que nous ne soyons pas leurs complices en nous abandonnant aux défaillances que leur diplomatie nous conseille.

» Engagée dans cette voie, la Prusse ferme l'oreille à l'opinion du monde. Sachant qu'elle froisse tous les sentiments justes, qu'elle alarme tous les intérêts conservateurs, elle se fait un système de l'isolement, et se dérobe ainsi à la condamnation que l'Europe, si elle était admise à discuter sa conduite, ne manquerait pas de lui infliger. Cependant, malgré ses refus, quatre grandes puissances neutres sont intervenues et lui ont proposé une suspension d'armes dans le but défini de permettre à la France de se consulter elle-même en réunissant une assemblée. Quoi de plus rationnel, de plus équitable, de plus nécessaire? C'est sous l'effort de la Prusse que le gouvernement impérial s'est abîmé. Le lendemain, les hommes que la nécessité a investis du pouvoir lui ont proposé la paix, et, pour en régler les conditions, réclamé une trêve indispensable à la constitution d'une représentation nationale.

» La Prusse a repoussé l'idée d'une trêve en la subordonnant à des exigences inacceptables; et ses armées ont entouré Paris. On leur en avait dit la soumission facile. Le siège dure depuis cinquante jours, la population ne faiblit pas. La sédition promise s'est fait attendre longtemps, elle est venue à une heure propice au négociateur prussien qui l'a annoncée au nôtre comme un auxiliaire prévu ; mais, en éclatant, elle a permis au peuple de Paris de légitimer par un vote imposant le Gouvernement de la Défense nationale, qui acquiert par là aux yeux de l'Europe la consécration du droit.

» Il lui appartenait donc de conférer sur la proposition d'armistice des quatre puissances ; il pouvait, sans témérité, en espérer le succès. Désireux avant tout de s'effacer devant les mandataires du pays et d'arriver par eux à une paix honorable, il a accepté la négociation et l'a engagée dans les termes ordinaires du droit des gens.

» L'armistice devait comporter :

L'élection des députés sur tout le territoire de la République, même celui envahi ;

Une durée de vingt-cinq jours ;

Le ravitaillement proportionnel à cette durée.

La Prusse n'a pas contesté les deux premières conditions. Cependant elle a fait à propos du vote de l'Alsace et de la Lorraine quelques réserves que nous mentionnons sans les examiner davantage, parce que son refus absolu d'admettre le ravitaillement a rendu toute discussion inutile.

» En effet, le ravitaillement est la conséquence forcée d'une suspension d'armes s'appliquant à une ville investie. Les vivres y sont un élément de défense. Les lui enlever sans compensation, c'est lui créer une inégalité contraire à la justice. La Prusse oserait-elle nous demander d'abattre chaque jour, par son canon, un pan de nos murailles sans nous permettre de lui résister ? Elle nous mettrait dans une situation plus mauvaise encore en nous obligeant à consommer un mois sans nous battre, alors que, vivant sur notre sol, elle attendrait, pour reprendre la guerre, que nous fussions harcelés par la famine. L'armistice sans ravitaillement ce serait la capitulation à terme fixe sans honneur et sans espoir.

» En refusant le ravitaillement, la Prusse refuse donc l'armistice. Et, cette fois, ce n'est pas l'armée seulement, c'est la nation française qu'elle prétend anéantir en réduisant Paris aux horreurs de la faim. Il s'agit, en effet, de savoir si la France pourra réunir ses députés pour délibérer sur la paix. L'Europe demande cette réunion. La Prusse la repousse en la soumettant à une condition inique et contraire au droit commun. Et cependant, s'il faut en croire un document publié sans être démenti, et qui émanerait de sa chancellerie, elle ose accuser le Gouvernement de la Défense nationale de livrer Paris à une famine certaine ! Elle se plaint d'être forcée par lui de nous investir et de nous affamer !

» L'Europe jugera ce que valent de telles imputations. Elles sont le dernier trait de cette politique qui débute par engager la parole du souverain en faveur de la nation française et se termine par le rejet systématique de toutes les combinaisons pouvant permettre à la France d'exprimer sa volonté ! Nous ignorons ce qu'en penseront les quatre grandes puissances neutres, dont les propositions sont écartées avec tant de hauteur : peut-être devineront-elles enfin ce que leur réserverait la Prusse, devenue, par la victoire, maîtresse d'accomplir tous ses desseins.

» Quant à nous, nous obéissons à un devoir impérieux et simple en persistant à maintenir leur proposition d'armistice comme le seul moyen de faire résoudre par une assemblée les questions redoutables que les crimes du gouvernement impérial ont permis à l'ennemi de nous poser. La Prusse, qui sent l'odieux de son refus, le dissimule sous un déguisement qui ne peut tromper personne. Elle nous demande un mois de nos vivres, c'est nous demander nos armes. Nous les tenons d'une main résolue et nous ne les déposerons pas sans combattre. Nous avons fait tout ce que peuvent des hommes d'honneur pour arrêter la lutte. On nous ferme l'issue ; nous n'avons plus à prendre conseil que de notre courage, en renvoyant la responsabilité du sang versé à ceux qui, systématiquement, repoussent toute transaction.

» C'est à leur ambition personnelle que peuvent être immolés encore des milliers d'hommes : et quand l'Europe émue veut arrêter les combattants sur la frontière de ce champ de carnage pour y appeler les représentants de la nation et essayer la paix, oui, disent-ils, mais à la condition que cette population qui souffre, ces femmes, ces enfants, ces vieillards qui sont les victimes innocentes de la guerre, ne recevront aucun secours, afin que, la trêve expirée, il ne soit plus possible à leurs défenseurs de nous combattre sans les faire mourir de faim.

» Voilà ce que les chefs prussiens ne craignent pas de répondre à la proposition des quatre puissances. Nous prenons à témoin contre eux le droit et la justice, et nous sommes convaincus que si, comme les nôtres, leur nation et leur armée pouvaient voter, elles condamneraient cette politique inhumaine.

» Qu'au moins il soit bien établi que jusqu'à la dernière heure, préoccupé des immenses et précieux intérêts qui lui sont confiés, le Gouvernement de la Défense nationale a tout fait pour rendre possible une paix qui soit digne.

» On lui refuse les moyens de consulter la France. Il interroge Paris, et Paris tout entier se lève en armes pour montrer au pays et au monde ce que peut un grand peuple quand il défend son honneur, son foyer et l'indépendance de la patrie.

» Vous n'aurez pas de peine, Monsieur, à faire comprendre des vérités si simples et à en faire le point de départ des observations que vous aurez à présenter lorsque l'occasion vous en sera fournie.

» Agréez, etc.

» Le ministre des affaires étrangères.
» Jules Favre. »

Entre la brutalité correcte de M. de Bismark et la politique philosophique de M. Jules Favre, la postérité jugera. Pour nous qui sommes étreints par le fait, par la supériorité du canon prussien, nous ne cherchons pas à juger, si la Prusse a tort ou raison d'user et d'abuser de la victoire, si les puissances veulent ou ne veulent pas intervenir en notre faveur, ce que nous voyons aujourd'hui, c'est que tous les raisonnements, toutes les négociations n'amèneront rien, et que nous sommes destinés à succomber, et je ne vous cache pas qu'on n'ose songer sans frémir au dénoûment inattendu.

Pas de rapport militaire. Cependant, il y a tout lieu de croire, puisque l'armistice n'est plus en jeu, que les hostilités qui semblaient suspendues vont reprendre à nouveau.

La Bourse s'occupe toujours, quand même, des négociations passées, elle s'entête dans l'idée d'une signature d'armistice.

On se fait si difficilement à la pensée de son rejet que la chose est compréhensible. La Bourse n'est point comme les journaux qui s'évertuent à crier à qui mieux mieux : la résistance à outrance ; a demander la *Trouée* sans seulement savoir si la *Trouée* est possible. Le parti extrême qui s'est emparé de cette phrase fatale de M. Jules Favre : « *Pas une pierre de nos forteresses, pas un pouce de notre territoire*, » porte haut la tête, et de sa plus grosse voix, fait entendre des cris épouvantables de bataille, de sortie en masse ; et surtout de trahison. Les journaux exploitent cette malheureuse phrase au détriment de l'intérêt du pays.

Mais hélas ! comme le pays passe toujours en seconde ligne chez ces messieurs, ils ne font qu'écouter leur égoïsme.

On parle sérieusement de mobiliser la garde nationale. Je ne verrai cela qu'avec regret, car il y aura certes plusieurs catégories à faire si cela est mis en vigueur et alors que de mécontents !

Depuis quelques jours nous n'avons point eu de départ de ballons. On voudrait plus d'exactitude dans ce moyen de correspondance et surtout dans l'arrivée de ces réponses de l'extérieur depuis longtemps promises, à l'aide des pigeons et de la photographie.

On s'inquiète du silence de la délégation de Tours. Le temps semble long quand on reste sans nouvelles. Les journaux s'occupent à nouveau de l'emprunt contracté par cette délégation et qui se serait effectivement effectué. On assure que le Gouvernement qui siége à Paris refuse de le sanctionner.

C'est ce soir jour de concert à l'Opéra. Ces jours de fête sont très-suivis : il faut pardonner cette jouissance aux assiégés.

## 56ᵉ JOURNÉE

**Mercredi 9 Novembre** 3 °/₀ 53.15

Le canon a tonné ; les hostilités recommencent. Bicêtre, les Hautes-Bruyères, Vanves et le Mont-Valérien ont, hier soir, lancé dans les positions ennemies des obus à grande portée. Le Mont-Valérien et le 6ᵉ secteur ont tiré sur Montretout, Garches et Ville-d'Avray. Le fort d'Ivry a ouvert son feu ; ce matin c'était une canonnade de Montrouge et de Vanves, entrecoupée du grondement plus lointain de nos redoutes. Hier soir entre neuf et dix heures l'ordre a été donné de canonner le Bourget ; aussi les forts d'Aubervilliers et de Romainville ont-ils tonné une partie de la nuit. La Briche se mit de la partie en prenant pour objectif la Butte-Pinson.

Le sergent Hoff du 107ᵉ d'infanterie s'est de nouveau distingué en tuant encore une sentinelle prussienne. Le sergent Hoff a reçu la croix de la Légion d'honneur en raison de ses nombreux actes de courage.

Le Gouvernement de la Défense nationale,

Pour satisfaire, par des dispositions nouvelles, aux nécessités des opérations militaires et répondre aux vœux unanimement exprimés par la garde nationale,

DÉCRÈTE :

Art. 1ᵉʳ Chaque bataillon de la garde nationale sera composé, suivant son effectif, de huit à dix compagnies.

Art. 2. Les quatre premières compagnies, dites *compa-*

*gnies de guerre*, auront chacune un effectif de 100 hommes, cadre compris, dans les bataillons dont l'effectif est de 1,200 hommes et au-dessous, et de 125 hommes, cadre compris, dans les bataillons ayant plus de 1,200 hommes.

Ces compagnies seront fournies par les hommes valides des catégories ci-dessous, en suivant l'ordre des catégories et en ne prenant dans l'une d'elles que lorsque la catégorie précédente aura été épuisée :

1° Volontaires de tout âge;

2° Célibataires ou veufs sans enfants de 20 à 35 ans;

3° Célibataires ou veufs sans enfants de 35 à 45 ans :

4° Hommes mariés ou pères de famille de 20 à 35 ans;

5° Hommes mariés ou pères de famille de 35 à 45 ans :

Art. 3. Les autres compagnies destinées au service sédentaire ayant autant que possible un effectif uniforme, comprendront le reste du bataillon. Elles constitueront le dépôt et fourniront les hommes nécessaires pour combler les vides faits dans les compagnies de guerre.

Art. 4. Chacun des bataillons armés de fusils à tir rapide conservera un nombre de ses fusils égal à son effectif de guerre, et il en tiendra l'excédant à la disposition du commandant supérieur de la garde nationale, qui lui fera remettre en échange des fusils à percussion.

Art. 5. Chacun des bataillons pourvus d'armes à percussion recevra un nombre de fusils à tir rapide égal à son effectif de guerre, et il remettra, sur l'ordre du commandant supérieur de la garde nationale, l'équivalent en fusils à percussion, pour remplacer les armes à tir rapide délivrées par d'autres bataillons.

Art. 6. Dans chaque bataillon, chacune des quatre compagnies de guerre nommera son cadre, soit dans les cadres existants du bataillon, soit parmi les gardes qui la composent.

L'effectif de ce cadre sera de :

Un capitaine, un lieutenant, un sous-lieutenant, un sergent-major, un sergent-fourrier, quatre sergents, huit caporaux, un tambour et un clairon.

Art. 7. Lorsque les quatre compagnies de guerre recevront l'ordre de participer aux opérations militaires, le commandement sera pris par le chef de bataillon ou, à son défaut, par le plus âgé des capitaines de ces compagnies.

Art. 8. Chaque chef de bataillon devra avoir remis à l'état-major général, avant le 11 novembre au soir :

1° L'état du personnel de ses quatre compagnies de guerre ;

2° Les procès-verbaux d'élections des cadres de ces compagnies ;

3° Le tableau exact de l'armement de son bataillon.

Art. 9. Tout garde national qui se sera soustrait à l'exécution du présent décret sera considéré comme réfractaire et poursuivi comme tel.

Art. 10. L'arrêté du 25 octobre 1870 sur la solde des bataillons de volontaires est applicable aux compagnies de guerre qui font l'objet du présent décret.

Art. 11. Les dispositions du décret du 16 octobre 1780 et de l'arrêté du 19 octobre 1870 sont rapportées en ce qu'elles ont de contraire au présent décret.

(*Suivent les signatures.*)

Après les élections des maires et des adjoints, le Gouvernement a cru devoir, en présence de certaines personnalités élues, prendre les mesures suivantes au 20ᵉ arrondissement.

**Paris, le 9 novembre 1870.**

Le Gouvernement de la Défense nationale,

Considérant que les élections des maire et adjoints du 20ᵉ arrondissement ont abouti à un résultat impraticable ;

Qu'en effet le maire et les trois adjoints nommés sont hors d'état d'exercer leurs fonctions, puisqu'ils sont placés sous le coup d'une instruction judiciaire, à raison de l'attentat commis le 31 octobre, et des faits qui l'ont suivi;

Considérant que provisoirement, et jusqu'au moment où la justice aura prononcé sur les poursuites intentées contre les citoyens Ranvier, Flourens, Millière et Lefrançais, il est nécessaire d'assurer l'expédition des affaires, la confection des actes de l'état civil, et tous les autres services qui ne supportent pas d'ajournement;

DÉCRÈTE :

Provisoirement, et jusqu'à ce que les maire et adjoints élus puissent prendre possession de leurs fonctions, une commission municipale provisoire est constituée à la mairie du 20ᵉ arrondissement;

Cette commission exercera, à titre intérimaire, toutes les attributions des maire et adjoints;

Cette commission sera composée de sept membres ;

Les citoyens :

Jules Caroz, pharmacien ;
Victor Simboiselle, chef d'institution;
Pierre-Hippolyte Topart, fabricant de perles,
Auguste Paffe, marchand boucher;
Docteur Métivier;
Chavanon, teneur de livres ;
Gérard, négociant.

Fait à l'Hôtel de ville de Paris, le 9 novembre 1870.

*(Suivent les signatures.)*

Comme on le voit, par ce décret, le Gouvernement n'a point abandonné les poursuites dirigées contre les *insurgés* du 31 octobre. Nous pouvons affirmer que beaucoup d'arrestations ont été faites, et que les personnes arrêtées ont été mises à la disposition de M. le procureur de la république, qui a nommé immédiatement un juge d'instruction pour procéder à l'enquête judiciaire qui se poursuivra, dit-on, avec la plus grande rapidité.

On nous assure que l'un des chefs les plus actifs du mouvement est M. Raoul Rigault, qui, mis en état d'arrestation provisoire, aurait été trouvé porteur d'un ordre signé Blanqui, lui enjoignant de prendre possession de la Préfecture de police, en se faisant soutenir par la garde nationale.

M. Rigault, commissaire de police, a remis sa démission à M. Cresson.

Le décret sur la garde nationale répond aux bruits que je mentionnais dans la journée d'hier, en faisant part de mes appréhensions. Elles n'étaient point vaines. Une foule de critiques et d'observations sont nées de cette mesure gouvernementale.

La première observation, et dont l'objet fait naître beaucoup de réclamations violentes, c'est de faire le travail de catégories par bataillon, au lieu de le faire sur la masse entière. Chaque bataillon doit donner 4 ou 500 hommes, suivant son effectif. Mais comme il y a des bataillons dont l'effectif n'est que de 700 hommes, tandis que d'autres en ont 2,500, qu'arrivera-t-il? que dans les faibles bataillons les hommes mariés se trouveront frappés et feront partie de la mobilisation, et que, dans les autres, il y a des gens non mariés qui ne partiront pas, ce qui sera d'une injustice révoltante.

Pour ajouter à cela, je dirai : c'est qu'en procédant ainsi, on aura un corps composé de jeunes gens et d'hommes trop âgés.

Je trouve, en outre, ridicule qu'on laisse à ces nouvelles compagnies les mêmes chefs de bataillon qui auront ainsi à commander deux fractions de troupes (mobile et sédentaire) qui se trouveront appelés à différents services.

Il serait utile aussi, je crois, de ne point laisser isolées ces compagnies mobilisées, mais bien d'en former des brigades.

Bref, le décret est critiquable sous beaucoup de rapports.

Deux autres décrets suivent celui de la mobilisation de la garde nationale.

Le Gouvernement de la Défense nationale,

Vu la loi du 20 floréal an X, portant création de la Légion d'honneur,

Et le décret du 2 messidor an XII, déterminant la forme de la décoration des membres de l'ordre ;

Vu la proclamation du 4 septembre 1870 au peuple français ;

Vu le décret du Gouvernement de la Défense nationale du 28 octobre 1870 ;

Considérant qu'il importe de mettre ladite décoration en harmonie avec les principes du gouvernement républicain ;

Sur la proposition du grand chancelier de l'ordre national de la Légion d'honneur,

DÉCRÈTE :

Art. 1er. La décoration de la Légion d'honneur sera modifiée ainsi qu'il suit :

La couronne qui surmonte l'étoile sera supprimée et remplacée par une couronne de chêne et laurier.

Le centre de l'étoile présentera d'un côté la tête de la République avec cet exergue : *République française*, 1870 ;

et de l'autre, les deux drapeaux tricolores, avec cet exergue : *Honneur et Patrie.*

La plaque de grand-officier et de grand'croix portera au centre la tête de la République, et cet exergue : *République française,* 1870, *Honneur et Patrie.*

Art. 2. Le grand chancelier de l'ordre national de la Légion d'honneur est chargé de l'exécution du présent décret.

(*Suivent les signatures.*)

Le Gouvernement de la Défense nationale,

Vu les décrets du 22 janvier et du 29 février 1852, sur l'institution et la forme de la médaille militaire,

Et la proclamation du 4 septembre 1870 au peuple français ;

Considérant qu'il importe de mettre ladite médaille en harmonie avec *les principes du gouvernement* républicain ;

Sur la proposition du grand chancelier de l'ordre national de la Légion d'honneur,

Décrète :

Art. 1er. La médaille militaire sera en argent et d'un diamètre de 28 millimètres.

Elle portera, d'un côté, la tête de la République, avec cet exergue : *République française,* 1870 ; et de l'autre, au centre du médaillon : *Valeur et Discipline.*

L'aigle qui surmonte la médaille sera supprimée et remplacée par un trophée d'armes.

Art. 2. Le grand chancelier de l'ordre national de la Légion d'honneur est chargé de l'exécution du présent décret.

(*Suivent les signatures.*)

Suit ensuite un arrêté du ministre de l'agriculture et du commerce.

Le ministre de l'agriculture et du commerce,

Vu les décrets du Gouvernement de la Défense nationale des 29 septembre et 1er octobre 1870,

Arrête :

Art. 1er. Réquisition est faite, au nom du Gouvernement, de toutes les bêtes à cornes et à laine existant dans l'enceinte de Paris.

Art. 2. Les vaches laitières sont comprises dans la présente réquisition. Cependant, les propriétaires de ces vaches qui prouveront qu'ils possèdent les moyens de les nourrir pendant le délai d'au moins un mois, seront libres de les conserver, à charge par eux de déclarer leur intention.

Art. 3. Par le fait de cette réquisition et de la publication du présent arrêté, les propriétaires d'animaux requis ne pourront plus en disposer.

Art. 4. Les propriétaires ou détenteurs d'animaux devront en faire la déclaration avant samedi 12 novembre, cinq heures du soir, au ministère de l'agriculture et du commerce, rue Saint-Dominique, 60, (1er bureau de la direction de l'agriculture).

Art. 5. Conformément aux dispositions de la loi du 19 brumaire an III, applicables en matière de réquisition, la peine de la confiscation des aliments requis sera prononcée contre les propriétaires ou détenteurs qui n'en auraient pas fait la déclaration dans le délai fixé.

Art. 6. Les animaux dont il est fait réquisition, à l'exception des vaches laitières dont la conservation aura été autorisée, devront, dans les délais indiqués au moment de la déclaration, être conduits, par les soins des propriétaires ou détenteurs, à l'abattoir de la Villette, de Villejuif ou de Grenelle.

La qualité en sera appréciée par l'inspecteur de l'abattoir contradictoirement avec le propriétaire ou son représentant.

En cas de désaccord entre l'inspecteur de l'abattoir et le propriétaire ou son représentant, ils choisiront immédiatement, comme tiers arbitre, un des bouchers de l'abattoir.

Les animaux seront pesés vivants à l'entrée de l'abattoir; ils seront payés au prix de 0,65 c., 0,85 c. ou de 1 fr. le kilogramme, poids vivant, selon la catégorie dans laquelle ils auront été classés par les arbitres.

Fait à Paris, le 8 novembre 1870.

J. Magnin.

La transformation des vieux fusils en fusils à tabatière se fait sur une grande échelle. Cela est absolument nécessaire avec la formation des bataillons de marche.

Durant la journée, la canonnade de la nuit s'est arrêtée. J'en ai eu la preuve d'un côté de Paris. Étant allé jusque auprès de Créteil, au delà de Charenton, et n'étant rentré à Paris qu'à quatre heures du soir, je n'ai, pendant ces quelques heures de voyage, entendu un seul coup de canon.

C'est une triste chose qu'une promenade autour de Paris aujourd'hui, car on ne voit que désolation. Je suis sorti par la barrière de Charenton, où j'ai trouvé les remparts beaucoup moins bien armés et défendus que du côté de Boulogne. En me dirigeant sur Charenton, la route était assez animée. J'ai rencontré bon nombre de voitures et de piétons; il y a même un service de diligences établi entre Paris et ce village, dont la grande place sert de parc d'artillerie. J'avouerai même qu'il est fort bien approvisionné. Charenton est occupé militairement par un régiment de ligne. Beaucoup d'habitants, qui s'étaient éloignés dès les premiers jours du siége, sont revenus prendre possession de leurs demeures, qui sont en parfait état, quant à présent.

Après avoir visité le village, je suis descendu vers le pont jeté sur la Marne, à son confluent avec la Seine. A la tête du pont se trouve une barricade gardée par un piquet de troupes. Là il faut montrer son laissez-passer du gouverneur de Paris pour franchir ce premier obstacle. La barricade franchie, on traverse le pont, sur lequel les soldats se livrent à la pacifique distraction de la pêche à la ligne. Une deuxième barricade est au bout du pont. Je passe sous les remparts du fort, qui est silencieux, et je pénètre dans Maisons-Alfort, complétement abandonné par ses habitants, mais occupé par un bataillon de mobiles. Arrivé à l'extrémité de ce pays, à 600 mètres en droite ligne, on aperçoit la barricade prussienne. Je m'avance, mais un paysan me fait judicieusement observer que je ne suis plus qu'à 300 mètres des grand'gardes ennemies et qu'il est prudent de s'arrêter. Je retourne sur mes pas en visitant jardins et murs, tous solidement fortifiés et crénelés.

Je dois le dire, l'aspect des champs n'indiquait pas la guerre : les terres étaient labourées et hersées ; des femmes récoltaient divers légumes, et pendant un moment j'ai oublié l'affreuse réalité. En repassant dans Charenton, une certaine animation régnait dans les rues. A quatre heures je rentrais dans Paris. En franchissant le pont-levis, mon cœur se serra ; j'étais navré en voyant cette pauvre ville ainsi enfermée dans un cercle de fer et de feu.

Le bruit court qu'Orléans aurait été repris par nos troupes : les détails manquent complétement. On dit aussi que la délégation de Tours quitte cette ville pour se rendre à Bordeaux.

On donne aujourd'hui le chiffre exact des pertes de l'ennemi dans l'affaire du Bourget. Ces pertes s'élèvent à 34 officiers et 449 hommes.

Les gardes nationaux ont remplacé aux portes de Paris les mobiles et la troupe de ligne. Ils seront aidés dans leur service par les pupilles de la République, corps formé de jeunes gens de dix-sept à vingt-deux ans, aujourd'hui au nombre de quinze cents, sous le commandement de M. Goltz.

Les dégâts commis, le 31 octobre dernier, sur la façade de l'Hôtel de ville ont été promptement réparés. Les nombreuses vitres cassées et les croisées brisées ont été remises à neuf. Il n'y a plus, à présent, que la porte Saint-Jean sur laquelle on aperçoit les traces des coups de crosse donnés, dans la nuit, par les gardes nationaux qu'amenait M. Ferry pour délivrer les membres du Gouvernement. Cette porte sera bientôt changée.

## 57ᵉ JOURNÉE

**Jeudi 10 novembre**         3 %  53.55

On se plaint beaucoup de l'absence de nouvelles, on accuse le Gouvernement d'en recevoir et de ne point les communiquer : aussi répond-il qu'il n'a rien reçu d'officiel, et que tout ce qu'il pourrait faire connaître ne lui a été appris que verbalement par M. Thiers, qui, en traversant le centre de la France, a rencontré de nombreux corps d'armée animés d'un excellent esprit.

Le Gouvernement n'en sait pas plus long, et tous les bruits auxquels on a tort d'ajouter foi ne sont que des bruits d'avant-postes sans autorité et qui doivent être suspects.

Le manque de nouvelles de la province a énervé Paris, et la presse semble en ce moment pencher vers des idées de conciliation. On demande la réunion d'une Assemblée.

Dans tous les esprits on remarque plutôt un peu de découragement que de souffrance.

De nouveaux bruits circulent encore au sujet de l'armistice. Un journal *prétend* que les puissances insistent et qu'elles pèsent sur le roi de Prusse. Je crois que ce dernier mot est de trop pour nous faire croire à l'affirmation du journal qui semble si bien renseigné. Les journaux du soir nous donnent des nouvelles de Versailles comme s'ils l'habitaient du matin au soir. Autant de phrases, autant de canards.

Plusieurs décrets ont paru aujourd'hui au *Journal officiel*; mais aucun dont l'esprit ait besoin d'être constaté et enregistré, à part cependant celui qui punit d'une amende sévère les bouchers qui vendent de la viande à un prix plus élevé que celui indiqué par la taxe. Un ordre du général Clément-Thomas doit être aussi noté.

GARDE NATIONALE DU DÉPARTEMENT DE LA SEINE.

*Ordre.*

Pour éviter toute équivoque sur l'application du décret relatif à la mobilisation de la garde nationale, le commandant supérieur fait observer :

1° Que ce décret ne concerne que les bataillons pourvus d'armes, et n'est point applicable aux bataillons auxiliaires du génie qui sont sans fusils, jusqu'au moment où il pourra leur en être distribué. Cela ressort, du reste, des articles 4 et 5 du décret.

2° Que les effectifs indiqués à l'article 2 du décret sont les effectifs armés.

Ainsi un bataillon de 1,500 hommes, pourvu seulement de 1,000 fusils, n'est tenu de fournir que 400 hommes de guerre. Par contre, il est loisible au commandant de ce bataillon d'accepter des volontaires parmi les hommes non armés du bataillon, à la condition de trouver dans le même bataillon un nombre égal de gardes consentant à remettre leurs fusils et à passer à l'état de gardes sans armes.

Le général commandant supérieur,<br>
CLÉMENT-THOMAS.

Si j'ai enregistré cet ordre, c'est que j'ai le dessein de le faire suivre de quelques observations que je crois assez judicieuses. L'interprétation du décret de la Défense nationale et signée du général Clément-Thomas, n'est pas de nature à faire cesser les réclamations qui s'élèvent de toutes parts. Cette interprétation aggrave l'inégalité du décret que j'ai déjà mentionnée et la rend encore plus choquante. Elle exclut de la répartition dans les catégories les bataillons non armés. A quel titre? Parce que les hommes n'ont pas de fusils. Nous tombons décidément de surprise en surprise, soit dit sans offenser le Gouvernement.

Quoi! par ce seul fait qu'ils n'ont pas reçu de fusil, voilà des hommes qui seront soustraits à l'exécution de la loi nouvelle! C'est à n'y rien comprendre?

Nous pourrions demander aussi comment une interprétation, qui est une modification du décret, paraît signée du général Clément-Thomas? De quel droit ce général devient-il législateur? Cette inégalité de forme est encore plus monstrueuse que celle du décret lui-même. Elle montre dans quel désarroi nous vivons, et elle ne peut qu'augmenter l'incertitude de la population.

Quelques chefs de bataillon se sont présentés à l'Hôtel de

ville pour entretenir le Gouvernement du désir de paix des citoyens de Paris. M. E. Arago a répondu que le Gouvernement ne repoussait pas la paix, mais qu'il ne pouvait, sans forfaire à l'honneur, accepter les conditions de M. de Bismark.

Les rapports militaires reparaissent quotidiennement.

L'ennemi a abattu ce matin une partie du mur du cimetière de Choisy-le-Roi, et a démasqué une batterie. On a tiré du Moulin-Saquet sur les travaux des Prussiens dans cette direction; plusieurs épaulements ont été culbutés.

Hier soir, l'ennemi, déployé en tirailleurs, a fait feu sur la tranchée, entre Villejuif et le chemin de L'Hay. Quelques obus et plusieurs coups de mitraille l'ont forcé à la retraite.

On vient d'exécuter des travaux considérables dans la vallée qui s'étend depuis la Marne jusqu'au fort de Nogent. Cette partie de la zone est entièrement inabordable pour les Allemands. Des batteries nombreuses défendent le cours et le passage de la rivière; l'île de Beauté, située au commencement du village de Nogent a été occupée et puissamment fortifiée, afin de la relier avec la rive droite de la rivière, sur laquelle nous avons construit un pont de chevalets.

Les Prussiens ont fait en amont de cette île un barrage destiné à retenir les eaux; notre travail terminé, ils ont ouvert le barrage, dans le but de détruire, par la force du courant le pont construit au-dessous par nos travailleurs. Le pont a été sérieusement endommagé, mais il n'a pas été rompu; les dégâts occasionnés par la ruse des Prussiens ont été vivement réparés.

Plus nous nous fortifions, plus nous travaillons, plus je me demande à quoi tout cela peut nous servir; car, si l'ennemi doit nous prendre par la famine, ainsi que sa tactique le laisse supposer, fortifications et travaux sont parfaitement inutiles, puisqu'il n'attaquera point.

En face de toutes les chances désastreuses qui sont à redouter, on regrette que le Gouvernement n'ait pas accepté l'armistice, quelles qu'aient été les conditions proposées par la Prusse.

Après le décret sur la mobilisation de la garde nationale, les clubs ont remis à l'ordre du jour *le bataillon des Amazones de la Seine*. N'est-ce pas pitié!

Plusieurs journaux demandent que des cartes des environs de Paris soient distribuées à nos officiers. C'est une mesure que les Prussiens n'ont pas omise à l'égard des leurs. Il est déplorable de faire remarquer qu'un grand nombre de nos commandants supérieurs ne connaissent pas les positions et les routes stratégiques qui avoisinent la capitale.

Le citoyen Ulrich de Fonvielle vient d'être élu chef du 1$^{er}$ bataillon de marche de la garde nationale.

Les cafés qui vont être autorisés à rester ouverts se serviront de pétrole ou d'huile pour s'éclairer. Telle est la condition de la prolongation d'ouverture, pour ne pas épuiser le gaz, dont le manque de charbon de terre réduit la production.

Les souscriptions nationales pour achat de canons reçues en dépôt à la caisse du Trésor s'élèvent aujourd'hui à la somme de *un million cinq cent mille cinquante francs*.

Ce soir un journal annonce que M. Thiers ne serait pas retourné à Tours; il aurait seulement envoyé à la délégation gouvernementale réunie dans cette ville, une dépêche qu'il a eu la facilité de faire partir. M. Thiers a, dit-on, conféré tout récemment avec le comte de Bismark; on ignore jusqu'ici le résultat de cet entretien.

Après les affirmations, les contradictions, les nouvelles et les démentis qui surgissent à chaque instant dans les journaux, du jour au lendemain, bien fin serait celui qui pourrait faire sortir de toutes ces histoires un seul mot de vérité. J'en suis arrivé, à cette heure, à tout inscrire, mais à ne plus rien prendre au sérieux.

## 58ᵉ JOURNÉE

**Vendredi 11 Novembre**  3 % 52.80

Aujourd'hui même débat entre les partis : les uns désirent la paix, les autres demandent toujours la prolongation de la résistance. Mêmes tiraillements des journaux : les uns disent blanc, les autres disent noir. Tout cela est d'un très-mauvais effet pour les esprits faibles qui ont la manie de lire les feuilles quotidiennes et de prendre tout ce qu'elles disent comme parole d'Évangile.

A mon avis, la prolongation de la résistance, qui est un devoir s'il nous reste des chances de succès, deviendrait blâmable, achetée au prix d'une nouvelle effusion de sang et d'une désorganisation plus complète encore de nos provinces et de notre unité nationale. Elle ne pourrait aboutir qu'à retarder un dénoûment, déplorable, coûteux et inévitable. Le Gouvernement sait mieux que nous quel est l'état de nos forces et des forces ennemies ; c'est à lui de peser, sans illusion, les avantages possibles et les inconvénients certains d'une prolongation de la lutte. Je pense qu'il comprend aussi bien que nous combien est immense la responsabilité qui pèse sur lui en ce moment. Chaque journal a aujourd'hui sa nouvelle d'armistice, avec des conditions différentes, probablement arrangées au goût de ses lecteurs. Il y en a qui affirment sérieusement que les négociations se poursuivent en dehors du Gouvernement. Avec qui, alors? On se demande où les journalistes vont chercher ce qu'ils impriment, dans quelle usine tout cela se fabrique.

Par décret du Gouvernement la prorogation de délais accordée pour les effets de commerce est augmentée d'un mois, à partir du 14 courant.

Par décret encore, le service des eaux, tel qu'il existait sous l'ancienne liste civile est réuni au ministère des travaux publics.

Par décret du même jour, sont rattachés au ministère des finances, pour être régis par l'administration des domaines de l'État, tous les domaines productifs qui dépendaient de l'ancienne dotation de la couronne, autres que les établissements agricoles non affermés.

Il paraît qu'on a entrepris un travail d'Hercule au ministère de l'intérieur :

On y compulse, on y vérifie, autant que cela est possible, les comptes des dépenses faites, ordonnancées par les vingt municipalités parisiennes. Et il paraît que les étables d'Augias furent plus faciles à nettoyer que ne le seront ces comptes.

Les rats commencent, paraît-il, à être fort appréciés. La chasse est ouverte, et, hier matin, un véritable marché aux rongeurs se tenait sur la place de l'Hôtel de ville.

Club de Belleville, club de la Délivrance, club des Montagnards, réunion des Folies-Bergères, club de la Vengeance, et toute la batterie de cuisine clubiste sonne le tocsin au profit de la Commune. On crie, on hurle! On ne fait pas autre chose.

Huit heures du soir. — La seconde édition de *l'Élec-*

*teur libre* rapporte la nouvelle de *Paris-Journal*, qui dit que l'armistice est signé et qu'il fera paraître, à onze heures, une troisième édition pour confirmer ou démentir cette assertion.

Minuit. — Rien. Si nous ne devenons pas fous, ce ne sera pas la faute des journalistes.

## 59ᵉ JOURNÉE

**Samedi 12 Septembre** *Novembre*     3 % 54.20

Le canon a grondé toute la nuit, pendant que le ciel laissait tomber sur nous la première neige d'hiver. Que de tristesse : l'hiver et la guerre ; peut-être demain la ruine !

Le gouverneur de Paris a visité les forts de Vanves et d'Issy.

Le vent est toujours à l'armistice ; mais comme l'*Officiel* ne dit rien, il y a recrudescence de bruits et de confiance. Le canon de la nuit, cependant, n'est pas bon signe.

La Bourse est, malgré cela, très-animée, et la rente est d'une fermeté extraordinaire.

Dans un cercle bien informé, j'ai causé longuement avec un rédacteur des *Débats*, qui m'a assuré que tous les bruits relatifs aux négociations que l'on disait se poursuivre au sujet de l'armistice n'étaient que des cancans insensés, et que, si le fait en lui-même existait, il était impossible de le contrôler, car on ne possédait aucune nouvelle de Versailles.

Ces bruits sont peut-être lancés par les avant-postes

ennemis, et alors n'auraient qu'un but : Décourager les Parisiens.

Leur désir aurait été atteint, car la partie sage de la population commence à perdre espoir.

Par décret en date de ce jour, les jeunes gens de vingt-cinq à trente-cinq ans, célibataires ou veufs sans enfants, du département de la Seine, ayant satisfait à la loi sur le recrutement de l'armée et n'appartenant pas à la garde nationale mobile et formant la troisième catégorie, sont appelés à l'activité.

Cet appel s'étend aux jeunes gens des autres département actuellement en résidence à Paris.

En conséquence, les jeunes gens de la troisième catégorie sont requis de se présenter dans les quarante-huit heures, à dater de ce décret, aux mairies des arrondissements qu'ils habitent, pour s'y faire inscrire.

Ils feront connaître s'ils font partie de la garde nationale sédentaire ou d'un des corps francs reconnus par l'autorité militaire, ou bien encore, s'ils invoquent une cause d'exemption.

Le conseil de révision se réunira incessamment pour statuer sur ces causes.

Par décret à même date : Tout atelier inoccupé pourra être requis temporairement et employé d'office à la fabrication et à la transformation des armes.

## 60ᵉ JOURNÉE

### Dimanche 13 Novembre           3 %

C'est aujourd'hui dimanche, ne soyons donc pas surpris de trouver dans les colonnes du *Journal officiel* une mauvaise nouvelle.

Voici ce que dit le Gouvernement :

« Les bruits d'un armistice dont la négociation se continuerait à Versailles ne reposent sur aucun fait que le Gouvernement puisse contrôler. Il a exposé exactement les circonstances dans lesquelles la Prusse a cru devoir rejeter les propositions des quatre grandes puissances. Il ne sait rien de plus. L'impossibilité absolue où le place l'ennemi de communiquer avec son envoyé extraordinaire ou avec les représentants des puissances, ne lui permettant pas de connaître quelle aura été l'attitude de celles-ci vis-à-vis du refus de la Prusse. »

Donc, de tous les bavardages, il ne reste rien.

Malgré cette affirmation officielle, les journaux persistent.

*L'Électeur libre* est convaincu. Il assure que l'ordre de tirer est suspendu. Je comprends les journaux : il faut servir tous les jours aux lecteurs un plat nouveau à sensation, et celui qu'ils servent est vraiment bien trouvé. Mais j'avoue qu'il y a cruauté à se jouer ainsi du public, énervé déjà par la situation.

Le *Journal officiel* publie, en même temps que cette note, une dépêche reçue de Tours par le Gouvernement. Elle est ainsi conçue :

« Prussiens tiré sur ballon jusqu'à deux heures et demie

sans me toucher. Descente heureuse à Reclainville à cinq heures et demie du soir. Remis toutes dépêches bureau Voves, dirigées sur Vendôme. Arrivé à neuf heures du matin, transmis de suite officielles à destination. Prussiens, Orléans, Chartres. Quartier général à Patay, bonne garde faite par nos troupes et francs-tireurs avec artillerie. L'ennemi vient réquisitionner à Châteaudun tous les jours, repoussé cette nuit de cette ville, par francs-tireurs, qui ont fait 40 tués et autant de prisonniers.

» Ballon monté par un marin et ses voyageurs, a été pris par les Prussiens, qui ont fait tous prisonniers.

» Vendôme, 7 novembre, 10 h. matin.

» Bosc. »

Cette dépêche nous montre, sans conteste, que l'ennemi s'avance lentement dans le cœur de la France, mais qu'il s'avance sûrement, et dans ce qu'on peut comprendre des détails fort concis, on voit que notre armée se trouve retranchée derrière la Loire.

On assure qu'il y a ce soir grand conseil chez le gouverneur de Paris, et le bruit se répand que nous allons entrer dans une phase active. Cela n'a rien qui me surprenne, et je compte, pour ma part, sur une action prochaine. Le gouverneur de Paris presse le travail des canons, la transformation des armes et la nouvelle organisation de la garde nationale. Autant de choses, autant de symptômes de bataille.

Malgré le mauvais décret rendu sur la mobilisation de la garde nationale, le Gouvernement s'entête à le mettre à exécution. Il avait cependant, au lieu de cela, à sa disposition une loi meilleure, celle de 1832, qui prend tous les hommes de 25 à 35 ans ; ce qui eût été d'une simplicité primitive à effectuer. Le nouveau décret entraîne à un détail énorme, à des longueurs nuisibles ; ce qui me prouve que dans le Gouvernement de la Défense, nous n'avons malheureusement, ni un administrateur, ni un organisateur : il n'y a que des avocats. Ah ! combien ces messieurs doivent s'apercevoir maintenant que la critique est aisée. Il est très-facile d'être de l'opposition et de faire de la controverse les pieds sur les chenets.

Si je venais prier M. E. Arago de me faire une omelette, il me répondrait certainement : « Je ne sais pas. » Mais sans que je le lui demande, il me gouverne sans en savoir plus que pour l'omelette.

Un journal, *le Rappel*, demande à ce que Paris soit appelé à voter par un nouveau plébiscite, sur la cessation ou la continuation de la guerre.

Donner ainsi aux Prussiens l'état de nos esprits. M. Charles Hugo n'est pas logique.

J'ai fait aujourd'hui une visite à Vincennes, ou plutôt à ses environs. On ne peut se rendre compte, sans les voir, des travaux faits. Ils sont immenses tant en fossés qu'en barricades, torpilles, chevaux de frise et artillerie.

Le décret de réquisition qui a paru, il y a quelques jours, au sujet des bêtes à cornes qui se trouvaient chez les particuliers, a produit un très-beau résultat et a fait signaler un grand nombre de vaches laitières sur lesquelles on ne comptait certes pas.

Cette trouvaille est très-importante au point de vue de l'alimentation ; car plus on ira et plus elle deviendra grave ; surtout si messieurs les Prussiens veulent nous prendre par la famine. C'est, en ce moment, l'unique pensée de tous.

Je signale l'ouverture, cette semaine, des boucheries de viande de chien et de viande de chat et de rats. Ces derniers se mangent de préférence en pâté.

Malgré toutes ces recherches d'aliments pour parer aux éventualités, je dois dire qu'il y a encore à Paris des endroits où l'on mange du bœuf, du mouton, du veau, du chevreuil, même du perdreau, comme en temps ordinaire. Quelle est la baguette de fée, va-t-on dire, qui fait apparaître ces mets fantastiques en ce moment? La maraude, tout simplement. Le maraudeur va aux avant-postes, et là, il se fait entre Français et Prussiens, un échange contre argent ou cigares, de toutes les choses que je viens de désigner. Mais comme il est excessivement difficile de leur faire passer les portes, tout cela se mange en dehors de l'enceinte, chez les marchands de vins. Je puis donner ce détail comme certain, le tenant d'officiers supérieurs qui ont souvent profité de l'aubaine. Je puis même ajouter que les prix n'en sont point élevés.

Le manque de viande, de beurre et d'autres comestibles, a réduit un grand nombre de restaurateurs à fermer leur établissement. On assure que le Gouvernement prend en ce moment des mesures pour que, dans chaque quartier, un nombre déterminé de restaurants puisse suffire aux besoins des clients célibataires.

On sait que dès le commencement du siège, le Gouvernement de la Défense nationale, dans la prévision d'un bombardement, a organisé divers services de préservation, entre autres, *les guetteurs de nuit*, répartis sur divers points de la ville, afin d'éviter le plus possible, les désastres que pourraient causer les projectiles incendiaires.

Le service des guetteurs de nuit, établi au dôme des Invalides, est un des plus utiles, relativement à l'étendue qu'on peut embrasser. Ce service, fait par des agents intelligents qui se relèvent de deux heures en deux heures, commence à sept heures du soir, pour finir le matin au petit jour.

Ce matin, sur la place de l'Hospice, à Saint-Cloud, le capitaine de Neverlée, officier d'ordonnance du général Ducrot, a enveloppé, avec ses volontaires, une patrouille ennemie. Cinq hommes de cette patrouille ont été tués sur place, le sixième a été ramené gravement blessé.

La redoute de Gravelle a tiré sur les ouvrages de Montmesly avec succès.

Nos troupes ont définitivement occupé Créteil, qu'elles mettent en état de défense.

Voici, pour la journée, tous les faits militaires à enregistrer ; comme on le voit, ils ne sont pas, au point de vue de notre délivrance, d'une grande importance.

Quoique déjà j'aie parlé dans cette journée de la question des vivres, je vais la continuer ici pour terminer la revue alimentaire.

Les pommes de terre sont assez rares ; elles valent, les belles, 6 fr. 50 le boisseau.

Œufs, le mille, 415 francs.

Il en existe, dit-on, encore quelques milliers..., provenant de plusieurs pâtissiers qui les revendent, ayant interrompu leur commerce.

Les volailles deviennent de plus en plus rares et de plus en plus chères.

| | |
|---|---|
| Un poulet............ | 20 fr. |
| Une oie............ | 50 » |
| Une dinde............ | 50 » |
| Un lapin............ | 30 » |
| Beurre salé, la livre....... | 16 » |
| Un perdreau............ | 15 » |
| Un lièvre............ | 40 » |
| Une pintade............ | 12 » |
| Un faisan............ | 45 » |

J'ai cité le perdreau, le lièvre et le faisan ; car, en effet, il en a paru quelques-uns sur la place.

Le poisson est aussi hors de prix.

| | |
|---|---|
| Friture de goujons, la livre...... | 6 fr. |
| Tanches, 8 à la livre........... | 4 » |
| Friture de poissons divers, le plat. | 5 » |
| Anguille moyenne............. | 14 » |
| Une brême.................. | 15 » |
| Une carpe.................. | 16 » |

Le lait, en ce moment, vaut de 60 à 70 cent. le litre.

---

## 61ᵐᵉ JOURNÉE

**Lundi 14 Novembre.**          **3 °/₀ 53 90**

Le général Trochu a adressé à la population parisienne la circulaire suivante :

### CIRCULAIRE DU GOUVERNEUR DE PARIS.

« *Aux citoyens de Paris,*
» *A la garde nationale,*
» *A l'armée et à la garde nationale mobile.*
» Pendant que s'accomplissaient loin de nous les douloureuses destinées de notre pays, nous avons fait ensemble, à Paris, des efforts qui ont honoré nos malheurs aux yeux du monde. L'Europe a été frappée du spectacle imprévu que nous lui avons offert, de l'étroite union du riche et du pauvre dans le dévouement et le sacrifice, de notre ferme

volonté dans la résistance, et enfin des immenses travaux que cette volonté a créés.

» L'ennemi, étonné d'avoir été retenu près de deux mois devant Paris, dont il ne jugeait pas la population capable de cette virile attitude, atteint bien plus que nous ne le croyons nous-mêmes dans des intérêts considérables, cédait à l'entraînement général. Il semblait renoncer à son implacable résolution de désorganiser, au grand péril de l'Europe et de la civilisation, la nation française, qu'on ne saurait, sans la plus criante injustice, rendre responsable de cette guerre et des maux qu'elle a produits. Il est aujourd'hui de notoriété que la Prusse avait accepté les conditions du Gouvernement de la Défense pour l'armistice proposé par les puissances neutres, quand la fatale journée du 31 octobre est venue compromettre une situation qui était honorable et digne, en rendant à la politique prussienne ses espérances et ses exigences.

» A présent que depuis de longs jours nos rapports avec les départements sont interrompus, l'ennemi cherche à affaiblir nos courages et à semer la division parmi nous par des avis exclusivement originaires des avant-postes prussiens et des journaux allemands qui s'échangent sur plusieurs points de nos lignes si étendues.

» Vous saurez vous soustraire aux effets de cette propagande dissolvante, qui serait la ruine des chers intérêts dont nous avons la tutelle. Vos cœurs seront fermes, et vous resterez unis dans l'esprit qui a été depuis deux mois le caractère de la défense de Paris.

» Pendant que nos travaux fermaient la ville, nous avons conçu la pensée, dans l'incertitude où nous étions de l'appui que pourraient nous fournir les armées formées au dehors, d'en former une au dedans. Je n'ai pas à énumérer ici les éléments constitutifs qui nous manquaient pour résoudre ce problème, plus difficile peut-être que le premier. En quelques semaines, nous avons réuni, en groupes réguliers, habillé, équipé, armé, exercé autant que nous l'avons pu, et conduit plusieurs fois à l'ennemi, les masses pleines de patriotisme, mais confuses et inexpérimentées dont nous disposions. Nous avons cherché, avec le concours du génie civil, de l'industrie parisienne, des chemins de fer, à compléter, par la fabrication de canons modernes, dont les premiers vont nous être livrés, l'artillerie de bataille, que le service spécial de l'artillerie de l'armée formait avec la plus louable activité. La garde nationale, de son côté, après avoir plus que quintuplé ses effectifs, et bien qu'absorbée par les travaux et par la garde des remparts, s'organisait, s'exerçait tous les jours et par tous les temps sur nos places publiques, montrant un zèle incomparable auquel elle devra d'être prochainement en mesure d'entrer en ligne avec ses bataillons de guerre.

» Je m'arrête, ne pouvant tout dire; mais je doute qu'en aucun temps et dans l'histoire d'aucun peuple envahi, après la destruction de ses armées, aucune grande cité investie et privée de communications avec le reste du territoire ait opposé à un désastre en apparence irréparable, de plus vigoureux efforts de résistance morale et matérielle. L'honneur ne m'en appartient pas, et je n'en ai énuméré la succession que pour éclairer ceux qui, avec une entière bonne foi, j'en suis sûr, croient qu'après la préparation de la défense, l'offensive à fond était possible avec des masses dont l'organisation et l'armement étaient insuffisants.

» Nous n'avons pas fait ce que nous avons voulu, nous avons fait ce que nous avons pu, dans une suite d'improvisations dont les objets avaient des proportions énormes, au milieu des impressions les plus douloureuses qui puissent affliger le patriotisme d'une grande nation. Eh bien, l'avenir exige encore de nous un plus grand effort, car le temps nous presse. Mais le temps presse aussi l'ennemi ; et ses intérêts, et le sentiment public de l'Allemagne, et la conscience publique européenne le pressent encore plus. Il ne serait pas digne de la France, et le monde ne comprendrait pas que la population et l'armée de Paris, après s'être si énergiquement préparées à tous les sacrifices, ne sussent pas aller plus loin, c'est-à-dire souffrir et combattre jusqu'à ce qu'elles ne pussent plus ni souffrir ni combattre. Ainsi serrons nos rangs autour de la République et élevons nos cœurs.

» Je vous ai dit la vérité telle que je la vois. J'ai voulu montrer que notre devoir était de regarder en face nos difficultés et nos périls, de les aborder sans trouble, de nous cramponner à toutes les formes de la résistance et de la lutte. Si nous triomphons, nous aurons bien mérité de la patrie en donnant un grand exemple. Si nous succombons, nous aurons légué à la Prusse, qui aura remplacé le premier empire dans les fastes sanglants de la conquête et de la violence, avec une œuvre impossible à réaliser, un héritage de malédictions et de haines sous lequel elle succombera à son tour.

Le Gouverneur de Paris,<br>Général T<small>ROCHU</small>.

Enfin ! Voilà qui est dit clairement ; il faut renoncer à tout espoir d'armistice ; M. de Bismark n'en veut pas, et, en nous l'annonçant, M. le général Trochu nous fait bien comprendre que la journée du 31 octobre, que les folies de MM. Blanqui, Flourens et Pyat ont changé les dispositions des Prussiens.

Il est cruel d'enregistrer de pareilles monstruosités.

Le parti de la Commune a tout perdu et fera mourir vingt mille âmes. Que lui importe la vie des autres? que lui importe le pays! Les communistes ne songent qu'à eux ; la République avant tout, la France après!

Après les paroles du Gouvernement, il me semble que les journaux vont mettre fin à la circulation de tous leurs cancans, car ils finissent par abuser étrangement de la crédulité publique. Il y aurait surtout dignité pour eux à cesser de pareilles redites.

Les rapports qui reparaissent à l'horizon nous font connaître les faits que j'enregistre ici.

Dans la journée, l'ennemi, délogé du village et du territoire de Champigny par les obus de la Faisanderie et les mitrailleuses de Joinville, s'est réfugié dans une maison à l'est du chemin de fer, dont les obus du fort de Nogent n'ont pas tardé à le chasser également.

La redoute de Gravelles a tiré sur les ouvrages de Montmesly; et bien qu'à 2,500 mètres, elle les a fortement endommagés.

L'observatoire de Vincennes a vu plusieurs projectiles atteindre la batterie elle-même.

Le fort de Charenton a tiré sur les ouvrages de l'ennemi au-dessus de Thiais et inquiété les travailleurs.

Dans une reconnaissance poussée sur Champigny, le capitaine Lavigne, à la tête des tirailleurs parisiens, a refoulé les postes prussiens, anéanti leurs approvisionnements, et leur a fait subir des pertes réelles.

Il y a eu une forte canonnade sur toute la ligne de nos forts ou ouvrages avancés; elle a été très-vive du côté du Moulin-Saquet et de l'ouvrage des Hautes-Bruyères.

Les forts de Charenton, d'Ivry et de Montrouge l'ont appuyée avec une grande efficacité.

Le fort de Vanves n'a pas cessé de tirer sur la position de Châtillon.

Aucun départ de ballon aujourd'hui. Dans une des journées précédentes, j'ai parlé de la correspondance par pigeons, qui devait être établie, et de la photographie qui devait fournir le moyen de nous expédier, par la reproduction, un assez grand nombre de lettres à la fois. Les appareils devant servir à cet effet sont partis, il y a seulement quelques jours, pour être installés à Clermont-Ferrand. Il ne faut pas, pour cela, s'attendre à avoir de suite des dépêches. Il faudra d'abord le temps de les transcrire, de les photographier ; et surtout pour les expédier, attendre des jours favorables pour envoyer les pigeons.

On parle en ce moment du plan de bataille du général Trochu pour forcer et trouer les lignes d'investissement. A propos de ce plan, beaucoup de journaux font des gorges chaudes. Que le plan de M. Trochu, déposé chez un notaire, comme il le dit, soit bon ou mauvais, j'avoue qu'on choisit fort mal le moment de plaisanter et de critiquer de pareilles choses.

La mairie de Paris va, dit-on, être supprimée.

Le *Journal des Débats*, à ce sujet, fait d'assez justes réflexions. Il s'exprime ainsi :

« On annonce la suppression de la mairie de Paris. Nous ne regretterons ni la mairie ni le maire ; ils ont perdu l'un et l'autre leur importance : le maire de Paris, depuis la nuit du 31 octobre ; la mairie, depuis les élections d'arrondissement. La mesure est opportune ; il y a beaucoup à dire sur le fond, car il faut bien un lien entre les vingt maires ; mais ce lien peut être moins apparent pour un temps, sans qu'il en résulte d'inconvénient. Cette question de l'Hôtel de ville est vraiment puérile. On aurait dit, il y a huit jours, qu'il suffisait de gravir le premier un certain escalier, de s'asseoir avant tout autre, sur une certaine chaise, devant une certaine table pour être le maître de Paris, et par conséquent de la France. Que fallait-il faire pour guérir cette folie de l'esprit parisien? fermer l'escalier, renverser la chaise ; c'est ce qu'on a fait en supprimant la mairie de Paris. L'Hôtel de ville est maintenant une maison comme une autre. On pourra y entrer, s'asseoir sur les chaises et *monter sur les tables*, sans que la garde nationale se dérange : la France est ailleurs. Du reste, depuis le 31 octobre, les membres du Gouvernement se réunissent indifféremment dans tous les ministères et peu à l'Hôtel de ville, ce qui est pour le mieux. »

Le bois de Vincennes est livré en ce moment à une véritable dévastation, et si l'on n'y prend garde, il n'en restera plus de traces avant la fin du siége. Les maraudeurs des environs coupent les jeunes arbres, dévastent les taillis, abattant les plantations à tort et à travers, avec une audace et une impunité sans exemple : c'est de la sauvagerie toute pure.

Quelques compagnies de la garde nationale de Belleville se sont rendues en armes au ministère des affaires étrangères pour réclamer leur commandant Razoua, et des chassepots. Après une harangue de M. Jules Favre, ces compagnies se sont retirées en bon ordre, ayant écouté avec déférence le ministre de l'intérieur par intérim.

L'affaire du 31 octobre semble décidément vouloir se terminer à l'amiable : tous les individus arrêtés sont mis successivement en liberté.

M. Félix Pyat est sorti de la Conciergerie.

A cinq heures du soir, le Gouvernement fait afficher ceci aux portes des mairies :

« *Aux habitants et aux défenseurs de Paris.*

» Paris, 14 novembre 1870.

» Mes chers concitoyens,

» C'est avec une joie indicible que je porte à votre connaissance la bonne nouvelle que vous allez lire. Grâce à la valeur de nos soldats, la fortune nous revient ; votre courage la fixera bientôt. Nous allons donner la main à nos frères des départements et, avec eux, délivrer le sol de la patrie.

» Vive la République!

» Vive la France!

» J. FAVRE. »

### GAMBETTA A TROCHU.

« L'armée de la Loire, sous les ordres du général d'Aurelles de Paladines, s'est emparée hier d'Orléans, après une lutte de deux jours. Nos pertes, tant en tués qu'en blessés, n'atteignent pas 2,000 hommes. Celles de l'ennemi sont plus considérables. Nous avons fait plus d'un millier de prisonniers, et le nombre augmente par la poursuite. Nous nous sommes emparés de deux canons, modèle prussien, de plus de vingt caissons de munitions attelés, et d'une grande quantité de fourgons et voitures d'approvisionnements.

» La principale action s'est concentrée autour de Coulmiers, dans la journée du 9.

» L'élan des troupes a été remarquable, malgré le mauvais temps.

» Tours, 11 novembre 1870. »

Le général d'Aurelles de Paladines avait un commandement en Crimée.

Cette bonne nouvelle a causé à Paris une bonne et salutaire émotion : des groupes énormes stationnaient à la porte des mairies ; les lecteurs de la dépêche étaient interrompus par des hurrahs frénétiques ; c'était un enthousiasme aussi sincère que parfaitement justifié. Depuis le commencement du siége, c'est la seule vraie bonne nouvelle qui nous soit enfin arrivée.

Pourvu qu'elle ne soit pas exagérée par la fougue de M. Gambetta ! Tout en constatant cependant le succès, je trouve que le Gouvernement en fait une trop grosse affaire, et j'ose dire qu'il a tort : car si les Prussiens font un second mouvement offensif et réussissent à reprendre les positions, la douleur n'en sera que plus grande pour nous, et la défaite plus importante. Le Gouvernement manque de pratique : avec la dépêche, nous n'avions pas besoin de la proclamation de Jules Favre. Mais nous avons un gouvernement qui ne peut s'en dispenser ; c'est plus fort que lui.

La chose principale pour nous, dans cette nouvelle, c'est qu'il ne nous est plus permis de douter de l'existence de l'armée de la Loire, dont la composition, la division et la situation avaient été l'objet de récits si divers et si contradictoires.

Il faut donc plus que jamais se défier des fables décourageantes et sinistres, et qui n'ont d'autre source que notre légitime douleur, trop accessible aux mauvaises nouvelles, aussi bien que de la ruse prussienne, qui veut nous épouvanter avec des fantômes.

Voici, sur l'armée de la Loire, quelques détails excellents à noter, et qui feront comprendre pourquoi elle a été si longtemps à se former et à pouvoir être reconnue comme existante.

La formation de cette armée a commencé dès le mois d'août, mais c'est seulement vers le milieu du mois de septembre que sa constitution est devenue sérieuse, au moyen des contingents qu'elle a reçus d'Afrique, de la création de régiments de marche, formés avec des bataillons de garde nationale mobile, de la création d'un corps de marins, et de l'adjonction de divisions d'infanterie appartenant aux départements du midi.

Son matériel d'artillerie, excellent et nombreux, provient des réserves trouvées en Algérie; il a été complété avec des pièces fabriquées par l'industrie privée, à Nantes, et par les établissements que la guerre possède à Bourges, et par l'usine d'Indret, qui appartient à la marine.

## 62ᵉ JOURNÉE

**Mardi 15 Novembre**     3 %   54.05

En comptant bien, voici aujourd'hui deux grands mois que j'ai commencé ce journal, et s'il vous en souvient, je terminais ma première journée par ces mots :

« Combien de temps resterons-nous investis ainsi? je l'ignore, certes, mais hélas ! je suis obligé de le dire, puisque j'ai juré d'être vrai, je ne crois pas à une longue résistance. »

Combien de personnes croyaient comme moi, et à cette heure, on peut l'avouer, si les Prussiens avaient tenté un coup de main hardi sur Paris, le lendemain de la panique de nos troupes à Châtillon, Paris était pris, car les remparts n'étaient point armés, et la défense se trouvait en très-mauvais état. L'ennemi aurait perdu beaucoup de monde dans cette attaque, mais il aurait inévitablement réussi à s'emparer de la capitale. Quinze jours plus tard, la chose devenait matériellement impossible, grâce aux travaux que j'ai souvent énumérés et qui sont gigantesques. Pourvu que cela nous serve ! J'en ai le plus vif désir, mais le doute est toujours dans mon âme.

La victoire d'Orléans a fait changer l'esprit public toujours si facile à entraîner, et aujourd'hui les journaux ne parlent plus d'armistice : c'est une affaire terminée ; on parle à présent bataille, et les feuilles quotidiennes dressent des plans de campagne. Chacun a le sien. Les uns veulent des attaques successives ; d'autres, une attaque en masse pour faire la trouée afin de donner la main à nos frères des départements.

Tout le monde veut quelque chose, mais personne ne s'inquiète si ce qu'il rêve est réalisable.

Enfin, tout cela nous démontre que l'on croit au moins à l'existence de l'armée de la Loire.

Maintenant, voyons dans quelles conditions cette armée a remporté la victoire d'Orléans. Combien étions-nous ? Quel était le nombre de l'ennemi ? Voilà surtout ce qu'il serait important de connaître, afin de savoir si cette armée tant attendue et si méritante aujourd'hui, est véritablement un corps de troupes capable de tenir campagne et assez fort pour venir à notre aide en livrant des combats successifs. M. Gambetta oublie de nous renseigner à ce sujet, et cela est cependant bien important. Si les Prussiens se sont battus un contre dix, l'affaire perd toute son importance et ne nous éclaire pas.

Paris est plein de confiance, me direz-vous, c'est le principal. Non, ce n'est point là le principal. Ce combat est un résultat, mais qui n'est pas définitif. On exagère trop le bien, comme on exagère trop le mal. Notre défaut est de ne jamais voir les choses comme elles sont. J'admets la victoire d'Orléans comme un fait important, mais de là à dire que nous sommes sauvés, il y a trop de chemin à faire. Ne soyons donc pas si enthousiastes.

On trouve que le départ des ballons se ralentit depuis quelques jours ; cependant, il n'en est rien. Toutes nos lettres partent et quelques réponses sont arrivées. Si les départs des ballons sont moins fréquents, la cause en est tout simplement au nombre des dépêches qui ont sensiblement diminué. Ainsi, telle ou telle personne qui écrivait une lettre tous les jours, n'en écrit plus que deux par semaine, et, par suite, le chiffre des lettres envoyées en province s'élevant, il y a quinze jours, à 100,000, est tombé à 40,000 aujourd'hui.

Un combat d'artillerie s'est engagé ce matin entre Bicêtre, les Hautes-Bruyères, l'Hay et Chevilly. L'ennemi s'est présenté ce matin devant Cachan, où il a été reçu par une vive fusillade.

Au moment de l'investissement de Paris, la Ville avait dans ses magasins près de 300,000 quintaux de blé en surplus des approvisionnements extraordinaires et de ceux de l'armée. Pour livrer ce blé à l'alimentation, il fallait le moudre ; mais sans moulin la chose n'était pas facile, d'autant plus qu'il en fallait encore un certain nombre pour arriver assez vite à la mouture pour ne pas laisser jeûner Paris.

Le ministre du commerce s'est occupé de cette grave question, et il a ordonné la construction de 150 paires de meules. Il devenait assez difficultueux de monter des moulins sur une aussi large échelle, surtout en présence du peu de ressources dont on disposait. On ne pouvait avoir non plus la prétention d'élever des moulins, comme ceux de Corbeil. Il fallait se contenter de ce que pouvait offrir la situation, c'est-

21.

à-dire : des moulins peu coûteux et primitifs par leur agencement. En cette occurrence, on prit la sage résolution de répartir les meules dans divers quartiers de Paris, près des dépôts de blé, avec le soin de les placer dans les endroits à l'abri du bombardement attendu chaque jour, et surtout dans des locaux munis de forces motrices auxquelles on pouvait adapter l'idée conçue.

Les constructeurs de Paris ont chaleureusement répondu à l'appel du Gouvernement de la Défense, et nous pouvons enregistrer avec plaisir cet empressement patriotique qui donne une preuve sans conteste des ressources que Paris possède au profit de la population, et que beaucoup de gens ne prévoyaient pas.

Les meules que l'on avait fait rentrer dans Paris au commencement de septembre ne peuvent être travaillées pour la mouture que par des ouvriers spéciaux. Ce genre de travail, qu'on nomme rhabillement, est assez difficile à faire ; on a pu, cependant, réunir une centaine d'hommes du métier qui seront aidés par les meuniers des environs réfugiés à Paris, et qui sont heureux de nous prêter leur concours et leur expérience.

Quant au blutage du blé, il se réduira au nettoyage pur et simple de la farine, ce qui, nécessairement, devra produire un pain noir, mais dont la qualité conservera toujours ses principaux éléments de nutrition.

Le Gouvernement s'est précautionné de 3,000 tonnes de charbon de terre, quantité reconnue suffisante pour alimenter pendant trois mois les industries chargées de faire fonctionner les 150 paires de meules. Leur nombre doit, dit-on, s'augmenter considérablement d'ici à quelques jours.

Je ferai observer que, dans la nomenclature ci-dessus énoncée, je ne compte pas les moulins particuliers qui travaillent pour la Ville ; nous pouvons donc, pour le moment, jouir encore d'une tranquillité parfaite sur la question du pain.

Puisque j'ai touché la question si intéressante des renseignements concernant la mouture du blé, j'y joindrai celui des pigeons voyageurs. Leur demeure, c'est-à-dire leur colombier, se trouve situé boulevard Montparnasse, au fond d'un jardin charmant, transformé en potager, vu les circonstances. Le pigeonnier est assez élevé et se trouve agencé de façon à fournir un poste de guetteurs. Une lucarne, à l'avancée extérieure de laquelle se trouve une planche, sert d'entrée aux hôtes chéris de cette tourelle, dont l'intérieur est des plus confortables, au point de vue des volatiles. Le guetteur est un employé de la poste. Lorsqu'il signale l'arrivée d'un pigeon, il en donne de suite avis à M. Cassin, le propriétaire du pigeonnier. Ce dernier pénètre dans le local des voyageurs nationaux, se saisit de l'oiseau, ce qui est très-facile, et s'assure s'il est porteur d'une dépêche. Si le pigeon est détenteur d'une lettre quelconque, il la transmet de suite au gouverneur de Paris.

Depuis que ce service est organisé, il y a eu trois pigeons de blessés par l'ennemi, mais trop légèrement pour qu'ils ne puissent rentrer au colombier. Les pigeons voyageurs ont été baptisés, et, comme on le pense, dans le baptême, il y a eu des préférés, comme parrains ; ainsi, le pigeon de Gambetta est un gâté de la maison ; c'est lui qui, jusqu'à présent, a fait le plus grand nombre de voyages. Il est blanc de couleur et d'origine belge. Il a quitté Paris pour la première fois avec son parrain. Le prix d'un pigeon comme le filleul du ministre de l'intérieur atteint celui de 3,000 fr.

Détail très-curieux : le pigeon porteur de la dépêche qui donnait avis à Paris de la prise d'Orléans, était chargé de

225 autres dépêches privées, dont la totalité se trouvait réunie sur un papier mesurant trente millimètres de hauteur sur quarante de largeur.

Toutes ont été distribuées aujourd'hui aux destinataires, dont je faisais partie ; aussi, est-ce pour cela que je me suis plu à vous parler de ce cher petit animal qui m'a donné des nouvelles de ma famille, les premières depuis le 15 septembre.

## 63e JOURNÉE

**Mercredi 16 Novembre**   3 % 53.50

La Bourse de ce jour a été moins heureuse, moins bonne surtout, malgré l'augmentation des affaires ; et c'est un baromètre régulier qu'il est toujours bon de consulter.

Qu'en déduire ? que la position morale du jour a baissé sur celle d'hier.

Un grand nombre de journaux anglais sont entrés hier dans Paris : par quelle voie ? Probablement par celle de l'ambassade américaine. Ces journaux ont dix jours de date ; ils ne contiennent que des nouvelles désagréables pour la France.

Ils nous instruisent de la prise de Dijon par l'armée prussienne. On se demande avec raison pourquoi M. Gambetta passe ces faits sous silence et n'enregistre que des victoires à notre profit. Les revers ont besoin d'être connus comme les victoires, et son abstention à cet égard produit le plus mauvais effet.

A ces nouvelles se joignent différentes manières d'apprécier la capitulation de Bazaine. Cette question, je l'ai déjà dit, est une de celles qu'on ne peut résoudre que pièces en main ; c'est-à-dire sans connaître les motifs qui ont forcé le maréchal à accepter les dures conditions de la Prusse.

Bazaine doit rester toujours un honnête homme et un loyal soldat, tant qu'il ne nous aura pas été prouvé, sans réplique, qu'il a forfait à l'honneur.

On enregistre, dans les mêmes journaux, des troubles survenus à Lyon et à Marseille, et, pour couronner l'œuvre, ces feuilles *extra muros* font circuler le bruit que la prise d'Orléans est un mensonge.

Ces nouvelles sont inacceptables, après les déclarations du Gouvernement de la Défense nationale. Mais, comme à Paris tout s'accepte, on n'est pas étonné de voir des gens s'alarmer en lisant de semblables récits.

Dès aujourd'hui, la mairie de Paris est supprimée ; M. Jules Ferry est délégué à la mairie centrale en remplacement de M. Étienne Arago.

Ce matin, l'ennemi s'est montré du côté de Champigny. Il a été vigoureusement repoussé, tant par les avant-postes que par les feux du fort de Nogent et de la Faisanderie. Le Mont-Valérien n'a pas cessé, jusqu'au soir, de tirer sur Rueil et sur Saint-Cloud.

M. Cresson, l'avocat qui a remplacé M. Adam à la préfecture de police, a inauguré son entrée en fonctions par une autorisation donnée aux cafetiers et marchands de vins, de rester ouverts jusqu'à minuit.

Cette mesure va sans doute rendre à Paris l'aspect qu'il avait perdu depuis quelques jours, et ramener le mouvement du soir dans la capitale assombrie. Quelques points lumineux ne seront pas à dédaigner au milieu de nos malheureuses rues complétement désertes.

Je ne puis m'empêcher de sourire en songeant à la rédaction des journaux que j'ai parcourus aujourd'hui. A les entendre parler, on croirait que ces messieurs vivent toute la journée à cinquante lieues de Paris, et qu'ils rentrent tous les soirs dans leurs cabinets pour nous rédiger les articles dont ils nous abreuvent le lendemain matin. Il y en a qui sont vraiment condamnables par leurs annonces plus absurdes les unes que les autres.

Un jour, ces stratégistes qui voient tout, qui savent tout, qui entendent tout, du fond de leur cabinet, font marcher Bourbaki au nord, Kératry à l'ouest; Kératry au nord et Bourbaki à l'ouest; organisent des combats à droite et à gauche, et écrasent l'armée prussienne avec 7,000 hommes. C'est de la folie au dernier degré, et je me demande encore une fois à quoi servent tous ces mensonges?

Il faut satisfaire le public. Telle est la devise de *la Patrie en danger*. Et voici comment elle s'y prend pour entraîner son public en flagellant le Gouvernement :

« M. Trochu est un idiot. Il faut en faire l'aveu devant sa prose. On le croyait un traître ; s'il l'est en effet, ce n'est pas par son machaviélisme, mais par son crétinisme qu'il réussira. Il n'y a plus à s'étonner des monceaux de sottises qu'il accumule depuis deux mois. Qu'attendre d'un homme qui écrit des proclamations de la farine dont il pétrit celles qu'il nous fournit à chaque instant.

» La France va-t-elle rester à la merci d'une pareille imbécillité? Nous sommes gouvernés par l'ineptie en personne, qui nous conduit droit aux abîmes; il n'est que temps d'aviser. »

La modulation gracieuse de *la Patrie en danger* nous

donne un échantillon de la liberté de la presse. Singulière liberté !

Plus loin, dans un autre article, le journal de M. Félix Pyat veut l'abolition du catholicisme par tous les moyens, et surtout par la force révolutionnaire.

Si je ne me trompe, je crois que la liberté n'existe plus, grâce à toutes les libertés.

## 64ᵉ JOURNÉE.

**Jeudi 17 Novembre**  3 % 53.30

Ce matin, le *Journal officiel* donne un long article sur la situation en parlant de Bazaine. Il plaide en faveur du maréchal en disant fort judicieusement que nous ne sommes pas placés, sous tous les rapports, pour juger ses actes. Ce langage peut nous surprendre, surtout au moment où les journaux anglais, entrés à Paris, nous apportent une proclamation de M. Gambetta qui livre Bazaine à l'indignation publique, comme traître à la patrie. Il faut donc qu'on ait bien peu de confiance dans les paroles du jeune ministre pour que le journal du Gouvernement s'exprime ainsi. C'est lui qui, dans une proclamation, donnait le résultat de notre sortie sur la Malmaison comme une victoire. Est-ce pour cela qu'on croit peu à ce qu'il nous fait parvenir.

Dans ce même article du *Journal officiel*, le Gouvernement reconnaît toujours la nécessité de la convocation immédiate d'une assemblée, ce qui semble démontrer clairement le désir d'un conclusion d'armistice.

Les rapports militaires sont nuls. Quelques coups de canon tirés, voilà tout pour aujourd'hui.

Le courant des bruits ne cesse de circuler dans Paris. On assure que l'ennemi a envoyé de nombreux renforts devant Orléans ; que la ville d'Étampes est reprise ; que Versailles a été attaqué. Par qui ? Par quoi ?... Pas d'explication ! M. Thiers, toujours dans la capitale de Seine-et-Oise, traite avec la Prusse.

Le déluge d'absurdités ne s'arrête pas. On enregistre sur le papier des armées formidables. Tout cela, comme le dit un journal, n'est que de la défense en chambre et voilà tout.

On parle beaucoup aussi de la garde nationale, qui organise avec empressement ses bataillons de guerre. Les chaleureux amateurs de la défense à outrance et de la trouée quand même vont donc être satisfaits !

Seulement, qu'on nous permette une remarque, c'est que généralement ceux qui sont pour la trouée et la défense à outrance ne font pas partie de la garde nationale, soit à cause de leur âge, de leurs infirmités, ou des expédients qu'ils ont employés pour ne pas être portés sur les contrôles.

Si le bon sens venait un peu sourire à ces pauvres gens, ils penseraient, ils seraient convaincus que leur désir ne peut être jamais réalisé ; qu'une ville bloquée, comme je l'ai dit déjà, ne s'est jamais débloquée elle-même ; que nous ne pourrons jamais nous éloigner de nos murs sans avoir la certitude qu'une armée de secours n'est éloignée de nous que d'une journée de marche à peine ; car il nous serait impossible, autrement, de la rejoindre, ayant à porter avec nous nos bagages, nos munitions et huit jours de vivres, ce que le soldat a déjà beaucoup de peine à faire, lui habitué à la fatigue à la .a discipline.

Quoi qu'en disent les discoureurs à idées changeantes et sans connaissance du métier militaire, nous devons fatalement périr, si le secours n'arrive pas de l'extérieur.

Qu'on pense bien à ceci : le soldat porte soixante livres sur ses épaules ; la garde nationale devra faire comme l'armée régulière, et l'objectif une fois en son pouvoir, la trouée faite, il lui faudra continuer sa route, prenant et gardant redoutes et retranchements, pour ne pas les laisser derrière elle, prêtes à être réoccupées.

Ce seront des fatigues lourdes et constantes, des luttes de toutes les heures, auxquelles le citoyen garde national ne pourra résister, malgré tout son patriotisme, et n'en déplaise aux journalistes qui n'ont jamais porté qu'un porte-plume, quelquefois trop lourd déjà pour leurs mains inhabiles.

Paris devient de jour en jour plus sombre, plus triste, plus silencieux : le soir, çà et là quelques lumières; presque plus de voitures, car les chevaux sont dépecés aux étaux des bouchers ; on porte à 30,000 le nombre de ces animaux absorbés par la consommation. Il nous en reste environ 75,000. Enlevez-en 30,000 encore pour le service de Paris et de l'armée, il nous en restera donc 45,000 pour mettre le pot-au-feu. Si Paris n'avait pas possédé 100,000 chevaux, nous pourrions compter la fin du siége comme très-prochaine, car la viande de bœuf est de plus en plus rare; on en distribue, en ce moment, aux particuliers, 40 grammes pour trois jours.

La crise du gaz est prochaine aussi : malgré les mesures d'économie prises, l'éclairage tire à sa fin, et cependant on l'a diminué de moitié : la consommation n'est plus que de 230,000 mètres cubes par jour. Au moyen de cette sage économie, combinée avec le stock de charbon existant en magasin, nous pourrons aller jusqu'au commencement de décembre.

Une chose est à craindre, c'est que, le gaz manquant, la sécurité de Paris ne soit plus parfaite. Le pétrole nous restera, il est vrai..... mais il est plus à redouter qu'à rechercher, sous tous les rapports... La lumière en est terne, et les accidents qu'il détermine sont si nombreux qu'ils font réfléchir sur son emploi.

Pauvre Paris, que seras-tu... lorsqu'il va te manquer encore la lumière?

*Un tombeau!*

## 65ᵉ JOURNÉE

**Vendredi 18 Novembre**  3 % 53.45

Il y a aujourd'hui deux mois que nous sommes entièrement bloqués avec peu ou point de relations. Il y a deux mois, chacun disait, Paris a pour deux mois de vivres, et chacun se désespérait.

En faisant une promenade dans la ville, on pourrait se convaincre, à cette heure, que nous étions tous bien au-dessous de la vérité.

Beaucoup de boutiques sont encore assez bien garnies et les boulangers ont des étalages qui démontrent clairement notre manque d'appréciation alimentaire. A part la viande, on peut avouer que personne n'a encore souffert de l'état de siége, physiquement. Le moral ici n'est pas en cause.

Le service des pigeons voyageurs s'organise de mieux en mieux. Il y a eu aujourd'hui plusieurs rentrées au colombier avec dépêches pour le Gouvernement et pour les particuliers. La dépêche adressée au général Trochu est datée des 8, 10 et 11 novembre ; elle assure la présence à Tours de M. Thiers depuis le 7 courant. (Les journaux de Paris affirmaient sur l'honneur, hier encore, qu'il était toujours à Versailles). La dépêche ajoute que le journal *le Times*, dans son dernier numéro, est favorable à la France ainsi que les puissances étrangères. Elle notifie, en outre, les travaux de fortification faits dans Orléans par nos troupes, qui pensent pouvoir résister à un puissant retour offensif.

Si on se fortifie dans Orléans, on ne marche pas sur Paris ; c'est clair. La prise d'Étampes annoncée est donc un mensonge ! Mais la mesure des mensonges est tellement comble, qu'on ne doit plus faire attention à tous ceux qui nous sont servis en pâture. Je crois, cependant, que le Parisien a besoin de tout ce gros sel. Moi, qui me félicite de ne point être Parisien, à ce point de vue, je dis hautement, pour la cinquième ou sixième fois, — cinq fois de trop peut-être, — que la presse a fait un mal immense à l'esprit populaire en le nourrissant de semblables mets servis pour contenter ses illusions. La vérité ! franchement la vérité, et tout homme de cœur saura l'accepter avec héroïsme.

A la Bourse, il a circulé des bruits sinistres. On osait affirmer que Lyon et Marseille révoltés avaient arboré le drapeau rouge et proclamé la République *de la Commune*.

J'aime à croire que ceci est faux encore.

L'équipement des bataillons de marche commence aujourd'hui et se continuera tous les jours sans interruption jusqu'à parfaite organisation. Quarante-cinq mille hommes ont été inscrits ; le chiffre de la dépense s'élève à 17 millions.

Le bruit se répand que les Prussiens ont construit un chemin de fer de ceinture autour de Paris, dans un rayon de huit lieues au delà des forts. Si cela est, la concentration de leurs troupes sur un point donné sera d'une facilité très-grande.

A la date de ce jour, deux décrets ont paru au *Journal officiel* : l'un, concernant la nomination aux différents grades d'officiers dans la garde nationale, l'autre, instituant un conseil de révision pour prononcer sur tous les cas de dispense invoqués par les gardes nationaux appelés dans les compagnies de guerre.

Je note encore un arrêté fixant l'indemnité des gardes nationaux, la solde des officiers et les vivres de campagne dans les mêmes compagnies.

Le journal *la Patrie* dément formellement la nouvelle qui nous assurait qu'on avait dirigé de Versailles des renforts sur Orléans.

**Huit heures du soir.**

Toujours d'après les bruits, on assure que trois pigeons sont arrivés tantôt à Paris. A demain les nouvelles.

---

## 66ᵉ JOURNÉE

**Samedi 19 Novembre**     3 %    **53.70**

Si je devais, à chaque journée, enregistrer tous les bruits mis en circulation par des niais ou des espions, il me faudrait des pages entières, c'est-à-dire des volumes innombrables, car en les enregistrant, je voudrais aller à la source et en expliquer la raison, la naissance et l'absurdité. Le travail serait herculéen. Je me contente donc d'en enregistrer quelques-uns. Cependant, aujourd'hui je me fais fête de pouvoir crier encore au mensonge à ceux que j'ai enregistrés hier.

L'arrivée des pigeons au colombier du boulevard Montparnasse hier est exacte. Une nouvelle dépêche était apportée par un voyageur ailé ; en voici le contenu :

« Tours, 13 novembre, soir.

» Gambetta a J. Favre.

» Nous vous avons annoncé notre mouvement offensif sur Orléans, qui a été repris après deux jours de marche, pendant lesquels deux gros combats ont été livrés à Baxon et à Coulmiers, où nous avons fait 2,500 prisonniers tout compte fait, et où nos troupes ont fait preuve du plus vigoureux élan. Nous occupons fortement les approches de la ville et nous pouvons repousser un retour offensif.

» L'état intérieur de la France est très-satisfaisant. L'ordre le plus complet règne à Lyon, Marseille, Perpignan, Saint-Étienne.

» L'ennemi a évacué Dijon, et l'administration préfectorale y a repris son cours. Vous pouvez affirmer hautement que partout notre gouvernement est respecté et obéi, et que toute l'effervescence excitée par la reddition de Bazaine est calmée sur tous les points du territoire. »

Ainsi finit la dépêche.

Voici donc les fausses nouvelles bien démenties, et je me plais à remarquer que c'est surtout le lendemain du jour où les bruits ont circulé que les dépêches arrivent, remettant la vérité à sa place, ce qui démontre logiquement l'invention des journalistes. Que les Parisiens se le tiennent pour dit une bonne fois.

Les feuilles quotidiennes sont toujours à l'offensive à outrance et à la trouée. Quelques-unes déclarent que les Prussiens commenceront l'attaque par Saint-Denis.

Ce qui pourrait faire croire qu'ils ont raison cette fois, c'est que l'on poursuit fortement les travaux de défense en avant de Saint-Ouen ; à moins que l'exécution de ces mêmes travaux ne leur fasse supposer une attaque de ce côté. Une batterie nouvelle vient d'être construite dans la presqu'île de Gennevilliers, que nous occupons complétement. Cette batterie se trouve défendue : d'un côté, par le Mont-Valérien ; de l'autre, par le fort de la Briche, ouvrage attenant à la défense de Saint-Denis. Nos avant-postes sont à Suresnes, Rueil et Nanterre ; nos francs-tireurs gardent la ligne de Saint-Germain jusqu'à Chatou.

Les positions ennemies qui nous entourent de ce côté sont combattues par le Mont-Valérien ; au dessous, par la redoute du Moulin-Hérard, qui défend la Seine jusqu'à Bougival ; et la batterie de Courbevoie, qui bat Bezons et Houilles, fortement occupés. Celles de Colombes, Montmartre et Saint-Ouen défendent la Seine contre la batterie d'Argenteuil et du Moulin-d'Orgemont. Asnières et Colombes sont puissamment barricadés et crénelés. Les ponts d'Asnières et de Genevilliers n'existant plus, ils sont remplacés par des ponts de bateaux. Seul le pont du chemin de fer d'Asnières est intact ; son utilité est des plus grandes pour le transport de l'artillerie.

Depuis plusieurs jours, les nouveaux bataillons de guerre de la garde nationale font des promenades militaires afin de s'habituer à la marche et se rompre à la manœuvre en colonnes. Tout cet ensemble peut laisser présumer un prochaine opération militaire.

Depuis l'affaire de la Malmaison, aucun combat n'a eu

lieu. Voici donc un mois que nos troupes n'échangent que quelques coups de fusil aux avant-postes.

A côté de l'organisation matérielle de la défense, il y aura toujours un ombre au tableau, l'indiscipline. Un ordre du jour du général Trochu nous montre combien elle serait nécessaire pour éviter les faits graves qui provoquent le blâme suivant :

« Une succession de faits d'une haute gravité est venue montrer au Gouverneur de Paris que les principes qui font la force et l'honneur du troupier se sont relâchés dans le corps d'armée de Saint-Denis.

» Les sentiments du devoir, l'observation des règles, les respects sont quelquefois méconnus, et de telles infractions ne sauraient être tolérées devant l'ennemi; cette situation compromet au plus haut point la réputation, la dignité des troupes, et elle a créé pour la défense de véritables périls. L'ennemi exploite ces désordres qui se passent sous ses yeux, et le Gouverneur a appris avec autant d'indignation que de surprise, que des relations dont les officiers et la troupe ne jugent pas la portée, tendent à s'établir entre nos avant-postes et les avant-postes prussiens; et c'est au moment où toutes les volontés et tous les cœurs doivent s'unir pour les efforts qui couronneraient dignement la résistance de Paris que je recueille ces marques d'altération de l'esprit militaire dans un corps d'armée auquel j'avais remis avec confiance la garde d'une de nos plus importantes positions. J'y avais fait entrer la plupart des enfants de Paris, parce qu'ils m'avaient juré de défendre leurs foyers avec une énergie qui ne reculerait devant aucun sacrifice. Ma sévérité s'exercera par tous les moyens, pour ramener dans le devoir ceux qui s'en seront écartés; mais j'ai le ferme espoir que je n'aurai plus l'occasion de sévir, et que mon appel au patriotisme et à l'honneur des officiers, sous-officiers et soldats de ce corps d'armée sera entendu.

» Quartier général, Paris, 19 novembre 1870.

» *Le Gouverneur de Paris,*

» Général TROCHU. »

Il s'agit, dans cette affaire, d'un déjeuner offert par des Bavarois et accepté par des officiers de mobiles. Du reste, pour ceux qui ont vu les mobiles de la Seine, ils savent à quoi s'en tenir sur l'observation de la discipline, et comprennent combien est mérité l'ordre du jour cité plus haut.

Les mobiles de la Seine sont surtout ceux qui sont les plus indisciplinés. Combien en a-t-on vu quitter leur poste sans permission pour rentrer à Paris et y rester plusieurs jours!

D'autres, pour le même motif, sauter par-dessus les remparts des forts où il se trouvaient enfermés!

Leur façon de se conduire en campagne n'est pas non plus exempte de tout reproche. Les propriétés dans lesquelles ils peuvent entrer sans détruire, lorsqu'ils sont obligés d'y pénétrer, sont pillées, volées, massacrées, sans autre raison que l'idée de briser, et avec l'horrible intention de s'approprier le bien d'autrui. Tout ceci est déplorable, et sera une des taches du siége de Paris.

Aujourd'hui, les forts de Montrouge, Issy et Vanves ont envoyé force projectiles sur Châtillon, où l'ennemi a, dit-on, démasqué des batteries. Cette position est toujours, selon moi, le point à craindre.

Comme je suis cuirassé à cette heure contre les bruits qui vont et viennent journellement, je les enregistre sans crainte, et vous en fais connaître un nouveau. La Bourse s'en est fort préoccupée.

Il s'agirait d'un traité passé entre les quatre grandes

puissances neutres, avant la guerre actuelle, pour garantir le territoire du vaincu. Il a suffi que la Russie rappelât ses alliés au respect de leur engagement, pour que les négociations prissent un tour nouveau. Il en serait donc résulté trois conséquences de premier ordre.

1° La Prusse ne réclame plus l'annexion directe de l'Alsace et de la Lorraine. (Elles formeraient un État neutre.)

2° Le Gouvernement de la Défense n'est plus intéressé dans les efforts diplomatiques.

3° La rupture des négociations entre la Prusse et la France n'a pas amené celle des négociations générales.

Et voilà les plats servis par les journaux. Du reste, on se demande pourquoi, depuis quelques jours, ils mettent la Russie à toute sauce. Tantôt elle arme, tantôt elle négocie. Comment ne pas s'hébéter au milieu de tout cela? Heureux, je vous assure, celui dont le moral sortira sain et sauf de cette ruche affolée.

La taxe imposée sur les personnes absentes de Paris pour toute autre cause qu'un service public, soulève tellement de protestations que le Gouvernement renonce à l'appliquer, et il a raison. Cette loi a d'abord en elle quelque chose de révolutionnaire qui blesse; en second lieu, elle est absurde. Je le prouve en faisant voir comment la loi est en contradiction avec les avis du Gouvernement de la Défense nationale. Qu'a dit le Gouvernement avant le blocus? Il a instamment prié les bouches inutiles de s'éloigner. On suit le conseil : les femmes, les vieillards, les enfants s'éloignent, et quinze jours après, on déclare que ceux qui se sont absentés doivent payer une taxe de compensation!

Injustice flagrante; car les absents ont parfaitement payé leur part d'exigences en logeant des gardes mobiles.

Une remarque : Comment la toucherait-on, cette taxe

des absents, puisque les maisons sont vides, ou gardées par des femmes?

Je le répète, ceci est absurde, et l'on a vraiment raison d'y renoncer.

Un arrêté de ce jour, du Gouverneur de Paris, donne au commandant supérieur du génie de l'armée de Paris le droit de faire les réquisitions nécessaires aux travaux de la Défense.

Après la guerre, le mot le plus odieux de la langue française sera bien celui de

*Réquisition.*

---

## 67ᵉ JOURNÉE

**Dimanche 20 Novembre**  3 %

Les faits de guerre semblent vouloir se précipiter; l'ennemi semble vouloir se masser, et, de notre côté, il y a des mouvements de troupes très-importants. A compter de mardi prochain, 20,000 hommes, pris dans les bataillons de marche de la garde nationale, vont commencer le service des tranchées et de grand'garde. Il est présumable qu'avant peu de temps, nous aurons à enregistrer d'importantes opérations.

Le feu a été très-vif pendant une partie de la nuit contre les positions du Bourget. Des combats heureux d'avant-postes ont eu lieu à Villetaneuse. De temps à autres, les canons des forts se font entendre sur tous les points.

Vous souvenez-vous, chers lecteurs, que le 28 octobre,

j'enregistrais la phrase suivante, attribuée au gouverneur de Paris :

*Le 15 novembre la campagne de Paris sera terminée, et le 20 novembre la campagne de France commencera.*

Hélas ! nous sommes aujourd'hui le 20, et Paris est bien loin d'être débloqué. Cependant, il nous est permis de dire, avec un peu de subtilité, que la campagne de France est commencée, puisque les Français sont entrés à Orléans dès le 11 ; et si je voulais noter tous les avantages que l'on nous fait remporter dans l'Est, on pourrait affirmer que cette campagne commence victorieusement; mais, comme j'en ai fini avec ma croyance pour les nouvelles de journaux, je me tais et n'enregistre que les choses qui ont une certaine couleur de raison.

Aujourd'hui dimanche, l'*Officiel* ne nous donne aucune mauvaise nouvelle ; c'est toujours cela de gagné.

Nous allons, comme c'est notre coutume, causer un peu de l'alimentation. Dans une ville assiégée, les vivres sont des armes, et ce côté de la défense mérite bien tous les huit jours quelques lignes consacrées à son objet.

Pauvres marchés, sont-ils tristes! Les trois quarts des places sont sans marchands et sans denrées, et au dernier quart, on trouve toute autre chose que ce qu'on était habitué à y venir chercher. La poissonnière vend des nèfles, la marchande de primeurs du saucisson de cheval, et l'on voit de la vaisselle dépareillée là où l'on vendait du gibier.

Cependant, j'ai vu des mauviettes à six francs la douzaine.

Une poule à............... 14 fr.
Un pigeon................ 3 »
Une oie................. 50 »

| | |
|---|---|
| Une dinde............... | 50 » |
| Un canard............... | 15 » |
| Un lapin................ | 30 » |

Et le mot de tout vendeur, par le temps qui court, est toujours le même : *J'y perds.*

Un brochet vaut 20 francs. Quatre carpillons d'une livre, les quatre se vendaient 9 francs à la criée.

On trouve encore un peu de beurre salé à 16 francs la livre, et du beurre frais à 20 francs.

On dit que nous sommes au bout de nos bœufs et de nos moutons. La chose n'est point surprenante, et l'on parle de nous mettre, pendant trois jours, à la viande salée, et pendant trois jours à la viande fraîche... de cheval. Nous avons encore, comme je l'expliquais le 18. 30,000 chevaux à manger.

Le Gouvernement possède une assez grande quantité de fromages, de morues et d'autres genres de poissons salés. Les marchands ont encore en magasin de nombreuses quantités de riz, de sucre, de café et de chocolat.

Les boutiques de comestibles ont encore des pâtés, mais ils sont hors de prix. Les boîtes de conserves deviennent inabordables pour les ménages dont les ressources sont restreintes à une dépense moyenne.

Seul, le liquide ne fait point défaut, malheureusement pour une certaine quantité de Parisiens, qui ne savent pas se modérer, et qui s'enivrent trop fréquemment.

Quant à la farine et aux grains, la question est délicate et des plus difficiles à résoudre. Je crois pouvoir affirmer que personne ne peut savoir exactement ce que Paris en renferme. J'enregistre, à ce sujet, un bruit qui me vient directement de l'Hôtel de ville et qui sonne mal à mon oreille : le pain doit être rationné sous peu de jours. Si cela est, nous pouvons être certains que l'épuisement commence et que la fin est proche. On me donne pour cause de ce rationnement la lenteur de la mouture du grain et le petit nombre de meules affectées à ce travail.

A tout hasard, je vais profiter de la nouvelle pour faire provision de biscuits et de trente à quarante livres de farine. Pour ceux qui n'ont point été assiégés cela paraîtra singulier, mais s'ils savaient ce que c'est que la perspective de n'avoir rien à se mettre sous la dent, ils comprendraient facilement cette mesure de précaution.

Il ne faut point déduire de tout cela que nous sommes aux expédients ; non, rien ne manque encore, surtout pour ceux qui mangent carrément de la viande de cheval, dont la défense se fait souvent sentir sous la dent.

Si les fantaisistes crient famine, c'est plutôt par gourmandise que par nécessité.

Pour eux, on a fait des pâtés excentriques de chien, de chat et de rats. Voyez-vous d'ici ce composé culinaire de trois animaux qui ne peuvent ni se voir ni se sentir? C'est le cas, ou jamais, de reconnaître que les malheurs publics font taire bien des haines et réunissent toutes les opinions.

On vient d'assassiner tous les animaux du Jardin d'Acclimatation pour les livrer à l'alimentation. On a cependant épargné les chameaux et les éléphants.

Adieu donc, gentils canards à aigrettes lamées d'or et d'argent !... Adieu, daims gracieux, ours mal léchés, renards, malins et stupides bisons... vous êtes livrés à l'appétit de la Ville-Gargantua.

*Le Moniteur prussien*, de Versailles, donne toujours des nouvelles de sa façon, et Dieu sait s'il en est qui sont à notre désavantage.

Un entrefilet assez curieux assure que : l'ordre d'attaquer

Paris sera probablement donné au moment le plus opportun, en prenant en considération toutes les circonstances et *surtout celles qui se rapportent aux événements intérieurs de Paris.*

Ainsi donc, que les bons citoyens veillent et déjouent par leur attitude ferme et résolue les projets insensés des complices de M. de Bismark.

Un arrêté du gouverneur de Paris interdit tout affichage et placards de journaux, feuilles publiques ou écrits politi- de même nature, sur les murs de la capitale.

Divers décrets ordonnent la formation de deux bataillons de chasseurs à pied.

Par décret en date de ce jour, quatre nouvelles batteries à pied sont créées dans le régiment de l'artillerie de marine.

Ce soir, pour égayer nos idées un peu sombres et chercher à oublier un instant la situation présente, qui, malgré toute la dose de courage dont on est pourvu, vous épouvante un peu, je suis allé à l'Opéra entendre un superbe concert.

L'aspect de la salle était étrange. On n'y voyait que des costumes militaires.... Le théâtre était comble, les couloirs regorgeaient de monde, et l'on sentait que, comme moi, chacun était venu là avec le désir d'oublier.

Comme signe du temps, dans une baignoire, M. Rochefort, ex-membre du Gouvernement, se prélassait en costume d'artilleur. Dans la loge suivante, se trouvait une femme célèbre d'un mauvais théâtre du boulevard ; elle était entourée d'officiers de la garde mobile.

Comme on le voit encore, le Parisien ne changera pas, et, si par un coup de baguette, on rétablissait une situation prospère, on continuerait facilement les mêmes erreurs qu engendrèrent dix-huit années d'empire, sans penser à mettre à profit les cruelles leçons que vient de nous donner la Providence.

Heureux pour nous si nous n'en avons pas encore d'autres plus cruelles à attendre.

## 68ᵉ JOURNÉE

**Lundi 21 novembre**   3 % **53.45**.

Le *Journal Officiel* donne ce matin une reproduction curieuse d'un nouveau numéro du *Moniteur de Versailles* parvenu jusqu'à nous. Cette reproduction renferme une circulaire de M. de Bismark au sujet des négociations de l'armistice.

Voici dans son entier cette pièce très-curieuse.

*Circulaire adressée aux ambassadeurs de la Confédération de l'Allemagne du Nord par le chancelier fédéral, comte de Bismark, sur ses entretiens avec M. Thiers à Versailles :*

« Versailles, le 8 novembre 1870.

« Il est à votre connaissance que M. Thiers avait exprimé le désir de pouvoir se rendre, pour négocier, au quartier général, après qu'il se serait mis en communication avec les différents membres du Gouvernement de la Défense nationale à Tours et à Paris. Sur l'ordre de Sa Majesté le Roi, je me suis déclaré prêt à avoir cet entretien, et M. Thiers a obtenu de se rendre d'abord, le 30 du mois dernier, à Paris, d'où il est revenu le 31 au quartier général.

» Le fait qu'un homme d'État de l'importance de

M. Thiers, et ayant son expérience des affaires, eût accepté les pleins pouvoirs du gouvernement parisien, me faisait espérer que des propositions nous seraient faites dont l'acceptation nous fût possible et aidât au rétablissement de la paix. J'accueillis M. Thiers avec les égards et la déférence auxquels sa personnalité éminente, abstraction faite même de nos relations antérieures, lui donnaient pleinement le droit de prétendre.

» M. Thiers déclara que la France, suivant le désir des puissances neutres, était prête à conclure un armistice.

» Sa Majesté le Roi, en présence de cette déclaration, avait à considérer qu'un armistice entraîne nécessairement pour l'Allemagne tous les désavantages qui résultent d'une prolongation de la campagne pour une armée dont l'entretien repose sur des centres de ressources fort éloignées. En outre, avec l'armistice, nous prenions l'obligation de faire rester stationnaires dans les positions qu'elles auraient eues au jour de la signature les masses de troupes allemandes rendues disponibles par la capitulation de Metz, et de renoncer ainsi à occuper de nouvelles portions du territoire ennemi, dont nous pouvons actuellement nous rendre maîtres sans coup férir, ou du moins en n'ayant à vaincre qu'une résistance peu sérieuse. Les armées allemandes n'ont pas à attendre dans les prochaines semaines un accroissement essentiel de leurs forces; au contraire, la France, grâce à l'armistice, se serait assuré la possibilité de développer ses propres ressources, de compléter l'organisation des troupes déjà en formation, et, — si les hostilités devaient recommencer à l'expiration de l'armistice, — de nous opposer des corps de troupes capables de résistance, qui aujourd'hui encore n'existent pas.

». Malgré ces considérations, le désir de faire le premier

pas pour la paix prévalut chez Sa Majesté le Roi, et je fus autorisé à aller immédiatement au-devant de ce que souhaitait M. Thiers, en consentant à un armistice de 25 ou même, comme il le désira plus tard, de 28 jours, sur le pied du *statu quo* militaire pur et simple, — à partir du jour de la signature. Je lui proposai : qu'une ligne de démarcation, à tracer, arrêtât la situation des troupes allemandes et françaises, telle que, de part et d'autre, elle serait au jour de la signature ; que durant quatre semaines les hostilités restassent suspendues ; que, pendant ce temps, fût élue et constituée une représentation nationale. Pour les Français, — de cette suspension d'armes, il ne devait résulter militairement, pendant la durée de l'armistice, que l'obligation de renoncer à de faibles sorties, toujours malheureuses, et à un gaspillage inutile et incompréhensible des munitions d'artillerie par le tir des forts.

» Relativement aux élections en Alsace, je pus déclarer que nous n'insisterions sur aucune stipulation qui dût, avant la conclusion de la paix, mettre en question que les départements allemands fissent partie de la France, — et que nous ne demanderions pas compte à un de leurs habitants de ce qu'il eût figuré, comme représentant de ses compatriotes, dans une assemblée nationale française.

» Je fus étonné, lorsque le négociateur français rejeta ces propositions, qui étaient tout à l'avantage de la France, et déclara ne pouvoir accepter un armistice que si l'on y comprenait la faculté pour Paris de s'approvisionner sur une grande échelle. Je lui répondis que cette faculté contiendrait une concession militaire excédant à tel point le *statu quo* et toute exigence raisonnable, que je devais lui demander s'il était en situation de m'offrir un équivalent, et lequel. M. Thiers répondit qu'il n'avait pas pouvoir de faire aucune contre-proposition militaire, et qu'il devait poser la condition du ravitaillement de Paris, sans pouvoir offrir en compensation rien autre chose que le bon vouloir du Gouvernement parisien pour mettre à même la nation française d'élire une représentation d'où vraisemblablement sortirait une autorité avec laquelle il nous serait possible de négocier la paix.

» Dans cette situation, j'eus à soumettre au Roi et à ses conseillers militaires le résultat de nos négociations.

» Sa Majesté le Roi fut justement surpris des demandes militaires si excessives et déçu dans ce qu'il avait attendu des négociations avec M. Thiers. L'incroyable exigence d'après laquelle nous aurions dû renoncer au fruit de tous les efforts faits depuis deux mois, à tous les avantages acquis par nous, et remettre les choses au point où elles étaient lorsque nous commençâmes à investir Paris, — ne pouvait fournir qu'une nouvelle preuve qu'à Paris on cherchait les prétextes pour refuser à la France des élections, mais non pas une occasion de les faire sans empêchement.

» D'après le désir que j'exprimai d'essayer encore, avant la continuation des hostilités, de s'entendre sur d'autres bases, M. Thiers eut, le 5 de ce mois, aux avant-postes, un nouvel entretien avec les membres du Gouvernement de Paris, pour leur proposer ou un court armistice sur les bases du *statu quo*, ou la simple convocation des électeurs, sans armistice conclu par une convention ; — auquel cas je pouvais promettre que nous accorderions toute liberté et toute facilité compatibles avec la sûreté militaire.

» M. Thiers ne m'a point donné de détails sur son dernier entretien avec MM. Favre et Trochu ; il n'a pu que me communiquer, comme résultat de cette conférence, l'instruction qu'il avait reçue de rompre les négociations et de quitter Versailles, puisqu'un armistice avec ravitaillement de Paris ne pouvait être obtenu.

» Il est reparti pour Tours, le 7 au matin.

» Le cours des négociations n'a fait que me convaincre d'une chose, c'est que les membres du Gouvernement actuel en France, dès leur avénement au pouvoir, n'ont pas voulu sérieusement laisser l'opinion du peuple français s'exprimer par la libre élection d'une représentation nationale, — qu'ils avaient tout aussi peu l'intention d'arriver à conclure un armistice, et qu'ils n'ont posé une condition dont l'inadmissibilité ne pouvait être mise en doute par eux que pour ne pas répondre par un refus aux puissances neutres, dont ils espèrent l'appui.

» Je vous prie de vouloir bien vous exprimer conformément au contenu de cette dépêche, dont vous êtes autorisé à donner lecture.  » DE BISMARK. »

Pas besoin de commentaires; la nouvelle circulaire du chancelier prussien n'est, comme toutes les précédentes, qu'un monument d'astuce et de mauvaise foi.

Une dépêche de Saint-Pétersbourg annonce que l'empereur Alexandre a nommé le prince royal de Prusse feld-maréchal dans l'armée impériale russe.

Avis aux journaux qui nous assurent que la Russie arme et négocie en notre faveur.

Suivent encore des nouvelles de province, mais fort anciennes, signalant des scènes de guerre civile, et ce qu'il y a de plus curieux, des nouvelles de Paris, sur les théâtres, les clubs, ce qui prouve que le service des espions allemands est fait d'une façon admirable.

Le général Clément-Thomas a passé aujourd'hui la revue de l'artillerie de la garde nationale.

Ce matin, peu ou point de canonnade; la journée comme la matinée a été d'un calme relatif. Il y a eu cependant des mouvements considérables de troupes sous les ordres des généraux Ducrot et Vinoy. Chacun s'attendait à des événements militaires sérieux. Il n'en a rien été. Une promenade militaire seule était la cause de tout ce déploiement de forces.

La soirée est toujours longue pour le Parisien, il faut qu'il fasse quelque chose quand même pour ne pas se mettre au lit avant onze heures ou minuit. Mais, comme il n'y a qu'un théâtre d'ouvert, il choisit comme lieu de distraction les clubs, et surtout les plus hauts en couleur. Dans ces derniers surtout, tout ce que la folie révolutionnaire peut engendrer d'épouvantable se débite devant la foule. Hier, un des orateurs de ces maisons d'aliénés s'écriait : « *Oui, citoyens, je hais Dieu! le dieu des prêtres! et je voudrais comme les Titans escalader le ciel pour le poignarder.*

Voici de quelle façon on se sert du droit de réunion accordé par le Gouvernement de la République. Allons, on ne peut le nier, nous sommes peu dignes de la Liberté.

On se rassure à cette heure en voyant la régularité dans les arrivées journalières des pigeons. Le pigeonnier a encore reçu hier au soir un voyageur chargé de dépêches. Quand le nouveau procédé par la photographie sera mis à exécution, ce ne sera plus cinq cents dépêches que nous recevrons, mais 1,000 ou 1,500 au minimun.

Un arrêté du ministre de l'agriculture et du commerce enjoint à tous les détenteurs de pommes de terre, à Paris et dans les communes situées en deçà de la ligne d'investissement, de faire la déclaration des quantités qu'ils possèdent en dehors des provisions de ménage.

Un avis du même ministère prévient que jusqu'à nouvel ordre, les personnes qui auraient besoin de son, pour la nourriture de leurs chevaux ou bestiaux, pourront s'en procurer dans les divers moulins qui fonctionnent pour le compte de l'État et qui desserviront les divers arrondissements.

Un arrêté du membre du Gouvernement délégué à la mairie centrale fixe au 30 novembre la cessation par la compagnie d'éclairage de toute livraison de gaz aux particuliers et aux établissements publics de toute nature.

L'œuvre de la Commission des barricades sera, dit-on, terminée à la fin du mois ; à cette date, la Commission cessera de fonctionner.

---

## 69ᵉ JOURNÉE

**Mardi 22 Novembre**  3 °/₀  53.50

Le Gouvernement répond à la circulaire de M. de Bismark de la manière suivante :

« Paris, 21 novembre 1870.

» Monsieur, vous avez eu certainement connaissance de la circulaire par laquelle M. le comte de Bismark explique le refus opposé par la Prusse aux conditions de ravitaillement proportionnel que comportait naturellement la proposition d'armistice émanée des puissances neutres. Ce document rend une rectification d'autant plus nécessaire, que, par une préoccupation très-conforme, d'ailleurs, à toute sa politique antérieure, le représentant de la Prusse y a négligé des faits importants, dont l'omission ne pourrait manquer d'induire l'opinion publique en erreur.

» En lisant son travail, on doit croire que M. Thiers a demandé au nom du Gouvernement de la Défense nationale l'ouverture d'une négociation, et que la Prusse l'a acceptée par un sentiment d'égards pour le caractère de notre envoyé et par le désir d'arriver, s'il est possible, à une conciliation. Le chancelier de la Confédération du Nord paraît oublier, et il est indispensable de rappeler, que la proposition d'armistice sur laquelle M. Thiers est venu conférer appartient aux puissances neutres, et que l'une d'elles a bien voulu faire auprès de la Prusse la démarche qui a donné à notre négociateur l'occasion d'entrer en pourparlers. Ce bon office n'était point un fait isolé. Dès le 20 octobre, lord Granville adressait à lord Loftus une dépêche communiquée au cabinet de Berlin, et dans laquelle il exposait, avec une grande autorité, les raisons d'intérêt européen qui devaient amener la cessation de la guerre.

» Parlant de la continuation du siége et de l'éventualité de la prise de Paris, le chef du *Forign Office* disait : « Il n'est pas déraisonnable de mettre dans la balance les avantages et les désavantages qui accompagneront un tel fait et ces avantages touchent tellement aux sentiments de l'humanité, que le gouvernement de la reine se croit obligé de les signaler au roi et à ses ministres. Le souvenir amer des trois derniers mois peut être un jour effacé par le temps et par le sentiment de la bravoure de l'ennemi sur les champs de bataille.

» Mais il y a des degrés dans l'amertume, et la probabilité d'une guerre nouvelle et irréconciliable sera considérablement augmentée si toute une génération de Français a devan les yeux le spectacle de la destruction d'une capitale.

accompagnée de la mort de personnes sans armes, de la destruction de trésors d'art et de science, de souvenirs historiques d'un prix inestimable, impossibles à remplacer. Une telle catastrophe sera terrible pour la France et dangereuse pour la paix future de l'Europe ; en même temps elle ne sera, comme le gouvernement de la reine le croit, à personne plus pénible qu'à l'Allemagne et à ses princes.

» Le Gouvernement français a décliné les négociations de paix depuis l'entrevue de M. de Bismark et de M. Jules Favre ; mais le gouvernement de la reine a pris sur lui d'insister auprès du Gouvernement provisoire pour qu'il consente à un armistice qui pourrait aboutir à la convocation d'une Assemblée constituante, et au rétablissement de la paix. Le gouvernement de la reine n'a pas omis de faire sentir à Paris la nécessité de faire toutes les concessions compatibles dans la la situation actuelle avec l'honneur de la France.

» Le gouvernement de la reine ne se croit pas autorisé à l'affirmer, mais il ne peut pas croire que les représentations faites par lui resteront sans effet. Pendant cette guerre, deux causes morales ont, à un degré incalculable, servi l'immense puissance matérielle des Allemands : ils ont combattu pour repousser l'invasion étrangère et affirmer le droit d'une grande nation à se constituer de la manière la plus propre à développer ses aptitudes. La gloire de leurs efforts sera rehaussée si l'histoire peut dire que le roi a épuisé tous les moyens pour rétablir la paix, et que les conditions de la paix étaient justes, modérées, en harmonie avec la politique et les sentiments de notre époque. »

» Au moment où le ministre anglais tenait ce langage à la Prusse, son ambassadeur insistait à Tours sur les mêmes considérations, sans jamais mettre en doute que l'armistice ne dût être nécessairement accompagné de ravitaillement.

Il m'est permis d'ajouter que, sur ce point, qui a été le seul objet du débat, l'opinion du chancelier de la Confédération du Nord ne pouvait être indifférente, puisqu'il avait eu connaissance de la mission officieuse du général Burnside, auquel il avait parlé d'un armistice sans ravitaillement, que le Gouvernement de la Défense nationale n'avait pu accepter.

» C'était donc dans les termes du droit commun, c'est-à-dire avec un ravitaillement proportionnel à la durée, que l'Angleterre conseillait l'armistice; c'est aussi dans ces termes qu'il fut compris par les autres puissances, et directement proposé à la Prusse par une correspondance et des télégrammes auxquels elle adhéra. Dans sa conférence avec les membres du Gouvernement, le 30 octobre, M. Thiers n'admettait pas que cette condition pût être contestée en principe; seulement, il avait l'ordre, auquel il s'est certainement conformé, de ne point être trop rigoureux pour son application. Aussi est-ce par erreur que le chancelier de la Confédération du Nord affirme qu'il aurait déclaré: « ne » pouvoir accepter un armistice que si l'on y comprenait » la faculté, pour Paris, de s'approvisionner sur une grande » échelle. » Cette assertion est inexacte.

» Les chiffres d'une consommation journalière et modérée avaient été minutieusement arrêtés par le ministre du commerce, et seuls ils servaient de base à notre réclamation strictement limitée au nombre de jours de l'armistice. En cela, nous étions d'accord avec l'usage et l'équité, avec l'intention des puissances neutres, et, nous le croyons, avec le consentement de la Prusse elle-même. Peut-être n'eût-elle pas songé à le retirer sans la reddition de Metz et sans la funeste journée du 31 octobre, accueillie par elle avec une satisfaction mal dissimulée.

» Le chancelier de la Confédération du Nord insiste sur les inconvénients auxquels l'armistice exposait l'armée assiégeante. Mais il ne tient pas compte de ceux, bien autrement graves, du non-ravitaillement pour la ville assiégée. Ces inconvénients sont tels, qu'ils rendaient dérisoire la convocation d'une Assemblée réduite forcément à l'impuissance à l'heure de ses délibérations, et condamnée par la plus dure des nécessités à subir la loi du vainqueur. L'armistice sans ravitaillement pour faire statuer au bout d'un mois sur la paix ou sur la guerre, n'était donc ni équitable, ni sérieux ; il n'était, pour nous, qu'une déception et un péril.

» J'en dis autant de la convocation d'une Assemblée sans armistice. S'il avait cru une pareille combinaison compatible avec la défense, le Gouvernement l'aurait adoptée avec joie. La Prusse peut lui reprocher « de n'avoir pas » voulu laisser l'opinion du peuple français s'exprimer li- » brement par l'élection d'une représentation nationale. » Le besoin de diviser et d'affaiblir la résistance du pays explique suffisamment cette accusation. Mais quel homme de bonne foi voudra l'admettre? qui ne sent l'immense intérêt qu'ont les membres du Gouvernement à écarter la terrible responsabilité que les événements et le vote de Paris font peser sur leur tête ?

» Ils ont constamment cherché, avec le désir évident de réussir, les moyens les plus efficaces d'amener la convocation d'une Assemblée qui était et qui est encore leur vœu le plus cher. C'est dans ce but que j'abordai M. le comte de Bismark à Ferrières. Je laisse à la conscience publique le soin de juger de quel côté ont été les obstacles, et si le Gouvernement doit être dénoncé au blâme de l'Europe pour n'avoir pas voulu placer les députés de la France sous le canon d'un fort livré à l'armée prussienne.

» Une convocation sans armistice nous aurait, il est vrai, épargné cette humiliation, mais elle nous en aurait encore réservé de cruelles.

» Les élections auraient été livrées au caprice de l'ennemi, aux hasards de la guerre, à des impossibilités matérielles énervant notre action militaire et ruinant à l'avance l'autorité morale des mandataires du pays. Et cependant nous sentions si énergiquement le besoin de nous effacer devant les représentants réguliers de la France, que nous eussions bravé ces difficultés inextricables, si en descendant au fond de nos consciences nous n'y avions trouvé, impérieux, inflexible, supérieur à tout intérêt personnel, ce grand et suprême devoir de l'honneur à sauvegarder et de la Défense à maintenir intacte.

» Nous avons maudit et condamné cette guerre; quand des désastres inouïs dans l'histoire ont mis en poussière ses criminels instigateurs, nous avons invoqué, pour la faire cesser, les lois de l'humanité, les droits des peuples, la nécessité d'assurer le repos de l'Europe, offrant d'y concourir par de justes sacrifices. On a voulu nous imposer ceux que nous ne pouvions accepter, et la Prusse a continué la lutte, non pour défendre son territoire, mais pour conquérir le nôtre. Elle a porté dans plusieurs de nos départements le ravage et la mort; elle investit depuis plus de deux mois notre capitale, qu'elle menace de bombardement et de famine; et c'est pour couronner ce système scientifique de violence qu'elle nous convie à réunir une Assemblée élue en partie dans ses camps, et appelée à discuter paisiblement quand gronde le canon de la bataille!

» Le Gouvernement n'a pas cru une telle combinaison réalisable. Elle le condamnait à discontinuer la défense : et discontinuer la défense sans armistice régulier, c'était y renoncer. Or, quel est le citoyen français qui ne s'indigne à cette idée? le pays tout entier proteste contre elle. On lui demande de voter, il fait mieux, il s'arme. Nos soldats, victorieux sur la Loire, effacent par leur généreux sang les hontes de l'empire. Paris, dont la Prusse devait forcer l'enceinte en quelques jours, résiste depuis plus de deux mois, et il demeure plus que jamais résolu, après l'avoir rendue inexpugnable. Ses chefs militaires, que la trahison de Sedan avait laissés sans ressources, ont dû improviser une armée et son matériel, former la garde mobile, organiser la garde nationale. Leurs travaux ne seront pas stériles ; et dans cette crise suprême que nous avons essayé de conjurer par tous les moyens que l'honneur commandait, nous avons la certitude que chacun fera son devoir.

» Le Gouvernement n'a donc pas, comme l'accuse le chancelier de la Confédération du Nord, cherché à se concilier l'appui de l'Europe en paraissant se prêter à une négociation qu'il avait en réalité le dessein de rompre. Il repousse hautement une pareille imputation. Il a accepté avec reconnaissance l'intervention des puissances neutres, et s'est loyalement efforcé de la faire réussir dans les termes que l'une d'elles avait indiqués en rappelant son télégramme « les sentiments de justice et d'humanité auxquels la Prusse » devait se conformer. » A cette heure suprême, il s'en remettrait volontiers au jugement de ceux dont la voix bienveillante n'a point été écoutée. Ce n'est pas d'eux que lui viendrait un conseil de défaillance.

» Après lui avoir donné leur appui moral, ils estimeront qu'il continue à le mériter en défendant énergiquement le principe qu'ils ont posé ; il est prêt à convoquer une Assemblée, si un armistice avec ravitaillement le lui permet. Mais il faut qu'il soit bien entendu qu'en le refusant, la Prusse, malgré toutes ses déclarations contraires, cherche à augmenter nos embarras en nous empêchant de consulter la France ; c'est donc à elle seule que doit être renvoyée la responsabilité d'une rupture démontrant une fois de plus qu'elle est déterminée à tout braver pour faire triompher sa politique de conquête violente et de domination européenne.

» Je crois, monsieur, avoir exactement traduit les sentiments qui ont inspiré le Gouvernement, et je vous prie de vous en pénétrer lorsque vous serez appelé à vous en expliquer. »

La lutte doit donc continuer puisqu'on ne peut s'entendre sur l'armistice et qu'il est impossible de convoquer une assemblée sans une suspension d'armes.

A la Bourse, les bonnes et les mauvaises nouvelles se croisent. Les plus absurdes, bien entendu, sont du nombre. Mettons en tête celle du départ du roi de Prusse, qui va quitter Versailles. Souvenez-vous bien, Parisiens, que vous touchez là une question d'amour-propre à l'endroit de Guillaume. Les Allemands en ont beaucoup ; et ils ne quitteront Paris que vaincus ou victorieux. Nos armées se retranchent dans Orléans et ne sont pas aussi rapprochées de nous que veulent bien le dire vos flatteurs ; par conséquent, le roi de Prusse n'a donc aucune raison en ce moment de vouloir quitter la capitale du département de Seine-et-Oise.

Un autre bruit nous apprend la reprise d'Orléans. J'ai l'espoir que cela n'est pas, mais si cela est, je l'avais prévu en vous parlant d'une probabilité de retour offensif des Allemands pour reprendre cette ville.

Le décret concernant les pommes de terre a fait sensiblement disparaître ce tubercule de la consommation. Cela devait être. On en trouve cependant, mais avec une hausse de prix considérable.

A ce propos, M. Pyat fait la réflexion suivante dans son journal *le Combat* : « Le boisseau de pommes de terre vaut 6 francs, un chou, la solde d'un garde national. Les hommes ont faim, passe encore! Les femmes ont faim, c'est plus grave ! Les enfants auront faim : là commence le danger. Écoutons ; le ventre crie, prenons garde au cœur ! Que la mère n'entende pas geindre l'enfant! Que les mères de famille des 5 et 6 octobre n'aillent pas à l'Hôtel de ville demander le boulanger et le mitron ; elles n'en sortiraient pas comme les hommes du 31, bras dessus, bras dessous avec toi comme avec Tamisier.

» 89 serait rose, et juin l'a été auprès de la révolution du besoin. Le peuple affamé est armé! Pas de pain et du fer! Juin, souvenons-nous, n'avait que 10,000 fusils. Le général famine en a cette fois 100,000, et des chassepots ! et son ami Guillaume le double, et en joue! »

Le programme est peu rassurant. Ces messieurs ne demanderaient pas mieux que de provoquer, faute de subsistances, une révolte où les femmes joueraient le rôle principal.

Aujourd'hui les boucheries sont garnies de viandes salées, ce qui est d'un aspect attristant. Cette nourriture n'est pas faite pour améliorer la santé publique très-altérée déjà par la privation et par le surcroît des cas de varioles qui augmentent en ce moment et doublent la mortalité. On arrive au triste chiffre de 2,000 décès par semaine.

Le public s'est ému de la capture de deux ballons par les Prussiens et du sort de leurs conducteurs qui ont été retenus prisonniers de guerre. Attendu cet accident, le Gouvernement vient de prendre le parti de n'expédier que la nuit les aérostats en partance.

23.

Commençant leur voyage le matin, ils étaient de suite signalés sur toute la profondeur des lignes ennemies et en but ainsi aux attaques et aux poursuites. Le nouvel ordre coupera court à toutes les embûches. Il est vrai que d'autres inconvénients vont naître, et l'on ne songe pas sans frissonner, à ces hommes courageux qui vont s'aventurer ainsi dans les airs au milieu des ténèbres. J'ai assisté, cette nuit, au départ de l'*Archimède*, qui emportait trois voyageurs, vingt pigeons et tout ce qu'il a pu contenir de lettres et de dépêches. Ce ballon a pris son essor à minuit quarante. Cette ascension de nuit présente un spectacle étrange. On peut le noter comme une des singularités du siége.

Ces matelots allant et venant dans l'ombre épaisse, traversée de temps à autre par des jets de lumière électrique; Cette machine qui souffle le gaz dans l'intérieur du monstre encore informe, et qui se gonfle lentement, tout cela dans le cadre d'une gare naguère en pleine activité, et condamnée à la solitude, paraît infernal et bien fait pour inspirer à l'âme la plus douloureuse tristesse. Enfin, l'heure du départ arrive, le signal est donné, le ballon est conduit en dehors de la gare, on le lâche, et une minute après, tout a disparu dans les ténèbres.

C'est fantastique et terrible.

Aujourd'hui, dans les rues de Paris, on crie le charbon de bois à quatre sous la livre. Ces marchands conduisent leur combustible dans des petites voitures à légumes.

Avant de clore cette journée, jetons un regard sur le passé, afin de nous rendre compte de ce que sont, à cette heure, les villages des environs de Paris.

Ce ne sont plus que des ruines.

A l'arrivée des Prussiens autour de la capitale, il y a eu, à mon point de vue, une panique exagérée de la part des populations suburbaines, et, provoquée par le Gouvernement, qui n'a rien fait pour rassurer les gens et pour empêcher cette fuite précipitée dans Paris, cause de bien des ruines ; car les habitations ainsi vivement et sottement abandonnées, ont été la proie des francs-tireurs et des gardes mobiles. Beaucoup de protestations se sont élevées pour réfuter l'accusation portée contre ces deux corps..., mais les conseils de guerre ont fourni les preuves des crimes commis, en jugeant et en condamnant les auteurs.

C'est le pillage organisé, et l'autorité militaire, mise en éveil par les plaintes réitérées, sévit aujourd'hui rigoureusement contre les auteurs de ces désordres. Les pillards sont le plus souvent des jeunes gens, dirigés dans leur vandalisme par des anciens. Ces derniers, qu'en langue de troupier, on appelle *chapardeurs*, les conduisent comme en pays conquis. Ils ont un flair tout particulier, et sentent les bons endroits ; aussi leur échappent-ils rarement. L'indiscipline est une cause principale de ces désastres.

On peut dire, sans crainte de faire un mensonge, que la banlieue de Paris a été en partie ravagée par les Français.

## 70ᵉ JOURNÉE

**Mercredi 23 Novembre**   3 % 53.10.

Malgré les bruits qui circulent sur l'approche d'un mouvement militaire et d'une action très-prochaine, la confiance règne dans la banlieue de Paris, et les paysans dont les maisons n'ont pas été dévastées par nos *chapar-*

*deurs* rentrent chez eux, fatigués d'être campés dans Paris. Le chemin de fer du Nord a rouvert sa ligne jusqu'à Saint-Denis, et celui de Vincennes jusqu'à Nogent; nos extrêmes frontières.

Aujourd'hui, le mauvais temps a arrêté l'action des forts et des batteries de l'ennemi. On ne peut signaler que quelques combats peu sérieux d'avant-postes du côté de la Marne.

Les Prussiens se tiennent coi. Ils veillent en silence, car il est évident que nos mouvements de troupes ont dû attirer leur attention.

Une reconnaissance a été tentée par l'ennemi dans la presqu'île de Gennevilliers. Cette reconnaissance n'a pu s'effectuer, grâce à la surveillance de nos postes avancés.

C'est aujourd'hui que les bataillons de marche vont prendre leur service aux avant-postes.

Par un arrêté du gouverneur de Paris, à la date de ce jour, il est interdit aux journaux de faire aucune publication relative aux mouvements de troupes, aux travaux de fortification, aux mesures militaires prises par la Défense.

Un autre arrêté du membre du Gouvernement délégué à la mairie de Paris, donne avis aux boulangers de Paris des mesures qu'ils ont à prendre pour les bons de livraison de farines délivrés par la caisse de la boulangerie.

La première affiche relative à une condamnation subie par un garde national, a été affichée sur les murs de la mairie de la rue Neuve-de-la-Banque. Il s'agit de la condamnation prononcée par le conseil de guerre du cinquième secteur contre un sous-lieutenant qui avait injurié et menacé son supérieur pendant son service.

L'Académie des sciences s'est beaucoup occupée, depuis quelques jours, des ballons et de leur direction. M. Dupuy de Lôme nous en avait promis un qui doit être en construction, mais dont je n'entends pas parler. Grand nombre de systèmes ont été présentés à la docte assemblée, et parmi eux, celui dont parle le journal *le Figaro*.

Ce système est ainsi expliqué :

Le ballon est remorqué par des aigles que l'on dirigerait à volonté en plaçant devant eux de la viande fraîche qu'ils ne pourraient jamais atteindre.

*Le Figaro* ajoute que l'Académie a voté l'ordre du jour.

Voici un inventeur à imagination. *Le Figaro* a oublié de nous dire son nom.... C'est une perte.

## 71ᵉ JOURNÉE

**Jeudi 24 Novembre**        3 %, 53.35.

Ce matin, l'*Officiel* donne la publication d'une dépêche apportée par un pigeon.

« GAMBETTA A JULES FAVRE.

» Au dedans, l'ordre le plus parfait règne sur tous les points du pays, et nos ressources militaires prennent une tournure tout à fait satisfaisante. Outre les 200,000 hommes qui sont en ligne sur la Loire et dont le point culminant est Orléans, nous aurons le 1ᵉʳ décembre une nouvelle armée parfaitement organisée et munie de tout, qui comptera 100,000 hommes, sans compter près de 200,000 hommes mobilisés, prêts à marcher au feu à la même époque, mais tout à fait en seconde ligne. Nous occupons Orléans fortement, sur les deux rives de la Loire, à droite et à gauche, prêts à résister vigoureusement à un retour offensif. Notre succès à Orléans a excité au plus haut degré les sentiments patriotiques de la nation, et les préparatifs de défense sont poussés avec une prodigieuse activité de tous côtés ; les plus faibles sont entraînés.

» Au dehors, l'Europe a manifesté au sujet de notre récent succès autant de sympathie que d'étonnement. Ses doutes sur l'existence de nos forces sont dissipés, ses sympathies nous sont reconnues, nous en recevons le témoignage irrécusable aussi bien par la voix des journaux que par la conversation de ses représentants autorisés. Tout le monde s'accorde à reconnaître que notre situation diplomatique s'est considérablement améliorée. Sauf de rares exceptions, on ne parle plus d'élections ni d'armistice. Le refus de ravitailler Paris a été unanimement blâmé et attribué à M. de Bismark ; on n'a voulu voir dans ce refus qu'un stratagème pour affamer Paris et donner aux troupes prussiennes dégagées de Metz le temps d'arriver et de faire échec à notre armée de la Loire. »

Deux autres pigeons sont arrivés au boulevard Montparnasse, partis le 18 et le 23 novembre avec 1,100 dépêches privées. Voilà une bonne journée qui commence pour la population de Paris. On peut en prendre note comme d'un événement, car nous ne sommes pas gâtés sous le rapport des choses heureuses.

Cette dépêche est vraiment rassurante, même pour les plus incrédules, et si elle est en tous points véridique, on peut compter sur des secours, notre seule planche de salut.

La part faite à l'enthousiasme, je rentre en moi-même et ne crois à la dépêche de Gambetta qu'avec beaucoup de réserve.

Ce soir on affiche sur les murs de Paris un rapport militaire assez long. En voici la teneur :

« 24 novembre, soir.

» Le contre-amiral Saisset écrit de Noisy à six heures du soir la dépêche suivante :

» Le 72ᵉ bataillon de guerre de la garde nationale conjointement avec le 4ᵉ bataillon des éclaireurs de la Seine est allé aujourd'hui à deux heures occuper militairement le village de Bondy, sous le commandement supérieur du capitaine de frégate Massion. L'entrain du 72ᵉ a été tel qu'il a franchi les barricades de Bondy, refoulé l'ennemi d'arbre en arbre sur la route de Metz et le long du canal de l'Ourcq. Le commandant Massion a été blessé et transporté à l'ambulance de la marine. Le 72ᵉ bataillon compte quatre blessés, aucun tué. Le 4ᵉ bataillon des éclaireurs de la Seine qui gardait la droite, dans les tranchées qui relient le village de Bondy au cimetière, n'a pas eu de blessés. Quelques obus du fort de Noisy ont fait amener le pavillon d'ambulance. Un grand mouvement a précipité cet incident, et la retraite à découvert, faite par l'ennemi, l'a montré très-nombreux. A quatre heures, le 72ᵉ bataillon de guerre, commandant de Brancion, s'est replié avec le plus grand sang-froid, et a ainsi bien inauguré son entrée en campagne.

» P. O. SCHMITZ. »

La garde nationale a donc reçu le baptême du feu, et le rapport de l'amiral constate sa fermeté. Ce combat de chétive apparence est destiné cependant à stimuler l'armée, la garde mobile et les autres bataillons de guerre qui ne voudront pas mériter moins de la patrie que le 72ᵉ bataillon.

Je ne puis laisser passer sous silence la dernière livraison de la correspondance de la famille impériale. Elle porte en elle le secret de nos désastres. Cette livraison est entièrement formée des dépêches des généraux, des intendants et de l'Empereur lui-même. Elles sont du début de la guerre, puisqu'elles vont jusqu'au 23 août.

Lorsque les historiens compulseront ces documents pour écrire l'histoire de cette malheureuse époque, je ne sais pas s'ils oseront y croire.

Quel tableau sans précédent! L'empire déclare la guerre, sans soldats pour marcher à la frontière! sans artillerie, sans munitions, sans rien en un mot, sans rien! Les vivres manquaient, même dès le début.

Pauvre France! à quels mains étais-tu confiée?

Jugez, lecteurs :

« DE FAILLY A GUERRE.
» Bitche, 18 juillet.

» Suis à Bitche avec dix-sept bataillons d'infanterie. Envoyez-nous argent pour faire vivre troupes. Les billets n'ont pas cours. Point d'argent dans les caisses publiques des environs. Point d'argent dans les caisses de corps. »

« INTENDANT A GUERRE.
» Metz, 20 juillet, 9 h. matin.

» Il n'y a à Metz ni café, ni sucre, ni riz, ni eau-de-vie, ni sel. Peu de lard et de biscuit. Envoyez d'urgence au moins un million de rations à Thionville. »

« 2ᵉ CORPS A GUERRE.
» Saint-Avold, 21 juillet.

» Le dépôt envoie paquets de cartes inutiles. N'avons pas une carte de la frontière de France ; serait préférable d'envoyer ce qui serait utile et dont nous manquons complétement. »

« GÉNÉRAL MICHEL A GUERRE.
» Belfort, 7 h. matin.

» Suis arrivé à Belfort, pas trouvé ma brigade, pas trouvé

général de division. Que dois-je faire? Sais pas où sont mes régiments. »

« GUERRE A FAILLY.

» 21 juillet, 4 h. soir.

» Argent est à Strasbourg, et une voie ferrée vous réunit à cette place. Pas de revolvers dans les arsenaux. On a donné soixante francs aux officiers pour en faire venir par le commerce. Il faut attendre l'empereur et vous prêter aux circonstances. »

« 4ᵉ CORPS AU MAJOR GÉNÉRAL.

» Thionville, 24 juillet.

» Le 4ᵉ corps n'a encore ni cantines, ni ambulances, ni voitures d'équipages pour les corps et les états-majors. Tout est complétement dégarni. »

« INTENDANT 3ᵉ CORPS A GUERRE.

» Metz, 24 juillet.

» Le 3ᵉ corps quitte Metz demain. Je n'ai ni infirmiers, ni ouvriers d'administration, ni caissons d'ambulance, ni fours de campagne, ni train, ni instruments de pesage et à la 4ᵉ division de cavalerie, je n'ai pas même un fonctionnaire. Je prie Votre Excellence de me tirer de l'embarras où je suis, le grand quartier général ne pouvant me venir en aide. »

« SOUS-INTENDANT A GUERRE.

» Mézières, 25 juillet.

» Il n'existe aujourd'hui dans les places de Mézières et de Sedan, ni biscuits, ni salaisons. »

« A GUERRE.

» Saint-Cloud, 26 juillet.

» Je vois qu'il manque du biscuit et du pain à l'armée ; ne pourrait-on pas faire cuire le pain à la manutention à Paris, et l'envoyer à Metz.

» NAPOLÉON. »

« ARTILLERIE A GUERRE.

» Metz, 27 juillet.

» Les munitions de canon à balles n'arrivent pas. »

« MAJOR A GUERRE.

» Metz, 27 juillet.

» Les détachements qui rejoignent l'armée continuent à arriver sans cartouches et sans campement. »

« Metz, 4 août 1870, 4 h. 35 soir.

» Il est de toute nécessité que le maréchal Canrobert vienne à Nancy avec ses trois divisions. Que faire de la garde mobile ?

» NAPOLÉON. »

» Metz, 5 août, 8 h. 35 matin.

» Faites venir l'infanterie de vos trois divisions par le chemin de fer directement à Nancy. La cavalerie et l'artillerie suivront par étape.

» NAPOLÉON. »

« A L'IMPÉRATRICE.

» Metz, 6 août, 3 h. soir.

» Je n'ai pas de nouvelles de Mac-Mahon ce matin. Les reconnaissances du côté de la Sarre ne signalaient aucun mouvement de l'ennemi. J'apprends maintenant qu'il y a eu un engagement du côté du général Frossard. Il est trop tard pour que nous puissions y aller. Dès que j'aurai des nouvelles, je te les enverrai.

» NAPOLÉON. »

« L'EMPEREUR A MAIRE D'ÉTAIN.

» 17 août, 10 h. matin.

» Avez-vous des nouvelles de l'armée ?

» NAPOLÉON. »

« A L'INTÉRIEUR.

» Courcelles, 23 août.

» Je ne comprends pas pourquoi les préfets et sous-préfets ont reçu l'ordre de rester à leur poste et de fournir ainsi à l'ennemi l'avantage d'un service organisé.

» NAPOLÉON. »

» A GUERRE.

» 18 août.

» Je me rends à votre opinion. Ne retardez pas le mouvement de la cavalerie. Bazaine demande avec instance des munitions.

» NAPOLÉON. »

« MAJOR GÉNÉRAL A DE FAILLY.

» Metz, 12 août, 5 h. soir.

» Vous avez reçu ce matin l'ordre de vous diriger sur Toul. L'empereur annule cet ordre et vous prescrit de vous diriger sur Paris en suivant la route qui vous paraîtra la plus convenable. »

« EMPEREUR A GUERRE.

» Châlons, 18 août, 2 h. soir.

» Il faudrait faire refluer vers l'intérieur les dépôts des corps qui pourraient tomber entre les mains de l'ennemi. Je voudrais bien ne pas recevoir les marabouts. Le maréchal Bazaine a besoin aussi de munitions pour canons et mitrailleuses. »

« A VINOY.

» Sedan, 31 août, 10 h. matin.

» J'ai vu votre aide de camp. Les Prussiens s'avancent en forces. Concentrez toutes vos troupes à Mézières. »

Quatre jours après cette dernière dépêche, la France était perdue.

Tout cela n'est-il pas inepte, ignoble, infâme ! Que d'indignités ! Que d'incapacités ! Quel désordre !

Ainsi, la guerre commence à peine, et le 18 juillet Bitche manque de vivres et d'argent. Le 20, Metz demande des provisions. Le 29, nouvelle demande ; cette disette empêche le départ. A Châlons, le 7 août, on demandait du matériel ; même situation à Strasbourg, Sedan, Lille, Épinal, Langres.

Quant aux munitions, Metz n'en a pas. Le 27 juillet, pas de revolvers, pas d'ambulances, pas de fours pour faire cuire le pain, pas de boulangers. La pénurie est telle, que l'empereur propose de faire faire le pain à Paris.

L'état-major n'a pas de cartes de la frontière de France, il n'a que des cartes d'Allemagne.

Les généraux ne trouvent pas leurs divisions. Un empereur qui demande des nouvelles de son armée à un maire !

Voilà comment la France est défendue ! Voilà comment elle est prête à la guerre !

O stupidité de l'orgueil !

Il paraît qu'aux Tuileries on pensait aller faire une promenade sur les bords du Rhin comme sur les bords de la Seine.

Quand on lit ces pièces officielles, on a le cœur navré. Lorsque l'on considère les conditions dans lesquelles on a commencé cette guerre désastreuse, on peut dire hautement que la gloire prussienne pâlit en face de toutes ces incuries.

## 72ᵉ JOURNÉE

**Vendredi 25 Novembre**  3 °/₀  53.25

Par le *Times* entré cette semaine à Paris, nous avons appris que le roi de Prusse avait fait son entrée à Versailles, où grand nombre de personnes le supposaient déjà depuis longtemps. Guillaume a foulé de son pied brutal la ville de Louis XIV.

O grand roi, tu sortirais indigné de ton cercueil, si tu étais encore sous les sombres voûtes de Saint-Denis!

On informe que le roi a établi sa maison à la Préfecture. Je vous laisse à penser, ami lecteur, ce que doivent être en ce moment les routes conduisant à Versailles et les environs de cette ville, au point de vue de la défense.

On a eu sur ces travaux quelques renseignements par des paysans et par des francs-tireurs. Ils doivent certainement être fort incomplets. Mais ce qu'ils assurent peut parfaitement se trouver exact.

C'est à Meudon que commence la série d'ouvrages prussiens qui se continuent sur Chaville et Ville-d'Avray. On dit qu'au dernier de ces deux villages il se trouve un camp retranché, qui, par conséquent, touche à Versailles. Tout ce côté se trouve défendu par une redoute et une batterie de seize pièces. Cinq autres batteries de canons du plus fort calibre défendent les deux voies du chemin de fer. L'entrée de Versailles est fortement barricadée, et les gares sont transformées en véritables forteresses; elles sont dominées par de très-fortes batteries. Nous ne comptons pas ici les ouvrages inconnus et qui doivent exister, pour défendre la ville du côté de Marly, et surtout du côté de Chartres.

Montrouge a tiré une partie de la nuit, et il y a eu quelques combats d'avant-postes du côté de Vitry.

Par décision en date de ce jour, le gouverneur de Paris a nommé au commandement du corps d'armée de Saint-Denis, l'amiral La Roncière La Noury. Ce corps prendra la dénomination de : Armée de Saint-Denis.

La fabrication des canons marche avec activité, et les livraisons sont faites à l'artillerie, qui complète de jour en jour son organisation et ses études militaires. On doute beaucoup de la solidité des pièces livrées, vu la difficulté de leur fabrication.

La poste au pigeons marche avec promptitude. Aujourd'hui encore, il y a eu arrivée de dépêches datées du 23, d'Orléans. Le 23, nous étions donc encore dans cette ville malgré les rumeurs qui circulaient. La nouvelle se répand que d'autres messagers viennent d'arriver avec des dépêches datées de ce jour, 25, également d'Orléans. Si cela est, nous sommes donc bien toujours maîtres de la capitale du Loiret.

Cette nuit, deux ballons sont partis avec voyageurs, dépêches, lettres et pigeons. Espérons qu'ils pourront franchir sans encombre les lignes ennemies ; car, d'après les ordres de M. de Bismark, les voyageurs aériens sont considérés comme espions et arrêtés. Je crois que le grand chancelier du roi Guillaume ne veut faire que de l'intimidation. N'importe, sa grosse voix n'empêchera point nos aérostats-postes de partir. Pour les courriers de retour, M. de Bismark a dû donner l'ordre de les faire fusiller. Il n'en pourrait être autrement.

En ce moment, plusieurs journaux s'occupent chaudement

du maréchal Bazaine, en tonnant contre les appréciations et les violentes accusations de Gambetta, concernant la capitulation de Metz.

Le journal *le Times* donne à cet effet de très-grands détails et des notes qui doivent empêcher plus longtemps d'hésiter sur le caractère réel de la conduite du maréchal.

Bazaine écrivait à ce propos, au journal *le Nord*, à la date du 2 novembre, la lettre suivante :

« Monsieur le rédacteur,

» J'ai lu votre bulletin politique du 1er novembre, dans lequel vous appréciez la proclamation de M. Gambetta. Vous êtes dans le vrai. L'armée du Rhin n'a pas obéi à un traître. La seule réponse que je ferai à cette menteuse élucubration, c'est de vous envoyer l'ordre du jour adressé par moi à l'armée après les conseils de guerre tenus les 26 et 28 octobre.

» M. Gambetta semble ne pas savoir ce qu'il dit, ni connaître la position dans laquelle l'armée de Metz était placée, lorsqu'il stigmatise comme il le fait le chef de cette armée, qui a lutté pendant trois mois contre des forces doubles des siennes.

» Je n'ai reçu aucune communication du gouvernement de Tours, malgré mes efforts pour me mettre en relations avec lui.

» L'armée de Metz a eu 1 maréchal, 24 généraux, 2,140 officiers et 42,350 hommes frappés par le feu de l'ennemi. Elle a su se faire respecter dans tous les combats engagés par elle. Une telle armée ne saurait être composée de traîtres et de lâches. La famine et la désorganisation ont seules pu faire tomber les armes de la main de 65,000 combattants réels qui étaient restés debout. L'artillerie et la cavalerie n'avaient plus de chevaux, car il avait fallu tuer tous ceux que nous possédions pour adoucir les privations de l'armée. Si cette armée n'avait pas déployé une énergie et un patriotisme sans limites, elle aurait succombé dès la première semaine d'octobre, alors que les rations furent réduites à 300 grammes, et plus tard à 250 grammes de mauvais pain. Ajoutez à ce triste tableau l'existence de 20,000 malades ou blessés sur le point d'être privés de médicaments et soumis eux-mêmes aux effets de pluies torrentielles.

» La France a toujours été trompée sur notre position ; je ne sais pas pourquoi, mais la vérité prévaudra un jour. Nous avons la confiance d'avoir fait notre devoir. BAZAINE. »

Par décret, le Gouvernement réquisitionne toutes les huiles de pétrole existant dans les magasins publics et privés de Paris et de la banlieue.

Un autre décret ordonne le recensement dans Paris et la banlieue, des chevaux, ânes et mulets y existant. Ce recensement sera fait dans la journée du 29 novembre.

Il sera opéré au moyen de déclarations faites et signées par les propriétaires.

Tout animal non déclaré deviendra la propriété de l'État.

---

## 73ᵉ JOURNÉE

**Samedi, 26 Novembre.**         3 % 53.25.

Encore nouvelle arrivée de pigeons et de dépêches privées. Ne doit-on pas trouver admirable cette transmission de lettres faite par un petit animal qui, comme un ange gardien, apporte sous son aile les messages de nos femmes et de nos enfants! Que la nécessité enfante de belles choses, et que Dieu a bien placé sur la terre tout ce que nous y trouvons! Puisse-t-il nous donner aussi le courage et la persévérance, ce Dieu de miséricorde et de bonté! Nous en avons besoin, hélas! car nous voilà bientôt dans le troisième mois du siége.

Plusieurs particuliers communiquent aux journaux le contenu de leurs dépêches, lorsqu'elles peuvent intéresser la population ; et les journaux nous les livrent avec bonheur. Quelques-unes de ces correspondances sont très-curieuses. Elles nous indiquent les positions prussiennes et démentent les faits de pillage attribués à nos ennemis. Du reste, à ce sujet, on cite un mot de M. de Bismark : « *On reconnaîtra les endroits où auront passé nos troupes.* » Nous verrons bien.

Depuis la dépêche de Tours, l'esprit public moins affolé, commence à espérer et reprend courage; même les plus pessimistes ont le sourire sur les lèvres en songeant à l'avenir qui leur apparaît moins sombre. Que Rousseau a raison quand il dit : L'espérance est la dernière chose qui nous quitte!

Je sais bien que la province se lève et qu'elle fait un effort; mais en envisageant la chose froidement, il faut toujours craindre et ne pas trop se laisser aller à chanter victoire. Il faut, la province se levant, qu'elle mette sur pied un nombre d'hommes bien supérieur à celui de l'armée prussienne, afin que la force supplée à l'instruction militaire. Enfin, il faut deux hommes contre un! La question de l'armement n'est pas non plus à passer sous silence. Il faut des fusils, des canons! tout cela ne se forge pas en un jour. Ce n'est qu'avec du temps qu'on peut arriver à un armement complet. Mais le temps passe, Paris ne peut plus guère attendre, et si Paris succombe affamé, à bout de forces, comme Strasbourg, comme Toul, comme Metz, la province ne marchera plus, j'en suis certain, et je me permets de dire qu'il y aurait folie à le faire.

Aucun rapport militaire aujourd'hui ; le temps est affreux et le silence s'étend sur toutes les lignes.

Le *Moniteur de Versailles* qui n'est pas fait pour chanter nos louanges, avoue cependant dans un de ses articles que *l'armée de la Loire est pourvue d'une bonne et nombreuse artillerie*.

Une chance de plus dans notre espérance.

Un ordre du jour du général Clément-Thomas défend aux bataillons de guerre de sortir avec leurs drapeaux ; cet usage étant contraire aux règlements militaires.

Le membre du Gouvernement délégué à la mairie centrale écrit aux maires des vingt arrondissements de Paris, leur enjoignant de prendre des mesures rigoureuses afin que les particuliers ne nourrissent pas les chevaux qui leur restent avec du pain, ce qui malheureusement a lieu en ce moment. On ne saurait être trop sévère pour punir un tel gaspillage.

Un avis du gouverneur de Paris ordonne la fermeture des portes de Paris à partir de demain matin dimanche. Le motif de cette décision m'est ignoré, et je ne puis la comprendre. Les journaux applaudissent, et prétendent que c'est pour empêcher les Prussiens de correspondre avec la ville.

Je crois que cette raison n'est pas celle qui a déterminé cet ordre. Les maraudeurs restent hors Paris, et comme il y a souvent des mouvements de troupes de l'intérieur à l'extérieur, ils seront donc toujours instruits et pourront quoique les portes soient fermées, avertir les Prussiens. C'est dans un autre ordre d'idées qu'il faut, je crois, chercher la solution du problème.

# 74ᵉ JOURNÉE

### Dimanche 27 Novembre                            3 %

Depuis hier, il se fait dans Paris et hors Paris, des mouvements de troupes considérables. Aujourd'hui, les départs sont moins accentués, mais ils existent encore. La solution du problème que j'ai laissé hier à résoudre à la fin de ma 73ᵉ journée pourrait bien l'être ce matin par cette simple remarque.

Les marches militaires et la fermeture des portes veulent dire : bataille ; et nous pourrions bien avoir du nouveau à enregistrer dans les premiers jours de la semaine qui va commencer.

Dimanche ! encore une mauvaise nouvelle. Le *Journal officiel* nous communique la reddition de Schelestadt. Décidément pour nous ce jour est néfaste.

Parfaite tranquillité encore aujourd'hui sur toute la ligne, pas même de rapport militaire. Ce silence préoccupe tous les esprits.

La fermeture des portes a été vraiment désagréable à la population. Aussi offrait-elle un curieux spectacle dans le voisinage du chemin des remparts. C'était à qui pourrait se faufiler ; on cherchait inutilement à fléchir les sentinelles, qui répondaient invariablement par un : on ne passe pas ! inexorable.

La consigne est très-sévère. Les barrières sont fermées complétement. Les banquettes sont installées comme si l'ennemi menaçait le rempart. Sur les fortifications, les factionnaires semblent plus graves que d'ordinaire et se promènent silencieusement.

Journée en somme, qui par son attitude générale fait pressentir des événements.

Le Gouvernement de la Défense nationale, considérant que la garde nationale est aujourd'hui en présence de l'ennemi et qu'elle doit être rattachée par un lien disciplinaire énergique au commandement militaire supérieur, décrète :

Tout officier de la garde nationale révoqué, tout sous-officier cassé de son grade, ne pourra être réélu qu'aux élections générales.

Un arrêté du ministère de l'agriculture et du commerce ordonne la réquisition de tous les os qui ne sont point vendus au public avec la viande, tant dans les boucheries municipales que dans les boucheries libres de cheval et dans les fourneaux économiques.

Plus nous avançons vers une solution quelconque, et plus la question des vivres devient sérieuse. Les magasins se vident de plus en plus, les conserves sont rares et chacun se rejette sur ces aliments. Enfin, la viande fraîche, depuis quatre jours, se trouve remplacée par du bœuf et du cheval salés. Les boucheries d'ambulances seules fournissent de la viande fraîche. En face de cette pénurie de comestibles, les clubs vocifèrent et demandent réquisition et perquisition dans toutes les maisons. On parle d'accapareurs. Voici l'idée du moment, elle a remplacé la manie de voir des signaux lumineux partout, et celle des espions cachés à chaque coin de rue. On assure que certaines mairies ont fait faire des perquisitions dont j'ignore le résultat.

Le Gouvernement, en face de la disette, ne s'est pas borné à dire la vérité sur l'alimentation. Voulant nourrir ceux qui ne peuvent subvenir eux-mêmes à ce besoin, il vient d'augmenter encore le nombre des cantines municipales. C'est vers ces cantines et sur les bons gratuits d'aliments que tous les efforts sont portés avec raison.

Les vins ont subi une hausse très-sensible malgré le stock considérable existant. Tout ce qui reste à Paris a augmenté dans la même proportion.

| | | | |
|---|---|---|---|
| Le riz coûte | 4 fr. | 25 | la livre |
| Le filet de bœuf | 15 | » | — |
| La galantine | 12 | » | — |
| Une botte de carottes | 3 | » | — |
| Un œuf | 1 | » | — |
| Un poulet | 25 | » | — |
| Une oie | 60 | » | — |
| Une dinde | 80 | » | — |
| Un lapin | 25 | » | — |

Tous ces prix indiquent suffisamment la rareté des objets. Ils ne veulent pas dire cependant famine.

Le marché de la Madeleine, qui tient au quartier des bourses bien garnies, est toujours bien approvisionné. Mais si le siége continue encore, la vie deviendra impossible pour ceux qui n'auront pas fait des provisions et surtout pour ceux qui ne pourront pas acheter à des prix si élevés.

Voici plus loin, le menu de la semaine dans laquelle nous entrons, c'est-à-dire, ce que le Gouvernement mettra en vente pour l'alimentation de Paris dans les boucheries municipales :

Aujourd'hui, dimanche, morue ; lundi, porc salé ; mardi, morue ; mercredi, bœuf et mouton conservés ; jeudi vendredi, et samedi, cheval frais.

Trois objets tendent à disparaître. Le sucre, l'huile à manger et le riz.

Les pommes de terre ont totalement disparu. Les pauvres seuls peuvent s'en procurer au pavillon de la volaille, à raison de deux francs les 10 kilogrammes.

La question du lait est aussi très-grave en raison des nouveaux-nés qui ne peuvent avoir de nourrice et qui pâtissent, manquant de ce précieux breuvage. De là, mortalités sans nombre et atrophies terribles.

Pauvres petits enfants !

## 75ᵉ JOURNÉE

**Lundi 28 Novembre**  3 % 53

Les rapports militaires se bornent à nous faire connaître que les mouvements de troupes ont continué aujourd'hui sur tous les points de Paris; pas d'autres nouvelles. De tous côtés, en effet, les bataillons s'ébranlent, l'artillerie roule sourdement, les régiments passent silencieux. On sent intérieurement qu'une grande bataille se prépare, que Paris va faire un suprême effort pour se délivrer; qu'il va chercher un résultat en bien ou en mal; mais qu'il va lutter de toutes les forces de son patriotisme.

Qu'en adviendra-t-il? Dieu seul le sait. Attendons!.. Mais je suis certain que peu de Parisiens dormiront cette nuit.

Hier soir, un ballon est parti avec des instructions militaires, sans aucun doute, car il est certain que ce qu'on va tenter sous les murs de Paris est provoqué par des nouvelles de province. Ce soir, un membre d'ambulance m'affirme qu'ils sont commandés de service pour quatre jours. C'est donc sûrement une sortie qui se prépare.

Le Gouvernement a reçu aujourd'hui une dépêche de Tours, datée du 27. Bonne nouvelle de l'armée, dont la gauche s'appuie aux forces de la Sarthe. Elle n'a été l'objet d'aucune attaque jusqu'à présent. Cette dépêche prouve, une fois de plus, que la marche de l'ennemi, en avant, est difficile.

Les journaux discutent la reprise d'Orléans racontée par les feuilles allemandes, et veulent y chercher la vérité.

Le Gouvernement se préoccupe beaucoup de M. de Regnaut, magistrat de Versailles, arrêté et accusé de correspondre avec Paris. M. de Bismark n'est pas étranger à cette nouvelle infamie. Il nous faudrait les pièces du procès pour juger cette affaire, mais nous ne les avons pas.

Les journaux anglais envisagent toujours la guerre comme mauvaise pour nous. Le peuple anglais est un peuple pratique, et, malgré son mauvais vouloir à notre endroit, je suis plus porté à croire ses journaux que les nôtres.

Par décret en date de ce jour, les gardes nationaux du département de Seine-et-Oise, non incorporés dans les bataillons de la Seine, formeront une légion appelée de Seine-et-Oise.

Un autre décret accorde un subside complémentaire de 75 centimes aux femmes des gardes nationaux qui touchent le subside de 1 fr. 50 c.

Ce soir, à six heures, le feu s'est déclaré dans le château de la Muette, qui est occupé par le quartier général du sixième secteur.. L'incendie a pris naissance dans les combles. La perte se réduit à la construction en planches qui servait à observer les mouvements de l'ennemi.

Au moment où je vais finir cette journée, minuit ; une canonnade épouvantable se fait entendre.

La bataille est-elle engagée? A demain les nouvelles.

---

## 76ᵉ JOURNÉE

**Mardi 29 Novembre**        3 °/₀ 53.80

Paris est dans une attente fiévreuse, c'est son sort, c'est le sort de la France qui va se jouer cette nuit, demain peut-être ; car le combat est résolu. La sérénité, néanmoins, règne dans les cœurs, l'espoir les exalte; car on sait, cette fois, que tout est vraiment prêt, et que rien n'est livré à l'aventure.

Sans doute l'entreprise est redoutable, et il faudra plus d'une bataille pour la mener à bonne fin. Mais l'ardeur garantit la vaillance, et nous pouvons espérer.

Le gouverneur de Paris ouvre cette nouvelle phase du siége par une proclamation à la fois sobre et grave. On sent qu'il est pénétré de la grandeur des événements qui se préparent.

Voici le texte de cette proclamation :

« *Citoyens de Paris, — Soldats de la garde nationale et de l'armée.*

» La politique d'envahissement et de conquête entend achever son œuvre. Elle introduit en Europe et prétend fonder en France le droit de la force. L'Europe peut subir cet outrage en silence; mais la France veut combattre, et nos frères nous appellent au dehors pour la lutte suprême. Après tant de sang versé, le sang va couler de nouveau.

» Que la responsabilité en retombe sur ceux dont la détestable ambition foule aux pieds les lois de la civilisation moderne et de la justice.

» Mettant notre confiance en Dieu, marchons en avant pour défendre la patrie.

» *Le Gouverneur de Paris*, Trochu. »

A son tour, le général Ducrot fait entendre à ses soldats des paroles d'une grande allure militaire :

« Soldats de la 2ᵉ armée de Paris, le moment est venu de rompre le cercle de fer qui nous enserre depuis trop longtemps et menace de nous étouffer dans une lente et douloureuse agonie ! A vous est dévolu l'honneur de tenter cette grande entreprise ; vous vous en montrerez dignes, j'en ai la certitude. Sans doute, nos débuts seront difficiles ; nous aurons à surmonter de sérieux obstacles. Il faut les envisager avec calme et résolution, sans exagération comme sans faiblesse.

» La vérité, la voici : Dès nos premiers pas, touchant nos avant-postes, nous trouverons d'implacables ennemis rendus audacieux et confiants par de trop nombreux succès. Il y aura donc là à faire un vigoureux effort, mais il n'est pas au-dessus de vos forces. Pour préparer votre action, la prévoyance de celui qui nous commande en chef a accumulé plus de 400 bouches à feu, dont deux tiers au moins du plus gros calibre ; aucun obstacle matériel ne saurait y résister, et, pour vous élancer dans cette trouée, vous serez plus de 150 mille, tous bien armés, bien équipés, abondamment pourvus de munitions, et j'en ai l'espoir, tous animés d'une ardeur irrésistible. Vainqueurs dans cette première période de la lutte, votre succès est assuré, car l'ennemi a envoyé sur les bords de la Loire ses plus nombreux et ses meilleurs soldats ; les efforts héroïques et heureux de nos frères les y retiennent.

» Courage donc et confiance! Songez que, dans cette lutte suprême, nous combattons pour notre honneur, pour notre liberté, pour le salut de notre chère et malheureuse patrie ; et, si ce mobile n'est pas suffisant pour enflammer vos cœurs, pensez à vos champs dévastés, à vos familles ruinées, à vos sœurs, à vos femmes, à vos mères désolées. Puisse cette pensée vous faire partager la soif de vengeance, la sourde rage qui m'animent, et vous inspirer le mépris du danger.

» Pour moi, j'y suis bien résolu, j'en fais le serment devant vous, devant la nation tout entière. Je ne rentrerai dans Paris que mort ou victorieux ; vous pourrez me voir tomber, mais vous ne me verrez pas reculer. Alors, ne vous arrêtez pas, mais vengez-moi.

» En avant donc! en avant, et que Dieu nous protége !

» *Le général en chef de la 2ᵉ armée de Paris,*
» A. DUCROT. »

Partout, l'effet de cette proclamation est énorme et arrache des larmes à la foule, qui frissonne en lisant ces phrases dignes et nobles. Du reste, on ne peut s'empêcher de les admirer et de dire que le général Ducrot est un homme de cœur, un homme de courage et un véritable Français.

Général, vous avez bien mérité de la patrie, même avant d'avoir combattu ; car on sent que ce que vous dites à vos soldats est gravé dans votre cœur.

Le Gouvernement de la Défense nationale fait appel, de son côté, à la population de Paris, dont il réclame le concours patriotique.

Voici la proclamation du Gouvernement :

« *Le Gouvernement de la Défense nationale
à la population de Paris.*

» L'effort que réclamaient l'honneur et le salut de la France est engagé. Vous l'attendiez avec une patriotique impatience que vos chefs militaires avaient peine à modérer. Décidés comme vous à débusquer l'ennemi des lignes où il se retranche, et à courir au devant de vos frères des départements, ils avaient le devoir de préparer de puissants moyens d'attaque. Ils les ont réunis, maintenant ils combattent; nos cœurs sont avec eux. Tous, nous sommes prêts à les suivre, et, comme eux, à verser notre sang pour la délivrance de la patrie.

» A cette heure suprême où ils exposent noblement leur vie, nous leur devons le concours de notre constance et de notre vertu civique. Quelle que soit la violence des émotions qui nous agitent, ayons le courage de demeurer calmes. Quiconque fomenterait le moindre trouble dans la cité, trahirait la cause de ses défenseurs et servirait celle de la Prusse. De même que l'armée ne peut vaincre que par la discipline, nous ne pouvons résister que par l'union et l'ordre.

» Nous comptons sur le succès, nous ne nous laisserions abattre par aucun revers.

» Cherchons surtout notre force dans l'inébranlable résolution d'étouffer, comme un germe de mort honteuse, tout ferment de discorde civile.

» Vive la France ! — Vive la République !

» *Les membres du Gouvernement* : Jules Favre, vice-président, Emmanuel Arago, Jules Ferry, Garnier-Pagès, Eugène Pelletan, Ernest Picard, Jules Simon.

» *Les ministres* : Général Le Flô, Dorian, J. Magnin.

» *Les secrétaires du Gouvernement* : André Lavertujon, P. Hérold, A. Dréo, Durier. »

N'en déplaise au Gouvernement, il y a deux proclamations de trop.

Mon lecteur, j'en suis persuadé, pensera comme moi. A quoi bon ce déluge de proclamations ? Les faits parlent assez par eux-mêmes.

Si la nuit de dimanche à lundi a été agitée par les mouvements de troupes, celle de lundi à mardi a été terrible par l'importance de l'action. Les habitants de Paris, à quelques rares exceptions près, ont passé la nuit à leur fenêtre, et beaucoup croyaient au commencement du bombardement de la capitale par les Prussiens. On n'entendait qu'un feu roulant. Canons, mitrailleuses, feux de peloton tonnaient et crépitaient sans discontinuer ; c'était épouvantable, et vous pouvez me croire. Je n'ai pas dormi : pour moi, cette nuit a été une nuit d'angoisses.

A deux heures et demie, le Gouvernement fait afficher :

« Hier soir, 28, les opérations ont commencé dans la presqu'île de Genevilliers. De nombreuses batteries de mortiers, de fusées et d'artillerie à proximité des points d'Argenteuil et de Bezons, ont, par leur feu ouvert à six heures du soir, jeté le trouble dans ces positions que l'ennemi occupait fortement. L'incendie s'est développé sur plusieurs points ; le feu, commencé avec une grande intensité pendant une partie de la soirée, a repris à minuit. Nos troupes se sont logées dans l'île de Marante et au Pont-aux-Anglais, où elles ont établi des retranchements.

» Hier, au lever du jour, une forte reconnaissance a été faite sur les positions de Buzenval et sur les hauteurs de Boispréau.

» Du côté du sud, le général Vinoy, appuyé par une artillerie considérable, a fait un mouvement en avant contre l'Hay et la Gare-aux-Bœufs de Choisy-le-Roi. L'affaire a été vive. La garde nationale, la garde mobile et la troupe ont été engagées. Le but que se proposait le Gouverneur a été atteint.

» D'autre part, une dépêche du général Trochu reçue à l'instant (deux heures) fait connaître qu'il occupe solidement la position qu'il avait en vue, et que l'opération suit son cours.

Ce soir, on nous communique le rapport militaire de la journée.

« Ce matin, au point du jour, deux attaques ont été faites sous les ordres du général Vinoy sur la gare aux Bœufs et sur l'Hay, la première, confiée à l'amiral Pothuau, vigoureusement menée, a parfaitement réussi. La position a été enlevée avant le jour par des compagnies du 106$^e$ et du 116$^e$ bataillon de la garde nationale et des fusiliers marins. L'ennemi surpris s'est retiré précipitamment, laissant entre nos mains quelques prisonniers, dont un officier. Du côté de l'Hay, le colonel Valentin, commandant une brigade de la division Maudhuy, a attaqué le village avec le 109$^e$ et 110$^e$ de ligne et les 2$^e$ et 4$^e$ bataillons de la garde nationale mobile du Finistère.

» La position a été abordée avec une grande résolution. Nos troupes ont pénétré dans les premières lignes qu'elles ont vaillamment conquises, et d'après les instructions données au général Vinoy en vue d'opérations ultérieures, qui seront définies en temps, l'ordre a été donné de ne pas pousser l'attaque plus avant. C'est au moment où nos troupes se retiraient et où les réserves prussiennes arrivaient dans le village en quantité considérable, qu'un tir formidable d'artillerie partant des Hautes-Bruyères et des batteries environnantes a couvert et écrasé de feux l'Hay ainsi que les colonnes qui cherchaient à l'aborder. Au même moment, les canonnières du capitaine de vaisseau Thomasset, en amont du Port-à-l'Anglais, des pièces de gros calibre montées sur wagons blindés, en station sur la voie du chemin de fer, les batteries environnant Vitry, celles du Moulin-Saquet, et enfin une partie de l'artillerie du fort de Charenton, dirigeaient leurs feux avec une grande intensité sur le terrain occupé par l'ennemi, et lui ont fait éprouver les plus grandes pertes. Le général Vinoy insiste auprès du Gouvernement sur la bonne attitude de nos troupes dans cette affaire. On n'a pas encore le chiffre exact de nos blessés.

» Diverses opérations de guerre ont été conduites pendant la nuit dernière et la matinée d'aujourd'hui. Le Gouvernement en a donné une indication sommaire dans son avis à la population. Il importe de ne pas en faire connaître le programme, car elles sont intimement liées à des mouvements en cours d'exécution.

» P. O. SCHMITZ. »

Les 106ᵉ et 116ᵉ bataillons sont signalés à l'ordre du jour.

A la Bourse, les bruits les plus contradictoires circulent; mais, dans la soirée, on finit par avoir des détails précis, et à onze heures, j'apprends de source certaine que notre attaque, qui avait bien débuté, a échoué par le plus malheureux des accidents. L'opération considérable qu'on devait exécuter aujourd'hui n'a pu se faire. Il s'agissait du passage de la Marne qui se trouvait combiné avec l'attaque sur Choisy et l'Hay. La Marne a eu une crue subite, provoquée par l'ennemi probablement, et les ponts ont été renversés. Nos troupes ont été forcées de rester l'arme au bras sur les bords de la rivière. C'est une chose des plus fâcheuses, car si l'on passe demain, on aura devant soi des masses nombreuses de Prussiens que vingt-quatre heures auront donné le temps de réunir.

Ce soir, le boulevard est très-animé. Paris à la fièvre. On l'aurait à moins. Que sera la journée de demain? Telle est la question que chacun s'adresse avec inquiétude.

Le Gouvernement fait une communication à la presse en l'invitant de nouveau à taire les opérations militaires ; et les manœuvres de l'armée. Par cette même communication, il prie le public de se mettre en garde contre tous les bruits qui pourraient circuler.

Malgré la solennité du moment, les clubs sont toujours tumultueux ; mais pour la partie saine de la population, les vociférations de ces réunions révolutionnaires passent inaperçues.

A la date de ce jour, un décret ordonne la réquisition des viandes de porc salé et denrées de charcuterie de toute nature.

Deux heures du matin ; le canon tonne de tous côtés.

## 77ᵉ JOURNÉE

**Mercredi 30 Novembre**        3 °/₀ 53.65

La nuit, comme celle d'hier, a été encore terrible. C'est surtout vers cinq heures du matin que la canonnade était la plus intense. Comme en ce moment le sommeil est chose rare et difficile avec les préoccupations de l'esprit, on se lève de bonne heure et l'on se met en quête de nouvelles, impatient de savoir

Le jour paraît ; il fait froid, le temps sera splendide et un soleil radieux éclairera sans doute une grande journée.

Dès la première heure, les rues sont encombrées de gens curieux de connaître les opérations de la nuit et interrogeant les murs pour voir s'il ne s'y trouve point d'affiches du Gouvernement. Les murs sont muets aujourd'hui. Le bruit du canon seul fait savoir que l'action continue. Il est difficile de décrire l'inquiétude et l'anxiété de Paris ; et comme l'arrêté du Gouvernement interdit aux journaux de rendre compte des opérations, l'ignorance complète de ce qui se passe énerve et surexcite les plus calmes. On passe les heures à espérer et à désespérer. Quelle situation !

A la Bourse, même disette de nouvelles. Cependant, vers deux heures et demie, le bruit se répand que les opérations nous sont favorables, et à quatre heures, on peut lire sur les murs cette affiche du Gouvernement :

« 30 *novembre*, 2 *heures*. — Le Gouverneur de Paris est à la tête des troupes depuis avant-hier. L'armée du général Ducrot passe la Marne depuis ce matin, sur des ponts de bateaux dont l'établissement avait été retardé par une crue subite et imprévue de la rivière. L'action s'engage sur un vaste périmètre, soutenue par les forts et les batteries de position, qui depuis hier, écrasent l'ennemi de leur feu. A midi, nous étions maîtres de Montmesly. Nos troupes s'y maintiennent. La canonnade est générale en avant de toutes nos lignes. Cette grande opération engagée sur un immense développement ne saurait, sans danger, être expliquée en ce moment avec plus de détails. »

» P. O. Schmitz. »

Cette nuit, l'ennemi nous a donné une fausse alerte du côté de Bezons, au moment où le commandant du Mont-

Valérien poussait une vigoureuse reconnaissance sur Buzenval pour occuper l'ennemi et le retenir.

A cinq heures, le Gouvernement affiche les nouvelles suivantes :

« L'action est engagée vivement sur plusieurs points. La conduite des troupes est admirable. Elles ont abordé l'ennemi avec entrain. Toutes les divisions du général Ducrot ont passé la Marne et occupé les postes qui leur étaient assignés. Le gros de l'affaire est à Ceuilly et à Neuilly-sur-Marne. La bataille continue. »

Paris ne se sent plus vivre que par secousses.... Il tremble, car il sait que le passage de la Marne a été manqué hier, comme le dit le gouverneur, et il sent bien que le combat, de ce côté, devra être plus dangereux aujourd'hui, car l'ennemi ne sera plus surpris et il aura eu près de dix-huit heures pour renforcer ses lignes. Enfin, malgré la fièvre qui nous agite, l'attitude est ferme et l'espoir ne nous abandonne pas.

Les réunions publiques se taisent aujourd'hui ; la presse violente, excepté le journal du citoyen Blanqui, reste muette, mais comme on connaît le système d'opposition de M. Blanqui, on n'y fait point attention.

*Le Combat*, de M. Pyat, ne fait qu'un reproche au général Trochu, c'est d'avoir invoqué Dieu dans sa proclamation.

A onze heures du soir, les mairies affichent le rapport militaire :

« *Champigny, 3 heures.* — La droite a gardé les positions qu'elle avait brillamment conquises. La gauche, après avoir un peu fléchi, a tenu ferme, et l'ennemi, dont les pertes sont considérables, a été obligé de se replier en arrière des crêtes. La situation est bonne.

» L'artillerie, aux ordres du général Frébault, a magnifiquement combattu. Si l'on avait dit, il y a un mois, qu'une armée se formerait à Paris, capable de passer une rivière difficile en face de l'ennemi, et de pousser devant elle l'armée prussienne sur des hauteurs, personne n'en aurait rien cru.

» Le général Ducrot a été admirable, et je ne puis trop l'admirer ici. La division Susbielle qui, en dehors, sur la droite de l'action générale, avait enlevé, avec beaucoup d'entrain, la position de Montmesly, n'a pu y tenir devant des forces supérieures et s'est repliée sur Créteil, mais sa diversion a été fort utile.

» Je passe la nuit sur le lieu de l'action qui continuera certainement demain.

» TROCHU. »

Le rapport est satisfaisant ; mais cette retraite de Montmesly, que ce matin on nous disait pris et maintenu, est des plus fâcheuses. Quoi qu'en dise le gouverneur, notre droite a été repoussée sans avoir pu reprendre l'offensive.

De Saint-Denis et de Rosny, les rapports qui nous arrivent sont aussi rès-concluants. La division du général d'Exéa, de son côté, a aussi passé la Marne et couche sur les positions conquises.

Comme la curiosité du Parisien passe avant tout, on voit, malgré la tristesse dont chaque âme est empreinte, une foule innombrable se rendre sur tous les points élevés d'où l'on espère découvrir un lieu de combat quelconque ; on y va même avec des lorgnettes de théâtre.

J'avoue que j'ai eu aussi cette faiblesse. Je suis allé du côté de la gare d'Orléans ; mais, que voit-on ? rien. Pardon, e me trompe, les curieux assistent au plus terrible des spectacles, celui du transport des blessés, qui se faisait au moyen des bateaux mouches de la Seine, réquisitionnés à cet effet. Les malheureux mutilés voient s'ajouter à leurs souffrances, le froid, qui est très-vif à la tombée de la nuit.

Ce sinistre tableau saigne le cœur.

Au milieu de toutes ces préoccupations, la dénonciation du traité de 1856 par la Russie passe, pour ainsi dire, inaperçue.

Bien souvent déjà je vous ai parlé de la tristesse de Paris lorsque arrive le soir, surtout depuis que le gaz a été totalement supprimé. Aujourd'hui, je vous en parle encore. C'est le cœur navré que l'on passe maintenant dans ces rues autrefois si brillamment éclairées, et qui sont, à cette heure, si sombres et si silencieuses.

Dans les maisons, la restauration du quinquet a été faite à l'unanimité, et les cafés s'éclairent avec du pétrole.

## 78ᵉ JOURNÉE

**Jeudi 1ᵉʳ Décembre**  3 % 53.70

La journée a été relativement très-calme et le silence a duré quelques heures, surtout dans la matinée. En voici l'explication :

« *Jeudi matin.* — Nos troupes restent ce matin sur les positions qu'elles ont conquises hier et occupées cette nuit. Elles relèvent les blessés que l'ennemi a abandonnés sur le champ de bataille et ensevelissent les morts. Le transport de nos blessés achève de s'effectuer avec le plus grand ordre.

» L'armée est pleine d'ardeur et de résolution.

» P. O. Schmitz. »

A cinq heures, le rapport militaire suivant nous donne d'autres nouvelles.

« 3 *heures*. — L'artillerie placée sur le plateau d'Avron ne cesse pas de couvrir l'ennemi de ses feux. Nos troupes, solidement établies dans leurs positions, n'ont point été inquiétées. Elles sont prêtes à reprendre le combat au premier signal et ne demandent qu'à marcher. L'enlèvement des blessés prussiens a pris une partie de la journée ; d'un moment à l'autre la lutte peut recommencer. Les chefs de corps sont très-satisfaits de l'action d'hier et pleins de confiance.

» J. Favre. »

L'aspect de Paris est navrant. A part les omnibus et quelques fiacres, on ne rencontre que convois d'ambulance, composés de voitures de chemin de fer dites de messageries, des tapissières, omnibus, voitures de déménagement, allant chercher ou ramenant des blessés. Ce spectacle est déchirant, je vous l'assure. Chacun se découvre, les yeux pleins de larmes, au passage de ces malheureuses voitures, et l'on se demande quand se terminera cet horrible carnage.

Ce soir, la ville est d'une tristesse poignante ; à six heures tout est fermé dans les rues, et c'est à peine si à cette heure on rencontre quelques passants.

Dans la soirée, pas de nouvelles. Après la bataille livrée et qui devait faire croire à une succession de combats jusqu'à la délivrance, on est surpris de cette inaction. Cependant, si l'on veut bien réfléchir, on doit penser que les troupes fatiguées ont besoin de repos. Ce soir elles doivent souffrir du froid qui s'est encore accru.

Un de mes amis qui est d'une ambulance et qui a fait partie aujourd'hui des convois allant ramasser les blessés sur le champ de bataille en avant du parc de Ceuilly, me dit que beaucoup de blessés qu'on n'avait pu relever la veille et dont la blessure n'était point mortelle, étaient morts gelés.

Le champ de bataille était horrible à voir. Le sol était littéralement couvert de cadavres ; les zouaves surtout, en avant du parc de Ceuilly, avaient été les plus éprouvés. Les arbres étaient tordus par la mitraille, les chemins jonchés de morceaux d'obus, de chevaux morts, mais déjà dépecés par la troupe qui y trouvait un aliment frais.

A quatre heures seulement on enterrait nos morts.

Il est dix heures, j'ouvre ma fenêtre ; la nuit est d'un calme profond ; j'en profiterai pour transcrire ici l'historique des conférences relatives à l'armistice, au 31 octobre. C'est une page entière qui appartient au siége de Paris.

L'important document diplomatique que je publie ci-dessous est emprunté aux journaux qui l'ont eux-mêmes traduit des feuilles anglaises. Il n'est pas parvenu en original au Gouvernement, probablement il lui a été expédié par un message égaré ou saisi. Quoi qu'il en soit, ce document complète, avec l'autorité qui s'attache à son auteur, l'exposé de la négociation relative à l'armistice repoussé par la Prusse. Il établit clairement que les ministres de cette puissance avaient d'abord accepté le ravitaillement que comporte de droit tout armistice, et qu'ils ont retiré leur consentement parce qu'ils ont cru pouvoir tirer parti contre nous de faits imprévus. L'Europe appréciera de quel côté ont été les torts et sur qui doit retomber la responsabilité de la continuation de la guerre.

« Monsieur l'ambassadeur,

» Je crois devoir aux quatre grandes puissances qui ont fait ou appuyé la proposition d'un armistice entre la France et la Prusse de rendre un compte fidèle et concis de la grave et délicate négociation dont j'ai consenti à me charger. Avec un sauf-conduit que S. M. l'empereur de Russie et le cabinet britannique ont bien voulu demander pour moi à S. M. le roi de Prusse, j'ai quitté Tours le 28 octobre, et, après avoir franchi la ligne qui séparait les deux armées, je me suis rendu à Orléans et de là à Versailles, accompagné par un officier bavarois dont le général Van der Tann avait eu l'obligeance de me faire accompagner, afin de lever les difficultés que je pouvais rencontrer sur la route. Pendant ce voyage difficile, j'ai pu me convaincre moi-même par mes propres yeux, malheureusement dans une province française, des horreurs de la guerre.

» Forcé, par le manque de chevaux, de m'arrêter à Arpajon, la nuit, pendant trois ou quatre heures, j'ai atteint Versailles dimanche matin, 30 octobre. Je n'y suis resté que peu d'instants, car il était bien convenu avec le comte de Bismark que je n'aurais pas d'entrevue avec lui jusqu'à ce que j'aie pu faire compléter à Paris les pouvoirs nécessairement incomplets que j'avais reçus de la délégation de Tours.

» Accompagné d'officiers comme parlementaires qui devaient faciliter mon passage à travers les avant-postes, j'ai traversé la Seine au pont de Sèvres, aujourd'hui coupé, et je suis descendu au ministère des affaires étrangères pour communiquer plus aisément et plus vite avec les membres du Gouvernement. La nuit fut employée en délibérations, et, après une résolution prise à l'unanimité, j'ai reçu les pouvoirs nécessaires pour négocier et conclure l'armistice dont l'idée avait été conçue et l'initiative prise par les puissances neutres.

» Dans le désir ardent de ne perdre aucun moment dont chaque minute était marquée par l'effusion du sang humain, j'ai traversé de nouveau les avant-postes le lundi soir 31 octobre, et le jour suivant, 1er novembre, à midi, j'entrai en conférence avec le chancelier de la Confédération du Nord.

» L'objet de ma mission était parfaitement connu du comte de Bismark, de même que la France avait été avertie des propositions des puissances neutres. Après quelques réserves sur l'intervention des neutres dans cette négociation, réserves que j'ai écoutées sans les admettre, l'objet de ma mission a été exposé et défini par M. le comte de Bismark et par moi-même avec une précision parfaitement claire :

elle avait pour objet de conclure un armistice pour mettre fin à l'effusion du sang entre deux des nations les plus civilisées du monde, et pour permettre à la France de constituer, au moyen d'élections libres, un gouvernement régulier avec lequel il serait possible de traiter dans une forme valable.

Cet objet a été clairement indiqué, parce que dans plusieurs occasions la diplomatie prussienne avait prétendu que, dans l'état actuel des affaires en France, on ne savait à qui s'adresser pour entamer des négociations.

A ce propos, le comte de Bismark m'a fait remarquer, sans toutefois insister sur ce point, que quelques débris d'un gouvernement, jusqu'à présent seul gouvernement français reconnu en Europe, était en ce moment à Cassel, cherchant à se reconstituer, mais qu'il me faisait cette observation simplement pour préciser nettement la situation diplomatique et point du tout pour intervenir, à quelque degré que ce soit, dans le gouvernement intérieur de la France.

J'ai à mon tour répondu au comte de Bismark que nous le comprenions ainsi, ajoutant toutefois que le gouvernement qui venait de précipiter la France dans les abimes d'une guerre décidée avec folie et conduite avec absurdité avait pour toujours terminé à Sedan sa fatale existence et ne resterait dans la nation française que comme un souvenir honteux et pénible. Sans faire d'objection à ce que je disais, le comte de Bismark a protesté de nouveau contre toute idée d'intervenir dans nos affaires intérieures ; il voulut bien ajouter que ma présence au quartier général prussien et la réception que l'on m'y avait faite étaient une preuve de la sincérité de ce qu'il me disait, puisque, sans s'arrêter à ce qui se faisait à Cassel, le chancelier de la Confédération du Nord était tout prêt à traiter avec l'envoyé extraordinaire de la République française. Après ces observations préliminaires, nous avons fait une première revue sommaire des questions soulevées par la proposition des puissances neutres.

1° Le principe de l'armistice ayant pour objet essentiel d'arrêter l'effusion du sang et de donner à la France les moyens de constituer un gouvernement fondé sur l'expression de la volonté de la nation ;

2° La durée de l'armistice en raison des délais nécessaires pour la formation d'une assemblée souveraine ;

» 3° La liberté des élections pleinement assurées dans les provinces maintenant occupées par les troupes prussiennes;

» 4° La conduite des armées belligérantes pendant l'interruption des hostilités ;

» 5° Enfin le ravitaillement des forteresses assiégées et spécialement de Paris, pendant l'armistice.

» Sur ces cinq points, et spécialement sur le principe même de l'armistice, le comte de Bismark ne m'a pas paru avoir des objections insurmontables, et à la fin de cette première conférence, qui a duré au moins quatre heures, je croyais que nous pourrions nous mettre d'accord sur tous les points, et conclure une convention qui serait le premier pas vers un arrangement pacifique si vivement désiré dans les deux hémisphères.

» Les conférences se sont succédé l'une à l'autre, et, le plus souvent, deux fois par jour, car je désirais ardemment arriver à un résultat qui pût mettre fin au bruit du canon que nous entendions constamment, et dont chaque éclat me faisait craindre de nouvelles dévastations et de nouveaux sacrifices de victimes humaines. Les objections faites et les solutions proposées sur les différents points mentionnés ci-dessus ont été, dans ces conférences, les suivantes :

» En ce qui touche le principe de l'armistice, le comte de Bismark a déclaré qu'il était aussi désireux que les puissances neutres pouvaient l'être elles-mêmes de terminer ou du moins de suspendre les hostilités, et qu'il désirait la constitution en France d'un pouvoir avec lequel il pût contracter des engagements tout à la fois valables et durables. Il y avait en conséquence accord complet sur ce point essentiel et toute discussion était superflue.

» En ce qui touche la durée de l'armistice, j'ai demandé au chancelier de la Confédération du Nord qu'elle fût fixée à vingt-cinq ou trente jours, vingt-cinq au moins. Douze jours au moins étaient nécessaires, lui ai-je dit, pour permettre aux électeurs de se consulter et de se mettre d'accord sur les choix à faire. Un jour de plus pour voter, quatre ou cinq jours de plus pour donner aux candidats élus le temps, dans l'état actuel des routes, de s'assembler dans un lieu déterminé, et enfin huit ou dix jours pour une vérification sommaire des pouvoirs et la constitution de la future assemblée nationale. Le comte de Bismark ne contestait pas ces calculs, il faisait seulement remarquer que plus courte serait la durée, moins il serait difficile de conclure l'armistice proposé; il semblait toutefois incliner, comme moi-même, pour une durée de vingt-cinq jours.

» Vint ensuite la grave question des élections. Le comte de Bismark voulut bien m'assurer que, dans les districts occupés par l'armée prussienne, les élections seraient aussi libres qu'elles l'aient jamais été en France. Je le remerciai de cette assurance, qui me paraissait satisfaisante, si le comte de Bismark, qui d'abord avait demandé qu'il n'y eût aucune exception à cette liberté des élections, n'avait fait quelques réserves relatives à certaines portions du territoire français, le long de notre frontière, et qui, disait-il, étaient allemandes d'origine et de langage. Je repris que l'armistice, si on voulait le conclure rapidement selon le désir général, ne devait préjuger aucune des questions qui pouvaient être agitées à l'occasion d'un traité de paix nettement déterminé; que, pour ma part, je refusais en ce moment d'entrer dans aucune discussion de ce genre, et qu'en agissant ainsi j'obéissais à mes instructions et à mes sentiments personnels.

» Le comte de Bismark répliqua que c'était aussi son opinion qu'aucune de ces questions ne fût touchée, et il me proposa de rien insérer sur ce sujet dans le traité d'armistice, de manière à ne rien préjuger sur ce point, que, quoiqu'il ne voulût permettre aucune agitation électorale dans les provinces en question, il ne ferait aucune objection à ce qu'elles fussent représentées dans l'assemblée nationale par des notables qui seraient désignés comme nous le désirerions, sans aucune intervention de sa part, et qui jouiraient d'une liberté d'opinion aussi complète que tous les autres représentants de la France.

» Cette question, la plus importante de toutes, étant en bonne voie de solution, nous avons procédé à l'examen de la conduite que devraient tenir les armées belligérantes pendant la suspension des hostilités. Le comte de Bismark devait en référer aux généraux prussiens assemblés sous la présidence de S. M. le roi. Et, tout bien considéré, voici ce qui nous a paru équitable des deux côtés, et en conformité avec les usages adoptés dans tous les cas semblables.

» Les armées belligérantes resteraient dans les positions

mêmes occupées le jour de la signature de l'armistice ; une ligne réunissant tous les points où elles se seraient arrêtées formerait la ligne de démarcation qu'elles ne pourraient pas franchir, mais dans les limites de laquelle elles pourraient se mouvoir, sans cependant engager aucun acte d'hostilité.

» Nous étions, je puis le dire, d'accord sur les divers points de cette négociation difficile quand la dernière question s'est présentée : à savoir le ravitaillement des forteresses asssiégées, et principalement de Paris.

» Le comte de Bismark n'avait soulevé aucune objection fondamentale à ce sujet ; il semblait seulement contester l'importance des quantités réclamées aussi bien que la difficulté de les réunir et de les introduire dans Paris (ce qui, toutefois, nous concernait seuls), et en ce qui concerne les quantités, je lui avais positivement déclaré qu'elles seraient l'objet d'une discussion amiable et même de concessions importantes de notre part. Cette fois encore, le chancelier de la Confédération du Nord désira en référer aux autorités militaires auxquelles plusieurs autres questions avaient déjà été soumises, et nous convînmes de nous ajourner au jeudi 3 novembre pour la solution définitive de ce point.

» Le jeudi 3 novembre, le comte de Bismark, que j'avais trouvé inquiet et préoccupé, me demanda si j'avais des nouvelles de Paris ; je lui répondis que je n'en avais pas depuis le lundi soir, jour de mon départ de cette ville. Le comte de Bismark était dans la même situation ; il me tendit alors les rapports des avant-postes qui parlaient d'une révolution à Paris et d'un nouveau gouvernement. Était-ce là ce Paris dont les nouvelles les plus insignifiantes étaient naguère expédiées avec la rapidité de l'éclair et répandues en quelques minutes dans le monde entier ? Pouvait-il avoir été la scène d'une révolution dont pendant trois jours rien n'avait transpiré à ses propres portes ?

Profondément affligé par ce phénomène historique, je répliquai au comte de Bismark que le désordre eût-il été un moment triomphant à Paris, la tranquillité troublée serait promptement rétablie, grâce au profond amour de la population parisienne pour l'ordre, amour qui n'était égalé que par son patriotisme. Toutefois mes pouvoirs n'étaient plus valables si ces rapports étaient bien fondés. Je fus ainsi obligé de suspendre mes négociations jusqu'à ce que des informations me fussent parvenues.

» Ayant obtenu du comte de Bismark le moyens de correspondre avec Paris, je pus, le même jour, jeudi, m'assurer de ce qui s'était passé le lundi, et apprendre que je ne m'étais pas trompé en affirmant que le triomphe du désordre n'avait pu être que momentané.

» Le même soir, je me rendis chez le comte de Bismark, et nous pûmes reprendre et continuer pendant une partie de la nuit la négociation qui avait été interrompue le matin. La question du ravitaillement de la capitale fut vivement débattue entre nous, et, pour ma part, j'ai maintenu fermement que toute demande relative aux quantités pourrait être modifiée après une discussion détaillée. Je pus bientôt m'apercevoir que ce n'était pas une question de détail, mais bien une question fondamentale qui avait été soulevée.

» J'ai vainement insisté auprès du comte de Bismark sur ce grand principe des armistices qui veut que chaque belligérant se trouve, au terme de la suspension des hostilités, dans la même situation qu'au commencement; que de ce principe, fondé en justice et en raison, était dérivé cet usage du ravitaillement des forteresses assiégées et leur approvisionnement jour par jour de la nourriture d'un jour ; autrement, disais-je au comte de Bismark, un armistice suffirait à amener la reddition de la plus forte forteresse du monde. Aucune réponse ne pouvait être faite, du moins le pensais-je, à cet exposé de principes et d'usages incontestés et incontestables.

» Le chancelier de la Confédération du Nord, parlant alors, non en son propre nom, mais au nom des autorités militaires, m'a déclaré que l'armistice était absolument contraire aux intérêts prussiens: que nous donner un mois de répit était nous accorder le temps d'organiser nos armées ; qu'introduire dans Paris une certaine quantité de vivres difficile à déterminer était donner à cette ville le moyen de prolonger indéfiniment son existence; que de tels avantages ne pourraient nous être accordés sans des équivalents militaires (c'est l'expression même du comte de Bismark).

» Je me hâtai de répliquer que sans doute l'armistice pouvait nous apporter quelques avantages matériels, mais que le cabinet prussien devait l'avoir prévu, puisqu'il en avait admis le principe ; que, toutefois, avoir calmé le sentiment national, avoir ainsi préparé la paix, en avoir rapproché le terme, avoir par-dessus tout montré une juste déférence aux vœux déclarés de l'Europe, constituait pour la Prusse des avantages politiques tout à fait équivalents aux avantages matériels qu'elle pouvait nous concéder.

» Je demandai ensuite au comte de Bismark quels pouvaient être les équivalents militaires qu'il pouvait nous demander, mais le comte de Bismark mettait une grande circonspection à ne pas les préciser ; il les fit connaître à la fin, mais avec une certaine réserve.

» C'était, dit-il, une position militaire sous Paris, et, comme j'insistais davantage : Un fort, ajouta-t-il, plus d'un peut-être. J'arrêtai immédiatement le chancelier de la Confédération du Nord :

»C'est Paris, lui dis-je, que vous nous demandez, car nous refuser le ravitaillement pendant l'armistice, c'est nous prendre un mois de notre résistance ; exiger de nous un ou plusieurs de nos forts, c'est nous demander nos remparts. C'est, en fait, demander Paris, puisque nous vous donnerions le moyen de l'affamer ou de le bombarder. En traitant avec nous d'un armistice, vous ne pouviez jamais supposer que la condition serait de vous abandonner Paris même, Paris notre force suprême, notre grande espérance, et pour vous la grosse difficulté qu'après cinquante jours de siège vous n'avez encore pu surmonter.

» Arrivés à ce point, nous ne pouvions plus continuer.

» Je fis remarquer à M. le comte de Bismark qu'il était facile de s'apercevoir qu'à ce moment l'esprit militaire prévalait dans les résolutions de la Prusse sur l'esprit politique qui avait dernièrement conseillé la paix et tout ce qui pouvait y conduire ; je demandai au comte de Bismark de faciliter encore une fois de plus mon voyage aux avant-postes, afin de me consulter sur la situation avec M. Jules Favre ; il y consentit avec cette courtoisie que j'ai toujours rencontrée en lui en ce qui concerne les relations personnelles.

» En prenant congé de moi, le comte de Bismark m'a chargé de déclarer au Gouvernement français que, si le Gouvernement avait le désir de faire les élections sans armistice, il permettrait qu'on les fît avec une parfaite liberté dans tous les lieux occupés par les armées prussiennes, et qu'il faciliterait toute communication entre Paris et Tours pour toute chose qui aurait rapport aux élections.

» J'ai conservé le souvenir de cette déclaration dans mon esprit. Le lendemain, 5 novembre, je me dirigeai vers les avant-postes français ; je les traversai afin de conférer avec M. Jules Favre dans une maison abandonnée ; je lui ai fait un exposé complet de toute la situation, tant au point de vue politique qu'au point de vue militaire, lui donnant jusqu'au lendemain pour m'envoyer la réponse officielle du Gouvernement et lui indiquant le moyen de me la faire parvenir à Versailles. Je la reçus le jour suivant, dimanche, 6 novembre. On m'y ordonnait de rompre les négociations sur la question du ravitaillement, de quitter immédiatement le quartier général prussien et de me rendre à Tours pour y rester, si j'y consentais, à la disposition du Gouvernement, en cas que mon intervention pût être utile dans les négociations futures.

» Je communiquai cette résolution au comte de Bismark, et je lui répétai que je ne pouvais abandonner ni la question des subsistances, ni aucune des défenses de Paris, et que je regrettais amèrement de n'avoir pu conclure un arrangement qui pourrait avoir été le premier pas vers la paix.

» Tel est le compte rendu fidèle des négociations que j'adresse aux quatre puissances neutres qui ont eu la louable intention de désirer et de proposer une suspension d'armes qui nous aurait rapprochés du moment où toute l'Europe aurait respiré de nouveau, aurait repris les travaux de la civilisation, et aurait cessé de se laisser aller à un sommeil sans cesse troublé par la frayeur que quelque accident lamentable ne surgisse et n'étende la conflagration de la guerre sur tout le continent.

» Il appartient maintenant aux puissances neutres de juger si une attention suffisante a été donnée à leur conseil ; je suis sûr que ce n'est pas à nous qu'on peut faire le reproche de ne l'avoir pas estimé aussi haut qu'il le méritait. Après tout, nous les faisons juges des deux puissances belligérantes, et, pour ma part, comme homme et comme français, je les remercie de l'appui qu'elles m'ont accordé dans mes efforts pour rendre à mon pays les bienfaits de la paix, de la paix qu'il a perdue, non par sa faute, mais par celle d'un gouvernement dont l'existence a été la seule erreur de la France: Ç'a été une grande et irrémédiable erreur pour la France que de s'être choisi un pareil gouvernement et de lui avoir, sans contrôle, confié ses destinées.

» THIERS.

» Tours, le 9 novembre 1870. »

---

# 79ᵉ JOURNÉE

**Vendredi 2 Décembre**  3 % 53.95

Le Gouvernement a reçu aujourd'hui une dépêche en date du 20 novembre du préfet d'Amiens. Cette dépêche qu'il fallait dissimuler à l'ennemi ne renferme que quelques mots. Elle annonce que depuis la prise d'Orléans remontant au 10, aucun combat important n'a été livré. L'armée du Nord se trouve forte de 40,000 hommes. A Châtillon-sur-Seine sept à huit cents Prussiens ont été surpris par Menotti Garibaldi et tous mis hors de combat ou faits prisonniers.

« *Gambetta à Trochu.* — *30 novembre.* — N'ai reçu que ce matin cinq heures votre dépêche du 24, par ballon *Deschamps-Robert*, tombé à Christiania, en Norvége. Consul France recueilli aéronautes. Ai télégraphié cette nuit votre dépêche.

» Notre situation excellente. Rien à craindre à droite et à gauche. Centre gauche, à la date du 20 novembre, complétement dégagé. Les Prussiens ne peuvent se maintenir, ni à Saint-Calais, ni à Châteaudun.

» Depuis trois jours, offensive heureuse sur droite. Occupons Montargis. »

On voit, d'après ces dépêches, qu'il règne une certaine

entente dans les opérations militaires, mais, ce qui me fait fortement douter du chiffre de l'armée de la Loire, c'est que, depuis le 10 novembre, elle n'a pas fait un pas en avant. Il est évident, pour moi, qu'elle n'est pas de force à lutter contre le nombre des troupes prussiennes. Ce symptôme est de mauvais augure.

Si hier, la journée a été calme, ce n'était que le calme qui précède l'orage. Aujourd'hui, jusqu'à midi, le bruit de la canonnade n'a pas discontinué, et avec tellement d'intensité, que dans les rues on s'arrête et l'on se demande qui peut causer une semblable tempête. C'est effrayant. Chacun s'aborde sans se connaître et l'on se demande si, enfin, c'est le dernier jour d'une guerre aussi épouvantable.

Privé de nouvelles, chacun court où il croit pouvoir en recueillir; aux mairies, à la Bourse. Rien nulle part, que des rumeurs sans fondement.

A la Bourse, la rente monte cependant, et j'apprends par une personne bien informée que, repoussés le matin par des forces formidables, nous avions, en reprenant vivement l'offensive, forcé les Prussiens à la retraite.

Ce qu'il y avait de certain, c'est que le combat était sérieusement engagé dès le matin, à la pointe du jour, et qu'à quatre heures, on n'entendait plus les forts qui, à midi, tonnaient pour protéger probablement nos opérations.

Paris est agité, car il se trouve sans nouvelles; les bruits es plus absurdes circulent, et chacun rentre chez soi, la tristesse au cœur.

A huit heures et demie, je sors fiévreux, impatient de savoir. Je rencontre au milieu des rues mornes et sombres quelques personnes se dirigeant comme moi vers la mairie la plus proche, pensant y trouver une nouvelle consolatrice. Plus on s'approche de l'hôtel municipal, plus les rues sont animées, et enfin, aux portes mêmes de la maison commune, la foule est considérable, on se presse, on écoute.

Un individu lit à haute voix une dépêche. Mais malgré le désir de savoir, il est impossible d'entendre.

Heureusement, au même instant, on affiche sur tous les murs la bienheureuse dépêche, et c'est à l'aide de lanternes et d'allumettes qu'on fait la lecture suivante :

« *Gouverneur à général Schmitz.* — *2 décembre, 1 heure 45 du soir.* — *Entre Champigny et Villiers.* — Attaqués ce matin par des forces énormes à la pointe du jour, nous sommes au combat depuis plus de sept heures. Au moment où je vous écris, l'ennemi placé sur toute la ligne, nous cède encore les hauteurs. Parcourant nos lignes de tirailleurs jusqu'à Bry, j'ai recueilli l'indicible joie des acclamations des troupes soumises au feu le plus violent. Nous aurons sans doute des retours offensifs et cette bataille durera, comme la première, toute une journée. Je ne sais quel avenir est réservé à ces généreux efforts des troupes de la République, mais je leur dois cette justice qu'au milieu des épreuves de toutes sortes, elles ont bien mérité du pays. J'ajoute que c'est au général Ducrot qu'appartient l'honneur de ces deux journées. TROCHU. »

Malgré cette dépêche, le Gouvernement a cru devoir lancer une proclamation aux habitants de Paris.

« *Le Gouvernement à la population de Paris.* — Dès ce matin, à l'aube, l'ennemi a attaqué les positions de l'armée du général Ducrot avec la plus grande violence. Un développement considérable d'artillerie, appuyé par les positions d'Avron, les forts de Nogent, de Charenton, des redoutes de Gravelle, de la Faisanderie et de Saint-Maur, a empêché l'ennemi de gagner du terrain. Les dernières nouvelles du champ de bataille sont de une heure quarante-cinq. L'infanterie prussienne se repliait dans les bois, et jusqu'à présent nous avons l'avantage. Aussitôt l'attaque, le chef d'état-major a demandé des troupes au général Vinoy et au général Clément-Thomas qui avait déjà conduit lui-même sur les lieux trente-trois bataillons de la garde nationale. Les généraux de Beaufort et de Lignières ont été prévenus de tenir leurs troupes prêtes, et nos positions du sud, sous les ordres du général Vinoy, appuient la bataille par une vigoureuse diversion. Le combat continue. »

Comme on le remarque facilement, l'ensemble de ces nouvelles n'est pas satisfaisant, et les partisans de la trouée ou des sorties en masse, doivent être persuadés, à cette heure, de la force invincible de l'ennemi, car, après deux jours de luttes acharnées, nous avons peu ou point gagné de terrain.

Ce soir, malgré l'heure fort avancée, les boulevards ont une animation inaccoutumée. On remarque beaucoup de promeneurs malgré le sombre des rues, et des groupes où des gardes nationaux donnent des détails plus ou moins véridiques sur la journée. Moi, j'attends.

Le froid sera cette nuit des plus rigoureux.

Je dois placer ici, comme date, une autre dépêche du général Trochu, datée de cinq heures trente du soir, mais parvenue seulement au public fort avant dans la soirée.

« *Gouverneur à général Schmitz, pour le Gouvernement.* — *Paris, de Nogent, 5 heures 30 soir.* — Je reviens à mon logis du fort à cinq heures, très-fatigué et très-content. Cette deuxième grande bataille est beaucoup plus décisive que la précédente.

» L'ennemi nous a attaqués au réveil avec des réserves et des troupes fraîches ; nous ne pouvions lui offrir que les adversaires de l'avant-veille, fatigués, avec un matériel incomplet, et glacés par des nuits d'hiver qu'ils ont passées sans couvertures, car, pour nous alléger, nous avions dû les laisser à Paris. Mais l'étonnante ardeur des troupes a suppléé à tout ; nous avons combattu trois heures pour conserver nos positions et cinq heures pour enlever celles de l'ennemi, où nous couchons.

» Voilà le bilan de cette dure et belle journée. Beaucoup ne reverront pas leurs foyers ; mais ces morts ont fait à la jeune république de 1870 une page glorieuse dans l'histoire militaire du pays.

» Pour copie conforme : *Le ministre de l'intérieur par intérim,*   Jules Favre. »

Il paraît que dans le combat du 29, on a fait usage, pour la première fois depuis la guerre, du télégraphe volant, imité de celui des Prussiens. C'est ainsi qu'on a pu obtenir la cessation simultanée du feu dans tous les forts et dans toutes les batteries de campagne.

M. Jules Claretie, un journaliste qui a assisté à la bataille et à l'enterrement des morts, écrit au journal *le Temps* en envoyant la traduction d'un passage d'une lettre trouvée sur un Prussien resté sur le champ de bataille :

« Nous commençons à être fatigués, las, et Trochu a inventé de nouvelles mitrailleuses et des locomotives blindées qui sont, paraît-il, fort dangereuses. Il serait grand temps qu'on entrât à Paris, car l'armée souffre et se désespère de voir Noël avancer sans que l'Allemagne se rapproche.

» Heureusement que Paris manque de vivres, qu'il n'en a plus que pour dix jours, et qu'il se rendra..., sans cela.... »

La lettre était inachevée.

Si la traduction est exacte, on voit que les Prussiens étaient assez bien renseignés sur nos affaires intérieures, et on comprend les bruits de lassitude de l'armée allemande.

## 80ᵉ JOURNÉE

**Samedi 3 Décembre**  3 % 54.02

On n'entend plus le bruit du canon, Paris est calme aujourd'hui, et sa pensée se porte tout entière vers cette armée de la Loire, qui, depuis le 10 novembre, jour de la reprise d'Orléans n'a pas fait un pas en avant. Son inertie prouve qu'elle n'est point en force.

L'*Officiel* publie, au sujet de nos armées extérieures, la dépêche suivante :

« *Bourbaki à Trochu*. — Je suis prêt à marcher ; j'ai avec moi de l'artillerie et de la cavalerie ; je suivrai tes instructions.

» Il n'y a pas de Prussiens entre Chantilly, Beauvais, Gisors et Amiens. »

Suivant les dernières nouvelles, l'armée de Bourbaki ne compte que 40,000 hommes, c'est donc peu de chose. Cependant, après cette dépêche, on est forcé de comprendre qu'il y a vraiment un plan déterminé, et qu'il est probable que la base d'opérations qu'il comporte doit être une bataille sous Paris, et ainsi, d'y retenir les Prussiens, pendant que la province avancerait à notre secours.

Malgré ce raisonnement, qui est peut-être fort sensé, je répéterai sans cesse que l'inactivité de l'armée de la Loire me tourmente. Voici bientôt un mois qu'elle a repris Orléans et qu'elle n'a pas su profiter de sa victoire.

Sur cette dépêche de Bourbaki, les bruits les plus absurdes circulent. Les journaux le signalent à Senlis ; quelques-uns prétendent qu'on entend le canon du côté de

Chantilly, et que le roi de Prusse épouvanté a quitté Versailles pour aller à Meaux.

On en dit tant, que j'aime mieux me taire.

Voici le rapport militaire du jour :

« 3 *décembre soir*. — Ce matin, pas d'incidents remarquables sur nos lignes. Dès le matin, les Prussiens ont commencé une série d'attaques d'avant-postes, précédées d'une courte canonnade. Le calme est revenu promptement sur nos positions de la Marne. Avron a continué son feu pour inquiéter les convois incessants de l'ennemi dans la direction de Chelles.

» Les Prussiens ont fait hier des pertes considérables ; de nombreux convois de blessés, quittant dès midi le champ de bataille, étaient signalés par toutes nos vigies.

» D'après les renseignements émanant des prisonniers, des régiments entiers auraient été écrasés. La journée d'aujourd'hui est consacrée à améliorer la situation de nos troupes, par ce temps déjà rigoureux qu'elles supportent avec un grand courage.  » P. O. Schmitz. »

Dans la journée du 29 novembre, on signale quelques actes d'indiscipline, entre autres celui d'un lieutenant de la garde nationale du 76ᵉ bataillon, qui apostropha son chef et voulut prendre le commandement du bataillon en excitant les hommes à ne pas rendre leurs cartouches, comme la colonne en avait reçu l'ordre à sa rentrée dans Paris. Le conseil de guerre sera saisi de cette affaire. Mais ce que je crains, c'est que le coupable ne soit pas fusillé.

A la date de ce jour, le Gouvernement décrète :

« 1° L'autorisation à la ville de Paris de prélever une nouvelle somme de 5 millions sur celle de 63 millions que l'article 3 de la loi du 3 juillet 1870, l'a autorisée à se procurer, au moyen de l'émission de bons de la caisse municipale, pour l'exécution de travaux de la Ville.

» 2° Un crédit ouvert à la ville de Paris, de 500 mille francs, pour établir de nouveaux fourneaux économiques à l'usage de la population parisienne. »

M. Ferry fait à la population de Paris un appel afin de constituer le plus d'ambulances privées pour les blessés.

Le général Clément-Thomas, par un ordre du jour, invite les commandants des bataillons armés de fusils à tir rapide de verser le plus promptement possible l'excédant de leurs armes pour l'armement d'autres bataillons.

La nouvelle est-elle vraie? est-elle fausse? Je ne sais; mais je puis dire que l'*Électeur libre* annonce que la flotte prussienne a été capturée par nos vaisseaux. Je n'en crois pas un mot.

Grâce aux derniers combats, les Prussiens s'étant massés sur un seul point, et leur ligne d'investissement par cette cause s'étant amoindrie, quelques messagers ont pu pénétrer dans Paris. C'est ainsi que nous avons pu recevoir la dépêche du général Bourbaki, des journaux et 1,800 lettres particulières.

Les journaux anglais donnent des nouvelles tout à fait insignifiantes.

Ce soir encore, le froid est très-vif; la nuit sera rude pour nos soldats qui campent sur le champ de bataille.

## 81ᵉ JOURNÉE

**Dimanche, 4 Décembre**  3 °/₀

Le temps est beau, mais le froid est excessif. (7 degrés.)
Aujourd'hui, nos troupes ont pris une position nouvelle qui met tous les esprits en désarroi.

Les rapports militaires s'expriment ainsi :

### RAPPORT MILITAIRE.

« *Dimanche matin*. — L'armée du général Ducrot bivaque cette nuit dans le bois de Vincennes, elle a repassé la Marne dans la journée et elle a été concentrée sur ce point pour donner suite à ses opérations. Environ 400 prisonniers dont un groupe d'officiers ont été amenés aujourd'hui dans Paris.          P. O. SCHMITZ. »

On peut en quelques lignes résumer les sorties de l'armée de Paris pendant les journées des 29 et 30 novembre, 1er, 2 et 3 décembre, et rendre compte des engagements qui ont eu lieu sur la plupart des points des lignes d'investissement de l'ennemi.

« Dès le 28 novembre au soir, les opérations étaient commencées.

» A l'est, le plateau d'Avron était occupé à huit heures par les marins de l'amiral Saisset, soutenus par la division d'Hugues, et une artillerie nombreuse de pièces à longue portée était installée sur ce plateau, menaçant au loin les positions de l'ennemi et les routes suivies par ses convois à Gagny, à Chelles et à Gournay.

» A l'ouest, dans la presqu'île de Gennevilliers, des travaux de terrassement étaient commencés sous la direction du général de Lignières ; de nouvelles batteries étaient armées ; des gabionnades et des tranchées-abris étaient installées dans l'île Marante, dans l'île de Bezons et sur le chemin de fer de Rouen. Le lendemain, le général de Beaufort complétait les opérations de l'ouest en dirigeant une reconnaissance sur Buzenval et les hauteurs de la Malmaison, en restant sur sa droite relié devant Bezons aux troupes du général de Lignières.

» Le 29, au point du jour, les troupes de la 3e armée, aux ordres du général Vinoy, opéraient une sortie sur Thiais, l'Hay et Choisy-le-Roi, et le feu des forts était dirigé sur les divers points signalés comme servant au rassemblement des troupes de l'ennemi.

» Des mouvements exécutés depuis deux jours avaient

garni de forces importantes la plaine d'Aubervilliers et réunissaient les trois corps de la 2ᵉ armée aux ordres du général Ducrot, sur les bords de la Marne.

» Le 30 novembre, au point du jour, des ponts préparés hors de vue de l'ennemi se trouvaient jetés sur la Marne, sous Nogent et Joinville, et les deux premiers corps de la 2ᵉ armée, conduits par les généraux Blanchard et Renault, exécutaient rapidement avec toute leur artillerie le passage de la rivière. Ce mouvement avait été assuré par un feu soutenu d'artillerie partant des batteries de position établies sur la rive droite de la Marne à Nogent, au Perreux, à Joinville et dans la presqu'île de Saint-Maur.

» A neuf heures, ces deux corps d'armée attaquaient le village de Champigny, le bois du Plant et les premiers échelons du plateau de Villiers. A onze heures, toutes ces positions étaient prises, et les travaux de retranchement étaient déjà commencés par les troupes de seconde ligne, lorsque l'ennemi fit un vigoureux effort en avant, soutenu par de nouvelles batteries d'artillerie. A ce moment, nos pertes furent sensibles : devant Champigny, les pièces prussiennes établies à Chennevières et à Cœuilly refoulaient les colonnes du 1ᵉʳ corps, tandis que de nombreuses troupes d'infanterie descendant des retranchements de Villiers, chargeaient les troupes du général Renault. Ce furent alors les énergiques efforts de l'artillerie, conduite par nos généraux Frébault et Boissonnet, qui permirent d'arrêter la marche offensive que prenait l'ennemi.

» Grâce aux changements apportés dans l'armement de nos batteries, l'artillerie prussienne fut en partie démontée, et nos hommes, ramenés à la baïonnette par le général Ducrot, purent prendre définitivement possession des crêtes.

» Pendant ces opérations, le 3ᵉ corps sous les ordres du général d'Exéa, s'était avancé dans la vallée de la Marne jusqu'à Neuilly-sur-Marne et Ville-Evrard. Des ponts avaient été jetés à Petit-Bry, et Bry-sur-Marne était attaqué et occupé par la division Bellemare. Son mouvement, retardé par le passage de la rivière, se prolongea au delà du village jusqu'aux pentes du plateau de Villiers, et les efforts de ses colonnes vinrent concourir à la prise de possession des crêtes, opérée par le 2ᵉ corps en avant de Villiers. Le soir, nos feux de bivacs s'étendaient sur tous les coteaux de la rive gauche de la Marne, tandis que brillaient sur les pentes de Nogent et Fontenay les feux de nos troupes de réserve.

» Ce même jour, 30 novembre, la division Susbielle, soutenue par une importante réserve des bataillons de marche de la garde nationale, s'était portée en avant de Créteil, et avait enlevé à l'ennemi les positions de Mesly et Montmesly, qu'elle devait occuper jusqu'au soir.

» Cette diversion sur la droite des opérations de la 2ᵉ armée était soutenue par de nouvelles sorties opérées sur la rive gauche de la Seine, vers Choisy-le-Roi et Thiais, par des troupes du général Vinoy.

» Au nord, l'amiral La Roncière, soutenu par l'artillerie de ses forts, avait occupé, dans la plaine d'Aubervilliers, Drancy et la ferme de Groslay ; de fortes colonnes ennemies avaient été ainsi attirées sur les bords du ruisseau la Morée, en arrière du pont Iblon. Vers 2 heures, l'amiral traversa Saint-Denis et se portant de sa personne à la tête de nouvelles troupes, dirigeait l'attaque d'Epinay que nos soldats, soutenus par des batteries de la presqu'île de Gennevilliers, ont pu occuper avec succès.

» Le 1ᵉʳ décembre, il n'y eut que quelques combats de tirailleurs au début de la journée devant les positions de la 2ᵉ armée, et le feu du plateau d'Avron continua à inquiéter les mouvements de l'ennemi à Chelles et à Gournay, dans le mouvement de concentration considérable qu'il opérait, la nuit surtout, pour amener de nouvelles forces en arrière des positions de Cœuilly et de Villiers.

» Le 2 décembre, avant le jour, les nouvelles forces, ainsi rassemblées, s'élancèrent sur les positions de l'armée du général Ducrot ; sur toute la ligne, l'attaque se produisit subitement et à l'improviste sur les avant-postes des trois corps d'armée, de Champigny jusqu'à Bry-sur-Marne.

» L'effort de l'ennemi échoua : soutenues par un ensemble d'artillerie considérable, nos troupes, malgré les pertes qu'elles avaient à subir opposèrent la plus solide résistance. La lutte fut longue et terrible. Nos batteries arrêtèrent les colonnes prussiennes sur le plateau, et dès onze heures les efforts de l'ennemi étaient entièrement vaincus. A quatre heures, le feu cessait et nous restions maîtres du terrain de la lutte. Le 3 décembre, sans que l'ennemi pût inquiéter notre retraite, aidés par le brouillard, 100,000 hommes de la 2ᵉ armée avaient de nouveau passé la Marne, laissant l'armée prussienne relever ses morts.

» Nos pertes, dans ces diverses journées, ont été de :

| | | | |
|---|---|---|---|
| Officiers, tués, | 72 | blessés, | 342. |
| Troupes, tués, | 956 | blessés, | 4,680. |
| Totaux | 1,028 | | 5,022. |

Les pertes de l'ennemi ont été des plus considérables ; elles sont en rapport, du reste, avec les efforts qu'il a faits pour nous enlever nos positions. Écrasé par une artillerie formidable sur tous les points où il se présentait, nos projectiles l'atteignaient jusque dans ses plus extrêmes réserves, et, d'autre part, des officiers prisonniers ont déclaré que plusieurs régiments avaient été détruits par notre feu d'infanterie en avant de Champigny.

Pourquoi donc alors avoir repassé la Marne?

Le général Ducrot nous en donne la raison dans la proclamation qu'il a fait à ses soldats.

« *Vincennes*, 4 *décembre* 1870. — Soldats, après deux journées de glorieux combats, je vous ai fait repasser la Marne, parce que j'étais convaincu que de nouveaux efforts, dans une direction où l'ennemi avait eu le temps de concentrer toutes ses forces et de préparer tous ses moyens, seraient stériles.

» En nous obstinant dans cette voie, je sacrifiais inutilement des milliers de braves, et loin de servir l'œuvre de la délivrance, je la compromettais sérieusement, et je pouvais même vous conduire à un désastre irréparable. Mais, vous l'avez compris, la lutte n'est suspendue que pour un instant; nous allons la reprendre avec résolution. Soyons donc prêts, complétez en toute hâte vos munitions, vos vivres, et surtout élevez vos cœurs à la hauteur des sacrifices qu'exige la sainte cause pour laquelle nous ne devons pas hésiter à donner notre vie.     LE GÉNÉRAL DUCROT. »

» Malgré les appréciations particulières des journaux du

jour qui regardent le retour à Vincennes comme un mouvement ordonné forcément par les lois de stratégie, je crois, moi, devoir le juger tel qu'il est; c'est-à-dire, un mouvement très-accusé de retraite.

Acceptons ce qui est fait, et disons toujours la vérité !

L'opération n'a pas réussi, et le général Ducrot dans sa franchise militaire dit à ses troupes qu'il repasse la Marne pour ne pas les conduire à une mort inutile. Le rapport militaire nomme cela une concentration pour donner suite à des opérations. Les journaux appellent cela un mouvement stratégique. Je répète, moi, que c'est une retraite ou pour mieux dire, une rentrée dans Paris.

Voici où je trouve les dangers des proclamations.

Le général Ducrot nous avait dit qu'il ne rentrerait dans Paris que mort ou victorieux.

Donc, à quoi bon tout ce déluge de phrases dont on nous abreuve depuis si longtemps?

Général, vous avez fait votre devoir dignement. Vous rentrez à Paris! Rentrez-y donc franchement! mais ne restez pas à Vincennes.

Il ne faut pas nous le dissimuler plus longtemps, le Dieu des batailles a été contre nous. Le 29 nous devions passer la Marne. Une crue fait avorter l'opération qui ne s'est effectuée que le 30, et dans de très-mauvaises conditions, alors que l'ennemi était averti de notre marche, et là où nous ne devions rencontrer que 15 ou 20,000 hommes, on en rencontre 100,000. La providence, on pourrait le croire, nous aurait condamnés à périr.

Que de morts! que de blessés! Le comte de Grancy, des mobiles de la Côte-d'Or, le baron de Cambray, le général Renault, le commandant Franchetti dont l'escadron d'éclaireurs s'est signalé si souvent par ses actes héroïques. La blessure de M. Franchetti est très-grave ; il a reçu un éclat d'obus sur le champ de bataille.

Le général de Lacharrière a été tué à l'attaque de Montmesly à la tête de ses troupes.

Il y a trois mois, on se plaignait du grand nombre d'ambulances et parfois même, on les ridiculisait. Hélas! Voilà deux journées qui les font aujourd'hui prendre en considération et saluer avec respect. J'ai pu constater la bonne tenue de tous ces petits hôpitaux et m'y convaincre des bons soins donnés à nos pauvres soldats. Malgré l'affluence de tous ces locaux affectés aux blessés, la mairie de Paris fait ce matin un appel à la population pour demander encore des lits dans les maisons particulières, 6,000 ont été offerts dans la journée.

Le Gouvernement a reçu une dépêche annonçant que la tranquillité la plus complète règne en Algérie.

La question alimentaire s'aggrave tous les jours.

Nous sommes à cette heure au régime de la viande salée: lard, mouton, morue ; on nous promet pour cette semaine un nouveau plat de hareng-saur.

On débite toutes ces choses dans les boucheries municipales.

Depuis la réquisition des chevaux, mulets et ânes, la viande de ces animaux a doublé de prix. Les conserves sont inabordables. Le lait se vend 1 fr. 50 le litre et le lait proprement dit, n'entre que pour un sixième environ dans ce que l'on débite sous ce nom. Les pommes de terre sont devenues introuvables... ou si l'on a la chance d'en rencontrer, c'est sur le pied de 15 fr. le boisseau qu'on peut les obtenir.

Le mot en horreur est : *Réquisition*. Il est aujourd'hui la bête noir de l'assiégé. Dès qu'un objet est réquisitionné, il disparaît, il se cache et prend de suite six et sept fois le prix de sa valeur réelle, et souvent la réquisition fournit peu.

On consomme en ce moment beaucoup de pâté de lapin. Dans les rues, on vend beaucoup de saucisson. Mais, hélas ! quel saucisson ! Impossible de savoir même en l'analysant scientifiquement de quoi il est composé. Du reste, je crois qu'il vaut mieux ne pas le savoir.

Les conserves de légumes sont les seuls objets d'alimentation qui restent encore abordables. Les poulets se payent de 12 à 15 francs ; un canard 16 fr. ; une oie 60 fr. ; une dinde 90 fr. ; un lapin 25 fr. ; un œuf frais 75 centimes.

Quant aux légumes frais, ils sont rares : un chou se paye 4 fr. ; un chou-fleur 3 fr. ; les oignons 15 fr. le boisseau. On mange beaucoup de champignons ; ils sont assez abondants.

Dans les combats sur la Marne, lorsque nos troupes sont entrées sur le terrain occupé par l'ennemi, elles ont pu constater que les récoltes étaient intactes dans les champs, tant en choux qu'en pommes de terre et autres légumes. On a remarqué des pommiers et des vignes avec leurs fruits. Nos soldats ont profité de la sévère discipline de nos ennemis.

Après avoir parlé des objets d'alimentation ordinaires je puis citer les excentricités : Gigot de chien, 2 fr. la livre ; rognons, 25 centimes la pièce ; un chat dépouillé de sa peau vaut 5 fr.

Il est curieux de constater que déjà cet animal n'existe presque plus dans Paris.

La boucherie anglaise du faubourg St-Honoré a la spécialité de la viande provenant des animaux du Jardin d'acclimatation : biches, kangourou, bison, cygne, etc.

Après ce tableau, penser que dans vingt jours nous serons à Noël. Pour notre réveillon, nous serons bien près de mourir de faim. Et comme tout le laisse supposer, le jour de l'an qui nous verra encore plus restreints, sera bien triste et bien pénible. Quel sombre et douloureux jour ce sera.

Ce soir les renseignements capables de faire juger la situation actuelle de nos troupes étaient complets. Le rapport militaire suivant a été affiché sur les murs de Paris.

### RAPPORT MILITAIRE.

« 4 *décembre* 1870. — Les pertes de l'ennemi ont été tellement considérables pendant les glorieuses journées des 29, 30 novembre et 2 décembre, que pour la première fois, depuis le commencement de la campagne, frappé dans sa puissance et dans son orgueil, il a laissé passer une rivière en sa présence, en plein jour, à une armée qu'il avait attaquée la veille avec tant de violence.

» On ne saurait trop insister sur ce fait unique dans la guerre de 1870, car il consacre les efforts faits par une armée qui n'existait pas il y a deux mois. Il faut en chercher la cause dans le patriotisme des éléments qui la composent et dans la force que la population de Paris a, par son attitude, inspirée à tous les défenseurs de la capitale.

» L'armée, réunie en ce moment à l'abri de toute atteinte, puise de nouvelles forces dans un court repos, qu'elle était en droit d'attendre de ses chefs après de si rudes combats. Il y a des cadres à remplacer, et c'est avec la plus grande activité que l'on procède au remaniement de certaines parties de son organisation.

» Le Gouverneur est resté à la tête des troupes, et il pourvoit par lui-même à tous les besoins signalés.

» P. O. *Le général chef d'état-major général,*

» SCHMITZ. »

## 82ᵉ JOURNÉE

**Lundi 5 Décembre**  3 % 53.72

Je crois que jamais rapport militaire n'a dû donner plus de mal à édifier que celui qui termine la quatre-vingt-unième journée. Il est long pour ne rien dire. Paris est triste; on a beau lui dire sur tous les tons qu'on a repoussé l'ennemi, ce qui est exact, il ne croit plus rien puisque le lendemain après la victoire chantée, on bat en retraite comme si l'on avait été repoussé. Il y a une chose certaine, c'est que si dans toutes les sorties que nous faisons, nous trouvons pareilles défenses et semblable attaque des Prussiens, nous ne romprons jamais leur ligne. Toutes les espérances se tournent donc vers la province car beaucoup de gens pensent comme moi, et savent bien que là, seulement, est notre véritable salut. Ah ! si Metz n'était pas pris, la partie serait peut-être bonne ; mais, depuis cette capitulation, nos chances sont bien diminuées. Frédéric-Charles qui emprisonnait Bazaine doit être, sans aucun doute, sur la Loire et ferme ainsi la route de Paris à l'armée de province. Tel est mon pressentiment, en voyant la reprise d'Orléans par nos troupes sans un autre mouvement en avant sur Paris. L'obstacle est donc bien Frédéric-Charles.

Ce rapport militaire est daté de 4 heures 10, du soir.

*Vice-amiral La Roncière au vice-amiral Saisset,*
*à Noisy.*

» Commandant Poulizac rentre d'une reconnaissance poussée vers Aulnay avec vigueur. Il me transmet la dépêche suivante :

« J'ai été assez heureux pour ne pas avoir un blessé dans enlèvement des trois postes du chemin de fer de Soissons. sept Prussiens sont restés sur place. Mes hommes rapportent trente sacs, quarante marmites, des couvertures, etc... »

Grande merveille ! La *Patrie en danger* est raisonnable aujourd'hui. Voici ce qu'écrit M. Blanqui :

« Le général Trochu a tenté, le 30 novembre, de forcer les lignes prussiennes. Il n'a pas réussi. Assailli, le 2 décembre, dans les positions qu'il occupait depuis l'avant-veille, il a repoussé l'attaque avec vigueur. Mais ne se croyant sans doute pas en mesure de soutenir un deuxième assaut, il a repassé la Marne, et il a bien fait, car un échec, dans cette position, eût été un désastre, et on ne peut plus risquer un désastre.

» Cette retraite, d'ailleurs, ne ressemble pas à celles des précédentes sorties. Elle n'implique pas défaite. On s'est retiré après une action victorieuse, parce qu'on ne se sentait pas en force contre une agression plus puissante que la première. Il est probable que le prince Frédéric-Charles arrivait avec une partie de son armée, et il était téméraire de s'exposer à un revers peut-être irréparable.

» Les journées du 30 et du 2 ne sont donc pas un succès, puisqu'il a fallu reculer. Toutefois, elles sont encore moins un échec. Paris peut être délivré par cinq ou six insuccès pareils. Nos pertes sont graves, et il est dur d'en prévoir de plus cruelles. Mais l'ennemi est tout aussi endommagé, sinon plus. Il a perdu deux fois le champ de bataille, ce qui ne lui était pas habituel. Cette lutte de trois jours n'a pas découragé les Parisiens. Au contraire. Elle a dû certainement démoraliser les Allemands.

» Leur situation devient critique. Les armées françaises s'avancent en grossissant vers Paris. Le prince Frédéric-Charles, qui marchait crânement sur Lyon pour en finir avec les foyers de résistance, a dû rebrousser chemin à grands pas pour renforcer l'armée de siége, très-menacée.

» Donc l'offensive, l'offensive continue, sans relâche, telle est notre unique ressource. On ne peut pas compter assurément sur des victoires décisives, mais sept à huit affaires comme celle du 30 novembre et du 2 décembre contraindraient les Prussiens à plier bagage. Ils sont hors d'état de supporter de telles pertes. La démoralisation de leur armée ne leur permettra même pas d'aller si loin.

» BLANQUI. »

## 83ᵉ JOURNÉE

**Mardi 6 Décembre.**  3 % 53.65

Nous soignons nos blessures et nous enterrons nos morts. Le général Renault et le commandant Franchetti ont succombé ce matin des suites de leurs blessures. Le commandant meurt loin de sa femme et de ses enfants. Que de deuils, quand les portes de Paris seront ouvertes !...

Une communication bien triste nous est faite aujourd'hui ; mais l'étrange, c'est qu'elle nous est adressée par la Prusse victorieuse.

Ce soir, à six heures, une affiche était placardée sur les murs, et c'est avec douleur qu'on lisait ceci :

« Le Gouvernement de la Défense nationale porte à la connaissance de la population les faits suivants :

» Hier au soir le gouverneur a reçu une lettre dont voici le texte :

» *Versailles, 5 décembre 1870.* — Il pourrait être utile d'informer Votre Excellence que l'armée de la Loire a été défaite hier près d'Orléans et que cette ville est réoccupée par les troupes allemandes.

» Si toutefois Votre Excellence juge à propos de s'en convaincre par un de ses officiers, je ne manquerai pas de le munir d'un sauf-conduit pour aller et venir.

» Agréez, mon général, l'expression de la haute considération avec laquelle j'ai l'honneur d'être votre très-humble et très-obéissant serviteur.

» *Le Chef d'état-major* : Comte DE MOLTKE.

» Le gouverneur a répondu :

» *Paris, le 6 décembre 1870.* — Votre Excellence a pensé qu'il pourrait être utile de m'informer que l'armée de la Loire a été défaite près d'Orléans et que cette ville a été réoccupée par les troupes allemandes.
» J'ai l'honneur de vous accuser réception de cette communication, que je ne crois pas devoir faire vérifier par les moyens que Votre Excellence m'indique.
» Agréez, mon général, l'expression de ma haute considération, avec laquelle j'ai l'honneur d'être votre très-humble et très obéissant serviteur.
» *Le Gouverneur de Paris* : Général TROCHU.

» Cette nouvelle qui nous vient par l'ennemi, en la supposant exacte, ne nous ôte pas le droit de compter sur le grand mouvement de la France accourant à notre secours. Elle ne change rien ni à nos résolutions ni à nos devoirs.
» Un seul mot les résume : *Combattre! Vive la France! Vive la République!*
» *Les membres du Gouvernement* : Général TROCHU, JULES FAVRE, EMMANUEL ARAGO, JULES FERRY, GARNIER-PAGÈS, EUGÈNE PELLETAN, ERNEST PICARD, JULES SIMON.
» *Les ministres* : Général LE FLO, DORIAN, J. MAGNIN.
» *Les secrétaires du Gouvernement* : ANDRÉ LAVERTUJON, P. HÉROLD, A. DRÉO, DURIER. »

Il est impossible de se rendre compte de l'échec subi, mais il est hors de doute qu'il ne soit grave ; aussi la note du Gouvernement, qui semble engager la population à ne pas croire à la communication prussienne, est très-déplacée, selon moi.

Cependant, une partie du public ne se laisse pas prendre à ces phrases, il ne doute pas. Il croit à une défaite. Ce que je pensais hier au sujet de Frédéric-Charles n'était donc pas une vaine pensée ! Ce que je pressentais de l'armée de la Loire était donc vrai ! Cette force, dont la droite est à Montargis

27

et la gauche dans l'Ouest, est sur une ligne trop étendue pour offrir une forte résistance. Quel avenir nous est réservé !

Le général Clément-Thomas a donné un ordre du jour que je dois enregistrer ici, tout en en félicitant la sévérité.

### ORDRE DU JOUR.

« Désirant satisfaire aux demandes réitérées du bataillon dit des *tirailleurs de Belleville* d'être employé aux opérations extérieures et de se mesurer avec l'ennemi, le commandant supérieur avait donné l'ordre de faire équiper ce bataillon un des premiers, et il l'a envoyé, le 25 novembre, occuper, à côté d'autres troupes, un poste d'honneur en avant de Créteil, à cent et quelques mètres des lignes prussiennes. Ce poste avait été occupé jusque-là avec le calme le plus parfait par une compagnie de ligne.

» Des rumeurs fâcheuses sur la conduite des tirailleurs de Belleville étant parvenues, dans l'intervalle, au commandant supérieur, il a demandé, sur les faits, des rapports authentiques.

» Dans un premier rapport en date du 28 novembre, le chef de bataillon Lampérière déclare qu'étant sorti le soir, à huit heures et demie, accompagné de l'adjudant-major Lallemant, il a fait une ronde dans la tranchée et recommandé à ses hommes de ne pas tirailler inutilement. La ronde terminée, il se retirait dans la direction de la ferme des Mèches, lorsqu'il entendit une vive fusillade et aperçut bientôt, fuyant à la débandade, une grande partie des 1$^{re}$ et 2$^e$ compagnies de son bataillon, de service à la tranchée. Ce ne fut qu'à grand'peine et à force d'énergie qu'il arrêta ses hommes et parvint à les ramener en partie à leur poste.

» Cette honteuse échauffourée, provoquée d'après certains rapports par la fusillade intempestive des tirailleurs, coûta la vie à trois d'entre eux, plus trois blessés. Les hommes rejetèrent la cause de leur panique sur le capitaine Ballandier, qui aurait fui le premier en criant qu'ils étaient tournés.

» Le lendemain, les tirailleurs de Belleville ont été ramenés en arrière des avant-postes et cantonnés sous le fort de Charenton.

» Ordre leur ayant été donné plus tard de reprendre leur poste à la tranchée, ils s'y sont refusés et ne se sont décidés à s'y rendre postérieurement que sur de nouvelles injonctions.

» Le 5, le colonel d'infanterie Le Mains, commandant la brigade, a adressé au commandant supérieur le rapport suivant :

» Mon général,

» J'ai l'honneur de vous demander, d'*urgence*, le rappel à Paris des tirailleurs de Belleville.

» Non-seulement leur présence ici n'est d'aucune utilité, mais elle pourrait occasionner un grave conflit avec les gardes nationaux du 147ᵉ (bataillon de la Villette), placé à côté d'eux.

» La haine entre ces deux bataillons est telle, qu'ils ont établi dans la tranchée une espèce de barricade qu'ils s'interdisent mutuellement de franchir. La présence de M. Flourens dans ce bataillon, a amené de nouvelles difficultés, les officiers ne voulant pas le reconnaître pour chef.

» Ce matin, le rapport du commandant de l'aile droite m'informe qu'il a dû faire occuper et surveiller particulièrement la tranchée de droite, *les tirailleurs de Belleville ayant abandonné leur poste.*

» Dans les circonstances où nous nous trouvons, un conflit entre nos troupes serait désastreux.

» D'un autre côté, le mauvais exemple que donnent, à tous moments, les tirailleurs de Belleville, est des plus fâcheux.

» Tels sont les motifs, mon général, qui me font vous demander leur *rappel immédiat à Paris.* »

« Dans un rapport du 4 décembre, le commandant Lampérière déclare que, parti avec un effectif de 457 hommes, son bataillon est réduit aujourd'hui de 64 gardes, rentrés à Paris avec armes et bagages, sans permission.

» Ce bataillon, ajoute le commandant, par son indiscipline et les éléments qui le composent, est devenu complétement impossible. Indiscipline et incapacité dans une partie des officiers et des sous-officiers ; voilà, mon général, les principales causes de notre désorganisation. Formé en dehors de toutes les lois qui régissent la garde nationale, ce bataillon s'est montré indigne des priviléges qu'il a obtenus, et n'est qu'un mauvais exemple pour les troupes qui l'environnent. Ces hommes, pour la plupart, se sont refusés à prendre le service de la défense. Je demande donc que ce bataillon soit rappelé à Paris et dissous.

» De plus, j'ai l'honneur de vous adresser ma démission de chef de ce bataillon, ne pouvant, honnête homme, ancien sous-officier de l'armée, rester plus longtemps à la tête d'une troupe pareille. Je reprendrai mon fusil et rentrerai dans les rangs de la garde nationale pour me purifier du trop long séjour que j'ai fait dans le bataillon des tirailleurs de Belleville.

» Une prompte résolution de votre part est nécessaire, mon général, car la moitié des hommes refuse de faire tout service. »

« D'autres rapports, qu'il serait trop long de reproduire ici, établissent que le citoyen Flourens, révoqué du grade de commandant qu'il occupait dans le bataillon des tirailleurs de Belleville, est allé rejoindre ce bataillon dans ses cantonnements, a repris les insignes du grade qui lui a été retiré et tenté de reprendre aussi le commandement.

» Il résulte des documents qui précèdent : que deux compagnies du bataillon des tirailleurs de Belleville, de service dans les tranchées, ont pris lâchement la fuite devant le feu de l'ennemi ; que le bataillon a refusé de se rendre à son poste sur l'ordre qui lui a été donné, et que, s'y étant rendu plus tard, il l'a abandonné au milieu de la nuit.

» Il résulte, de plus, que le citoyen Flourens s'est rendu coupable d'une usurpation d'insignes et de commandement militaires.

» En présence de pareils faits, que la garde nationale tout entière répudie, le commandant supérieur propose :

» 1° La dissolution des tirailleurs de Belleville ;

» 2° Les 64 gardes de ce corps qui ont disparu seront traduits devant les conseils de guerre pour désertion en présence de l'ennemi, ainsi que l'aide-major Lemray (Alexis), parti le 28 pour conduire des blessés à l'ambulance et qui n'a plus reparu :

» 3° Une enquête sera faite sur la conduite du capitaine Ballandier, pour apprécier si la même mesure ne lui sera pas appliquée ;

» 4° Le citoyen Flourens sera immédiatement arrêté et traduit en conseil de guerre pour les faits imputés à sa charge.

» Un certain nombre d'hommes du bataillon ayant mérité par leur conduite de ne pas être confondus avec ceux que frappe cet ordre du jour, ils formeront le noyau d'organisation d'un nouveau bataillon.

» *Le général commandant supérieur des gardes nationales de la Seine :* Clément-Thomas.

» Paris, le 6 décembre 1870. »

Le décret qui suit répond à cet ordre du jour :

« Le Gouvernement de la Défense nationale,

» Vu l'ordre du jour du général Clément-Thomas, en date du 6 décembre 1870, signalant de nombreux actes d'indiscipline commis par le bataillon dit des Tirailleurs de Belleville.

» décrète : Art. 1er. Le bataillon dit des Tirailleurs de Belleville est dissous.

» Les hommes appartenant à ce bataillon sont tenus de remettre leurs armes et leur équipement entre les mains du commandant de l'artillerie du 3e secteur, dans le délai de trois jours, sous peine d'être poursuivis comme détenteurs d'armes de guerre.

» Art. 2. Les hommes ayant fait partie du bataillon dissous, qui méritent par leur conduite d'être maintenus dans la garde nationale, composeront le noyau d'un nouveau bataillon formé par les soins du général commandant supérieur.

» Fait à Paris, le 6 décembre 1870.

» Jules Favre, Garnier-Pagès, Ernest Picard, Jules Ferry, Emmanuel Arago, Jules Simon, Eugène Pelletan. »

Rien de plus juste que ce décret, et nous en savons gré, au nom de la discipline, au Gouvernement de la Défense.

Les bateaux-mouches qui avaient été requis pendant ces derniers jours pour le service de l'armée, ont repris aujourd'hui leur service sur la Seine.

Plusieurs journaux assurent que les Prussiens continuent leurs perfidies au moment du combat.

Sur un point du dernier champ de bataille, ils ont encore levé la crosse en l'air, feignant de se rendre, et ont assailli nos soldats qui marchaient vers eux pleins de confiance, par un feu de deuxième et de troisième rang. Une pareille chose est inqualifiable, et j'aime à croire qu'elle n'est pas vraie.

## 84ᵉ JOURNÉE

**Mercredi 7 Décembre** /°₀ 53.37

Comme on doit le penser facilement, la lettre de M. de Moltke est le sujet de toutes les conversations. On se demande quels motifs ont pu déterminer le général prussien à communiquer avec tant d'empressement et directement au général Trochu la défaite de notre armée de la Loire et la prise d'Orléans par les troupes allemandes. Que le chef d'état-major des armées prussiennes ait espéré par cette nouvelle susciter dans la population parisienne une émotion révolutionnaire ou tout au moins abattre le courage de nos combattants; cela n'est pas douteux. Serait-ce une manière d'ouvrir des négociations? Ne serait-ce point une sommation de capituler? Telles sont les opinions diverses que la lettre de M. de Moltke ont fait naître dans le public. N'importe, quel qu'en soit le motif, M. de Moltke s'est trompé, il a manqué son but, car cette lettre n'a pas produit sur Paris le résultat que certes l'on en attendait. Autant la reprise d'Orléans par nos troupes avait fait un effet immense et raffermi notre confiance, autant aujourd'hui la reprise de cette ville nous trouve indifférents.

Je crois qu'éprouvés depuis si longtemps par les revers, nous sommes blasés et cuirassés et prêts à tout subir et à tout entendre. On peut le certifier, l'histoire du passé en main ; jamais peuple n'a eu à lutter contre une pareille succession de malheurs. A la prise d'Orléans, il faut ajouter la prise de Thionville dont la nouvelle nous arrive par un journal allemand.

Paris s'est ému sérieusement de la présence de quelques officiers prussiens dans la capitale et de leur libre circulation. Il y a même eu une risque assez violente dans un restaurant du boulevard Poissonnière. Cet incident regrettable à tous égards a donné lieu à la note suivante du ministère de l'intérieur.

« *Paris*, 7 *décembre* 1870. — On s'est ému dans le public de la présence dans les rues et restaurants de Paris des officiers allemands faits prisonniers dans les derniers combats.

» Ces officiers n'ont jamais circulé isolément ; ils ont déposé par écrit le serment de ne pas quitter Paris et de n'entretenir aucune correspondance occulte avec l'armée.

» Dans de pareilles conditions, ils ont été libres sur parole : c'est la loi de la guerre.

» D'ailleurs, il y avait un intérêt réel à ce que ces officiers puissent constater par eux-mêmes la fausseté des nouvelles qui sont en circulation incessante dans l'armée prussienne, tant sous le rapport des approvisionnements que sous celui de l'esprit de la population parisienne.

» Ces officiers ayant été hier l'objet d'insultes graves dans un restaurant où ils prenaient leur repas, en compagnie d'une personne à laquelle ils avaient été confiés par le gouverneur, le chef d'état-major général a pris des dispositions pour qu'ils soient internés à la Roquette, dans le but de les soustraire à des sévices que l'agitation des esprits pourrait expliquer sans les justifier et qui auraient des conséquences déplorables.

» Par ordre : *Le général chef d'état-major général,*

» SCHMITZ. »

A ce sujet, le général Trochu, toujours à Vincennes, avait

écrit une lettre qui a motivé cette note, signée du général chef d'état-major.

Quarante-cinq bataillons de marche sont complétement équipés en ce moment; dix-sept restent à recevoir leur complète organisation. Ces soixante-deux bataillons formeront une armée de cinquante-six mille hommes, qu'au besoin on peut facilement porter à cent mille.

Puisque ce journal, travail de chaque heure, de chaque instant est l'expression exacte de la vérité et la relation sincère de tous les incidents nés pendant le siège, de toutes les bonnes et mauvaises choses qui surgissent autour de nous, j'y noterai, en passant, la remarque suivante : Un des vices de la population de Paris, c'est l'ivrognerie; vice qui n'a fait que se perpétuer par le manque de travail. En voici encore les tristes conséquences, que j'enregistre bien à regret, puisqu'elles couvrent de honte leurs auteurs, et ce sont des Français.

« *Général Noël au Gouverneur de Paris. — Mont-Valérien.* — Hier, des maraudeurs, appartenant pour la plupart aux corps des mobiles, ont franchi mes avant-postes et sont allés à Rueil se soûler et dévaster des propriétés. D'autres, au nombre de près de trois cents, se sont répandus dans Nanterre et ont dévalisé des maisons. Cinq de ces misérables ont été arrêtés, et j'espère qu'on en fera bonne et prompte justice. J'ai donné l'ordre de tirer sans pitié sur tout individu, soldat ou autre, cherchant à forcer la ligne des avant-postes. Quant aux pillards, celui qui, sommé de se constituer prisonnier, fera mine de résister, sera, séance tenante, passé par les armes. J'espère, monsieur le Gouverneur, que vous voudrez bien donner votre haute sanction à ces mesures nécessaires, car j'estime que le temps des ménagements est enfin passé. J'ai près de 7,000 hommes sous mes ordres; je réponds de leur excellent esprit, mais je ne me soucie pas que quelques misérables viennent les gangrener. Je demande à être autorisé à instituer au Mont-Valérien une cour martiale. »

En réponse à cette dépêche, le gouverneur a immédiatement envoyé des instructions pour la formation d'une cour martiale.

La cour martiale condamnera certainement à mort ces bandits, qui seront graciés par le Gouvernement. C'est là une faute et une faiblesse qu'on peut reprocher au général Trochu ; son indulgence connue du soldat fait naître l'indiscipline et le mépris des devoirs. Combien en voit-on insultant leurs chef sans en être sévèrement punis.

Si les lois militaires étaient strictement exécutées et les coupables frappés sans faiblesse, de pareils actes ne se renouvelleraient de longtemps.

Les obsèques du commandant Franchetti ont eu lieu aujourd'hui. C'est le 9 qu'auront lieu celles du général Renault, à l'hôtel des Invalides.

### LA LAMPE DES AÉRONAUTES.

Avant le siége de Paris, personne n'avait songé à résoudre cette question : « s'éclairer en ballon. » Les aéronautes partaient de jour et descendaient à la tombée de la nuit. Aujoûrd'hui, le bon roi Guillaume condamnant à mort les voyageurs tombés des airs dans les lignes prussiennes, c'est de nuit qu'il importe de franchir les cercles qui enserrent Paris.

Il faut donc que l'aéronaute dispose d'une lumière. Mais une flamme qui subirait l'influence capricieuse du vent serait terriblement dangereuse. La *lampe des aéronautes* a donc dû être précisément celle qui sauvegarde les mineurs de leur ennemi le *grisou*, la lampe qu'alimente l'*étincelle électrique*.

L'aéronaute porte en sautoir une giberne garnie de trois objets : la pile, la bobine d'induction et la lampe. Le tout n'occupe guère plus de volume qu'une giberne. — La pile

27.

est celle à bichromate de potasse (zinc, charbon, bichromate de potasse additionné d'acide sulfurique); sa disposition spéciale consiste en ce que, portée dans un sens, elle ne fonctionne pas, tandis que le courant est émis dès que le système est renversé.

De cette façon, on ne dépense que proportionnellement au rendement. La pile est renfermée dans une boîte en caoutchouc durci, absolument imperméable. L'appareil est réduit aux dimensions les plus minimes, et il est logé dans la giberne, poste fixe, près de la pile. Un bouton dirigé dans un sens ou dans l'autre lance la décharge ou la suspend.

L'aéronaute a ainsi à sa disposition une lampe assez puissante pour lui permettre de lire, de consulter ses appareils, d'étudier l'atmosphère environnante, et de tâter le terrain propice à la descente.

Terminons par quelques nouvelles. L'archevêque de Paris a visité quelques-unes des ambulances de la rive gauche.

Un commencement d'incendie s'est manifesté dans les combles de l'Hôtel de ville. Immédiatement des secours ont été organisés pour l'éteindre, ce qui a été fait promptement. Aucun dégât sérieux n'est à regretter.

Le service des postes entre Paris, les forts et les communes non envahies, a repris depuis hier. Nous voilà donc au calme plat.

## 85ᵉ JOURNÉE

**Jeudi 8 Décembre**  3. % 53

Nous sommes encore sans nouvelles officielles de notre défaite d'Orléans et nous sommes forcés de nous contenter de la communication de M. le comte de Moltke. On dévore les journaux qui sont de plus en plus absurdes. Ils assurent que cette même armée battue par les Prussiens, défaite sur la Loire, comme l'affirme le général allemand, se trouve aujourd'hui à Fontainebleau. D'un autre côté on fait marcher Bourbaki sur des ailes. Si l'on écoutait tous ces dires, Bourbaki aurait fait vingt-cinq lieues par jour. Toutes ces nouvelles sont faites pour nous rendre fous.

On peut dire aujourd'hui, Paris est mort, bien mort. Un épais linceul de neige le couvre entièrement ; pas une seule voiture dans les rues et quelques rares piétons. Ah ! certes ceux qui ont vu Paris dans sa splendeur, en le revoyant aujourd'hui écriraient bien aussi : Paris se meurt !... Paris est mort !

La tristesse du temps entraîne celle de la pensée, celle de l'âme surtout dans les circonstances présentes, et lorsque l'on pense sérieusement à la situation, on se demande, surtout en songeant à la lettre de M. de Moltke, si la partie n'est pas vraiment perdue. Ce qui chez moi ne laisse aucun doute, c'est que la pensée qui me vient un instant de notre perte complète est la pensée intime, la conviction du major-général prussien, sa lettre laconique, son langage concis nous donne à entendre que l'arrivée des armées de province n'est plus possible. Voici pour moi, le sens de cette lettre, du moins je le crois, et je bénirai mille fois Dieu, si l'avenir me démontre que je me suis trompé. Quant à Paris il est toujours plein d'illusions et, comme une jolie femme, les perdra difficilement.

La neige et le froid ont fait ajourner toutes les opérations de guerre.

Le bruit du rationnement du pain circule encore ; il est certain que la question de la mouture préoccupe fort le Gouvernement et le travail à faire exige le recours au rationnement, jusqu'à ce qu'on ait établi de nouvelles meules en quantité suffisante. Nous ne devons pas perdre de vue que nos approvisionnements diminuent beaucoup, et qu'après l'ouverture de Paris, nous devrons rester encore huit jours à attendre les vivres qui viendront du dehors.

Cette situation ne s'envisage qu'avec des craintes sérieuses, poignantes même, et jette le trouble dans l'esprit.

Voici comment s'exprime le *Réveil* au sujet des mesures prises vis-à-vis le bataillon de Belleville et M. Flourens. Le jugement porté sur ce dernier par M. Delescluze montre quelle entente eût régné entre les dictateurs révolutionnaires, si le coup de main du 31 octobre eût réussi :

« Le bataillon de tirailleurs de Belleville est signalé comme ayant donné des preuves d'insubordination et de lâcheté, et soixante-un des hommes qui le composent sont renvoyés devant le conseil de guerre pour désertion devant l'ennemi en même temps que M. Flourens, leur ancien commandant, est décrété d'arrestation et poursuivi pour avoir indûment repris les insignes d'un grade qui lui avait été enlevé.

» Si ces faits sont justifiés sur débat contradictoire, ils méritent une punition sévère, cela n'est pas contestable, mais pour les caractériser, nous ne nous contenterons pas du rapport dressé à l'état-major général de la garde nationale. Quand il y va de la vie et de l'honneur des citoyens, la précipitation est mauvaise conseillère. Nous attendrons la publicité de l'audience pour formuler une opinion consciencieuse. Jusque-là, nous ne voyons qu'une chose, c'est que le bataillon de Belleville a eu des morts et des blessés et que les journaux de la réaction ont eux-mêmes rendu justice à son courage.

» Quant à la position personnelle faite à M. Flourens, nous ne savons au juste quelle elle peut être. A-t-il été révoqué au mépris des prescriptions formelles de la loi du 22 mars 1831 ? Sa révocation est nulle et la poursuite dont il est l'objet n'aurait aucun fondement juridique.

» Il nous en coûte peu de le dire, l'agitation bruyante dont M. Flourens s'est fait le chef depuis plusieurs mois n'a été que nuisible à la cause qu'il voulait servir. Il ferait sagement de le comprendre et de rentrer dans le rang. Que ses intentions soient excellentes, nous n'avons pas à le contester, mais ses actes ont toujours été malheureux. Si cette dernière leçon ne devait pas lui profiter et l'habituer à une réserve modeste, il faudrait désespérer de son discernement.

» Et maintenant, tous les reproches adressés au bataillon des tirailleurs de Belleville fussent-ils mérités, il n'en resterait pas moins vrai que, dans leur ensemble, les bataillons de guerre de la garde nationale sont animés du plus pur patriotisme, et qu'ils tiendront résolûment leur poste de combat devant les Prussiens. »

Depuis quelques jours, le jardin du Luxembourg a pris une nouvelle physionomie. Toutes les portes sont ouvertes au public, les enclos des parcs aux bestiaux ont été enlevés et les allées sont à cette heure peuplées de gardes nationaux complétant leur éducation militaire.

Un décret du Gouvernement défend à tous les détenteurs de chevaux, ânes et mulets, d'en disposer autrement que pour les besoins de l'État.

La ration de viande des gardes mobiles vient d'être portée de 100 grammes à 150.

Un ordre du jour du général Schmitz défend aux chefs de bataillon de la garde nationale d'autoriser des mutations de leur autorité privée et de faire aucune incorporation dans leurs bataillons sans un ordre supérieur. On a raison de mettre un terme à tous les abus de cette nature.

La note suivante, émanant du ministère de la guerre a été affichée ce matin sur les murs de Paris :

FUSILS PRUSSIENS RAMASSÉS SUR LE CHAMP DE BATAILLE.

« Dans les derniers combats qui ont été livrés, un nombre assez considérable de fusils prussiens sont restés sur les champs de bataille, et sont tombés entre les mains de personnes dont les unes les conservent comme trophées et les autres en font l'objet d'une véritable spéculation.

» Ces armes pouvant être autrement employées pour la défense nationale, le gouverneur de Paris rappelle que, conformément aux règlements, tous les fusils recueillis sur les champs de bataille, quel que soit leur modèle, doivent être, sous les peines prévues par la loi, remis au service de l'artillerie, qui est chargé de les faire réparer et de les délivrer ensuite aux troupes.

» Ces fusils devront être déposés, soit à la place de Vincennes, soit à l'atelier de réparation d'armes établi à la manufacture des tabacs, quai d'Orsay, 67.

» Paris, le 7 décembre 1870. »

La ville de Paris, depuis la suppression du gaz, est éclairée par 35,000 lampes. Chacune d'elles brûle en moyenne, pendant 15 heures, 45 grammes de pétrole. Nous consommons donc tous les jours une centaine de tonneaux de cette matière. Le service est fait par les employés du Gaz.

## 86ᵉ JOURNÉE

**Vendredi 9 Décembre**  3 % 53.65

De toutes les angoisses qu'engendre l'état de siége, la plus cruelle, après la faim, est, je crois, celle de l'attente. Les nouvelles que l'on espère n'arrivent pas. Que fait la province après cette défaite d'Orléans ?... Rien ne répond à cette question formulée par toutes les pensées. Aussi l'anxiété est-elle cruelle. Les journaux cependant, eux ne chôment pas de répondre à notre désir de savoir, les fables ne leur coûtent que quelques instants de travail, et ils nous débitent un fatras de nouvelles parfaitement fausses. Hier, l'armée de la Loire, selon eux, était à Fontainebleau ; aujourd'hui, un paysan entrant à Paris, dit qu'elle est à Corbeil et que Bourbaki se trouve à Chantilly. On ajoute que les Prussiens évacuent Versailles et que cette ville est brûlée. En un mot, les Prussiens, à cette heure, songeraient plus à la retraite qu'à l'attaque. On se demande en quel laboratoire s'élaborent tous ces mensonges énervants qui finissent par faire disparaître toute force de caractère. A quoi ces stupidités servent-elles? à vouloir entretenir sans doute chez la population une confiance qu'on doit commencer à perdre et à continuer une guerre sans espoir d'aucune sorte que la ruine ; voilà pourquoi je suis indigné contre certains journaux..

Avant la chute de l'empire, leur rôle était toujours le même, ils n'agissaient point d'une façon différente. Autrefois ils disaient : Bazaine a opéré sa jonction avec Mac-Mahon ; aujourd'hui il en est de même pour l'armée de la

Loire. M. de Moltke nous dit : Votre armée a été repoussée d'Orléans et battue, les journaux répondent : Elle est à Corbeil. Ce qu'il y a de triste, c'est que la masse de la population croit à toutes ces faussetés.

C'est à qui, je crois, donnera aujourd'hui la plus grosse fable à sensation, quitte à la démentir le lendemain, et comme Paris est oublieux, il se contente de toutes ces bourdes. Satisfait d'une autre nouvelle, il se préoccupe peu de celle donnée la veille. En attendant, la misère grandit, la mort fauche à larges coups, on meurt de froid, on meurt de faim, on meurt faute de soins, et il serait plus humain, je pense, de montrer à Paris sa position telle qu'elle est. Mais, comme l'a dit un grand écrivain, la parole a été donnée à l'homme pour déguiser sa pensée. Grande vérité qui sera de tous les temps !

Aujourd'hui, à midi, ont eu lieu dans la chapelle de l'Hôtel des Invalides les obsèques du général Renault.

Par une lettre au gouverneur de Paris, le commandant supérieur des gardes nationales propose divers officiers aux emplois de colonel et de lieutenant-colonel dans les quatre-vingts bataillons de marche formés.

A Belleville, les clubs s'occupent fortement de la dissolution des tirailleurs de cette localité. M. Lampérière est accusé d'avoir attiré Flourens dans un guet-apens. Joignez à cette question, celle de Bonaparte, qui a vendu la France à la Prusse, et vous aurez le fond des discussions de ces messieurs.

L'appel adressé à la population parisienne en faveur des militaires blessés convalescents, a été entendu. En quatre jours, 6,430 lits ont été mis à la disposition de l'administration hospitalière.

## 87ᵉ JOURNÉE

**Samedi 10 Décembre**   3 % 53.65

Un décret du Gouvernement réunit en régiments les bataillons mobilisés de la garde nationale.

La neige persiste avec le froid continuel : les brouillards sont intenses, ce qui laisse toujours le temps aussi sombre et aussi triste que notre situation.

Aucune nouvelle de province. Les journaux plus sensés aujourd'hui, démentent leurs nouvelles à sensation. Le paysan de Corbeil se trouvait dans Paris depuis quinze jours. Quant à Bourbaki, il est vraiment impossible d'avoir des renseignements sur ses opérations.

La Bourse ne donne aucun bruit, cependant quelques personnes prétendent qu'il est arrivé plusieurs pigeons porteurs de mauvaises nouvelles. Nous les connaîtrons sans doute demain ; le dimanche étant consacré à cela depuis quelques mois.

Le général Trochu, qui était resté à Vincennes avec le général Ducrot, a fait une apparition au Louvre aujourd'hui. Il surveille la défense du plateau d'Avron.

Depuis le commencement des opérations militaires, j'ai toujours fait remarquer combien nos soldats étaient lourdement chargés pour aller au combat. Ils portent soixante livres sur leurs épaules, et ont, outre cela, l'embarras de la tente-abri. Le Prussien, que nous sommes obligés de mettre en parallèle, est bien plus pratique. Dans les combats des 28 et 29, lorsque nous avons occupé ses positions, nous avons pu juger de la simplicité de ses campements.

Pas de tente en été, et en hiver, la forêt. Dans cette dernière saison, il fait en terre un trou réglementaire pour s'abriter, comme ceux que nous avons vus à Villiers. Ce trou a la forme d'un entonnoir largement évasé ; il est bordé par la terre tirée du fond et se trouve assez grand pour que l'homme de taille moyenne puisse s'y coucher. La tête ne dépasse pas le talus qui borde l'entrée du trou ; le fond est plat et il s'y trouve des pierres qui forment l'âtre où se fait la cuisine. Les parois sont revêtues de ce que l'on trouve aux environs : planches ou branchages. La nuit, les soldats se couchent contre la paroi, la tête abritée par le talus et les pieds près du foyer : aussi, ne voit-on jamais de feu chez eux, ce qui n'a pas eu lieu chez nous dans les dernières affaires où, par cette raison, l'ennemi se trouvait complétement instruit de nos positions. Les feux de bivouac étaient pour eux des phares très-utiles. Nos soldats, qui se sont servis de ces campements prussiens, les ont trouvés excellents et fort commodes, bien préférables à nos campements en rase campagne et à notre manière de procéder.

Je note aujourd'hui la bienfaisance inépuisable de M. Richard Wallace, l'héritier du célèbre lord Hertfort, qui vient de donner 200,000 francs aux pauvres de Paris pour acheter du bois.

Le journal de Blanqui, *la Patrie en danger*, cesse de paraître aujourd'hui, faute d'argent et de lecteurs.

Voilà un acte intelligent de la population de Paris.

## 88ᵉ JOURNÉE

**Dimanche 11 Décembre**  3 %

Ce matin, j'ouvre l'*Officiel* avec précipitation, voulant savoir si l'arrivée des pigeons annoncée n'était point fausse. Les pigeons sont arrivés, en effet, mais, le Gouvernement, par une communication officielle, s'exprime ainsi sur la provenance des dépêches :

« Le 12 novembre dernier, le ballon *Daguerre*, parti de Paris, tombait, à Ferrières, au pouvoir des Prussiens. Ce ballon contenait un certain nombre de pigeons, dont la plupart sont restés aux mains des Prussiens.

» Le 9 décembre, à cinq heures du soir, un de ces pigeons rentrait au colombier auquel il appartenait. Il était porteur d'une dépêche datée de Rouen, 7 décembre, qui sera reproduite plus bas (n° 1).

» Le même jour, 9 décembre, à sept heures et demie du soir, un second pigeon rentrait au même colombier, porteur d'une dépêche datée de Tours, 8 décembre, reproduite plus bas (n° 2).

» Aucun doute n'existe sur l'identité des pigeons recueillis avec deux des pigeons pris à Ferrières par les Prussiens. Les agents de l'administration l'attestent avec toute certitude.

» Les deux dépêches étaient attachées de la même manière, suivant un mode différent de celui qu'emploient les agents français;

» Elles trahissent, d'ailleurs, leur origine germanique, autant par le style que par la forme de l'écriture.

» L'origine prussienne des deux dépêches est donc incontestable.

» Le Gouvernement, résolûment décidé à communiquer à la population toutes les nouvelles qui l'intéressent, ne croit devoir accompagner d'aucun commentaire la reproduction des dépêches prussiennes, dont suit le texte :

» N° 1ᵉʳ. — *Gouvernement, Paris.* — *Rouen, 7 décembre.* — Rouen occupé par les Prussiens, qui marchent sur Cherbourg. Population rurale les acclame. Délibérez. Orléans repris par ces diables. Bourges et Tours menacés. Armée de la Loire complètement défaite. Résistance n'offre plus aucune chance de salut.    A. LAVERTUJON (1). »

« N° 2. — *Rédacteur* Figaro, *Paris.* — *Tours, 8 décembre.* — Quels désastres ! Orléans repris. Prussiens deux lieues de Tours et Bourges. Gambetta parti Bordeaux. Rouen s'est donné. Cherbourg menacé. Armée Loire n'est plus, fuyards, pillards. Popul. rurale partie connivence Prussiens. Tout le monde en a assez. Champs dévastés. Brigandage florissant. Manque de chevaux, de bétail. Partout la faim, le deuil. Nulle espérance. Faites bien que les Parisiens sachent que Paris n'est pas la France. Peuple veut dire son mot.

» (*Signature illisible*, ressemblant à celle-ci : DE PUJOL OU DE PUGET.) »

Certainement ces deux dépêches sont fausses. Ce n'est jamais un Français qui aurait écrit que les Prussiens sont reçus avec acclamation. Malgré cela, je soutiens, moi, qu'il doit y avoir beaucoup de vrai dans ces nouvelles, quelle qu'en soit la provenance et quelle qu'en soit l'exagération. Comme dans toutes les lettres anonymes, il doit y avoir un point exact, indiscutable, et ces dépêches peuvent passer pour des lettres anonymes.

Aujourd'hui, les journaux parlent et confirment le bruit de la disparition du fameux sergent Hoff, le tueur de Prussiens, dont j'ai cité les exploits.

Le Gouvernement fait des réquisitions de toute espèce.

---

(1) Il est sans doute inutile de faire remarquer que M. André Lavertujon, dont le nom a été faussement apposé à la suite de la dépêche censée expédiée de *Rouen*, est présent à son poste à *Paris*, comme l'un des secrétaires du Gouvernement (*Note officielle*).

Hier, c'était les farines, aujourd'hui, ce sont les charbons de terre et les bois de boulange.

Défense est faite aux boulangers de faire du biscuit et réquisition leur est faite de tout celui qu'ils pourraient posséder.

On comprendra facilement la panique produite par cette dernière réquisition. On croit que les farines manquent, tout le monde se précipite chez les boulangers pour acheter du pain, et à dix heures du matin, les boutiques de ces derniers sont fermées, et ils écrivent sur leurs volets ces tristes mots :

*Il n'y a plus de pain.*

Ces mots avaient mis Paris en désarroi. Il a fallu un avis du Gouvernement pour faire comprendre qu'il n'y avait là qu'un malentendu.

Divers décrets, à la date de ce jour, portent des nominations dans les corps des officiers de marine; d'autres, portent des promotions et des nominations dans l'ordre de la Légion d'honneur.

Un autre décret dissout les comités de délégués établis dans les compagnies et les bataillons de la garde nationale. Ces comités, dits de délégués, élevaient la prétention de contrôler le commandement et de diriger l'administration. Aucune loi n'autorisant la création de ces comités et l'action qu'ils croyaient pouvoir exercer étant nuisible aux intérêts du service de la défense, on a bien fait de les dissoudre. A la place de ces comités, il pourra être formé dans chaque compagnie un conseil de famille chargé de gérer les intérêts de la compagnie.

La note qui suit est insérée au *Journal officiel* ; son importance m'ordonne de la joindre à cette journée.

« Quatre officiers français prisonniers nous ont été rendus hier en échange d'un pareil nombre d'officiers prussiens; ce sont : MM. Guyon, sous-lieutenant au 31° de marche; Magnien et Antoniolli, sous-lieutenants au 39° de marche, et Mahulot, lieutenant au même régiment.

» Ces officiers font partie du 16° corps (armée de la Loire), commandé par le général Chanzy, le contre-amiral Jauréguiberry et le général Bourdillon, et ont été faits prisonniers le 2 décembre, au combat livré entre Patay et la Villeprévôt. Les renseignements qu'ils donnent constatent que l'armée de la Loire est fortement constituée.

» Les 15°, 16°, 17° corps occupaient, en avant d'Orléans, les positions de Coulmiers, Saint-Péravy, Pacon, Patay, Artenay, Cercottes, Chevilly.

» Le 1ᵉʳ décembre, les corps de l'aile droite sont partis de Coulmiers, Patay, Péravy, etc.; ils ont rencontré l'ennemi vers une heure de l'après-midi à Villepiou, sur la route de Chartres. Après un combat de six heures, les positions furent enlevées à la baïonnette, et les troupes bivaquèrent sur le champ de bataille.

» Le lendemain, 2, l'armée française se remit en marche et attaqua l'ennemi à la Villeprévôt. Vers deux heures, l'avantage était de notre côté, quand des renforts considérables arrivés aux Prussiens nous forcèrent à rentrer dans les positions de la veille. Nos troupes exécutèrent ce mouvement avec ordre, soutenues par l'arrivée de nos réserves, qui empêchèrent l'ennemi de les poursuivre. L'armée prussienne a payé cet avantage par des pertes considérables.

» D'après les renseignements fournis par ces officiers, pris à cette affaire même, le chiffre des prisonniers restés aux mains de l'ennemi ne dépasserait pas 1,500 hommes. Quant à eux, enlevés vers trois heures, ils ne peuvent rien dire de certain sur les événements ultérieurs.

» Cependant, ils ont entendu dire dans le camp prussien qu'on s'était encore battu le 3 et le 4.

» Ils ajoutent que le moral des troupes est excellent, que les services administratifs sont bien faits, que les hommes ont du pain et des vivres en abondance, que les populations se montrent pleines de dévouement pour la cause nationale, et que les habitants des campagnes s'empressaient autour de nos prisonniers pour leur témoigner leur ardente sympathie.

» Par ordre : *Le général chef d'état-major général* :
» Schmitz. »

Ce matin, à deux heures et quart, le *Général-Renault*, ballon de 2,000 mètres cubes, est parti de la gare du Nord, emportant un aéronaute et deux voyageurs autorisés par le Gouvernement, M. Wolf, chargé d'une mission par M. Jules Favre, et M. Larmaujat, envoyé par M. Dorian.

Nous entrons décidément dans la phase critique du siége, au point de vue de l'alimentation.

C'est le [dernier mois de douleurs, j'en suis convaincu ; Paris, s'il peut tenir jusque-là, ne doit pas aller plus loin. Les boucheries distribuent tantôt du hareng salé, tantôt du cheval frais, et souvent du riz. La réquisition des chevaux a fourni un appoint très-grand de viande fraîche. Nous sommes donc assurés de vivres, de ce côté, pour un certain laps de temps encore.

La vie devient horriblement difficile ; la soupe au vin sucré entre pour beaucoup dans les ressources de l'alimentation. Ce mets est bon, et cela donne des forces. Cette soupe se fait généralement avec du biscuit. Tous les objets de consommation, depuis huit jours, sont montés de 25 %, et les marchands vendent le prix qu'il leur plaît. Ce que l'on paye aujourd'hui 3 francs sera coté 5 francs demain. Le plus prudent est donc d'acheter de suite, lorsque l'on trouve, et surtout lorsque la bourse le permet.

Le lait se vend toujours le même prix ; la qualité est toujours la même, peu de lait, beaucoup d'eau.

Les légumes sont à leur fin. Il reste du céleri à 3 francs la botte ; le cardon, le pied, vaut 4 francs ; un chou-fleur, 7 francs ; la mâche, salade du pauvre, 2 fr. 50 c. la livre ;

l'oignon, 4 francs la livre; une botte de carottes, 4 francs, un œuf frais, 1 fr. 25 c.

On trouve encore quelques conserves de viande, mais à des prix épouvantables. Une côtelette de veau, 8 francs; un lapin de choux, 38 francs.

Voici le menu d'un dîner qui nous a été servi le 9 décembre dans un des premiers restaurants de Paris : potage aux pommes de terre; beûre demi-sel; saucisson de cheval; anguilles de Seine en matelotte; dos d'âne en relevé, sauce chasseur; croquettes de rats à la duchesse; sorbets au rhum; râbles de lapins rôtis; salade barbe de capucin; galantine de bœuf haché; macaroni à la napolitaine (sans fromage); compote de fruits; brioche (à la graisse). Vous dire ce que ce dîner aura coûté!...

La boucherie anglaise, qui se trouve toujours favorisée, vous fournira un gigot de mouton d'Australie au prix de 40 francs; biche, kanguroo ou bison, 8 francs la livre.

Je termine cette journée le cœur serré, en songeant à la panique produite par la maladresse de certains boulangers, me disant ceci : Si cependant le pain allait manquer!... C'est horrible!...

## 89ᵉ JOURNÉE.

**Lundi 12 Décembre.**        3 % 53.70

Ce matin, à la première heure, on lit l'affiche suivante :

« AUX HABITANTS DE PARIS.

Hier, des bruits inquiétants répandus dans la population ont fait affluer les consommateurs dans certaines boulangeries.

» On craignait le rationnement du pain.

» Cette crainte est absolument dénuée de fondement.

» La consommation du pain ne sera pas rationnée.

» Le Gouvernement a le devoir de veiller à la subsistance de la population ; c'est un devoir qu'il remplit avec la plus grande vigilance. Nous sommes encore fort éloignés du terme où les approvisionnements deviendraient insuffisants.

» La plupart des sièges ont été troublés par des paniques. La population de Paris est trop intelligente pour que ce fléau ne nous soit pas épargné.

» Paris, le 12 décembre 1870.

» JULES FAVRE, JULES FERRY, JULES SIMON, EUGÈNE PELLETAN, ERNEST PICARD, GARNIER-PAGÈS, EMMANUEL ARAGO. »

Dans une journée précédente, j'ai déjà parlé de l'établissement de moulins; depuis ce jour on n'a cessé d'en construire dans les gares de chemins de fer. Ainsi, au Nord, on a établi 28 paires de meules en dix-huit jours. Elles fonctionnent à l'aide de locomotives transformées en moteur fixe. L'établissement Cail en aura 300 en activité dans quelques jours. Combien Paris aura-t-il fait de semblables tours de force pendant le siége?

Les livraisons de canons et de mitrailleuses se font avec rapidité; l'industrie privée travaille jour et nuit; elle a fourni, la semaine dernière, six batteries se chargeant par la culasse. Les ateliers Cheylus et Cail ont presque terminé leurs commandes. Les plus grandes difficultés s'étant présentées pour la confection de cette artillerie, on craint qu'elle ne soit défectueuse. Le charbon manquant, les feux ont dû être alimentés à l'aide d'huile minérale, ce qui a causé des travaux considérables et ce qui fait supposer une fonte défectueuse. Le manque d'ouvriers a été aussi très-fréquent.

Ce matin, aucun rapport militaire ; plusieurs décrets sans importance ; une prorogation des effets de commerce : un mois de plus est accordé à partir du 14 décembre courant. Voilà tout le bilan du *Journal officiel*.

Le maire et les adjoints du XIV° arrondissement font de la liberté à leur manière et de la politique au lieu de rationnement. Cet arrondissement possède une commission d'armement établie on ne sait par qui, faisant l'office de conseil municipal.

Leurs arrêts sont trop étranges pour ne pas être cités.

Cette commission vient de déclarer la séparation de l'Église avec l'État et la suppression de l'enseignement congréganiste comme contraire à la liberté et à l'indépendance !

Je crois que le temps est mal choisi pour frapper ainsi les communautés religieuses, car jamais on n'a trouvé comme à cette heure, plus de dévouement et plus d'abnégation chez les sœurs de Charité et chez les frères de l'École chrétienne. Les unes en soignant les blessés dans nos hôpitaux et dans les ambulances, les autres en exposant leur vie sur le champ de bataille pour relever nos malheureux soldats blessés. Voilà comment on les récompense. J'admire singulièrement tous ces gens adorateurs de la liberté qui suppriment ce qu'ils ne veulent plus, sous prétexte que cela gêne l'indépendance. Il sera donc dit que jamais nous ne l'aurons, cette liberté ; moins encore sous le règne républicain que sous les autres gouvernements.

Les journaux se plaignent toujours et avec raison de l'indiscipline qui pousse et fleurit chaque jour, dans la garde nationale. Aux environs de Paris, ces messieurs au lieu de rester tranquillement dans les postes qui leur sont assignés, usent leur poudre à chasser les moineaux. Les mobiles cherchent à pénétrer dans Paris sans permission, malgré la consigne donnée, et abandonnent leur poste devant l'ennemi. Quand donc finira cette indifférence des lois et du devoir?

Je termine par quelques réflexions.

En défendant la vente de la farine, M. Ferry jette l'inquiétude dans tous les cœurs. Ce matin, comme membre du Gouvernement, il rassure la population en lui disant que jamais le pain ne sera rationné. Ces deux choses se détruisent l'une par l'autre et je ne puis m'expliquer alors pourquoi il a fait la défense de la vente des farines chez les boulangers. Je persiste à croire que la vérité nous est cachée et que nos provisions touchent à leur fin. Cela n'a rien, du reste, de surprenant, car nous allons entrer bientôt dans notre quatrième mois de siége.

Si vous aviez été comme moi faire une visite aux Halles, vous seriez convaincus de notre misère, de notre pauvreté, et votre cœur se serrerait profondément.

Les revendeuses ont disparu avec les légumes. Le froid qui a sévi ces derniers jours, a ruiné nos dernières ressources. Les pommes de terre sont introuvables. Il n'y a plus que quelques betteraves, et les marchands des Halles en sont réduits à vendre les uns du chocolat, les autres du savon!

Un rapport militaire du soir nous apprend qu'une petite attaque des Prussiens du côté de Créteil a été repoussée très-facilement par nos troupes.

On assure que les opérations militaires vont recommencer. Le temps n'y mettra-t-il point obstacle? Heureusement nous sommes en plein dégel.

## 90ᵉ JOURNÉE

**Mardi 13 Décembre**  3 % **53.80**

On s'occupe toujours de la question du pain et de la défense faite de la vente de la farine. Avec quoi fera-t-on la cuisine si cette ressource nous est même enlevée? Comment les mères nourriront-elles leurs petits enfants? Joignez à cela l'absence de combustible de toute espèce et vous pourrez juger la position.

Avant de lancer son ordre de réquisition, sa défense expresse de vente de farine, M. Ferry aurait dû lire le livre de la cuisinière bourgeoise, penser aux enfants, et je suis certain que nous n'aurions à lui faire aucun reproche aujourd'hui.

On peut faire un maire de Paris sans talent, M. Ferry, mais il est impossible de faire une bonne sauce sans farine, souvenez-vous en.

Les boulangers dévalisés dès le matin ferment à midi, tant pis pour ceux qui n'ont point fait leur provision assez tôt.

Espérons que cela va cesser et que nous retomberons bientôt dans notre état normal. C'est une chose affreuse que la panique du pain, il faut y avoir passé pour s'en rendre compte.

Tout s'épuise cependant, nous ne devons pas l'oublier. Plus de gaz! pas de charbon! peu de viande fraîche; n'espérons donc pas vivre sans beaucoup de privations, si Dieu nous laisse vivre. Les décès augmentent de jour en jour. L'avant-dernière semaine enregistrait 2,025 morts, cette semaine porte le chiffre à 2,455. Tout fait présumer encore une augmentation de la mortalité, la double influence de l'alimentation réduite au stricte nécessaire et la rigueur de la température.

Les bruits les plus absurdes continuent à circuler, ne se confirmant jamais, naturellement. On parle encore de l'évacuation de Versailles et de la marche active de Bourbaki, etc., etc....

Le temps est affreux ; le ciel est sombre et les âmes sont tristes.

Les maires de Paris qui se réunissent tous les mercredis, se sont réunis hier à l'Hôtel de ville, sous la présidence de M. Jules Ferry. On s'est occupé de l'alimentation générale.

Dans cette séance, ces messieurs se sont alloués des traitements de 300 francs par mois. Pensent-ils donc que la ville de Paris ait de l'argent de trop. C'est triste ! triste ! ! !

## 91ᵉ JOURNÉE

**Vendredi 14 Décembre**  3 % 53.60

Les rapports militaires se font désirer de plus en plus, ainsi que les nouvelles du dehors, qui, sans aucun doute, doivent être des plus importantes. Mais le temps étant peu favorable au vol des pigeons, qui ne peuvent voyager ni par le froid, ni par le brouillard, on comprend facilement les retards que nous éprouvons à recevoir des dépêches. La province, plus favorisée que nous, reçoit de nos nouvelles par les ballons que l'on expédie dès que le vent semble leur être favorable.

La panique du pain commence à se calmer, même dans les quartiers populeux. Il y a eu de violentes agitations aux Batignolles, à Belleville, à Ménilmontant, au Gros-Caillou et à Montrouge. Mais elles ont été de peu de durée et sans caractère insurrectionnel. Chez quelques boulangers, cependant, le pain a été pris de force. Le mécontentement avait été causé par un rationnement imposé par la volonté seule des boulangers.

Après les pertes subies par les divers corps de la 2ᵉ armée, notamment par la division de Malroy, qui a été très-énergiquement engagée, on a dû modifier les bases de la constitution des armées de la défense.

Le premier corps, commandé par le général Blanchard, a été dissous. La division Malroy, de ce corps, ayant fait des pertes sérieuses, a été en partie dirigée sur la 3ᵉ armée. Ces deux officiers vont avoir des commandements importants sous les ordres du général Vinoy. Tous les deux ont été l'objet d'attaques violentes dans les journaux ; attaques qui auraient pu porter atteinte à leur considération, s'ils n'étaient entourés de l'estime général des militaires qui ont servi sous leurs ordres.

Le baron Saillard, chef du 1ᵉʳ bataillon de mobiles de la Seine, est mort de ses blessures. C'est à Champigny qu'il avait été frappé mortellement. Rendons un dernier hommage à cet homme qui a servi sa patrie dans la diplomatie, et qui a voulu mourir pour elle, en la défendant en soldat.

Beaucoup de décrets, à la date de ce jour, au *Journal officiel* : Promotions et nominations d'officiers dans les différents corps, et nominations dans l'ordre de la Légion d'honneur.

Un seul décret a besoin d'être cité pour son importance actuelle, c'est celui qui ordonne la dissolution du bataillon dit des *Volontaires du* 147ᵉ. Cette décision est motivée par un rapport du général Clément-Thomas, qui fait connaître au gouverneur de Paris que ce bataillon, ayant reçu l'ordre de partir pour Rosny, n'a présenté, sur le lieu de son rassemblement habituel, qu'un effectif de 109 hommes, dont la plupart avaient négligé de prendre leurs armes. Des plaintes avaient été déjà portées contre ce bataillon.

Des espions, des maraudeurs et beaucoup de femmes, ont fait de Rueil leur quartier général, et se livrent, là, à un commerce de vivres sur une très-grande échelle. Entre les avant-postes prussiens et les nôtres se trouve un terrain que les deux partis ont neutralisé. Un marchand de vins s'y trouvait et y est resté ; c'est lui qui est le centre du mouvement commercial. Ses caves sont pleines de victuailles et de liquides qui lui sont fournis par les Prussiens, et c'est là que les maraudeurs viennent chercher les objets pour les transporter à Paris, après les avoir payés un bon prix qui sera triplé et centuplé dans la capitale. C'est ainsi qu'il s'est mangé quelques huîtres à Paris cette semaine, pour la modique somme de 20 francs la pièce ! Vous pouvez penser qu'elle sera la position du marchand de vins après le siège. Voilà un homme qui doit, certes, désirer la résistance à outrance ; puisque chaque jour de blocus augmente sa fortune. A quelque chose malheur est bon.

Encore et toujours l'indiscipline.

### ORDRE DU JOUR.

« Le commandant supérieur des gardes nationales est informé, par un rapport de l'officier qui commande les avant-postes de Créteil, qu'une section de la 4ᵉ compagnie du 214ᵉ bataillon, détachée à ces avant-postes, s'est laissé entraîner, dans la nuit du 10 au 11 décembre, à une fausse alerte qui a presque dégénéré en panique. Après quelques coups de feu, cette troupe s'est retirée en arrière du point qu'elle occupait aux avancées, et sur lequel a dû la ramener le capitaine de la compagnie.

» La fermeté d'une troupe dépendant, en grande partie, de l'attitude et du sang-froid du chef qui la commande, le commandant supérieur ordonne qu'une enquête soit faite sur la conduite qu'a tenue, en cette circonstance, le lieutenant Fischer de la 4ᵉ compagnie du 214ᵉ bataillon.

» Quant aux hommes sous les ordres de cet officier, comme ils n'ont donné lieu à aucune plainte contre la discipline et qu'ils ont réoccupé leur poste avec calme après cet incident, le commandant supérieur se bornera, pour cette fois, en ce qui les concerne, au blâme que leur inflige cet ordre du jour.

» Il est d'autant plus pénible au commandant supérieur d'avoir à signaler de pareils faits, que les rapports qui lui parviennent sur la conduite, aux avant-postes, des nombreux bataillons qui les occupent, sont on ne peut plus satisfaisants.

» Paris, le 13 décembre 1870.

» *Le général commandant supérieur de la garde nationale,*   CLÉMENT-THOMAS. »

Enregistrons quelques nouvelles.

Le Préfet de police a nommé une commission chargée de constater les désordres qui existeraient dans plusieurs abattoirs et d'en rechercher les causes.

Dès aujourd'hui un commissaire de police est établi avec son personnel dans l'abattoir de la Villette. Il dressera procès-verbal et commencera la poursuite de tous les délits qui lui seraient signalés.

Le 2ᵉ conseil de guerre vient de condamner à mort le nommé Kischner, des guérillas de l'Ile-de-France, convaincu d'avoir communiqué avec l'ennemi au delà des redoutes de Port-à-l'Anglais.

Le 66ᵉ bataillon de la garde nationale a fait dans le quartier Saint-Antoine, au profit des ambulances, une quête dont le total s'est élevé à la somme de 6,224 fr. 50 c.

La Banque de France a décidé de remplacer les coupures de 25 fr. par des coupures de 20 fr. qui sont en harmonie avec le système décimal, avantage dont ne jouissaient pas les billets de 25 francs.

La Compagnie des omnibus, est-ce pour cause de réquisition de chevaux, est-ce par manque de voyageurs, vient de réduire considérablement son service. La ligne de la Madeleine à la Bastille ne met plus de voitures en circulation que de dix en dix minutes, et les autres lignes, dans la même proportion.

M. Valentin (Louis-Ernest), colonel de gendarmerie, a été nommé au grade de général de brigade dans la première section du cadre de l'état-major-général de l'armée.

M. Guillouzie, sous-lieutenant à la 5ᵉ compagnie du 4ᵉ bataillon des mobiles de la Seine (60ᵉ régiment) est révoqué de son grade pour avoir abandonné son poste devant l'ennemi.

Le citoyen Vaneau sollicite l'autorisation de former une compagnie de 250 volontaires sous la dénomination de l'*Avant-Garde*, pour le service des avant-postes.

Il offre de loger ses hommes et de concourir à leur habillement.

M. Dorian a fait essayer hier un nouveau système de cuisine volante qui est appelé à rendre de très-grands services à notre armée.

Une voiture-fourneau a distribué, en quelques instants, à nos soldats campés dans le bois de Vincennes, 10,000 tasses de thé, café ou chocolat. Environ vingt voitures semblables sont en construction.

Ce soir, à mon cercle, je reçois d'excellents renseignements sur la question si terrible du pain, si maladroitement soulevée par M. Jules Ferry. Par une personne qui avait vu dans la journée le ministre du commerce, j'ai reçu l'assurance que l'alimentation de Paris n'était point encore à sa période d'épuisement. Nous possédons encore beaucoup de blé et de seigle. Jusqu'ici nous n'avons absorbé que les approvisionnements officiels, et nous commençons seulement à entamer ce que les environs de Paris nous ont fourni au moment des premiers jours du blocus. L'alimentation est donc encore assez considérable.

## 92ᵉ JOURNÉE

**Jeudi 15 Décembre**  3 % **53.70**

Il y a aujourd'hui trois mois, jour pour jour, que je traçais les premières lignes de ce journal ; et je dois l'avouer hautement, j'aurais, à cette époque, tenu pour fou celui qui m'aurait dit : Le 15 décembre, Paris sera encore bloqué. Je n'aurais jamais pensé, et tout le monde comme moi, le Gouvernement compris, que Paris contenait dans ses murs de quoi faire vivre aussi longtemps sa population. Tout n'est point encore épuisé cependant, j'en ai reçu l'assurance hier, et ce matin le Gouvernement, par une circulaire, nous dit que nous avons largement de quoi vivre pendant un mois encore.

### Le Gouvernement de la Défense nationale aux habitants de Paris.

« L'avis publié il y a deux jours par le Gouvernement paraît avoir dissipé les inquiétudes de la population relativement au pain. Il importe qu'il n'en reste aucune trace.

» Il est clair que s'il y a quatre pains pour quatre consommateurs, et que l'un d'eux en achète trois, il condame tous les autres à se contenter d'un tiers de ration. Voilà les effets de la peur.

» Nous répétons qu'il n'y a aucun sujet de préoccupation et que le pain ne sera pas rationné.

» Assurément, s'il fallait se résigner à des privations dans un moment comme celui-ci, Paris n'hésiterait pas. Il n'est aucun sacrifice qu'il ne soit prêt à faire pour l'honneur et pour la patrie. Mais les approvisionnements existants permettent de lui épargner cette nécessité. La quantité de pain vendue quotidiennement n'a pas varié depuis le commencement du siége, et rien ne fait prévoir qu'elle doive être diminuée. Il n'y aura de différence que pour la qualité.

» Le plus grand intérêt de la défense étant de prolonger autant que possible la résistance de Paris, le Gouvernement, sûr de répondre en cela à la volonté de tous les citoyens, a résolu qu'aussitôt après le délai nécessaire pour écouler les quantités existantes, il ne serait plus vendu ni distribué dans la ville que du pain bis. Ce pain est nourrissant, agréable au goût et sans aucun inconvénient pour la santé. Nos paysans n'en mangent pas d'autre, même dans les départements les plus favorisés. Il va sans dire que le pain sera de qualité uniforme pour tous les consommateurs, et qu'aucune exception ne sera tolérée.

» La viande ne nous manque pas. Il en sera distribué tous les jours dans les boucheries municipales, sans réduction d'aucune sorte sur les quantités actuellement distribuées. On a eu d'abord quelque difficulté pour organiser le service; maintenant tout est en ordre. Le pain et la viande, c'est-à-dire la double base de l'alimentation, sont assurés. La situation est donc satisfaisante. On peut dire qu'elle est inespérée, après trois mois de siége.

» Ces résultats sont dus en majeure partie à la sagesse et au patriotisme de la population, aussi résignée devant les privations qu'elle est héroïque devant le péril. Nous avons tous juré que rien ne nous coûterait pour sauver notre pays, et nous y parviendrons à force de calme, de vigilance et de courage.

» GÉNÉRAL TROCHU, JULES FAVRE, EMMANUEL ARAGO, JULES FERRY, GARNIER-PAGÈS, EUGÈNE PELLETAN, ERNEST PICARD, JULES SIMON. »

La déclaration est nette et doit certes lever bien des craintes après trois mois de siége ; mais mon avis est, qu'à la fin du mois, nous serons comme on dit vulgairement, au bout de notre rouleau.

Décrets de toutes sortes à enregistrer : nominations et promotions, dans l'armée et dans l'ordre de la Légion d'honneur.

« Art. 1ᵉʳ. Réquisition de tous les chevaux, ânes et mulets existant dans Paris et dans le territoire en deçà de la ligne d'investissement.

» Art. 2. Tous les détenteurs deviennent de simples gardiens tenus de représenter les animaux à eux confiés.

» Ils n'ont pas le droit de les vendre, de les échanger, de les faire abattre, ni même de les transférer dans un local autre que celui indiqué par la déclaration de recensement.

» Art. 3. Sur les injonctions qui seront adressées à chaque détenteur par le ministre de la guerre conjointement avec le ministre de l'agriculture et du commerce, les animaux désignés devront être immédiatement conduits aux lieux qui seront indiqués.

» Art. 4. Les animaux seront pesés vivants et payés comptant.

» Art. 5. Pour les chevaux amenés après injonction, et qui seront en bon état, le prix sera de :

» 1 fr. 75 le kilogr. au maximum, et de 1 fr. 25 le kilogr. au minimum.

Les animaux inférieurs seront payés au prix qui sera fixé.

Art. 6. Tout propriétaire de cheval, âne et mulet, qui voudra devancer l'injonction de livrer, a la faculté de faire conduire tous les jours ces animaux au marché aux chevaux, boulevard d'Enfer, n° 6.

Les prix de faveur suivants seront appliqués aux animaux spontanément amenés :

2 fr. le kil. au maximum ;
1 fr. 50 le kil. au minimum.

En outre, il sera alloué une commission d'amenage de 10 francs par tête.

Ces avantages ne pourront être accordés aux animaux inférieurs.

Art. 7. Par suite de la réquisition générale de tous les chevaux, ânes et mulets, tous propriétaires de ces animaux qui ne se seraient pas conformés au décret du 25 novembre 1870 sont tenus de faire, dans les quarante-huit heures, c'est-à-dire d'ici à samedi 17 inclusivement, les déclarations prescrites par ledit décret.

Art. 8. Tout animal non déclaré sera confisqué au profit de l'Etat sans aucune indemnité.

Art. 9. Tout animal non représenté, ou dont la cession régulière à l'Etat ne serait pas justifiée, donnera lieu à une amende égale à la valeur de l'animal détourné et qui, dans aucun cas, ne sera inférieure à mille francs par tête.

Fait à Paris, le 15 décembre 1870.

(Suivent les signatures.)

Le Gouvernement de la Défense nationale.

DÉCRÈTE : Art. 1er. L'abatage des chevaux, ânes et mulets, est absolument interdit aussi bien dans le territoire compris en deçà de la ligne d'investissement de Paris que dans Paris même.

Art. 2. Toute infraction à cette prohibition donnera lieu à la saisie et à la confiscation de la viande, sans préjudice de l'application des lois et règlements contre les auteurs et complices de l'abatage irrégulier.

Ce soir, dans les cercles bien informés, les nouvelles sont mauvaises : On dit qu'il y a dans un numéro de la *Gazette de la Croix* une dépêche du roi de Prusse à la reine Augusta, lui annonçant 10,000 prisonniers, 70 canons pris à l'armée de la Loire. Enfin, l'on donne pour certain que des pigeons sont arrivés dans la journée porteurs de dépêches très-importantes.

Attendons à demain pour connaître la vérité. Dans quelles angoisses vit-on, mon Dieu ! Nous sortirons tous de là plus vieux de dix années !

Aucun rapport officiel sur les opérations militaires. Les journaux sont remplis d'informations puisées à de bonnes sources disent-ils. Mais comme je connais trop bien les sources où ces messieurs vont, je m'abstiens de les enregistrer.

## 93ᵉ JOURNÉE

**Vendredi 16 Décembre**     3 %   52.35

Ce matin l'*Officiel* parle enfin. Il était temps, après quinze jours d'attente. Il est cruel de rester si longtemps sans nouvelles positives, lorsque par la voie des journaux étrangers, on sait que tout va mal à l'extérieur.

Des pigeons sont arrivés, en effet, porteurs des dépêches suivantes :

*Gambetta à Trochu.*

« *Tours*, 5 *décembre* 1870. — Vos dépêches nous sont parvenues. Elles ont provoqué l'admiration pour la grandeur des efforts de l'armée et des citoyens. Nous nous associons à vos vues et nous les servirons.

» Orléans a été évacué devant les masses de l'armée de

Frédéric-Charles. Nous avons dû reprendre sur notre gauche avec le 16e, le 17e, le 21e, et la moitié du 19e corps en formation, les positions par nous occupées avant la reprise d'Orléans, le général Chanzy commandant toutes les forces réunies.

» Le 15e corps, commandant des Pallières, est prêt à se porter à droite ou à gauche, selon les exigences de l'action. Bourbaki commande le 18e et le 20e corps auxquels on envoie incessamment des renforts pour couvrir Bourges et Nevers. Nous sommes donc exactement dans les vues de votre dépêche du 20 novembre.

» A la suite de l'évacuation d'Amiens, l'ennemi a marché sur Rouen qu'il menace d'occuper aujourd'hui ou demain. Le général Brilland couvre le Havre. Le général Faidherbe qui a remplacé Bourbaki dans le nord, est en action.

» Les Prussiens ont levé le siége de Montmédy et Mézières. Ils sont tenus vigoureusement en échec par Garibaldi entre Autun et Dijon. — GAMBETTA. »

*Gambetta à Trochu et Jules Favre.*

« *Tours, le 11 décembre 1870.* — Je vous écris tous les jours, mais le temps est si contraire! Nous sommes également sans nouvelles depuis le 6 ; ici les choses sont moins graves que ne le répandent les Prussiens à vos avant-postes. Après l'évacuation d'Orléans, l'armée de la Loire a été divisée en deux parties, l'une sous le commandement de Chanzy, l'autre de Bourbaki.

» Le premier tient avec un courage et une ténacité indomptables contre l'armée de Mecklembourg et du prince Frédéric-Charles, depuis 6 jours, sans perdre un pouce de terrain, entre Josnes et Beaugency. Les Prussiens tentent un mouvement tournant par la Sologne. Bourbaki s'est retiré sur Bourges et Nevers.

» Le Gouvernement s'est transporté à Bordeaux pour ne pas gêner les mouvements stratégiques des armées. Faidherbe opère dans le nord et Manteuffel a rebroussé chemin de Honfleur sur Paris. Nous tenons ferme ; l'armée malgré sa retraite, est intacte et n'a besoin que de quelques jours de repos

» Les mobilisés sont prêts et entrent en ligne sur plusieurs points. Bressole, à Lyon, se dispose à se jeter avec

30,000 hommes dans l'Est appuyé sur les forces de Garibaldi et les garnisons de Besançon et Langres. Je suis à Tours et je me rends dans une heure à Bourges pour voir Bourbaki.

» La France entière applaudit à la réponse que vous avez faite au piége de Moltke.

» Salut fraternel. L. GAMBETTA. »

Paris, toujours prêt à se bercer d'illusions, tire de cette dépêche une impression plutôt favorable que désastreuse. Quant au fond il a peut être raison, car on peut dire ceci : Est-ce M. de Moltke qui enfle la victoire ou M. Gambetta qui amoindrit la défaite. Pour nous, malheureux prisonniers, il est impossible de porter un jugement, aussi sommes-nous forcés d'attendre encore de plus complets renseignements.

Malgré tout le bon vouloir qu'on met à ne pas se croire vaincus, on ne peut cependant s'empêcher de remarquer que la délégation de Tours ne nous dit pas la vérité puisque par l'*Officiel* de Versailles nous apprenons ceci :

*Versailles, 6 décembre.* — *A la reine Augusta, à Berlin.*

« Dans l'affaire d'Orléans, on a fait plus de 10,000 prisonniers, on a pris 77 canons et 4 chaloupes canonnières. Trescow a pris d'assaut Gidy, Janvry, Prunes, le chemin de fer fortifié ; il était à minuit à Orléans Aujourd'hui, Manteuffel a occupé Rouen avec le 8ᵉ corps. —GUILLAUME. »

« *Versailles, 6 décembre.* — Le 4, des portions du 8ᵉ corps ont battu une brigade française sortie de Rouen. Dans cette affaire, 10 officiers, 400 hommes et 1 canon sont tombés entre nos mains. Le 5, nouveau combat victorieux de notre aile droite, qui a pris un second canon. A la suite de ce combat, le corps ennemi réuni pour protéger la ville l'a abandonnée. Elle a été occupée par le général Goeben dans l'après-midi. On a trouvé 8 gros canons dans les retranchements abandonnés. »

« *Stuttgard, 6 décembre.* — Un télégramme du général d'Obernitz, commandant la division wurtembergeoise, adressé au ministère de la guerre, dit : « Les pertes de la
» division wurtembergeoise, dans les combats des 30 no-
» vembre, 2 et 3 décembre, sont de 13 officiers et 268
» sous-officiers et soldats tués, 47 officiers et 1,345 soldats
» blessés, 1 officier et 345 soldats disparus. On a perdu
» 148 chevaux. Les Wurtembergeois ont fait 1,400 prison-
» niers, dont 34 officiers. »

« Le *Journal des Annonces* de la ville de Dijon, du 24 novembre, donne divers détails sur le corps du général Von Werder.

» De cette note résulte l'existence d'une armée des Vosges, harcelant en francs-tireurs les Prussiens qui campent sous Dijon, et ont, — à cause, dit le journal, de différents incidents hostiles de la population, — mis à contribution la ville.

» Cette armée occupe les Vosges, les défilés du Jura, de la Côte-d'Or ; elle se compose de mobiles, volontaires, francs-tireurs, y compris les bandes, sous les ordres de Garibaldi, ses fils et ses gendres.

» La guerre de guérillas est la seule qui se fait.

» C'est en vain, ajoute le journal, que des corps d'armée se répandent dans les plis et replis de la Côte-d'Or : l'ennemi échappe toujours, arrive quelquefois soudain en épouvantant les nôtres ; aussi devons-nous procéder avec la plus grande sévérité... »

« (Suivent des lamentations sur l'esprit peu docile de ces habitants de la Côte-d'Or.)

» L'article se termine ainsi :

» Partout, dans la Côte-d'Or, on trouve quantité de jeunes gens qui sont là oisifs sur les routes, guettant des nouvelles de Tours.

» Les nouvelles les plus aventureuses sont crues et colportées. Ils nous traitent d'infâmes parce que nous ne voulons pas à tout prix faire la paix et parce que nous occupons leur pays. L'affichage de la victoire de Dreux, annoncée par un télégramme du roi à la reine, a été ordonné par le général von Werder. »

D'un autre côté, la *Nouvelle Gazette de Prusse*, qui

nous est parvenue, renferme quelques nouvelles données par nos journaux de l'extérieur :

« (DÉPÊCHE OFFICIELLE FRANÇAISE.)

» *Rouen*, 30 *novembre.*—Hier, les Français ont attaqué l'ennemi, retranché à Étrépagny. Après un combat furieux, Étrépagny a été pris d'assaut. L'ennemi a pris la fuite en tous sens, a perdu 8 officiers, 50 à 60 hommes, 100 prisonniers, beaucoup de chevaux et 2 chariots de munitions. Nous avons eu 5 morts et 15 blessés. »

Les dépêches suivantes sont arrivées à Tours sur les derniers événements militaires :

« *Secrétaire général au ministre de l'intérieur.* — L'ennemi a occupé Orléans le 5, à minuit. On prétend que les Prussiens n'avaient presque plus de munitions et qu'ils ont fait peu de prisonniers.

» Les dépêches des commandants des différents corps arrivées à l'instant même, annoncent que la retraite a été effectuée en bon ordre. »

« *Tours,* 4 *décembre.* — Dans le combat du 2, les Prussiens ont repris les positions qu'ils avaient perdues cinq jours auparavant. Ce sont les villages de Terminiers, Guyonville, Villepin et Ruan. Les Prussiens avaient concentré leurs efforts sur Ruan pour s'emparer de la ligne ferrée. Le général de Sonis commandait sur ce point, et le général Chanzy commandait à Patay. On parle d'un combat très-vif qui aurait eu lieu hier. Dans ce combat, les zouaves pontificaux auraient perdu les trois quarts de leur bataillon, et le colonel Charette aurait été grièvement blessé. »

« *Tours,* 5 *décembre.* — Après deux ou trois combats très-meurtriers pour l'ennemi, mais qui ont arrêté la marche en avant de l'armée française, le général d'Aurelles a trouvé la position de son armée hasardée. Dans la nuit du 3 décembre, il a signifié la nécessité d'évacuer Orléans et d'effectuer sa retraite derrière la Loire. Il lui restait une armée de plus de 200,000 hommes et de 500 pièces de canon, plus les pièces de marine dans le camp retranché. »

« *Tours,* 5 *décembre.* — Un ballon arrivé de Paris à Nantes apporte les nouvelles du 4. (Suivent l'ordre du jour du général Trochu et le rapport militaire du général Schmitz sur la bataille du 2.) »

Un récit français donne les détails suivants sur le combat de Beaune-la-Rolande :

« *Orléans, 28 novembre* 1870. — Durant toute la journée d'hier le canon a tonné à l'est de la forêt d'Orléans. Des dépêches arrivées plus tard annoncent que les Prussiens ont été battus et que Beaune-la-Rolande a été le prix de la victoire. Le combat a commencé à six heures un quart du matin, dans le voisinage de Bellegarde. L'ennemi, repoussé, essaya de retenir nos soldats dans le parc du château de Ladon. Les mobiles du Loiret s'y étaient mis en embuscade pendant la nuit et reçurent l'ennemi avec un feu meurtrier qui le contraignit à la fuite.

» Le combat s'étendit jusqu'à Beaune-la-Rolande, et les Prussiens reculèrent sur toute la ligne. Le 77$^e$ régiment de ligne s'empara de la ville. Les Prussiens furent repoussés jusqu'au delà des dernières maisons de la ville. Il était neuf heures et demie du matin. L'ennemi, qui abandonnait toutes ses positions l'une après l'autre, essaya de résister aux alentours, et le combat dura jusque vers le soir. Les Prussiens battirent en retraite sur un espace de 16 kilomètres.

« *Lille, 5 décembre*. — Deux officiers prussiens ont sommé Péronne de se rendre. Ces officiers qui se donnaient pour les envoyés d'un corps d'armée qui les suivait de près ont été emprisonnés. L'autorité militaire a fait rétablir le chemin de fer jusqu'à Albert. Grands mouvements de troupes du côté de Lille. »

Que conclure de tout ceci : que l'on nous cache, comme je le disais, l'exacte vérité, que nos armées de secours ont reculé, qu'elles se trouvent dans la position qu'elles occupaient au commencement de novembre. Nous voilà donc encore pour plusieurs semaines éloignés de tout secours. C'est le plus clair et le plus triste. Les journaux prêchent cependant la trouée immédiate, comme si elle pouvait se faire, comme si nous pouvions espérer aller rejoindre Chanzy à Beaugency, sans avoir une ligne de ravitaillement. Il faut tout simplement avoir perdu l'esprit pour parler ainsi.

Sur le rapport du ministre de la guerre, le Gouvernement de la Défense nationale décrète la formation d'un bataillon de chasseurs à pied de huit compagnies, qui portera le numéro 23.

Plusieurs autres décrets nomment : à différents grades dans l'armée ; — dans l'ordre de la Légion d'honneur ; — confèrent la médaille militaire.

Les pigeons qui ont apporté les dépêches du Gouvernement étaient chargés de 700 dépêches privées ; mais la traduction doit en être lente, car on ne doit pas oublier qu'elles sont réduites par la photographie et que c'est au moyen de la loupe qu'on peut les déchiffrer.

On parle aussi d'une correspondance régulière, mais je n'y crois pas et pense que nous devons nous trouver bien heureux de ce que le procédé Lacoin nous fournit.

On parle encore du projet impraticable d'expédier de province des ballons sur Paris, et qui laisseraient tomber leur chargement en passant au-dessus de la ville. Les autres projets sont si absurdes, qu'il est inutile de les enregistrer.

Malgré le manque de rapports militaires, tous les jours il y a des combats d'avant-postes. Quant à la canonnade des forts, inutile de l'affirmer, chacun en est certain en entendant chaque jour le bruit des décharges d'artillerie.

Si je m'étais donné la tâche de joindre à ce journal un bulletin judiciaire, j'aurais vraiment fort à faire et ce serait une triste mission. Il ne se passe pas un jour sans que les tribunaux et les conseils de guerre ne condamnent des gens pour pillage, abandon de son poste devant l'ennemi, insulte envers ses supérieurs, vol, ivresse.

Quelques journaux assurent que quatre pigeons sont arrivés hier à Paris et non pas deux. Ces feuilles ajoutent que le Gouvernement n'a donc pas communiqué toutes les dépêches reçues. Nous finirons bien par le savoir.

## 94ᵉ JOURNÉE

**Samedi 17 Décembre**     3 %   52.50

Pour les esprits sérieux qui se rendent compte de la situation de la France d'après les nouvelles que nous avons de province, il est bien aisé de comprendre que le mouvement du général Ducrot était combiné avec celui du général de Paladines. La double tentative n'ayant pas réussi... Les efforts n'ayant donné aucun résultat, les Parisiens devraient commencer à réfléchir, à mettre de côté leurs illusions, et je crois que la presse devrait être assez sage elle-même pour le leur conseiller. Hélas! ni l'un ni l'autre, j'en suis certain, ne le feront.

Les faits de guerre sont encore aujourd'hui très-insignifiants. L'ennemi s'est peu montré, sauf vers Garches; aussi le Mont-Valérien a-t-il beaucoup tiré, et le village de Saint-Cloud beaucoup souffert.

Depuis une quinzaine de jours, le général en chef commandant la garde nationale essaye, mais en vain, d'introduire dans les corps sous ses ordres, la discipline qui est la force des armées. Sa lettre, adressée aujourd'hui au gouverneur de Paris, montre combien nous manquons même de dignité en face de notre malheur et de l'ennemi.

Voici cette lettre :

« Monsieur le gouverneur, le 200ᵉ bataillon est sorti aujourd'hui de Paris pour aller occuper les avant-postes de Créteil. Je reçois de M. le général commandant supérieur à Vincennes la dépêche suivante :

» Chef de bataillon du 200ᵉ ivre ! La moitié au moins des hommes ivres !!! Impossible d'assurer le service avec eux. Obligation de faire relever leurs postes. Dans ces conditions, la garde nationale est une fatigue et un danger de plus.

» J'ai l'honneur de vous demander la révocation du chef de bataillon Leblois, commandant le 200ᵉ bataillon.

» Veuillez agréer, monsieur le gouverneur, etc.

» Clément-Thomas.

» Approuvé : *le gouverneur de Paris*, général Trochu. »

La belle punition ! On aurait dû le fusiller et non le révoquer. Savez-vous ce qui arrivera ? c'est que cet homme sera renommé à de prochaines élections.

Décrets et promotions au *Journal officiel*. Le gouverneur de Paris met à l'ordre du jour les noms des officiers, sous-officiers et soldats qui par leur bravoure et leur dévouement ont mérité ce haut témoignage de l'estime de l'armée et de la gratitude publique.

Le temps est toujours sombre, le froid rigoureux et la misère augmente. La charité cependant ne cesse de venir en aide à tous. Et pour que vous sachiez ce qu'elle fait, je vais vous l'expliquer. Son aumône est gigantesque ; vous allez en juger.

Malgré tous les efforts de M. Arago pour remanier et disloquer l'Assistance publique, elle a pu résister grâce à sa solide administration, et c'est elle qui pourvoit presque partout aux besoins des pauvres, sous les soins de M. Mornig.

L'argent affecté aux secours à domicile, monte à la somme

de cinq millions. Aujourd'hui le nombre d'individus à secourir est quintuplé ; il se divise en deux catégories : Les indigents et les nécessiteux. Dans ces derniers sont compris les réfugiés des communes suburbaines et des départements qui entourent Paris, des familles des gardes nationaux ouvriers et des petits commerçants à bout de ressources ; enfin, de tous ceux ruinés par l'épouvantable crise. En dehors du crédit ordinaire, pour les fourneaux économiques, il a été alloué un crédit de 300,000 francs qui vient d'être augmenté de 200,000 francs. Dès le mois d'août, quarante-huit fourneaux fonctionnaient ; depuis le siége ils ont été portés à quatre-vingt-deux : seize servis par des laïques, et soixante-six par des sœurs de Charité. Il faut compter en plus sept fourneaux de la Société Philantropique, et treize de la Société Saint-Vincent de Paul. En ajoutant à tout cela quatre-vingt-quatre cantines nationales et quatre particulières par nous connues, nous compterons cent-quatre-vingt-dix établissements qui fournissent des aliments à la population.

Voici les quantités des portions : Pain, 200 grammes; bœuf ou cheval bouilli, 30 grammes ; bouillon, 1/2 litre; légumes, 45 centilitres ; riz, 45 centilitres ; lard cuit, 50 grammes ; pommes de terres, lorsqu'il y en a, 300 grammes.

En moyenne, il y a distribution de 180 à 190 mille rations par jour. Chaque consommateur reçoit trois portions. Si l'on prend la moyenne des distributions quotidiennes de tous les fourneaux de l'Assistance, soit 186,000 portions, on arrive à trouver 60,000 parties prenantes par jour, c'est-à-dire secourues inclusivement par l'Assistance publique.

En dehors de ses ressources ordinaires, grâce au premier crédit de 300,000 francs, elle a pu faire distribu-

2,500,000 rations. Son nouveau crédit de 200,000 francs va porter à quatre millions le total des rations excepionnelles.

Maintenant, il n'est pas inutile de connaître comment procède cette administration et le prix de revient de ses rations. Les distributions ne sont pas entièrement gratuites, les indigents inscrits se font délivrer par les bureaux de bienfaisance des bons qui sont donnés en payement aux fourneaux, lesquels bons sont remboursés sur les ressources personnelles des bureaux de bienfaisance à l'administration des hospices. Ces bons sont de cinq et dix centimes. Les uns sont donnés par les bureaux, les autres achetés par la charité privée qui en fait la distribution. On calcule que la ration vendue 05 centimes revient à 10 centimes à l'Assistance publique. Voici le détail très-curieux de la distribution d'une journée dans un fourneau sur une moyenne de 2,190 rations : pain, 200 kilog.; viande, 30 kilog.; lard, 20 kilog.; riz, 15 kilog.; pommes de terre, 100 kilog.; sel, 120 grammes; légumes frais, (quand il y en a) 5 francs; combustible et frais divers, 5 francs. Total de 215 fr. 45 c. de dépense pour 2190 rations vendues 105 francs; soit 110 francs, 45 centimes de perte.

Pour varier les aliments, on a eu l'idée de distribuer de la soupe au lard : l'idée excellente a eu plein succès.

Telle est, dans son ensemble, la large part de l'Assistance publique dans l'alimentation générale des assiégés de Paris. La même organisation a été suivie par les cantines municipales.

Le mouvement de Paris diminue de plus en plus; les omnibus ont eu tant de chevaux et de voitures réquisitionnés, qu'ils ne fonctionnent plus sur leurs lignes que d'heure en heure. Quant aux fiacres, le nombre en est tellement restreint, que l'on en trouve presque plus. C'est à peine si l'on peut en compter 3 ou 400 en circulation dans toute la ville. Les boutiques sont, à peu d'exceptions toutes fermées, et le soir l'éclairage est tellement insuffisant, que nous devons marcher dans les rues avec beaucoup de précaution pour éviter de se heurter les uns contre les autres.

M. Ferry, après la panique du pain, nous a donné celle du bois. Sa réquisition de bois de boulangerie était tellement mal rédigée que l'on a cru qu'il s'agissait de tous les bois en général, et malgré l'avis de *l'Officiel* d'aujourd'hui, on fait la queue chez les marchands de bois comme chez les bouchers et les boulangers. Les marchands de bois en détail ont fermé leurs boutiques, ne voulant vendre le combustible que le double de ce qu'il valait la veille de la réquisition. Ah quel bon préfet nous avons là. Espérons qu'il trouvera encore quelque chose à réquisitionner pour faire table rase.

Je constate encore la mort d'un journal : *la Cloche*, trépassé faute de lecteurs.

## 95ᵉ JOURNÉE

**Dimanche 18 Décembre.** 3 %

Nous avons encore aujourd'hui deux dépêches de province.

« *Gambetta à Jules Favre et Trochu. — Bourges, 14 décembre.* — Depuis quatre jours, je suis à Bourges, occupé, avec Bourbaki, à réorganiser les trois corps, 15e, 18e, 20e de la première armée de la Loire, que les marches forcées, sous les pluies affreuses qui ont suivi l'évacuation d'Orléans, avaient mis en fort mauvais état.

» Ce travail demande encore quatre à cinq jours pour être complet.

» Les positions occupées par Bourbaki couvrent à la fois Nevers et Bourges.

» L'autre partie de l'armée de la Loire, après l'évacuation d'Orléans, s'est repliée sur Beaugency et Marchenoir, positions dans lesquelles elle a soutenu tous les efforts de Frédéric-Charles, grâce à l'indomptable énergie du général Chanzy, qui paraît être le véritable homme de guerre révélé par les derniers événements.

» Cette armée, composée des 16e, 17e et 21e corps, et appuyée, selon les prescriptions du général Trochu, de toutes les forces de l'Ouest, a exécuté une admirable retraite et causé aux Prussiens les pertes les plus considérables.

» Chanzy s'est dérobé à un grand mouvement tournant de Frédéric-Charles sur la rive gauche de la Loire. Frédéric-Charles a vainement essayé de passer la Loire à Blois et à Amboise et menace Tours. Chanzy est aujourd'hui en parfaite sécurité dans le Perche, prêt à prendre l'offensive sur... lorsqu'il aura fait reposer ses troupes, qui n'ont cessé de se battre admirablement contre des forces supérieures, depuis le 30 novembre jusqu'au 12 décembre.

» Vous voyez que l'armée de la Loire est loin d'être anéantie, selon les mensonges prussiens. Elle est séparée en deux armées d'égale force, prêtes à opérer : l'une...; l'autre,... pour marcher sur...

» Faidherbe, dans le Nord, aurait repris La Fère avec beaucoup de munitions, artillerie, approvisionnements. Mais nous sommes fort inquiets de votre sort. Voilà plus de huit jours que nous n'avons aucune nouvelle de vous, ni par vous, ni par les Prussiens, ni par l'étranger. Le câble avec l'Angleterre est interrompu. Que se passe-t-il? Tirez-nous de nos angoisses, en profitant, pour envoyer un ballon, du vent sud-ouest, qui le portera en Belgique.

» Le mouvement de retraite des Prussiens s'est accentué. Ils paraissent las de la guerre. Si nous pouvons durer, et nous le pouvons si nous le voulons énergiquement, nous triompherons d'eux. Ils ont déjà éprouvé des pertes énormes, suivant des rapports certains qui m'ont été faits; ils se ravitaillent difficilement. Mais il faut se résigner aux suprêmes sacrifices, ne pas se lamenter, et lutter jusqu'à la mort.

» A l'intérieur, l'ordre le plus admirable règne partout.

» Le Gouvernement de la Défense nationale est partout respecté et obéi. GAMBETTA. »

« *Bordeaux, 10 décembre 1870.* — L'amiral Bourgois, commandant aux Açores, annonce, par Lisbonne, que l'amiral Dupré, sur la frégate française *Vénus*, a coulé, dans les eaux de la Chine, la frégate prussienne *Etha*, après un combat acharné. »

En relisant plusieurs fois et très-attentivement cette dépêche, il est impossible d'y trouver pour nous des nouvelles satisfaisantes à tous égards. Elle nous révèle l'existence d'un général, c'est vrai, mais ce n'est qu'un homme qui a sauvé l'armée d'un désastre et qui a exécuté une admirable retraite. M. Gambetta ne nous dit pas que nous avons perdu une grande bataille, et cela est pourtant, puisque d'une armée de la Loire que nous possédions, nous en avons deux aujourd'hui en retraite, l'une sur le Perche, l'autre sur Bourges. Il se garde bien de nous dire comment ces deux armées, qui n'en faisaient qu'une, se trouvent divisées ainsi. C'est ici que l'on reconnaît que la lettre de M. de Moltke disait la stricte vérité, et que la dépêche de M. Gambetta nous la cache entièrement. En outre, il nous apprend que Chanzy est dans une très-bonne position dans le Perche, mais qui, hélas! est bien loin de Paris.

Malgré mon appréciation, que j'ai la prétention de croire juste, la presse du soir trouve les nouvelles rassurantes. Elle ne parle pas de l'ambiguïté si visible des dépêches.

A l'*Officiel*, décrets et promotions. Rien de saillant aujourd'hui.

Ce que je noterai, cependant, ce sont les deux ordres du jour suivants, qui dénotent, chez de certaines gens, un manque de *délicatesse* incompréhensible.

### ORDRE.

« Le général commandant supérieur rappelle à MM. les chefs de bataillon qu'un ordre antérieur leur a enjoint de remettre immédiatement l'état nominatif et définitif de leurs compagnies de guerre.

» Quelques chefs de bataillon, dont les compagnies de guerre ont reçu les objets d'équipement et de campement, prennent sur eux de modifier leur effectif et d'adresser des demandes complémentaires de ces objets; il ne sera fait droit, par l'intendance, à aucune de ces demandes, et MM. les chefs de bataillon sont prévenus que, de même que dans les compagnies sédentaires il ne peut pas être fait d'incorporation que par suite de la radiation et du désarmement d'un garde, il ne leur est permis d'introduire dans les compagnies de guerre un nouvel élément que par suite de la disparition d'un des membres de ces compagnies.

» C'est avec les objets d'équipement et de campement de cet homme, disparu dans des conditions légales, que doit être équipé le nouveau garde incorporé.

» Toute mutation de ce genre doit faire l'objet d'une communication nominative à l'état-major général.

» Dans plusieurs bataillons, il s'est commis un abus dont le renouvellement serait sévèrement puni par le commandant supérieur, à savoir : que les rations de vivres ont été touchées d'après l'effectif nominal des compagnies de guerre au lieu de l'être sur l'effectif réel des hommes présents, sans qu'il ait été tenu aucun compte ultérieur de ce trop perçu.

» En outre, les compagnies de guerre ont touché parfois des vivres pour plus de jours que n'a duré leur éloignement de Paris, le commandant supérieur enjoint :

» 1° Qu'au moment du départ les vivres soient perçus pour quatre jours;

» 2° Qu'à la perception suivante il soit tenu compte de tout excédant perçu au départ, et il est bien résolu à rendre les capitaines des compagnies de guerre responsables des perceptions illégitimes;

» 3° Qu'une fois sur le terrain, les compagnies de guerre ne touchent successivement les vivres que pour deux jours.

» Le commandant supérieur rappelle aux chefs des compagnies de guerre qu'ils doivent envoyer chaque jour à l'état-major général un rapport donnant leur effectif présent et la liste nominative des absents, avec indication des motifs de l'absence.

» Quelques commandants des compagnies de guerre ont eu l'étrange idée d'introduire dans ces compagnies des hommes destinés à remplacer ceux qui sont empêchés momentanément et à être reversés plus tard dans des compagnies sédentaires. Ces mutations provisoires sont absolument contraires au principe qui a présidé à la formation des compagnies de guerre, et elles ne sauraient être tolérées.

» En présence des difficultés et complications que font naître le défaut de surveillance ou la négligence dans l'exécution des ordres donnés, le général commandant supérieur déclare qu'il lui serait impossible d'accomplir sa mission dans la mesure qu'il espérait atteindre si ses ordres n'étaient pas plus ponctuellement suivis.

» Il fait donc encore une fois appel à la délicatesse, au bon sens et au patriotisme de tous.

» *Le général commandant supérieur :*
» Clément-Thomas. »

ORDRE.

« Il est parvenu à la connaissance du conseil de contrôle que certains officiers faisant partie des compagnies de guerre touchaient l'indemnité de 1 fr. 50 c., bien que le premier mois de solde leur ait été remis.

» Ces officiers ne doivent plus faire partie des hommes auxquels l'indemnité est allouée, et le conseil de contrôle poursuivra tous ceux qui ne reverseront pas immédiatement ces sommes indûment touchées.

» A l'avenir, des cartes de payement seront données à tous les gardes touchant l'indemnité ; c'est seulement sur la présentation de ces cartes, qui seront pointées par les sergents-majors, que l'indemnité sera remise. Les chefs de bataillon et les capitaines devront surveiller avec le plus grand soin la confection de ces cartes et signaler au conseil de contrôle ou à ses délégués tous les sergents-majors qui ne se conformeraient pas au présent ordre.

» *Le général commandant supérieur des gardes nationales de la Seine :* CLÉMENT-THOMAS. »

L'instruction dirigée contre M. Flourens, relativement aux faits qui se sont produits le 31 octobre, se continue avec l'information prescrite par le général commandant supérieur des gardes nationales, à l'occasion de ce qui s'est passé à Créteil dans les compagnies du bataillon de Belleville.

Hier, il était parti deux ballons, cette nuit encore, un autre a été lancé de la gare d'Orléans. Prévenus seulement dans la journée, MM. Godard, grâce à leur activité, ont pu se trouver prêts en temps opportun.

Les faits militaires se résument dans une vive fusillade ce matin au Bourget, ce qui aurait nécessité l'intervention du fort d'Aubervilliers. Le Mont-Valérien a également beaucoup tiré.

Les journaux parlent encore d'une dépêche qui aurait été cachée au public par le Gouvernement.

Je n'ose me prononcer sur ce fait. Il faudrait alors que la nouvelle soit bien terrible pour nous.

Plusieurs journaux racontent aussi qu'un débat se serait élevé, dans le sein du Gouvernement de la Défense nationale, sur la question de savoir si la France devait, oui ou non, se faire représenter dans le congrès ou plutôt dans la conférence européenne qui va, paraît-il, se réunir pour examiner et régler divers points de la question d'Orient. Quelques-uns des membres du Gouvernement se seraient prononcés dans le sens de l'affirmative. Mais d'autres membres auraient répondu que la France ne pouvait et ne devait prendre part à une réunion de ce genre qu'à la condition d'obtenir le ravitaillement de Paris pendant toute la durée de la conférence ; et la majorité du Gouvernement se serait ralliée à cette dernière opinion.

L'alimentation devient toujours de plus en plus difficile. Nous voici, pour ainsi dire, privés de pâtés qui étaient d'une grande ressource quoique d'un manger peu agréable. Ils sont arrivés à des prix inabordables. Un pâté de 2 fr. 50 vaut aujourd'hui 15 fr. Quant à son contenu, il ne faut pas trop s'en inquiéter, le plus souvent ils sont faits avec du chien. On vend, chez Chevet, de très-bonne galantine à 16 fr. la livre ; il y a quinze jours, on la payait 12 fr. Potel et Chabot vendent du fromage de gruyère à raison de 18 fr. les 500 grammes ; une boîte de sardines, 15 fr. ; un moineau, 2 fr. ; beurre frais, les 500 grammes, 25 fr. ; seules, les conserves de légumes sont encore assez abondantes. Les œufs, 1,027 fr. le mille; poulet, 30 fr. ; lapin, 37 fr.; pigeon, 6 fr.; oie, 70 fr.; deux paons se sont vendus 110 fr.

Les légumes frais sont rares. Un poireau, 1 fr. 25 ; la livre de carottes, 4 fr.; la livre de petit poisson, 4 fr. Il a été payé, cette semaine, un brochet pour une table de dix couverts, 70 fr.

Chez quelques marchands de comestibles on trouve encore des conserves de champignons, d'asperges et d'artichauts. On peut y trouver aussi des confitures d'abricots, mais tout cela est fort cher.

Quant à la nourriture de fondation, le pain, notre stock en farine est près d'être épuisé. Mais, comme je l'ai déjà fait observer, nous avons du blé que l'on s'empresse de moudre, et je pense que le nombre de moulins établis suffira pour ne point entraver la fabrication du pain. Cette semaine, le nombre des meules a encore été augmenté par celles que les usines de la banlieue ont mises à la disposition de la Ville. Les ouvriers qu'on y emploie sont des mobiles du centre.

Le journal *le Figaro*, d'aujourd'hui, nous annonce que l'on vient de découvrir un stock considérable de fécules. Espérons qu'il dit vrai !

---

## 96ᵉ JOURNÉE

**Lundi 19 Décembre**      3 % 52.70

Le Gouvernement répare aujourd'hui une faute commise au commencement du siége et que j'avais sévèrement blâmée ; il rapporte le décret de la nomination à l'élection des officiers de la garde mobile. La faute était tellement grossière qu'il est inutile de faire aujourd'hui l'éloge du décret du jour.

Les journaux s'occupent ce matin d'une circulaire du gouvernement de Bordeaux aux puissances neutres, sur la conduite des Prussiens en France. Nous ne sommes pas à même d'en juger la véracité, mais tout porte à croire que les plaintes sont fondées. Le vol et l'assassinat, chez les Prussiens, d'après cette circulaire, seraient tout simplement organisés à l'état officiel. Les mêmes journaux commentent encore les dépêches de Gambetta ; les uns en bien, les autres en mal. Aujourd'hui, ils sont d'accord pour dire qu'elles sont empreintes d'une certaine obscurité.

« *Gouverneur de Paris.* — A partir d'aujourd'hui 19 décembre, à midi, les portes de Paris seront fermées.

» *Le gouverneur de Paris* : P. O. Schmitz. »

Telle est, en sa teneur, l'affiche qu'on lit sur tous les murs de Paris. C'est assez nous dire que demain, on fera une sortie contre l'ennemi. Mais, j'ai bien peur que jusqu'à midi, les maraudeurs aient le temps d'aller aux avant-postes informer les Prussiens de ce qui se passe, en leur portant les journaux qui font mention de l'ordre affiché.

Malgré cette décision prise et qui fait pressentir de nouvelles opérations, je ne puis signaler aucun mouvement de troupes. Nous allons donc, encore une fois, nous plonger dans toutes les horreurs des combats ! Seront-ils heureux, au moins ?

Hier au soir, a été tenu un conseil de guerre auquel assistaient tous les chefs de corps, y compris le général Ducrot, que plusieurs journaux avaient fait, déjà plusieurs fois sortir de Paris en ballon. Ce conseil de guerre avait trait aux opérations militaires projetées.

Cette nuit, deux ballons sont partis avec des dépêches du Gouvernement, des lettres et des pigeons. Depuis que ces chers volatiles sont nos seuls courriers, vous devez penser combien on s'en préoccupe.

On cherche une foule de combinaisons pour en faire revenir le plus possible dans Paris. Ainsi, on avait imaginé d'en conduire, de la province, un grand nombre en ballon, le plus près possible de la capitale, et là, de leur donner la volée, afin qu'ils puissent arriver plus promptement. C'était assez ingénieux comme pensée, mais tout à fait impraticable ; car les ballons ne pouvant être dirigés, on n'aurait pu s'approcher de Paris que si le vent eût conduit directement le ballon près de ses murs. Du reste, les pigeons ne craignent nullement la longueur des distances à parcourir, et si l'on s'est inquiété ainsi sur leur arrivée dans la ville, c'était plutôt pour leur faire éviter les mauvaises chances contre lesquelles ils sont obligés de lutter, que pour leur diminuer la fatigue. Le vent, la pluie, l'oiseau de proie, le brouillard et les balles prussiennes sont pour eux des ennemis formidables dont on voulait les sauvegarder en sauvegardant nos intérêts.

M. Dupuy de Lôme travaille très-activement à son système des ballons dirigeables. Mais le siége s'avance et son problème n'est point encore résolu. Un sérieux concurrent s'est dressé devant lui, M. Schmitter, qui vient d'obtenir l'autorisation de faire des essais avec son ballon soi-disant dirigeable. Ce ballon a la forme d'un poisson.

Il y a encore un moyen nouveau de correspondance mis à l'ordre du jour ; c'est la rivière, à laquelle on confie ses lettres. Une est arrivée dans une bouteille ; elle a été jetée à la Seine, à Sermaize, entre Melun et Fontainebleau, et adressée à un de mes amis. Cette bouteille, suivant la date de la lettre, a mis un mois et un jour pour arriver à destination. Nous pouvons ajouter que, si elle est parvenue, c'est un miracle, et cependant, le jardinier intelligent et dévoué qui expédiait ainsi des nouvelles à ses maîtres, avait pris toutes ses précautions. Il avait fait de sa lettre cinq exemplaires confiés à autant de bouteilles, déclare-t-il dans sa missive; seulement, il ne dit pas si toutes ont été mises à l'eau le même jour.

Plusieurs journaux reprochent au Gouvernement de suivre une politique indécise et de compromettre la défense par ses hésitations. Ils l'accusent encore de ne pas mettre le public incessamment au courant de ses espérances et de ses moyens d'action, et de garder quelquefois pour lui les dépêches qui lui parviennent. Depuis quelques jours, les mêmes reproches se reproduisent et l'*Officiel* reste silencieux.

## 97ᵉ JOURNÉE

**Mardi 20 Décembre**  3 %  52.75

Enfin, ce matin, l'*Officiel* contient une note du Gouvernement, qui se défend contre les attaques réitérées de la presse. Il dit que son devoir est de combattre l'invasion, de la repousser par la force ou par un arrangement honorable. La tâche est lourde, ajoute-t-il, mais il a pour lui la France entière, et avec la garde nationale, la mobile et l'armée. Il doit réussir dans sa sainte entreprise. Que Dieu l'exauce!

Le canon a grondé une partie de la nuit, mais la journée a été calme ; cependant il règne dans Paris une inquiétude visible. On pressent un effort, et l'aspect de la ville assiégée est triste, mais d'une dignité remarquable. La journée de demain sera peut-être décisive, mais sûrement elle sera meurtrière, car malgré nos portes fermées depuis hier, les Prussiens ont dû être avertis, et ils nous attendront de pied ferme derrière leurs remparts.

Il y a eu, cette semaine, des livraisons nombreuses d'artillerie ; sans aucun doute, cet appoint jouera demain un grand rôle dans la bataille qui se prépare. Quand on prévoit un combat, l'agitation vous gagne facilement, et il est très-difficile de rester chez soi les pieds croisés sur les chenets avec indifférence ; aussi, suis-je sorti ce soir vers neuf heures. Paris a l'air d'un tombeau : pas une boutique ouverte, pas une voiture. Un piéton de ci, de là, dont le bruit des pas semble sonner sur un sépulcre. Cela fait froid au cœur. Et voilà Paris, cette ville autrefois si brillante la veille de Noël, c'est-à-dire au moment où elle devrait commencer à fêter joyeusement la naissance du Christ et le premier jour de l'année. On sent que chaque heure qui s'écoule emporte un lambeau, une parcelle de vie à cette pauvre ville qui se débat contre ces deux fléaux terribles : la misère ! la faim !

La réquisition des chevaux particuliers a commencé. Le Gouvernement me prend aujourd'hui, au prix de 1 fr. 75 c. la livre, une paire de chevaux de 9,000 francs. Mais regardons-nous cependant très-heureux qu'on veuille bien nous en donner un prix quelconque. Le cœur me saigne, car j'avais là un vieux serviteur de vingt ans, qui fait meilleure mine au coupé que sur ma table. Mon pauvre Rouan, que vas-tu devenir? Pauvre victime innocente de la guerre !

Le froid recommence, et grâce toujours à M. le maire de Paris, avec ses réquisitions, le bois augmente de plus en plus; ce que l'on payait 55 francs, vaut aujourd'hui 200 francs ! Le plus triste, c'est que les gens nécessiteux se trouvent sans combustible, et que de cette disette contre laquelle on lutte aussi difficilement que contre la faim, il en est résulté des choses regrettables. Le pauvre, sans feu pour se chauffer et faire cuire l'alimentation de sa famille, a attenté à la propriété d'autrui. On a coupé des arbres sur les boulevards, on a pris les bancs des promenades, on a volé toutes les clôtures en planches, les échaffaudages des maisons en construction ; on a été jusqu'à détacher des volets, des persiennes et des portes des maisons pour faire sa provision de chauffage.

A onze heures du soir, la note suivante est envoyée à toutes les mairies de Paris.

« Le gouverneur est parti ce soir pour se mettre à la tête de l'armée, des opérations de guerre importantes devant commencer demain, 21 décembre, au point du jour. Tous les mouvements de troupes se sont exécutés avec la plus grande régularité, et, à l'heure qu'il est, il y a plus de cent bataillons de la garde nationale mobilisée en dehors de Paris.

» 20 décembre, onze heures du soir.

» Par ordre : *Le général chef d'état-major général des armées de la défense*,

» SCHMITZ. »

Deux heures du matin. — Au moment où je vais prendre un peu de repos, on bat le rappel; ce sont les bataillons de marche qui se réunissent pour aller au combat.

## 98ᵉ JOURNÉE

**Mercredi 21 Décembre**  3 %  52.80

Jour triste à tous égards. Aujourd'hui l'hiver commence. Ah! nous nous en souviendrons de cet hiver, si Dieu nous laisse de ce monde! Le froid a encore augmenté et il souffle un vent d'Est très-violent. La lutte est engagée depuis ce matin sur la moitié de la circonférence des lignes prussiennes.

Chacun lit le bulletin militaire annonçant le départ du général Trochu à la tête des troupes. Je remarque avec plaisir combien la simplicité de cette déclaration est préférable à cette mise en scène des trois proclamations qui ont précédé les combats du premier décembre.

Le commencement de la journée est calme et la ville n'entend pas le canon. Ceux qui ne sont pas au combat, attendent fiévreusement des nouvelles. A deux heures et demie le Gouvernement fait afficher :

« 21 *décembre, 2 heures, soir.* — L'attaque a commencé ce matin sur un grand développement, depuis le Mont-Valérien jusqu'à Nogent.

» Le combat est engagé et continue avec des chances favorables pour nous sur tous les points.

» Cent prisonniers prussiens provenant du Bourget viennent d'être amenés à Saint-Denis.

» Le gouverneur est à la tête des troupes.

» *Le général chef d'état-major général :* SCHMITZ. »

Suivant les nouvelles qui circulent et qui semblent exactes, le centre de l'action se trouve au Bourget et les spectateurs qui se trouvent sur Montmartre peuvent de là voir facilement le feu de l'artillerie et suivre les évolutions militaires dans la direction du plateau d'Avron.

Il semble certain que les troupes qui seront engagées dans cette affaire seront considérables.

La ville est très-animée et anxieuse.

Ce soir, la mairie affiche le rapport suivant :

### RAPPORT MILITAIRE.

« 21 *décembre* 1870, 10 *h. soir.* — Les opérations militaires engagées aujourd'hui ont été interrompues par la nuit.

» Sur notre droite les généraux de Malroy et Blaise, sous les ordres du général Vinoy, ont occupé heureusement Neuilly-sur-Marne, Ville-Evrard et la Maison-Blanche. Le feu de l'ennemi a été éteint sur tous les points où il avait établi ses batteries pour arrêter notre action, à la suite d'un combat d'artillerie très-vif.

» Le général Favé, commandant l'artillerie de la 3ᵉ armée, a été blessé.

» Le plateau d'Avron et le fort de Nogent ont appuyé l'opération.

» Dès le matin, les troupes de l'amiral de la Roncière ont attaqué le Bourget. Elles étaient composées de marins, de troupes de ligne et de gardes mobiles de la Seine.

» La première colonne qui avait pénétré dans le village n'a pu s'y maintenir, elle s'est retirée après avoir fait une centaine de prisonniers qui ont été dirigés sur Paris. Le général Ducrot fit alors avancer une partie de son artillerie qui engagea une action très-violente contre les batteries de Pont-Iblon et de Blancmesnil. Il occupe ce soir la ferme de Groslay et Drancy.

» Du côté du Mont-Valérien, le général Noël, vers 7 heures du matin, a fait une forte démonstration à gauche sur Montretout, au centre sur Buzenval et Longboyau, en même temps que sur sa droite le chef de bataillon Faure, commandant du génie du Mont-Valérien, s'emparait de l'île du Chiard. Au moment où cet officier supérieur y pénétrait à la tête d'une compagnie de francs-tireurs de Paris, il fut blessé très-grièvement. Le capitaine Haas, qui commandait cette compagnie, fut tué raide.

» La garde nationale mobilisée a été engagée avec les troupes; tous ont montré une grande ardeur.

» Le chiffre de nos blessés n'est pas encore connu ; il n'est pas très-considérable, eu égard au vaste périmètre sur lequel se sont développées les opérations. Cependant les marins et la garnison de Saint-Denis ont fait des pertes assez sérieuses dans l'attaque du Bourget qui, d'ailleurs, a été fort contrariée par une brume intense, très-gênante pour l'action de notre artillerie.

» Le Gouverneur passe la nuit avec les troupes sur le lieu de l'action.

» Paris, le 21 décembre 1870.

» Par ordre : *Le général chef d'état-major général,*
» SCHMITZ. »

» Pour copie conforme : *le ministre de l'intérieur par intérim* : JULES FAVRE. »

Pour aujourd'hui nous n'aurons pas d'autres détails. La nuit me semble devoir être calme ; le ciel est beau et le froid est des plus vifs. Une chose à remarquer ; c'est que chaque sortie importante est signalée par un froid excessif. Le 28 novembre, le thermomètre marquait cinq degrés au dessous de zéro.

Je finis cette journée par une note donnant la composition de l'armée de la Loire, à la date de fin novembre.

« La *Gazette nationale de Berlin* contient, dans son numéro du 24 novembre dernier, la composition suivante de notre armée de la Loire empruntée à la *Gazette militaire d'Autriche*.

» L'ordre de bataille de l'armée de la Loire est ainsi constitué :

### 15ᵉ CORPS D'ARMÉE
#### Général en chef, Reyau

» 1ʳᵉ division : général Sol. 1ʳᵉ brigade : général Tripart. 2ᵉ brigade : général Bertrand. 3ᵉ brigade : général Chabron. 2ᵉ division : général...? 4ᵉ brigade : général Martineau-Deschenez. 5ᵉ brigade : général Bressolles.

### 16ᵉ CORPS D'ARMÉE
#### Général Polhès, commandant en chef.

» 1ʳᵉ division : général Négrier. 6ᵉ brigade : — ? 7ᵉ brigade : général Michaud. 2ᵉ division : général Marulaz. 8ᵉ brigade : général Poitevin. 9ᵉ brigade : général Rouvray.

» Division de cavalerie : général Pallière. 1ʳᵉ brigade : général Longuerue. 2ᵉ brigade : général Nessaipe. 3ᵉ brigade : — ?

### 17ᵉ CORPS D'ARMÉE
#### Général Kératry, commandant en chef.

» 2 divisions d'infanterie avec 5 brigades et 1 brigade de cavalerie.

### 18ᵉ CORPS D'ARMÉE
#### Général Bourbaki, commandant en chef.

» 4 divisions d'infanterie, 12 brigades et 2 brigades de cavalerie.

» D'après ces données, l'armée de la Loire devait former à cette époque 10 divisions d'infanterie avec 26 brigades à 6,000 hommes, soit 156,000 hommes d'infanterie, 2 divisions de cavalerie avec 6 brigades, à 1,800 hommes, soit 10,800 hommes ; ce qui constituait alors un total de 166,000 hommes.

» Mais, à cette époque, ces brigades n'étaient pas au complet, car d'après le journal auquel nous empruntons cette nouvelle, notamment en ce qui touche le corps de Kératry, il était encore en formation en Bretagne, et les corps n'étaient pas tout à fait complets. M. Gambetta semble donc exagérer en portant l'armée de la Loire à 200,000 hommes, après l'évacuation d'Orléans et les pertes qu'elle avait pu subir. »

---

## 99<sup>e</sup> JOURNÉE

**Jeudi 22 Décembre**     3 % 52.75

La nuit du 20 au 21 a eu un aspect étrange et qui ne se représentera, je crois, jamais ; il est donc bon d'en parler aujourd'hui. Au milieu de l'obscurité de Paris, dont j'ai déjà parlé bien des fois, le rappel a rassemblé vers deux heures du matin les bataillons de marche convoqués pour les opérations militaires du lendemain. Réunis dans leurs quartiers respectifs, ces bataillons se sont rejoints et massés sur la ligne des boulevards et le défilé a commencé vers trois heures et demie. Les personnes qui ont pu assister à cette manœuvre ont vu certainement un spectacle singulier, je dirai même presque fantastique. Il était étrange, en effet, de voir défiler dans l'ombre et silencieusement ces légions armées, ces hommes qui partaient pour défendre leur patrie, ces citoyens dévoués, qui le cœur serré obéissaient au devoir, maudissant tout bas la guerre et ses horreurs. Quel tableau sinistre !

Aujourd'hui la journée est calme, et tout le monde en est surpris. On attend avec impatience des nouvelles de la lutte, et voici qu'on affiche à cinq heures cet avis du Gouvernement, qui me semble n'être pas le précurseur d'une victoire.

« La journée d'hier n'est que le commencement d'une série d'opérations. Elle n'a pas eu et ne pouvait guère avoir de résultats définitifs; elle peut servir à établir deux points importants :

» L'excellente tenue de nos bataillons de marche, engagés pour la première fois, qui se sont montrés dignes de leurs camarades de l'armée et de la mobile;

» Et la supériorité de notre nouvelle artillerie, qui a éteint complétement les feux de l'ennemi.

» Si nous n'avions pas été contrariés par l'état de l'atmosphère, il n'est pas douteux que le village du Bourget serait resté entre nos mains.

» A l'heure où nous écrivons, le général gouverneur de Paris a réuni les chefs de corps pour se concerter avec eux sur les opérations ultérieures. »

Dans la journée, le gouverneur de Paris recevait au fort d'Aubervilliers d'où il dirigeait les opérations, le bulletin suivant :

« *Le vice-amiral commandant en chef au gouverneur de Paris, au fort d'Aubervilliers.*

« *Ce 22 décembre, 3 h. 1/2.* — Conformément à vos ordres, nous avons attaqué le Bourget ce matin.

» Le bataillon des marins et le 138<sup>e</sup>, sous l'énergique direction du capitaine de frégate Lamothe, ont enlevé la partie nord du village, et en même temps qu'une attaque menée vigoureusement par le général Lavoinet dans la partie sud se voyait arrêtée, malgré ses efforts, par de fortes barricades et des murs crénelés qui l'empêchaient de dépasser les premières maisons dont on s'était emparé.

» Pendant près de trois heures, les troupes se sont maintenues dans le nord du Bourget, jusqu'au delà de l'église, luttant pour conquérir les maisons une à une; sous les feux tirés des caves et des fenêtres, et sous une grêle de projectiles, ils se sont retirés; leur retraite s'est faite avec calme.

» Simultanément une diversion importante était effectuée

par les 10ᵉ 12ᵉ, 14ᵉ bataillons des gardes mobiles de la Seine et une partie du 62ᵉ bataillon de la garde nationale mobilisée de Saint-Denis, sous le commandement du colonel Dautreman.

Enfin, au même moment, le 68ᵉ bataillon mobilisé de Saint-Denis se présentait devant Epinay, tandis que les deux batteries flottantes numéros 1 et 4 canonnaient le village, ainsi qu'Orgemont et la ligne d'Enghien, qui ripostaient vigoureusement.

» Nos pertes sont sérieuses, surtout parmi le 134ᵉ et le 138ᵉ.

» Bien que notre but n'ait pas été atteint, je ne saurais assez louer la brillante énergie dont nos troupes ont fait preuve.

» Cent prisonniers prussiens ont été ramenés du Bourget.

» DE LA RONCIÈRE. »

Une autre note est ainsi conçue :

« *Ce 22 décembre 1870.* — La nuit dernière, des soldats ennemis restés dans les caves de Ville-Evrard ont fait une attaque sur les postes occupés par les troupes. Nos hommes ayant riposté vigoureusement, ont tué ou fait prisonniers la plus grande partie des assaillants. Malheureusement, le général Blaise, qui s'était porté en toute hâte à la tête de ses troupes, a été mortellement atteint. Il est l'objet des plus vifs regrets dans la brigade qu'il commandait depuis le commencement du siège, et l'armée perd en lui un de ses chefs les plus vigoureux.

» Les pertes de l'ennemi ont été des plus sérieuses aux affaires d'hier ; elles sont confirmées par les prisonniers qui ont été faits sur les différents points.

» P. O. *Le général chef-d'état major général des armées de la défense:* SCHMITZ.

» Pour copie conforme: *Le ministre de l'intérieur par intérim:* JULES FAVRE. »

Les journaux du soir disent que le combat d'hier n'a été qu'un combat d'artillerie, et ils ajoutent que la journée a été employée à nous fortifier dans les parties conquises. Je l'espère, mais je le répète, le ton général du Gouvernement ne paraît pas encourageant.

L'action principale du combat avait pour théâtre la rive gauche du canal de l'Ourcq. C'est par la porte de Flandre que les troupes étaient sorties de Paris.

L'artillerie, comme toujours, a commencé la journée dès l'aube. Les forts d'Aubervilliers, de l'Est, de la Briche, les batteries de Saint-Ouen et de Courneuve, les locomotives blindées sur le chemin de fer de Soissons, dix batteries de campagne et sept de siége ont pris à l'action une large et puissante part.

Au jour, les marins et les mobiles de la Seine, lancés sur le Bourget, ont franchi les fossés, escaladé les murs et enlevé la position à la baïonnette.

A Stains, l'élan fut pareil, et la position resta entre nos mains. La ferme de Groslay, fortement défendue par l'ennemi, devient la conquête de la division Berthaut. Le canon tonne, les mitrailleuses crépitent!... C'est un ouragan de feu, de fer et de plomb qui couche sur la terre nos fils, nos amis! nos frères!

Drancy et Romainville sont occupés par la division Ducrot. Là, comme au Bourget, l'affaire a surtout été un combat d'artillerie.

Pendant ce temps, l'artillerie d'Avron faisait merveille en tonnant sur Noisy-le-Sec et défendant la Marne, empêchant ainsi le passage de l'ennemi, qui aurait pu tenter une jonction avec les troupes du Drancy et du Bourget.

A Neuilly-sur-Marne, les Prussiens ont été vivement délogés de leurs avant-postes.

Malgré toutes les forces déployées, malgré l'entrain des soldats, malgré leur valeur, malgré les sacrifices, la lutte a encore été inutile. De tous les points conquis le matin, le plus important a été abandonné sous la pluie de fer de l'artillerie ennemie. Les Allemands, démasquant leurs batteries du Bourget, du Drancy, de Noisy-le-Sec et du Pont-Iblon, nous ont encore une fois forcés à la retraite, et nos troupes fatiguées furent obligées de se replier à l'abri des forts.

Nos pertes sont sérieuses, celles de l'ennemi le sont aussi, mais nous n'avons pas vaincu. Partout les Prussiens sont gardés par de solides barricades, par des murs crénelés, par des terrassements gigantesques.

Ce sont les marins de la garnison de Saint-Denis et le 134ᵉ de ligne qui ont commencé l'attaque. C'est la hache au poing que les marins ont abordé l'ennemi. Dans la sufferie, en avant du Bourget, ils ont fait une centaine de prisonniers. Quatre officiers de marine ont été tués.

La gendarmerie a fait une charge magnifique, et dont les résultats ont été merveilleux. Efforts inutiles !

Les bataillons de marche se sont admirablement conduits. Ce sont eux qui occupent Ville-Évrard.

Les généraux Blanc et Favé ont été tués.

Que de victimes pour un si mince résultat.

Tout le personnel des ambulances était à son poste ; il s'y trouvait des frères, des dominicains. La légion des brancardiers était parfaitement organisée.

Voici l'ordre du jour adressé aux troupes par le général Vinoy, à propos de l'affaire de la Ville-Évrard :

### ORDRE GÉNÉRAL

« Dans la nuit du 21 au 22 décembre, les bâtiments et le parc de la Ville-Évrard, qui avaient été enlevés pendant la journée précédente avec courage et entrain par quatre bataillons du général Blaise, ont été attaqués à l'improviste.

» Quoique surpris et privés de leur général atteint mortellement au commencement de l'action, nos bataillons ont fait bonne contenance. Ils ont su résister courageusement, et ont pris ou tué une bonne partie des assaillants.

» Malheureusement quelques hommes et même des officiers ont quitté leurs camarades et sont venus répandre l'alarme dans les villages environnants et presque au quartier général.

» Le général en chef félicite chaleureusement les bataillons du 112e et 114e de ligne de leur conduite énergique et sollicitera pour eux une large part des récompenses.

» La faute commise par quelques-uns ne portera pas préjudice aux régiments et ne peut leur faire tache.

» Mais quant à ceux qui ont abandonné leurs postes et qui ont jeté leurs armes pour fuir, ils auront à rendre compte de leur conduite devant un conseil de guerre.

» Dans les circonstances graves où nous nous trouvons, et dans l'intérêt de la discipline, on ne saurait tolérer un semblable oubli des devoirs les plus rigoureux qui sont imposés devant l'ennemi.

» Au quartier général, le 23 décembre 1870.   Vinoy.»

Monsieur le ministre des Etats-Unis d'Amérique, chargé de la protection des Allemands résidant encore dans Paris, a l'avantage de recevoir son courrier extérieur tous les mardis. C'est une joie pour la capitale, car par cette voie, qui est vraiment la seule, on ne peut se figurer combien il arrive de lettres particulières, grâce à l'obligeance du ministre qu'on ne saurait trop remercier d'un semblable procédé. Plus de dix mille personnes, chaque jour de courrier, reçoivent des nouvelles du dehors. Voici comment arrivent ces bienheureuses nouvelles.

A dix heures du matin, heure militaire, on sonne au parlementaire au pont de Sèvres, et le drapeau blanc est levé. C'est la correspondance de M. Washburne qui traverse les avant-postes prussiens.

Un officier ennemi, en tenue irréprochable, ganté et chaussé comme dans un salon, s'avance sur le pont jusqu'à l'arche rompue, porte la main à sa coiffure, et, s'adressant aux officiers français qui l'attendent, s'exprime ainsi :

— Messieurs, j'ai l'honneur de vous présenter mes salutations.

Et le colloque suivant alors commence.

— Monsieur, nous avons l'honneur de vous saluer.

— Messieurs, j'ai l'honneur de vous informer que j'ai la mission de vous remettre le courrier de M. Washburne.

— Monsieur, nous allons avoir l'honneur d'aller chercher le paquet.

Après cette conversation et un échange de saluts militaires, chacun regagne de son côté l'extrémité du pont et descend sur la berge. Les Français détachent une barque, traversent le fleuve et reçoivent des mains de l'officier prussien les plis diplomatiques sous forme de valise. Nouveaux saluts, rentrée définitive dans les tranchées et, s'il y a lieu, ouverture du feu aussitôt que le drapeau parlementaire disparaît.

La première livraison du deuxième volume des *Papiers et Correspondances de la famille impériale* vient de paraître.

Ce soir, minuit, calme complet. Cinq degrés de froid.

## 100ᵉ JOURNÉE

Vendredi 23 Décembre     3 %    52.75

En inscrivant la centième journée du siége, je suis saisi d'un immense sentiment de tristesse, et mon âme en est profondément atteinte. C'est la famine, c'est surtout la famine du cœur qui arrive à grands pas. Ce pauvre cœur a faim de nouvelles ; il est resté cent jours sans avoir reçu un mot des êtres qui lui sont chers ! Cent jours sans avoir embrassé sa femme ! Cent jours sans avoir embrassé ses enfants tant aimés. Vivre sans savoir... s'ils ne souffrent point aussi... s'ils ne sont pas... Oh ! penser qu'on pourrait ne plus les revoir... Il y a de quoi ébranler avec cette pensée les cerveaux les plus solides... Il y a de quoi briser les âmes les plus fortement trempées. Joie, repos, amour, tout peut-être perdu ! Ah ! celui qui n'a pas passé par toutes ces attentes, par toutes ces angoisses, par toutes ces douleurs, ne peut s'imaginer ce que la prolongation du siége peut faire souffrir. Espérons que Dieu aura pitié de nos misères, et que, vainqueurs ou vaincus, nous sortirons bientôt de cet enfer.

A la Bourse, on est calme. On se passe *le Journal des Débats,* qui contient un extrait d'une feuille allemande dont le ton est des plus radouci et fait un singulier contraste avec le langage tenu il y a quinze jours. Elle renferme, en outre, une proclamation du roi de Prusse à l'armée. Dans cette page tudesque, le monarque déclare vouloir une paix pleine d'honneur. La même feuille, c'est-à-dire le même extrait, déclare que les troupes françaises augmentent beaucoup, mais que l'armée prussienne en triomphera par sa discipline, sa force première. Le raisonnement, hélas ! n'est que trop juste.

Aujourd'hui les bruits de combats sont très-vagues. Le rapport militaire ne nous fait pas supposer que la bataille doive se continuer en ce moment.

### RAPPORT MILITAIRE

23 *décembre, soir.* — Les nuits qui ont suivi l'attaque du 21 ont été rudes pour nos soldats ; le froid le plus intense n'a cependant pas arrêté nos efforts. On a travaillé

activement à abriter les troupes contre les coups de l'ennemi, et si les tranchées ouvertes n'ont pas été terminées aussi promptement qu'on pouvait s'y attendre, cela tient à l'effet d'une gelée intense qui a durci la terre et en a rendu le maniement plus difficile.

» Le 22 décembre, le commandant du fort d'Issy a envoyé une forte reconnaissance dans le bois de Clamart. Elle a été brillamment exécutée par huit compagnies de gardes mobiles de la Seine, 4e et 5e bataillons, sous les ordres du chef de bataillon Delclos, du 5e bataillon.

» L'ennemi a eu un nombre considérable de tués et de blessés ; de notre côté, nos pertes ont été sensibles.

» Ainsi, sur tous les points où nos troupes ont été engagées, elles ont rempli leur devoir avec le dévouement que l'on pouvait attendre d'elles.

» *Le général chef d'état-major général*, Schmitz. »

La journée d'aujourd'hui a donc été nulle, et, sans aucun doute, le froid va paralyser les mouvements projetés.

La nuit a été employée à fortifier les positions que nous avons gardées. Une tranchée immense a été creusée, allant vers le Bourget, passant devant Drancy et se prolongeant jusqu'au bord du canal, près de Bondy. Ces travaux, tout en protégeant nos troupes, nous garantissent contre le retour offensif de l'ennemi.

Les prisonniers faits, conduits d'abord à Saint-Denis et ensuite dans nos forts, sont en majeure partie du duché de Posen ; quelques-uns sont cependant de la garde royale prussienne et berlinois.

Le Bourget a été en partie détruit par les obus de nos forts.

L'église de Drancy a été miraculeusement préservée, son clocher est percé de part en part. A Bobigny, l'église n'a plus de toit et les maisons s'écroulent.

D'après les renseignements qui ont pu nous arriver à cette heure, nous sommes assurés que c'est au Bourget surtout que le 21 la lutte a été la plus acharnée. Embusqués derrière les tombes du cimetière, les Prussiens fusillaient nos braves matelots presque à bout portant. Pour s'en emparer il a fallu le cerner. C'est ainsi que 97 soldats de la garde royale, régiment reine Élisabeth, ont été fais prisonniers. On prétend que l'un des obstacles qui nous ont empêchés de prendre le Bourget, c'est l'explosion des torpilles. Toujours d'après les on-dit, ce serait une batterie à trois étages démasquée du côté de Blancmesnil, qui nous aurait empêchés de forcer la ligne prussienne. De notre côté, c'est grâce au plateau d'Avron, sur lequel sont établies de fortes batteries, que nous avons pu nous emparer de Ville-Évrard, position conservée. A l'attaque du Bourget, M. Anatole Duruy, chef d'escadron d'état-major de la garde nationale, a été blessé par un éclat d'obus, à côté du général Clément-Thomas.

Un très-grand nombre de voitures d'ambulance ont franchi ce matin les fortications, se dirigeant vers le fort d'Aubervilliers.

Plusieurs journaux prétendent que nos affaires marchent bien ; ils comptent que la dénonciation du traité de 1856 par la Russie va mettre l'Europe pour nous. Il faut être optimiste à outrance pour se faire de semblables illusions. La Russie et la Prusse doivent sûrement être d'accord. Hélas ! souvenons-nous du mot de Napoléon I$^{er}$. « *Dans cinquante ans, l'Europe sera Cosaque ou Républicaine.* »

Suivant l'ordre du gouverneur, malgré le froid et la neige, les frères Godard ont lancé cette nuit, à deux heures, un ballon qui emportait un officier supérieur, M. Raoul de Boisdeffre, avec pigeons et dépêches.

Par décret en date de ce jour, le journal *la Patrie* est

## 101ᵉ JOURNÉE.

**Samedi 24 Décembre**          3 %    **52.60**

Le froid augmente ; cette nuit, le thermomètre marquait dix degrés. Aussi, comme je le pressentais, les opérations paraissent-elles ajournées. Cela ressemble parfaitement à une sortie manquée encore, comme les autres. Voici, comme je l'ai déjà fait remarquer, la seconde fois que le froid paralyse nos efforts. J'ai vu aujourd'hui une personne des ambulances qui, en parcourant le champ de bataille, a reçu d'un vieux sergent la confidence que, dans la nuit, si les Prussiens les avaient attaqués, ils n'auraient même pas pu prendre leurs fusils, tant ils avaient à souffrir de la température.

Le rapport militaire nous donne les preuves que la journée a été d'un calme désespérant :

« *24 décembre, soir*. — La journée s'est passée sans incident remarquable. Les troupes ont continué les travaux de terrassement en voie d'exécution ; elles ont eu beaucoup à souffrir pendant la nuit dernière des rigueurs de la température.

» Le gouverneur les a visitées aujourd'hui sur les points les plus avancés, et il a constaté leur bon esprit : les distributions sont faites dans de larges proportions.

» Deux bataillons mobilisés de la garde nationale ont fait une reconnaissance sur le Raincy et ont eu quelques hommes blessés après avoir échangé bon nombre de coups de fusil avec l'ennemi.

» L'artillerie des forts, celles de Bondy et du plateau d'Avron ont tiré fréquemment sur les travaux des Prussiens qui déploient de leur côté une grande activité.

» La terre est toujours rebelle au maniement de la pioche, néanmoins nos abris se consolident.

» P. O. *Le général chef d'état-major général* :

» Schmitz. »

Paris n'a point changé sa physionomie morne et sombre. Nos opérations sont forcément arrêtées; nous ne pouvons rien espérer de ce côté, et nous restons toujours sans nouvelles de province, qu'il serait si utile de connaître en ce moment.

C'est aujourd'hui la veille de Noël, jour où l'habitude était de se réjouir, mais nous avons la mort dans l'âme, et la joie, cette année, se traduit par des larmes. Vous souvenez-vous des boulevards à cette époque de l'année ? Quelle animation pendant cette nuit où les cafés et les boutiques restaient ouverts! Hélas! que les temps sont changés! Je viens de parcourir, il y a une heure, ce boulevard jadis si joyeux, si riant, si bruyant. J'étais presque seul au milieu de la nuit sur ce sol qui, sous mon pas, que le froid rendait sonore, semblait crier : C'est la mort! Les cafés sont ouverts!... Ils sont vides; quelques lumières, bien rares, éclairent la rue, mais ces lumières sont ternes et semblent des lampes funéraires. Quelques passants regagnent leur demeure ; on dirait des ombres qui fuient... effrayées elles-mêmes de la solitude qui règne autour d'elles.

Voilà le tableau de Paris, la veille de Noël, en 1870.

La seule chose vivante, au milieu de cette désolation, ce sont les boutiques des boulangers, qui, au lieu de fermer, comme de coutume, à cinq heures du soir, sont ouvertes une partie de la soirée. Il faut quelques gâteaux aux gens qui osent fêter Noël ce soir.... Ils en ont fait! Ils les ont mis en montre.... Et ils les vendent.

Quelques journaux anglais sont entrés dans Paris. Ces feuilles étrangères nous menacent d'un bombardement. Voici comment s'exprime, à ce sujet, le *Daily Telegraph* du 9 décembre.

« On ne peut plus douter qu'on ne procède bientôt au terrible travail, si longtemps reculé par les Allemands, c'est-à-dire au bombardement de Paris, dans le cas où les Parisiens, par suite des événements de la semaine dernière, n'arriveraient pas à reconnaître combien toute résistance est désormais sans espoir. Je suis à même de dire maintenant, sans trahir la confiance de personne, que les projectiles explosibles peuvent être lancés jusqu'au centre de Paris, que les batteries sont toutes armées, que Notre-Dame peut aussi bien servir de point de mire que la flèche de Strasbourg, il y a quelque temps. D'après ce que j'entends, le bombardement commencera probablement le 19 décembre. »

Nous voici au 24, et nous n'avons point encore vu se réaliser la triste prédiction du *Daily Telegraph*.

Cependant, ébranlé, comme je le suis, dans mes idées, je crois que la prolongation du siége doit nous amener une attaque générale des Prussiens. Cet article anglais, reproduit par tous nos journaux, a fait beaucoup d'effet dans Paris.

La suppression du gaz dans la ville a fait supposer à quelques propriétaires qu'ils pouvaient se dispenser d'éclairer les escaliers de leurs maisons.

D'autres propriétaires opposent le défaut de payement de loyers de la part des locataires et se considèrent comme dégagés vis-à-vis d'eux de leur obligation relative à l'éclairage. Ce sont là deux erreurs qu'il importe de relever.

En principe, rien, jusqu'à présent, *n'a affranchi* le propriétaire de l'obligation de procurer au locataire l'éclairage indispensable pour accéder aux localités louées ; cet éclairage des cours, escaliers ou corridors est une des conséquences usuelles de la location.

Le juge de paix du XX° arrondissement vient de rendre dans ce sens une décision qui fixera très-probablement la jurisprudence dans toutes les difficultés analogues qui surviendraient ultérieurement.

#### ORDRE.

« Malgré les recommandations les plus expresses, beaucoup de détenteurs d'armes, provenant des blessés ou d'origines diverses, ne les ont pas versées à l'artillerie. On signale, à ce sujet, les abus les plus graves ; c'est ainsi qu'un trafic paraît s'être établi à l'égard de fusils provenant de diverses ambulances non régulières.

» Le général chef d'état-major général des armées de la Défense, prévient les fauteurs de pareils désordres que, conformément aux lois sur l'état de siége, ils seront justiciables des tribunaux militaires si, dans le délai de quarante-huit heures, les armes qu'ils détiennent ne sont pas déposées dans les magasins de l'artillerie.

» *Le général chef d'état-major général* :
» Schmitz. »

## 102° JOURNÉE

### Dimanche 25 Décembre      3 %

NOEL ! C'est aujourd'hui la fête des enfants, de l'Église ! C'est aujourd'hui que nous fêtons le Sauveur du monde ; celui qui nous a appris à connaître Dieu dans toute sa grandeur, celui qui nous a dit : *Aimez-vous les uns les autres.* En regardant autour de nous, en voyant ces combats meurtriers, ces égorgements terribles, les hommes se ruant sur des hommes, nous constatons avec peine combien on écoute peu la sublime maxime du Christ. Dieu tout-puissant, vous avez dû entendre d'ardentes prières, vous demandant la fin des malheurs qui nous accablent; nous les répétons aujourd'hui. Les exaucerez-vous?

Le prophète a dit : « *Si Dieu tarde, attends-le !* »

Dieu tarde, et les vrais chrétiens attendent avec résignation ; car ils disent qu'il est impossible que Dieu n'ait pas un jour pitié d'eux.

Ce soir, le Gouvernement fait afficher son rapport quotidien.

« 25 *décembre, soir.* — Les troupes ont cruellement souffert pendant la dernière nuit : de nombreux cas de congélation se sont produits.

» Le travail des tranchées a dû être arrêté par suite de la dureté du sol, qui est gelé jusqu'à 50 centimètres de profondeur.

» Dans cette situation, devenue grave pour la santé de l'armée et qui pourrait l'atteindre dans son moral, le gouverneur de Paris a décidé que tous les corps qui ne seraient pas nécessaires à la garde des positions occupées, seraient cantonnés de manière à être abrités.

» Ils s'y remettront des pénibles épreuves qu'ils viennent de subir et seront prêts à agir selon les événements.

» Une partie des bataillons de la garde nationale employés au dehors rentrera dans Paris.

» Ceux qui resteront devant les positions seront cantonnés comme la troupe et relevés à tour de rôle.

» P. O. *Le général, chef d'état-major général des armées de la défense.* SCHMITZ.

» Pour copie conforme : *Le ministre de l'intérieur par intérim.* JULES FAVRE. »

Ce rapport militaire est accompagné de la note suivante :

« Les mesures que l'on vient de prendre pour sauvegarder la santé de nos troupes ont été nécessitées par une température tellement exceptionnelle qu'il faudrait remonter à une époque très-éloignée pour en retrouver un autre exemple.

» Elles n'impliquent à aucun degré l'abandon des opérations commencées.

» Le Gouvernement, le général, l'armée, le peuple persévèrent plus que jamais dans la résolution de continuer la défense, au prix de tous les sacrifices, jusqu'à la victoire définitive. »

En somme, les opérations sont donc terminées pour le moment.

Le froid persiste d'une manière terrible ; cette nuit il y a eu douze degrés. Le Gouvernement, pour répondre aux craintes de la population au sujet du combustible, vient d'ordonner des coupes considérables dans les bois de Boulogne et de Vincennes, afin d'assurer le chauffage pendant la durée du siége. Pauvres bois, joies du Parisien, vous allez être détruits en partie; nos petits-enfants seuls pourront les revoir comme ils étaient il y a six mois, touffus et verdoyants. Malgré les sages précautions du Gouvernement, je ne doute pas que le bois ne fasse naître, par un froid semblable, une crise violente dans les quartiers populeux.

Les maires des vingt arrondissements se sont réunis hier à l'Hôtel de ville, sous la présidence de M. Ferry. La plupart étaient accompagnés de leurs adjoints.

On s'est d'abord occupé de la question à l'ordre du jour : il s'agissait de la répartition de 500,000 fr. mis à la disposition de la ville de Paris pour l'établissement de nouvelles cantines municipales. Il a été entendu que partie de ce capital sera délivré en marchandises, sucre, café, chocolat, partie affectée au payement du matériel des cantines.

En vue de ces répartitions, chaque arrondissement a été

invité à indiquer le chiffre de ses nécessiteux, qui s'est décomposé comme suit :

| | | | | |
|---|---|---|---|---|
| 1$^{er}$ arrondis$^t$ | 8,000 ; | 11$^e$ arrondis$^t$ | | 30,000 ; |
| 2$^e$ | 12,000 ; | 12$^e$ | — | 25,000 ; |
| 3$^e$ | 24,000 ; | 13$^e$ | — | 34,000 ; |
| 4$^e$ | 19,000 ; | 14$^e$ | — | 15,000 ; |
| 5$^e$ | 15,000 ; | 15$^e$ | — | 30,000 ; |
| 6$^e$ | 13,000 ; | 16$^e$ | — | 12,000 ; |
| 7$^e$ | 10,800 ; | 17$^e$ | — | 39,454 ; |
| 8$^e$ | 8,000 ; | 18$^e$ | — | 60,000 ; |
| 9$^e$ | 14,500 ; | 19$^e$ | — | 66,000 ; |
| 10$^e$ | 20,000 ; | 20$^e$ | — | 20,000. |

La question de l'alimentation de tous les citoyens, et principalement de ceux qui n'étaient pas rangés dans la catégorie des nécessiteux nourris par les cantines municipales, a donné lieu à diverses réflexions. Un des membres présents a demandé que l'on mît à la portée de toutes les bourses certaines denrées de première nécessité, vendues aujourd'hui par leurs propriétaires à des prix exorbitants. Ce qui sera fait, sans aucun doute.

C'est aujourd'hui Dimanche, c'est Noël, profitons-en pour parler alimentation.

Les boucheries distribuent du cheval frais, 30 grammes pour trois jours ! Le pain est en abondance, on ne fait plus queue chez messieurs les boulangers. La dernière réquisition du blé en gerbe a donné de larges productions et livrera aussi de la paille très-rare en ce moment. La botte de foin, très-rare aussi, se paye quatre francs.

Grâce au système des réquisitions, les pommes de terre ont atteint des prix fabuleux. Aujourd'hui, j'ai vu une personne qui a payé *soixante francs*, deux boisseaux de ce tubercule.

Je donne ici le prix de différentes choses : Lapin, 40 fr. ;

poulet, 35 fr.; dinde, 100 fr.; chat, 20 fr.; beurre frais (la livre), 35 fr.; rillettes, façon Tours, 8 fr. la boîte.

En dehors des boucheries et dans les endroits où l'on peut s'en procurer avec beaucoup de protections, le cheval se vend 8 fr. la livre. L'âne se paye le même prix ainsi que le mulet. La volaille mal nourrie est exécrable. On recommande beaucoup l'osséine comme aliment. Il est positif que la gélatine d'os est excellente et que nous serons forcés d'en faire une grande consommation d'ici à peu de jours. On ne trouve plus de légumes verts si ce n'est du céleri. Le poisson est très-rare et très-cher; Chevet a vendu cette semaine un magnifique saumon pêché en plein Paris, au pont d'Iéna, 8 francs la tranche. Il possède encore des conserves de volailles. Voyez les prix et vous jugerez quelles sont les bourses qui peuvent payer de telles choses à l'estomac de leurs propriétaires.

Canard à la gelée, 20 fr.; fricassée de poulet, 22 fr.; lapereau sauté, 18 fr.; abatis de canard sauvage, 15 fr.; abatis de volaille; 10 fr.; la boîte de la volaille entière, 45 fr.; œufs frais du jour, la pièce, 2 fr.!!! pâté de bœuf et de volailles, 20 fr.

Les puddings jouent aussi un rôle important dans les ressources de la table. Ils valent de 2 à 10 francs selon leur grosseur.

Hier au soir, malgré les tristes heures que nous passons, il y a encore des gens qui ont eu le courage de faire réveillon. Ce repas a eu lieu chez Voisin.

J'en donne ici le menu, qui me semble assez curieux pour mériter d'être cité.

Potage printanier (*conservé*). Poisson de Seine (*très-rare*). Côtelettes de loup à la purée de haricots (*très-rares*). Un chat flanqué de 6 rats. Chameau rôti, Asperges en branches (*conservées*). Pudding au biscuit de mer. Poires, pommes, raisin. Le loup et le chameau sont des productions du Jardin d'acclimatation. Le chat, on peut le dire, n'existe plus à Paris tant on en a mangé depuis le siége. A l'heure qu'il est, cette viande est très-recherchée.

On s'occupe beaucoup du vin en ce moment. Il paraît à peu près admis que le gros vin ordinaire tend à s'épuiser et qu'il n'en reste pas pour plus de quinze jours ou trois semaines au maximum. Mais il restera en abondance des vins de qualité supérieure. Je ne parle pas des vins extra; Paris en aurait encore pour un an et au delà. A un franc et un franc cinquante, on pourra boire du vin encore pendant longtemps.

La misère prend des proportions inquiétantes, car si les gens aisés peuvent encore se procurer les choses énumérées ci-dessus, il faut penser à ceux qui n'ont rien ou presque rien et dont les privations sont grandes, et altèrent la santé. La grande nourriture d'extra dans les quartiers nécessiteux se compose des abats de cheval, foie, tripes, mou, cœur, etc., et encore tout cela est-il rare. On mange beaucoup de saucisson de cheval et du riz.

## 103ᵉ JOURNÉE

**Lundi 26 Décembre.**     3 %    **52.55**

La nuit doit avoir été terrible pour les troupes campées aux tranchées; le froid n'a pas diminué, au contraire, et les jeunes soldats peu aguerris se ressentiront de ces heures passées dans la neige. Leurs souffrances doivent être terribles.

Voici le bulletin militaire du jour :

« *Lundi* 26 *décembre, midi.* — Sur l'ordre du général Vinoy, trois bataillons de garde nationale ont été chargés ce matin d'occuper le parc de la Maison-Blanche pour renverser le mur crénelé qui le ferme au sud-ouest. Nos tirailleurs, après avoir trop tiré, ont débusqué le poste ennemi qui occupait le parc et tenait ferme dans la tranchée du chemin de fer.

» On travaille maintenant à abattre le mur, nous mettant en garde contre un retour offensif de l'ennemi. Le général d'Hugues, pour éviter des imprudences, s'est porté lui-même auprès des troupes de soutien. L'artillerie d'Avron a tiré seule pour appuyer l'opération, qui est en bonne voie. »

« *Midi* 35. — Pour occuper la Maison-Blanche le 24, j'avais prescrit de pratiquer plusieurs brèches dans le mur du parc pour nous y introduire. Depuis lors, l'ennemi a constamment envoyé ses tirailleurs pour inquiéter nos avant-postes. J'ai donc prescrit d'abattre en entier le restant du mur qui nous fait face.

» Cette opération, dirigée par le général d'Hugues, s'est faite ce matin et s'achève en ce moment. *Nos troupes ont chassé du parc un bataillon du* 106<sup>e</sup> *régiment,* 6<sup>e</sup> *saxon,* qui s'y était établi, et nos canons ont protégé le travail contre les troupes ennemies, qui semblaient vouloir s'y opposer. Nous avons peu de pertes. Je vous enverrai un rapport aussitôt que possible. »

« 26 *décembre,* 4 *h.* 27 *m. soir.* — L'opération sur la Maison-Blanche, conduite par le colonel Valette, avec trois bataillons de mobiles, a été très-bien dirigée. La grand'garde ennemie a été chassée du parc ; on a fait six prisonniers. Le mur a été complétement abattu, ce qui ôte à l'ennemi toute possibilité de s'y abriter pour inquiéter nos postes. Nos pertes sont d'un homme tué et huit blessés, dont un officier. Général Vinoy. »

A mon avis, ce petit fait militaire est offert à la capitale, en guise d'os à ronger, pour faire oublier l'inaction présente.

Réellement, cette affaire de la Maison-Blanche, qu'on entoure de trois rapports successifs, n'est qu'un combat d'avant-poste, mais on est heureux de pouvoir en parler.

A propos du Bourget, l'*Officiel* publie une note concernant les opérations militaires, rejetant à un temps plus éloigné l'explication de celles du mois de novembre. Comme document historique bon à méditer, je l'enregistre ici :

« *Paris*, 26 *décembre* 1870. — L'exposé des événements militaires qui ont eu lieu depuis le mois de novembre n'a pu être livré à la publicité en raison des circonstances au milieu desquelles ils s'accomplissaient. Il était d'intérêt public qu'à leur sujet aucune discussion ne s'ouvrît prématurément, alors que l'ennemi, on le sait, reçoit les journaux de Paris, qui lui portent les nouvelles quotidiennes du siége et les commentaires auxquels elles donnent lieu.

» Cet exposé, avec la raison et le but des opérations qui ont été faites, sera prochainement communiqué au public ; mais le Gouvernement a le devoir de lui fournir, dès à présent, des informations générales sur la situation de l'armée.

» C'est le 20 décembre au soir, pendant la nuit suivante et le 21 au matin que l'armée et la garde nationale mobilisée s'établissaient sur les positions qui s'étendent des bords de la Marne, en avant du plateau d'Avron, jusqu'à Saint-Denis. Cette concentration, bien que partiellement opérée par le chemin de fer de ceinture, avait été fatigante pour les troupes. Le temps s'était mis au froid. Un vent glacial souffla pendant toute la journée du 21, qui fut consacrée à l'occupation de Neuilly-sur-Marne, de Ville-Évrard, de Maison-Blanche, de Bondy, de la ferme de Groslay et du Drancy.

» L'occupation du Bourget, bien qu'effectuée en partie dans la matinée, fut contrariée par des accidents de guerre imprévus et ne put avoir lieu. Un vif engagement d'artillerie dura jusqu'à la chute du jour. A la nuit, les têtes de colonne gardant les positions, les troupes furent repliées en arrière, dans les tranchées qui formaient les points d'appui du champ de bataille préparé. Les unes et les autres, à peu d'exceptions près, étaient sans abri, et cette première nuit de bivouac, par une gelée intense, les éprouva très-péniblement ; il y eut quelques cas de congélation.

» Le lendemain, les troupes furent appliquées à des travaux de jour et de nuit nécessaires à la continuation des opérations. Il eût été à souhaiter que la journée du surlendemain fût consacrée au repos; mais l'ennemi avait fait sur ses propres positions des concentrations considérables, qui semblaient indiquer des intentions offensives et pouvaient nous offrir l'occasion d'un engagement général.

» Cet espoir ne se réalisa pas : les troupes, qui avaient marché pour reprendre leurs postes de combat, eurent encore une journée fatigante, pendant laquelle l'intensité du froid ne fit que s'accroître. A dater de ce moment, leur santé dut être considérée comme sérieusement atteinte. Les cas de congélation, contre lesquels l'activité des travaux entrepris ne put rien, se multiplièrent dans une proportion menaçante; ces travaux eux-mêmes furent ralentis par suite de la dureté du sol, et dès le 24 ils devenaient impossibles.

» Assurément l'ennemi, dans ses positions, est assujetti aux mêmes sévices. Mais ses soldats sont des hommes du Nord; les nôtres, originaires de contrées dont le climat est tempéré ou chaud, en éprouvent des effets plus caractérisés, et leur santé, dans une campagne de plein hiver, réclame des ménagements particuliers. Dans cette situation, et quelque douloureuse que pût être la suspension temporaire des opérations, le devoir de les continuer était primé par le devoir de donner aux troupes un repos et des soins devenus indispensables.

» Prolonger la résistance jusqu'aux dernières limites du possible, pour donner à la France le temps et les moyens de se soulever contre l'envahisseur et d'organiser la défense nationale, a été le but de tous les sacrifices que les citoyens de Paris ont faits; constituer une armée dans Paris, combattre énergiquement sur le périmètre d'investissement fortifié par l'ennemi, pour chercher à percer ses lignes et l'obliger, dans tous les cas, à immobiliser autour de nous des forces considérables, a été le but de tous les efforts que la garde nationale et l'armée ont faits. L'esprit public s'associera à la continuation de ce double effort, et Paris remplira noblement envers la France son devoir de capitale. »

On lit encore dans l'*Officiel* :

Un parlementaire prussien a remis ce matin, aux avant-postes du corps d'armée de Saint-Denis, une lettre adressée à l'amiral de La Roncière, écrite en langue allemande et dont voici la traduction :

Excellence,

« Les différentes preuves de bienveillance et de bons soins que Votre Excellence, ainsi que le général Trochu, ont données en faveur des blessés et des prisonniers allemands dans Paris, pour lesquelles preuves je vous présente mes remercîments les plus respectueux, m'enhardissent à venir de nouveau vous adresser une demande à leur sujet, très-hautement honoré général ; cette demande concerne le sous-officier Jean Muller, de la 3e compagnie du régiment des tirailleurs royaux de Saxe, qui a été blessé et fait prisonnier le 2 de ce mois à Bry-sur-Marne. Le père de ce jeune homme, un éminent serviteur de l'État, m'a adressé la demande la plus pressante pour obtenir un renseignement sur la vie ou la mort de son fils, et son échange, si c'est possible.

» J'espère que cette première demande ne sera pas adressée en vain à Votre Excellence. Je crois aussi devoir profiter de cette occasion pour faire une demande générale d'échange pour nos prisonniers se trouvant à Paris, et de soumettre cette question à l'appréciation de Votre Excellence, d'autant plus que le renvoi des officiers prisonniers, que vous avez ordonné, a été apprécié avec une très-vive reconnaissance. Si cet échange pouvait être accordé par le Gouvernement, le moment actuel paraîtrait peut-être le plus favorable pour échanger les prisonniers, car non-seulement le nombre de nos soldats prisonniers à Paris s'est encore augmenté de ceux pris dans les combats du 21, mais encore il se trouve entre nos mains un grand nombre de prisonniers français de l'armée du Nord.

» Je viens d'apprendre officiellement de Versailles que cette armée du Nord a été battue par le général Manteuffel, le 23 et le 24, à l'est d'Amiens, qu'elle est en pleine retraite dans la direction du nord-est, où elle est poursuivie.

» Un échange serait par là facilité et, en cas d'une solution favorable de votre part, je vous prie de vouloir bien me faire part du nombre des prisonniers, par grade et par rang.

» Avec la plus haute considération, je signe de Votre Excellence le très-soumis,

» *Margency, 25 décembre.*

(Signature illisible.)

*P. S.* — Je reçois à l'instant l'avis de la communication que Votre Excellence a faite cette après-midi à nos avant-postes par un parlementaire, et je saisis avec grand plaisir cette occasion pour vous remercier de la noble conduite de Votre Excellence et du général Trochu, qui ont accueilli avec la plus grande bienveillance la demande du lieutenant Vethacke, qui avait été fait prisonnier.

» Les renseignements que Votre Excellence désire sur quelques-uns de vos officiers et sur le docteur Eyraud, je ferai mon possible pour me les procurer, et j'espère pouvoir, d'ici à demain soir, envoyer à Votre Excellence des renseignements satisfaisants sur ces messieurs.

On fait suivre cette lettre des lignes suivantes :

« Sous prétexte d'un échange de prisonniers, la lettre du général prussien a pour but de jeter dans la population la nouvelle d'un insuccès de l'armée du Nord. On ne nous dit pas s'il s'agit de l'armée du général Moullac, ou de celle du général Faidherbe; cet événement, tel qu'il nous est annoncé, ne laisse pas supposer un échec important, encore moins la destruction d'une de nos armées. La population de Paris est à l'épreuve de ces tentatives d'intimidation. Elle sait que la France est debout et que chaque jour qui s'écoule augmente le nombre de nos défenseurs au dehors ; cela lui suffit pour supporter courageusement des épreuves dont l'issue infaillible est la délivrance. »

Les journaux reproduisent beaucoup d'articles puisés dans les feuilles allemandes trouvées sur les prisonniers. Ces articles détachés nous donnent des nouvelles satisfaisantes de l'armée de la Loire, qui me semble, à moi, venir bien lentement à notre secours.

Au milieu de toutes les nouvelles qui circulent dans Paris, il est une anecdote que je ne passerai point sous silence. Où a-t-elle pris naissance ? de quelle fabrique vient-elle? on l'ignore. Je la donne telle qu'on la raconte dans les cercles :

« Un médecin, se trouvant dans les ambulances le jour de la bataille du 21, remplissait le pénible devoir de relever les blessés. En parcourant ces champs d'hécatombes humaines, il trouva un officier prussien atteint mortellement, et il lui prodigua ses soins. L'officier, ne s'illusionnant pas sur sa position, s'adressa à lui en bon français, et lui dit : Docteur, puisque je vais mourir, je vous confie mes papiers et une lettre pour ma femme. Et en même temps il lui présenta les objets désignés. Le médecin accepta et jura qu'ils seraient remis à sa femme aussitôt que possible.

» L'officier prussien alors ajouta : Monsieur, je ne puis rien vous donner pour vous prouver ma reconnaissance, mais je vais vous confier une nouvelle qui vous emplira le cœur de joie : Frédéric-Charles a été battu deux fois sur la Loire. »

Si l'anecdote est fausse, avouons au moins qu'elle est bien trouvée et faite pour ébranler les plus pessimistes.

La température n'est point faite pour arrêter la mortalité. Je ferai remarquer, chose assez curieuse, que cette semaine produit exactement le même nombre de décès que la semaine dernière, 2,728. Plusieurs maladies sont en décroissance, d'autres, au contraire, ont beaucoup augmenté. Je citerai particulièrement la fièvre typhoïde. Il ne serait point étonnant que les cas augmentassent encore cette semaine.

Paris est toujours sombre. L'arrêt des opérations de guerre excite dans les clubs des clameurs stupides, et suivant ces messieurs, nous devons en finir. A ce sujet, *le Combat* de ce matin donne un avis du club de Charonne qui convoque les présidents de tous les clubs, afin de prendre ensemble des mesures de salut public.

Alors nous sommes bien près d'être perdus.

---

## 104ᵉ JOURNÉE

**Mardi 27 Décembre**        3 %    52.50

Ce matin, à la pointe du jour, la ville se réveille au bruit d'une canonnade très-nourrie ; on sort promptement pour en connaître les motifs. L'aspect de Paris est navrant ; il fait dix degrés de froid, la neige tombe, épaisse, glaciale ; les rares voitures ne peuvent circuler, et le vent nous apporte le bruit épouvantable d'un tonnerre d'artillerie. On s'aborde sans se connaître, et l'on se demande ce qu'il y a. On trouve extraordinaire que nous attaquions les Prussiens après les avis d'hier émanant du Gouvernement. Enfin, vers onze heures, le bruit circule que nous sommes attaqués. Vers trois heures, on affiche ce rapport militaire :

« *27 décembre matin.* — L'ennemi a démasqué ce matin des batteries de siége contre les forts de l'Est, de Noisy à Nogent, et contre la partie nord du plateau d'Avron. Ces batteries se composent de pièces à longue portée.

» En ce moment, onze heures, le feu est très-vif contre les points indiqués, et comme cette canonnade pourrait être le prélude d'un bombardement général de nos forts, toutes les dispositions sont prises dans le but de repousser les attaques et de protéger les défenseurs.

» Cette nuit, on a entendu du Mont-Valérien deux fortes détonations qui peuvent donner à penser que l'ennemi a fait sauter le pont du chemin de fer de Rouen. Le fait sera vérifié dans la journée.

» Dès ce matin, l'ennemi a fait sauter la Gare-aux-Bœufs de Choisy.

» Cet ensemble de faits tendrait à prouver que l'ennemi, fatigué d'une résistance de plus de cent jours, se dispose à employer contre nous les moyens d'attaque à grande distance qu'il a depuis longtemps rassemblés.

» *Gouverneur de Paris.*
» *P. O. Le général chef d'état-major général*, Schmitz. »

Ce rapport est accompagné des lignes suivantes :

« L'attaque de l'ennemi ne fera qu'augmenter le courage de la population de Paris. Elle prouve par sa constance qu'elle est résolue à une résistance inflexible; elle s'associera aux nobles efforts de ses défenseurs en redoublant de calme et de discipline. Prête à tous les sacrifices pour sauver la patrie, elle ne peut être surprise ou ébranlée par aucune épreuve.

» *Le ministre de l'intérieur par intérim*, J. Favre. »

Pourquoi toujours cette rage de proclamations?... Le Gouvernement en a tellement abusé, qu'il doit savoir que cela ne touche plus la fibre sensible. Nous sommes blasés.

Le rapport du soir nous donne les nouvelles suivantes :

« L'ennemi a établi trois batteries de gros calibre au-dessus de la route de l'Ermitage, au Raincy; trois batteries à Gagny; trois batteries à Noisy-le-Grand ; trois batteries au pont de Gournay.

» Le feu a été engagé dès le matin, avec la plus grande violence : il était dirigé sur les forts de Noisy, de Rosny, de Nogent et sur les positions d'Avron.

» Tout le monde s'est tenu ferme à son poste, sauf quelques hommes qui ont quitté les tranchées dès le début et qui ont été ramenés, pour y passer la nuit, par ordre du général Vinoy.

» Ce combat d'artillerie a duré jusqu'à cinq heures, entretenu plus ou moins activement. Nos pertes s'élèvent à environ huit tués et cinquante blessés, dont quatre officiers de marine.

» Au fort de Noisy, il n'y a eu aucun homme atteint ; deux hommes, au fort de Rosny, et trois à celui de Nogent, ont été blessés.

» En résumé, cette première journée de bombardement partiel contre nos avancées et nos forts, avec des moyens dont la puissance est considérable, n'a pas répondu à l'attente de l'ennemi.

» Notre feu, très-vif, a dû lui faire éprouver des pertes sérieuses sur les points les plus à portée du plateau. »

Cette attaque des Prussiens a surpris tout le monde, et l'on se demande qui peut les pousser dans cette voie. Désespèrent-ils de nous réduire par la famine? Veulent-ils tenter de nous prendre pour disposer de leurs forces contre la France? Ou bien veulent-ils par cette attaque cacher un grand mouvement de troupes? On se perd en conjectures.

A parler franchement, je dois dire que le bombardement des forts a laissé la population sans effroi, et qu'elle envisage cette attaque imprévue du bon côté. Pour moi, la journée du 27 est la première scène du cinquième acte du grand drame auquel nous assistons depuis cent quatre jours; la fin viendra bientôt. Seulement, ce que je ne puis comprendre, c'est que le Gouvernement n'empêche pas la presse de leurrer toujours le public par des chants absurdes de victoire... qui vont jusqu'à l'inconvenance.

On assure que l'empire d'Allemagne est constitué et que le Reichstag est venu apporter la couronne impériale à Guillaume de Prusse, à Versailles.

Voilà donc le résultat final de cette guerre déclarée en juillet, et qui, suivant bien des journaux et des *braillards*, devait nous conduire directement à Berlin. Qu'en dites-vous, messieurs? Les Allemands nous ont apporté Berlin à Versailles, et c'est vous qui payez et qui payerez longtemps encore les frais de voyage. Ah! combien ceux qui ont poussé à cette horrible guerre ont de reproches à se faire aujourd'hui!... Et quand on songe qu'elle n'est pas terminée!

Le général Trochu n'a pas quitté son quartier général d'Aubervilliers.

Par décret en date de ce jour, il est créé dans la garde nationale de la Seine 32 régiments de Paris, portant les numéros 28 à 59.

Le froid a encore amené différentes atteintes aux propriétés particulières. A nouveau, des clôtures ont été brisées et des échaffaudages détruits. D'après une note officielle, les auteurs de ces délits seront traduits devant les conseils de guerre, et des mesures sévères vont être prises pour empêcher le retour d'actes de vandalisme semblables. — Il est bien temps!

## 105<sup>e</sup> JOURNÉE

**Mercredi 28 Décembre**     3 % 52.35

Le bombardement d'hier a été terrible comme canonnade, mais, heureusement, minime comme résultat, au point de vue matériel. Les efforts de l'ennemi se sont concentrés sur le plateau d'Avron que, certainement, il veut nous faire abandonner. Là, l'attaque a été formidable, depuis le matin jusqu'à cinq heures du soir, Avron a reçu plus de 3,000 projectiles. Il a fallu toute l'énergie des marins et des artilleurs pour faire face à ce déploiement formidable d'artillerie. Malheureusement pour nos batteries d'Avron, elles n'ont pas de pièces d'assez gros calibre.

Le général Trochu a visité cette position dans la journée.

Le combat d'hier était ainsi réglé chez l'ennemi : les batteries du Raincy tiraient contre le fort de Noisy ; celles de Gagny, sur Rosny ; celles de Gournay, sur le plateau d'Avron, et celles de Noisy-le-Grand, sur le fort de Nogent. On comprend peu cette attaque sur l'Est, lorsque l'on songe à ce qu'ils pourraient nous causer de mal en tirant de Châtillon et de Saint-Cloud. Peut-être ne me suis-je pas trompé, et veulent-ils nous déloger du plateau d'Avron. Nous le saurons bientôt. Paris, à cette heure, s'attend à une attaque générale des Prussiens ; son attente est ferme et digne. Le bombardement est commencé, se dit-il, il doit continuer.

Le rapport militaire nous dit aujourd'hui que le feu a été moins violent que hier ; on a peu tiré sur Nogent et Noisy ; par contre, Rosny n'a point été épargné. Les dommages ne sont pas sensibles, mais on peut, cependant, en constater. Ce fort a très-bien répondu et a tenu l'artillerie ennemie en échec, mais on assure que les Prussiens construisent de nouvelles batteries pour le battre en brèche.

Les journaux se félicitent tous, bien à tort, je crois, du peu de résultats obtenu par l'ennemi dans sa première journée de bombardement, pensant, sans doute, qu'il en sera de même chaque jour. Je les crois dans une erreur profonde ; attendons quelques jours avant de juger.

Le commandant Delclos, du 5e bataillon de la Seine, a opéré une vigoureuse reconnaissance sur le Bas-Meudon, le Val et Fleury. Dans ces trois villages, les postes prussiens ont fui à l'approche de nos troupes, laissant quelques prisonniers dans nos mains. Une fusillade assez vive s'engagea au moment où la reconnaissance regagnait le fort d'Ivry.

L'ennemi fut repoussé et contraint de se rejeter dans ses retranchements.

Hier, dans le XI⁰ arrondissement, la bande d'individus qui détruisait les clôtures, coupait les arbres pour se procurer du combustible, a pillé le chantier de M. Vizet, entrepreneur de démolitions, 135, rue de la Roquette. On a volé là pour 50,000 francs de bois, non pour se chauffer, mais pour le vendre. On se plaint de la mollesse du maire de ce quartier. Je ne sais quel est le mode d'administration de ce magistrat, je ne regarde que les faits commis, et je dis qu'ils sont honteux. D'autres quartiers ont vu les mêmes déprédations et les mêmes hontes. La garde nationale, requise pour mettre l'ordre, arrive toujours trop tard. Le Gouvernement, aussi mou que les maires, malgré son avis d'hier, fera, sans doute aussi, comme la garde nationale.

Ce soir, à la mairie, on affiche ce bulletin militaire :

« *Général commandant* 2⁰ *secteur au Gouverneur de Paris, ministre de l'intérieur.*

» 2⁰ *secteur, le* 28 *décembre,* 10 *heures* 55, *soir.* — Le rapport de mon officier d'état-major à la porte de Montreuil, donne les renseignements suivants :

» On estime à 5 ou 6,000 les projectiles lancés aujourd'hui par les batteries prussiennes. Le chemin entre Rosny et Avron était impraticable, les projectiles y arrivant en très-grand nombre. Il y a des blessés dans le village et sur le chemin de fer. »

Qu'apprendrons-nous demain ?... Le froid continue... mais par huit degrés seulement. Le bois devient si rare, que dans chaque appartement, on ne fait plus de feu que dans une seule chambre, qui devient la chambre commune. Voilà où nous en sommes.

## 106ᵉ JOURNÉE

**Jeudi 29 Décembre**  3 %  52

Ce matin, le froid est moins rigoureux, et chacun s'en réjouit pour nos soldats et pour soi-même.

L'*Officiel* contient l'avis suivant de M. Jules Ferry :

AUX HABITANTS DE PARIS.

« La rigueur extraordinaire et persistante de la saison d'hiver nous impose depuis huit jours de grandes souffrances.

» Le froid est, à cette heure, notre plus cruel ennemi.

» La population, dans son ensemble, oppose à cette nouvelle épreuve la persistance de l'esprit public et l'effort infatigable de cette discipline volontaire qui, depuis bientôt quatre mois, honore le peuple de Paris devant la France et devant l'histoire.

» L'administration a fait, de son côté, tout ce que la situation commande, c'est-à-dire tout le possible.

» Dès l'invasion du froid, le maire de Paris a ordonné de vastes abatis dans les bois de la ville ; le bois de Boulogne et le bois de Vincennes ont été mis en coupe réglée.

» Les plantations qui bordent les routes nationales et départementales sont sacrifiées sans distinction ; les gros arbres des boulevards sont coupés et débités.

» Ce travail, qui met à notre disposition des réserves immenses, s'accomplit avec toute la célérité que comportent une œuvre pareille et les charrois considérables qui en sont la conséquence.

» En même temps, tous les chantiers qui renferment des bois de démolition ont été mis en réquisition, et, malgré l'énorme dépense, nous n'hésitons pas à livrer à la consommation les bois de sciage et de charpente réservés d'habitude à la construction.

» Autour de la mairie de Paris, tout le monde est à l'œuvre : tous les syndicats, toutes les administrations, toutes les corporations qui nous apportent, avec le zèle le plus louable, un concours aussi précieux que désintéressé.

» Chacun fait son devoir, et, grâce à tant d'efforts réunis, nous viendrons à bout de ce terrible hiver.

» Mais il faut que, de son côté, la population nous vienne en aide ; il faut qu'elle supplée par sa bonne volonté, par son honnêteté, par son concours volontaire, aux moyens de surveillance qui nous font défaut. Si les chantiers où nous déposons les bois destinés aux distributions municipales sont, comme cela s'est vu, envahis et mis au pillage, si nos coupes de Vincennes et de Boulogne sont enlevées nuitamment par des bandes de malfaiteurs qui, sans l'assistance de la garde nationale et des honnêtes gens, demeureraient insaisissables ; si la propriété privée et la propriété publique ne sont pas respectées, il n'y a plus ni approvisionnement possible ni équitable répartition.

» Nous dénonçons à la garde nationale et à la population les maraudeurs et les pillards : ils sont en ce moment les complices de l'ennemi du dehors, et l'administration est résolue à les poursuivre avec la plus grande énergie.

» Paris, le 28 décembre 1870.

» *Le membre du Gouvernement délégué à la mairie de Paris,*   Jules Ferry. »

Cet avis à la population résume tellement bien la situation que je me borne à l'enregistrer sans commentaires. Cependant, je ferai une simple réflexion : je me permettrai, n'en déplaise à M. Jules Ferry, de douter des mesures de rigueur annoncées. Voilà tantôt quatre mois que nous en attendons une...

Passons d'une souffrance à une autre ; celle du bombardement. A la Bourse, les nouvelles sont mauvaises, la rente baisse ; l'attaque continue aujourd'hui et le bombardement a tellement redoublé de fureur sur le plateau d'Avron qu'il nous a été impossible d'y rester.

Voici le rapport qui nous donne ces détails affligeants :

« Le feu, qui avait été modéré dans la matinée d'hier sur les positions bombardées, est devenu très-vif dans l'après-midi et la soirée. De nouvelles batteries ont appuyé celles qui avaient été précédemment établies par l'ennemi : nos pièces, moins puissantes que les canons Krupp, ayant dû renoncer à faire feu, le plateau est devenu tout à fait intenable pour l'infanterie.

» Le gouverneur avait le devoir impérieux de soustraire cette artillerie et ces troupes à une situation que l'intensité croissante du feu de l'ennemi ne pouvait qu'aggraver : il a ordonné et organisé sur place la rentrée des pièces en arrière des forts. Cette opération difficile et laborieuse s'est effectuée pendant la nuit et dans la matinée.

» Le tir de l'ennemi, dans la soirée, passant par-dessus le plateau d'Avron, atteignait la route stratégique et par moments les villages environnants.

» La nouvelle phase, prévue depuis longtemps, dans laquelle entre le siège de Paris, pourra transformer les conditions de la défense, mais elle ne portera atteinte ni à ses moyens ni à son énergie.

» Paris, le 29 décembre 1870.

» *Le Gouverneur de Paris,*

» P. O. *Le général chef d'état-major général,* Schmitz. »

Peu d'instants après, on communique cet autre rapport :

« Aujourd'hui le bombardement a redoublé d'intensité; ses effets sur le plateau d'Avron, qui n'a cessé d'être canonné, ont démontré l'opportunité de l'évacuation qui a été opérée la nuit dernière. Les soixante-quatorze pièces d'artillerie qui ont été retirées, à peu près intactes, auraient été complétement désorganisées par le feu violent de la journée; il a été plus particulièrement dirigé contre les forts de Rosny, Nogent et Noisy, qui ont fait bonne contenance sous une pluie d'obus d'une dimension extraordinaire, lancés à grande distance.

» Des dispositions sont prises pour que cette artillerie soit contre-battue par les plus gros calibres dont dispose la défense.

» Il y a eu au fort de Nogent 14 blessés, dont 2 canonniers auxiliaires ;

» Au fort de Rosny, 3 tués, dont 2 artilleurs de la garde nationale; 9 blessés, dont 4 artilleurs de la garde nationale ;

» Au fort de Noisy, quelques contusionnés seulement.

» L'ennemi a ouvert le feu sur Bondy, où nous avons eu 2 hommes tués et 6 blessés.

» Paris, le 29 décembre 1870.

» *Le Gouverneur de Paris,*
» P. O. *Le général chef d'état-major général,* Schmitz. »

Viennent ensuite plusieurs autres rapports.

» *Colonel Le Mains à général Ribourt, à Vincennes.*

» *Créteil, le 29 décembre, 9 h. 10 m., matin.* — Nuit très-calme. Rien de nouveau sur notre ligne. Hier, à huit heures et demie du soir, quatre coups de canon tirés de Choisy sur la batterie placée de l'autre côté de la Seine, à hauteur de notre première tranchée. Les projectiles prussiens passaient au-dessus de nous. Quelques Prussiens se déployèrent en tirailleurs et échangèrent des coups de feu avec les gardes nationaux placés à la batterie. Les balles ricochaient jusque dans nos tranchées. Nos hommes n'ont pas tiré. Personne n'a été atteint. »

» *Général de Beaufort au général Vinoy, à Rosny.*

» *Neuilly, le 29 déc., 10 h. 10 m. du matin.* — Hier matin, attaque par deux ou trois cents hommes sur la maison Crochard, venant de Longboyau, repoussée par la première décharge, ne s'est plus reproduite.

» L'ennemi se barricade dans Chatou et semble renforcer ses lignes. Il brûle aux abords de la Malmaison les maisons qui le gênent.

» Hier, dans la soirée, petite alerte au poste de la station de Rueil. »

« *Général Noël au Gouverneur de Paris.*

» *Mont-Valérien, le 29 décembre, 1 h. 15 m. du soir.* — Le pont du chemin de fer de Rouen est toujours dans le même état, c'est-à-dire que la partie entre l'île et nous est intacte, tandis que l'autre partie, au nord-ouest de l'île, est non-seulement rompue près de l'île, mais encore la culée de la rive ennemie a été, il y a environ un mois, presque complétement détruite par les boulets des batteries de la presqu'île. C'est le pont du chemin de fer de Saint-Germain que l'ennemi a fait sauter il y a deux jours.

» Mes renseignements se confirment; l'ennemi a augmenté ses forces de ce côté. Cette nuit encore une de ses reconnaissances est venue tâter le poste de la station de Rueil sans le moindre succès. Il travaille à reconstruire le pont de bateaux de l'île de la Loge. Des maladies de toutes sortes, s'il faut en croire les rapports des espions, déciment l'armée ennemie.

» P. O. *Le général chef d'état-major général :* Schmitz. »

Comme on le voit, la nuit et la journée ont été remplis d'incidents, et ces rapports nous donnent des indications précises sur les mouvements qui se font en avant de nos lignes, au nord et au sud. Ces attaques d'avant-poste de l'ennemi prouvent qu'il se masse dans le but de faire une attaque générale. Nous devons nous attendre à des choses sérieuses d'ici à peu de temps; pour nos étrennes, peut-être.

L'attaque contre les forts, quoique furieuse, produit peu de dégâts.

Moralement, l'évacuation d'Avron est désastreuse ; cependant il ne faut point y attacher trop d'importance ; les Prussiens ne pourront jamais l'occuper, car le fort de Rosny commande et défend ce point, qu'il est désagréable de perdre, c'est vrai, mais qui ne fait pas faire un pas de plus aux Prussiens vers nos positions. A tort ou à raison, la perte du plateau d'Avron est considérée dans Paris comme un grave échec ; le parti extrême s'en est saisi de suite pour accuser le Gouvernement et reparler de la bienheureuse Commune.

J'avoue que je ne croyais pas qu'il existât des gens assez ambitieux pour vouloir s'emparer du pouvoir en ce moment ; car je suis certain que si, discrètement, on venait à cette heure frapper à la porte du gouverneur de Paris et des membres du Gouvernement pour leur donner la clef des champs, ils en profiteraient bien pour laisser en d'autres mains ce qu'ils tiennent avec tant de difficultés depuis le 4 septembre; le sentiment du devoir les retient, voilà tout!

C'est à dix heures du soir que la retraite d'Avron a commencé et que les troupes se sont retirées sur Neuilly-sur-Marne et Plaisance. Une de nos batteries de marine établie sur la gauche de la route, à l'entrée de Bondy, a été démontée. Comme on manquait de chevaux, nos marins ont traîné à bras les pièces, qui ont été sauvées.

Les journaux de ce soir blâment le général Trochu; car, disent-ils, depuis le 2 décembre que l'on possède Avron, on aurait pu en faire une forteresse inexpugnable. A mon avis, les journaux ont raison, l'on ne peut que regretter ce défaut de précautions du gouverneur de Paris.

## 107ᵉ JOURNÉE

**Vendredi 30 Décembre.** 3 % 51.70

Il serait inutile d'essayer de dissimuler la pénible impression produite par l'évacuation d'Avron. Paris a été atteint violemment, la secousse a été forte, et tout espoir s'en est allé. On désespère de voir réussir le plan conçu par nos généraux pour rompre les lignes prussiennes.

Ce matin, le feu continue vigoureusement, et durant une partie de la journée on n'a cessé d'entendre le canon.

**RAPPORT MILITAIRE.**

« Le feu de l'ennemi a recommencé ce matin à sept heures

quarante-cinq ; il a été vif pendant une partie de la journée, mais il n'a pas produit de sérieux effets. Il n'y a eu que trois blessés au fort de Nogent, sur lequel se sont portés principalement ses effets, et deux au fort de Rosny.

» Le fort de Nogent a cependant été bombardé de huit heures du matin à quatre et demie du soir.

» Le gouverneur a pu juger par lui-même de la solidité du moral des défenseurs des forts. L'artillerie de la garde nationale, éprouvée dès le premier jour, est pleine d'entrain et de dévouement.

» Paris, le 30 décembre 1870.

» *Le Gouverneur de Paris.*
» P. O. *Le général chef d'état-major*, Schmitz. »

On est toujours assez mal disposé pour le gouverneur de Paris ; on répand le bruit de mésintelligences dans le Gouvernement, et on conclut mal en faveur du général Trochu. Les maires se seraient réunis aussi, dit-on, afin de prendre une part active à la défense de Paris. M. Jules Ferry présidait comme toujours la réunion ; M. Jules Favre y assistait. Ce fut le maire du XIX<sup>e</sup> arrondissement, M. Delescluze qui prit le premier la parole en lisant un réquisitoire foudroyant contre le gouverneur de Paris et ses collègues. MM. Vacherot et Dubail protestèrent. Le maire du II<sup>e</sup> arrondissement prit alors la parole pour réclamer le droit de participer plus intimement à la défense de Paris, dont les maires étaient, pour le moment, les représentants directs et responsables ; puis il demanda de la part du Gouvernement une plus grande sévérité vis-à-vis des chefs militaires qui laissaient voir des sentiments anti-patriotiques. Lorsqu'il se tut, M. Jules Favre parla. Il parla longuement, éloquemment, refit l'histoire du siége, montra l'état de pénurie dans lequel le Gouvernement provisoire trouva Paris le 4 septembre, et il prouva clairement qu'on avait fait un travail énorme. Il confessa que le général Trochu n'avait pas toujours été exempt de blâme, qu'il s'était souvent montré hésitant, mais qu'il avait confiance dans le résultat final; qu'il voulait le triomphe et le maintien de la République, qu'il la maintiendrait et la ferait triompher.

On applaudit vivement. Le ministre annonça alors que le bruit courait, et que ce bruit se confirmait de plus en plus (*sans être officiel cependant*), que l'armée de la Loire, après avoir battu le prince Frédéric-Charles et Von der Thann, n'était plus qu'à douze lieues de Paris.

Espérons, cette fois, que la nouvelle de M. Jules Favre sera confirmée très-promptement.

M. Devisme a abattu aujourd'hui l'éléphant du Jardin des plantes. Frappé d'une balle explosible qui a pénétré par l'oreille, l'animal est mort au bout de plusieurs heures. Voilà une pièce de résistance.

## 108° JOURNÉE

**Samedi 31 Décembre**  3 °/₀ 51.65.

Nous voici au dernier jour de l'année; je ne puis le cacher, je la vois s'éteindre avec joie, cette année, espérant que celle qui va naître sera pour nous moins terrible, moins désastreuse, moins douloureuse, moins funeste. Cela serait, du reste, assez difficile d'en avoir une plus malheureuse, car autant de misères, autant de tortures ne pourraient s'amonceler une seconde fois sur tout un peuple, pendant le parcours de cent années.

J'ai dit hier que mille bruits malveillants circulaient sur

le général Trochu, et qu'on interprétait mal des soi-disant difficultés nées entre lui et ses collègues du Gouvernement. Ces bruits nous valent aujourd'hui une proclamation du gouverneur.

« Citoyens et soldats !

» De grands efforts se font pour rompre le faisceau des sentiments d'union et de confiance réciproque auxquels nous devons de voir Paris, après plus de cent jours de siége, debout et résistant. L'ennemi, désespérant de livrer Paris à l'Allemagne pour la Noël, comme il l'a solennellement annoncé, ajoute le bombardement de nos avancées et de nos forts aux procédés si divers d'intimidation par lesquels il a cherché à énerver la défense. On exploite devant l'opinion publique les mécomptes dont un hiver extraordinaire, des fatigues et des souffrances infinies ont été la cause pour nous. Enfin on dit que les membres du Gouvernement sont divisés dans leurs vues sur les grands intérêts dont la direction leur est confiée.

» L'armée a subi de grandes épreuves, en effet, et elle avait besoin d'un court repos que l'ennemi lui dispute par le bombardement le plus violent qu'aucune troupe ait jamais éprouvé. Elle se prépare à l'action avec le concours de la garde nationale de Paris; et tous ensemble, nous ferons notre devoir.

» Enfin, je déclare ici qu'aucun dissentiment ne s'est produit dans les conseils du Gouvernement, et que nous sommes tous étroitement unis en face des angoisses et des périls du pays, dans la pensée et dans l'espoir de sa délivrance.

» *Le Gouverneur de Paris*, général Trochu. »

Peut-être le gouverneur a-t-il, ainsi qu'on peut en juger par sa proclamation, trop fait attention aux clameurs du *Réveil* et du *Combat*, qui ne voient de salut que dans le pouvoir entre leurs mains. C'est si naturel pour ces messieurs. Il est vrai que les journaux en masse ont exprimé le désir de voir les opérations militaires conduites avec plus de suite et plus d'énergie. Le gouverneur a raison de croire qu'il est en butte à des animosités patriotiques. C'est à lui, par son action, à prouver que nous avons tort. Je sais bien que les journalistes sont inouïs, et ils font souvent sourire lorsqu'on lit les plans de bataille que chacun d'eux élabore au coin du feu.

Ces messieurs, parfois, veulent être hommes de lettres et généraux. Ah! il vous est facile de dire : Poussons la guerre avec fermeté et activité... Mais savez-vous si telle ou telle chose, que vous criez si haut de poursuivre, peut se plier à la pratique militaire. J'avoue cependant que le gouverneur a des hésitations malheureuses. Mais, par contre, je dois ajouter que, pour faire de bonne besogne, il faut de bons outils, et que c'est ce qui manque au général Trochu. Pour combattre l'armée prussienne, je me suis déjà étendu sur ce sujet, il nous faudrait de vieux soldats, bien disciplinés, aguerris au feu ; des officiers solides, instruits ; et nous ne possédons que des soldats de trois mois, plus ou moins bien nourris, maladifs, et des officiers dont les promotions sont trop récentes pour y trouver l'instruction désirée. Je ne cherche pas à dénigrer ici l'armée ; mais je crois ne pas me tromper en disant qu'on ne peut espérer trouver en elle ce qui ne s'acquiert qu'avec le temps. On ne doit pas oublier que ces troupes ont eu des hésitations aussi, des faiblesses dans les premiers combats devant Paris, et que ce n'est que grâce à quelques officiers distingués, qui se sont sacrifiés à la tête de leurs soldats, qu'on a obtenu des résultats heureux dont on ne peut nier l'évidence. Quand on questionne les mobiles de Paris, beaucoup vous répondent qu'ils sont fatigués et qu'ils désirent la paix. Quant à la garde nationale... qu'on accuse le gouverneur de ne pas utiliser, je dis, moi, qu'elle ne peut entrer en ligne dans les combats sérieux, qu'elle ne peut tenir longtemps devant l'ennemi en plaine, et que l'employer dans de certaines occasions périlleuses, serait la livrer à une boucherie sans exemple.

Sauf donc des exceptions, la garde nationale ne peut compter en ligne de bataille, car son indiscipline surtout la fait redouter de nos officiers généraux. Voilà, à mon avis, les mauvais outils du général Trochu... Dire que sa faiblesse n'est point un peu la cause de cet état de choses, je ne le pourrais; mais je crois que, en face de notre situation périlleuse, nous devons avoir de l'indulgence. Les Parisiens sont bien difficiles à gouverner.

Voici le rapport militaire du jour.

« 31 *décembre, soir.* — L'ennemi a augmenté ses batteries de gros calibre, et a rapproché plusieurs d'entre elles de nos points d'attaque. Ses projectiles sont arrivés aujourd'hui en assez grand nombre à la ferme de Groslay, à Drancy, à Bobigny, à Bondy, et quelques-uns même sont parvenus jusqu'à la Folie et Noisy-le-Sec.

» Il a continué en même temps le bombardement des forts de Rosny, Nogent et Noisy. Nous n'avons eu que quelques dégâts matériels et un très-petit nombre de blessés.

» *Le Gouverneur de Paris.*
» P. O. *Le général chef d'état-major général,* Schmitz. »
» Pour copie conforme : *Le ministre de l'intérieur par intérim,* Jules Favre. »

ORDRE DU JOUR.

« Les vingt bataillons de la garde nationale mobilisée placés sous mon commandement rentrent dans Paris, selon les ordres de M. le gouverneur, pour se remettre des rudes nuits de bivouac passées dans les tranchées de l'est.

» En attendant de nous revoir pour une prochaine action, je regarde comme un grand honneur pour moi d'avoir le devoir et le plaisir de remercier ces bataillons de leur active coopération, de leur bon esprit et de la fermeté de caractère qu'ils ont constamment déployée au milieu de nos épreuves.

» Noisy, le 31 décembre 1870.

» *Le vice-amiral*, SAISSET. »

L'amiral Pothuau et le général Beaufort adressent, non pas en mêmes termes, mais dans le même sens, une allocution semblable aux bataillons formant aussi la réserve qu'ils commandaient. Le général Clément-Thomas complète les éloges dans un ordre du jour, qui porte à la connaissance de tous, que sur les divers points où se trouvaient les bataillons mobilisés, leur belle conduite a été constatée. Le 200° bataillon aurait effacé ainsi le fâcheux souvenir de la tenue dans laquelle il était arrivé la première fois aux avant-postes. (*Tous étaient ivres, officiers et soldats.*)

Le *Journal officiel* contient plusieurs décrets portant des nominations à différents grades. On lit dans ce journal la note suivante :

« Au moment où l'ennemi menace Paris d'un bombardement, le Gouvernement, résolu à lui opposer la plus énergique résistance, a réuni en conseil de guerre, sous la présidence du gouverneur, les généraux commandant les trois armées, les amiraux commandant les forts, les généraux des armes de l'artillerie et du génie. Le conseil a été unanime dans l'adoption des mesures qui associent la garde nationale, la garde mobile et l'armée à la défense la plus active.

» Ces mesures exigeront le concours de la population tout entière. Le Gouvernement sait qu'il peut compter sur son courage et sur sa volonté inflexible de combattre jusqu'à la délivrance. Il rappelle à tous les citoyens que, dans les moments décisifs que nous allons traverser, l'ordre est plus nécessaire que jamais. Il a le devoir de le maintenir avec énergie, on peut compter qu'il ne faillira pas. »

Certes, le Gouvernement a raison de compter sur le courage de la population ; elle en a fait preuve depuis longtemps. Quant à l'énergie du Gouvernement, nous la réclamons à grands cris ; qu'elle se montre.

Le ballon-poste l'*Armée-de-la-Loire* est parti de la gare du Nord à cinq heures du matin, dans la direction du sud. Il était monté par l'aéronaute Lemoine et emportait 250 kilogrammes de lettres.

De la province, rien d'officiel encore, et cependant la nouvelle annoncée hier par M. Jules Favre à la réunion des maires de Paris, prend d'heure en heure une plus grande consistance.

Minuit. — 1870 expire ! Adieu !... Adieu, fatale année ! Aussi lourdement que tu as pesé sur nous, puisse la terre peser sur toi ! Que celle que nous jetons chaque jour sur nos morts s'accumule sur ta tombe et étouffe ton souvenir, car c'est lui surtout que nous voudrions oublier à jamais.

# 1871

## 109ᵉ JOURNÉE

**Dimanche 1ᵉʳ Janvier**

1871 est né !

C'est aujourd'hui la véritable fête de la famille. Pauvres familles ! Elles souffrent du froid ! Elles souffrent de la faim ! Cela ne m'empêchera pas de te saluer, nouvelle année, en pensant que tu portes, dans les plis de ton berceau, la paix à laquelle toute âme aspire, tout cœur se rattache pour voir la fin de nos maux. Qu'elle soit bonne ou mauvaise, cette paix, donne-nous-la, car la patrie en deuil en a cruellement besoin.

Nous avons tous mérité le châtiment des fautes et des crimes commis ; mais, par nos souffrances, ils sont bien rachetés ! Apporte-nous la paix !

Pour nos étrennes, le Gouvernement ne nous donne que des rapports militaires très-succincts :

### RAPPORTS MILITAIRES

« L'ennemi a tiré pendant une grande partie de la nuit ; nous avons eu quelques blessés parmi les travailleurs et un lieutenant d'artillerie de la garde nationale tué.

» Dans nos forts, pas de blessés, peu de dommages. Le bombardement de Bondy a redoublé d'intensité pendant la nuit ; celui de Rosny a été régulier, sans accident ni incident.

» A onze heures du soir, une assez forte reconnaissance prussienne s'est approchée de Bondy ; nos soldats ont laissé venir l'ennemi à bonne portée et l'ont reçu par une vive fusillade qui l'a fait rentrer dans ses lignes après avoir essuyé des pertes.

» Ce matin, l'attaque est plus vive, les coups se succèdent presque sans interruption.

» Paris, le 1ᵉʳ janvier 1871, 10 heures 1/2 du matin.

» *Le Gouverneur de Paris,*
» P. O. *Le général chef d'état-major général,* Schmitz. »

« 1ᵉʳ *janvier* 1871, *soir.* — Le feu de l'ennemi, qui s'est ralenti à partir de onze heures, ce matin, a été presque nul sur les forts de Noisy et Rosny pendant l'après-midi.

» On a continué à tirer lentement sur Nogent, qui n'a eu qu'un homme blessé légèrement.

» *Le Gouverneur de Paris,*
» P. O. *Le général chef d'état-major général,* Schmitz. »

» Pour copie conforme :
» *Le ministre de l'intérieur par intérim,* Jules Favre. »

La position militaire du jour est renfermée dans ces deux bulletins. Rien de l'extérieur, que les bruits en circulation depuis quelques jours, au sujet du général Chanzy, et qui ont pris naissance à l'Hôtel de ville. — Aucune dépêche, aucune arrivée de pigeons.

La crise du combustible est épouvantable et ne devra cesser, j'en suis certain, qu'avec la levée du siége. Les bois coupés fraîchement dans les bois de Boulogne et de Vincennes, sur lesquels on comptait beaucoup pour approvisionner la ville, sont naturellement verts et ne peuvent brûler ; quant au bois sec, il est rare, et les commerçants de gros et de détail profitent de la crise pour vendre des prix fous le peu dont ils peuvent disposer. Plusieurs mairies en ont fixé la vente à huit francs les 100 kilos ; mais que font les marchands devant cette précaution des maires : ils ferment leurs boutiques ou leurs chantiers. Enfin le bois est tellement épuisé, que l'on voit brûler, dans certaines cheminées, du bois d'acajou, de palissandre et autres essences rares. Chez les familles d'ouvrier, on brûle les meubles les moins utiles. Malheur à ceux qui n'ont pas fait de provisions.

Le charbon de terre a disparu complétement, le coke, de même. Ce combustible est spécialement réservé pour la fonte des engins de guerre, et encore n'est-il pas assez abondant.

L'alimentation présente des difficultés sans nombre. Nous voici arrivés à la période du siége où tous les produits n'ont plus de cours régulier, aussi est-il curieux d'entrer aujourd'hui, à ce sujet, dans quelques détails.

Le pain et le vin sont seuls assez abondants encore. La viande de cheval, rationnée à trente grammes par jour, devient une rareté, et parfois, elle est tellement dure, qu'on ne peut la manger, même bouillie.

Je cite les prix de quelques denrées : une carotte, 60 c. ; un chou-fleur, 7 fr. ; un navet, 80 c. ; un chou, 8 fr. ; un poireau, 50 c. ; une betterave, 4 fr. ; jambon, la livre, 10 fr.; lard, la livre, 6 fr. ; fromage d'Italie, la livre, 2 fr. Le fromage d'Italie est formé d'un mélange horrible des résidus de toutes sortes d'animaux. Beurre, la livre, 40 fr.; chocolat, la livre, 5 fr. ; un lièvre conservé, 65 fr. ; un corbeau, 2 fr. 50 ; graisse, la livre, 3 fr. Je ferai observer qu'il serait épouvantable de livrer à l'analyse les graisses vendue un pareil prix. Mauviettes, la pièce, 2 fr. 50.

La Ville, pour fêter le premier jour de l'année, fait distribuer, dans les boucheries municipales, à des prix très-modérés, les aliments suivants :

Bœuf conservé, huile d'olive, café, chocolat, riz, moru lentilles, haricots.

Les particuliers se font mutuellement des cadeaux hétéroclites. On oublie les bonbons et l'on n'est point étonné de voir offrir pour étrennes, des oies, des pâtés de chien et de chat et des dindes, dont le taux atteint facilement les prix les plus élevés des boîtes et des coffrets précieux achetés chez Boissier, Giroux, Tahan et tant d'autres... à l'occasion de la nouvelle année. On se souhaite la bonne année aussi avec des boisseaux de pommes de terre, du jambon, du beurre ou du lard.

En faisant des recherches sur les villes assiégées, je trouve une note assez curieuse. Ce sont les prix des différents objets d'alimentation d'un restaurant de Richemont au moment du siége de cette ville par les Américains du Nord. Ce détail prouve que nous ne sommes pas encore arrivés à la rareté de vivres que les habitants de Richemont ont eu à subir. Au moment où j'écris ces lignes, il y a encore des établissements à Paris qui, pour 5 fr. 50 ou 6 francs, vous donnent : deux plats, un dessert et une demi-bouteille de vin. Voici les prix des vivres dans les restaurants de Richemont pendant le siége :

Un bifteck, 37 fr. ; une côtelette, 25 fr. ; une douzaine d'huîtres, 25 fr. ; pommes de terre, 10 fr. ; un beurre, 10 fr. ; une omelette, 25 fr. ; un œuf frais, 5 fr. ; une demi-tasse, 20 fr. ; une bouteille de vin, 30 fr.

On pouvait parfaitement déjeuner ainsi :

Une côtelette, 25 fr. ; une demi-douzaine d'huîtres, 12 fr. 50 ; un beurre, 10 fr. ; deux œufs frais, 10 fr. ; une demi-tasse, 20 fr. ; une demi-bouteille de vin, 15 fr. Pour la modique somme de 92 fr. 50. Dieu nous préserve de pareilles additions !

Tous les animaux de Paris y passent. Les pigeons des Tuileries ont été tués ainsi que les moineaux. Les éléphants du Jardin d'Acclimatation ont été payés 27,000 francs par M. Deboos, propriétaire de la boucherie anglaise. Leur carapace a été vendue 4,000 francs et a laissé à découvert une très-belle viande que l'on vend 105 francs le kilo ! On dit cette viande excellente; mais je crois que peu de personnes seront à même de pouvoir en juger. Chevet a encore des conserves de volaille et de gibier, mais depuis huit jours, les prix en sont encore augmentés. Il y a encore du mouton frais et du bœuf, mais en très-petite quantité. Cette viande est spécialement réservée pour le service des hôpitaux et des ambulances dont, en passant, je dois citer la bonne tenue, le zèle et le dévouement.

## 110ᵉ JOURNÉE

**Lundi 2 Janvier.**          3 %    50.95

Avec la malheureuse année 1870, le froid ne nous a point quittés ; au contraire, il persiste et redouble d'intensité, augmentant ainsi nos privations et nos souffrances.

L'*Officiel* de ce matin renferme un article qui rend compte de la situation présente, sous tous les rapports.

« *Paris, le 2 janvier* 1871. — Le froid rigoureux qui sévit contre nous avec une âpreté si cruelle n'a pas seulement pour conséquence d'infliger à nos soldats et à notre population les plus dures souffrances, il nous condamne à ignorer ce qui se passe en province, en interrompant les voyages, déjà si incertains, de nos messagers. Depuis le 14 décembre, le Gouvernement n'a reçu aucune nouvelle officielle, et c'est seulement par quelques feuilles allemandes qu'il a pu obtenir les renseignements fort incomplets et maintenant fort arriérés que le public connait. C'est là une situation pleine d'anxiété, et cependant nul de nous ne sent diminuer sa confiance. Au-dessus de nos murailles où veille la garde nationale, au-dessus de nos forteresses que l'ennemi commence à couvrir de ses feux, s'élève comme un souffle d'espoir et de délivrance qui pénètre dans tous les cœurs et y fait naître une vague mais ferme intuition du succès. C'est à ce sentiment généreux qu'il faut attribuer la facilité avec laquelle sont accueillies les rumeurs favorables les plus contraires à toute vraisemblance. Ces jours derniers, il a suffi à un jeune soldat réfractaire de raconter l'arrivée à Creil d'un corps de quatre-vingt mille Français pour que, plus prompte que l'éclair, cette lueur de bonne fortune illuminât soudain la cité et fût acceptée comme une vérité certaine. Vérification faite, le récit était mensonger. Son auteur est entre les mains de la justice, qui recherchera avec soin les motifs qui l'ont entraîné à cette mauvaise action. Le bon sens et le patriotisme de la population de Paris, qui se montre à la fois si ardente et si sage, la mettent en garde contre les retours violents qu'amène forcément l'abandon d'une illusion si légitimement chère. Il n'en faut pas moins se montrer sévère contre de pareilles entreprises et se fortifier à l'avance contre l'attrait puissant des nouvelles hasardées. Mais ce que nous pouvons affirmer, sans crainte d'être démentis, c'est qu'il n'est pas téméraire d'espérer, et que, des faits généraux, se dégagent des symptômes graves qui doivent nous soutenir et nous faire croire à la prochaine efficacité de notre résistance. Il est certain que les départements opposent à l'ennemi une résolution qui l'étonne et le déconcerte. On en trouve l'aveu, d'autant plus précieux qu'il est involontaire, dans la plupart de ses relations. Ce sol français, qu'il avait traversé au pas de course dans la première partie de la campagne, lui est maintenant disputé pied à pied, et son sang s'y mêle avec celui de nos braves soldats qui accourent sous nos drapeaux à la voix de la France républicaine.

» Nous ne connaissons qu'imparfaitement les combats livrés dans la vallée de la Loire ; et ce n'est pas sans raison que leurs narrateurs prussiens les entourent d'obscurité. Nos armes n'ont pas toujours été heureuses ; les corps de Chanzy et de Bourbaki ont été séparés, mais ils luttent avec énergie, quelquefois victorieusement. C'est avec une émotion profonde qu'à défaut des bulletins de nos officiers, dont nous admirons le courage, nous lisons ceux de l'ennemi, forcé de reconnaître la solidité de ces troupes civiques, arrachées d'hier à la famille, et si bien animées par l'amour de la patrie qu'à peine équipées, elles sont dignes de se mesurer avec des guerriers consommés. Elles les tiennent en échec, les font reculer, se dérobent à leurs attaques et s'avancent vers nous en attirant tous ceux qui comprennent la grandeur du danger et la sainteté du devoir. Or, le nombre doit en être grand, car, c'est encore l'ennemi qui nous l'apprend, notre chère et malheureuse Lorraine; tout opprimée qu'elle est par l'occupation prussienne, cache ses enfants dans les plis de ses vallons et les envoie furtivement à nos armées, malgré les uhlans qui les menacent de mort. Nos forces augmentent donc incessamment par ce recrutement qui ne s'arrêtera plus, tandis que celles des Prussiens diminuent et s'affaiblissent.

» Nous ne savons rien de précis des mouvements des deux généraux qui marchent à notre secours, mais la précaution des feuilles prussiennes de nous les cacher ne peut que nous encourager. Sans doute, nous ne devons pas nous bercer de chimères : nous sommes en face des périls les plus graves qui puissent accabler une nation. Cependant tous, nous sentons que notre France républicaine les surmontera. Paris lui a donné l'exemple, et cet exemple est noblement suivi. Paris ne veut pas succomber. Sa population tout entière, d'accord avec les hommes qui ont l'insigne honneur de diriger sa défense, repousse hautement toute capitulation. Paris et le Gouvernement veulent combattre, — là est le devoir, — et comme le pays tout entier s'y associe sans réserve, quelle que soit l'épreuve passagère qui lui soit infligée, il ne s'humiliera pas devant l'étranger. »

Cet article, long et d'une teinte assez sombre, parle bien de souffle d'espoir et de délivrance, mais tout en lui est vague, indéfini, et ne laisse dans l'âme aucune satisfaction. Le Gouvernement ne sait rien, et les victoires annoncées sont autant de bulles de savon qui s'évanouissent dans l'air. Comment, en effet, le Gouvernement saurait-il quelque chose, puisque nous sommes sans nouvelles officielles depuis dix-neuf jours.

La partie la plus logique de ce long document est celle qui invite la population à se mettre en garde contre les bonnes nouvelles. En effet, elle devrait se rappeler qu'elle est payée pour ne pas y croire.

### RAPPORT MILITAIRE.

« *2 janvier 1871, matin.* — La nuit a été calme. Deux ou trois explosions se sont fait entendre sur le plateau de Châtillon. La Tour-aux-Anglais a sauté. L'ennemi semble y travailler activement.

» Une forte patrouille a pénétré cette nuit dans Rueil et s'est retirée après avoir essuyé le feu du poste de l'avenue de la gare.

» Le bombardement des forts de Nogent, Rosny et Noisy, et des villages environnants, a continué ce matin, sans causer jusqu'à présent de dommages bien sérieux.

» Le feu est cependant très-vif sur Nogent, et des obus, dont beaucoup éclatent en l'air, sont dirigés sur le village.

» P. O. *Le chef d'état-major général :* SCHMITZ. »

Comme toujours des bruits nouveaux ont pris naissance on ne sait où et circulent dans la foule. On parle d'un parlementaire qui se serait présenté aux portes de Saint-Denis et aurait annoncé pour demain mardi son bombardement. Sans attacher beaucoup d'importance à ce bruit, il n'a rien d'extraordinaire; le bombardement est probable ce qui doit seul surprendre, c'est l'avis obligeant de l'ennemi, qui n'a pas cru nous donner cette marque de politesse lorsqu'il a commencé à tirer sur nos forts de l'Est. Il est certain que des batteries ont été démasquées ces jours derniers devant la ville, qui sans aucun doute est destinée prochainement à beaucoup souffrir de leur feu. Dans cette prévision, on a eu la précaution de faire évacuer les ambulances.

On a remarqué sans doute que le rapport militaire annonce que l'ennemi a fait sauter la Tour-aux-Anglais. Probablement ils n'ont agi ainsi que pour découvrir leurs batteries. Le doute n'est plus permis, bientôt, peut-être demain, nous recevrons des projectiles dans la ville même, car, en examinant la carte, on voit que la Tour-aux-Anglais est à Châtillon.

Pas de nouvelles encore de la province ; il faut que nous attendions le dégel pour voir revenir nos chers petits messagers.

Hier au soir, un grand conseil de guerre a été tenu à l'Hôtel de ville. De graves questions, paraît-il, y ont été agitées. Y assistaient : les généraux Vinoy, de Bellemare, Tripier (du génie), Guyot (artillerie), Clément-Thomas (garde nationale), Chabaud-Latour, La Roncière Le Noury, l'amiral Pothuau, l'amiral Saisset. Il s'agissait de décider les opérations militaires.

Il y a eu également réunion des maires à l'Hôtel de ville, et on y a fortement étudié la grande question des aliments, la plus importante de toutes, car sans nourriture, la résistance doit se terminer, et les courages défaillir. Nous voici bientôt dans le cinquième mois du siége, et nous savons que nous sommes, en fait d'alimentation, près du fond, comme on dit en langage vulgaire. On parle vaguement d'un rationnement du pain. Cependant les journaux nous assurent sans cesse que les grains renfermés encore dans Paris sont loin d'être épuisés.

On a fait ces jours-ci un recensement fort exact de la population dans les vingt arrondissements de Paris. Ce recensement n'a pour but que de connaître les quantités des bouches à satisfaire pour que le partage de l'alimentation soit fait avec régularité.

Voici ce que le recensement a produit, en y comprenant

les réfugiés, mais sans compter l'armée, la garde mobile et les marins.

POPULATION EN DÉCEMBRE 1870.

| | | |
|---|---|---|
| 1er arrondissement. | 77.834 | habitants. |
| 2e — | 77.674 | — |
| 3e — | 96.442 | — |
| 4e — | 96.344 | — |
| 5e — | 98.213 | — |
| 6e — | 90.803 | — |
| 7e — | 68.883 | — |
| 8e — | 75.880 | — |
| 9e — | 102.215 | — |
| 10e — | 141.485 | — |
| 11e — | 183.723 | — |
| 12e — | 100.077 | — |
| 13e — | 79.828 | — |
| 14e — | 82.100 | — |
| 15e — | 92.807 | — |
| 16e — | 44.034 | — |
| 17e — | 120.064 | — |
| 18e — | 154.547 | — |
| 19e — | 113.746 | — |
| 20e — | 108.229 | — |

TOTAL : 2.005.709 habitants.

Quand on pense qu'à part nos troupes, il faut que tout ce monde mange deux fois par jour, on est épouvanté. N'est-il pas permis de dire qu'il est inouï d'avoir vu Paris tenir aussi longtemps.

La commission des barricades, tombée dans l'oubli depuis quelque temps, vient de se rappeler à notre souvenir. Ses membres, par une proclamation faisant appel au patriotisme de tous, invitent chaque ménage à préparer, dès maintenant, deux sacs de terre devant servir, soit à couvrir Paris de barricades nouvelles, soit à réparer les brèches.

Pensant que le but de l'institution était de donner du

travail aux ouvriers sans ouvrage, nous avions laissé la commission des barricades couper les avenues et barrer les rues sans nous plaindre. Mais aujourd'hui, elle va trop loin. MM. Rochefort, Bastide, etc., supposent-ils les Prussiens atteints subitement de démence, au point de tenter sur Paris une attaque de vive force? Supposent-ils, au contraire, la population parisienne assez aveugle pour croire à la possibilité d'une semblable attaque?

Nous avons été bercés de bien des illusions depuis le commencement de la campagne, mais jamais personne n'a pensé à nous faire croire que les Prussiens donneraient l'assaut à Paris.

Quelle que soit la pensée des auteurs de la proclamation, il semble que, dans le cas présent, ils font trop bon marché du bon sens parisien. Que M. Rochefort assure le peuple de son énergique résolution de ne jamais rendre Paris, citadelle du droit et de la liberté républicaine, soit, mais nous nous permettons de trouver qu'il dépasse la mesure lorsqu'il cherche à faire prendre ses barricades au sérieux et qu'il veut nous faire prévoir leur prochaine utilité. On ne vous fera pas beaucoup de sacs dans les ménages, je vous en avertis.

La question des loyers continue à préoccuper d'autant plus les esprits que nous sommes arrivés à l'époque où le terme de janvier devient exigible. Sans entrer dans toutes les considérations qui ont été développées pour ou contre les locataires, le sentiment du journal *le Droit* est que le Gouvernement de la Défense nationale devrait s'en référer purement et simplement à l'article 1244 du Code civil et ordonner l'application de cet article dans une large mesure aux débiteurs de loyers. Le second paragraphe de cet article est ainsi conçu : « Les juges peuvent, en considération de la position du débiteur et en usant de ce pouvoir avec une grande réserve, accorder des délais, etc. »

Ce soir, les mairies affichent ces quelques lignes :

« 2 *janvier* 1871, *soir*. Les efforts du feu de l'ennemi se sont portés aujourd'hui contre le fort de Nogent, sur lequel il a lancé 600 obus. Il n'y a eu aucun effet produit; un seul homme blessé légèrement et des dégâts.

» On travaille activement dans tous nos forts.

» P. O. *Le général chef d'état-major*, SCHMITZ. »

## 111ᵉ JOURNÉE

**Mardi 3 Janvier.**        3 %   51.70

L'heure des illusions est définitivement passée ; c'est avec fureur qu'il faut combattre, mais c'est avec sang-froid qu'il faut aussi examiner la situation. Autour de Paris, l'ennemi continue à démasquer ses batteries. Après celles qui bombardent Avron, Rosny, Noisy et Nogent, quatre nouvelles sont installées, l'une au Raincy, l'autre aux Maisons-Russes, les deux autres doublant celles déjà établies à Gagny, ont ouvert le feu sur Bondy, Romainville, Montreuil, Neuilly.

Nous savons, en outre, que, du côté de Villetaneuse, les Prussiens ont de grosses pièces qui menacent Saint-Denis. Le temps qu'il fait favorise l'établissement des batteries ennemies, en durcissant le sol, qui devient abordable pour le transport des plus grosses pièces.

### RAPPORTS MILITAIRES.

« 3 *janvier* 1871, *soir*. — Ainsi qu'il a été dit, le feu

contre nos forts a repris ce matin avec vivacité. Il a été extrêmement violent jusqu'à quatre heures trois quarts sur le fort de Nogent. Il n'y a eu qu'un seul blessé sans gravité.

» Sur Bondy, le feu a continué à raison de trois coups par minute.

» Au fort de Rosny, le feu a été assez actif. Il y a eu trois hommes légèrement atteints par des éclats.

» Le nommé Weiter, soldat d'infanterie de marine, ayant été pris par un poste avancé au moment où il passait à l'ennemi, a été jugé par la cour martiale et passé par les armes immédiatement.

» Les ordres les plus rigoureux ont été renouvelés aux avant-postes pour se saisir des individus qui chercheraient à les dépasser, et au besoin pour faire feu sur ceux qui ne s'arrêteraient pas au premier signal.

» P. O. *Le général chef d'état-major* : SCHMITZ. »

« Ce matin, le commandant Poulizac, bataillon de la Seine, a fait une expédition en avant de Groslay. Quelques Prussiens ont été tués, six ont été ramenés prisonniers.

» Ils appartiennent à la garde. Nous avons eu trois blessés, dont un officier.

» La canonnade sur les forts a recommencé ce matin. Aucun incident à signaler.

» P. O. *Le général chef d'état-major général* : SCHMITZ. »

Ce matin, à dix heures, M. Washburne a reçu son courrier. Les journaux anglais, qui lui sont arrivés dans la bienheureuse valise qui fait le bonheur de tant de familles, devront nous donner des nouvelles jusqu'au 30 décembre dernier. Suivant les avis sans doute de M. de Bismark, M. Washburne aura tenu ces feuilles soigneusement cachées; car aucun bruit n'a circulé aujourd'hui.

Comme les pigeons ne nous arrivent plus et que l'ambassade américaine ne nous laisse pas lire le *Times*, voici comment s'y prend le général Ducrot pour avoir des journaux. Cette anecdote a trait à l'un des rapports militaires publiés en tête de cette journée.

Hier soir, le général Ducrot, faisant sa tournée d'inspection aux avant-postes, disait devant le commandant Poulizac, du 1er bataillon des éclaireurs de la Seine : « Nous manquons de nouvelles, MM. les Prussiens seuls pourraient nous en donner, il serait bien utile de faire quelques prisonniers ; mais on dit que c'est impossible.

» — Impossible, mon général ! dit M. Poulizac ; combien en voulez-vous?

» — Ce que vous pourrez.

» — C'est bien. »

Ce matin, à quatre heures, le commandant, avec cinquante hommes, se lançait sur les barricades qui protégent les avant-postes prussiens du côté du Bourget.

L'ennemi fut étourdi de cette attaque imprévue : la sentinelle fut tuée d'un coup de baïonnette, et nos hommes pénétrèrent dans une maison formant corps de garde. Le combat fut vif, mais on réussit à faire six prisonniers.

La petite colonne d'expédition rentrait au jour dans nos lignes, et à huit heures le général Ducrot avait ses six prisonniers et, espérons-le, au moins un journal de fraîche date.

Le Gouvernement vient de voter une nouvelle somme de 100,000 francs, destinée au dégagement gratuit, pour leurs propriétaires, d'objets déposés au Mont-de-Piété. Cette somme est à la disposition de la Ville, qui va en faire une juste répartition dans les vingt arrondissements de Paris.

L'ennemi a démasqué de nouvelles batteries ; nous voilà donc arrivés à la période du siège où les projectiles étrangers vont venir trouver l'assiégé jusque dans ses foyers. L'esprit public est ferme. Il faut rendre justice à Paris, qui ne s'inquiète pas outre mesure des dangers qui le menacent à toute heure. Une chose surtout le tranquillise : c'est la pensée que le bombardement ne se fera qu'après une sommation de M. de Moltke, qui nous priera de nous rendre et nous donnera au moins vingt-quatre heures de réflexion avant d'agir avec une extrême rigueur.

On prétend, et les registres de l'état civil en font foi, que depuis la création des bataillons de marche, composés pour ainsi dire de célibataires, les mariages ont singulièrement augmenté dans la bonne ville de Paris. Ceci est le revers de la médaille patriotique. Que de gens peut-être regretteront leur pusillanimité après la guerre!

La mort fait toujours des ravages terribles dans la population. Le chiffre des décès pendant la dernière semaine de la désastreuse année 1870 a encore augmenté. Le bulletin hebdomadaire pour la semaine finissant le 31 décembre accuse 3,200 morts, c'est-à-dire 552 de plus que la semaine précédente.

La recrudescence du froid, et les gardes aux remparts, n'en sont pas la moindre cause. L'abus de l'alcool entre aussi pour une large part dans les causes de mortalité. Les liqueurs qui, prises en petite quantité sont salutaires parfois, deviennent des poisons violents lorsqu'on en abuse. Du reste, toute indisposition chez la créature qui ne reçoit pas sa nourriture habituelle et suffisante, dégénère facilement en maladie dont la gravité n'a plus de remède. La vue des enterrements est navrant. Ce sont de simples voitures à un cheval, flanquées seulement de deux porteurs.

On annonce pour demain une diminution dans la qualité du pain. Avec les bombes prussiennes le pain bis.

M. Alphonse de Rothschild met à la disposition de la ville de Paris des bons d'objets confectionnés : gants, bas, gilets, ceintures, jupons, etc., représentant une valeur de

200,000 francs. Ces objets seront répartis entre les vingt arrondissements de Paris.

Le dix-huitième fascicule des *Papiers et Correspondances de la famille impériale* vient de paraître.

Un mobile ayant essayé de dévisser un obus prussien ramassé sur le plateau d'Avron, a été grièvement blessé par l'explosion du projectile. La direction de l'artillerie communique les deux notes suivantes dont la lecture attentive pourra prévenir le retour de semblables accidents :

*Description de la fusée percutante prussienne.*

« Les obus prussiens, de forme cylindro-ogivale, sont armés d'une fusée percutante logée dans la lumière qui est pratiquée à l'avant du projectile. La partie antérieure de la lumière est seule taraudée ; l'autre partie, qui est lisse, est munie d'un petit épaulement, au milieu environ de sa hauteur.

» La fusée comprend : Une enveloppe où se loge le percuteur ; un percuteur ; un écrou évidé ; un bouton à tige contenant la composition fulminante. L'enveloppe, en laiton de peu d'épaisseur, est terminée à sa partie inférieure par un fond percé d'un trou central pour le passage des gaz de la composition fulminante. Une rondelle de mousseline et une rondelle de laiton percée d'un trou central, sont fixées sur ce fond. Le haut de l'enveloppe est muni d'un petit rebord qui s'appuie sur l'épaulement ménagé dans la lumière du projectile.

» Le percuteur est terminé par une tête qui repose sur le rebord de l'enveloppe. Il est percé, de part en part, d'un canal central pour le passage des gaz de la composition fulminante. Une plaque mince, en cuivre, munie d'une aiguille centrale, est encastrée dans la tête. L'aiguille fait saillie sur la tranche de cette tête.

» L'écrou évidé, ordinairement, en laiton, est fileté extérieurement, pour être vissé dans le haut de la lumière de l'obus ; il est percé d'un trou central taraudé où se visse le bouton à tige. Ce bouton contient un évidement intérieur où est fixée la capsule fulminante. Un logement pratiqué dans le haut de la partie ogivale de l'obus reçoit une broche qui disparaît après le tir. »

### Procédé recommandé pour décharger les obus.

« Plonger le projectile dans l'eau en le faisant reposer sur le culot, et vider, au moyen d'une aiguille, le logement de la broche s'il est obstrué par de la terre.

» Attendre un certain temps (une heure environ) pour donner à l'eau le temps de pénétrer dans l'intérieur de l'obus par le canal du percuteur et le trou du fond de l'enveloppe et de noyer la poudre. Dévisser le bouton fileté, s'il est possible, ou l'écrou évidé.

» Extraire le percuteur, puis l'enveloppe. Retirer le projectile de l'eau et vider la poudre noyée.

» *Nota.* — 1° Certains projectiles prussiens, de gros calibre, sont munis, au culot, d'un écrou. S'abstenir absolument de procéder au déchargement du projectile en cherchant à enlever cette vis.

» 2° Le transport et le maniement d'obus n'ayant pas éclaté sont très-périlleux et exigent les plus grandes précautions. Les obus doivent toujours être déplacés le culot en bas. »

### Corps d'artillerie des mitrailleuses.

« Le Gouvernement de la Défense nationale,

» Vu le décret du Gouvernement de la Défense nationale, en date du 23 septembre 1870, relatif à l'organisation d'un corps franc d'artillerie pour le service des mitrailleuses et autres engins de guerre;

» Vu l'ordre donné au commandant Pothier, le 24 décembre 1870, de compléter l'organisation dudit corps,

Décrète : Art. 1er. Le corps d'artillerie, constitué par décret en date du 23 septembre 1870, sous le nom de corps franc d'artillerie (service des mitrailleuses) prendra à l'avenir la dénomination de *corps d'artillerie des mitrailleuses.*

» Il sera affecté à l'essai et au service des pièces et autres engins de guerre fabriqués par l'industrie privée.

» Art. 2. Il sera composé de huit batteries à pied, d'un parc d'artillerie et d'une batterie de parc montée.

## 112ᵉ JOURNÉE

**Mercredi 4 Janvier**  3 % 51.35

### RAPPORTS MILITAIRES.

« *Paris, 4 janvier 1871, 11 heures du matin.* — Ce matin, vers quatre heures, un détachement ennemi s'est avancé en avant de la ferme des Mèches pour la surprendre : il a été reçu par une vive fusillade, et les hommes se sont sauvés au pas de course, en enlevant plusieurs blessés.

» Une demi-heure plus tard, une patrouille ennemie a été surprise par nos éclaireurs du 139ᵉ d'infanterie de ligne, et a laissé entre nos mains trois prisonniers.

» L'ennemi a canonné Montreuil pendant une partie de la nuit. Il a également tiré sur Bondy très-vivement, mais sans résultat appréciable.

» *Le Gouverneur de Paris,*
» P. O. *Le général chef d'état-major général,* Schmitz. »
» Pour copie conforme : *Le ministre de l'intérieur par intérim,* Jules Favre. »

» *Paris, 4 janvier 1871. Soir.* — Le bombardement des forts de l'Est a continué aujourd'hui. Le fort de Nogent a reçu plus de 1,200 obus, qui n'ont pas produit plus d'effets que les jours précédents.

» *Le Gouverneur de Paris,*
» P. O. *Le général chef d'état-major général,* Schmitz. »

D'après ces rapports, on doit remarquer que l'ennemi s'approche de nos murs, car le village de Montreuil, qui a eu à supporter le feu de l'ennemi, se trouve en arrière du fort de Rosny. Les projectiles passent entre ce fort et celui de Nogent.

Depuis quarante-huit heures, les ennemis mettent beaucoup de régularité dans leur tir. Au petit jour, les batteries du Raincy tirent très-fortement sur Bondy, la Folie, Noisy et le fort. Ce feu dure une heure avec une vigueur extraordinaire. A neuf heures, la canonnade du Raincy s'éteint peu à peu, mais elle est remplacée par les tirs de Noisy-le-Grand et Montfermeil. A onze heures, une batterie placée dans le parc de Cueilly reprend le bombardement, qui cesse vers midi, à l'heure du repas et de la sieste. A une heure, le feu reprend sur toute la ligne, pour se terminer à la chute du jour.

Saint-Denis se prépare, plus que jamais, au bombardement, et il a raison. Les habitants préparent leurs caves et y font leur installation.

Les journaux donnent, quand même, de bonnes nouvelles de la Loire, malgré les extraits de cinq journaux, du *Moniteur de Versailles*, que publie l'*Officiel*, et qui les contredisent parfaitement. Malgré la longueur de ces documents précieux pour l'histoire, je ne puis faire autrement que de les reproduire dans ce journal, pour ne pas renvoyer le lecteur à la collection de l'*Officiel*.

EXTRAITS DE *l'Officiel* DE VERSAILLES.

*A la reine Augusta, à Berlin.*

« Versailles, 22 décembre. — C'est probablement dans la fausse supposition qu'une armée du Nord était proche, qu'hier, une sortie assez vigoureuse a eu lieu contre Stains, place qui a été reprise par le second bataillon et le bataillon de fusiliers du 1er régiment de la garde. Une autre sortie a eu lieu contre le Bourget, place qui a été reprise par les deux bataillons Elisabeth et un bataillon Augusta. Un vif combat d'artillerie a eu lieu, nous avons fait plusieurs centaines de prisonniers, nos pertes ont été peu considérables.

» Une attaque a eu lieu contre les Saxons de Bobigny-sur-Sevran, et une autre de Rosny et Neuilly-sur-Marne contre Chelles.

» Partout l'ennemi a été repoussé. Aujourd'hui, nous attendons une nouvelle attaque vers ce côté.

» Nous avons eu une belle journée de gelée. La nuit, il y avait 5 degrés de froid. GUILLAUME. »

(*Numéro du 29 décembre.*)

« Le correspondant du *Daily News* annonce de Versailles que des masses de troupes françaises sont concentrées à Vincennes. »

(*Numéro du 25 décembre.*)

« Divers journaux de Bordeaux parlent vaguement d'une tentative de mouvement révolutionnaire dans lequel Flourens aurait été blessé et Blanqui tué.

» Flourens aurait ensuite été mis en prison. Jusqu'ici ces nouvelles ne sont aucunement confirmées.

» On annonce que dans les cercles officiels on n'a reçu aucune nouvelle de Paris. »

(*Numéro du 25 décembre.*)

« Après avoir occupé le mont Avron, nous y avons trouvé, le 30, de grandes quantités de munitions d'artillerie et encloué deux pièces de 24.

» Deux compagnies ont pénétré jusqu'au village de Rosny. De notre côté, un homme blessé.

» Le lieutenant-colonel Pestel, à la tête d'une colonne mobile de la 1re armée, a cerné, le 28, à Longpré, des gardes mobiles et fait prisonniers 10 officiers et 207 hommes.

» Nous avons eu 6 hommes blessés. »

(*Numéro du 1er janvier.*)

« Un des amusements des Parisiens, il ne leur en reste pas beaucoup, c'est de donner des noms à leurs pièces de marine à longue portée. L'une s'appelle *Joséphine*, l'autre *Marie-Jeanne*, la dernière installée a été baptisée *Valérie*. Est-ce du Mont-Valérien ? De là mille plaisanteries : « Joséphine tousse, Clémentine a un fort rhume ; bon ! voilà Marie-Jeanne qui se fâche ! quel mauvais caractère elle a ! toujours à crier ! »

» Un autre genre de distraction est de voir la garde nationale faire ses rondes, le soir, à l'instar des sergents de ville. Ah ! les gaillards, ils n'y vont pas de main morte ; il n'y a pas de plus zélés que les nouveaux convertis. Quelques-uns même ont poussé le zèle si loin que les tribunaux s'en sont mêlés et qu'on les a condamnés à un peu de prison. En somme, la grande masse fait preuve de beaucoup d'ordre et de fermeté. »

(*Numéro du 1ᵉʳ janvier.*)

### DÉPARTEMENTS.

« Voici deux décrets émanant de la délégation du Gouvernement de la Défense nationale :

» La délégation du Gouvernement de la Défense nationale,

» DÉCRÈTE : Tout Français entré dans un séminaire à partir du 1ᵉʳ août 1870 reste soumis aux lois et décrets militaires. Il ne peut invoquer d'autre exemption que celle résultant d'infirmités. Sa réclamation serait, dans ce cas, jugée souverainement par le conseil de révision établi par le décret du 7 novembre 1870.

» Fait à Tours, le 7 décembre 1870.

» AD. CRÉMIEUX, L. GAMBETTA, GLAIS-BIZOIN, FOURICHON. »

« Le Gouvernement de la Défense nationale,

» Considérant que les mêmes circonstances réclament du Gouvernement les mêmes décisions qui ont été prises le 14 novembre dernier,

» DÉCRÈTE : Le délai accordé par le décret du 14 novembre dernier pour le payement des effets de commerce est prorogé jusqu'au 15 janvier 1871 ; le surplus des dispositions dudit décret demeurant maintenu.

» Fait à Tours, le 9 décembre 1870.

» AD. CRÉMIEUX, L. GAMBETTA, GLAIS-BIZOIN, L. FOURICHON. »

(*Numéro du 29 décembre*).

« *Bordeaux, 23 décembre.* — Un décret, daté du 20, mobilise la gendarmerie sédentaire des départements pour former une police en arrière des armées, pour intercepter les fugitifs et les soldats débandés. Un autre décret forme six dépôts pour des soldats convalescents, à Nantes, Bayonne, Toulouse, Montpellier et Perpignan. »

(*Numéro du 25 décembre.*)

« La 19ᵉ division s'est avancée, le 21 de ce mois, jusqu'au pont près de Tours. Elle a rencontré de la résistance de la part de la population et s'est vue obligée de lancer trente obus dans la ville. Cette dernière a hissé le drapeau blanc et a demandé une garnison allemande. La division, conformément à l'instruction qu'elle avait reçue, s'est contentée de rendre le chemin de fer impraticable et de se loger dans les cantonnements qui lui ont été indiqués. »

(*Dépêche officielle prussienne. Numéro du* 25 *décembre.*)

« Les dépêches télégraphiques suivantes, émanant de source officielle française, sont arrivées ici :

» *Tours, le 21 décembre.* — On annonce que l'ennemi est arrivé ce matin sur la colline dominant le pont. Une canonnade serrée a eu lieu, et des obus enfilant les rues ont fait plusieurs victimes. M. Bertheux et le rédacteur de *l'Union libérale* ont été tués. Le drapeau parlementaire a été hissé, et le maire est allé pour obtenir du chef prussien la cessation de la canonnade.

» Les Prussiens ont occupé Auxerre. Avant l'occupation de Tours, le général Pisanni a disputé, dans la journée du 20, la marche en avant de l'ennemi pendant plusieurs heures. Il avait 6,000 hommes et 6 canons, les Prussiens avaient 12,000 hommes et 24 canons. »

(*Numéro du* 25 *décembre.*)

### EXTRAITS DES JOURNAUX.

« *Lille,* 18 *décembre.* — Le bruit court que l'ennemi a repris Ham, que les Français n'avaient pas garni de troupes.

» On signale à Chauny le passage de 20,000 Allemands.

» 700 Prussiens gardent la citadelle d'Amiens. »

« *Berlin,* 18 *décembre.* — Suivant le *Staasanzeiger*, la nécessité se fait maintenant sentir de couvrir la forteresse de Langres et de mettre fin aux menées des francs-tireurs qui s'y trouvent.

» *Le Moniteur* dit que le général Faidherbe tient dans le Nord les Prussiens en échec.

» Nuits et Autun ont été réoccupés.

» Beaune n'est plus menacé. »

(*Numéro du* 25 *décembre.*)

« *Communication officielle.* — Le 23 de ce mois, la 1ʳᵉ armée, sous les ordres du général de Manteuffel, a attaqué l'ennemi dans sa position au nord-est d'Amiens. L'ennemi était double en nombre et il avait une nombreuse artillerie, mais néanmoins nous avons pris Beaucourt, Montigny, Frechencourt, Querrieux, Pont-Noyelle, Bussy, Vecquemont et Daours, et malgré des chocs offensifs violents, nous avons gardé victorieusement ces positions. La nuit a enfin mis fin au combat. Jusqu'à présent nous avons fait 400 prisonniers non blessés.

» Le 24, l'ennemi, pour couvrir sa retraite menacée par le général de Manteuffel, a essayé d'exécuter plusieurs mouvements offensifs, mais il a été repoussé et a laissé entre nos mains plus de 1,000 prisonniers non blessés.

» Le général de Manteuffel mande du 25 au matin : « Je » poursuis l'armée du Nord, battue, dans la direction du » nord-est. »

(*Numéro du* 26 *décembre.*)

« Une dépêche télégraphique de source française raconte ce qui suit :

» *Lille,* 23 *décembre.* — Le quartier général français est à Vitry ; le chemin de fer s'arrête à Reux ; Arras est abandonné à ses propres forces.

» Le 22ᵉ corps se replie en s'appuyant sur les places du Nord.

» Le prince de Saxe serait accouru à Amiens au secours du général de Manteuffel.

» Les éclaireurs ennemis sont à Masnières, près de Cambrai.

» Un petit combat a eu lieu près d'Abbende ; l'ennemi a battu en retraite. Les villes du Nord se préparent avec grand enthousiasme à la défense. »

« Nous publions cette dépêche telle qu'elle nous est parvenue, en faisant remarquer cependant que nous avons de la peine à comprendre ce « grand enthousiasme, » puisque la dépêche constate elle-même des revers constants et des retraites successives. »

(*Numéro du* 31 *décembre.*)

« On mande de la première armée que le 27, après plusieurs escarmouches, la forteresse de Péronne a été cernée. La poursuite de l'armée du Nord continue. »

(*Dépêche prussienne. Numéro du 31 décembre.*)

EXTRAITS DE DEUX CORRESPONDANCES DU JOURNAL DE GENÈVE

« 14 *décembre*. — ... C'est à peine si j'ose vous parler des événements de la guerre. Je les connais si mal, et cette lettre vous arrivera si tard, que je craindrais, en vous les esquissant, de faire fausse route ou d'écrire un chapitre de l'histoire ancienne.

» Ce qu'on sait bien ici, c'est qu'à la suite du départ du Gouvernement de Tours, une panique effroyable s'est emparée de la population. Dimanche, lundi, mardi, une foule considérable est venue grossir l'émigration de Bordeaux. Blois est pris par l'ennemi, disaient-ils. Tout le département de Loir-et-Cher est occupé. L'Indre-et-Loire est déjà envahi.

» La vérité est, qu'à la date du 9, le château de Chambord a été enlevé par les Allemands qui y ont surpris un corps de gardes mobiles. La vérité est, qu'à la date du 10, un détachement prussien est arrivé devant Blois par la rive gauche, et que trouvant le pont rompu et la Loire très-grosse, il a envoyé quelques volées sur la ville. La consternation a été grande. L'évêque, les autorités civiles parlaient de capituler, quand M. Gambetta, qui revenait de l'armée de la Loire, est arrivé dans la ville et leur a dit : « Auriez-
» vous la faiblesse de vous rendre à douze hommes armés
» d'un canon ? » Un officier prussien est venu en bateau demander la reddition de la ville. Le ministre de la guerre lui a fait répondre par un refus. Que s'est-il passé depuis ce moment ? nous l'ignorons. Mais il est certain que pendant trois jours, les Allemands n'ont pas renouvelé leur tentative sur Blois.

» En revanche, leur marche offensive par la rive gauche de la Loire a fait de grands progrès. Leurs corps occupent la rive du Cher, entre Vierzon et Montrichard. Les récits des voyageurs qui fuient Tours signalent l'ennemi aux stations voisines de cette ville. Ces récits sont peut-être exagérés. En tout cas, toutes les ambulances de Tours ont été évacuées sur Bordeaux. C'est un tableau navrant que l'arrivée des convois encombrés de ces victimes de la guerre. Les malheureux débarquent au nombre de six à huit cents, les uns pâles de fièvre, les autres le bras en écharpe, le pied enveloppé de linge ou la tête couverte de charpie. Ils montent par escouades dans les omnibus qui les transportent à leurs ambulances à travers la ville, désolée de ce douloureux spectacle.

» M. Glais-Bizoin, qui était aussi au camp de Conlie, est arrivé à Bordeaux.

» M. Gambetta est attendu le 17 ou le 18.

» Un grand nombre d'anciens députés ont suivi le Gouvernement pour y renouveler leurs tentatives en vue de l'élection d'une assemblée nationale. »

« 15 décembre. — ... Les nombreux membres du Corps législatif qui se trouvent à Bordeaux et qui cherchent à renouveler un mouvement électoral vont rencontrer dans le Gouvernement, dans l'administration préfectorale de Bordeaux, et peut-être dans la population radicale de la ville, une opposition dont le préfet a donné hier le premier signal par une proclamation placardée sur les murs de la ville et qui est ainsi conçue :

» Citoyens,

» Au moment où l'armée de Paris commence, contre ses assiégeants, une campagne de sorties meurtrières et victorieuses ; pendant qu'une de nos armées lutte héroïquement contre les troupes aguerries du prince Frédéric-Charles ; pendant que les gardes nationales mobilisées de l'Ouest et du Nord, du Centre, du Midi s'assemblent pour marcher au secours de nos gardes mobiles, quelques *habiles*, profitant du trouble de cœur qu'ils ont cru sentir, à l'instant des adieux, chez nos populations patriotiques, cherchent *à vous pousser à de lâches défaillances.*

» Qu'ils le sachent bien, leur heure est mal choisie, et mal choisie surtout serait la noble Gironde pour une entreprise contre l'honneur de la patrie, contre l'intégrité du territoire de la France, contre la République.

» Qu'ils se calment aussi, les citoyens qui s'alarment : le Gouvernement de la République a fait pour la défense nationale, depuis trois mois, des miracles que la République seule pouvait produire ! Qu'ils aient confiance et patience !

» *Signé* : Allain-Targé. »

« Cette proclamation est évidemment un avertissement donné aux *politiques* qui se prépareraient à plaider, dans les réunions publiques du Grand-Théâtre, la thèse d'une assemblée nationale et celle d'un *traité de paix* avec l'ennemi. »

(*Numéro du* 29 *décembre.*)

« *Bordeaux,* 23 *décembre.* — Une dépêche du préfet du Rhône, d'hier, annonce qu'à Lyon un des chefs de bataillon de la garde nationale de la Croix-Rousse a été arrêté sous un prétexte futile et fusillé par une bande de misérables probablement stipendiés par les ennemis de la République et de la France. Lyon est consterné et indigné, mais tranquille ; l'ordre ne sera pas troublé. »

(*Dépêche française.* — *Numéro du* 25 *décembre.*)

« On lit dans le *Salut public* :

» Les pertes de la 1re légion sont graves. Autant qu'on en peut juger aujourd'hui, elles sont de 250 tués, à peu près autant de blessés, et 200 prisonniers. Ces derniers ont été pris dans les maisons de Nuits, au moment où les Allemands se sont emparés de la ville.

» La 2e légion a beaucoup moins souffert. Il y a eu dans les premiers moments quantité d'hommes disparus ; mais ils étaient, comme leurs camarades de la 1re légion, enfermés dans Nuits. Les habitants en ont déguisé et caché un bon nombre, et, depuis le combat, ils rejoignent peu à peu leur corps, qui se reforme à Châlons, Mâcon et Villefranche.

» Une particularité relative au colonel Celler. Au moment où il a été blessé, ses hommes l'ont transporté dans une maison, et le chirurgien-major de la légion, qui le soignait, a fait prier le commandant du corps prussien, après la prise de Nuits, de respecter l'asile du colonel Celler. Le commandant a accueilli le message avec une grande courtoisie, et il a fait le plus grand éloge de la bravoure des hommes habillés de noir (les légions du Rhône).

» Nous citons ce fait pour montrer à Lyon que ses enfants ont mérité le respect et fait l'admiration des ennemis eux-mêmes. »

(*Numéro du* 31 *décembre.*)

### AFFAIRE DU LUXEMBOURG.

« La *Gazette générale de l'Allemagne du Nord* publie l'article suivant :

» Par le traité du 11 mai 1867, les puissances européennes, la Prusse, la Russie, la Grande-Bretagne, la monarchie Austro-Hongroise et la France, ont garanti au grand-duché de Luxembourg une neutralité permanente, sous la condition stipulée dans l'article 2 de ce traité, savoir que le Luxembourg s'engage et s'oblige à observer lui-même sa propre neutralité vis-à-vis de tous les autres Etats.

» Lorsque la guerre actuelle eut éclaté, le gouvernement grand-ducal, sur le désir exprimé par lui, a reçu encore de la Prusse, le 17 juillet, l'assurance que la neutralité du Luxembourg serait respectée aussi longtemps que la France n'y porterait pas atteinte, et que, naturellement, le grand-duché lui-même la maintiendrait intacte.

» Cette promesse a été tenue par le gouvernement du roi de la façon la plus scrupuleuse. Il a renoncé au transport de ses blessés à travers le territoire luxembourgeois, — transport considéré comme nécessaire dans l'intérêt de l'humanité, — parce que la France déclarait s'y opposer.

» Il ne s'est pas laissé ébranler dans son attitude neutre par ce fait qu'une partie de la population du grand-duché avait exercé, plus qu'en paroles, de mauvais traitements sur des fonctionnaires et des voyageurs allemands qui traversaient le pays.

» Il a persisté encore dans ses égards pour le grand-duché, lorsque les transports faits nuitamment par le chemin de fer luxembourgeois pour approvisionner la place de Thionville, occupée par les Français, mais cernée par un corps de troupes allemand, constituèrent une violation flagrante de la neutralité du Luxembourg.

» Ces convois de provisions avaient été secrètement préparés pendant plusieurs jours, et d'intelligence avec le commandant de la place assiégée, lequel avait eu à prendre, pour les recevoir, des mesures militaires particulières, expédiées à travers les lignes allemandes d'investissement.

» Les préparatifs nécessaires pour ces expéditions ne pouvaient être faits dans le Luxembourg sans la tolérance, sinon le concours des employés du chemin de fer et de la police du grand-duché.

» Malgré cette violation grave de la neutralité du Luxembourg, le gouvernement du roi s'abstint de tirer les conséquences d'une telle rupture de neutralité. Il se contenta d'adresser une plainte au gouvernement grand-ducal et d'appeler son attention sur les suites qu'une semblable manière d'agir pouvait entraîner.

» L'allégation que l'administration du chemin de fer de l'Est, par lequel ces convois avaient été faits, est passée depuis plusieurs années dans des mains françaises, et que, par suite, le gouvernement du grand-duché ne peut-être rendu responsable d'actes de la société en question et de leurs suites, est si peu fondée, qu'il ressort, au contraire, précisément de cette situation particulière, pour le gouvernement luxembourgeois, une obligation d'autant plus grande de faire surveiller rigoureusement les trains de chemin de fer se dirigeant vers la France. C'est à cause de l'entière confiance qu'on avait à cet égard que les assiégeants n'ont pas interrompu la circulation du chemin de fer de Luxembourg à Thionville, pour empêcher l'approvisionnement de la place.

» Le gouvernement grand-ducal a exprimé ses regrets au sujet de ce qui s'était ainsi passé, mais il n'a pris aucune mesure pour s'opposer efficacement à d'autres violations de la neutralité commises ultérieurement, et dans des proportions toujours plus fortes, au préjudice de l'Allemagne.

» Après la capitulation de Metz eut lieu à travers le grand-duché un passage en masse de soldats et d'officiers français fugitifs, qui se proposaient de rentrer en France en tournant les armées allemandes et les parties du territoire français occupées par elles.

» A Luxembourg même, sous la direction du vice-consul français y résidant, est ouvert, dans la gare du chemin de fer, un bureau où déjà des milliers de fugitifs qui appartenaient aux armées ayant capitulé ont été pourvus de secours et de légitimations, de manière à ce qu'ils puissent continuer leur marche vers la France pour entrer dans l'armée du Nord. Le gouvernement grand-ducal n'a point empêché cette violation de la neutralité contre l'Allemagne. Les militaires français fugitifs n'ont pas été internés et l'on n'a pas mis obstacle à leur rentrée en France ; le vice-consul français à Luxembourg n'a pas été troublé dans ses manœuvres contraires au droit international et à la neutralité du Luxembourg.

» Attendu qu'il y a dans ces faits violation au premier chef, vis-à-vis d'un Etat voisin, de la neutralité du grand-duché, à laquelle le gouvernement luxembourgeois s'est expressément obligé, par le traité du 11 mai 1867, le gouvernement du roi a dû y voir l'annulation des conditions premières sous esquelles il s'est déclaré prêt, dans le traité précité, à reconnaître la neutralité du Luxembourg.

» Le gouvernement royal, sur l'ordre de Sa Majesté le roi, a donné pour instruction, par une note du 3 de ce mois, à ses représentants auprès des puissances signataires du traité du 11 mai 1867, de déclarer, sous réserve d'explications plus détaillées à ce sujet :

» Que la Prusse, dans les opérations militaires des armées allemandes et dans les mesures à prendre pour assurer les troupes allemandes contre les dangers et préjudices auxquels elles sont exposées du côté du Luxembourg, ne peut plus se considérer comme liée par la neutralité du grand-duché, et que le gouvernement du roi se réserve de donner suite à ses réclamations vis-à-vis du grand-duché du Luxembourg pour le préjudice que lui a causé la violation de la neutralité. »

« La *Gazette de la Croix*, après avoir reproduit l'article qu'on vient de lire, le fait suivre des observations suivantes :

» Les journaux étrangers traitent cette déclaration du cabinet prussien comme si elle prononçait implicitement l'annexion du grand-duché, tandis que la position du Luxembourg n'est point altérée par la déclaration qui a été faite aux puissances signataires du traité du 11 mai 1867. Il ne s'agit pas, dans cette affaire, d'une menace contre l'existence indépendante du petit Etat, mais de l'observation, aux termes du traité, de la neutralité luxembourgeoise vis-à-vis de la Prusse et de ses alliés. Si la neutralité du Luxembourg est strictement observée, les intérêts de la Prusse sont en sûreté.

» Ce n'est pas la Prusse, mais le privilège accordé dans le grand-duché à la société française du chemin de fer de l'Est, qui paralyse le gouvernement de ce petit Etat et met son indépendance en question. Du reste, notre gouvernement, d'après nos informations, est résolu à soumettre ses plaintes sur la violation de la neutralité de la part du Luxembourg, ainsi que ses réclamations d'indemnité élevées contre le grand-duché, à la décision d'un tribunal arbitral. »

(*Numéro du* 25 *décembre.*)

« Le *Times* publie une lettre de M. de Bismark relativement au Luxembourg. Il réserve à la Prusse le droit de demander une indemnité. »

(*Numéro du* 25 *décembre.*)

« La *Gazette de Spener* consacre à la situation passée et présente du Luxembourg l'article qui suit :

» Le grand-duché de Luxembourg (autrefois comté) a fait partie de l'empire d'Allemagne jusqu'à la paix de Campo-Formio, en 1797. Quatre de ses comtes ont occupé le trône impérial. Le congrès de Vienne donna le grand-duché au roi des Pays-Bas, après en avoir détaché une bande de territoire qui échut à la Prusse. En 1830, la plus grande partie du pays fut attribuée à la Belgique; la partie restante nous a déjà donné bien du souci. Le roi de Hollande appartenait à la Confédération germanique, en sa qualité de grand-duc de Luxembourg, et la Prusse avait droit de garnison dans la capitale.

» Ce droit semblait être tombé en 1866 avec la Confédération, et la France essaya de profiter de l'occasion l'année suivante. Déjà Napoléon avait conclu le marché par lequel le cabinet de la Haye lui vendait le Luxembourg; mais la Prusse protesta, et l'empereur des Français, qui n'avait pas encore de chassepots, joua le modéré. Le 11 mai 1867, par suite d'un compromis, la France renonça à ses vues annexionnistes, la Prusse à son droit de garnison, et les puissances se chargèrent d'une garantie collective, que lord Stanley réduisit quelques jours plus tard, dans un discours aux Communes, à son minimum de valeur. On avait empêché la guerre, cela suffisait.

» L'abandon du droit de garnison n'a pas été un mince sacrifice pour l'Allemagne.

» Ce droit était un gage de sécurité contre l'invasion française; il facilitait la défense et servait de soutien à l'aile droite d'une armée pénétrant en France.

» La situation du Luxembourg est anormale au premier chef. Pour la langue et l'esprit, il est Allemand, et son industrie est dans une dépendance complète de notre marché.

En ce moment, il fait encore partie du Zollverein, mais celui-ci va se fondre dans l'empire ; le Luxembourg alors se trouvera en face du dilemme suivant : Sortir du Zollverein ou entrer dans l'empire ; or, il ne peut devenir Etat allemand tant qu'il sera sous le sceptre de la famille d'Orange, et, d'un autre côté, la renonciation au Zollverein est sa ruine.

» Ces difficultés ont été augmentées par l'attitude insensée des notables du pays qui le gouvernent conformément à leurs sympathies françaises. Ils sont secondés par une partie du clergé dont les organes exaltent sans cesse « la grande » nation. » Enfin l'Est français est le centre d'une propagande annexionniste des plus actives. Ces éléments réunis sont parvenus, en 1867, à étouffer la voix du pays et à faire croire qu'on y désire la réunion à la France. C'est ce même parti qui fait aujourd'hui circuler des adresses en faveur de l'indépendance du grand-duché.

» Sous l'influence de ces gallomanes, il s'est passé durant la guerre bien des choses qui conviennent aussi peu que possible à un pays neutralisé. Le chancelier démontre aisément qu'il s'est produit à Luxembourg des manifestations en faveur de la France, qu'on y a ravitaillé Thionville, laissé circuler des officiers français échappés d'Allemagne, qu'il y a même sur le territoire grand-ducal des bureaux en règle destinés à rapatrier les soldats français. Sous ce rapport, les correspondances des feuilles anglaises nous avaient déjà suffisamment édifiés.

» La conséquence naturelle de ces faits, c'est la déclaration récente du gouvernement fédéral. Il a le droit incontestable d'en agir ainsi et de ne plus respecter, à son tour, une neutralisation qui n'a été créée que pour prévenir une guerre franco-allemande, guerre qui, néanmoins, a éclaté trois ans plus tard. »

*(Numéro du 29 décembre.)*

EXTRAIT DE LA *Correspondance provinciale*.

« Dans la paix de Prague, on avait admis la prévision que les gouvernements de l'Allemagne du Sud formeraient entre eux une Union qui, tout en ayant une situation propre, indépendante, se rattachât à la Confédération de l'Allemagne du Nord par *un lien national*. Cette prévision ne s'est pas réalisée pour ce qui concernait l'union des États du Sud entre eux. Ces États se sont bornés à établir leurs relations nationales avec l'Allemagne du Nord tout d'abord par le renouvellement du Zollverein et par les traités d'alliance offensive et défensive.

» Personne ne pouvait prévoir que, grâce à l'élan national qu'a fait naître l'attaque imprévue des Français, le développement de l'unité allemande devait aboutir à l'institution d'un nouvel empire d'Allemagne. Mais l'Allemagne du Nord ne pouvait que saluer avec joie une telle solution issue d'un libre mouvement de l'esprit allemand.

» Quant à l'Autriche, elle peut considérer cette transformation de l'union allemande avec la légitime confiance que tous les membres de la Confédération nouvelle sont animés du même désir que notre roi d'entretenir avec l'État voisin austro-hongrois des relations sincèrement amicales, fondées sur une communauté d'intérêts et sur les points de contact de leur existence intellectuelle et économique.

» Le peuple allemand peut se livrer à l'espérance que la consolidation et la sécurité obtenues pour son institution nationale seront saluées par les pays voisins, non-seulement sans inquiétude, mais avec satisfaction, et qu'en particulier l'Allemagne et l'Austro-Hongrie se donneront la main dans l'intérêt de la prospérité et du progrès des deux peuples.

» Notre gouvernement ne tardera pas, vis-à-vis du gouvernement austro-hongrois, à donner l'assurance publique et confiante de cette ferme espérance. »

(*Numéro du* 26 *décembre.*)

« Le chancelier fédéral, comte de Bismark, a adressé la dépêche qui suit à M. de Schweinitz, ambassadeur de la Confédération de l'Allemagne du Nord à Vienne :

» Vous avez eu connaissance des traités entre la Confédération de l'Allemagne du Nord et les États allemands du Sud, qui ont été signés à Versailles, avec la Bavière et les grands-duchés de Bade et de Hesse, à Berlin, avec le Wurtemberg. Par les dernières négociations, à Berlin, où ces États ont tous exprimé leur mutuel assentiment, les traités sont arrivés à leur conclusion, sauf à être sanctionnés par les chambres des États allemands du Sud.

» Non-seulement en considération de la paix de Prague, qui a établi l'accord de la Prusse et de l'Autriche-Hongrie au sujet de la transformation que devait subir alors la situation politique de l'Allemagne, mais aussi dans le désir d'entretenir avec le puissant empire ami, notre voisin, des relations qui répondent aussi bien à notre passé commun qu'aux sentiments et aux besoins de l'un et de l'autre peuple, je crois devoir exposer au gouvernement impérial et royal austro-hongrois le point de vûe auquel se place le gouvernement de Sa Majesté le roi dans cette nouvelle phase de la reconstitution de l'Allemagne.

» Le traité de paix du 23 août 1866 envisage l'éventualité de la formation, de la part des gouvernements allemands au sud du Mein, d'une confédération qui, tout en ayant une situation propre indépendante, se rattacherait à la Confédération des États de l'Allemagne du Nord par un lien national plus étroit.

» La réalisation de cette éventualité était laissée à ces gouvernements, car aucune des deux parties contractantes ne pouvait être autorisée ou obligée par la conclusion de la paix à rien prescrire aux souverains des États allemands du Sud sur la forme de leurs relations entre eux.

» Les États allemands du Sud, de leur côté, se sont abstenus de réaliser cette pensée de la paix de Prague. Quant à leurs relations avec l'Allemagne du Nord, prévues par le traité, ils ont visé à les établir d'abord, sous la forme de l'union douanière et des traités mutuels de garantie.

» Il était au-dessus des calculs humains de prévoir que ces premiers accords dussent, sous la pression du puissant développement que l'attaque imprévue venant de la France a donné au sentiment national allemand, trouver leur achèvement dans les traités d'union constitutionnelle conclus aujourd'hui et dans la création d'une nouvelle confédération allemande.

» Le devoir de l'Allemagne du Nord ne pouvait être ni d'entraver ni de repousser ce développement qu'elle n'avait point provoqué, mais que l'histoire et le génie du peuple allemand ont fait naître.

» Le gouvernement impérial et royal austro-hongrois, nous en sommes assurés par les rapports de Votre Excellence, n'attend pas lui-même et ne désire pas que les dispositions de la paix de Prague soient un obstacle au fécond développement des États allemands ses voisins.|

» Le gouvernement impérial envisage la forme nouvelle que va prendre la constitution politique de l'Allemagne avec la juste confiance que tous les membres de la nouvelle Confédération allemande, et en particulier le roi, notre auguste maître, sont animés du désir de maintenir et de resserrer avec l'empire austro-hongrois, notre voisin, les relations amicales qui sont commandées aux deux pays par des intérêts communs et par les liens de leur existence intellectuelle et économique. Les gouvernements confédérés ont la confiance, de leur côté, que ce même désir est partagé aussi par la monarchie austro-hongroise.

» La réalisation prochaine des tendances et des besoins du peuple allemand, au point de vue national, assurera au développement ultérieur de l'Allemagne une stabilité et une sécurité que l'Europe entière, et particulièrement les États nos voisins, peuvent voir non-seulement sans inquiétude, mais avec satisfaction. Le libre essor des intérêts matériels qui unissent les pays et les peuples par des liens si multiples aura sur nos relations politiques une influence bienfaisante.

» L'Allemagne et l'Autriche-Hongrie, nous pouvons l'espérer avec confiance, se regarderont l'une et l'autre avec le sentiment d'une bienveillance mutuelle et se tendront la main dans l'intérêt du bien-être et de la prospérité des deux pays.

» Aussitôt que les traités qui forment la base de la nouvelle Confédération auront reçu une ratification complète, je vous mettrai en état d'en donner communication officielle à M. le chancelier impérial.

» Je prie Votre Excellence de vouloir bien lire la présente dépêche à M. le chancelier impérial et lui en remettre copie.

« DE BISMARCK. »

(*Numéro du 1<sup>er</sup> janvier.*)

« *Darmstadt,* 24 *décembre.* — La chambre des députés ayant voté les traités relatifs à la future constitution allemande, avec 40 voix contre 3, ces traités vont être soumis aux délibérations de la première chambre qui se réunit le 29. »

(*Numéro du 1<sup>er</sup> janvier.*)

« *Copenhague,* 18 *décembre.* — La station des signaux

de Skagen annonce que le 20 novembre une corvette française croisait dans le Skagerrak. Depuis lors on n'a plus vu de navire français. Il ne se confirme pas que le 10 décembre cinq navires français se seraient dirigés vers le sud. »

(*Numéro du* 25 *décembre.*)

« *Florence,* 23 *décembre.*—Le projet de loi du gouver-vernement proposant la translation de la capitale à Rome dans un délai de six mois, a été voté par la chambre avec 192 voix contre 18.

» Après avoir voté des remercîments à la ville de Florence, pour son attitude patriotique pendant le temps où le siège du gouvernement s'y trouvait, la chambre s'est ajournée jusqu'au 16 novembre. »

« Le parlement anglais se réunira le 1er février. Il sera présenté des bills pour augmenter les effectifs militaire et maritime du pays.

» Le *Morning Post* dit: Nous croyons savoir que des négociations sont rouvertes pour obtenir un armistice afin d'assembler un congrès et terminer la guerre. Les pourparlers sont appuyés par les puissances neutres. Tout dépend de la décision de Versailles. »

(*Numéro du* 25 *décembre.*)

« Le *Daily Telegraph* dit que la conférence pour la question d'Orient ne se réunira pas avant le mois prochain. »

(*Numéro du* 25 *décembre.*)

« Voici la réponse de M. le comte de Beust à la dernière dépêche du prince Gortschakoff:

« *Au comte de Chotek, à Saint-Pétersbourg.*

» Bude, *le* 7 *décembre* 1870. — M. l'envoyé de Russie s'est acquitté envers moi des ordres de son gouvernement en me donnant connaissance des deux dépêches ci-jointes en copie, destinées à servir de réponse à celles que j'ai adressées à Votre Excellence le 14 du mois dernier, au sujet de l'incident soulevé par la circulaire russe du 31 septembre-19 octobre.

» J'ai accueilli la communication de ces pièces avec tout l'intérêt qu'elles méritent. Les matières qu'elles ont pour objet y sont traitées dans des termes tels à me laisser l'impression qu'à Saint-Pétersbourg on éprouve autant que nous-mêmes le désir de leur donner une solution satisfaisante pour toutes les parties intéressées.

» A la veille d'une conférence où les questions dont il s'agit devront être soumises à de mûres délibérations, je crois inutile d'entrer en discussion sur le fond des répliques de M. le prince Gortchakof.

» Il est pourtant un point que, dès à présent, je ne saurais passer sous silence. Je veux parler de l'opinion émise dans la première de ces dépêches, et d'après laquelle il faudrait attribuer à tous les traités contemporains une cohésion telle qu'aucun d'eux ne saurait être infirmé sans altérer la valeur de tous les autres et sans donner à chacune des puissances intervenantes dans ces derniers le droit de déclarer caduques celles de leurs stipulations qu'il ne lui conviendrait plus de laisser subsister. Nous croyons qu'une théorie pareille, si elle venait à prévaloir, porterait la plus grave atteinte à la foi des traités, et aurait pour résultat de détendre tous les liens qui, jusqu'à ce jour, ont uni les nations.

» Nous n'avons jamais prétendu que les transactions internationales fussent à l'abri des injures du temps et qu'elles dussent être maintenues intactes à tout jamais. Si ferme que puisse être, au moment de la signature d'un traité, la résolution des contractants de lui assurer une durée perpétuelle, il est incontestable, ainsi que le fait remarquer M. le chancelier russe, qu'à la longue il peut survenir des événements qui changent les situations de sorte à faire désirer aux signataires une modification. Mais, dans ce cas, le droit des gens indique la voie à suivre, c'est celle d'un recours, fait par l'État qui y a intérêt, aux autres puissances intervenantes, dans le but de s'entendre sur les modifications à apporter aux traités.

» En ce qui concerne les clauses du traité de Paris relatives à la neutralité de la mer Noire, le gouvernement impérial et royal avait lui-même, il y a près de quatre ans, reconnu l'opportunité d'une révision : mais, comme je l'ai rappelé dans ma dépêche n° 2 du 16 novembre, ce qu'il a eu en vue, c'est une révision qui, s'opérant par l'accord des parties contractantes, tendît à raffermir, au lieu de l'ébranler, le respect dû au droit public de l'Europe.

» M. le prince Gortchakof, en mentionnant cette initiative

du cabinet austro-hongrois, s'étonne de ce que j'aie parlé de la froideur de l'accueil qu'elle avait, dans le temps, rencontré en Russie, et il invoque, comme preuve du contraire, une dépêche adressée par lui au comte de Stackelberg, au mois de novembre 1866. Je regrette de devoir faire observer que ce fait ne détruit en rien mon allégation. La dépêche russe en question étant antérieure de plusieurs mois à nos ouvertures du mois de janvier 1867, et ne pouvant, par conséquent, pas être citée à titre de réponse.

» Enfin, M. le chancelier se méprendrait absolument sur ma pensée s'il supposait, ainsi que cela semble résulter d'un passage de sa dépêche n° 2, que j'ai voulu dire dans la mienne que le gouvernement impérial de Russie, par sa récente circulaire, se serait proposé de mettre la question d'Orient sur le tapis. En qualifiant cette manifestation de stimulant pour les populations du Levant, j'étais loin de mettre en cause les intentions de la Russie ; j'ai seulement voulu donner à entendre que l'effet, assurément non prémédité de cet acte, serait de semer l'agitation dans les esprits, et de faire naître ainsi des complications sérieuses.

» Certes, nous serions heureux de voir l'événement démentir nos prévisions, et la cour de Saint-Pétersbourg n'aurait pas de meilleur moyen de s'assurer notre reconnaissance et celle du reste de l'Europe, que de contribuer, pour sa part, à faire ressortir que nous nous étions livrés à de vaines alarmes.

» Ces quelques observations faites, je tiens à bien établir que ce ne sont en aucune façon des sentiments hostiles à la Russie qui ont dicté notre réponse aux déclarations russes des 19/31 octobre dernier, mais uniquement la déclaration de sauvegarder le développement régulier et pacifique du droit international.

» Cette préoccupation, jointe à celle de mettre à couvert les intérêts de l'Europe en général et les nôtres en particulier, engagés dans la question, servira aussi de guide à notre conduite lors des délibérations de la conférence.

» Ainsi que le prince Gortchakof le constate avec raison, nous comprenons les intérêts légitimes de son gouvernement tout aussi bien que les intérêts généraux de l'Europe, et la dépêche russe ne fait que me rendre justice en disant que j'ai trop le sentiment de la dignité de mon pays pour ne pas apprécier ce que réclame de la Russie le souci de la sienne.

» C'est précisément à concilier toutes ces considérations et tous ces intérêts que devra, dans notre conviction, s'appliquer la conférence. Le chef du cabinet russe peut compter que le gouvernement impérial et royal abordera cette tâche sans parti pris d'aucune sorte et dans le seul but de consolider la paix de l'Orient, en donnant au différend soulevé par la Russie un dénoûment qui soit de nature à ménager des susceptibilités nationales, que nous savons respecter, sans affaiblir les garanties que réclament les autres nations également intéressées dans les questions qui se rattachent à la mer Noire.

» Car nous comptons bien que c'est ainsi que notre pensée a été saisie à Saint-Pétersbourg. Comprendre, apprécier les sentiments de dignité d'un pays voisin, ce n'est pas abdiquer en sa faveur, et le désir sincère de faire cesser tout sujet de discorde ne saurait nous amener à y sacrifier nos propres intérêts. Si, comme nous l'espérons, les puissances se placent sur ce terrain, on arrivera, ainsi que le désire le gouvernement impérial de Russie, à garantir le repos de l'Orient et l'équilibre de l'Europe.

» Veuillez, monsieur le comte, communiquer cette dépêche à M. le prince Gortchakof, et recevoir, etc.

» DE BEUST. »

(*Numéro du 1ᵉʳ janvier*).

Comme je le disais, une grande partie de ces articles démentent formellement les journaux colporteurs de nouvelles heureuses. Il ne faudrait point cependant en conclure que tout est perdu pour nous. Nous devons surtout n'accueillir qu'avec réserve les nouvelles données par un journal prussien et les appréciations qu'il renferme. C'est l'ennemi qui écrit, il ne faut point l'oublier. On ne doit point oublier non plus quel intérêt a la Prusse à présenter notre situation sous le jour qui nous est le plus défavorable, et à égarer l'opinion publique en France. Pour atteindre ce but elle n'hésite pas à tenter d'accréditer les bruits les plus mensongers, à travestir les faits avec une imperturbable assurance. C'est à la province que s'adresse le *Moniteur officiel de Seine-et-Oise*; c'est la province dont il espère vainement, croyons-le, décourager le patriotisme et les héroïques efforts qui nous promettent le salut.

On annonce que la Cour de cassation quitte Poitiers.

Le roi d'Espagne est parti pour Madrid.

Le corps d'investissement de Belfort a été renforcé par la grosse artillerie bavaroise.

Et je termine par une dépêche qui en temps de calme aurait fait grande sensation, et qui passe complétement inaperçue grâce aux événements.

« *Bardowiche*, 25 *décembre*. — Le percement du mont Cenis a été terminé le 25 décembre. A 4 heures 25 minutes, la sonde a traversé la dernière couche de quatre mètres d'épaisseur, dans l'axe de la montagne, à la profondeur de 7,080 mètres de Bardowiche et de 5148 mètres de Modane.

» Les spectateurs qui ont assisté à la chute du dernier massif de séparation du tunnel, qui est entièrement perforé sur une longueur de 12,228 mètres, ont fait éclater le plus grand enthousiasme. Le succès de ce travail admirable fait le plus grand honneur à l'ingénieur Sommelier. »

» Le Gouvernement de la Défense nationale,

» Vu le décret du 1er octobre 1870;

» Vu le décret du 25 novembre 1870, qui a ordonné le recensement des chevaux, ânes et mulets;

» Vu l'arrêté ministériel du 8 décembre 1870, qui a interdit la vente des chevaux, ânes et mulets, si ce n'est à l'État;

» Vu le décret du 15 décembre 1870, qui a fait réquisition de tous les chevaux, ânes et mulets existant dans Paris et hors Paris en deçà de la ligne d'investissement;

» Considérant qu'un certain nombre de détenteurs de chevaux, ânes ou mulets n'obéissent pas aux injonctions de livrer et attendent la saisie;

» Considérant que cette attitude, en obligeant à multiplier le nombre des saisies, met en péril l'approvisionnement de la boucherie ;

» Qu'il est nécessaire de remédier à ce danger en frappant d'une pénalité les détenteurs qui ne se conforment pas aux injonctions de livrer ;

» DÉCRÈTE : — *Article unique.* Tout cheval, mulet ou âne saisi après injonction délivrée non suivie d'effet dans un délai de vingt-quatre heures, *est confisqué* au profit de l'Etat, sans aucune indemnité.

» Fait à Paris, le 5 janvier 1871.

» Général TROCHU, JULES FAVRE, JULES FERRY, JULES SIMON, EMM. ARAGO, EUGÈNE PELLETAN, GARNIER-PAGÈS, ERNEST PICARD. »

Maintenant que les nouvelles sont épuisées, je vais jeter un coup d'œil rapide sur l'ensemble de la population parisienne.

Pour l'homme qui habite Paris et qui peut se mêler à toutes les classes de la société, il lui est facile, étant observateur, de juger et de connaître les vues différentes qui entraînent la population à la résistance. Je mets en première ligne le véritable citoyen, celui qui défend son sol et son foyer avec conviction, honteux de voir la Prusse marcher victorieuse sur les ruines fumantes de nos villes, ravageant nos champs et y creusant de ses baïonnettes sanglantes, des tombes à nos enfants. Celui-là, toujours prêt à combattre, prêt à se faire tuer est le vrai Français. Après lui viennent les hommes qui n'ont admis la résistance que pour donner le temps à la province de se lever en masse et de nous secourir. Moins braves que les premiers, ils se sentent forts s'ils sont soutenus ; mais désespérant à cette heure de l'appui qui semble leur manquer, ils regrettent d'avoir donné leur voix pour résister jusqu'à la fin. Ils craignent aujourd'hui et allèguent pour ne pas faire croire à de la faiblesse, que leurs regrets sont fondés sur les conséquences funestes que peut amener la continuation de la guerre qui, plus elle sera longue, plus elle sera ruineuse et plus en fin de compte les conditions de la paix seront dures si nous succombons.

Une autre catégorie de combattants se présente; bien triste, hélas ! c'est celle afférente aux grandes villes comme Paris. Population flottante ne vivant que de désordres, et maintenant payée, habillée, nourrie. Elle sait bien que la fin de nos maux sera la fin de son bien-être, aussi est-elle pour la résistance à outrance.

Puis, dois-je le dire, combien de gens ont profité des circonstances pour avoir des emplois qu'à toute autre époque ils n'auraient pu obtenir. L'intendance, le génie civil, etc., regorgent d'individus ayant de bons appointements qu'ils ne retrouveront jamais après la guerre, et qui ont ainsi intérêt à sa durée. Hélas ! l'intérêt personnel ne domine-t-il pas presque toujours ?

Comme nous touchons bientôt au 15 janvier, nouveau décret du Gouvernement reculant à trois mois le payement des loyers. Pauvres propriétaires, si le siége allait durer une année !

Différents bruits circulent sur les déterminations du conseil de guerre tenu dimanche soir par le gouverneur de Paris. Il paraît certain que l'on se serait prononcé en faveur d'un grand et suprême effort. Il est admis en principe, mais l'opportunité doit naître des circonstances. On ne veut rien précipiter pour ne rien compromettre.

Aujourd'hui a commencé la neuvaine de Sainte Geneviève. Je me suis rendu à cette église, où une foule énorme se pressait sous les portiques. L'autel renfermant les reliques de la patronne de Paris resplendissait de lumières et disparaissait sous les couronnes. Que de ferventes prières ! Que de vœux sincères et touchants ! Allons, messieurs des clubs, portez vos pas de ce côté et vous serez désolés, car vous aurez la preuve qu'à Paris, comme partout en France, il y a encore de nombreux cœurs religieux. C'est surtout au moment du danger que l'homme sent qu'il y a un maître et que, quoi qu'il arrive, Dieu le conduit. Aussi est-ce à ce moment qu'il comprend sa faiblesse, qu'il vient dans son temple, qu'il l'implore. Demandez-lui après s'il ne se sent pas plus fort et plus confiant ?

## 113e JOURNÉE

**Jeudi 5 Janvier**  3 % 50.85

Au moment où Paris craint un bombardement, il n'est point inutile, je crois, de donner les distances entre différents points et les batteries ennemies.

Ainsi : De la Lanterne-de-Diogène à l'Ecole-Militaire, il y a 7,000 mètres ; de Clamart à l'Ecole-Militaire, 6,300 mètres ; de Chevilly au fort de Bicêtre, 3,200 mètres ; de Chevilly au mur d'enceinte, 5,200 mètres ; du Raincy au fort de Rosny, 4,000 mètres ; du Raincy au mur d'enceinte, 7,500 mètres ; de la butte Pinson à la Double-Couronne, de Saint-Denis, 3,200 mètres ; de la butte Pinson au fort de la Briche, 3,200 mètres ; de la butte Pinson au mur d'enceinte, 8,500 mètres ; du moulin d'Orgemont à la redoute de Gennevilliers, 3,000 mètres ; du moulin d'Orgemont au mur d'enceinte, 7,800 mètres.

C'est de Bagneux et Sèvres que l'ennemi trouve ses meilleurs points d'attaque contre les forts de Paris, car il nous domine de beaucoup ; aussi, la prise d'un des forts du sud-ouest, Vanves ou Issy créerait-elle les plus grandes difficultés à la défense. Issy pris, les Allemands peuvent battre le Point-du-Jour, Billancourt, Boulogne, Auteuil, Passy et une grande partie de la rive gauche de Paris ; le fort étant à un kilomètre de l'enceinte. Distance de Vanves au Grand-Opéra, 7,050 mètres ; de Montrouge au Grand-Opéra, 6,950 mètres ; d'Issy au Grand-Opéra, 7,400 mètres. Les gros calibres Krupp portent à 9,200 mètres.

Nuit et journée terribles. Le froid a été d'une violence extrême, le thermomètre est descendu à 12 degrés.

A trois heures du matin a commencé le bombardement des forts du côté de Châtillon, tout en continuant un feu violent à l'est. Au centre de Paris on entendait parfaitement la canonnade. Ce soir, le feu s'est légèrement ralenti. Peut-être laissera-t-il dormir ceux qui peuvent dormir en ce moment suprême. Pour moi, la chose serait impossible.

Ce matin, on affichait à la mairie :

« *5 janvier matin.* — Une forte reconnaissance a été opérée cette nuit sur le plateau d'Avron. Elle a eu un plein succès. L'ennemi a eu un certain nombre de tués et de blessés ; il a laissé des prisonniers entre nos mains.

» Le feu a continué pendant la nuit sur le fort de Nogent, mais sans résultat.

» L'ennemi a commencé ce matin à bombarder avec la plus grande violence les forts de Montrouge, Vanves et Issy. Ses batteries sont placées sur le plateau de Châtillon. Les forts répondent vigoureusement.

» *Le Gouverneur de Paris,*
» P. O. *Le général chef d'état-major général,* Schmitz»

« *Paris, 5 janvier au soir.* — Sur nos positions de

Créteil, un officier bavarois, aide de camp, a été fait prisonnier et conduit à Vincennes.

» Le général Fournès a dirigé, la nuit dernière, une reconnaissance très-vigoureuse sur le plateau d'Avron. Après avoir chassé les postes prussiens qui s'y trouvaient, il s'est installé auprès du château et a fait démolir à la pioche et au pétard un grand mur derrière lequel l'ennemi s'abritait dans la journée; il a quitté le plateau au jour, ramenant trois prisonniers saxons.

» Ce matin, l'ennemi a attaqué Bondy; ses tirailleurs ont été repoussés, laissant sur le terrain une quinzaine de cadavres.

» De huit heures du matin à quatre heures et demie du soir, Bondy a été bombardé, ainsi que les forts de l'est, mais sans résultat, comme d'habitude; personne n'a été atteint.

» Toute la journée, le fort d'Issy, le fort de Vanves et le fort de Montrouge ont été bombardés avec la plus extrême violence par des pièces de gros et de petit calibre. On a recueilli des obus qui n'avaient pas éclaté et qui mesuraient $0^m 22$ de diamètre et $0^m 55$ de hauteur.

» Malgré tout cet appareil formidable mis en action avec acharnement, les dégâts matériels ne sont pas proportionnés à l'effort de l'ennemi, et le gouverneur, qui a passé une partie de la journée dans les forts d'Issy et de Vanves, a pu constater la belle humeur de leur garnison, dont le moral est très-solide.

» Les redoutes des Hautes-Bruyères et du Moulin-Saquet ont également eu à supporter un véritable bombardement.

» Quelques obus sont parvenus jusque dans le quartier Saint-Jacques, sans jeter aucun trouble dans la population.

» Sur toute la ligne, nous avons riposté, soit des forts, soit des batteries intérieures construites sur le périmètre dont le feu a été vif et efficace, soit même de l'enceinte.

» Le feu qui s'était affaibli à la chute du jour, a repris quelque vivacité à neuf heures du soir.

» Nos pertes sur tout cet immense développement ne s'élèvent qu'à neuf tués, dont un capitaine, et une quarantaine de blessés, dont quatre officiers, parmi lesquels nous avons le regret de citer le capitaine d'artillerie Vilbert, du fort de Vanves.

» Les commandants de tous nos forts se montrent, dans

les rudes épreuves auxquelles ils sont soumis, à la hauteur de la mission qui leur est confiée, et le Gouvernement les félicite ici de leur rare énergie.

» *Le Gouverneur de Paris.*
» *P. O. Le général chef d'état-major général* : Schmitz. »

Ce sont les forts de Vanves, Issy et Montrouge, dit-on, qui ont prévenu l'ennemi et qui, en compagnie des Bruyères et Saquet, ont fait pleuvoir un déluge de boulets.

Les projectiles ennemis ont franchi l'enceinte de Paris, à deux heures et demie, lancés par les batteries de Châtillon, et sont parvenus jusque vers le Luxembourg. Malgré cela, je ne suis pas de l'avis des journaux affirmant que le bombardement de Paris est commencé. Je crois que pour rester dans la vérité, il faut dire que c'est tout simplement celui des forts qui s'exécute en ce moment. Les projectiles reçus sont des projectiles égarés, des accidents, pour ne pas dire des hasards. Paris a reçu environ 200 obus dans les quartiers de Montrouge et d'Auteuil. Quelques tombes ont été brisées dans le cimetière Montparnasse.

Le chemin de ceinture a arrêté son exploitation, et le beau viaduc a été menacé plusieurs fois. Soyons rassurés pour l'instant, Paris proprement dit n'est pas encore l'objectif des Prussiens. Cela viendra, d'après la marche des choses.

J'ai souvent dit que Paris voyait et voulait voir toujours tout en beau ; cela continue. En parcourant tous les quartiers, vous y trouverez plutôt une pensée de délivrance qu'un visage assombri par l'abattement. Ceci peut paraître étrange, mais il en est ainsi. Cette confiance vient de bruits impossibles, nés on ne sait où, comme toujours. On assure que les Prussiens sont las et qu'ils désespèrent de nous prendre par la famine, que la province approche, enfin que leur bombardement dissimule une retraite. Lorsqu'un parti est pris, on trouve toujours le moyen d'expliquer les choses à son avantage. Toujours est-il que les efforts de l'assiégeant semblent augmenter les espérances de l'assiégé.

Hier, a eu lieu une nouvelle réunion des maires et adjoints des arrondissements de Paris. Dix-sept y étaient plus ou moins représentés, et l'on peut dire qu'en tenant compte des absents retenus par la maladie ou des motifs sérieux, enfin des démissionnaires, l'assemblée représentait la majorité.

La première proposition a été présentée par M. Delescluze, maire du 19e arrondissement; en voici le texte :

« A leurs concitoyens,

» Les maires et adjoints des arrondissements de Paris soussignés,

» Chers citoyens,

» Associés de cœur aux légitimes émotions que les derniers événements militaires ont soulevées parmi vous, nous avons, dès le 29 décembre dernier, appelé l'attention du ministre de l'intérieur, vice-président du Gouvernement, sur les dangers croissants de la situation et sur la nécessité d'y pourvoir sans le moindre délai, sous peine d'amener des déchirements intérieurs qui ne pourraient que compromettre nos suprêmes espérances.

» Il ne nous a pas été difficile d'obtenir sur des preuves irréfragables qu'il était de la dernière urgence d'imprimer une direction plus active, plus énergique et surtout plus efficace à la défense et avant tout de l'enlever au général qui en avait été investi.

» Nous ajoutions que, le sort de Paris étant en question, il y avait injustice autant qu'inconvenance à refuser à ses élus le droit de participer à la conduite et au contrôle des opérations militaires dont dépendait sa ruine ou son salut.

» D'autre part, nous soutenions qu'il n'était pas moins contraire au droit commun qu'à l'équité de subordonner les municipalités régulièrement élues à la prépondérance d'un délégué du Gouvernement dont la prévoyance a été tant de fois en défaut qu'il est pour beaucoup dans l'aggravation des souffrances que l'état de siége pouvait faire peser sur la population.

» En réclamant, à titre provisoire, et vu l'urgence, l'intervention directe et permanente des municipalités, au moins à titre consultatif, dans tout ce qui intéresse la défense de la capitale, nous avions eu le soin de ne porter aucune atteinte au fonctionnement du Gouvernement actuel, puisqu'il ne s'agissait que de lui venir en aide, en lui transmettant jour par jour les vœux et les besoins de leurs administrés.

» Pourquoi, en effet, aurions-nous songé à dégager le Gouvernement de la lourde responsabilité qu'il a assumée et qui doit le suivre jusqu'au jour où il rendra ses comptes aux représentants du peuple souverain?

» En ce qui concerne plus spécialement M. Trochu, nous rappelions que, nommé gouverneur de Paris sous l'empire, il acceptait alors sans répugnance aucune la position subordonnée que lui faisait Palikao, tandis qu'aujourd'hui, indépendamment des pouvoirs exceptionnels qu'il possède, commandant de l'état de siége, il échappe à tout contrôle, la présidence du Gouvernement qu'il s'est fait adjuger, au mépris de tous principes, couvrant toujours les fautes du général en chef.

» Ses actes militaires pouvaient-ils justifier cette monstrueuse dictature si bien faite pour alarmer les républicains? Les désastres de Châtillon, de Chevilly, de la Jonchère, du Bourget, de Champigny, et l'abandon du plateau d'Avron, répondaient surabondamment à la question.

» A-t-il du moins su organiser l'armée, si par organiser on entend autre chose que former des cadres sur le papier? C'est sous son commandement que l'armée, à peine remise de l'effondrement de Metz et de Sedan, a achevé de se démoraliser, grâce à l'action incessante des généraux et des états-majors dont M. Trochu s'est entouré, sans se demander si ces hommes, formés à l'école de l'empire, ne détestaient pas l'état de choses fondé le 4 septembre et ne travailleraient pas tous plus ou moins ouvertement à décourager les troupes qui leur obéissent, dans l'espoir peut-être que la chute de Paris rouvrirait la porte à leurs espérances de restauration monarchique.

» Si donc, sans revenir sur le vote tumultuaire du 4 septembre ni sur le scrutin plébiscitaire du 3 novembre, nous ne réclamions pas l'élimination du général Trochu en tant que membre du Gouvernement, il nous semblait indispensable de ne pas laisser plus longtemps aux mains d'un seul homme un ensemble d'attributions qui en font, pour ainsi dire, l'arbitre exclusif du sort de Paris et peut-être de la République.

» En dépit de toutes ces raisons dont vous apprécierez l'importance, nous avons à constater l'inutilité de nos efforts aussi patriotiques que conservatoires et désintéressés, et nous manquerions à notre devoir comme citoyens, à notre mandat comme magistrats, si nous n'en appelions au tribunal suprême de la raison publique.

» En conséquence, après mûre délibération, nous déclarons à nos concitoyens qu'à nos yeux le salut de la patrie exige impérieusement l'adoption immédiate et sans réserve des mesures ci-après :

» Démission des généraux Trochu, Clément-Thomas, et Le Flô.

» Renouvellement des Comités de la guerre et rajeunissement des états-majors ;

» Renvoi au conseil de guerre des généraux et officiers de tout grade qui prêchent le découragement dans l'armée ;

» Mobilisation successive de la garde nationale parisienne ;

» Institution d'un conseil suprême de défense où l'élément civil ne soit plus subalternisé à l'élément militaire ;

» Intervention directe et permanente de Paris dans la gestion de ses propres affaires si intimement liées aux intérêts de la défense ;

» Enfin, adoption de toute mesure de salut public, soit pour assurer l'alimentation de Paris, soit pour adoucir les cruelles souffrances imposées à la population par l'état de siége et aussi par la regrettable incurie du pouvoir.

» Aux bons citoyens de voir si ces propositions qui ne menaçaient en rien l'existence du pouvoir méritaient mieux qu'un refus.

» Que ceux donc qui veulent, comme nous, le salut de Paris, nous prêtent l'autorité qui pouvait manquer à notre initiative; qu'ils se lèvent dans leur calme et leur résolution comme il convient à des hommes libres; qu'ils disent tout d'une voix si nous avons par trop présumé de leur confiance, si, au contraire, en transmettant au Gouvernement les alarmes et les griefs de la population, nous avons été fidèles à la mission que nous tenions de ses suffrages.

» Et surtout, pas de manifestations violentes! Ce n'est pas le désordre qui doit présider au salut de notre noble cité et de la République. A Paris, qui, depuis quatre mois, a donné de si merveilleux exemples de son esprit politique, de montrer de nouveau que le droit n'a pas besoin du secours de la force, quand il a pour lui la conscience de deux millions d'hommes.

» Salut et fraternité. Vive la République une et indivisible! »

Retirée par son auteur, qui reconnut bientôt que cette proposition n'avait aucune chance d'être adoptée, reprise ensuite par un autre membre, elle fut définitivement écartée.

L'assemblée décida alors que le Gouvernement serait invité à nommer un conseil suprême de défense composé mi-partie de militaires et de civils, qui désignerait un général en chef, en dehors des membres du Gouvernement de l'Hôtel de ville.

« Le Gouvernement de la Défense nationale,
» Considérant que tous les blés, seigles et orges existants dans Paris, ont été réquisitionnés par décret du 29 septembre 1870;
» Que néanmoins il résulte de divers renseignements qu'un certain nombre de cultivateurs conservent, chez eux, du blé de semence;
» Considérant, en outre, que toutes les précautions ont été prises pour fournir aux cultivateurs, après le siège, du blé de semence et des chevaux de labour,
» DÉCRÈTE: Tout particulier qui, à partir de ce moment, et pendant une période de trois mois après la levée du siège, fera sortir du grain de Paris sans un ordre écrit du ministre

de l'agriculture et du commerce, sera puni d'une amende de 500 fr. à 1,000 fr., et de la confiscation de la marchandise.

» Fait à Paris, le 5 janvier 1871.

» Général TROCHU, JULES FAVRE, ERNEST PICARD, JULES SIMON, EMMANUEL ARAGO, GARNIER-PAGÈS, EUGÈNE PELLETAN. »

Le petit bras de la Seine est entièrement gelé depuis Notre-Dame jusqu'au Pont-Neuf.

Un commencement d'incendie a eu lieu dans une salle du rez-de-chaussée à la préfecture de police, dans les bureaux des services de la librairie et de la sûreté générale. Grâce à un prompt secours, le feu a pu être vivement attaqué et vivement circonscrit. Les dégâts et les pertes sont peu considérables.

La mairie affiche ce soir :

« *Jeudi soir, 5 janvier.* — Le bombardement de Paris est commencé.

» L'ennemi ne se contente pas de tirer sur nos forts, il lance ses projectiles sur nos maisons ; il menace nos foyers et nos familles.

» Sa violence redoublera la résolution de la cité qui veut combattre et vaincre.

» Les défenseurs des forts, couverts de feux incessants, ne perdent rien de leur calme, et sauront infliger à l'assaillant de terribles représailles.

» La population de Paris accepte vaillamment cette nouvelle épreuve. L'ennemi croit l'intimider, il ne fera que rendre son élan plus vigoureux. Elle se montrera digne de l'armée de la Loire, qui a fait reculer l'ennemi, de l'armée du Nord, qui marche à notre secours.

» *Vive la France ! vive la République !*

» Général TROCHU, JULES FAVRE, JULES SIMON, JULES FERRY, GARNIER-PAGÈS, E. PELLETAN, ERNEST PICARD, EMMANUEL ARAGO. »

## 114ᵉ JOURNÉE

**Vendredi 6 Janvier**  3 % 51.35

Ce matin, chacun commente la proclamation du Gouvernement. On se demande à quoi elle sert. Rien cependant ne pouvait la motiver. Le bombardement est un incident tout naturel pour une ville assiégée, et rien dans la tenue de la population n'obligeait le Gouvernement à se perdre dans des flots de paroles boursouflées. Je ne sais qui pousse ces messieurs à user et abuser ainsi des proclamations ; mais à coup sûr ils ont tort. A cette heure, on en est tellement las, que c'est à peine si l'on prend la peine de les lire.

Remarquez-vous la phrase qui dit que l'armée du Nord marche à notre secours? Le Gouvernement a donc reçu des nouvelles? Cependant il a gardé le silence, et il est difficile de croire qu'il parle de la marche de l'armée du Nord s'il n'en a pas l'avis officiel. Ce serait aider à la croyance des faux bruits qui circulent de tous côtés ; qui, semblables à ceux de la défaite de Frédéric-Charles et l'entrée de Chanzy à Étampes, encouragent des illusions et des espérances que je crois que nous devons mettre de côté.

Dans un petit article où il fait l'éloge des contribuables pendant le siége, le Gouvernement les engage à verser de suite dans les caisses publiques les impôts de 1871. Le Gouvernement nous demande beaucoup aujourd'hui : de l'argent, du courage, de la patience! Il a la ferme conviction que son appel sera entendu.

### RAPPORT MILITAIRE.

« Pendant la nuit dernière, le feu de l'ennemi a été d'environ trente coups à l'heure contre les forts du sud, y compris Montrouge et même Bicêtre; du côté de Nogent, il a cessé à partir de trois heures du matin pour reprendre très-vivement à huit heures.

» A partir de cette heure, il a recommencé sur toute la ligne et ne nous a pas causé de dommages sérieux. Les batteries extérieures et l'enceinte ont pris part à la lutte et ont riposté vigoureusement aux attaques acharnées de l'artillerie ennemie. Les projectiles qui sont tombés dans la ville, en assez grand nombre, n'ont causé aucune émotion.

» La fermeté, le calme de la population et de l'armée soumises à ce violent bombardement sont à la hauteur des circonstances, et les procédés d'intimidation employés par l'ennemi ne font que grandir leur courage; chacun s'inspire des grands devoirs que la patrie impose aux défenseurs de Paris.

» Paris, 6 janvier 1871, au soir.
» *Le Gouverneur de Paris,*
» P. O. *Le général chef d'état-major général,* Schmitz. »

Hier, je disais que les Prussiens ne bombardaient que les forts, et je ne regardais les projectiles tombés dans la ville que comme des accidents pouvant provenir d'un tir plus ou moins bien réglé; mais, aujourd'hui, le même fait se représentant assez fréquemment, et les obus pénétrant plus avant dans l'intérieur de Paris, il faut donc en conclure que ce n'est point là l'effet d'un tir irrégulier, mais bien d'une intention bien arrêtée de nous bombarder. Au nom de l'humanité, nous devons protester contre les procédés implacables et honteux du roi de Prusse qu'on nous dit aujourd'hui empereur d'Allemagne. De tous temps, avant le bombardement d'une ville, l'assiégeant la somme de se rendre, et, en cas de refus, il accorde un certain délai pour mettre à l'abri les femmes, les vieillards et les enfants. C'est la loi, ou plutôt l'usage militaire. Il paraît que l'empereur d'Allemagne ne veut pas s'y soumettre. Il en a le droit, puisqu'il est le maître ; mais il se souviendra peut-être un jour que *sa première volonté impériale fut une cruauté.*

Certains quartiers de la rive gauche ont été vivement impressionnés du tir de l'ennemi et assez éprouvés dans leurs parties extrêmes. Toutes les vitres sont brisées. Un obus est tombé rue Notre-Dame-des-Champs ; d'autres ont éclaté rue Vanneau, avenue de l'Observatoire, rue d'Assas et rue d'Ulm. L'usine Cail, à Grenelle, où se trouvent presque toutes nos meules, a été menacée.

On entend parfaitement le sifflement de l'obus, et, quoique la rapidité de sa marche ne permette pas de juger l'endroit où il doit tomber, on a tout le temps de se mettre à plat ventre pour éviter les éclats s'il venait à tomber près de soi.

La préfecture de police a fait afficher l'avis suivant :

### AVIS.

« En présence du commencement du bombardement dont Paris est l'objet depuis quelques jours, on croit devoir rappeler aux habitants des quartiers menacés quelques-unes des prescriptions déjà faites :

» Descendre dans les caves le bois, le charbon et autres matières combustibles ;

» En cas d'absence, même momentanément, remettre les clefs de l'appartement chez le concierge ;

» Tenir rempli d'eau un tonneau défoncé, dans la cour et à chaque étage de la maison ;

» Lorsqu'un obus tombe sur un immeuble, vérifier immédiatement s'il y a un commencement d'incendie. Le bombardement des forts a démontré qu'en pareil cas il suffisait de quelques seaux d'eau pour éteindre le feu ;

» Prévenir le poste de sapeurs-pompiers le plus voisin ;

» Tenir les portes cochères entrebâillées au moins jusqu'à onze heures du soir, afin que les passants puissent y chercher un refuge en cas de besoin. »

Je n'ai point commenté la réunion des maires reproduite dans une journée précédente, et dans laquelle M. Delescluze demandait la démission de certains membres du Gouvernement. Motion heureusement écartée par des cerveaux moins exaltés. Aujourd'hui, sans revenir sur cette séance, je ne puis m'empêcher d'adresser à M. Delescluze, le conseil de s'occuper surtout de l'administration de son arrondissement, qui est un des plus pauvres de Paris, au lieu de perdre un temps précieux à faire de la politique malséante. Ce qui me fait parler ainsi à M. Delescluze et revenir sur une chose passée, c'est l'appel violent des gens de son parti que je lis affiché sur les murs de Paris :

AU PEUPLE DE PARIS.

*Les délégués des vingt Arrondissements de Paris.*

« Le Gouvernement qui, le 4 septembre, s'est chargé de la défense nationale a-t-il rempli sa mission ? Non ! Nous sommes 500,000 combattants et 200,000 Prussiens nous étreignent ! A qui la responsabilité, sinon à ceux qui nous gouvernent. Ils n'ont pensé qu'à négocier au lieu de fondre des canons et de fabriquer des armes. Ils se sont refusés à la levée en masse. Ils ont laissé en place les bonapartistes et mis en prison les républicains ; ils ne se sont décidés à agir enfin contre les Prussiens qu'après-deux mois, au lendemain du 31 octobre. Par leur lenteur, leur indécision, leur inertie, ils nous ont conduits jusqu'au bord de l'abime. Ils n'ont su ni administrer, ni combattre, alors qu'ils avaient sous la main toutes les resources, les denrées et les hommes. Ils n'ont pas su comprendre que dans une ville assiégée, tout ce qui soutient la lutte pour sauver la patrie possède un droit égal à recevoir d'elle la subsistance. Ils n'ont su rien prévoir. Là où pouvait exister l'abondance, ils ont fait la misère, on meurt de froid, déjà presque de faim, les femmes souffrent, les enfants languissent et succombent. La Direction militaire est plus déplorable encore, sorties sans but, luttes meurtrières sans résultats, insuccès répétés qui pouvaient décourager les plus braves; Paris bombardé! Le Gouvernement a donné sa mesure, il nous tue. Le salut de Paris exige une décision rapide; le Gouvernement ne répond que par la menace, aux reproches de l'opinion. Il déclare qu'il maintiendra l'ordre; comme Bonaparte avant Sedan. Si les hommes de l'Hôtel de ville ont encore quelque patriotisme, leur devoir est de se retirer, de laisser le peuple de Paris prendre lui-même le soin de sa délivrance. La Municipalité ou la Commune de quelque nom qu'on l'appelle, est l'unique salut du peuple, son seul recours contre la mort. Toute adjonction ou immixtion au pouvoir actuel ne serait rien qu'un replâtrage perpétuant les mêmes errements, les mêmes désastres. Or, la perpétuation de ce régime, c'est la capitulation. Metz et Rouen nous apprennent que la capitulation n'est pas seulement encore et toujours la famine, mais la ruine de tous, et la honte! C'est l'armée et la garde nationale transportée prisonnière en Allemagne et défilant dans les villes sous les insultes de l'étranger; le commerce détruit, l'industrie morte, les contributions de guerre écrasant Paris. Voilà ce que nous prépare l'impéritie ou la trahison.

» Le grand peuple de QUATRE-VINGT-NEUF, qui détruit les Bastilles et renverse les trônes, attendra-t-il dans un désespoir inerte que le froid et la famine aient glacé dans son cœur, dont l'ennemi compte les battements, sa dernière goutte de sang ?

» Non ! la population de Paris ne voudra jamais accepter cette misère et cette honte. Elle sait qu'il en est temps encore, que des mesures décisives permettront aux travailleurs de vivre, à tous de combattre :

» *Réquisitionnement général;*
» *Rationnement gratuit;*
» *Attaque en masse.*

» La politique, la stratégie, l'administration du 4 septembre continuées de l'empire sont jugées. Place au peuple ! Place à la COMMUNE ! »

Suivent 140 signatures inconnues, les signataires se disant délégués des vingt arrondissements de Paris, et cependant, jamais les habitants n'ont délégué personne de ce genre. Bravo! messieurs les Prussiens de Paris, vous commencez les hostilités en même temps que les Allemands. C'est bien ! C'est grand ! C'est noble ! N'est-il pas honteux de trouver dans son pays des hommes capables de prêcher la guerre civile au moment où l'ennemi bombarde, frappant sans pitié les femmes, les vieillards et les enfants!... Espérons et souhaitons pour l'honneur du pays que l'or prussien seul fait agir ces MISÉRABLES.

A ces infamies, voici ce que le gouverneur de Paris répond :

« Le Gouverneur de Paris a adressé la proclamation suivante aux habitants de Paris :

» Au moment où l'ennemi redouble ses efforts d'intimidation, on cherche à égarer les citoyens de Paris par la tromperie et la calomnie. On exploite contre la défense nos souffrances et nos sacrifices.

» Rien ne fera tomber les armes de nos mains. Courage, confiance, patriotisme !

» Le Gouverneur de Paris ne capitulera pas.

» Paris, le 6 janvier 1871.

» *Le Gouverneur de Paris :* Général TROCHU. »

Je ne doute pas un seul instant que Paris ne conserve son calme et sa dignité. Du reste, l'affiche communiste étant très-longue est peu lue. Dans différents quartiers on la déchire avec colère. Dans d'autres, elle n'a même pas été posée.

Le dernier mot du général Trochu est hardi :

« Le Gouverneur de Paris ne capitulera pas. »

Le Gouvernement de la Défense nationale,

» DÉCRÈTE : Art. 1ᵉʳ. Réquisition est faite de toutes les quantités d'asphaltes, bitumes et autres matières analogues, d'huiles lourdes, de goudron, de brai et tannée approvisionnées à quelque titre que ce soit dans Paris et dans les communes situées en deçà de la ligne d'investissement.

» Art. 2. Le prix de ces différentes matières sera payé aux détenteurs suivant qualité, et, réglé, à défaut de convention amiable, par le tribunal arbitral constitué pour les houilles et cokes par l'arrêté ministériel du 20 décembre 1870.

» Art. 3. Tout approvisionnement dont la déclaration ne sera pas faite dans le délai qui sera déterminé, sera saisi et confisqué, sans préjudice des poursuites à exercer contre les contrevenants.

» Art. 4. Le ministre des travaux publics est chargé de l'exécution du présent décret.

» *Fait à Paris, le 6 janvier 1871*

» JULES FAVRE, ERNEST PICARD, GARNIER-PAGÈS, JULES SIMON, EUGÈNE PELLETAN, EMMANUEL ARAGO. »

Nouvelles extérieures arrivant par l'Étranger.

« La *Gazette de l'Allemagne du Nord*, dans son numéro du 1er janvier, publie les dépêches françaises suivantes :

» *Bordeaux, jeudi 29 décembre* (voie indirecte.) — Le conseil de guerre transporté par décret du 16 décembre de Bourges à Moulins, a été réinstallé à Bourges. — Au jour de l'an, il n'y aura pas réception officielle. — Lundi dernier on a prélevé sur la ville d'Orléans une nouvelle contribution de 600,000 fr. Comme le soir il manquait à cette somme 10,000 fr., le général Von der Tann a déclaré que, si à la fin de la journée même la somme n'était pas complétée, on emmènerait en otages cinquante notables.

» Une dépêche du général Chanzy, au ministère de l'intérieur, datée du 28 décembre, du Mans, dit: Le général Geoffroy est parti hier avec une colonne de gardes mobiles pour surprendre l'ennemi à Montoire. Un vif engagement eut lieu entre Fontaine-Saint-Quentin et Montoire. L'ennemi opéra sa retraite dans la direction de Château-Renault, et fut poursuivi jusqu'à cinq kilomètres au delà de Montoire. »

« *Bordeaux, vendredi 30 décembre* (voie indirecte.) —

Le général Acha a été nommé aux fonctions de directeur général de la guerre, à la place de Loverdo qui aurait donné sa démission. De Roche-sur-l'Yonne, on annonce qu'il est tombé dans la ville, le 29 de ce mois, un ballon de Paris, le *Bayard*. On annonce de Lyon que les Prussiens ont évacué Gray et se sont retirés sur Vesoul. »

« Le journal allemand fait sur ces dépêches les réflexions suivantes :

» Nous recevons aujourd'hui de la Loire la communication française sur la rencontre du lieutenant-colonel de Bollenstern, entre Montoire et la Châtre, rapportée hier. Bien entendu, le général Chanzy se garde bien de donner même une indication sur la véritable marche ; sa relation est un petit bulletin de victoire comme le commandant supérieur de l'armée de la Loire a l'habitude de les publier ou de les faire publier par Gambetta après des échecs successifs. Au point de vue du mensonge, il règne une touchante entente entre le commandant supérieur et ceux qui sont au pouvoir.
Suivant une correspondance de la *Presse de Vienne*, à Bordeaux il y aurait eu depuis quelque temps encore des changements dans le commandement du corps d'armée de la Loire : Fallières (sans doute des Pallières) serait destitué. Colomb serait à la tête du 15ᵉ au lieu du 17ᵉ corps, et Bressolles aurait été nommé au commandement du 24ᵉ corps d'armée à Lyon. Imaginer un ordre de bataille des troupes françaises depuis que Gambetta est ministre de la guerre et maître tout-puissant des corps d'armée, des divisions et de tous les commandements, appartient incontestablement au domaine de l'impossibilité. Sur le théâtre de la guerre sud-est, les Allemands auraient, d'après des rapports français, évacué la ville de Gray entre Dijon et Vezoul.

« Le même journal allemand publie la dépêche suivante d'origine belge :

» *Bruxelles, samedi 31 décembre.* — Comme on l'annonce à l'*Indépendance* de Lyon, en date du 27, les chemins de fer ont été réquisitionnés par l'État pendant deux jours pour le transport des troupes. D'après le *Journal de Fécamp* du 28, arrivé ici, le camp de Conlie aurait été

JOURNAL DU SIÈGE.  637

levé ; les hommes que l'on peut employer, de quelque manière que ce soit, ont été dirigés sur le corps de Chanzy, les autres sont dirigés sur Rennes. »

Minuit, le canon gronde.

## 115° JOURNÉE

**Samedi 7 Janvier**  3 °/₀  51.37 1/2

Paris a été tranquille toute la journée. La population est calme en face de toutes les tentatives de guerre civile ; elle trouve, avec raison, que la présence de l'Étranger sous les murs de Paris et le bombardement de cette ville sont suffisants sans venir y ajouter encore la guerre des rues.

### BULLETIN MILITAIRE.

« Pendant une partie de la nuit, dans le cours de la journée, l'ennemi a lancé, sans résultats, des obus contre la redoute de Saint-Maur et contre les bâtiments qui avoisinent le pont de Champigny.

» Sur les forts de Nogent et de Rosny, faible canonnade qui a causé très-peu de dommages et n'a atteint personne.

» Le fort de Noisy, de son côté, a ouvert le feu sur toutes les batteries prussiennes, par trois formidables bordées, et entretenu un tir soutenu dont l'efficacité a été confirmée par le chef du poste de télégraphie de Bondy, qui a vu à deux reprises différentes le transport des morts et des blessés. Nos obus ont, en effet, éclaté en pleins retranchements.

» L'ennemi a repris ce matin à huit heures le feu sur la Cour-Neuve, feu intermittent, qui a blessé trois hommes et tué un fusilier marin.

» Les forts d'Issy, Vanves et Montrouge, ont continué à subir toute la journée un bombardement qui, à certains moments, a été d'une violence extrême. Peu de dégâts aux ouvrages. Quatre hommes tués et quelques blessés.

» Le feu a été moins nourri qu'hier sur les redoutes des Hautes-Bruyères et du Moulin-Saquet. Cinq blessés, dont un capitaine du génie. Quelques obus sont arrivés dans le fort de Bicêtre sans toucher personne.

» Les batteries prussiennes établies à Thiais ont également tiré sans résultat sur nos batteries établies près de Vitry et sur les bords de la rive gauche de la Seine.

» Les batteries de Meudon ont continué à tirer sur les 6ᵉ et 7ᵉ secteurs. La population civile paraît avoir été éprouvée. Quelques personnes ont été blessées au Point-du-Jour et à Boulogne, et le commandant du secteur a dû prendre les précautions nécessaires pour éloigner de toute atteinte les personnes étrangères au service.

» Tous les rapports des avant-postes du Sud ont signalé qu'une concentration considérable de troupes s'était faite cette nuit sur le plateau de Châtillon.

» *Le Gouverneur de Paris*,
» P. O. *Le général chef d'état-major général*, Schmitz.

» Pour copie conforme :
» *Le ministre de l'intérieur par intérim*, Jules Favre. »

D'après ce bulletin, on voit, comme je le supposais, que l'action se généralise.

De Saint-Denis au Mont-Valérien, toujours même silence.

Tous les jours le nombre des obus augmente. Les projectiles se rapprochent encore du centre de la ville ; Montrouge en est littéralement couvert. Le Val-de-Grâce a été très-menacé aujourd'hui; aussi la population de ce quartier a été tenue en éveil toute la nuit.

Dans plusieurs maisons des déménagements ont eu lieu. Quelques personnes ont changé de quartier, d'autres se sont réfugiées dans des caves.

Les Prussiens ont ouvert la tranchée devant Nogent et

Rosny. Cette tranchée n'est pas le travail classique tel que nous le pratiquons encore, mais le travail nouveau et perfectionné en usage dans l'armée prussienne.

Sans doute le temps est peu favorable pour les travaux de terrassement; mais depuis l'ouverture du siège les Prussiens ont surmonté bien d'autres difficultés; ils ne se laissent point arrêter, eux, par la pluie ou la gelée.

Un conseil de guerre s'est réuni chez le gouverneur de Paris. Tous les membres du Gouvernement étaient présents, ainsi qu'un assez grand nombre de généraux.

Outre ceux que nous avons nommés lors de la dernière réunion, MM. Vinoy, Chabaud-Latour, Ducrot, Clément-Thomas, Tripier, Guiod, les amiraux La Roncière Le Noury, Pothuau, Saisset, un certain nombre des principaux généraux de division, et même de brigade, ont été entendus.

On ignore la décision prise.

Depuis quelques jours certains clubs avaient multiplié les insultes et les menaces, comme pour prêter leur appui à l'ennemi. Hier, une affiche provoquait les citoyens à la guerre civile. Ces tentatives criminelles ont soulevé l'indignation et le mépris de la population. Elles ne peuvent cependant rester impunies. Les principaux auteurs de ces actes inqualifiables ont été arrêtés et seront traduits devant les conseils de guerre, conformément aux lois. Mais le Gouvernement finit toujours par relâcher ceux qui devraient être sévèrement punis.

Les membres de la commission administrative du 20ᵉ arrondissement avaient adressé au membre du Gouvernement, maire de Paris, la lettre suivante:

« Monsieur, nous nous croyons obligés de vous adresser notre démission collective.

» Notre œuvre était une œuvre de conciliation et de dévouement; quelques-uns des maires élus ont paru, dans une des dernières réunions, en contester le caractère.

» Nous ne pouvons souffrir qu'on se méprenne sur nos intentions; nous tenons à ce que les électeurs du 20° arrondissement sachent bien que nous n'avons jamais songé à transformer une situation toute provisoire en situation définitive. C'est pourquoi nous nous démettons.

» Veuillez agréer, monsieur, avec tous nos remercîments pour la cordialité avec laquelle vous nous avez toujours accueillis, la meilleure expression de nos sentiments les plus distingués.

» PAFFE, JULES CAROZ, METIVIER, GÉRARD, TOPARD, SIMBOISELLE, CHAVANON. »

Le maire de Paris a répondu :

« Messieurs, vous vous obstinez à m'adresser votre démission, je m'obstine à la refuser.

» Vous n'êtes point, messieurs, — j'ai eu maintes fois l'honneur de vous le dire au nom du Gouvernement, — à un poste politique, vous êtes à un poste administratif; mais c'est aussi un poste de combat.

» Vous avez accepté, dans les conditions les plus difficiles, une mission d'abnégation et de dévouement; vous êtes les hommes d'affaires d'un arrondissement dont les besoins sont immenses, la résignation patriotique au-dessus de tout éloge, les souffrances d'autant plus touchantes qu'elles sont plus sagement supportées. Vous avez accepté cette tâche : quelle raison auriez-vous d'y renoncer ?

» Les élections, qui trancheraient toutes les difficultés, sont impossibles à l'heure présente, où toute la population valide est aux remparts, où l'ennemi nous accable de ses feux. Je n'ai pas, pour mon compte, de plus ardent désir que de voir se lever le jour, que j'espère prochain, où le suffrage universel, régulièrement, librement, solennellement consulté, remettra dans cette grande cité parisienne toutes choses en leur place ; mais le jour du vote ne peut luire qu'après le jour de la bataille. Jusque-là, je vous en conjure, gardez la situation provisoire que votre patriotisme a acceptée ; la population ne se méprend, dans aucune des nuances de l'opinion, sur le caractère de votre intervention, et la République vous en est reconnaissante.

» Agréez, messieurs, l'assurance de mes sentiments fraternels.

» *Le membre du Gouvernement, maire de Paris,*
» JULES FERRY. »

Des journaux étrangers ont annoncé, il y a quelque temps, qu'un certain nombre de notables des départements de la Côte-d'Or et de la Haute-Saône avaient été arrêtés par ordre des autorités prussiennes et envoyés en Allemagne pour y être détenus à titre d'otages. Les motifs que l'on indiquait pour expliquer cette mesure étaient que la marine française ayant capturé des bâtiments du commerce allemand avait retenu les marins comme prisonniers de guerre.

La Prusse, ajoutait-on, ne reconnaissait pas à la France le droit de procéder ainsi à l'égard de gens inoffensifs qui devaient au contraire, selon elle, être remis en liberté après la capture du bâtiment.

Le Gouvernement de la Défense nationale avait d'abord révoqué en doute un fait appuyé sur une prétention aussi nouvelle ; mais ce fait a été depuis confirmé par la délégation de Tours, et M. le comte de Bismark s'est efforcé de le justifier dans une communication officielle transmise au ministre des affaires étrangères à Paris.

Suivant les termes de cette communication, la capture des marins du commerce serait en contradiction avec les règlements du droit moderne et avec les principes de la civilisation.

L'unique raison qu'allègue M. le comte de Bismark, c'est que les marins allemands seraient étrangers, par leur état, aux opérations militaires.

A ces affirmations, nous pouvons opposer l'usage constamment suivi jusqu'à ce jour par les puissances maritimes.

Le droit de capturer les équipages a toujours été considéré comme connexe de celui de saisir le navire et n'a été contesté par aucun cabinet. La France, l'Angleterre, l'Italie, d'un côté, et la Russie, de l'autre, en ont fait l'application pendant la guerre d'Orient. La même règle a dirigé la conduite des parties belligérantes durant la guerre d'Italie, et la Prusse s'y est conformée, de son côté, dans la guerre des duchés. Voici le règlement publié par elle le 20 juin 1864 :

« Art. 18. L'équipage d'un navire capturé est soigné et entretenu aux frais de l'État jusqu'à ce qu'il intervienne un jugement sur la prise. Lorsque la prise est validée, les sujets ennemis appartenant à l'équipage *doivent être traités comme prisonniers de guerre.* Par contre, les sujets des nations amies ou neutres, sont mis à la disposition des consuls de leur pays. »

Devant un texte aussi explicite, tout commentaire devient superflu. En retenant prisonniers les marins des navires capturés par nos bâtiments, le Gouvernement de la Défense nationale ne fait qu'appliquer le droit pratiqué par toutes les puissances et par la Prusse elle-même dans les dernières guerres, et le cabinet prussien ne serait fondé à prendre des otages français que si nous avions violé le droit des gens envers des sujets allemands.

C'est donc lui qui se place en contradiction avec tous les principes, en saisissant dans leurs familles des citoyens qui n'appartiennent pas à l'armée et en les internant en Allemagne. Le ministre des affaires étrangères a fait parvenir ces observations à M. le comte de Bismark, et si la Prusse persiste à maintenir les mesures de représailles qu'elle a injustement adoptées, l'intention du Gouvernement de la Défense nationale est de protester auprès des cabinets et de soumettre la question à leur jugement.

DISPOSITIONS A PRENDRE CONTRE L'INCENDIE PENDANT LA DURÉE DU SIÉGE.

« Un service de surveillance sera organisé jour et nuit, et sans interruption, au moyen de rondes permanentes faites tant dans les salles que dans les combles.

» Ce service sera confié aux sapeurs-pompiers, conjointement avec les surveillants et gardiens spéciaux des établissements, et en nombre déterminé pour chacun d'eux.

» Lors de la prise du service, les surveillants et sapeurs devront s'assurer du bon état du matériel et de l'existence des réserves d'eau dans les récipients de toutes grandeurs (vases, tonnes, réservoirs), qui doivent être constamment remplis.

» Dès qu'un commencement d'incendie se manifestera, le surveillant le plus rapproché se transportera sur ce point avec un seau, une éponge ou les autres moyens de secours qu'il aura à sa disposition et commencera l'extinction. Pendant ce temps, les autres gardiens viendront à son aide avec la pompe, et, au besoin, l'un d'eux se détachera pour aller prévenir le poste de sapeurs-pompiers le plus voisin.

» Si ce commencement d'incendie est dû à un projectile, le surveillant devra attendre l'explosion de celui-ci avant d'agir, et, au cas où il renfermerait des matières incendiaires (pétrole, roche à feu, etc.), il devrait employer la couverture mouillée, dont il couvrirait les parties enflammées.

» Toutes les lumières devront être renfermées dans des lanternes dites *marines*.

» L'interdiction de fumer ou de faire du feu est absolue; les allumettes employées à l'allumage devront être amorphes.

» Les surveillants devront, en outre, se conformer à la consigne particulière de chaque établissement.

» Paris, le 7 janvier 1871.

» *Le colonel du régiment de sapeurs-pompiers,*

» Villerme. »

« On rappelle à la population les trois prescriptions suivantes :

» 1° Descendre dans les caves le bois, le charbon et autres matières combustibles ;

» 2° En cas d'absence, même momentanée, remettre les clefs de l'appartement chez le concierge ;

» 3° Tenir les portes cochères entrebâillées, afin que les passants puissent y chercher un refuge en cas de besoin.

» Les présentes dispositions seront affichées dans l'endroit le plus apparent de toutes les salles des musées et bibliothèques, et dans le vestibule des établissements d'instruction publique. Elles seront, en outre, placardées sur les murs de Paris.

» *Le ministre de l'instruction publique et des cultes,*

» Jules Simon. »

A minuit, je ferme mon journal. Paris est calme comme de coutume, on n'entend que le canon.

## 116ᵉ JOURNÉE

**Dimanche 8 Janvier**                                3 %

Comme hier, la journée a été d'un calme parfait dans la ville.

M. Delescluze, maire du 19ᵉ arrondissement, et ses adjoints, MM. Charles Quentin et Émile Oude, ont adressé leur démission au Gouvernement, qui a eu l'intelligence de l'accepter.

Hier, une nouvelle réunion des maires et des adjoints de Paris a eu lieu au ministère de l'intérieur. La parole, cette fois a été aux ménagements. Quelques-uns de nos magistrats municipaux ont présenté humblement la demande de l'adjonction au général en chef d'un conseil de guerre où l'élément civil serait représenté. L'élimination du général Trochu n'a pas été indiquée. Les protestations de la veille ont disparu, au moins momentanément. M. Jules Favre a promis de transmettre ce soir même cette humble supplique et d'informer les maires de la décision du Gouvernement.

Il est parti un ballon cette nuit. A ce propos, je parlerai de la correspondance régulière avec la province que l'on nous promet tous les jours. Depuis cette promesse, nous attendons encore et rien ne semble se décider. Voilà un mois que nous sommes sans nouvelles et le temps paraît dix fois plus long à cette heure que la lutte devient plus terrible. Ce ne sont pas des journaux prussiens pris sur les prisonniers qui peuvent complétement nous satisfaire en ce moment.

Depuis plusieurs jours l'œil est attiré par une affiche placardée sur les murs et portant cette annonce : DÉPART D'UNE MONTGOLFIÈRE, *entreprise particulière autorisée, avec retour*. Ballon dirigeable. Une lettre 5 francs, avec retour, 20 francs. Qu'elle parte donc cette montgolfière, et surtout qu'elle nous revienne. Que ne payerait-on pas des nouvelles attendues depuis si longtemps !

L'aspect de Paris est curieux depuis le bombardement, et on peut affirmer qu'en général le feu de l'ennemi ne produit ni craintes ni épouvantes exagérées.

Aujourd'hui dimanche, la population visite les quartiers éprouvés.

Elle y accourt comme pour assister à un spectacle curieux, sans même comprendre qu'il y a pour elle de graves dangers à courir. Dans le quartier de l'Observatoire, plusieurs rues ont été abîmées, ainsi que des couvents. Un obus est tombé rue du Bac. Dans la journée nous avons, de nos forts, beaucoup tiré sur Gagny et le Raincy. Le Mont-Valérien a entretenu un feu modéré sur les batteries qui se préparent autour de lui. Meudon et Saint-Cloud tirent sur le sixième secteur (Passy). Tandis qu'avec de petites pièces, l'ennemi fouille Billancourt et Boulogne, les canons Krupp lancent leurs projectiles en deçà du viaduc du Point-du-Jour. Rien ne fait au Parisien ; il faut qu'il voie, qu'il examine. Sa préoccupation principale, en ce moment, c'est la récolte des débris d'obus.

Le fruit rare est le projectile qui n'a point fait explosion. Ce commerce est déjà établi sur ces objets : Obus chauds, 4 fr. 25 c.; obus froids, 3 fr. 50 c.

A ce propos, le *Journal Officiel* publie la note suivante.

« Un certain nombre d'obus lancés par les Prussiens n'éclatent pas et sont l'objet de la recherche curieuse et ardente de la population ; des graves accidents sont signalés.

» En conséquence il est interdit de ramasser les obus entiers. Chaque citoyen est invité à les signaler aux commissaires de police et aux chefs des postes des pompiers, qui les relèveront pour les transporter au comité d'artillerie. »

Le prix du débris de bombe varie entre 50 centimes et 2 francs.

*Le Réveil* annonce que les citoyens Eugène Chatelain, docteur Pillot, Napias Piquet, Léo Meillet, ce dernier adjoint du 13e arrondissement, signataires de l'affiche apposée sur les murs de Paris ont été arrêtés. Les citoyens Sapia. et Pindy se sont soutraits aux poursuites des agents de police.

Aujourd'hui nous avons mangé du pain bis et nous devons dire qu'il ne s'est produit ni récriminations ni murmures. La quatrième période de la crise alimentaire ne se fera sans doute point attendre et ce pain sera bientôt mélangé de fécule, de riz et de pommes de terre; on y ajoutera aussi de l'avoine, et nous sommes convaincus que les Parisiens se montreront aussi résignés.

Les prix des objets d'alimentation ont augmenté encore depuis huit jours. Pour trente francs on a un pâté de veau et jambon gros comme le poing. Chevet vend des haricots blancs à 8 fr. le litre; le beurre vaut 35 fr. la livre; un œuf frais, 2 fr. 50 c.; une dinde, 120 fr.; un lapin, 45 fr.; une poule, 40 fr.; beurre salé la livre, 28 fr., mauviettes, la pièce 2 fr. On paye 12 francs un beau chat. Trois pigeons ont été faits par un paysan 80 francs.

Paris consomme réglementairement 650 chevaux par jour.

Le commerce étant complétement arrêté, tout le monde

se fait marchand de comestibles. Ainsi un bijoutier, sur la place de la Trinité, vend d'un côté des bijoux, quand il trouve acheteur, et de l'autre des conserves, des volailles vivantes et du poisson. Un cordonnier de la rue Saint-Honoré vend des pâtés, une lingère de la rue de la Victoire des légumes, un coiffeur de la rue Notre-Dame-de-Lorette a sa devanture de boutique garnie moitié de cheveux, moitié de chocolat.

Chez Martin, rue des Filles-Saint-Thomas n° 5, on vend : saucisses d'ours, 4 fr.; un cuisseau d'ours, 14 fr.; la livre d'éléphant, 20 fr.; il y a 30 fr. de baisse sur cet article; porc-épic, la livre 8 fr.; on vend aussi des patés de langue et de foie d'éléphant. Que ne mange-t-on pas! la livre de cerf vaut 12 fr.

Voici un tableau curieux des prix comparés des objets d'alimentation entre les mois de Décembre des années 1869 et 1870.

|  | 1869. |  | 1870. |  |
|---|---|---|---|---|
| Pommes de terre (le décalitre) ... | 1 fr. | » | 20 fr. | » |
| Céleri (le pied) .................. |  | 25 | 2 | » |
| Huile d'olive (le kilog.) ......... | 4 | » | 10 | » |
| Lait (le litre) ................... |  | 30 | 2 | » |
| Beurre frais (le kilog.) .......... | 6 | » | 70 | » |
| Œuf frais ......................... |  | 15 | 2 | » |
| Graisse de bœuf (le kilog.) ....... | 1 | 30 | 4 | » |
| — de cheval — ....... | 1 | » | 6 | » |
| Lapin ............................. | 3 | » | 30 | » |
| Pigeon ............................ | 1 | 50 | 25 | » |
| Poulet ............................ | 6 | » | 45 | » |
| Oie ............................... | 7 | » | 85 | » |
| Dinde ............................. | 10 | » | 120 | » |

Parmis les nouvelles étrangères venant toujours par l'Allemagne, je recommande l'article *Partie politique*. On y trouvera ce qu'elle veut de nous.

GAZETTE DE L'ALLEMAGNE DU NORD.

« *Berlin, 1ᵉʳ janvier 1871. — Bulletin de la guerre. — Nouvelles militaires officielles.*

» *Albert,* 30 *décembre.* — Le 28, le lieutenant-colonel de uhlans Pestel, avec une colonne volante de trois compagnies et trois escadrons, a battu, à Longpré, trois bataillons de gardes mobiles et leur a pris 3 drapeaux, 10 officiers et 230 hommes. De notre côté, nous avons eu 6 hommes blessés. »

» *Signé* : Von Sperling. »

« *Versailles,* 30 *décembre.* — Devant Paris, le 30, on a trouvé sur le mont Avron, que nous avons conquis, une grande quantité de munitions d'artillerie ; deux pièces de 24 ont été enclouées ; deux compagnies se sont avancées jusqu'à Rosny. De notre côté, un homme blessé.

» *Signé* : Von Podbieski. »

« Nous avons encore aujourd'hui sous les yeux de nouveaux renseignements sur le bombardement du mont Avron ; tous s'accordent à dire que l'intensité de notre tir a forcé les Français à quitter en grande hâte cette importante position. Seules, les pièces de canon (et elles étaient en petit nombre) furent rapidement mises en sûreté. Quant aux affûts, aux munitions, aux fusils, on les abandonna à plaisir. Ce qui prouve que la retraite n'était point le résultat d'un plan préconçu, mais bien la suite inattendue de la nécessité où se trouvèrent les défenseurs du mont Avron sous le feu de nos pièces de 24. Un télégramme qui nous parvient directement contient les détails suivants sur la défense du mont Avron. »

« *Brou (château sur la route stratégique de Chelles à Lagny),* 30 *décembre,* 1 *heure de l'après-midi.* — Le 27, le mont Avron, puissamment armé, ainsi que les forts qui se trouvent en arrière, ont été bombardés par 76 fortes pièces de siège prussiennes. L'artillerie de l'ennemi nous était inférieure en nombre ; depuis le 28, les forts seuls continuent le feu. Avron ne tire plus du tout. Une forte reconnaissance, le 30, a rapporté que le mont Avron avait été complétement abandonné pendant la nuit, à cause des pertes colossales en hommes et en artillerie. Nos pertes consistent jusqu'à présent en 4 morts et 33 blessés.

» Les localités de Merlan, Bondy et Noisy-le-Sec, dont on a commencé le bombardement hier, en même temps qu'était abandonné le plateau d'Avron (suivant le télégramme du commandant en chef du corps d'armée royal de Saxe n° 12), se trouvent situées au nord du plateau d'Avron, et elles servaient à masquer les avancées des forts d'Aubervilliers, de Romainville et de Noisy. A Bondy, du reste, comme nous l'avons annoncé officiellement hier, l'artillerie française qui stationnait avait été délogée le 28 par nos batteries qui bombardaient le plateau d'Avron.

» En même temps que nos grenades allemandes faisaient évacuer les localités du front est de Paris, deux compagnies saxonnes ont poussé une reconnaissance hardie jusque dans le village de Rosny. Ce village est situé sur le versant ouest du mont Avron, dans le défilé formé par cette montagne et les hauteurs sur lesquelles se trouvent les forts est de Paris, dont les plus rapprochés sont les forts de Rosny et la redoute de la Boissière. Le village de Rosny est situé sous le feu direct de ces deux derniers ouvrages, de façon que jusqu'à présent peu de détachements allemands n'ont approché les fortifications mêmes de Paris plus près que ces deux compagnies, qui ont pénétré dans Rosny.

» On trouve dans les feuilles allemandes de nombreuses combinaisons relativement au parti que l'Allemagne peut tirer de la possession du mont Avron; nous ne chercherons pas à les discuter; en tous cas, les chefs de l'armée allemande sauront tirer un parti convenable de l'importante position du mont Avron; mais il ne faut pas songer immédiatement à la construction de nouvelles batteries dirigées contre la ligne des forts, etc., etc. Au contraire, les pièces françaises de 24, encloués sur le plateau d'Avron, sembleraient conseiller de ne pas procéder, pour le moment, à la construction de nouvelles batteries allemandes sur ce point. Avant tout, il ne faut pas oublier que le plateau d'Avron domine un vaste circuit au nord, à l'est et au sud, et que nos positions pourraient nous devenir dangereuses, mais qu'à l'ouest, dans la direction du front de l'ennemi, le plateau se termine en une langue étroite qu'on emploiera peu avantageusement à des constructions devant servir à l'attaque. »

Le lieutenant-colonel Pestel (bien connu pour son commandement d'avant-postes à Sarrebruck pendant l'époque difficile du 19 juillet au 2 août) a livré une brillante bataille contre un détachement français de l'armée du Nord qui se promenait sur la rive gauche de la Somme, sur la route stratégique d'Amiens à Belleville (Abbeville); la conséquence naturelle en serait de faire disparaître tous les détachements français errant au sud de la Somme.

» Tout ce qui était préparé pour la défense d'Abbeville pourrait se trouver concentré en arrière et à la hâte sur le corps de M. Faidherbe, où l'on trouve du « repos. » » — A Lille, où il y a peu de jours encore on ne jurait que par le général Faidherbe, la confiance dans le commandant supérieur de l'armée du Nord a disparu, comme on peut le voir dans une correspondance de Lille, dans *l'Indépendance belge*, qui exprime la crainte que le général de Manteuffel puisse couper les communications entre Lille et la mer. Cette communication du chemin de fer entre Lille et Dunkerque côtoie de très-près la frontière belge; où en seraient donc arrivés le général Faidherbe et ses braves, si les troupes du général de Manteuffel s'étaient véritablement portées en arrière jusqu'à cette ligne de chemin de fer! »

#### COMMUNICATIONS TÉLÉGRAPHIQUES

« *Sarrebruck, vendredi 30 décembre.* — Nous recevons de Versailles, à la date du 27, les nouvelles suivantes : Le grand-duc de Mecklembourg-Schwérin est encore ici; tranquillité complète sur la Loire.

» L'attaque d'artillerie commencée aujourd'hui contre le mont Avron est commandée par le major général prince Koaft de Hohenlohe. Le mouvement rétrograde de l'armée du Nord fait une profonde impression sur la population française.

» On avait compté ici sur ce résultat.

» Froid 3 degrés, la neige tombe avec abondance. »

« *Dresde, vendredi 30 décembre, après midi.* — La *Gazette de Dresde* publie le télégramme suivant du prince Georges à S. M. le roi Jean :

» *Le Vert-Galant, 29 décembre, 7 h. 1/2 soir.* — Mont Avron, aujourd'hui, dans l'après-midi, à 3 heures, trouvé complétement abandonné et occupé par la 1re compagnie du 4e régiment d'infanterie. L'artillerie a délogé l'ennemi qui a abandonné de nombreux affûts, des munitions, des fusils et des morts.

» Vers le soir les batteries de l'ennemi s'étaient retirées du mont Avron en grande hâte sur Noisy et quatre bataillons avaient quitté Rosny avec armes et bagages. Aujourd'hui point de pertes. Demain de bonne heure, de 7 à 10 heures, on occupera en force le mont Avron pour le débarrasser sous le feu de Noisy, Morlan et Bondy. »

« On communique à l'*Indépendance* de Lille la note suivante, en date du 29 décembre :

» *Bruxelles, vendredi* 30 *décembre*. — On craint que le général de Manteuffel n'ait coupé la communication du chemin de fer entre Lille et la mer. Le quartier général de Faidherbe est toujours à Douai. Dans une nouvelle proclamation, le général Faidherbe annonce aux troupes que les opérations actuelles sont simplement des manœuvres stratégiques qui ont pour but d'assurer une forte position défensive et pour donner du repos à l'armée, principalement aux gardes mobiles et aux gardes nationaux mobilisés qui ont beaucoup souffert du froid et des fatigues. Le commissaire du Gouvernement du département du Nord a, par un décret en date du 29, régularisé l'addition d'un bataillon au régiment étranger. Le bataillon de dépôt en question vient à Saint-Omer. »

« *Devant Paris*, 27 *décembre*. — Quand on cerna Paris, on confia aux troupes royales de Saxe la portion de terrain comprise entre la Marne et le canal de l'Ourcq, située à l'est des forts de Nogent, Rosny et Noisy. Devant ces forts s'élève le mont Avron, qui domine d'un côté la vallée de la Marne, et de l'autre la plaine de Saint-Denis. Les Français ont reconnu avec beaucoup de justesse l'importance de cette hauteur, et l'ont toujours armée dans les dernières époques de fortes pièces. Dans cette opération, notre ligne d'investissement a été reculée de Paris, les concentrations des troupes ennemies y ont trouvé une grande utilité, et se sont puissamment protégées contre les attaques du Nord et de l'Est. Sur le plateau d'Avron, sur la partie ouest de ce plateau, il y a des baraquements très-étendus et des campements considérables.

» C'est pourquoi il était nécessaire de porter une attention toute spéciale sur le mont Avron pour pouvoir repousser les troupes françaises entre les forts et derrière eux.

» Dans ce but, on a formé à Brou, sous le commandement supérieur de l'armée de la Meuse, un parc d'artillerie de siége pour cette attaque de l'Est.

» Les premières fortes pièces, avec lesquelles, quelque temps auparavant, on avait conquis La Fère, sont arrivées au milieu de ce mois ; les dernières sont arrivées hier seulement avec une compagnie d'artillerie de siége saxonne, et elles sont aujourd'hui au feu. Il peut y avoir ici en tout 80 fortes pièces. Quelques-unes de ces pièces ont déjà, le 22, tiré sur les colonnes ennemies s'avançant d'Avron et les ont forcées à la retraite.

» Ce matin, c'est-à-dire le 27 décembre, ces différentes pièces composant seize batteries, ont ouvert leur feu contre le mont Avron et les forts voisins. Je ne puis donner aujourd'hui aucun détail sur le résultat, car, du point éloigné où nous nous trouvons, l'examen est très-peu sûr à cause de la neige et du vent. Les batteries sont entourées de compagnies prussiennes, et en grande partie ont été construites dans les nuits de la Noël par les Wurtembergeois, les Saxons et les Prussiens. »

« Du Vert-Galant, quartier général de la quatrième armée, on écrit au *Journal de Dresde* :

» 26 *décembre*. — Malgré le grand froid, les Français n'ont même pas levé le camp pendant la fête et ont forcé ainsi les nôtres, du moins en partie, à se tenir prêts à une attaque. Ainsi donc, la fête de Noël devant Paris n'a point été troublée. Tous ont pu diriger leurs pensées communes vers la patrie, et pour le court espace de l'heure du Christ, on n'a pas eu sous les yeux des vêtements ensanglantés. Toutefois de légères escarmouches n'ont cessé d'avoir lieu ; deux bataillons français se sont approchés de nos avant-postes et se sont retirés après nous avoir fait quelques blessés et en avoir eu beaucoup davantage.

» A la même affaire, nous avons fait prisonniers un officier et deux soldats; sur un des soldats du 137ᵉ de ligne, on a malheureusement trouvé encore une cartouche remplie de petit plomb. Cette cartouche a été envoyée hier par le commandant en chef à l'armée de la Meuse.

» Il est important de collectionner de semblables engins employés dans cette guerre, qui prouveront, malgré des assertions contradictoires, que l'ennemi n'est pas complétement excusable.

» Là susdite cartouche contenait une balle en plomb composée de seize parties superposées, coupées à la mécanique. J'ai eu occasion de voir des officiers de la garde prussienne qui m'ont communiqué des découvertes semblables faites au Bourget et dans d'autres localités. Ils m'ont affirmé qu'il se présentait encore quelques cas de blessures provenant de balles explosibles. Il est possible que les cartouches avec des éclats de plomb produisent le même effet.

» Plus tard, il s'est présenté un fait à propos des 600 prisonniers faits à la Ville-Évrard et à la Maison-Blanche, dont je certifie l'authenticité. On avait désarmé la moitié d'une compagnie avec son chef.

» Ce dernier propose à notre lieutenant Saemig de lui amener le reste de la compagnie; mais comment s'y prendre? L'officier français veut qu'on le lâche sur parole. Naturellement on lui rappelle l'expérience que l'on a faite avec Ducrot, Barral et les autres, et on lui refuse sa demande; il fait si bien et si longtemps, proteste de la sincérité de sa parole, et finit par obtenir l'autorisation de s'en aller. On sait qu'il faisait nuit sombre quand on surprit la Ville-Évrard. L'interlocuteur avait bientôt disparu à nos regards, et le lieutenant Saemig fut bientôt convaincu qu'il avait oublié cette maxime : « Un tiens vaut mieux que deux tu l'auras. » Mais il s'était trompé. L'officier français revient avec tout le reste de sa compagnie qui se constitue prisonnière. On voit donc que la désertion prend les mêmes proportions qu'à l'époque de Metz. »

« 27 *décembre*. — Le télégraphe vous aura sans doute annoncé qu'aujourd'hui a commencé le bombardement d'Avron. Dès qu'il fit jour, c'est-à-dire vers huit heures trois quarts, le feu fut ouvert. S. A. R. le prince Georges se trouvait avec son état-major sur la hauteur dominant la petite ville de Chelles; de là on domine la rive gauche de la

Marne, Champs, Noisy-le-Grand, de même que l'inondation couverte de glace qui s'étend de la Marne jusqu'au canal de la Marne ; sur la rive droite (suit une description topographique sans intérêt)... Un peu plus loin, à droite, en prenant comme objectif la hauteur de Chelles, s'élève un monticule boisé dont le versant gauche se distingue par des bois de haute venue ; tel est l'endroit où sont placées les deux batteries de siége saxonnes.

» On l'appelle « le Pressoir », pour ainsi dire au-dessus de la Maison-Blanche, dont les Français ont souvent cherché à se rendre maîtres depuis les derniers temps. Les batteries ne sont pas visibles de la hauteur de Chelles, pas plus que les deux batteries prussiennes un peu plus éloignées à droite ; à ces deux dernières, dirigées plutôt vers le nord-ouest s'adjoignent, au-dessus du Raincy, quatre batteries de siége prussiennes, — pièces Krupp de 24 semblables à celles qui sont placées près de Noisy-le-Grand. Les autres sont des pièces de bronze de 12. »

« Lettre d'un Wurtembergeois, extraite du *Mercure de Souabe* et datée de Noisy-le-Grand, donnant des renseignements de peu d'importance sur les journées qui ont précédé Avron. On ne peut plus faire de feu, car lorsque les cheminées fument les Français y envoient des obus. Les soldats sont obligés de vivre dans les caves. »

« De Mulhouse, 26 décembre, on annonce dans la *Gazette de Carlsruhe* :

» Sous la pression de la police municipale de l'autorité prussienne, le conseil municipal de Mulhouse a déclaré que s'il conservait ses fonctions dans les conditions actuelles, c'était dans l'intérêt de la ville. On a organisé de Mulhouse à Bâle un service d'omnibus.

« La célèbre gazette de Vienne, le *Tagespress*, dit avoir appris que le maire de la ville de Bordeaux se trouve à Vienne depuis plusieurs jours, et qu'il a su réaliser une somme de plus de un million, et qu'il y fait des achats d'équipements militaires, à l'exception d'armes, bien entendu. D'après ses déclarations et ses dernières lettres de France, il y régnerait un tel élan qu'on ne peut plus douter de la réussite des Français. Toute la communication ressemble, comme un cheveu (*sic*), à un pur mensonge. On ne peut pas s'empêcher de dire en pensant à l'élan de Bordeaux : on sait parfaitement bien quel est l'élan de la ville de Bordeaux vis-à-vis de la capitale de la France. D'après les rapports, un Bordelais cherche à décourager l'autre ; ils se communiquent leur indignation sur le Gouvernement de la Défense. »

### PARTIE POLITIQUE.

« 31 *décembre* 1870. — L'année qui se termine aujourd'hui avait débuté avec une apparence toute pacifique. Partout on voyait les gouvernements occupés tout entiers à des améliorations intérieures et, à l'exception de la France, personne, pas un homme d'Etat, qui ne fût intimement convaincu de la durée de la paix.

» Pour ce qui a rapport à la France, elle commença l'année qui finit par un changement de ministère si célèbre qui amena Ollivier au pouvoir (cabinet du 2 janvier). Et comme ce cabinet était spécialement appelé à introduire des réformes à l'intérieur, il devait faire naître cette opinion que pour atteindre avec succès au but qu'il se proposait, il laisserait de côté les complications extérieures et que, bien plus, il ne chercherait pas à les faire naître.

» Le cabinet du 2 janvier fortifia à dessein cette opinion par le célèbre projet de désarmement qu'il pria l'Angleterre de recommander à Berlin, mais qui ne fut pas accepté, grâce à la sagesse du gouvernement prussien. L'histoire de l'année qui vient de s'écouler a légitimé d'une façon éclatante le refus de cette proposition insensée ; elle a aussi dicté un vote de méfiance aux partis qui cherchaient par l'organe de la presse, dans les réunions publiques, à prêcher le désarmement. Nous croyons, à la fin de l'année, pouvoir exprimer le désir que ce moyen facile et en même temps dangereux de regagner une popularité perdue sera abandonné par tous les partis politiques qui revendiquent les sentiments de patriotisme.

» Car malgré l'apparence pacifique que le cabinet du 2 janvier avait su se donner, malgré les millions de voix que le fameux plébiscite avait su attacher à l'empire, on ne pouvait cependant s'empêcher de pressentir que la politique intérieure de la France était une menace continuelle contre la paix de l'Europe, car dans ce pays la guerre n'est pas une question de nécessité absolue, mais on est accoutumé à la considérer comme nécessaire pour l'agrandissement ou la perte de tel ou de tel parti. Le monde a eu cependant sous les yeux un curieux spectacle que lui ont offert les ennemis de l'empire.

» Après lui avoir fait un nom pour les guerres que pendant des années il avait entreprises comme un moyen d'agitation contre sa dynastie, on lui reproche tout à coup comme un crime de n'avoir pas entrepris la guerre en 1866, et on souleva ce cri insensé pour toute oreille qui n'est pas française. « Revanche *pour* Sadowa. »

» Ce n'est qu'en se rappelant ces faits qu'on sera en état de comprendre cette guerre sans provocation et sans cause. A tout peuple qui n'eût désiré par principes et *avec élan la gloire militaire et le prestige*, aucun gouvernement au monde n'eût pu persuader que la France devait faire la guerre à l'Allemagne, parce qu'un prince allemand, n'appartenant pas même à une maison souveraine, avait volontairement renoncé à la couronne d'Espagne.

» Mais la nation française, gonflée de cette orgueilleuse prétention d'être la maîtresse de l'Europe, s'est sentie menacée dans son rôle de dominatrice par le développement croissant des forces de l'Allemagne ; elle a voulu la guerre, et elle l'a eue ; elle la veut encore aujourd'hui, et elle l'a encore.

» Secouer avec une coupable légèreté la torche de la guerre dans la maison paisible du voisin, cela répondait bien à la civilisation et aux autres nobles qualités de la nation française ; renverser le souverain parti en campagne aux applaudissements de son peuple, après que la fortune lui fût devenue contraire, cela répondait à l'orgueil français ; mais subir la peine de ce crime inouï, voilà contre quoi se cabre l'orgueil de ce peuple. Chaque jour de nouvelles victimes sont précipitées dans l'abîme sans fond de cette guerre, et voilà ce qu'il y a de triste. nous sommes obligés à de nouveaux efforts et à de nouveaux sacrifices.

» Mais l'Allemagne, pour laquelle cette guerre coûteuse a fait mûrir le fruit précieux de l'unité, l'Allemagne dans la conscience de son droit, sent la force de régler définitivement avec son inquiet voisin un compte arrivé à maturité. Aucun peuple ne doit vouloir ce qu'il ne peut accomplir. Or, nous ne voulons pas exposer de nouveau un bien précieux, notre armée, à la légèreté criminelle de ce peuple, ou, si le mauvais vouloir de la France nous y oblige encore dans l'avenir, nous voulons le faire dans une situation qui nous rende facile la victoire sur la nation qui a tant de fois troublé la paix. C'est pour cela que l'Allemagne est décidée à ne pas retirer ses armées de France sans qu'elles rapportent au nouvel empire allemand, comme précieux cadeau de noces, le butin arraché autrefois à notre faiblesse.

» C'est ce gage de la paix future qu'il nous faut conquérir au commencement de l'année qui vient. Alors on pourra fermer le temple de Janus ; alors l'Allemagne, rendue à sa paisible activité, forte par la valeur éprouvée de son armée, pourra laisser mûrir les fruits de l'arbre de l'unité et jouir des bienfaits d'une paix durable. »

« *Glógau*, 29 décembre. — La *Gazette de la Basse-Silésie* donne les renseignements suivants sur les deux aumôniers militaires supérieurs de l'armée française, l'abbé comte Damas, de Paris, et son compagnon Stumpf, de Lille. Ces messieurs avaient reçu du quartier général de S. M. le roi une carte de légitimation à porter la croix rouge sur fond blanc. L'aspect du comte Damas avec toute sa barbe et son costume ecclésiastique était digne et imposant.

» L'autorité avait permis à ces messieurs de remplir leur mission ecclésiastique en leur interdisant toute relation personnelle avec les prisonniers, et leur avait donné pour les accompagner le premier lieutenant Smidt. Ces messieurs ont célébré l'office le dimanche, dans l'après-midi, à l'église X..., et le matin dans l'église des jésuites ; les prisonniers y ont été conduits par détachements d'environ 2,000 hommes.

» En chaire, le comte Damas a fait ressortir que la France ne devait pas ses malheurs à ses braves soldats, mais aux chefs les plus élevés ;

» Que dans leur captivité les hommes devaient reconnaître l'asile et l'hospitalité qu'on leur donnait par une conduite exemplaire, et qu'ils devaient partout se montrer les fils de la France.

» L'aumônier a vivement blâmé les évasions, surtout de la part des officiers ; il a dit : Aux grandes infortunes nationales ceux qui s'échappaient ajoutaient la honte.

» Ces messieurs, après avoir visité les hôpitaux, sont repartis le mardi soir pour Berlin.

» En même temps étaient arrivés deux autres Français, MM. Maines, Périgaud ; ceux-ci donnent des soins à leurs compatriotes malades et sont repartis de suite de Glogau, après s'être convaincus de la perfection d'installation de nos hôpitaux qui n'ouvraient aucun champ à leur activité. »

« *Divers*. — On nous écrit au sujet des fougasses :

» Un de vos derniers numéros contient un article sur les fougasses qui pourraient causer plus ou moins de mal aux troupes allemandes dans un assaut contre les fortifications de Paris ; il y est dit que l'explosion peut être amenée par le plus léger choc sur la matière explosible, mais que son effet ne s'exerce que dans un rayon restreint.

» Je me suis alors imaginé qu'en pareil cas quelques sapeurs envoyés en avant pourraient, sans danger personnel, rendre les fougasses inoffensives pour les colonnes d'assaut, et voici comment :

» Ils seraient munis d'un rouleau de quatre à cinq pouces mobile autour d'un axe poussé au moyen d'une tige de douze pieds de long.

» La fourchette portant les extrémités de l'axe serait munie d'une mince carcasse en tôle garnie de tresses de paille pour couvrir le sapeur et le préserver de la mousqueterie. Les sapeurs seraient disposés en cercle autour des ouvrages à attaquer et s'en rapprocheraient concentriquement. Le rouleau qu'ils pousseraient devant eux toucherait chaque point du terrain à parcourir et amènerait l'explosion des fougasses sans inconvénient pour les colonnes. »

*Don nécessaire à bon marché et qu'on bénira.*

« Ce n'est qu'une simple botte de paille pour chacun de nos soldats partant en France ou en revenant comme escorte, pour tout homme blessé légèrement ou malade, aussi bien que pour tout prisonnier français lorsque le voyage doit se faire en troisième classe ou même en voiture de marchandises.

» Cette paille, distribuée régulièrement, empêchera qu'un seul homme ait les pieds gelés, ainsi qu'il est arrivé à quelques hommes d'escorte, ou qu'ils meurent de froid, ainsi qu'il est malheureusement arrivé à quelques prisonniers mal vêtus, il est vrai, et affaiblis par une nourriture insuffisante avant et après leur captivité.

» Ceci ne nous excusera pourtant pas d'avoir négligé, dans ces temps d'horreurs, un adoucissement aussi simple et aussi peu coûteux, lorsqu'il est impossible de se procurer des couvertures chaudes. »

Nous trouvons résumées dans le *Rappel* les autres nouvelles suivantes, extraites également de la *Gazette de l'Allemagne du Nord* :

« Il résulte des correspondances des journaux de Berlin que le public de cette capitale avait grand besoin de nouvelles de la guerre : les dépêches prussiennes étaient trop sobres de bulletins de victoires.

» Ces feuilles attribuent au retard inusité des postes du Midi et du Rhin le manque de nouvelles précises sur les armées prussiennes opérant dans le centre de la France. »

« On mande de Halle (Prusse), que la *landwehr* des classes anciennes est en train de partir et que les troupes qui viennent de se mettre en route sont composées de pères de famille. »

« M. Voget, rédacteur de la *Gazette de Francfort*, a été renvoyé du quartier général prussien, à raison de quelques articles dans lesquels il n'avait pas salué patriotiquement l'empire germanique. »

« *Espagne.* — Il y a eu des troubles sérieux à Madrid. Les détails manquent.

» Prim a été attaqué et a reçu plusieurs blessures dont quelques-unes prenaient un caractère grave à la date du 30 décembre.

» Le maréchal faiseur de rois n'a pas pu se rendre en personne à Carthagène, où Amédée I$^{er}$ a débarqué le 27 décembre.

» C'est l'amiral Topete qui était à la tête de la députation des dignitaires qui s'est rendue au-devant du nouveau roi.

» Madrid a depuis été tranquille, et le gouvernement est occupé de désarmer les bataillons républicains de la milice.

» La cérémonie du serment a été publique. La liste civile du roi a été fixée à 7,500,000 francs, tout compris. »

*Londres, 2 janvier.* — D'après une communication du département de l'extérieur, la réunion de la Conférence est retardée de quelques jours pour attendre l'arrivée de M. Jules Favre et quelques instructions qui manquent à plusieurs plénipotentiaires.

### DÉPÊCHE REÇUE A LA DERNIÈRE HEURE

« *Bruxelles, 2 janvier.* — Le *Moniteur,* arrivé de Bordeaux sous la date du 27 décembre, publie un décret du Gouvernement modifiant les dispositions des précédents décrets sur la *réorganisation des conseils généraux.* Ce ne sont plus les préfets qui nomment les membres des commissions départementales ; les choix seront faits par le Gouvernement sur une liste préfectorale. »

« *Bruxelles, 2 janvier.* — On écrit de Lille à l'*Indépendance belge,* le 31 décembre, que les troupes prussiennes n'ont pas donné suite à leurs démonstrations sur Lille et Cambrai. Leurs éclaireurs ont été vus dans toutes les directions. La Compagnie du Nord a évacué toutes les stations au sud de Lille.

» Le quartier général de Faidherbe s'est retiré de Vitry. On ignore le point nouveau qu'il occupe. On s'attend à une nouvelle attaque sous peu. — Des rumeurs annoncent la capitulation d'Abbeville.

» Un ordre du commissaire général du Gouvernement fait connaître que toute tentative de désertion sera punie par une déportation au camp de Cherbourg.

» Trois cents gardes mobiles de Hazebrouk ont été déportés pour cause d'émeute. »

« *Bordeaux, 1er janvier soir.* — Grande démonstration républicaine ce soir et discours de Gambetta à la multitude.

» Ordre parfait. »

« *Berlin, 2 janvier.* — Nous empruntons à la *Gazette de Silésie* l'article militaire suivant :

» Depuis que la guerre exige un plus grand développement de la puissance nationale, le temps est devenu un si grand et si important *facteur* qu'il deviént absolument nécessaire de pousser nos armées combattantes à une solution définitive, sans égard à leur repos et en déployant la plus franche énergie. Ce n'est que sur des points où des conditions locales et climatériques empêcheraient la continuation des opérations pendant une partie de l'année, comme cela était souvent le cas pendant la guerre des États-Unis, qu'il peut être question de prendre des quartiers d'hiver, comme cela se pratiquait dans les siècles passés.

« *Lyon, 25 décembre.* — On dit que le jeune homme qui a donné le coup de grâce au commandant Arnaud vient d'être arrêté sur la place des Terreaux au moment où il mettait en joue un officier d'état-major de la garde nationale. Parmi les femmes qui sont en prison se trouve l'ignoble mégère Bancale, qui, aux démonstrations de la Rotonde et du Valentino, portait toujours le drapeau rouge en entraînant la foule en avant. Un nommé Chervet, compagnon tisserand, qu'on recherchait aussi et que les gardes nationaux qui le conduisaient en prison cherchaient à désarmer, a reçu un coup de pistolet et est mort à l'hôpital. La veuve d'Arnaud refuse d'accepter les souscriptions que la garde nationale a ouvertes pour elle et ses enfants. Parmi les papiers sur lesquels la préfecture a mis les scellés le 4 septembre, Arnaud se trouve sur une liste avec cette annotation : Républicain dangereux, qui doit être surveillé. »

« Le capitaine d'infanterie de la ligne Millet, qui a réussi à s'échapper de Phalsbourg avec la reddition, a été nommé colonel de la première légion de marche de l'Alsace et de la Lorraine, en place de M. Mourens.

» Ce dernier a été appelé à la fonction d'inspecteur général du camp de Satonay. »

### 3 *janvier.*

#### DÉPÊCHE TÉLÉGRAPHIQUE

« *Vienne, 1er janvier.* — D'après la *Saturday Review*, qui paraît le matin, la réunion de la conférence de la mer Noire doit probablement être ajournée encore pour quelque temps, en raison des difficultés qu'on éprouve à communiquer avec le gouvernement français et à avertir en temps utile M. Jules Favre, dont la participation à cette conférence a été consentie par l'Allemagne. »

GAZETTE NATIONALE DE BERLIN

*Numéro du 1ᵉʳ janvier.*

« *Bordeaux*, 23 *décembre*.—Le *Times* publie une correspondance très-intéressante de Bordeaux, ayant principalement pour objet les agissements du Gouvernement de la Défense nationale. En France — c'est ainsi que commence la lettre — le plus grand obstacle à la paix se trouve actuellement dans la République, ou, pour parler plus proprement, dans les quelques hommes qui, de leur propre autorité, ont érigé une espèce de gouvernement qui n'a pas encore reçu le consentement de la nation et qu'ils ne maintiennent uniquement que parce qu'elle promet le plus à leur ambition.

» Que depuis le double anéantissement de la République, la nature et le caractère de la nation française aient changé de telle sorte qu'un nouvel essai promette de meilleurs résultats, c'est ce qui est fort douteux ; et un vote où les choses se passeraient légalement, montrerait suffisamment que la majorité du peuple n'est pas acquise aux institutions républicaines. Car non-seulement les d'Orléans ont, dans les classes meilleures, de grands partisans qui se rappellent avec plaisir les dix-huit années de paix et de prospérité dans ce régime vraiment libéral, mais il y a encore — quelque étrange que cela puisse paraître — des raisons suffisantes pour supposer que l'empereur Napoléon compte encore beaucoup de partisans dans la population des campagnes.

» De même que pour l'oncle en 1815, les Français attribuent aujourd'hui la chute du neveu exclusivement à l'incapacité et à la trahison de son entourage. Si un plébiscite avait lieu, il est possible qu'une majorité surgît pour l'empire ; et, certainement, il n'en sortirait pas une majorité pour la République.

Gambetta et ses amis le savent très-bien, et c'est pour cela que, résolus à maintenir la République à tout prix, ils rejettent loin d'eux toute idée de paix et continueront la guerre tant que la France ne sera pas complétement vaincue et foulée aux pieds.

» Quand ceci arrivera, quand le gouvernement parisien se trouvera prisonnier entre les mains des Prussiens, quand les délégués se seront réfugiés au dehors, alors il faudra bien qu'un gouvernement soit nommé d'une manière ou d'une autre, pour conclure la paix avec le vainqueur qui, pendant ce temps, aura dévasté tout le pays. Pour le parti Gambetta, il sera indifférent de quelle manière un gouvernement sera composé, qui ne sera pas le sien. Gambetta et les siens désirent procurer à la République la gloire d'avoir combattu jusqu'à la dernière extrémité. Ils sont convaincus qu'un gouvernement formé pour conclure la paix ne survivrait pas longtemps à l'exécution de cette tâche humiliante et impopulaire. Et puis — ce sont eux qui raisonnent ainsi — quand le pays sera purgé de l'ennemi, qui pourra être appelé au gouvernail de l'État, si ce n'est les hommes qui ont préféré lutter jusqu'à la dernière extrémité que de renoncer à une forteresse ou à un pied du territoire. C'est ainsi que calculent ces messieurs ; c'est pour cela qu'ils continuent la guerre et que, dans leurs proclamations et leurs circulaires, ils méconnaissent toute possibilité de conclure la paix

» En même temps qu'ils continuent à combattre l'ennemi, ils font de la propagande pour leurs principes républicains, et quelque bonapartiste ou orléaniste que puisse être telle ville ou tel département, tous les moyens sont employés pour conserver au moins l'apparence que partout où il arrive le Gouvernement trouve de l'adhésion pour ses principes chez la majorité du peuple.

On écrit de Berlin :

» Le but prochain de notre présente attaque, la conquête de la capitale ennemie, est une œuvre si grandiose, que nous pourrons considérer la guerre comme terminée le jour où nous aurons atteint ce résultat. Tous les efforts de la France concourent à ce but : empêcher la chute de Paris, et même tout ce qui se passe sur les champs de bataille secondaires, tels que ceux du Rhône, est en intime relation avec ce but.

» En dépit de l'opinion de nos ennemis assiégés, qui

pensent que la capitulation de Paris n'arrêtera pas la résistance nationale, l'énergique concentration des efforts du pays sur ce point démontre que la France reconnaît clairement et pleinement l'énorme importance morale, politique et militaire de la métropole. Après la chute de Paris la nation se déclarera vaincue, sa puissance de résistance morale sera brisée, et l'autorité des dépositaires actuels du pouvoir anéantie.

» Tous les combats partiels seront évités lorsque le but unique sera atteint; leur raison d'être ne repose que sur la libération de Paris. C'est par cette raison que la conduite des affaires militaires doit être modifiée de la façon la plus sérieuse. Nous ne méconnaissons pas la force du soulèvement actuel de la France, mais nous ne croyons pas que les facultés caractéristiques de la nation la prédisposent à une résistance purement défensive, soutenue et tenace.

» Lorsque Paris sera tombé, nous aurons fait une grande œuvre dont la nation saura prendre son parti très-facilement, ainsi que le démontrent les nombreux changements du gouvernement, les invasions de 1814 et 1815.

» Dans de semblables circonstances, il est naturel que, nous aussi, nous fassions converger tous nos efforts sur un point unique, la prise de Paris. Cependant, cet objectif est limité extérieurement par une circonstance qui le complique; c'est une opération *offensive* vis-à-vis de Paris, et *défensive* vis-à-vis des armées considérables de secours qui affluent, et vis-à-vis des opérations de sortie qui menacent nos lignes de communication et nos points indispensables de l'occupation.

» C'est ce dernier point surtout qu'il ne faut pas perdre de vue. le point de vue *défensif*, si on ne veut pas s'égarer dans le jugement à porter sur les nouvelles opérations.

» L'offensive contre Paris, ville que, contrairement à des opinions erronées et qui avaient encore cours récemment, on a pu enfin isoler et investir par des travaux successifs et heureusement conduits, l'offensive contre Paris, dis-je, semble devoir prendre un caractère plus grandiose et plus actif. Mais il n'est pas encore permis de conclure avec certitude, d'après les faits actuels, quelle est la voie que l'on choisira pour les opérations d'artillerie.

» La prise heureuse du mont Avron par l'ennemi, ainsi

que celle des fortifications qui y avaient été élevées durant l'établissement de la ligne d'investissement, l'occupation sans grande résistance de cette importante hauteur ne nous permettent pas de préjuger encore si c'est réellement le côté est qui deviendra le centre de nos opérations d'attaque.

» Il y a quelque temps, nous avons affirmé à cette place que c'était le côté est qui, en réalité, était le point le plus faible de l'enceinte de la capitale, parce que les hauteurs de Montreuil et Romainville forment une position militaire qui domine la partie la plus populeuse de la ville qui s'étend au pied. Mais l'art des ingénieurs a su si bien défendre par des travaux additionnels cette partie évidemment la plus accessible à l'ennemi venant de l'est, qu'on doit maintenant la considérer comme la partie la plus forte de Paris.

» Le plateau du mont Avron, qui ne forme qu'une saillie en forme de promontoire, est le *point de mire de trois forts* principaux et d'œuvres de défense accessoires garnies de lignes de retranchements provisoires; mais il semble que de tous ces travaux le fort de Rosny seul occupe une position dominante, car toutes les autres œuvres sont situées en contre-bas. Il sera donc toujours difficile de s'établir sur ce point avec des masses d'artillerie suffisantes sans être rejeté aussitôt. Cependant il est à croire qu'une grande partie de ces travaux doit être détruite si l'on veut approcher.

» Si l'on ne voulait épargner ni temps ni hommes, et s'établir définitivement sur les hauteurs de Montreuil et Romainville, il est certain qu'on placerait une grande partie de Paris sous les canons des assiégeants, et le reste de l'enceinte sud et ouest aurait peu d'importance. Mais une semblable opération nous semble beaucoup trop dilatoire pour être tentée dès aujourd'hui.

» Si la reprise du mont Avron avait donné pour résultat, par exemple, non-seulement l'enlèvement d'une position ennemie favorable et la destruction d'un voisinage dangereux pour nos avant-postes, mais encore une démonstration pour faire une feinte à l'ennemi, alors cette tentative pourrait être faite en nous donnant prise sur l'un des points qui sont encore hors de portée (par exemple le faubourg émeutier de Belleville), et que nos obus pourraient atteindre. A la vérité, la distance est encore de plus d'un *mille plein*.

mais nos nouvelles du 27 (probablement) nous ont appris que nos batteries du Raincy, armées de canons à longue portée et situées plus loin encore, ont cependant atteint la ville.

» Il est facile de prévoir l'impression qu'éprouvera la population de Paris lorsque les masses ouvrières et populaires des faubourgs viendront demander l'hospitalité aux habitants plus aisés du centre de la ville. Cependant, avant d'en venir à placer dans un endroit si exposé des pièces d'une telle importance, il faut que nos sapeurs du génie fassent des travaux considérables et difficiles pour protéger les hommes et les pièces avec efficacité...

» Voilà jusqu'à ce jour où en sont nos opérations offensives. Quant à la question de la défensive, pour empêcher l'arrivée des armées de secours, il faut d'abord mentionner notre 1$^{re}$ armée qui opère dans le nord, où elle vient de combattre victorieusement près d'Amiens Les télégrammes n'indiquent pas avec assez de clarté si de Manteuffel, dont les têtes de colonnes doivent s'être montrées près de Cambrai, a dû s'avancer sur Douai, où l'ennemi s'était retiré (en partie), ou s'il a dû se replier pour poursuivre l'adversaire plus loin, ainsi que l'exigeait l'assurance d'un succès complet.

» Chaque pas en avant vers le nord diminue l'efficacité de la protection nécessaire à notre armée assiégeante et à nos occupations. Cette considération a d'autant plus d'importance que du Havre il nous peut venir à chaque instant de nouveaux dangers. D'un autre côté, il faut remarquer que le général Faidherbe peut trouver sans cesse protection sous les murs des nombreuses forteresses du nord de la France.

» Il est donc probable que, voulant concilier ses deux missions, défensive et offensive, le général de Manteuffel se retirera sur sa ligne principale de défense, tracée par la Somme et limitée par les villes d'Abbeville, Amiens, Saint-Quentin, en arrière desquelles se trouve son quartier général (Albert.) Ce qui prouve qu'il veut demeurer maitre de cette ligne, c'est qu'il a commencé le siège de la petite forteresse de Péronne.

» A l'intérieur de cette ligne, et non loin d'Amiens, est situé Longpré, où un faible détachement d'éclaireurs, sous la conduite du lieutenant Pestel, a exécuté un brillant coup de main contre des mobiles français. Il faut se persuader que l'armée française du Nord apparaîtra plus d'une fois encore sur la scène. Pour en finir avec elle, nous devrons attendre que Paris soit rendu.

» On ne sait presque rien de ce qui se passe sur la Loire.

» Une offensive est probable du côté sud vers Orléans, et du côté ouest vers la ligne de la Sarthe. Un télégramme qui mentionne un petit combat près Montoire (sur les bords du Loir, 2 milles 1/2 à l'est de Vendôme), indique que l'ennemi apparaît en force du côté ouest de la Sarthe, ce qui permet de conclure que Frédéric-Charles a dû se rapprocher de la route de Paris à Orléans, afin d'arrêter les secours dirigés vers la capitale, aussi bien du sud-est que du sud-ouest.

» Nous croyons qu'il y a exagération à admettre, comme l'a fait un correspondant officieux, que les troupes, supposées guerrières, campées au Mans et dans les alentours, se sont renforcées de toutes celles qui étaient au camp de Conlie. La résistance, près de Beaugency et Marchenoir, ainsi que tout le mouvement de retraite de l'ennemi jusqu'au delà de Vendôme, ne permet de rien conclure à cet égard. Une dépêche anglaise du Mans et une lettre d'un mobile publiée dans le journal de la localité indiquent qu'il n'y a là aucune armée capable de prendre sérieusement l'offensive et que nous avons peu à craindre de leur grand nombre. Ce n'est pas encore dans cette armée que les Français se montreront capables de supporter une campagne d'hiver.

» Quant à Bourbaki, qui se trouvait il y a quelques jours près de Nevers, il devient de plus en plus manifeste qu'il s'est dirigé vers le sud avec ses deux corps. Nous ne savons pas s'il est suivi par notre 3ᵉ corps. En tout cas, la situation du général von Werder demeure périlleuse, et il faut regarder comme probable l'évacuation soudaine (annoncée jusqu'ici seulement par les journaux français) de la ville de Dijon, en avant de laquelle les troupes badoises ont vaillamment remporté une récente victoire. L'occupation de Dijon n'était plus, pour les nôtres, un objectif bien déterminé, puisque l'expédition sur Lyon demeurait en dehors du plan de la guerre. Le plan de von Werder est plutôt un plan de nature défensive : avant tout, il faut assurer notre ligne de communication, tout en couvrant indirectement les assiégeants de Belfort. Les deux données du plan peuvent être maintenues en reculant nos positions.

» Il n'est point douteux que, de cette façon, le corps de von Werder se renforcera des troupes nouvelles qui arrivent. L'incorporation de la 13ᵉ division, venue de Metz, et qui était demeurée quelques jours à Châtillon-sur-Seine, n'est pas encore certaine. Il ne serait pas du tout étonnant que la guerre prît de grands développements dans l'est de la France, surtout si Gambetta a réussi, lors de sa présence à Lyon, à mobiliser de grandes colonnes de troupes constituées déjà depuis deux mois ; ces troupes doivent opérer sous la direction de Bourbaki, Garibaldi et Cremer.

» Un semblable état de choses doit nous donner peu d'inquiétude, car une attaque soudaine n'est pas possible ; il y a suffisamment de forces réunies pour soutenir la première attaque, et des renforts peuvent être facilement amenés du fond de l'Allemagne sur un théâtre de la guerre aussi rapproché du Rhin.

» Notre côté vulnérable se trouve toujours sur les derrières de l'armée d'investissement de Paris, et rien ne peut nous être plus agréable que de savoir que le terrain de la lutte se trouve éloigné de ce point. Il n'est pas si aisé de couper et de mettre en péril notre ligne de communication ; il y a entre Dijon et Nancy 22 milles de terrains difficultueux.

» Pour terminer, nous annoncerons que des symptômes très-satisfaisants se font jour : besoin de paix exprimé par la presse française, répulsion pour la dictature, et désir d'une assemblée constituante, telles sont les aspirations de la France.

» Aussi, les dictateurs ne voient-ils d'autre moyen de se soutenir que d'augmenter la violence de leur domination. Tous les éléments de la représentation départementale, tous les conseils généraux, d'arrondissement, et même les commissions départementales, ont été rayés d'un trait de plume par un décret et remplacés par des commissaires de la République. L'administration individuelle des corporations qui existait encore par-ci par-là a été anéantie en vue du besoin de l'anarchie. La résistance n'en sera probablement pas moins vaine et la paix n'en sera que plus difficile à atteindre. »

### NOUVELLES DE LA GUERRE.

« *De Lorraine*, 28 *décembre*. — Les forteresses de l'Allemagne sont déjà remplies de soldats français. Il est arrivé également un ordre très formel de ne pas transporter les prisonniers, par ces froids intenses, dans les wagons ouverts destinés au transport des charbons. On parle de destiner les grands forts qui entourent Metz à recevoir les prisonniers nouveaux. On pourra ainsi loger de douze à quatorze mille hommes dans les forts, les dépendances et autres bâtiments de l'Etat, à Metz; leur garde ne donnera, en somme, pas beaucoup plus de mal qu'elle n'en donne dans les forteresses allemandes.

» Le nombre des prisonniers faits dans les différents combats d'Orléans, Beaugency, Paris, Amiens et Rouen par nos troupes, s'élève, depuis le 27 novembre jusqu'à ce jour, à environ 20,000 hommes.

» Beaucoup arrivent malades, épuisés, soit de froid, soit de faim, et souvent sans bas ni souliers. La misère et la famine font aussi de grands ravages parmi la population pauvre de la France, au point que des armées entières de mendiants circulent de tous côtés, et si ces froids continuent, l'état des choses deviendra désespéré. »

« *Chaumont*, 29 *décembre*. — Nos troupes sont amèrement impressionnées par la fréquence des ruptures des voies de chemin de fer qui occasionnent de si graves accidents. Aussi la ligne du chemin de fer de Chaumont à Troyes a été déjà coupée trois fois de suite; on a enlevé les rails et on les a reposés de manière à ce qu'on ne pût se douter de leur déplacement.

» Le fait s'est reproduit le 24 décembre, à Bricon, tout près d'ici et un convoi de cinq cents militaires a déraillé; aussitôt une nuée de francs-tireurs sortit des bois pour faire nos soldats prisonniers. Heureusement nos braves soldats de la landwehr n'ont pas trop souffert, ils ont pu se masser rapidement et accueillir les francs-tireurs par une salve si bien dirigée que ceux-ci prirent la fuite abandonnant des morts et des prisonniers. »

« *Marseille*, 30 décembre. — La municipalité a résolu de mettre la ville en état de défense aussitôt que possible. »

« *Bruxelles*, 31 décembre.— L'*Indépendance de Lyon* du 28 courant annonce que le commandant Celler aurait été blessé à la bataille de Nuits. A l'occasion du meurtre du commandant Arnaud, environ soixante arrestations ont été faites. A chaque légion de la garde nationale mobilisée, on a joint une compagnie de tireurs émérites. »

« Le *Times* publie la communication d'un commandant français prisonnier à Glogau, qui, sous forme de lettres, envoie à ce journal les plaintes les plus amères sur le traitement qui lui est infligé à lui et à ses compatriotes.

» Les allégations touchant les mauvais traitements, les privations de nourriture, sont autant d'inventions en contradiction manifeste avec l'aveu unanime des soldats prisonniers interrogés à ce sujet. »

### FRANCE

« *Paris*, 20 décembre. — Le *Daily Telegraph* apporte une lettre de Paris du 20 à laquelle nous empruntons ce qui suit : Le général Trochu a agi habilement en laissant devenir apparents les préparatifs pour la nouvelle action ; il s'agit, en effet, de soutenir sa popularité, car, dans la population qui compare l'activité des armées de la province avec celle de la capitale, il ne manque pas de signes de mécontentement et d'impatience. Chaque jour diminue nos provisions et refroidit l'enthousiasme de l'armée ; et il vaut mieux risquer quelque chose que d'attendre jusqu'à ce que notre dernière bouchée de pain soit mangée et que nos hommes soient affamés, affaiblis et démoralisés. La sortie du 21 a donc été entreprise sans but déterminé.

» Une différence marquée est visible entre l'attitude de la population, maintenant que les opérations militaires vont être reprises, et l'immense joie qu'elle manifesta lorsque, il y a quelques semaines, Trochu est parti pour le camp.

» Chacun croyait alors que le moment décisif était venu et que le siège était sur le point d'être levé ; et le proclamations de Trochu et de Ducrot raffermissaient ces espérances. Même les boutiquiers les plus clairvoyants furent trompés, et leurs devantures étaient ornées de toutes sortes de comestibles auxquels le palais parisien est resté depuis longtemps étranger depuis le commencement du siége et qu'on ne pouvait acheter qu'à des prix inaccessibles.

» Les fromages, langues, jambons, sardines, etc., que leurs patriotiques propriétaires avaient cachés dans les caves, dans l'intention de les faire valoir dans un moment favorable, étaient exposés pour la vente et étaient livrés dans beaucoup de cas à des prix modérés. Cette illusion ne se répétera pas cette fois, après l'avertissement que les portes seront fermées, j'ai traversé les boulevards et les rues principales, mais les devantures de ces boutiques montraient leur vide ordinaire, et si les caves contiennent des provisions, c'est ce qu'on ne saura qu'à la fin du siége.

» Nous sommes embarrassés pour savoir ce que nous devons manger ; quelquefois on peut se procurer une mince ration de cheval, de hareng salé ou de riz, mais en dehors de ces cas exceptionnels nous sommes condamnés exclusivement au pain. La semaine dernière, il était même difficile d'avoir du pain par suite d'un bruit que les provisions de blés sont presque épuisées et que bientôt il n'y aura plus de pain.

» Les boulangeries étaient assaillies, chacun voulant se pourvoir de pain à l'avance ; cette gêne a duré pendant plusieurs jours jusqu'à ce que le Gouvernement eut déclaré qu'il y a encore du pain pour un temps plus long, qu'il ne sera pas rationné, mais que le pain blanc sera remplacé par le pain brun, et que la vente de farine et de biscuits est dorénavant interdite.

» Dans une boucherie assiégée par une foule humaine j'ai vu hier exposés quelques morceaux de viande qui me firent venir l'eau à la bouche, et j'ai appris alors que la viande se vendait 15 francs la livre. Elle provenait, pour la plus grande partie, d'un jeune éléphant et de deux chameaux que l'entreprenant boucher avait achetés 20,000 francs la pièce au jardin zoologique, et pour lesquels il a trouvé des revendeurs empressés. — Est-ce une suite de la nourriture anormale ou de la pression exercée par le siége, toujours est-il que l'état sanitaire de Paris n'a jamais été aussi mauvais qu'à présent.

» Au chapitre connu déjà à satiété sur l'amour des Français pour la vérité, et comment celle-ci est traitée par la presse, le correspondant bordelais du *Daily News* ajoute un nouvel exemple ayant trait à l'attaque de Tours par les Allemands.

» La *Liberté*, qui paraît à Bordeaux, et qui, comme sa feuille-mère de Paris, dirige tous ses efforts pour donner des nouvelles à sensation et pour devancer les autres journaux par ses nouvelles, a fait le 22 un récit complet sur la prise de Tours par les Prussiens. Elle raconte que, rue Royale, deux dames se sont évanouies dans un omnibus lorsqu'elles virent les Prussiens, qu'elles furent mises sur le trottoir, qu'aucun citoyen n'osait ouvrir sa porte pour les laisser entrer; que l'ennemi était si peu attendu, que dans le café de la ville il n'y eut pas de garçons pour le servir; que tous les bâtiments qui avaient été occupés par le gouvernement furent fouillés; qu'un officier prussien s'est présenté à la poste et réclamait d'un ton affairé une lettre qu'il s'y serait fait adresser poste restante peu de temps avant, et beaucoup d'autres détails analogues qu'on aurait certainement cru et qui auraient atteint leur but s'il ne s'était montré bientôt que les Prussiens s'étaient retirés sans être entrés dans la ville. »

« Les autres notes à relever dans cette correspondance sont les suivantes :

» L'emplacement choisi après longue réflexion pour le camp de Bordeaux est assez éloigné de la ville ; il se trouve à Caudale, près Saint-Médard, où se trouvent réunis les avantages d'un vaste espace, d'un terrain sablonneux et qui absorbe rapidement la pluie, de forêts de pins très-saines, et de grandes provisions d'eau.

» Le commandant de ce camp, le général Renaut — l'homonyme de celui qui, naguère, est tombé devant Paris — a composé son état-major de gens qui, il y a quatre mois, étaient encore des journalistes parisiens. Le vice-président du camp, par exemple, est le collaborateur bien connu du *Siècle*, Anatole de la Forge, qui, il y a quelque temps, s'est déjà distingué militairement comme sous-préfet de Saint-Quentin. — On a déjà arrêté deux espions prussiens qui étaient occupés à prendre le dessin du nouveau camp. »

« *Berlin*, 31 *décembre*. — Le *Journal des Lois fédérales de la Confédération germanique de l'Allemagne du Nord* publie dans son édition d'aujourd'hui la Constitution de la Confédération germanique, le protocole relatif à l'union de la Confédération de l'Allemagne du Nord, des grands-duchés de Bade et de Hesse dans la fondation de la Confédération allemande et l'acceptation de la Constitution du 15 novembre 1870, le traité entre la Confédération de l'Allemagne du Nord, les grands-duchés de Bade et de Hesse d'un côté et le Wurtemberg de l'autre et le protocole du 26 novembre 1870 qui s'y rapporte. Le délai pour la ratification des traités est aujourd'hui expiré; il n'a pu retenir la Bavière, car jusqu'à présent il n'a pas encore plu à la deuxième Chambre bavaroise de mettre à l'ordre du jour le traité concernant l'adhésion de la Bavière à la Confédération allemande.

» L'introduction à la Constitution est ainsi conçue :

» Sa Majesté le roi de Prusse, au nom de la Confédéra- de l'Allemagne du Nord, Son Altesse royale le grand-duc de Bade et Son Altesse royale le grand-duc de Hesse, et sur le Rhin, pour les parties du grand-duché de Hesse situées au sud du Mein, concluent une alliance éternelle pour la protection du territoire de la Confédération, et du droit qui y est reconnu, ainsi que pour travailler à la prospérité du peuple allemand. Cette alliance portera le nom d'empire allemand et aura la Constitution suivante.

« La Constitution elle-même, en tant qu'elle s'écarte de la Constitution de la Confédération de l'Allemagne du Nord, a déjà été communiquée par nous; c'est pourquoi nous reproduisons l'article II ultérieurement modifié. En voici les termes : »

» Article II. La présidence de la Confédération appartient au roi de Prusse, qui porte le titre d'empereur d'Allemagne. L'empereur représentera l'empire suivant le droit international. »

### RAPPORT MILITAIRE.

« 8 *janvier, soir*. — Continuation du bombardement. Même solidité dans la garnison des forts et de la population. Le Gouverneur, qui a parcouru aujourd'hui toutes les parties de l'enceinte soumises au feu de l'ennemi, a recueilli les preuves les plus éclatantes du patriotisme des habitants de Paris.

» *Le Gouverneur de Paris,*
» P. O. SCHMITZ. »

À six heures du soir, le bruit du canon avait faibli ; mais, au moment où je trace ces lignes, dix heures et demie, le bombardement est terrible dans le sud de Paris.

« *Onze heures et demie.* — Un pigeon vient d'arriver à l'instant. Il porte le n° 43. Le dernier arrivant portait le n° 36. Il est parti de Lyon. On déchiffre les dépêches qui sont nombreuses ; ce travail est très-long. On ne pourra connaître le contenu de ces dépêches que demain matin.
» Le Gouvernement est en séance. »

Cette note a été affichée à la mairie à minuit et demi. Nous allons donc passer une nuit épouvantable entre le bombardement et l'attente de ces nouvelles, qui, hélas ! seront peut-être bien mauvaises.

## 117e JOURNÉE

**Lundi 9 Janvier**          3 % 51.67

Le pigeon annoncé était bien arrivé, en effet, et voici les dépêches que la charmante petite bête portait dans ses plumes.

« *Lyon, 23 décembre.* — *Gambetta à Trochu.* — J'ai

reçu le 24 décembre au matin, par M. d'Alméida, votre dépêche écrite le 16 décembre. L'appréciation que vous avez faite de l'armée de la Loire et des éléments qui la composent est parfaitement juste et trouve dans les faits qui s'accomplissent tous les jours une nouvelle confirmation.

» Les Prussiens, sans avoir éprouvé rien qui ressemble à une défaite, paraissent cependant démoralisés (1). Ils commencent à éprouver une grande lassitude, et on leur tue beaucoup de monde de tous les côtés. Sur divers points du cercle qu'ils occupent, ils rencontrent de vigoureuses résistances. Belfort est approvisionné pour huit mois. Toute la ligne, de Montbéliard à Dôle, est bien gardée par les forces de Besançon ; de Dôle à Autun, par les forces de Garibaldi et du général Bressolles, il en est de même du Morvan et du Nivernais jusqu'à Bourges.

» D'un autre côté l'armée de Bourbaki est dans une excellente situation. Elle effectue en ce moment une manœuvre dont on attend les meilleurs résultats.

» Chanzy, grâce à son admirable ténacité, a fait lâcher prise aux Prussiens et, depuis le 16, il s'occupe à refaire ses troupes fatiguées par tant et de si honorables combats. Aussitôt remises, ce qui ne demande que quelques jours, rééquipées et munitionnées, vous pouvez être assuré que Chanzy reprendra l'offensive.

» Le Havre est tout à fait dégagé ; les Prussiens ont même abandonné Rouen après l'avoir pillé et dirigé leur butin sur Amiens, direction que paraissent avoir prise les forces de Manteuffel pour barrer le passage aux troupes de Faidherbe. Nous augmentons tous les jours notre effectif.

» A mesure que les forces s'accroissent, les gardes nationaux mobilisés qui ont déjà vu le feu s'en tirent à merveille, et en peu de temps ce seront d'excellents soldats. Le pays est comme nous résolu à la lutte à outrance. Il sent tous les jours davantage que les Prussiens s'épuisent par leur occupation même, et qu'en résistant jusqu'au bout, la France sortira plus grande et plus glorieuse de cette guerre maudite.

» Salut fraternel.   LÉON GAMBETTA. »

(1) Cette dépêche est du 23 décembre, par conséquent antérieure aux batailles de Pont-Noyelle et de Bapaume.

» *Bordeaux, 4 janvier.* — Nous recevons à l'instant la dépêche que voici :

» *Le général Faidherbe au ministre de la guerre.*

» Aujourd'hui 3 janvier, bataille sous Bapaume, de huit heures du matin à six heures du soir. Nous avons chassé les Prussiens de toutes les positions et de tous les villages. Ils ont fait des pertes énormes et nous des pertes sérieuses.
» Avesnes-Bapaume, 3 janvier.
» J. Faidherbe. »

« Le pigeon qui portait les dépêches reçues par le Gouvervement était aussi porteur de la dépêche suivante, adressée à l'agence Havas :

» *Havas, Paris (sans date).* — Les nouvelles de la guerre sont bonnes.
» Faidherbe a remporté une victoire à Pont-Noyelle. Son armée augmente chaque jour en nombre et en solidité. Chanzy, changeant sa base d'opérations, a effectué un mouvement jusqu'au Mans, tenant continuellement tête à l'ennemi, lui faisant subir pendant huit jours des pertes considérables.
» L'armée de Bourbaki est dans une excellente situation ; ses mouvements sont ignorés.
» Les Prussiens se montrent inquiets du mouvement des deux armées qui sont sur leurs flancs et n'osent pas avancer dans le centre : ils ont évacué Nogent-le-Rotrou, remontant dans la direction de Paris.
» A Nuits, il y a eu un brillant combat livré par 25,000 Allemands contre 10,000 Français. Nous avons perdu 1,200 hommes environ ; les Prussiens en ont perdu 7,000, dont le prince Guillaume de Bade.
Les correspondants du *Times*, à Versailles et dans les autres quartiers généraux prussiens, constatent eux-mêmes combien la situation est changée au désavantage des Allemands.
» Chaque jour les forces françaises augmentent, celles des Allemands diminuent. Ils ont perdu 300 mille hommes depuis leur entrée en France. Il existe en Allemagne 100 mille veuves et 200 mille orphelins. Actuellement, l'effectif

des Allemands, en France, est évalué à 600 mille hommes dont 100 mille malades. La landsturm a été appelée dans plusieurs provinces allemandes; la dernière levée a suscité de la résistance.

» Le siège de Belfort a donné lieu à plusieurs sorties qui ont causé à l'ennemi de grandes pertes.

» Dans les provinces occupées, les Allemands continuent leur pillage organisé et en transportent le produit en Allemagne. La presse étrangère, constatant ces faits, blâme sévèrement les procédés prussiens.

» Le *Times* faisant l'historique de la campagne de Russie en 1812, invite le roi de Prusse à méditer cet exemple.

» Les nouvelles d'Alsace, de la Franche-Comté et de la Lorraine signalent une grande excitation de la population contre les Allemands : beaucoup d'habitants sont arrivés à Lyon et sur d'autres points, pour participer à la défense nationale.

» Les dissentiments entre les soldats et officiers prussiens et les troupes du Sud s'accentuent chaque jour ; ces dissentiments, si l'ennemi éprouvait une défaite sérieuse, se traduiraient promptement en lutte armée.

» Le roi Amédée débarquera le 29 décembre en Espagne. A Madrid, le 28 au soir, plusieurs coups de feu ont été tirés sur Prim, qui a reçu deux balles à l'avant bras gauche, une dans la main, et a eu un doigt amputé. Aucune arrestation n'a été faite.

» Le parlement italien a ajourné à six mois le transfert de la capitale à Rome.

» La Conférence relative aux affaires d'Orient se réunira à Londres en janvier. La participation de la France a été acceptée sur les instances des autres puissances. Jules Favre a été désigné par le délégué des affaires étrangères ; il est très désiré comme représentant de la France. L'intention des puissances est de limiter l'objet de la Conférence aux affaires de la mer Noire, mais la Roumanie soulève déjà des prétentions.

» Gambetta, en quittant Bourges, a séjourné huit jours à Lyon. Il est arrivé le 28 à Bordeaux.

» Une grande revue de la garde nationale a eu lieu à Bordeaux le 26.

» La population et la garde nationale ont fait éclater un

grand enthousiasme et poussé des cris unanimes de : Vive la République! Des discours patriotiques ont été prononcés par Crémieux et Glais-Bizoin.

» Un décret a dissous les conseils généraux. Des commissions départementales seront instituées.

» La démission du général Loverdo a été acceptée.

» Partout les gardes nationaux mobilisés sont envoyés dans les camps d'instruction et ensuite à l'armée active.

» Le général Chanzy a adressé, le 26 décembre, au commandant prussien de Vendôme, une protestation contre les déprédations, les injures et les insultes des officiers et soldats prussiens envers les gens inoffensifs, et contre les procédés déloyaux employés dans la guerre.

» Les Prussiens ont coulé cinq navires anglais sur la Seine, près de Duclair, tiré sur le second de l'un de ces navires et dévalisé les matelots. Ce fait a causé une grande excitation chez les Anglais résidant au Havre. Le *Times* et les journaux anglais expriment leur indignation.

» Les Prussiens ont évacué Dijon et autres villes de l'Est. Garibaldi a occupé Dijon le 28. Il y a grande espérance que les opérations de l'Est donneront un immense résultat. »

En somme la dépêche de M. Gambetta, si on veut la lire bien attentivement nous donne des nouvelles qui ne sont pas ce qu'on peut appeler des meilleures sur l'armée de la Loire.

L'armée de Chanzy sur laquelle nous comptions tant est loin de nos murs et a besoin d'être rééquipée et munitionnée. Il est vrai que la seconde dépêche annonce qu'il va sur le Mans. Mais cette ville est encore très-éloignée et nous sommes au 9 janvier.

Décidément il ne faut point compter sur Chanzy qui à chaque dépêche semble s'éloigner, et mettre tout notre espoir dans Faidherbe qui vient, disait avant-hier le Gouvernement, mais depuis pas un mot; pourvu qu'il n'y ait pas là encore une nouvelle déception.

Enfin Paris est content et la satisfaction se peint sur tous les visages. La bonne ville de Paris est vraiment facile à contenter. Les journaux du soir augmentent encore cette satisfaction par leurs articles enthousiastes. Si j'avais encore un conseil à donner aux Parisiens, ce serait celui de se garder de toute illusion en ce moment, car la partie engagée est bien loin d'être gagnée ; nos généraux sont à une telle distance de Paris que, pour moi, je ne crois plus à leur secours.

L'affiche donnant connaissance de ces dépêches est entourée d'une foule nombreuse et généralement quelqu'un la lit à haute voix.

La lecture terminée, le public se renouvelle et chacun continue son chemin le cœur plus léger, du moins en apparence.

Le bombardement de Paris a commencé le lendemain de la défaite des Prussiens à Bapaume. Paris avait donc raison de dire à ce sujet, ce jour-là, que tout n'allait pas bien pour l'ennemi.

### RAPPORT MILITAIRE

« *9 janvier, soir*. — Du côté de la Malmaison, il y a eu dans l'après-midi d'hier plusieurs engagements. Ce matin, en plein jour, l'ennemi a renouvelé une attaque qu'il avait déjà faite la nuit contre la maison Crochard et sur le poste des carrières, à gauche de Rueil. C'est la quatrième tentative qu'il fait sur cette position. Les francs-tireurs de la mobile de la Loire-Inférieure et les tirailleurs de l'Aisne ont laissé approcher l'ennemi et l'ont repoussé après lui avoir fait éprouver des pertes.

» Les abords du Panthéon et le 9ᵉ secteur ont reçu beaucoup d'obus ; plus de trente de ces projectiles du plus gros calibre ont porté sur l'hôpital de la Pitié : une femme y a été tuée, et les malades d'une salle ont dû être évacués dans les caves ; le Val-de-Grâce a été bombardé également. L'ennemi semble prendre pour objectif les établissements hospitaliers de Paris. Par ces procédés odieux, il montre une fois de plus son mépris des lois de la guerre et de l'humanité.

» Le contre-amiral de Montaignac fait connaitre que pendant la nuit les Prussiens ont tiré à toute volée sur la ville; les obus passant par-dessus les remparts, sont allés tomber dans les quartiers éloignés de l'enceinte.

» Le bombardement a continué sur les forts du sud pendant la journée avec moins de violence que les jours précédents.

» *Le Gouverneur de Paris,*
» *P. O. Le général chef d'état-major général,*

« SCHMITZ. »

Une affiche de la municipalité invite tous les propriétaires de la rive droite à faire à l'Hôtel de ville la déclaration des logements qui restent vides dans leurs maisons. Par suite de ces déclarations, la mairie de Paris délivrera aux habitants de la rive gauche menacés par le bombardement des billets de logement.

Certes, cette mesure a raison d'être, mais le transfert d'une partie de la population sur la rive droite ne sera pas sans inconvénients, pour l'alimentation surtout. Les cartes de boucherie de la rive gauche seront annulées sur la rive droite par la raison toute simple que les arrondissements rationnés d'après le dernier recensement n'ont que le stricte nécessaire et qu'ils ne pourront subvenir à cette augmentation de population. De grandes difficultés vont naître, si le Gouvernement, d'accord avec les maires, n'a pas prévu cet incident.

L'amiral Pothuau a adressé au gouverneur de Paris les deux lettres qu'on va lire, trouvées sur un prisonnier prussien. Elles prouvent à quelles souffrances la guerre actuelle soumet l'Allemagne, quelles inquiétudes éprouvent nos ennemis, et enfin à quels odieux mensonges ont recours les chefs de l'armée prussienne, au moment même où ils envoient dans Paris des bombes qui portent le meurtre au milieu de la population de cette grande cité :

« *Dimanche, 4 septembre.* — Nous avons appris qu'il y avait encore eu une grande bataille, que le 54ᵉ régiment a énormément souffert. J'espère, mon cher ami, que tu es sorti sain et sauf. Toutes ces batailles ne se termineront-elles pas bientôt ? Tu ne peux te figurer combien tout le monde ici gémit de cette interminable guerre. C'est une plainte universelle. On dit que dans ce combat, en dehors des morts, il y a eu beaucoup de prisonniers. Si l'on s'en rapporte aux on-dit, ces derniers sont fort maltraités, on leur couperait la langue, on leur arracherait les yeux. Plutôt que de te voir ainsi mutilé, cher Gottlieb, mieux vaudrait que tu fusses mort. Ces Français ne se doutent donc pas qu'il y a un Dieu au ciel... »

« *Mincken, le 26 décembre 1870.*

» Mon cher fils Gottlieb, nous nous sommes beaucoup réjouis de la lettre que tu nous as adressée, et nous espérions depuis en recevoir une autre. Tu te reposes trop sur ce que je ne t'écris pas ; vous savez, ton frère et toi, que votre père ne sait pas écrire, et vous ne nous auriez pas adressé de vos nouvelles, si je ne vous l'avais pas demandé. Je me réjouis chaque fois que je reçois une lettre ; vous êtes maintenant tous deux ensemble ; écrivez-nous donc encore et dites-nous comment vous avez passé les jours de fêtes et si vous êtes chez des habitants ou si vous campez.

» Durant les fêtes, j'ai toujours pensé à vous, surtout depuis qu'il fait si froid, car, trois jours avant les fêtes, les fenêtres et les murs étaient gelés ; fait-il aussi froid là-bas ? On entend toujours dire que les Français repoussent les Prussiens (*zurück treiben*). Qui sait ce que l'avenir nous réserve encore, et ce qui nous arrivera, puisqu'il n'y a pas de fin à ce que nous voyons !

» J'espère que vous recevrez cette lettre pour la nouvelle année et juste pour la fête ; je te souhaite beaucoup de bonheur et de santé, et je vous souhaite de survivre heureusement pendant cette nouvelle année, et que vous nous reveniez le plus vite possible. Je t'aurais envoyé quelque chose avec plaisir ; cela ne vous serait peut-être pas arrivé, car c'eût été un paquet. Ecrivez-moi ce dont vous avez besoin ; je vous l'adresserai.

» Nous pensons toujours à vous, et si vous deviez mourir, moi-même ne me portant pas bien depuis cet automne, qui sait si je passerais cette nouvelle année ?

» Je termine en t'embrassant, etc.

» Certifié conforme : *Le contre-amiral*, POTHUAU. »

Le ballon-poste *le Duquesne* est parti la nuit dernière de la gare d'Orléans avec dépêches et pigeons. Cet aérostat était muni d'appareils à hélice, inventés par le contre-amiral Labrousse, devant servir à une expérience sur la direction aérienne.

Dans la journée, on a distribué une partie des quinze mille dépêches apportées par les pigeons.

Au sujet des pigeons, je ferai la remarque suivante :

Quand les pigeons voyageurs arrivent à Paris, après avoir franchi en plus ou moins de temps et avec plus ou moins de fatigue le parcours du point de départ, quelquefois fort éloigné, au point d'arrivée, ils ne regagnent pas toujours immédiatement leur colombier ; ils s'arrêtent parfois sur un toit d'où ils s'orientent, tout en se reposant un peu, souvent aussi pour chercher dans les gouttières un peu d'eau pour se désaltérer, la soif, après un long vol, étant un de leurs plus impérieux besoins. Dès qu'ils se sentent en état de reprendre leur vol, ils repartent à la recherche de leur pigeonnier.

Il est donc déplorable de voir certaines personnes se livrer à la chasse de ces malheureux oiseaux, car elles ne réussissent presque jamais qu'à les effrayer et, par suite, à *les désorienter*, le pigeon ne pouvant être pris que lorsqu'il ne peut plus absolument voler, ce qui est très-rare. Ce malencontreux empressement ne sert qu'à reculer de quelques heures l'arrivée des nouvelles.

En outre, et ceci est très-grave, si le pigeon est très-fatigué, son vol est cahoté, il peut s'abattre lourdement sur un toit, se heurter contre un obstacle quelconque et, dans cette lutte avec ceux qui le poursuivent, perdre, avec ses plumes, les dépêches et les renseignements que tout Paris attend avec anxiété et desquels peut dépendre peut-être notre délivrance.

Laissé à lui-même, le pigeon se repose et rentre tranquillement dans sa cage, où il se laisse facilement prendre par les personnes qui le soignent journellement et dont il n'a pas peur ; de cette façon il arrive intact et peut être réexpédié par ballon pour un second voyage ; celui, au contraire, dont les plumes ont été arrachées ou cassées dans la défense qu'il a opposée à ceux qui voulaient s'en saisir n'est plus suffisamment en état de fournir un long vol ; il faut attendre que les plumes soient repoussées, ce qui est fort long.

Le froid a cessé d'être rigoureux, mais le temps est humide, et cette humidité glaciale. Il neige, et la santé générale souffre beaucoup de cette température ; aussi le nombre des décès est-il encore augmenté. J'ai enregistré 3,280 morts pour la dernière semaine de décembre 1870, j'en enregistre 3,680 pour la première semaine de janvier 1871.

Voici le tableau des décès du 1er au 6 janvier : variole, 329 ; scarlatine, 13 ; rougeole, 34 ; fièvre typhoïde, 254 ; Erysipèle, 9 ; bronchite, 343 ; pneumonie, 262 ; diarrhée, 154 ; dyssenterie, 52 ; choléra, 3 ; angine couenneuse, 19; croup, 20; affections puerpérales, 11; autres causes, 2,186. Total : 3,680.

Une excellente mesure prise par le syndicat de la boulangerie : ce syndicat émet des bons de pain coûtant vingt-cinq centimes et qui, vendus chez tous les boulangers, peuvent être offerts aux citoyens nécessiteux. Sur la simple présentation de ces bons, on délivre dans n'importe quelle boulangerie un demi-kilogramme de pain.

Trois cent soixante mille kilos de fonte provenant du tir des canons prussiens ont été ramassés sur nos routes et aux bords des forts. Cette masse de débris doit être refondue et retournée aux Prussiens sous forme de projectiles français.

A ce propos, nous apprenons que toutes les pièces de fonte appartenant aux ponts et chaussées, telles que grilles d'arbres, gargouilles, etc., etc., ont été requises par l'administration de la guerre.

Le détachement du bataillon des sauveteurs de la Seine, qui se trouvait, ces jours derniers, occupé à rompre la glace pour tracer un chenal dans la Seine, en amont du Port-à-l'Anglais et à quelques minutes du pont de Choisy-le-Roi, a découvert une torpille placée jusqu'en face de notre extrême avant-poste et à 400 ou 500 mètres du lieu où se trouve notre flottille.

Encore des reproches! encore de l'indiscipline!

### ORDRE GÉNÉRAL.

« Soldats, dans la journée d'hier, un fait, qui soulèvera parmi vous la plus profonde indignation, s'est passé au pont d'Argenteuil.

» Deux officiers du 2ᵉ bataillon des gardes mobiles des Côtes-du-Nord, le lieutenant Le Merdy et le sous-lieutenant Le Vezouet, le sergent Cocard, le caporal Troadec, les gardes mobiles Outil, Guillot et Carré, enfin le sous-lieutenant

Grenaud, des éclaireurs de la Seine, ont échangé avec l'ennemi, au moyen d'un bateau qu'il avait amené à dessein, des rapports à la suite desquels ils n'ont pas reparu.

» C'est vainement qu'on cherche à établir qu'ils ont été victimes de leur crédulité et d'une surprise habilement préparée. Leurs relations avec l'ennemi qu'ils avaient mission de combattre est un crime militaire irrémissible. Ils ont trahi leur devoir en même temps que leur pays.

» Je les déclare déserteurs à l'ennemi ; j'ordonne qu'ils soient poursuivis comme tels ; je les voue devant l'armée au déshonneur et à la honte. Ils trouveront, dès à présent, leur châtiment dans le récit qu'ils entendront des glorieux efforts qu'ont faits et des succès qu'ont obtenus les armées de la Loire et du Nord.

» La présent ordre sera lu trois fois à la troupe assemblée sous les armes.

» Fait au quartier général, à Paris, le 9 janvier 1871,

» *Le Gouverneur de Paris*, Général Trochu. »

« Le Gouvernement de la Défense nationale,

» Vu la démission de MM. Delescluze, Miot, Oudet et Quentin, maire et adjoints du 19ᵉ arrondissement ;

» Considérant qu'il importe d'assurer jusqu'au moment où la situation militaire permettra de procéder à des élections nouvelles, les services administratifs dans le 19ᵉ arrondissement,

» Décrète : — Art. 1ᵉʳ. Une commission administrative provisoire est chargée de l'administration du 19ᵉ arrondissement municipal de la ville de Paris.

» Cette commission est composée de MM. Mallet, fabricant de produits chimiques ; Beck, entrepreneur de transports ; Devaux, négociant ; Sartori, négociant.

» Art. 2. Le membre du Gouvernement, délégué à l'administration du département de la Seine, est chargé de l'exécution du présent décret.

» Fait à Paris, le 9 janvier 1871. »

(*Suivent les signatures.*)

D'autres décrets :

Ouvrent au ministre de l'agriculture et du commerce un

crédit de 30 millions, pour le payement des dépenses concernant l'approvisionnement de Paris ;

Nomment dans la garde nationale mobile;
Confèrent la médaille militaire.

Une heure du matin, toujours même bombardement. La nuit se prépare terrible.

## 118° JOURNÉE

**Mardi 10 Janvier**          3 °/₀   51.60

La dépêche que l'on va lire, quoique d'une date antérieure aux deux dépêches publiées hier, a été apportée à Paris par le même pigeon.

*Gambetta à Jules Favre.*

« 31 *décembre* 1870. — La cruauté de l'hiver ne nous a pas permis de correspondre depuis trois semaines et de vous tenir au courant de nos opérations. Veuillez croire, cependant, que nous n'avons négligé aucun moyen de communication avec vous. Nous avons multiplié les messagers, nous en avons demandé à tous les préfets, et il ne se passe pas un seul jour que notre infatigable collaborateur Steenackers n'en fasse partir un, quelquefois deux, avec la collection de toutes les dépêches.

» Quant aux pigeons, notre plus précieuse ressource, elle nous fait aujourd'hui à peu près défaut par suite des rigueurs de la température. Des essais de départ ont été tentés à plusieurs reprises; mais le froid, la neige, sont pour nos oiseaux un fléau terrible. Nous pouvons les perdre sans profit; on les voit tournoyer quelque temps quand on les a lâchés, puis s'arrêter tout à coup comme paralysés, la plupart étant fidèles au colombier du départ. Mais nous ne pouvons nous exposer à les perdre en nous obstinant à les faire partir. Dites-bien toutes ces choses à l'intelligente population de Paris ; ces petits détails la toucheront et lui feront voir que nous ne cessons de penser à elle et que nous sommes surtout malheureux de ne pouvoir lui donner toutes les satisfactions auxquelles lui donnent droit son ardent patriotisme, sa constance dans les épreuves et l'indomptable énergie qu'elle a montrée après l'occupation d'Orléans, qui avait fait espérer à la Prusse qu'elle en avait fini avec l'armée de la Loire. Je vous ai raconté les divers événements militaires qui ont suivi cette triste journée.

» Dans la lutte que nous soutenons, nous ne nous lasserons pas de reprendre infatigablement la défense à outrance de la République et du sol national. Moins de quinze jours après l'évacuation d'Orléans et la belle retraite du général Chanzy, nos deux armées étaient pleinement reconstituées, et en voici maintenant le tableau fidèle : la 1$^{re}$ armée de la Loire, qui comprend le 15$^e$, le 18$^e$ et le 20$^e$ corps commandés par les généraux Martineau, Clinchant et Billot, sous le général Bourbaki, a été rapidement portée vers... »

Suit le détail des opérations réservées à cette armée et et que nous croyons devoir ne pas révéler ; nous nous bornons à dire que la dépêche évalue à 150,000 hommes les forces qui, par la réunion d'autres corps dont nous ne voulons pas indiquer la situation, se trouveraient sous les ordres du général Bourbaki, et à un chiffre à peu près égal l'effectif de tous les corps prussiens qui, en se concentrant, pourraient lui être opposés. La dépêche continue ainsi :

« Les préliminaires de cette vaste opération ont jusqu'ici assez bien marché. Après une très-brillante affaire gagnée à Nuits par les troupes du général Cremer, appuyées par Menotti Garibaldi, dans laquelle on a tué 7,000 Prussiens, le corps de Werder fut refoulé vers Dijon ; et, quelques jours après, il suffit de la marche en avant pour obliger les Prussiens à évacuer précipitamment Dijon et Gray, à la date du 27 décembre.

» Il vont se refaire sur Vesoul et Epinal, pendant qu'ils

rappellent à eux les troupes qui occupaient l'Yonne et se ralliaient au prince Frédéric-Charles, qui est toujours à Orléans, par Montargis, Joigny, Auxerre, Tonnerre, Châtillon-sur-Seine et Chaumont. Après avoir fait occuper Dijon et Gray, nous poursuivons notre marche sur Vesoul; ce qui pourrait bien débloquer Belfort sans coup férir. L'important est de marcher vite, et, dans ce mouvement d'ensemble, d'assurer ses derrières. Je ne puis vous en dire plus long, l'opération étant en train; il n'y qu'à souhaiter qu'elle réussisse.

» A l'ouest, les choses sont également en excellent état. Chanzy, dont le quartier général est au Mans, après avoir refait et reconstitué ses troupes, est tout à fait à la veille de reprendre l'offensive.

» Les Prussiens ont évacué complétement la vallée et n'ont pas osé franchir la Loire à Tours, de peur d'être tournés. Ils paraissent se concentrer exclusivement sur la route de...

» Nous pouvons donc envisager sans crainte l'état respectif des forces de la France et de la Prusse. Il est hors de doute, en effet, pour nous comme pour l'Europe entière, que nos bonnes chances augmentent tous les jours. Les Prussiens ont perdu près d'un demi-million d'hommes depuis qu'ils sont entrés sur notre territoire; leur matériel de guerre, si considérable, si bien servi, a diminué; par l'usage même il s'est altéré. Bien des batteries sont hors de service, comme nous l'apprennent nos espions, et nous commençons, au contraire, à avoir des canons supérieurs aux leurs. Nos fusils leur causent les pertes les plus cruelles. Tous les jours nos ressources s'accroissent, tous les jours les leurs diminuent. Ils ont conscience de ce qui peut leur être fatal. Le roi Guillaume lui-même, n'échappe pas à ce pressentiment, et, dans son dernier ordre du jour à son armée, il reconnaît que la guerre est entrée dans une phase nouvelle, et que, grâce à des efforts extraordinaires, la France peut opposer tous les jours de nouvelles armées. C'est, en effet, notre situation. Le pays tout entier comprend et veut la guerre sans merci.

» Nous en finirons en moins de temps qu'on ne le suppose, si nous le voulons, si nous avons aussi la force morale nécessaire pour supporter, pour subir les échecs, les revers, la mauvaise fortune continuant à nous battre. Cette disposition à la lutte jusqu'à la victoire et à la revanche la plus absolue est telle, que des défaites qui chaque jour deviennent plus improbables ne feraient qu'exaspérer et enflammer ces sentiments. La France est complétement changée depuis deux mois ; l'âme de Paris s'est répandue sur elle et l'a transfigurée, et, si vous veniez à succomber, c'est un cri de vengeance qui sortirait de toutes les poitrines. Mais vous ne succomberez pas.

» La situation intérieure du pays ne s'est guère modifiée depuis ma dernière dépêche ; l'esprit public est tourné tout entier à la guerre.

» La France s'attache de plus en plus au régime républicain. La masse du peuple, même dans les campagnes, comprend, sous le coup des événements qui s'accomplissent, que ce sont les républicains, tant calomniés, tant persécutés, diffamés avec tant d'art depuis trois générations, qui sont les vrais patriotes, les vrais défenseurs de la nation et des droits de l'homme et du citoyen. Il y a plus que de l'estime pour eux dans ce sentiment, il y a de la reconnaissance.

» Chassons l'étranger, comme nous le pouvons et comme nous le devons, et la République est définitivement assise en France.

» J'ai parcouru plusieurs fois la France depuis que je vous ai quittés, et partout, dans les villes comme dans les villages, je recueille les mêmes sentiments et les mêmes acclamations pour la République.

» Partout nous pouvons compter sur le dévouement de la garde nationale ; du reste, le pays tout entier est exclusivement absorbé par les préoccupations de la guerre et l'anxiété patriotique que nous inspire Paris. C'est ainsi qu'un lugubre événement, qui s'est accompli à Lyon, le 22 décembre, la veille de mon arrivée dans cette ville, et qui, en d'autres temps, eût profondément agité l'opinion, n'a causé qu'une émotion passagère.

» Dans une réunion publique tenue à la Croix-Rousse, un chef de bataillon de la garde nationale de ce quartier, le commandant Arnaud, sommé par quelques misérables de donner l'ordre à son bataillon de marcher sur l'Hôtel de Ville pour enlever le préfet, ayant courageusement refusé de se prêter à un tel crime, a été saisi, par ces bandits, condamné et fusillé, en moins de trois quarts-d'heure en plein midi, au milieu d'une population qui, ignorant sans doute ce qui se passait, ne lui a pas porté secours. Le commandant Arnaud était un républicain solide et éprouvé, estimé, aimé de tous ceux qui le connaissaient à Lyon.

» Il est tombé en criant cinq fois : « Vive la République! » Sa mort aussitôt connue a jeté le deuil et l'horreur dans la cité lyonnaise, et, dès le lendemain, comme une protestation unanime de toute la population, le conseil municipal, le premier magistrat du département, assisté de toutes les autorités civiles et militaires, au milieu d'un concours de plus de cent mille citoyens, faisait au commandant Arnaud de magnifiques et expiatoires funérailles.

» J'ai cru de mon devoir, malgré les occupations impérieuses et exclusivement militaires qui m'avaient appelé à Lyon, de suivre le cercueil de ce martyr du devoir républicain et de donner un public témoignage de notre horreur pour la violence.

» Dans la journée, nous fîmes avec le préfet, dont on ne saurait trop louer depuis trois mois l'énergie et la prudence politique, arrêter les misérables impliqués dans cette affaire. Ils sont déférés au conseil de guerre, en vertu du décret du 28 novembre sur les faits accomplis dans les départements en état de siége. Il en sera fait une justice exemplaire. La veuve et les enfants de la victime ont été adoptées par le conseil municipal de Lyon.

» Puisque je vous parle de Lyon, laissez-moi vous dire l'impression générale que j'en ai apportée. D'abord toute tentative séparatiste ou fédéraliste est dénuée de fondement. Loin de vouloir se séparer de Paris et de l'unité française, Lyon a tenu à honneur d'affirmer son étroite solidarité avec le reste du pays en prodiguant ses ressources en hommes et en argent à la défense nationale.

» Les quatre légions des mobilisés du Rhône sont devant l'ennemi, parfaitement habillées, équipées, armées et munies d'une puissante artillerie se chargeant par la culasse, le tout aux frais de la ville et du département. La ville est admirablement fortifiée, des approvisionnements sont faits, le danger du siège de Lyon est évanoui, mais ses habitants s'y étaient préparés avec une résolution digne de l'exemple de Paris.

» Vous apercevrez par ces détails que ce n'est à Lyon ni l'exagération révolutionnaire ni les tendances séparatistes qui constituent le péril possible et éventuel de la situation politique. Le courageux et vénéré M. Hénon est à la tête du conseil municipal. La prudence, la souplesse et la fermeté républicaine du préfet déjoueront tous les calculs de nos adversaires, et Lyon continuera à nous donner le spectacle consolateur de la seconde capitale de la France, tout entière vouée aux travaux et aux sacrifices de la guerre. »

Une protestation du Gouvernement contre les atrocités prussiennes a paru ce matin au *Journal officiel*. Cette protestation, dont la modération est d'une dignité noble, est conçue en ces termes :

« Après un investissement de plus de trois mois, l'ennemi a commencé le bombardement de nos forts le 30 décembre, et, six jours après, celui de la ville.

» Une pluie de projectiles, dont quelques-uns pesant 94 kilogrammes, apparaissant pour la première fois dans l'histoire des siéges, a été lancée sur la partie de Paris qui s'étend depuis les Invalides jusqu'au Muséum. Le feu a continué jour et nuit, sans interruption, avec une telle violence, que, dans la nuit du 8 au 9 janvier, la partie de la ville située entre Saint-Sulpice et l'Odéon recevait un obus par chaque intervalle de deux minutes.

» Tout a été atteint : nos hôpitaux regorgeant de blessés, nos ambulances, nos écoles, les musées et les bibliothèques, les prisons, l'église de Saint-Sulpice, celles de la Sorbonne et du Val-de-Grâce, un certain nombre de maisons particulières.

» Des femmes ont été tuées dans la rue, d'autres dans leur lit; des enfants ont été saisis par des boulets dans les bras de leur mère. Une école de la rue de Vaugirard a eu quatre enfants tués et cinq blessés par un seul projectile.

» Le musée du Luxembourg, qui contient les chefs-d'œuvre de l'art moderne, et le jardin, où se trouvait une ambulance qu'il a fallu faire évacuer à la hâte, ont reçu vingt obus dans l'espace de quelques heures. Les fameuses serres du Muséum, qui n'avaient point de rivales dans le monde, sont détruites. Au Val-de-Grâce, pendant la nuit, deux blessés, dont un garde national, ont été tués dans leur lit. Cet hôpital, reconnaissable à la distance de plusieurs lieues par son dôme que tout le monde connaît, porte les traces du bombardement dans ses cours, dans ses salles de malades, dans son église, dont la corniche a été enlevée.

» Aucun avertissement n'a précédé cette furieuse attaque. Paris s'est trouvé tout à coup transformé en champ de bataille, et nous déclarons avec orgueil que les femmes s'y sont montrées aussi intrépides que les citoyens. Tout le monde a été envahi par la colère, mais personne n'a senti la peur.

» Tels sont les actes de l'armée prussienne et de son roi, présent au milieu d'elle. Le Gouvernement les constate pour la France, pour l'Europe et pour l'histoire. »

L'histoire les appréciera à leur juste valeur.

Une protestation contre le bombardement des hôpitaux a été, en outre, signée par plusieurs médecins.

« Au nom de l'humanité, de la science, du droit des gens et de la convention internationale de Genève, méconnus par les armées allemandes, les médecins soussignés de l'hôpital des Enfants-Malades (Enfant-Jésus) protestent contre le bombardement dont cet hôpital, atteint par cinq obus, a été l'objet pendant la nuit dernière.

» Ils ne peuvent manifester assez hautement leur indignation contre cet attentat prémédité à la vie de six cents enfants que la maladie a rassemblés dans cet asile de la douleur.

» Docteurs ARCHAMBAULT, JULES SIMON, LABRIC, HENRI ROGER, BOUCHUT, GIRALDÈS. »

Il est honteux pour l'Allemagne d'avoir à enregistrer de tels actes de barbarie. Sa Majesté Guillaume a pensé sans doute que le bombardement hâterait la reddition de Paris. L'empereur de fraîche date est dans une profonde erreur. La dépêche de M. Gambetta ne serait pas venue raffermir les cœurs, que les cœurs auraient encore été assez fermes pour ne pas demander à capituler.

Le feu de l'ennemi a été terrible, et il a fait beaucoup de mal. Son tir s'est élargi, et les bombes ont visité les 4e, 5e, 6e, 7e, 14e, 15e et 16e arrondissements.

Mais, si l'on considère le nombre des projectiles, 2,000 environ, tombés dans Paris, le mal occasionné n'est pas en rapport avec la quantité ; on pouvait craindre plus de dégâts. Beaucoup d'habitants ont passé la nuit dans des caves. D'autres ont encore émigré sur la rive droite. L'église de la Sorbonne et le collége Louis-le-Grand ont reçu plusieurs projectiles, ainsi que les rues Saint-Jacques, des Ursulines, Racine et le boulevard Saint-Michel. La chapelle de la Vierge, à Saint-Sulpice, a été fortement endommagée. C'est l'institution Saint-Nicolas, rue de Vaugirard, qui a été la plus maltraitée. Un obus est tombé dans un dortoir où reposaient douze enfants ; cinq ont été tués. Vingt-deux obus sont tombés sur l'hôpital de la Pitié ; ont compte quatre victimes. L'hospice des Incurables a reçu cinq obus.

### RAPPORT MILITAIRE.

« 10 *janvier, soir.* — La nuit dernière, deux opérations ont été faites contre les avant-postes prussiens.

» La première, au nord, avait pour but de reconnaître les forces de l'ennemi, sur les positions occupées par lui le long du chemin de Strasbourg, et de détruire les maisons qui abritaient des troupes.

» Le colonel Comte, avec les francs-tireurs de Poulizac, 30 cavaliers de la République, les francs-tireurs de la division Faron et la compagnie de volontaires du capitaine de Luxer, quittant nos lignes à onze heures du soir, tournaient silencieusement la position par la droite et par la gauche.

» Assailli par une vive fusillade à 150 mètres, le colonel Comte fit charger à la baïonnette l'ennemi, qui lâcha pied devant cette vigoureuse attaque.

» Les maisons furent immédiatement minées, et quelques Prussiens qui refusèrent de se rendre et continuaient à tirer sur nous du toit de l'une des maisons sautèrent avec elles.

» La colonne rentra dans nos lignes, l'opération terminée, ramenant deux prisonniers, un grand nombre de casques, de couvertures et d'objets de campement. Nous n'avons eu que sept blessés, dont un seul grièvement.

» La seconde opération, au sud, avait pour but la destruction des ouvrages entrepris par l'ennemi au Moulin-de-Pierre, en avant du fort d'Issy.

» Le colonel Porion, avec un détachement de marins, 150 gardes nationaux mobilisés, des détachements de gardiens de la paix, de mobiles du 5ᵉ bataillon de la Somme, du 5ᵉ bataillon de la Seine et une compagnie du génie, quittant nos lignes à trois heures du matin, abordait la position sans tirer un coup de fusil et surprenait les postes prussiens chargés de défendre les travailleurs.

» Le capitaine Saint-Vincent et ses sapeurs s'occupèrent immédiatement de détruire les travaux existants, pendant que les marins, poussant en avant, découvraient une batterie en construction, mais peu avancée.

» Les postes ennemis de Clamart ouvrirent un feu nourri sur nos marins que les troupes de soutien vinrent appuyer. Les travaux de destruction n'en ont pas moins continué, et la colonne du colonel Porion, l'opération terminée, rentrait dans nos lignes avant le jour, ramenant 24 prisonniers.

» Nous n'avons eu qu'un homme tué et trois blessés, dont un officier, le capitaine Picault, des gardiens de la paix.

» Dans l'une et l'autre opération, les troupes se sont parfaitement comportées.

» La nuit dernière, une compagnie du 4ᵉ bataillon de la garde nationale mobilisée a fait une reconnaissance très-bien conduite par le capitaine de Vresse, en avant de nos lignes de Vitry. Un garde a été blessé.

» Dans la presqu'île de Gennevilliers, les Prussien sont renouvelé des tentatives de conversation avec nos troupes ; ils ont été reçus, comme ils auraient toujours dû l'être, par des coups de fusil.

» Le bombardement des forts de Vanves et de Montrouge a continué aujourd'hui avec la même vivacité que d'habitude : mais l'ennemi a concentré ses efforts sur le fort d'Issy, qui a été canonné violemment.

» Les 6⁶, 7⁶, 8⁶ et 9⁶ secteurs ont reçu également un assez grand nombre d'obus.

» Partout nos batteries ripostent avec une égale vigueur.

» *Le Gouverneur de Paris,*

» P. O. *Le général, chef d'état-major général,* Schmitz. »

» Pour copie conforme : *Le ministre de l'intérieur par intérim;*       Jules Favre. »

Dans les dépêches apportées au Gouvernement par le pigeon arrivé le 8 janvier, se trouve le récit suivant d'une manifestation qui a eu lieu le 1ᵉʳ janvier, à Bordeaux.

« Aujourd'hui, 1ᵉʳ janvier, a eu lieu à Bordeaux une imposante manifestation. La population avait voulu prouver son dévouement au Gouvernement de la République. Plus de cinquante mille personnes s'étaient réunies autour de la préfecture, où est descendu M. le ministre de l'intérieur et de la guerre. Deux adresses ont été présentées aux membres de la délégation du Gouvernement. M. Gambetta a prononcé du haut du balcon de la préfecture une allocution dont on a recueilli les passages suivants :

» Mes chers concitoyens, à la vue de ce magnifique spectacle, en face de tous ces citoyens assemblés pour saluer l'aurore d'une année nouvelle, qui n'aurait confiance dans le succès dû à la persévérance de nos efforts? succès mérité pour deux raisons : la première, parce que la France n'a pas douté d'elle-même; la seconde, parce que, seule dans l'univers entier, la France représente aujourd'hui la justice et le droit. (*Acclamations prolongées.*)

» Oui, qu'elle soit à jamais close, qu'elle soit à jamais effacée de notre mémoire, si faire se peut, cette terrible année 1870 qui, si elle nous a fait assister à la chute du plus imposteur et du plus corrupteur des pouvoirs, nous a livrés à l'insolente fortune de l'étranger.

» Il ne faut pas l'oublier, citoyens, cette fortune contre laquelle nous nous débattons aujourd'hui, elle est l'œuvre même des intrigues de Bonaparte au dehors. A chacun sa responsabilité devant l'histoire. C'est dans cette ville, c'est ici même que l'homme de Décembre et l'homme de Sedan, l'homme qui a tenté de gangrener la France, prononça cette mémorable imposture : « L'empire, c'est la paix ! » Et tout ce règne si long (il faut le reconnaître, pour notre propre expiation), nous sommes coupables de l'avoir si longtemps toléré. Or, rien dans l'histoire n'arrive de juste ou d'injuste qui ne porte ses fruits.

» Ce règne de vingt ans, c'est parce que nous l'avons subi qu'il nous faut aujourd'hui subir l'invasion étrangère jusque sous les murs de notre glorieuse capitale. Et c'est parce qu'on avait altéré systématiquement, dans ce pays, toutes les sources de la force et de la grandeur, c'est parce que nous avions perdu le ressort sans lequel rien ne peut durer ni triompher dans ce monde, l'idée du devoir et de la vertu, qu'on a pu croire un moment que la France allait disparaître... (*Applaudissements prolongés.*) C'est à ce moment que la République, apparaissant pour la troisième fois dans notre histoire, a assumé le devoir, l'honneur et le péril de sauver la France. (*Cris enthousiastes : Vive la République!*)

» Ce jour-là, c'était le 4 septembre, l'ennemi s'avançait à grandes journées sur Paris; nos arsenaux étaient vides, notre armée à moitié prisonnière, nos ressources de tous côtés disséminées, éparpillées ; deux pouvoirs : un pouvoir captif, un pouvoir fuyard; une Chambre que sa servilité passée rendait incapable de saisir le gouvernail... Oh! ce jour-là, nul ne contestait la légitimité de la République. Ce fut plus tard, lorsque la République eut mis Paris dans cet état d'inviolabilité sacrée (*Bravos*) ; lorsqu'il fut établi que la République avait tenu sa promesse du 4 septembre, sauvé l'honneur du pays, organisé la défense et maintenu l'ordre; lorsqu'il fut démontré, grâce à la République, que la France ne saurait périr, qu'elle doit triompher, que, par elle, le droit doit finir par primer la force ; — ce fut alors, dis-je, que ses adversaires, dont elle assure aujourd'hui la quiétude et la sécurité, commencèrent à contester sa légitimité et à discuter ses origines. (*Acclamations prolongées : Vive la République!*)

» La République, liée, associée comme elle l'est à la défense et au salut de la patrie, la République est hors de question : elle est immortelle. Ne confondez pas, d'ailleurs, la République avec les hommes de son gouvernement que le hasard des événements a portés passagèrement au pouvoir. Ces hommes, lorsqu'ils auront rempli leur tâche, qui est d'expulser l'étranger, ils descendront du pouvoir et ils se soumettront au jugement de leurs concitoyens. Cette tâche, cette mission qu'il faut conduire jusqu'au bout, qu'il faut accomplir à tout prix jusqu'à l'entière immolation de soi-même ; ce succès qu'il faut atteindre, sous peine de périr déshonoré, implique deux conditions essentielles : la première, la garantie et le respect de la liberté de tous, la liberté complète, la liberté jusqu'au dénigrement, jusqu'à la calomnie, jusqu'à l'injure ; la seconde, le respect pour tous, amis et dissidents du droit et de la puissance gouvernementale. Le langage doit être libre comme la pensée, respecté dans ses écarts jusqu'à cette limite fatale où il deviendrait une résolution et engendrerait des actes. Si on franchissait cette borne, et j'exprime ici l'opinion de tous les membres du Gouvernement, vous pouvez compter sur une énergique répression. (*Applaudissements prolongés.*)

» Je ne veux pas terminer sans vous dire que le Gouvernement ayant pour unique base l'opinion, nous n'exprimons, nous ne servons et n'entendons servir que l'opinion, à l'encontre des gouvernements despotiques qui nous ont précédés et n'ont servi que leur convoitise dynastique. Je remercie la patriotique population de Bordeaux, ainsi que la population des villes et campagnes voisines, du secours éclatant qu'elles apportent au Gouvernement républicain dans l'importante manifestation de ce premier jour de l'année 1871. Je les remercie surtout au nom de nos chers assiégés, au nom de notre héroïque Paris, dont l'exemple nous soutient, nous guide et nous enflamme. Ah ! que ne sont-ils témoins, nos chers assiégés, de toutes les sympathies, de tous les dévouements que suscite leur vaillance ! leur foi dans le succès s'en accroîtrait encore, si toutefois elle peut s'accroître.

» Nous lui transmettrons vos vœux, citoyens. Puissions-nous bientôt, nous frayant un passage à travers les lignes ennemies, les leur porter de vive voix avec l'expression de l'admiration du monde et de la profonde et impérissable gratitude de la France. Vive la France ! Vive la République ! »

« Une émotion indescriptible s'empare de tout cet immense auditoire. Acclamations prolongées. Les cris redoublent : Vive la France ! Vive Paris ! Vive Gambetta ! Vive la République ! »

On annonce que le corps diplomatique a protesté contre le bombardement de Paris. Nous avons peine à le croire. Dans tous les cas, cette protestation n'aboutirait pas. Ou M. de Bismark la jetterait dédaigneusement au panier, ou, s'il en tenait compte, il se bornerait à inviter les diplomates trop soucieux de leur personne et de leurs biens à quitter· la place, et leur enverrait des permis.

Je continue à publier des extraits de la *Nouvelle Gazette de Prusse*, du 3 janvier. L'article que l'on va lire, et qui est une correspondance datée de Dijon, 23 décembre, est curieux en ce sens qu'il nous donne des détails tout à fait nouveaux sur le général Cremer (et non Grenier) dont il a été parlé plusieurs fois depuis huit jours et que le public parisien ne connaissait pas. Le correspondant, d'accord en ceci avec l'écrivain de la *Gazette de Silésie*, considère la guerre actuelle comme une guerre d'extermination. Pour satisfaire l'Allemagne, il faut que les Français valides soient terrassés jusqu'au dernier ; que leur richesse soit anéantie ; que « l'empire des Francs qui opprime le monde depuis mille ans » soit radicalement supprimé. Quant aux citoyens, gardes nationaux, mobiles, francs-tireurs, qui défendent leur sol natal, c'est une tourbe de fanatiques et de fous animés des sentiments les plus atroces, indignes du nom de soldat et qui doivent être exterminés, pour la plus grande gloire de la civilisation germanique. « La guerre ne prendra fin, que *lorsque les nids de la soi-disant défense nationale auront été écrasés.* » En ce qui concerne le combat de Nuits, il a été un magnifique triomphe pour les armes prussiennes ; la position des Allemands en Bourgogne en a été considérablement fortifiée. Seulement, deux jours après cette grande victoire, les Allemands se hâtaient de quitter Nuits et d'évacuer Dijon.

Voici la traduction de la correspondance que je viens d'indiquer sommairement.

### NOUVELLES DU 14ᵉ CORPS D'ARMÉE PRUSSIEN.

« *Dijon, 23 décembre.* — La colonne du général de Goltz avait, le 28 novembre, commencé sa marche en avant, vers les régions nord-ouest des montagnes de la Côte-d'Or, sans temps d'arrêt. Elle s'était avancée jusqu'à Chalon-sur-Saône, et était revenue le 7 décembre par un long détour. Elle n'avait eu à lutter contre aucune bande garibaldienne, l'ennemi s'étant complétement retiré vers le sud dans son mouvement de retraite.

» Les 4 et 5 décembre, la colonne rencontra des bandes de francs-tireurs qui furent dispersées sans pertes sensibles. Le régiment d'infanterie nᶜ 30 perdit deux hommes, celui des fusiliers de Poméranie nº 34 en perdit quatre.

» Ce qui rendit la marche pénible, ce fut l'apparition du froid, qui sur les hauteurs s'éleva jusqu'à 15° au-dessous de zéro. Les chevaux n'étaient pas ferrés à glace, les chemins étaient glissants et polis comme un miroir ; la contrée que nous traversions était la plus pauvre de ce pays, d'ailleurs si riche, et nous ne trouvions que de misérables cantonnements.

» La colonne du général Keller ne fut pas si heureuse. Elle poussa devant elle jusqu'à Autun l'ennemi en déroute, mais au retour elle trouva son chemin barré de gorges et de défilés. Après le combat d'Autun, du 1ᵉʳ décembre, cette colonne eut occasion de livrer, le 3 décembre, à Vandenesse et à Château-Neuf, de brillants combats qui lui occasionnèrent des pertes, mais ne l'empêchèrent pas de poursuivre sa retraite et d'arriver le 4 à Dijon. Les soldats avaient eu beaucoup à souffrir de leur marche à travers des chemins de montagnes, défoncés par l'hiver.

» Ces derniers combats furent exclusivement livrés

contre des bandes de francs-tireurs et des bataillons de marche du Rhône appartenant à l'armée du général Cremer, qui paraît être un chef jeune et intelligent, naguère capitaine dans la garde impériale. C'est avec ces mêmes troupes, commandées par le même chef, que, le 30 novembre, le 2ᵉ régiments de grenadiers se mesura près de Nuits.

» De là, le général Cremer paraît s'être jeté, à travers la montagne, sur les derrières de la colonne Keller, en retraite, et celle-ci se serait trouvée dans une position critique, si l'ennemi, retranché dans des positions élevées, avait mieux dirigé son feu sur l'infanterie, l'artillerie, la cavalerie et le train défilant en longues colonnes dans la vallée et si les bataillons de Keller ne l'avaient vivement inquiété en gravissant les pentes glacées de la montagne.

» La patrie doit apprendre que ses fils n'ont plus à combattre des ennemis honorables, mais un peuple de fanatiques et de fous (*Follhœussler*) qui, avec des moyens atroces, fait une guerre de race à de dignes soldats, guerre qui ne prendra fin que le jour où les nids de la soi-disant défense nationale auront été anéantis, les hommes en état de porter les armes terrassés, et la richesse matérielle de ce peuple anéantie. Si nous touchons à la période de l'histoire qui sera marquée par la chute de l'empire des Francs qui, depuis mille ans, ne vit que de vols de territoires et d'intrigues — et la prolongation de la lutte semble l'indiquer, — alors le chevalier de Saint-Georges qui tuera ce dragon, ne devra pas seulement se contenter de l'étrangler.

» Peut-être ces demi-sauvages d'Afrique, avec lesquels les Français prétendaient marcher à la tête de la civilisation, sont-ils de plus honnêtes gens. Les aventuriers qui, de tous les points de l'Europe, se sont groupés autour de Garibaldi pour la fondation de la république universelle, leur sont supérieurs en civilisation, en humanité et en respect pour la parole jurée ; et c'est la preuve la plus évidente du degré de putréfaction (*faulniss*) dans lequel est tombée la grande nation.

» Contre la guerre de race, il n'y a qu'un remède, l'extermination : *similia similibus*.

» Dans les jours qui suivirent, jusqu'au 18 décembre, il y a eu, auprès de Dijon, de légers engagements avec nos patrouilles, quand celles-ci s'avançaient au loin. L'attention du général de Werder avait été attirée surtout sur la grande route qui mène à Chalon-sur-Saône; ayant été averti de la concentration de grandes masses de troupes sur ce point, il résolut de faire une reconnaissance du côté de Nuits, et d'occuper la place.

» La colonne de M. de Goltz, qui avait reçu une mission particulière, avait eu occasion déjà de livrer, le 16 décembre, près de Longeau, un brillant combat dans lequel le 34e régiment s'était particulièrement distingué. Elle avait repoussé l'ennemi avec peu de pertes de son côté, lui enlevant 2 canons sous le feu des batteries, faisant de nombreux prisonniers, et s'emparant de voitures chargées de bagages et de munitions.

» Il faut dire encore que, le 12 décembre, l'ennemi, c'est-à-dire des troupes de ligne de Besançon, avait surpris un convoi composé de trois voitures, qui suivait la grande route entre Vesoul et Gray et s'en était emparé, bien qu'il fût protégé par le drapeau rouge de Genève.

» Le colonel de Willissen, accompagné d'un officier d'ordonnance du régiment de dragons de la nouvelle marche, se rendait du quartier-général à Dijon pour prendre le commandement de la brigade de cavalerie badoise dont le commandant était malade; un capitaine badois s'était joint à eux; ces trois officiers coururent en cette occasion les plus grands dangers. Ils venaient de dépasser le convoi, avec leurs chevaux de main et leur voiture de bagages, quand l'attaque eut lieu. Le colonel de Willissen et le capitaine badois purent échapper, grâce à la rapidité de leurs montures; ils se jetèrent à travers les tirailleurs ennemis répandus le long et sur les côtés de la route.

» Le premier eut son casque enlevé par une balle mais les chevaux et la voiture s'en tirèrent sains et saufs. Le lieutenant de dragons fut moins heureux; blessé, il roula sous son cheval qui avait été également frappé.

» Il est sans doute regrettable, qu'en cette circonstance, un certain nombre de combattants se soient trouvés mêlés, par un pur hasard, au milieu d'un convoi d'ambulance dont ils ne faisaient pas partie. L'attaque était, paraît-il, dirigée contre le lieutenant-général, ministre de la guerre du grand-duché de Bade, M. de Beyer, qui revenait justement du théâtre de la guerre. C'était lui qui avait pris le commandement de la division badoise, en remplacement du lieutenant-général Glümer, revenu depuis lors à la santé. M. de Beyer avait retardé son départ d'un jour. Au moment où les bons bourgeois de Dijon le disaient déjà prisonnier, il était encore en ville. La compagnie postée en embuscade, avait trouvé le temps trop long et s'était contentée d'un exploit moins important. Tandis que cette glorieuse expédition opérait sa retraite, le colonel de Willissen, poursuivant sa route, rencontra le général de Beyer sur le grand chemin et l'avertit du danger auquel il venait d'échapper. Le général de Werder, ayant eu connaissance de l'incident, ordonna aussitôt l'arrestation de trois notables dijonnais, du parti républicain, en guise de représailles; de plus, il proposa au commandant de Besançon, l'échange de l'officier de dragons blessé contre un officier français intact. L'offre fut rejetée purement et simplement.

» Le 18 décembre, le général de Werder commanda une expédition plus considérable contre Nuits, sous la conduite du lieutenant-général de Glümer. C'est cette expédition qui se termina par le combat le plus sanglant qui ait encore été livré, mais aussi le plus victorieux. La brigade Keller avait pour mission de garder Dijon ; les colonnes Degenfeld et du prince Guillaume de Bade étaient disposées de la manière suivante : la première colonne devait pénétrer dans les montagnes de la Côte-d'Or, par Corcelles, Flavignerot, Courtil ; deux de ses bataillons avaient été envoyés en avant, l'un d'eux détaché sur la grande route de Dijon à Nuits.

» La colonne du prince Guillaume de Bade, où se trouvait aussi le général de Werder, se dirigea vers Nuits par la route Saulon-la-Rue, Epernay, Boncourt, avec une avant-garde commandée par le colonel de Willissen.

» Toutes les têtes de colonnes s'ébranlèrent au point du jour. Vers dix heures, les détachements de la brigade Degenfeld, qui avaient pénétré dans la montagne, étaient engagés dans un violent combat, ce qui les empêcha de se trouver à Nuits à l'heure fixée. Les crêtes élevées des montagnes empêchaient d'entendre le bruit de l'artillerie, d'autant plus que les bataillons, en pénétrant sur la grande route, avaient maille à partir avec l'ennemi, tandis que leurs communications se trouvaient coupées avec Degenfeld. En même temps l'avant-garde de la colonne du prince Guillaume de Bade rencontrait l'ennemi, qui cherchait à atteindre Nuits, en se retirant partout sur les rampes des montagnes et dans la plaine ; il ne se battait plus avec acharnement qu'à Boncourt et Agencourt ; mais, d'heure en heure, il développait plus de troupes autour de Nuits, et la chaussée du chemin de fer n'était plus menacée de flanc sur la montagne, où des forces supérieures retenaient, comme nous avons dit, le général Degenfeld qui ne pouvait se porter en avant.

» A Nuits la lutte devint alors une bataille en règle ; des deux côtés on combattit avec une égale bravoure ; mais l'ennemi avait incontestablement l'avantage dans ses positions. Cependant de braves bataillons badois arrivaient en hâte de tous côtés pour emporter ces positions ennemies.

» La ville de Nuits se trouve dans une vallée, entourée à une distance de plusieurs milles de montagnes qui la protègent, les montagnes vignobles qui produisent le fameux vin de Bourgogne. La double et haute chaussée du chemin de fer forme deux remparts artificiels, et deux contreforts proéminents de la chaîne de la Côte-d'Or dominent la ville, faisant de cette position une sorte de forteresse. Plus nos bataillons s'avançaient pour enlever ces redoutes, sous la protection de notre artillerie, et plus ils se trouvaient à découvert, en vue de l'ennemi, qui les criblait d'une grêle de projectiles de toute espèce.

» La résistance allait augmentant de minute en minute. L'assaut de la chaussée du chemin de fer pouvait sembler impossible à l'ennemi, mais les soldats allemands, conduits par des chefs éprouvés ne connaissent pas d'obstacles.

» La force de l'ennemi se montait approximativement à 20,000 hommes, commandés par le général Cremer, qui consistaient en deux légions de marche de Lyon, le 32$^e$ et le 57$^e$ régiment de marche des anciennes troupes de ligne, des gardes mobiles du Rhône, des francs-tireurs et dix-huit pièces de canon de provenance anglaise, à en juger par la nature des projectiles. Ces canons étaient placés sur le monticule sud, et tiraient avec une précision surprenante. Heureusement, la pluie qui était tombée les jours précédents, avait détrempé le sol, et amortissait la chute des projectiles.

» Vers deux heures, le commandant de la 1re brigade, le prince Guillaume de Bade, fut blessé ; une balle lui entra sous l'oreille gauche et sortit par la joue, au-dessous de l'œil, du même côté de la figure. Le général de Glümer ordonna au colonel de Wechmar de prendre le commandement de cette 1re brigade.

» Déjà, beaucoup d'officiers et de soldats gisaient morts et blessés, des chevaux blessés ou morts jonchaient le champ de bataille ; la lutte se poursuivait autour de la chaussée du chemin de fer, et notre artillerie semblait l'emporter sur celle de l'ennemi. C'est alors qu'une balle cassa le bras à l'adjudant du prince Guillaume ; non loin de là, tomba, frappé à mort, le brave colonel de Renz, commandant du 2e régiment de grenadiers, et l'adjudant du régiment. Le commandant de toute la division, lieutenant-général de Glümer fut blessé. Un jeune officier de dragons de son état-major, qui donnait de brillantes espérances, y termina également sa vie.

» Le jour était déjà fort avancé quand les bataillons escaladèrent la chaussée de tous côtés, pénétrèrent dans la ville avec un entrain irrésistible, soutenus par deux détachements de la brigade Degenfeld. L'ennemi prit la fuite. Le bataillon de la 1re brigade, à l'aile gauche, prit d'assaut les bâtiments de la gare, en avant de Nuits, et dirigeant un feu meurtrier sur ces troupes en retraite, força les unes à accélérer leur fuite, les autres à faire volte-face, et à tomber en notre pouvoir. L'approche de la nuit ramena le calme, et ses ombres dérobèrent complétement l'ennemi à notre vue.

» Victoire chaudement disputée, et dure à obtenir.

» L'ennemi évalue lui-même ses pertes à 14 ou 1600 hommes tués ou blessés ; en outre, il a laissé entre nos mains 600 prisonniers non blessés, parmi lesquels 14 officiers. Nous lui avons pris un dépôt considérable de fusils, d'origine américaine, système Remington et Spencer, un magasin et deux voitures de munitions, d'autres armes en grand nombre, et quatre affûts brisés ; quant aux canons, ils avaient été sauvés pendant la nuit, preuve de la supériorité de notre artillerie.

» Les troupes bivaquèrent, c'est-à-dire passèrent la nuit sur le champ de bataille. Le quartier du général de Werder était à Boncourt.

» Le 19 au soir, les troupes victorieuses rentrèrent dans leurs cantonnements, à Dijon et dans les environs. Une masse considérable de prisonniers avait déjà été expédiée sur Dijon et internée dans l'église Saint-Michel. Le nombre s'en augmenta encore de 70 soldats, avec 5 officiers; que ramena le détachement de la brigade Degenfeld, revenue de la montagne. Le 20, ces prisonniers furent conduits à l'étape.

» Nos pertes se montent à 930 morts et blessés, dont 52 officiers, parmi lesquels 13 tués.

» L'ordre du jour du général de Werder, déjà publié par les généraux, est un nouveau fleuron dans la couronne de lauriers de l'armée badoise. »

Il paraît qu'il existe en Prusse quelques journaux qui n'admirent pas sans réserve la politique du roi Guillaume et de M. de Bismark, témoin l'entrefilet suivant, mentionnant des mesures répressives prises contre la *Gazette du peuple,* de Berlin :

« Le ministre de la guerre Von Roon, dans une lettre datée du 7 décembre 1870, défend aux soldats de l'armée de l'investissement de Paris de recevoir le journal *Die Volkszeitung* et interdit aux chefs d'en autoriser la réception. L'éditeur Franz Duneker, depuis la mi-août, envoyait gratuitement à l'armée 1,000 exemplaires de ce journal.

» Comme il est notoire, dit la circulaire, que cette feuille est une feuille d'opposition, nous prions, sur les ordres de S. M le roi, d'ordonner la saisie et la destruction de ces numéros dans tous les bureaux de poste de la guerre, sans exception aucune, et surtout de veiller à ce que dans les bureaux de la frontière il n'en arrive aucun exemplaire à nos armées. »

Au moment où je termine cette journée, une heure du matin, le bruit de la canonnade est effrayant.

## 119ᵉ JOURNÉE

**Mercredi 11 Janvier**  3 %  51.55

Paris n'a pas fermé l'œil un seul instant cette nuit. Le bombardement, commencé hier à neuf heures et demie du soir, a été poussé avec une vigueur extraordinaire pendant une partie de la nuit. Un ouragan de fer était déchaîné sur les quartiers à la gauche de la Seine. Les détonations se succédaient de seconde en seconde : au point du jour, le feu a diminué sensiblement, mais pour reprendre violemment dans la journée. Les batteries de Châtillon et de Bagneux ont envoyé leurs projectiles jusque sur la maison qui porte le n° 22 du boulevard Saint-Michel. Les Prussiens bombardent de préférence pendant la nuit. Cette tactique a pour but d'effrayer davantage la population. Cela a, en effet, quelque chose de sinistre et de terrible. Chaque coup fait bondir le cœur, et les larmes viennent aux yeux en pensant qu'il fait une victime de plus. Quelles nuits terribles ! quelles insomnies !

#### RAPPORT MILITAIRE

« *11 janvier, soir.* — Pendant la nuit, l'ennemi a continué à bombarder Paris. Comme tous les jours précédents, nous n'avons eu que peu de blessés. Quant aux dégâts matériels, ils sont presque insignifiants. Aucun incendie ne s'est déclaré.

» Dans la journée, le feu a repris avec une violence extrême contre les forts du sud, principalement contre le fort d'Issy, qui paraît être le principal objectif des batteries prusiennes.

» Des dispositifs considérables d'artillerie sont en voie

d'exécution pour combattre efficacement les nouvelles batteries démasquées par l'ennemi.

» Du côté des Hautes-Bruyères, du Moulin-Saquet et de Créteil, canonnade peu importante et sans résultat.

» *Le Gouverneur de Paris.*
» P.O. *Le général, chef d'état-major général,* Schmitz. »

« Le Gouvernement de la Défense nationale,
» Considérant que les devoirs de la République sont les mêmes à l'égard des victimes du bombardement de Paris qu'à l'égard de ceux qui succombent les armes à la main pour la défense de la patrie.

» Décrète : — Tout Français atteint par les bombes prussiennes est assimilé au soldat frappé par l'ennemi.

» Les veuves de ceux qui ont péri par l'effet du bombardement de Paris, les orphelins de pères et de mères qui auront péri de même, sont assimilés aux veuves et aux orphelins des soldats tués à l'ennemi.

» Fait à Paris, le 11 janvier 1871.

» Général Trochu, Jules Favre, J. Simon, J. Ferry, Garnier-Pagès, E. Pelletan, Ernest Picard, Emmanuel Arago. »

Plusieurs protestations écrites sur le bombardement des hôpitaux et ambulances ont encore été faites et signées par plusieurs médecins : entre autres par ceux de la Salpêtrière.

Le ministre de l'agriculture et du commerce communique les renseignements suivants qui font honneur à sa sollicitude patriotique et à son activité :

« Il résulte d'une dépêche expédiée de Bordeaux, le 3 janvier, que le Gouvernement de la Défense nationale a réuni, en vue du ravitaillement de Paris, des approvisionnements importants.

» *En outre, les marchés en cours d'exécution,* les quantités *actuellement livrées* placées à proximité des voies de transport en dehors de la portée de l'ennemi et prêtes à être mises en route au premier signal, sont les suivantes :

» Plus de 15,000 bœufs et plus de 40,000 moutons parqués aux abords des voies ferrées par les soins de l'administration.

» Plus de 300,000 quintaux métriques de denrées alimentaires de toute espèce, emmagasinées et appartenant à l'État.

» Ces approvisionnements sont spécialement affectés au ravitaillement de Paris. »

Tout le monde, aujourd'hui, pousse le Gouvernement à prendre l'offensive. On diffère seulement sur l'opportunité de sorties partielles ou d'une grande sortie en masse. Voici un projet qui paraît concilier les deux opinions. Il est communiqué par un officier des plus compétents, qui l'a déjà soumis à l'état-major. C'est à ce projet, sans doute, que faisaient allusion, il y a quelques jours, l'*Électeur libre* et d'autres journaux ordinairement bien informés.

Nous citerons intégralement le plan de l'officier dont il s'agit :

« Vous devez enfin être convaincus que le moment d'une action énergique est arrivé, et que vos tentatives de percer les lignes ennemies n'ayant pas abouti, il est indispensable de changer votre système et d'imprimer une direction nouvelle aux grands moyens que vous avez su créer, mais que vous n'avez pas su employer.

» Voici, selon moi, ce qu'il y aurait à faire :

» Former immédiatement quinze ou vingt brigades légères, composées chacune de quatre bataillons dont un de ligne, un de mobile, un de garde nationale mobilisée et un de garde nationale sédentaire. Ces brigades seraient mises, respectivement, sous les ordres d'un général ou d'un colonel, auquel on joindrait un capitaine d'état-major. Il ne vous serait pas difficile de trouver pour ce commandement des hommes pleins d'expérience et de bravoure ; mais c'est là un point essentiel.

» Une fois cet effectif organisé, et il ne faut pour cela qu'un ou deux jours, on ferait des sorties quotidiennes, tantôt sur un point isolé avec une brigade, tantôt sur deux, trois, quatre points à la fois, avec plusieurs brigades.

» Grâce aux attaques ainsi dirigées, l'ennemi ne saurait jamais à quoi s'en tenir. Il serait forcé de masser ses troupes sur les points menacés la veille, croyant à un retour offensif pour le lendemain. Or, le lendemain, vous vous porteriez sur d'autres points, sur les points où l'ennemi ne serait nullement préparé, et où, par conséquent, vous finiriez bien par trouver le défaut de la cuirasse.

» Une pareille tactique fatiguerait singulièrement l'armée ennemie, toujours maintenue sur le qui-vive et obligée à des marches et contre-marches incessantes et inutiles. Vos brigades légères, au contraire, en admettant même qu'elles fussent constamment repoussées, pourraient toujours être remplacées par d'autres et se préparer, par un repos suffisant, à une nouvelle attaque.

» En même temps que les brigades commenceraient à agir, le général Trochu devrait concentrer une armée de 150,000 à 200,000 hommes. Cette armée serait toujours sous sa main; et le général observant les mouvements des brigades, qui le tiendraient elles-mêmes au courant de ceux de l'ennemi, il pourrait attendre le moment propice, se jeter alors sur le point reconnu le plus faible, l'écraser d'un seul coup et percer la ligne ennemie.

» Ce résultat acquis, les brigades se joindraient aussitôt à l'armée, dont elles couvriraient les flancs, en qualité de corps auxiliaires.

» Dans le cas où le général ne réussirait pas la première fois, il n'aurait qu'à rentrer à Paris, d'où il reprendrait son élan pour attaquer de nouveau. Viendrait bien un moment où ses efforts seraient enfin couronnés de succès.

» En dehors de l'attaque proprement dite, la formation de brigades légères aurait encore cet excellent résultat d'aguerrir vos troupes, et, par une noble émulation, de rendre les bataillons de votre garde nationale aussi braves et aussi maniables sur le champ de bataille que les bataillons de votre armée régulière.

» J'ajoute qu'il faudrait, comme complément, former concurremment aux brigades d'infanterie *deux brigades de* cavalerie. Ces deux brigades, tenues en réserve pour le moment de l'attaque principale, seraient rapidement et hardiment jetées en avant, et nul doute qu'elles ne parvinssent à rompre les lignes prussiennes et à rejoindre vos armées de province. »

Je ne suis pas assez expert en art militaire pour apprécier comme il convient ce projet ; reconnaissons cependant qu'il offre cet avantage d'associer dans la même action et dans une égale mesure les forces différentes de l'armée de Paris, et d'établir ainsi entre elles la solidarité qui leur a manqué jusqu'ici.

Nous confesserons cependant que si le Gouvernement se trouvait dans l'obligation de mettre en œuvre tous les projets conçus et présentés, il devrait agir de mille façons différentes. C'est à qui créera un plan pour délivrer Paris. L'intention n'est que louable, certainement ; mais si nous sommes capables, d'en trouver, il faut bien supposer que nos généraux, qui sont plus experts que nous en cette matière, en ont aussi conçu. C'est à celui-là qu'il faut se rallier avec conviction.

Le ballon-poste est parti la nuit dernière, à trois heures et demie, de la gare d'Orléans. Il emportait des dépêches et un voyageur qui a dû jouir d'un spectacle étrange, car l'ascension s'est faite au moment où le bombardement était dans toute son épouvantable vigueur.

## 120ᵉ JOURNÉE

**Jeudi 12 Janvier.**  3 % **51.70**

Depuis quelques jours, les journaux du parti exagéré et les clubs ont mis à l'ordre du jour des bruits d'une trahison émanant du Gouvernement. On parle de traîtres. Le général Trochu, qui semble être sournoisement désigné dans ces attaques, prend l'affaire en main et s'exprime ainsi dans le *Journal officiel :*

« Une trame abominable dont les fils sont entre les mains de la justice tend à accréditer dans Paris le bruit que des officiers généraux et autres sont ou vont être arrêtés pour avoir livré à l'ennemi le secret des opérations militaires. Le gouverneur s'est ému de cette indignité, et il déclare ici que c'est lui qu'on atteint dans la personne des plus dévoués collaborateurs qu'il ait eus pendant le cours de ces quatre mois d'efforts et d'épreuves.

» Entre les divers moyens qui ont eu quelquefois pour but et toujours pour effet de compromettre les intérêts sacrés de la défense, celui-là est le plus perfide et le plus dangereux. Il jette le doute dans les esprits, le trouble dans les consciences, et peut décourager les dévouements les plus éprouvés. Je signale ces manœuvres à l'indignation des honnêtes gens ; je montre les périls où elles nous mènent à ceux qui vont répétant, sans réflexion, de si absurdes accusations, et j'en flétris les auteurs.

» J'interviens personnellement, moins parce que j'ai le devoir de protéger l'honneur de ceux qui, sous mes yeux, se consacrent avec le plus loyal désintéressement au service du pays, que parce que j'aime la vérité et que je hais l'injustice.              Général Trochu. »

### Rapport militaire.

« *Jeudi, 12 janvier, soir.* — La nuit dernière, le commandant Blanc, avec une compagnie de zouaves et une compagnie de mobiles du Morbihan, a fait une reconnaissance sur le plateau d'Avron. Les postes prussiens ont été vigoureusement chassés, et la petite colonne est rentrée avant le jour, après avoir enlevé 6 prisonniers.

» Le bombardement a continué pendant la nuit dernière sur la ville et sur des établissements déjà signalés. Depuis minuit jusqu'à 3 heures du matin, il est tombé environ un projectile par minute dans le quartier de Saint-Sulpice.

» Les forts de Vanves, Issy et Montrouge ont été canonnés avec violence; mais nos batteries extérieures ont ouvert un feu nourri qui paraît avoir causé d'assez grands ravages dans les batteries prussiennes. A partir de trois heures et demie, l'ennemi avait beaucoup ralenti son tir et ne lançait plus que des projectiles de petit calibre.

» Les villages de Nogent et de Fontenay ont été canonnés d'une façon continue, mais très-lentement.

» Nos forts de l'Est ont vigoureusement tiré pendant la nuit, principalement vers une heure du matin, sur toute la ligne des positions prussiennes.

» La boucle de la Marne a été également bombardée pendant la nuit, mais sans aucun accident à signaler.

» A Créteil, calme absolu aujourd'hui; hier, un sous-lieutenant de garde nationale a été tué aux avant-postes de ce côté.

» P. O. *Le général, chef d'état-major général,*
» SCHMITZ. »

L'armée du Nord revient sur le tapis. D'après les bruits et les nouvelles du jour, le général Faidherbe, après un nouveau succès, aurait forcé le général de Manteuffel à se réfugier en Belgique avec une partie de son corps d'armée.

On a recueilli, dit-on, dans la Seine, une bouteille venant de Meaux; elle renfermait une dépêche annonçant que le prince Frédéric-Charles était blessé et se trouvait dans cette ville.

Hier au soir, un parlementaire a apporté à M. Favre une lettre de Lord Granville, renfermant l'invitation officielle de se rendre à la conférence qui doit se réunir à Londres pour les affaires d'Orient. Cette lettre datée du 28 décembre, annonce que l'Europe attendait M. Jules Favre à Londres comme représentant de la France. La lettre porte que la conférence se réunira le 3 janvier, et en cas d'absence de la France, le 11 janvier. C'est aujourd'hui le 11, et M. le comte de Bismark a choisi ce jour-là pour faire remettre la dépêche. On ne saurait être plus courtois.

Nos espions (nous avons donc des espions maintenant,) disent que les Prussiens ont renforcé l'investissement de 60,000 hommes, et semblent ainsi se préparer à une grande attaque.

Le bombardement s'étant ralenti, les habitants de la rive gauche en profitent pour faire leur déménagement. Aussi règne-t-il de ce côté une très-grande animation. Malheureusement le calme du matin n'a pas continué toute la journée, et la brutale arrivée des projectiles a jeté une confusion énorme dans tous ces déménagements causés par la crainte d'un bombardement plus considérable pouvant advenir par l'emploi des obus à matières inflammables.

Jusqu'ici les incendies ont été peu graves et ont été éteints avec la plus grande facilité.

Dans la nuit du 8 au 9, on compte 12 commencements d'incendie éteints avec quelques seaux d'eau par les pompiers ; ils ont été moins nombreux encore dans les nuits du 9 au 10 et du 10 au 11.

Il est probable que les habitants en ont éteint un plus grand nombre sans le concours des pompiers. On ne saurait trop leur répéter que dans la plupart des cas il suffit pour cela d'un seul seau d'eau.

En somme, les obus prussiens font plus de mal en brisant qu'en brûlant.

Un seul incendie grave a eu lieu dans la nuit du 9 au 10, à l'angle de la route de Choisy et du boulevard de la Gare ; il en a été rendu compte dans le *Journal officiel* du 11 ; l'obus est tombé dans un tas de copeaux. Les pompiers n'ont pas été prévenus et sont arrivés au feu, guidés par les flammes. L'immeuble était occupé par un chantier de menuisier ; tous les bois approvisionnés ont été brûlés.

La nuit dernière un obus a brûlé quelques gerbes de blé et d'avoine non battus, 13, rue Poliveau.

Beaucoup de projectiles ont éclaté : Sur les maisons des rues Mouffetard, Monge, des Patriarches, Gérard, Gay-Lussac, Saint-Jacques ; aux Jeunes-Aveugles, hospice de la Maternité, chez les frères des écoles chrétiennes, place Vauban et place d'Italie.

Hors des murs de Paris, comme à l'intérieur, la canonnade a fait beaucoup de victimes.

« *Paris, le 12 janvier 1871*. — Le Gouvernement de la Défense nationale,

» Vu la loi du 13 août, les décrets des 10 septembre, 11 octobre, 10 novembre et 12 décembre 1870, relatifs aux effets de commerce.

» DÉCRÈTE : — Art. 1er. La prorogation de délais accordée par la loi et les décrets susvisés, est augmentée d'un mois à partir du 14 janvier courant, pour tous les effets souscrits antérieurement à la loi du 13 août 1870.

» Elle est augmentée de quinze jours pour tous les effets souscrits postérieurement à la loi du 13 août 1870 et aux décrets de prorogation qui l'ont suivie.

» Art. 2. Toutes les autres dispositions de la loi du 13 août 1870 sont maintenues.

» Art. 3. Le présent décret sera immédiatement exécutoire.

» Fait à Paris, le 12 janvier 1871.

» Général TROCHU, JULES FAVRE, JULES SIMON, JULES FERRY, EMMANUEL ARAGO, EUGÈNE PELLETAN, GARNIER-PAGÈS, ERNEST PICARD. »

« Le Gouvernement de la Défense nationale,

» Vu le décret du 29 septembre 1870, relatif à la réquisition des blés et farines existant dans l'enceinte de la ville de Paris.

» DÉCRÈTE : Art. 1$^{er}$. Les dispositions du décret susvisé sont applicables aux blés et farines existant dans le département de la Seine et dans les parties des départements voisins dont les habitants sont en communication avec Paris.

» Art. 2. Les règlements rendus en exécution dudit décret sont applicables dans les communes comprises dans le territoire indiqué en l'article 1$^{er}$.

» Fait à Paris, le 12 janvier 1871.

» Général TROCHU, JULES FAVRE, JULES FERRY, JULES SIMON, GARNIER-PAGÈS, EMMANUEL ARAGO, EUGÈNE PELLETAN, ERNEST, PICARD. »

« Le Gouvernement de la Défense nationale,

» Considérant qu'en dehors des services publics et généraux, il existe dans chacun des arrondissements de Paris et dans chacune des communes suburbaines des services privés et locaux qui ne peuvent être exécutés au moyen de voitures à bras et en vue desquels la conservation d'un certain nombre de chevaux est nécessaire ;

» Considérant que, s'il importe d'assurer ces services, il convient d'empêcher qu'ils ne deviennent un obstacle à la réquisition effective des chevaux dont la conservation n'est point absolument indispensable ;

» Voulant concilier les légitimes exigences de l'industrie privée, et les nécessités impérieuses de la consommation publique ;

» Considérant que les décrets antérieurs ont mis à la

disposition de l'État tous les chevaux, ânes et mulets existant dans Paris, et hors de Paris en deçà de la ligne d'investissement,

» DÉCRÈTE : Art. 1er. Dans chacun des vingt arrondissements de Paris, et dans chacune des communes suburbaines actuellement habitées, il sera dressé une liste de chevaux dont la conservation est indispensable pour les transports privés impossibles à effectuer à l'aide de voitures à bras.

» Art. 2. Ces listes comprendront un nombre de chevaux proportionnel à la population de chacun des arrondissements et de chacune des communes suburbaines, conformément au dernier recensement, en raison d'environ un cheval par 1,000 habitants et d'après le tableau suivant :

| | | | | | |
|---|---|---|---|---|---|
| 1er arrond., | 78 | chevaux. | 11e arrond., | 183 | chevaux. |
| 2e — | 78 | — | 12e — | 100 | — |
| 3e — | 96 | — | 13e — | 80 | — |
| 4e — | 96 | — | 14e — | 82 | — |
| 5e — | 98 | — | 15e — | 93 | — |
| 6e — | 90 | — | 16e — | 44 | — |
| 7e — | 69 | — | 17e — | 120 | — |
| 8e — | 75 | — | 18e — | 154 | — |
| 9e — | 102 | — | 19e — | 113 | — |
| 10e — | 141 | — | 20e — | 108 | — |

» Le nombre de chevaux à conserver dans chacune des communes suburbaines sera déterminé d'après les mêmes bases, par un arrêté du membre du Gouvernement délégué à l'administration du département de la Seine.

» Art. 3. Les chevaux, ainsi réservés, ne seront pas à la disposition de ceux qui auront été autorisés à les conserver. Ils seront à la disposition successive de tous les intérêts privés de l'arrondissement ou de la commune.

» Leur emploi quotidien sera déterminé par la mairie.

» Art. 4. Pour chaque cheval ainsi désigné, il sera délivré une carte qui servira à établir l'affectation au service des citoyens de l'arrondissement ou de la commune.

» Art. 5. Tout prêt, toute transmission et généralement tout emploi abusif de cette carte donnera lieu contre ceux qui s'en seront rendus coupables ou complices à l'application des peines suivantes :

» Quinze jours d'enprisonnement ;
» 200 à 1,000 fr. d'amende ;
» Confiscation du cheval à qui la carte était affectée et en vue duquel aura été fait l'emploi abusif de ladite carte.

» Art. 6. Les maires des 20 arrondissements de Paris sont chargés de dresser l'état concernant leur arrondissement et de l'adresser au ministre de l'agriculture et du commerce, au plus tard, le lundi 16 au soir.

» Art. 7. Le ministre de l'agriculture et du commerce est chargé d'ailleurs de l'exécution du présent décret.

» Fait à Paris, le 12 janvier 1871.

« Général TROCHU, JULES FAVRE, JULES FERRY, JULES SIMON, EMMANUEL ARAGO, EUGÈNE PELLETAN, GARNIER-PAGÈS »

« Le membre du Gouvernement, maire de Paris,
» Considérant que certains boulangers continuent à trier, au moyen de bluteries qui leur appartiennent, les farines qui leur sont livrées par la caisse de la boulangerie ;
» Que cette pratique, qui leur permet de fabriquer du pain de luxe, a pour effet de diminuer la quantité de farine qui entre dans l'alimentation publique,
» ARRÊTE : Art. 1ᵉʳ. Il est interdit aux boulangers de fabriquer ou de mettre en vente du pain dit pain de luxe.
» Art. 2. Il leur est interdit de bluter ou trier, par un procédé quelconque, les farines qui leur sont livrées par la caisse de la boulangerie.
» Art. 3. Les boulangers contrevenants seront passibles des peines édictées par les lois ; leurs boulangeries pourront être fermées par mesure administrative.

» Fait à Paris, le 12 janvier 1871.

« JULES FERRY. »

Le ministre des affaires étrangères a adressé la circulaire suivante aux agents diplomatiques de la France à l'étranger :

« *Paris, ce 12 janvier* 1871. — Monsieur, le Gouvernement a jusqu'ici cru de son devoir de rester dans une grande réserve en ce qui touche les négociations engagées sur la révision des traités de 1856. Qu'une telle révision, si elle est nécessaire, appartienne exclusivement aux puissances signataires de ces traités, c'est là une vérité si évidente, qu'il est inutile d'y insister. Elle ne pouvait être mise en doute. Aussi, dès que l'une de ces puissances a réclamé la modification des conventions obligeant également tous les signataires, l'idée d'une Conférence dans laquelle la question serait discutée a-t-elle été adoptée sans difficulté. La place de la France y était marquée. Mais pouvait-elle songer à l'occuper quand elle était tout entière absorbée par la défense de son territoire ? Telle est la grave question que le Gouvernement a dû examiner, dans les circonstances que je vais sommairement rappeler.

» C'est par une dépêche en date de Tours, 11 novembre, reçue à Paris le 17, que le ministre des affaires étrangères a été informé par M. de Chaudordy de la circulaire de M. le prince de Gortschakoff. Cette nouvelle lui était transmise par un télégramme de notre ministre à Vienne, ainsi conçu : « Le ministre de Russie a fait hier une communication de » laquelle il résulte que son gouvernement ne se considère » plus comme lié par les stipulations des traités de 1856. »

» Le même jour, 17 novembre, le ministre des affaires étrangères répondait à M. de Chaudordy en lui ordonnant la plus extrême réserve. Nous n'avions encore aucune communication officielle et nous devions nous borner au rôle d'observateur, sans négliger toutefois de maintenir en toute occasion notre droit formel d'être associé à une résolution qui, sans notre participation, serait absolument dénuée de valeur.

» L'Europe ne pouvait le comprendre autrement, et, dans les conversations et les notes échangées entre les différentes puissances et nous, il a toujours été entendu que la France était partie nécessaire à la délibération, et qu'elle y serait appelée.

» Je croirais commettre une indiscrétion inexcusable, si je révélais aujourd'hui les détails de ces pourparlers. Notre effort a été de profiter des dispositions bienveillantes qu'on nous y a montrées, et d'amener les représentants des puissances à reconnaître que, sans déserter, ni diminuer en rien l'intérêt de premier ordre que soulève pour nous la discussion des traités de 1856, nous avions le devoir ce entrant dans la Conférence, d'y introduire un débat d'une toute autre importance, et sur lequel on ne pouvait nous opposer aucune fin de non-recevoir.

» Cependant il faut dire qu'en partageant complétement cet avis, la délégation de Tours a toujours estimé que nous devions accepter l'invitation de l'Europe si elle nous était faite. Résumant cette opinion, M. Chaudodry écrivait dans sa dépêche du 10 décembre : « La délégation est d'avis,
» après avoir examiné toutes les dépêches avec moi, que
» nous devons aller à la Conférence, alors que nous n'au-
» rions aucune promesse avant, ni un armistice. » L'opinion des membres de la délégation n'a du reste jamais varié. M. Gambetta l'exprime encore avec force dans sa dernière dépêche des 31 décembre 1870 — 3 janvier 1871. S'adressant au ministre des affaires étrangères, il lui écrit :
« Vous devez être sur le point de quitter Paris pour vous
» rendre à la Conférence de Londres, si, comme on me
» l'affirme, l'Angleterre parvient à obtenir un sauf-conduit.
» Je me figure les déchirements que vous allez éprouver
» de quitter Paris et nos collègues. J'entends d'ici l'expres-
» sion de vos douleurs et de vos premiers refus, et cepen-
» dant je dois à l'intérêt de notre cause de vous dire qu'il
» le faut. »

» Avant que M. Gambetta eût écrit ces lignes, le ministre des affaires étrangères, autant que lui permettaient l'imperfection et les retards des communications, les négociations engagées à Tours, continuées depuis à Bordeaux, avait fait connaître à M. de Chaudordy que le Gouvernement avait décidé que si elle y était régulièrement appelée, la France se ferait représenter à la Conférence de Londres, en y mettant toutefois cette condition que l'Angleterre, qui avait fait l'invitation verbale, voudrait bien se charger d'obtenir le sauf-conduit nécessaire à son représentant s'il était choisi à Paris.

» Cet arrangement a été accepté par le cabinet anglais. M. de Chaudordy en avisait le ministre des affaires étrangères par une dépêche en date de Bordeaux, du 26 décembre 1870, — reçue le 8 janvier ; — il l'informait en même temps que la délégation du Gouvernement l'avait désigné comme devant représenter la France à la Conférence. Cette communication a été confirmée par la lettre suivante, écrite par lord Granville, le 29 décembre, et remise le 10 de ce mois par l'intermédiaire de M. le ministre des États-Unis. »

*Lord Grandville à Son Exc. le ministre des affaires étrangères à Paris.*

« Londres, 29 décembre.

» Monsieur le ministre. M. de Chaudordy a informé lord Lyons que Votre Excellence était proposée pour représenter la France dans la Conférence qu'on est convenu de tenir à Londres, concernant la neutralisation de la mer Noire, et il m'a en même temps fait demander d'obtenir un sauf-conduit qui permette à Votre Excellence de franchir les lignes prussiennes. J'ai immédiatement prié le comte de Bernstorff de réclamer ce sauf-conduit et de le faire remettre à Votre Excellence par un officier allemand envoyé en parlementaire.

» M. de Bernstorff m'a fait savoir hier qu'un sauf-conduit serait mis à la disposition de Votre Excellence aussitôt qu'il serait demandé par un officier envoyé de Paris au quartier général allemand. Il a ajouté toutefois qu'il ne pourrait être envoyé par un officier allemand, tant que satisfaction n'aurait pas été donnée pour l'officier porteur du pavillon parlementaire sur lequel les Français avaient tiré.

» J'ai été informé par M. Tissot, que beaucoup de temps s'écoulerait avant que cet avis puisse vous être transmis par la délégation de Bordeaux, et j'ai en conséquence suggéré au comte de Bernstorff un autre moyen de le faire parvenir en profitant de l'occasion qui m'était offerte par le chargé d'affaire des États-Unis, pour vous informer de ce qui s'es passé.

» Il a été convenu que la Conférence se réunirait cette semaine ; mais pour donner au plénipotentiaire français temps d'arriver, le jour de la réunion a été fixée au 3 janvier. J'espère que Votre Excellence autorisera M. Tissot à la représenter à la première séance dans laquelle je ne mettrai à l'ordre du jour que la question de forme, et si Votre Excellence est en mesure de m'annoncer son arrivée, je proposerai d'ajourner la Conférence d'une semaine afin d'obtenir le précieux concours de votre expérience.

» J'espère que Votre Excellence me permettra de saisir

cette occasion de lui exprimer toute ma satisfaction d'entrer en relations personnelles avec elle, et le plaisir que j'éprouverai de la voir à Londres.

» J'ai l'honneur, etc.

» Lord GRANVILLE. »

« Mis en demeure, par cette dépêche, le Gouvernement n'aurait pu, sans abdication des droits de la France, repousser l'invitation qu'il recevait en son nom. Sans doute, on peut objecter que, pour elle, l'heure est peu propice à une discussion sur la neutralisation de la mer Noire. Mais c'est précisément parce qu'à ce moment suprême elle lutte seule pour son honneur et son existence que la démarche officielle faite auprès de la République française par les cabinets européens acquiert une gravité exceptionnelle. Elle est un commencement tardif de justice, un engagement qui ne pourra plus être rétracté. Elle consacre, avec l'autorité du droit public, le changement de règne, et fait apparaître sur la scène où se jouent les destinées du monde la nation libre, malgré ses blessures, à la place du chef qui l'a menée à sa perte ou des prétendants qui voudraient disposer d'elle. D'ailleurs, qui ne sent qu'admise en face des représentants de l'Europe, la France a le droit incontestable d'y élever la voix? Qui pourra l'arrêter, lorsque, s'appuyant sur les règles éternelles de la justice, elle défendra les principes qui garantissent son indépendance et sa dignité? Elle n'abandonnera aucun de ceux que nous avons posés : notre programme n'a pas changé, et l'Europe qui convie celui qui l'a tracé, sait fort bien qu'il a le devoir et la volonté de le maintenir. Il n'y avait donc point à hésiter, et le Gouvernement eût commis une faute grave en repoussant l'ouverture qui lui était faite.

» Mais en le reconnaissant, il a pensé, comme moi, que le ministre des affaires étrangères ne pouvait, à moins d'une raison d'intérêt supérieur, quitter Paris au milieu du bombardement que l'ennemi dirige sur la ville. Voici huit jours qu'à l'improviste, sans prévenir les offensifs et les neutres, le commandant en chef de l'armée prussienne couvre nos édifices de ses projectiles meurtriers. Il semble qu'il ait choisi de préférence nos asiles hospitaliers, nos écoles, nos temples, nos ambulances. Les femmes sont tuées dans leur lit, les enfants entre les bras de leur mère, sous l'œil de leurs instituteurs ; hier nous accompagnions à leur dernière demeure cinq petits cercueils de jeunes élèves écrasés sous le poids d'un obus de 90 kilogrammes. L'église où ils étaient bénis par le prêtre et arrosés par les larmes de leurs parents témoignait par ses murailles déchirées, la nuit même, de la fureur des assaillants. Je ne sais combien de temps dureront ces inhumaines exécutions. Inutiles à l'attaque, elle ne sont qu'un acte de déprédation et de meurtre destiné à jeter l'épouvante. Notre brave population de Paris sent son courage grandir avec le péril. Ferme, irritée, résolue, elle s'indigne et ne plie point. Elle veut plus que jamais combattre et vaincre, et nous le voulons avec elle. Je ne puis songer à m'en séparer dans cette crise. Peut-être nos protestations adressées à l'Europe, celle des membres du corps diplomatique présents à Paris, y mettront-elles un terme prochain. Jusque-là, l'Angleterre comprendra que ma place est au milieu de mes concitoyens. C'est ce que j'explique au ministre des affaires étrangères de la Grande-Bretagne dans la réponse qui suit et qui naturellement, clôt cet exposé. »

« Monsieur le comte, je reçois seulement aujourd'hui 10 janvier, à neuf heures du soir, par l'intermédiaire de M. le ministre des Etats-Unis, la lettre que Votre Excellence m'a fait l'honneur de m'écrire le 29 décembre dernier, et par laquelle elle veut bien m'annoncer qu'elle a prié M. le comte de Bernstorff de faire tenir à ma disposition le sauf-conduit qui m'est nécessaire pour franchir les lignes prussiennes et assister, comme représentant la France, à la Conférence qui doit s'ouvrir à Londres.

» Je remercie Votre Excellence de cette communication et de l'obligeance qu'elle a mise à me faciliter l'accomplissement du devoir qui m'est imposé.

» Il m'est toutefois difficile de m'éloigner immédiatement de Paris, qui, depuis huit jours, est livré aux horreurs d'un bombardement exécuté sur la population inoffensive, sans l'avertissement usité dans le droit des gens. Je ne me sens pas le droit d'abandonner mes concitoyens au moment où ils sont victimes de cette violence.

» D'ailleurs les communications entre Paris et Londres sont, par le fait du commandant en chef de l'armée assiégeante si lentes et si incertaines, que je ne puis, malgré mon bon vouloir, répondre à votre appel dans les termes de votre dépêche.

» Vous vouliez bien me faire connaître que la Conférence se réunirait le 3 janvier, puis s'ajournerait probablement à une semaine.

» Prévenu le 10, au soir, je ne pouvais profiter de votre invitation en temps opportun. De plus, en me la faisant parvenir, M. le comte de Bismark n'y a pas joint un sauf-conduit cependant indispensable.

» Il demande qu'un officier français se rende au quartier général prussien pour le chercher, se prévalant de réclamations qu'il aurait adressées à M. le Gouverneur de Paris, à l'occasion d'un fait dont un parlementaire aurait eu à se plaindre le 23 décembre, et M. le comte de Bismark ajoute que, jusqu'à ce que satisfaction lui ait été donnée, le commandant en chef prussien interdit toute communication par parlementaires.

» Je n'examine point si une pareille résolution, contraire aux lois de la guerre, ne serait pas la négation absolue des droits supérieurs que la nécessité et l'humanité ont toujours fait maintenir au profit des belligérants. Je me contente de faire remarquer à Votre Excellence que M. le Gouverneur de Paris s'est empressé d'ordonner une enquête sur le fait relevé par M. le comte de Bismark, et, en le lui annonçant, il a porté à sa connaissance des faits de même nature, beaucoup plus nombreux, imputables à des sentinelles prussiennes, sur lesquels cependant il n'avait jamais songé à s'appuyer pour interrompre les échanges de relations ordinaires.

» M. le comte de Bismark semble avoir admis, en partie au moins, la justesse de ces observations, puisque, aujourd'hui même, il charge M. le ministre des États-Unis de me faire savoir que, sous la réserve d'enquêtes respectives, il rétablit les relations par parlementaires.

» Il n'y a donc plus aucune nécessité à ce qu'un officier français se rende au quartier général prussien, et je vais entrer en communication avec M. le ministre des États-Unis pour me faire remettre le sauf-conduit que vous avez bien voulu obtenir.

» Dès que j'aurai cette pièce entre les mains, et que la situation de Paris me le permettra, je prendrai la route de

Londres, sûr à l'avance de ne pas invoquer en vain, au nom de mon Gouvernement, les principes de droit et de morale que l'Europe a un si grand intérêt à faire respecter.

» Veuillez agréer les assurances de la très-haute considération avec laquelle j'ai l'honneur d'être, monsieur le comte, de Votre Excellence, le très-humble et très-obéissant serviteur,

» JULES FAVRE.

» Paris, le 10 janvier 1871

» Je vous prie, monsieur, de vouloir bien donner connaissance de cette dépêche au représentant du gouvernement près duquel vous êtes accrédité. Il importe que l'Europe soit éclairée sur nos intentions et nos actes ; c'est à son équité que nous les soumettons.

» Agréez, monsieur, l'expression de mes sentiments de considération très-distinguée.

» *Le ministre des affaires étrangères,*
» JULES FAVRE. »

Les journaux attaquent toujours le général Trochu sur sa manière d'agir. Si au moins MM. les journalistes avaient une façon logique de résoudre la question, je suis certain qu'en face de l'évidence, le gouverneur de Paris s'inclinerait joyeux et profiterait du conseil ; mais, comme tout le monde, ces messieurs ont aussi leur plan en poche, et c'est à qui voudra glisser sa manière de voir. Les uns désirent la sortie en masse, les autres de petites sorties continuelles... d'autres encore ne veulent que des sorties de nuit..., etc. Moi aussi, j'ai mon petit plan ; mais je le garde. Ce que Paris a de mieux à faire, à mon avis, c'est de rester dans son rôle de place assiégée, qui est de retenir l'armée ennemie sous ses murs et d'attendre un dénoûment qui ne doit plus tarder. Depuis longtemps, nous devrions savoir que nous ne pouvons sortir.

J'en fais bien mes excuses aux journaux, mais ils devraient toujours être supprimés dans une ville assiégée. Je l'ai déjà dit, je crois, mais je le répète, si l'on avait fait cela dès le début, l'ennemi aurait ignoré bien des choses.

---

## 121ᵉ JOURNÉE

**Vendredi 13 Janvier.**　　　　　　　　3 % 51.57 1/2

La question à l'ordre du jour est la conférence de Londres.

Certains journaux prennent l'avance et trouvent que la présence de M. Jules Favre à Londres serait déplacée; d'autres voudraient l'y voir représenter la France. Cependant, soit dit en passant, quelle figure M. Favre ferait-il en Angleterre? Quelle serait son attitude vis-à-vis le représentant de la Prusse? D'ailleurs, pour trancher la question d'un seul mot, M. Jules Favre n'a pas le droit de déserter Paris pour aller s'occuper, en Angleterre ou ailleurs, d'intérêts qui ne nous concernent pas directement ou immédiatement.

### RAPPORT MILITAIRE.

« 13 *janvier*, *soir*. — Dans la boucle de la Marne, toujours même bombardement, violent et persistant, sans plus d'effet que les jours précédents.

» Le général commandant supérieur de Vincennes se loue beaucoup de la tenue, sous le feu, des troupes et de la garde nationale, chargées de la défense de nos positions de ce côté.

» Toute la journée, l'ennemi a tiré lentement sur les villages de Nogent et de Plaisance.

» Le bombardement de la ville a été incessant et est devenu très-vif de dix heures à minuit, principalement sur le 8ᵉ secteur. Les forts du sud ont été canonnés moins violemment.

» Les Prussiens ont fait pendant la nuit plusieurs tentatives sur divers points des tranchées qui relient les forts entre eux. Ils ont été partout repoussés. Plusieurs de leurs blessés ont été recueillis par nous.

» Depuis dix-sept jours, l'ennemi a brûlé une quantité considérable de munitions sans arriver à un résultat sérieux.

» Nos pertes ont été relativement faibles, les incendies arrêtés dès le début, les dégâts matériels réparés, autant que possible, chaque jour.

» Le gouverneur est heureux de pouvoir rendre ici un éclatant témoignage du dévouement absolu qu'officiers, soldats et gardes nationaux ont montré dans ces rudes et constantes épreuves.

» P. O. *Le général chef d'état-major*, SCHMITZ. »

Comme je l'avais prévu dans une des journées qui précèdent, l'émigration de la rive gauche sur la rive droite a jeté de la perturbation chez les boulangers, dont les boutiques se sont trouvées vides à neuf heures du matin.

Le quartier Mouffetard a été très-éprouvé, et la rue Monge, depuis les Arènes jusqu'à l'avenue des Gobelins, est actuellement abandonnée par les habitants. La voûte de Saint-Sulpice a résisté au choc de deux gros obus, mais une fresque intérieure a été détériorée. Les habitants qui ne veulent pas émigrer ont pris gaiement leur parti et ont rendu leurs caves aussi confortables que possible.

On assure que les Prussiens ont commencé à bombarder Saint-Denis, mais que jusqu'ici il n'y a eu ni tués ni blessés.

Boulevard des Invalides, un projectile est tombé sur l'ambulance de la presse, local des Frères, au n° 64. Un seul obus aurait tué dix enfants dans le dortoir.

« Plusieurs journaux répétant avec insistance qu'un plan d'opérations arrêté dans un prétendu conseil de guerre de quatre généraux n'aurait pas été suivi d'exécution par suite de la connaissance que l'ennemi en aurait eue, le gouverneur de Paris déclare cette allégation absolument controuvée. Il se serait abstenu de la relever s'il ne voyait un danger sérieux à laisser d'aussi faux bruits s'accréditer. »

Le 27 décembre 1870, M. le comte de Bismark adressait à M. Washburne, ministre des États-Unis, pour être communiquée à M. Jules Favre, ministre des affaires étrangères, la note ci-dessous :

« *Versailles*, 27 *décembre* 1870. — Monsieur le ministre, il résulte d'un rapport officiel adressé à l'autorité militaire, que, le 23 de ce mois, des coups de feu ont été tirés par des soldats français sur l'officier allemand chargé de remettre des lettres aux avant-postes ennemis, au moment où il se disposait à quitter le pont de Sèvres, et pendant que les drapeaux parlementaires étaient déployés de part et d'autre.

» Au commencement de la guerre, nos officiers et les trompettes qui les accompagnaient ont bien souvent, on pourrait dire régulièrement, été victimes du mépris des troupes françaises pour les droits des parlementaires; il a fallu renoncer à toute communication de ce genre, pour ne pas exposer nos soldats aux dangers qui en paraissaient inséparables.

» Depuis quelque temps, on semblait revenu à une observation plus stricte du droit des gens universellement reconnu, et il a été possible d'entretenir des relations régulières avec Paris, établies surtout pour faciliter la sortie des dépêches de votre légation.

» Le cas du 23 démontre de nouveau que nos parlementaires ne sont pas en sûreté à portée de fusil des soldats français, et nous serons obligés de renoncer à l'échange de communications avec l'ennemi, à moins de garanties sérieuses contre le retour d'une agression pareille.

» Je vous prie, par conséquent, monsieur le ministre, de vouloir bien informer M. Jules Favre de ce qui s'est passé le 23 décembre courant, et d'insister sur des mesures sévères contre des infractions que nous ne pouvons admettre plus longtemps, dans l'intérêt de nos soldats. Si le Gouvernement de la Défense nationale désire continuer, à l'avenir, les communications par parlementaires, il n'hésitera pas à reconnaître la justesse de nos réclamations et à ordonner une enquête sur les faits dont nous avons à nous plaindre, ainsi que la punition des coupables. En attendant qu'il nous fasse parvenir à cet égard une communication satisfaisante, contenant des garanties pour l'avenir, nous sommes obligés de suspendre des relations qui ne sont admissibles que sous la protection que doit leur offrir l'observation la plus consciencieuse des règles du droit de guerre international.

» Veuillez agréer, monsieur le ministre, l'assurance de ma haute considération.   DE BISMARK. »

Le 2 janvier, le gouverneur de Paris répondait à cette note par l'exposé ci-dessous auquel étaient jointes : 1° une note du général Dumoulin qui commande sur les lieux, faisant connaître les résultats négatifs de l'enquête rigoureuse que le gouverneur lui avait prescrite ; 2° une déclaration du capitaine d'Hérisson, attaché à l'état-major général, indiquant les circonstances dans lesquelles il avait été soumis à la fusillade des postes prussiens, alors que, le 3 octobre, il accompagnait en parlementaire le général américain Burnside.

*Note pour M. le ministre des affaires étrangères.*

« *Paris, le 2 janvier 1871.* — Le gouverneur s'est empressé de prescrire à l'officier général commandant à Neuilly, de faire une enquête rigoureuse sur la circonstance signalée par M. le comte de Bismark, de soldats français qui auraient tiré sur l'officier allemand chargé de remettre en parlementaire des lettres à nos avant-postes du pont de Sèvres, le 23 décembre dernier. Il résulte du rapport ci-joint du général Dumoulin, que le fait très-regrettable dont se plaint M. le comte de Bismark n'a pu être constaté par aucun témoin. Dans le cas où il en aurait été autrement, la répression en aurait été poursuivie, et pleine satisfaction aurait été donnée aux réclamations faites.

» Le gouverneur de Paris attache beaucoup de prix à ce que les rapports qui peuvent s'établir entre l'armée allemande et l'armée française, par voie de parlementaires, soient réglés par l'exacte et loyale observation des lois de la guerre. Il n'a rien négligé pour qu'il en fût ainsi ; mais il arrive quelquefois que, par l'effet de méprises ou par suite de l'inintelligence des soldats, des accidents de cette nature se produisent. Les deux pièces annexées montrent qu'ils ne sont pas exclusifs à l'armée française, et qu'il est arrivé plusieurs fois que les soldats prussiens ont fait feu pendant que les drapeaux parlementaires, après l'accomplissement des formalités d'usage, flottaient de part et d'autre. Aux exemples qui sont cités, j'ajouterai celui du lieutenant de vaisseaux, Brunet, aide de camp du vice-amiral de la Roncière, qui, parlementant en avant des lignes de Saint-Denis, a été fusillé par un soldat prussien, circonstance qui a conduit l'officier supérieur allemand commandant sur les lieux à lui adresser des excuses cordialement accueillies.

» Nous avons toujours considéré ces actes isolés comme ne pouvant être évités, malgré les précautions les plus minutieuses, et jamais le gouverneur n'a eu la pensée de les imputer, de la part de l'ennemi, à un parti pris encore moins à l'insuffisance de la discipline dont il reconnaît la solidité dans l'armée prussienne.

» Général TROCHU. »

Le 5 janvier, M. le comte de Bismarck faisait à cette note, par l'intermédiaire du ministre des Etats-Unis, une réponse annonçant que les relations parlementaires pourraient être reprises.

Le 11 janvier, le capitaine d'Hérisson, de l'état-major général, se présentait en parlementaire au pont de Sèvres, pour faire remettre à l'état-major général prussien la déclaration suivante du gouverneur de Paris.

*Déclaration du gouverneur de Paris à M. le général, comte de Moltke, chef d'état-major général des armées allemandes.*

« Depuis que l'armée allemande a ouvert le feu de ses batteries au sud de Paris, un grand nombre d'obus sont venus atteindre des établissements hospitaliers consacrés de tout temps à l'assistance publique, tels que la Salpétrière, le Val-de-Grâce, l'hôpital de la Pitié, l'hospice de Bicêtre et l'hôpital des Enfants-Malades.

» La précision du tir de l'artillerie et la persistance avec laquelle les projectiles arrivent dans une direction et sous une inclinaison constantes, ne permettent plus d'attribuer au hasard les coups qui viennent frapper, dans les hôpitaux, les femmes, les enfants, les incurables, les blessés ou les malades qui s'y trouvent enfermés.

» Le gouverneur de Paris déclare ici solennellement à M. le général comte de Molke, chef d'état-major général des armées allemandes, qu'aucun des hôpitaux de Paris n'a été distrait de sa destination ancienne. Il est donc convaincu que, conformément au texte des conventions internationales et aux lois de la morale et de l'humanité, des ordres seront donnés par l'autorité militaire prussienne pour assurer à ces asiles le respect que réclament pour eux les pavillons qui flottent sur leurs dômes.

» Général TROCHU.

» Paris, 11 janvier 1871. »

Le capitaine d'Hérisson, porteur de cette déclaration, se présenta au pont de Sèvres, à midi, avec le drapeau parlementaire. Après les sonneries d'usage, le drapeau blanc fut également arboré par l'ennemi ; mais aucun officier prussien ne s'avança, et la batterie prussienne de Breteuil ne cessa de tirer sur le Point-du-Jour. Au bout d'une demi-heure, l'ennemi amena son drapeau blanc. Le capitaine d'Hérisson fit plusieurs fois répéter par son clairon la sonnerie pour cesser le feu ; on ne lui répondit plus.

Les factionnaires ennemis se mirent à tirer sur lui et le

commandant Mutel, des mobiles de l'Aube, et il se vit obligé de se retirer sans avoir rempli sa mission.

Encore une fois, le Gouvernement veut attribuer à des méprises les nombreux accidents de ce genre. Il peut les mettre à la charge de l'armée prussienne, en présence de faits comme celui que révèle la lettre suivante du général Pélissier au gouverneur de Paris :

« Paris, 11 janvier 1871. — Monsieur le gouverneur, j'ai l'honneur de porter à votre connaissance un fait qui démontre une fois de plus le peu de cas que l'ennemi fait des lois de la guerre. Le 10 janvier un parlementaire prussien s'étant présenté au pont de Sèvres, l'ordre fut donné au 6ᵉ secteur de cesser le feu. Il resta suspendu de une heure à deux heures et demie. Mais l'ennemi profita de cette interruption pour redoubler l'activité de son tir sur cette partie de l'enceinte.

» Le même fait s'est déjà produit une fois depuis le commencement du bombardement. Il mérite d'autant plus d'être signalé que nous sommes parfaitement résolus à rester fidèles aux lois de la guerre et à l'honneur militaire. Mais il importe que le pays en soit instruit.

» Veuillez agréer, monsieur le Gouverneur, l'expression de mon profond respect et de mon dévouement.

» *Le général de division, commandant supérieur de l'artillerie de la rive droite,*         PÉLISSIER. »

Il résulte de l'ensemble de ces faits que, si les relations par parlementaires entre l'armée française et l'armée prussienne rencontrent des difficultés ou même des impossibilités, comme il est arrivé au capitaine d'Hérisson, elles ne sauraient être imputées à l'armée française.

Ce soir à minuit, comme dernière nouvelle : arrivée d'un pigeon, que va-t-il nous apporter ? Il est une heure du matin ; le bruit du canon ne discontinue pas.

## 122° JOURNÉE

**Samedi 14 Janvier**        3 °/₀    51.40

La journée commence par un décret sentant de près la famine.

« Le Gouvernement de la Défense nationale,
» Vu le décret du 29 septembre 1870 ;
» Vu le décret du 1ᵉʳ octobre 1870 ;
» Considérant que plusieurs détenteurs de farines n'ont pas fait la déclaration parce qu'ils considéraient les quantités en leur possession comme trop minimes et composant seulement un approvisionnement de ménage,

» DÉCRÈTE : — Art. 1ᵉʳ. Tout détenteur de farines est soumis à la réquisition pour les quantités excédant cinq kilos par ménage au maximum.
» Art. 2. Réquisition est faite, au nom du Gouvernement de la Défense nationale, de toutes les quantités de farines excédant cinq kilos par ménage.
» Art. 3. Déclaration de ces quantités de farines devra être faite avant le mardi 17 janvier, quatre heures du soir, par lettre adressée au ministère du commerce (bureau des subsistances), 60, rue Saint-Dominique-Saint-Germain.
» Art. 4. Toute déclaration inexacte ou toute dissimulation donneront lieu, contre ceux qui s'en seront rendus coupables ou complices, à la peine de la confiscation édictée par la loi du 17 brumaire an III.
» Art. 5. Le ministre de l'agriculture et du commerce est chargé de l'exécution du présent décret.
» Paris, le 13 janvier 1871.
» Général TROCHU, JULES FAVRE, JULES FERRY, JULES SIMON, EUGÈNE PELLETAN, EMMANUEL ARAGO, ERNEST PICARD. »

### MAIRIE DE PARIS.

« AVIS. — Il est interdit aux boulangers de vendre du

pain aux personnes qui n'appartiennent pas à leur clientèle ordinaire, ou qui ne sont pas munies d'une carte d'alimentation attestant qu'elles habitent le quartier.

» Paris, le 13 janvier 1871.

» *Le membre du Gouvernement, maire de Paris,*

» Jules Ferry. »

### GARDE NATIONALE DE LA SEINE

« *Ordre du jour.* — Les boulangers ne cuisant chaque jour que des quantités de pain proportionnelles au nombre des habitants de leur circonscription, les gardes nationaux qui prennent le service aux remparts et dans des postes éloignés, doivent faire leur provision de pain dans leurs quartiers respectifs. L'oubli de cette précaution les exposerait à ne pas trouver ailleurs les ressources nécessaires, ou à en priver ceux de leurs concitoyens auxquels elles sont destinées.

» *Le général commandant supérieur,*

Clément-Thomas.

Il est inutile de faire des réflexions sur ces trois décisions, elles nous prouvent bien clairement que nous sommes au bout de nos provisions. La fin est donc proche, car nous devons calculer qu'après l'ouverture des portes, malgré toutes les précautions prises par le Gouvernement, il nous faudra encore huit ou dix jours pour ravitailler Paris. Cela, du reste, dépendra beaucoup de l'état des chemins de fer.

Après juste quatre mois de siége, le pigeon béni mille fois, porteur de 1500 dépêches, en avait une à mon adresse. Elle porte la date du 29 novembre.

Ah! ceux qui n'ont pas eu à subir les cruelles angoisses du blocus ni la privation complète de nouvelles, ne peuvent pas comprendre avec quelle ineffable joie j'ai reçu celle qui m'était adressée. Ces nouvelles n'en sont, pour ainsi dire, plus à cette heure, puisqu'elles ont un mois et demi de date, et pourtant jamais je n'ai eu le cœur si satisfait. J'en rends grâce à Dieu.

Avis — « Par suite du bombardement, et à partir du 15 janvier inclusivement, le marché aux chevaux de boucherie se tiendra désormais à l'abattoir de la Villette, rue de Flandre, tous les jours, de dix heures à quatre heures.

» On rappelle que les chevaux amenés spontanément donnent lieu à l'allocation *d'un prix fort* et, en outre, à une prime de *dix francs* par cheval. »

### RAPPORTS MILITAIRES.

« *Paris, le 14 janvier*. — Sur l'ordre du gouverneur, le général Vinoy a préparé hier au soir une sortie contre le Moulin-de-Pierre, à laquelle assistaient les généraux Blanchard et Corréard. La tête de colonne ayant été accueillie par un feu des plus vifs, la sortie n'a pas été poussée à fond, et nos troupes sont rentrées dans les lignes.

» L'ennemi, de son côté, a prononcé une attaque contre nos positions avancées de Drancy ; une fusillade s'engagea ; cessant par intervalles, elle ne se termina définitivement qu'à une heure du matin. Cette attaque n'eut aucune suite et fut énergiquement repoussée.

» Le contre-amiral Pothuau a exécuté une reconnaissance, entre la Gare-aux-Bœufs et la Seine, sur des ambuscades ennemies.

» Un peu plus tard, les Prussiens prirent l'offensive en assez grand nombre ; ils furent accueillis à coups de fusil et se replièrent rapidement, laissant un officier prussien entre nos mains et plusieurs blessés sur le terrain. »

« *14 janvier, soir*. — Le bombardement de la ville s'est étendu dans les quartiers de la rue Monge, Saint-Sulpice et la rue de Varennes, pendant la journée du 14.

» Il a été beaucoup moins vif contre les forts du Sud et les avancées.

» Les mesures de surveillance les plus rigoureuses ont été

ordonnées pour repousser toute attaque de l'ennemi pendant la nuit.

» *Le Gouverneur de Paris,*
» *P. O. Le général chef d'état-major général,* Schmitz.

» Pour copie conforme : *Le ministre de l'intérieur par intérim,* Jules Favre. »

La sortie contre le Moulin-de-Pierre n'a pas été heureuse; cela ne doit surprendre personne. L'ennemi, craignant une forte attaque du côté de Châtillon, avait massé là des forces considérables.

Le corps diplomatique a protesté contre le bombardement. Tout en se renfermant dans la neutralité et plaidant exclusivement la cause de ses nationaux, il ne tient pas moins un langage très-ferme.

M. le comte de Bismark passera outre, cela va sans dire.

Voici cette protestation :

*A S. E. M. le comte de Bismark-Schonhausen, chancelier de la Confédération de l'Allemagne du Nord, à Versailles.*

« Monsieur le comte, depuis plusieurs jours, des obus en grand nombre, partant des localités occupées par les troupes belligérantes, ont pénétré jusque dans l'intérieur de Paris. Des femmes, des enfants, des malades ont été frappés. Parmi les victimes, plusieurs appartiennent aux États neutres. La vie et la propriété des personnes de toute nationalité établies à Paris se trouvent continuellement mises en péril.

» Ces faits sont survenus sans que les soussignés, dont la plupart n'ont en ce moment d'autre mission à Paris que de veiller à la sécurité et aux intérêts de leurs nationaux, aient été, par une dénonciation préalable, mis en mesure de prémunir ceux-ci contre les dangers dont ils sont menacés, et auxquels des motifs de force majeure, notamment les difficultés opposées à leur départ par les belligérants, les ont empêchés de se soustraire.

» En présence d'événements d'un caractère aussi grave, les membres du corps diplomatique présents à Paris, auxquels se sont joints, en l'absence de leurs ambassades et légations respectives, les membres soussignés du corps consulaire, ont jugé nécessaire, dans le sentiment de leur responsabilité envers leurs gouvernements, et pénétrés des devoirs qui leur incombent envers leurs nationaux, de se concerter sur les résolutions à prendre.

» Ces délibérations ont amené les soussignés à la résolution unanime : de demander que, conformément aux principes et aux usages reconnus du droit des gens, des mesures soient prises pour permettre à leurs nationaux de se mettre à l'abri, eux et leurs propriétés.

» En exprimant avec confiance l'espoir que Votre Excellence voudra bien intervenir auprès des autorités militaires dans le sens de leur demande, les soussignés saisissent cette occasion pour vous prier d'agréer, monsieur le comte, les assurances de leur très-haute considération.

» Paris, le 13 janvier 1871.

» *Signé* : Kern, ministre de la Confédération suisse; baron Adelswaerd, ministre de Suède et de Norvége; comte de Moltke-Hvitfeldt, ministre de Danemark; baron Beyens, ministre de Belgique; baron de Zuylen de Nivert, ministre des Pays-Bas; Wasburne, ministre of the United states; Ballivian y Roxas, ministre de la Bolivie; duc d'Aquaviva, chargé d'affaires de Saint-Marin et Monaco; H. Enriquo Luiz Ratton, chargé d'affaires de S. M. l'empereur du Brésil; Julio Thirion, chargé d'affaires par intérim de la République dominicaine; Husny, attaché militaire et chargé des affaires de Turquie; Lopez de Arosemena, chargé d'affaires du Honduras et de Salvador; C. Bonifaz, chargé d'affaires du Pérou.

» Baron G. de Rothschild, consul général d'Autriche-Hongrie; baron Th. de Voelkersanm, consul général de Russie; José M. Calvo y Feruel, consul d'Espagne; L. Cerruti, consul général d'Italie; J. Proenza Vieira, consul général de Portugal; Georges A. Vuzos, vice-consul général de Grèce. »

Les projectiles continuent à tomber sur l'hôpital de la Pitié. On en compte jusqu'à présent 32 tombés sur cet établissement. La prison de Sainte-Pélagie a aussi beaucoup souffert. Dans la rue Monge, un obus a traversé les cinq étages d'une maison, et a éclaté au rez-de-chaussée. Les rues Gracieuse, des Abattoirs, du Puits-de-l'Ermite et de la Clef sont entièrement abandonnées par les habitants. Deux obus sont tombés sur le théâtre de l'Odéon : un sur la toiture de Saint-Sulpice, qui, aujourd'hui, a été traversée. Dieu a épargné les fidèles en prières. Un obus est tombé aussi sur le ministère du commerce, rue de Varennes. Celui qui a pénétré le plus avant, cette nuit, dans Paris, a éclaté rue Hautefeuille, près la place Saint-André-des-Arts.

Comme on le voit, ce n'est pas très-loin du palais de Justice. J'ai voulu juger par moi-même des dégâts commis, et je me suis rendu dans les quartiers bombardés. Les habitants supportent leur malheureux sort d'une manière admirable et surtout avec beaucoup de patience.

Hier, il est parti un ballon. Cette nuit encore un ; un autre encore dans la journée. Aujourd'hui, les employés ont encore distribué des dépêches provenant toujours des 1500 arrivées dernièrement.

Le *Journal officiel* publie les extraits suivants de journaux allemands :

« On lit dans la *Nouvelle Gazette de Prusse* du 5 janvier 1874 :

» Le Gouvernement français publie la dépêche suivante :

» *Bordeaux, le 1ᵉʳ janvier* (officiel). — Le général Chanzy télégraphie du Mans, 1ᵉʳ janvier : « Le général Jouffroy a rejeté hier l'ennemi sur la rive droite du Loir et s'est emparé des importantes positions en vue de Vendôme. Nous avons fait 200 prisonniers. Cette reconnaissance offensive a été vigoureusement conduite par le général Jouffroy, et brillamment exécutée par les troupes. »

» Il est fait allusion ici au combat que la 2ᵉ division a eu à soutenir auprès de Vendôme, sur le Loir, contre des forces ennemies supérieures. L'ennemi, dont l'attaque, d'après les communications allemandes officielles, a été repoussée, y a perdu quatre canons.

» Au sujet de l'évacuation de Dijon par les Allemands, on a reçu les dépêches télégraphiques suivantes : 27 décembre 1870. — Le commandant Ordinaire annonce que les Prussiens ont évacué Dijon et se concentrent à Mirabeau et à Gray.

» D'autre part, le maire d'Auxonne mande : Je reçois un avis du maire de Dijon, qui m'annonce que les Prussiens ont ce matin complétement évacué la ville et les environs; ils marchent sur Gray. J'attends la confirmation de ce fait, et je prends toutes les mesures nécessaires.

» Général CREMER. »

« 28 *décembre*. — *Serres à Gambetta*. — Tout confirme l'évacuation précipitée de (?) (1) Dijon. Les ordres sont donnés pour tirer parti de ce premier et sérieux résultat du combat de Nuits (?) (2). Je me suis entendu avec le général. Tout va bien. A bientôt plus de détails.

» Une lettre de Caen (Normandie), du 22 décembre, annonce que dans la basse Normandie (à partir de Lisieux) on fait de grands préparatifs pour la défense du pays. Dans le cas d'une défaite, les troupes se replieront sur Cherbourg et sur la Bretagne. Nos provisions ont déjà été transportées, dit-on, dans le Cotentin. Le quartier général des troupes dans notre contrée se trouve à Lisieux.

» A Bernay, samedi dernier, des troubles ont eu lieu. Le général Lauriston avait, sur un bruit faux qui avait couru de l'arrivée des Prussiens à Brionne, donné l'ordre de la retraite. La population avait été mise en émoi par cet événement. Quelques coups de fusil furent tirés, et le capitaine

(1) Le point d'interrogation est du journaliste allemand.
(2) Même observation.

de vaisseau Guillelmi, commandant des forces de l'Eure, fut blessé. Les Prussiens qui occupaient Dreux l'ont évacué ; il y avait 350 hommes.

» Arras et Cambrai sont, dit-on, fermement résolus à se défendre. Il y a, dans la première de ces villes, un ancien membre de l'Assemblée nationale de 1848, Lenglet, préfet, et dans l'autre, comme sous-préfet, un écrivain démocratique, Eric Isoard. Tous deux sont pour la résistance à outrance. Les habitants d'Arras ne paraissent pas animés de sentiments aussi énergiques. Au moins, le préfet Lenglet a jugé nécessaire de lancer une proclamation où il menace de mort ceux qui parlent de capituler.

» A Brest, le vapeur américain *Erié* et le vapeur-poste français *Ville-de-Paris* sont arrivés avec 120,000 fusils et plusieurs millions de cartouches. Les armes ont été sur-le-champ dirigées vers l'intérieur par les voies ferrées. »

« Le correspondant militaire de la *Gazette de Silésie* dit, à propos de l'armée du général de Manteuffel :

» Nous apprenons de la 1re armée qui opère dans le Nord, que les opérations contre Amiens, etc., n'ont nullement fait abandonner les avantages obtenus plus loin, vers l'ouest, à Rouen, etc. D'après les derniers télégrammes, la 1re division appartenant à l'armée du Nord déploie ici, sur les deux rives de la Seine, avant comme après, une activité fructueuse. La prise d'assaut du château de Robert-le-Diable, ce héros de la Normandie, en est une preuve.

» De même que sur la Seine, les opérations qui se poursuivent plus loin dans le Nord semblent avoir pris en quelque sorte le caractère d'une petite guerre. C'est seulement ces jours-ci que nous avons entendu parler d'un coup brillant exécuté, au nord-ouest d'Amiens, à Longpré, par trois escadrons prussiens et autant de compagnies, et qui ont fait tomber entre nos mains 3 drapeaux et 24 prisonniers. Même résultat de la part d'un corps mobile sous les ordres du colonel Wittich, à Souchez, où 5 officiers et 170 soldats ont été faits prisonniers.

» Comme cette localité est à une journée de marche au nord de la forteresse d'Arras, on peut en inférer que le général de Manteuffel, bien qu'il n'ai pas cru utile de poursuivre immédiatement avec le gros de son armée l'ennemi qui se repliait, sait pourtant toujours tirer parti de la victoire remportée à Amiens.

» Nos colonnes volantes sont déjà entrées hardiment dans le quadrilatère dont il a été beaucoup question dans ces derniers temps, formé au sud par les forteresses d'Arras et de Douai, au nord par Lille et Valenciennes. Ce fait pourrait servir à expliquer pourquoi le général Faidherbe a transféré son quartier général hors de la petite ville de Vitry, située au centre de ce quadrilatère de forteresses.

» D'après les nouvelles parvenues jusqu'à présent sur les opérations de notre 1$^{re}$ armée, la justice nous oblige de dire que dans sa pointe au nord de Paris, elle a rempli son rôle comme il faut. Se trouvant en face d'une armée alerte et beaucoup supérieure en nombre, et devant de nombreux petits corps, elle a trouvé moyen de remporter deux victoires, d'occuper une ville importante, Rouen, d'entrer dans le port de Dieppe, bref, de conquérir et de s'assurer un vaste champ d'opérations. »

« A cet extrait, la *Gazette de la Croix* ajoute les réflexions suivantes :

» Ces jours derniers, dans les feuilles de Belgique et du nord de la France, il a été beaucoup question d'un plan *mystérieux* du général Faidherbe, qui allait bientôt reprendre l'offensive. Sa position entre Arras et Douai, derrière le lit marécageux de la Scarpe et dans le voisinage d'une série de places fortes, paraissait en effet tout d'abord assez assurée, et le général de Manteuffel, qui ne dispose pas d'un grand nombre de troupes, n'a pas marché contre lui au delà de Bapaume. Pour sortir de cette position désagréable, il paraît avoir entrepris une pointe dans la direction du sud-ouest.

» D'après un télégramme de Lille (*voir plus bas*), il en est résulté un combat entre la 1$^{re}$ division de l'armée du Nord et les troupes allemandes. Le théâtre de la rencontre est à environ 2 milles et demi au sud d'Arras et trois quarts de mille au nord-ouest de Bapaume. Cet endroit, jusqu'aux limites duquel le général de Manteuffel a poursuivi l'ennemi qui se retirait, est situé au point d'intersection des routes d'Amiens à Cambrai, et de Ham (c'est-à-dire de Péronne) à Arras. A l'ouest de Bapaume passe le chemin de fer d'Amiens à Arras; la première station, Achiet, est à trois quarts de mille. La rencontre a eu lieu entre cette ligne et la route de Bapaume à Arras.

» Ervilliers, qui est mentionné dans la dépêche, avec Achiet, est situé sur la route de terre, à un mille au nord de Bapaume, et le village de Behaynier (ou Behagnies), dont les Français se sont emparés en passant, est à moitié chemin entre Ervilliers et Bapaume. Nous n'avons pas le rapport allemand sur le combat; mais comme la dépêche de Lille avoue elle-même que les Français ont dû évacuer le village après une perte considérable, nous devons supposer que les nôtres sont restés vainqueurs.

» Voici la dépêche de Lille dont il vient d'être parlé :

» *Bruxelles, le 3 janvier.* — On mande aujourd'hui (mardi) de Lille : Hier a eu lieu entre Ervilliers et Achiet un combat entre la 1$^{re}$ division de l'armée du Nord (Faidherbe) et l'ennemi. Dans le cours de la lutte, les Français ont réussi à s'emparer en passant du village de Behagnies (à l'est d'Achiet, sur la route de Bapaume à Arras); mais ils ont dû l'évacuer avec des pertes considérables. Le reste de l'armée du Nord n'a pas pris part au combat. »

« *Boulzicourt, le 3 janvier.* — Mézières a été occupé hier, à midi, par les troupes prussiennes, 2,000 prisonniers, dont 98 officiers, 106 canons et beaucoup de provisions de bouche. DE WOYNA. »

« *Versailles, le 3 janvier.*—A la suite du discours prononcé par le grand-duc de Bade dans le banquet du 1$^{er}$ janvier, à Versailles, la *Nouvelle Gazette de Prusse* (*Gazette de la Croix*) publie le discours suivant du roi de Prusse, en réponse à l'Adresse qui lui a été présentée par la Chambre des Seigneurs :

» Le contenu de l'Adresse de la Chambre des Seigneurs que vous venez de lire ne peut que me réjouir, et c'est avec raison que vous attachez une importance qui en rehausse la valeur au lieu et au jour où je la reçois de vous. Quant aux événements considérables qui nous ont amenés ici et auxquels la Chambre des Seigneurs fait allusion, laissez-moi en témoigner ma reconnaissance à l'armée, à laquelle nous devons ces résultats; mais je l'exprime aussi à la Chambre des Seigneurs pour l'intelligence qu'elle a eue de la situation, pour l'appui patriotique qu'elle a prêté à ma réorganisation de l'armée, qui a éprouvé une résistance si longue que notre avenir en paraissait presque compromis.

» Votre Adresse mentionne encore un autre événement d'une haute importance et qui est imminent, événement de nature à symboliser l'unité de l'Allemagne, si longtemps poursuivie. Je le dis avec vous, puisse-t-elle se consolider et s'affirmer pour la plus grande gloire de Dieu et le bonheur de l'humanité! Mais aussi on ne doit pas oublier que c'est le développement de la Prusse, dans toute la suite de son histoire, qui conduit au but qui vient d'être atteint. »

« *Londres, le 3 janvier.* — Le *Times* assure que, d'après des avis qui lui parviennent de bonne source, la capitulation de Paris peut être considérée comme prochaine.

» Nous nous en réjouirions si la chose se confirmait; mais nous conseillons de ne pas entretenir des espérances prématurées. Celui qui s'est une fois enfermé dans le cul-de-sac de la résistance à outrance ne peut revenir aisément sur ses pas, et la chose est encore plus difficile quand il s'agit d'une population tout entière se trouvant dans « une situation sans issue » et qui est sous le coup de l'anathème moral que la crainte du voisin fait planer sur tous, et qui empêche chacun de commencer l'aveu public de l'inutilité et de la folie d'une défense trop prolongée. Il faut que la défense atteigne réellement son plus haut point pour que les entraves se rompent et que l'on prononce enfin le mot de reddition. »

### DERNIÈRES DÉPÊCHES.

« *Vienne, le 4 janvier.* — Le *Bureau de la Correspondance télégraphique* annonce : Les nouvelles à sensation, colportées depuis quelques jours, comme télégrammes, sur le prétendu envoi d'un plénipotentiaire spécial de l'Autriche à Versailles, aussi bien que sur des négociations qui auraient soi-disant lieu à Berlin pour la conclusion d'une alliance sont, d'après les informations certaines, dénuées de vraisemblance et de fondement. »

« *Londres, 4 janvier*. — Le *Times* prétend que le comte de Bismark a adressé à l'ambassadeur comte de Bernstorff une nouvelle communication d'après laquelle une occupation partielle du grand-duché de Luxembourg devrait avoir lieu, dans le cas où le Luxembourg, pendant le siége de Longwy, prendrait une attitude semblable à celle qu'il a montrée pendant le siége de Thionville. »

« *Bruxelles, le 4 janvier*. — Le *Moniteur* du 29 décembre publie un décret d'après lequel Alger est excepté de l'arrêté qui dissout les conseils généraux et les conseils d'arrondissement.

» Le décret annonçant la réunion définitive de la commission d'enquête concernant les capitulations de Metz et de Strasbourg a été de nouveau rapporté.

» Une circulaire du ministre de la guerre aux généraux rappelle de nouveau la nécessité de mettre les troupes à l'abri dans des cantonnements, par suite de la rigueur du froid. »

« *Gazette universelle de l'Allemagne du Nord (Norddeutsche Allgemeine Zeitung)* du 7 janvier 1871.

### DÉPÊCHES OFFICIELLES MILITAIRES.

« *Versailles, le 5 janvier*. — Les batteries élevées contre le front sud de Paris, et que l'ennemi n'a pu empêcher, ont ouvert leur feu aujourd'hui sur les forts d'Issy, Vanves, Montrouge, les fortifications de Villejuif, le Point-du-Jour et les canonnières. En même temps, le bombardement du front nord et ouest a été puissamment continué, en partie à l'aide de batteries nouvellement installées Succès très-réel, malgré de forts brouillards. De notre côté, 4 hommes tués ; 4 officiers et 11 hommes blessés.

» Le général von Bentheim est tombé à quatre heures du matin, de Rouen, sur les troupes ennemies qui se trouvaient sur la rive gauche de la Seine, sous le commandement du général Roye, les a mises en déroute et leur a

pris, en les poursuivant hier et aujourd'hui, quatre canons, *trois drapeaux et environ 600 prisonniers.*
» L'armée du Nord, de Faidherbe, repoussée à Bapaume, se trouve en retraite sur Arras et Douai.

« V. Podbielski. »

» *Amiens, le 5 janvier.* — La poursuite du général Roye, battu sur la rive gauche de la Seine, a encore été continuée hier par un petit détachement de troupes de diverses armes, sous le commandement du major Breinitzer, jusqu'au delà de Bourg-Achard : il atteignit l'ennemi à nouveau, lui reprit encore deux canons, un chariot de munitions, fit des prisonniers et le mit en fuite.

» Comte Wartensleben. »

» *Charleville, le 5 janvier.* — Le coup de main sur Rocroy a réussi : la forteresse capitule. Deux compagnies prennent encore aujourd'hui possession des portes.

» Von Senden. »

### Réflexions du journal.

« Le bombardement de Paris est déjà entrepris sur trois points : au nord, à l'est et au sud.

» Au nord et principalement au nord-est, où il semble que de nouvelles batteries ont ouvert leurs feux, les positions ennemies de Drancy et le fort d'Aubervilliers sont pris comme objectif ; ces batteries se réunissent et croisent leurs feux avec celles qui sont installées plus au nord-ouest entre Aulnay et le Blanc-Mesnil, et qui sont celles qui agissent si bien du parc du Raincy et du Pressoir, depuis le 27 du mois dernier, contre le mont Avron et le front est de la place.

» Mais le bombardement contre la partie sud est bien autrement intense, au point que les Parisiens, c'est-à-dire les habitants de l'intérieur de la ville, ont l'effroi d'un mitraillement presque constamment sous les yeux.

» D'après ces indications sur les objectifs les plus proches du bombardement des batteries du sud, il faut croire qu'elles sont établies sur ce plateau qui s'élève lentement depuis Sèvres et s'étend en arc de cercle au sud, en traversant le parc de Meudon, jusqu'à Clamart, Fontenay-aux-

Roses, Plessis-Piquet, où il s'abaisse de nouveau rapidement vers Bagneux et Bourg-la-Reine.

» Or les angles saillants de ce plateau en face des forts d'Issy, Vanves et Montrouge sont à peine éloignés de ces forts de 5,000 pas en ligne droite ; les forts ne sont eux-mêmes qu'à 3,000 pas, et il est à observer que les parties méridionales de Paris, Grenelle, Vaugirard, etc., doivent se ressentir fortement du bombardement des forts. Ainsi, voici le moment du feu contre Paris arrivé.

» En ce qui touche les fortifications de Villejuif, elles sont probablement des avancées des forts de Bicêtre et Ivry; elles sont, pour ces forts, ce que le plateau d'Avron est à peu près pour les forts de Noisy et de Rosny : il faut donc les nettoyer d'abord, pour pouvoir atteindre les forts, qui sont en contre-bas.....

» De la Loire, on a des dépêches officielles françaises annonçant des combats de reconnaissances qui ont eu lieu le 1er et le 2 du courant à la Bazoche-Gouet (du nord-ouest du Mans) et dans les environs de Vendôme. Il est entendu que, dans tous ces engagements, les Français ont été partout vainqueurs et ont infligé de rudes pertes aux ennemis.

» Nous savons que les Français et leurs feuilles sont tellement habitués aux mensonges de cette sorte qu'ils ne se donnent même plus la peine de pousser des cris de joie. Ce qu'il y a d'essentiel, c'est que tout est au même point vers le nord de la Loire et que les opérations offensives de Chanzy, sur qui on fondait tant d'espérances, se font toujours attendre.

» Dans le sud-est, la réalisation de la grande diversion si prônée de Gambetta pour sauver Belfort paraît bien peu remarquable, car, à l'exception de la fuite précipitée du corps de la vengeance en Suisse, il n'apparaît point que des forces considérables françaises se soient présentées.

» L'Allemagne peut, du reste, envisager avec calme et confiance le cours des événements qui se passent sur la Saône et sur le Doubs, d'après les indications de la dépêche du général Glümer ; car il en résulte que toutes les dispositions sont prises pour que l'ennemi ne puisse passer les Vosges. Il faudra donc que Garibaldi, commandant de l'armée des Vosges, demeure dans l'avenir un général *in partibus*.

» Comme conséquence agréable de la capitulation de Mézières, il faut citer la reddition de Rocroy. C'est une petite forteresse (4,000 habitants), au nord-ouest de Mézières, près de la frontière belge. D'après l'*Indépendance belge*, la chute de Mézières a produit une sensation si puissante sur Rocroy, que la garnison s'est retirée précipitamment sur Givet, en laissant la défense à la garde nationale sédentaire.

» En attendant, suivant le même journal, des troupes allemandes sont déjà en route sur Givet et ont occupé la station de Vibreux, à un mille et demi de Givet. Cette dernière ville n'a d'importance que parce qu'elle domine la ligne ferrée qui se dirige sur Namur, en Belgique, et cette importance n'est évidemment que secondaire. Si toutefois les bandes de francs-tireurs nous devaient rendre difficile le voisinage de Givet, on ne tarderait vraisemblablement point à occuper cette forteresse. »

« Paris, qui a supporté seize semaines d'investissement avec une bonne humeur qu'il faut bien reconnaître, commence à se sentir fort mal à l'aise.

» Notre feu, dirigé de trois points sur les forts, indique que nous allons causer sérieusement avec la ville sacrée, et cette nouvelle action amènera un succès définitif. Plusieurs indices semblent prouver la justesse de l'opinion du *Times*, que Paris ne pourra plus tenir longtemps.

» Le silence de l'artillerie française est très-significatif. Le général Trochu a été si prodigue, au début, de sa poudre et de ses canons, qu'au moment décisif l'artillerie française devait certainement être réduite au silence. Mais cet épuisement des munitions n'est pas de nature à hâter beaucoup l'heure de la capitulation.

» Les conditions de température nous sont très-favorables. Le froid a exagéré les souffrances causées par les privations dans les masses très-impressionnables ; la pénurie du combustible et de l'éclairage, le manque d'aliments sains augmentent les besoins.

» Nous avons trouvé des auxiliaires : le froid, la maladie et la famine. Leur action, jointe à la pression matérielle et morale des bombes qui frappent les faubourgs, fera comprendre aux patriotes les plus enragés que la ville géante n'est pas invincible, et les rendra plus accessibles à des influences plus sages que celles d'un gouvernement d'avocats.

» Il s'échappe de la Babylone parisienne des symptômes qui indiquent la chute prochaine du règne de Trochu et l'approche de la catastrophe finale. Bientôt on entendra parler des quartiers ouvriers et révolutionnaires menacés dans leur sécurité.

» La crise est donc prochaine ; peu de temps après que les mots de « reddition de Paris » auront été prononcés par les lèvres châtiées de la fine société de Paris, ils éclateront tumultueusement dans toutes les rues de la ville impériale.

» La chute de Paris amènera-t-elle la fin de la guerre? Il est difficile de répondre à semblable question, à cause de l'illusion qui règne partout dans la grande nation et qu'entretiennent les avocats parisiens. Nous avons la foi la plus ferme que ce cri effroyable : Les Allemands sont entrés dans Paris, retentissant par toute la France, y sèmera l'épouvante.

» Tout le monde comprendra que l'invasion ne pourra plus être repoussée par la force, et les masses s'uniront aux classes éclairées pour adopter une ligne de conduite plus raisonnable et pour secouer le joug de la dictature.

» Dès lors le sentiment de la nécessité de la paix se développera des deux côtés et amènera la France à accepter, par l'entremise de ses représentants, les conditions de cette paix. »

« Nous recevons cette nuit communication des nouveaux extraits qui suivent :

» *Nouvelle Gazette de Prusse (Gazette de la Croix) du 7 janvier 1871.*

« La dépêche de M. de Beust au comte de Wimpfen à Berlin en réponse aux ouvertures faites pour une *alliance allemande* avec le futur empire, décline tout engagement pour ce moment, et souhaite ardemment au nouvel État la prospérité si chèrement acquise.

» La province Alsace-Lorraine sera province isolée, représentée dans la Confédération du Nord par un gouverneur impérial, résidant à Strasbourg, exerçant à la fois l'autorité civile et militaire et jouissant des droits de la Couronne et du ministère. L'Alsace ne sera pas incorporée à la Prusse, mais aura sa vie politique propre, et enverra au conseil de la Confédération et au Reichstag ses représentants. C'est là ce qui résulte des décisions encore secrètes prises par le chancelier général, le conseiller d'État Delbruck, le commissaire civil de l'Alsace von Kuhlwetter et le comte Luxbourg, préfet du Bas-Rhin.

» Dans une description du siège de Paris, la *Gazette de Prusse* s'exprime ainsi : Voici donc l'attaque entrée dans une nouvelle phase : le bombardement. Il n'y a plus de doute qu'on ne procède dorénavant avec la plus grande vigueur contre les forteresses de la capitale.

» L'œuvre sérieusement commencée sera conduite à bonne fin, à une fin glorieuse, sans coup férir et sans faiblir. CE QUE NOUS PRENONS, NOUS LE TENONS BIEN.

» L'article se termine par cette phrase, après avoir annoncé l'attaque sur Aubervilliers et Saint-Denis : Tout ceci semble donc démontrer que l'attaque de Paris se constituera en une opération circulaire très-énergique, qui aura pour effet d'attirer l'assiégeant sur un grand nombre de points. De là nous viendra la possibilité de concentrer toute la force de la résistance sur un seul point, de pouvoir attaquer en face l'adversaire sur un terrain très-limité, et d'assurer le progrès du siége d'une manière indubitable et continue.

» L'important (ajoute plus loin la *Gazette*), c'est de bombarder Villejuif, qui doit éprouver le sort du plateau d'Avron, afin qu'on puisse approcher des forts de Bicêtre et d'Ivry, que les formidables fortifications de Villejuif couvrent fortement. »

« *Munich, le 5 janvier.* — D'après une communication télégraphique émanée du ministère de la guerre, de Châtenay, le bombardement des forts du sud de Paris a commencé cette après-midi par les corps n° 2 bavarois et prussiens. (Châtenay est derrière Sceaux, sur la route de Choisy-le-Roi à Versailles.) Le 2ᵉ corps bavarois (von Hartmann) occupe, entre les 6ᵉ et 5ᵉ corps d'armée prussiens, le centre des positions allemandes, et se trouve tout près de Clamart et de Bagneux, sur les hauteurs conquises le 19 septembre, au commencement de l'investissement. »

« *Bruxelles, le* 5 *janvier*. — Jusqu'à présent nous n'avons point reçu de nouveaux détails sur le combat du 3 janvier à Bapaume. Nous savons cependant que 1,500 blessés français sont entrés dans Lille la nuit dernière. »

« *Lorraine, le* 1er *janvier*. — On écrit à la *Gazette de Cologne* :

» Nous ne cessons de voir passer par ici des troupes bavaroises, saxonnes, et de diverses provinces de Prusse. Parmi eux, il y a beaucoup de remplaçants, en général jeunes, bien bâtis, beaucoup volontaires et d'hommes de la landwher, dont un grand nombre a déjà dépassé de beaucoup la trentaine ; les premiers sont destinés à remplir les cadres *trop souvent clairsemés*. Les autres doivent assurer la possession des places et les étapes des routes. On peut estimer à 150,000 hommes les troupes allemandes qui auront franchi le sol français depuis le milieu de décembre jusqu'au milieu de janvier.

» Il n'y a pas à dire, le peuple allemand doit donner toutes ses forces et développer la plus grande énergie ; il y est, du reste, préparé. Car plus nous aurons de troupes ici, et plus nous devons espérer de triompher de la résistance désespérée de la nation française : alors bientôt nous pourrons donner une fin désirée à cette violente guerre.

» Il ne faut pas regretter en Allemagne les sacrifices les plus considérables. Selon toutes les espérances, cela ne peut pas durer plus longtemps, car il est impossible que la France persiste dans sa résistance actuelle, et encore moins la rende plus énergique. »

« *Versailles, le* 2 *janvier*. — On écrit à la *Nouvelle Gazette* :

» A la villa Coublay, au parc d'artillerie, règne la plus grande activité. Je viens d'apprendre que la nuit dernière 80 pièces ont été transportées à Meudon, d'où l'artillerie doit canonner rigoureusement le fort d'Issy.

» L'inspecteur général de l'artillerie, général von Hindersin, a donné l'ordre de tenir prêts 500 coups par pièce, de préparer le service et le personnel des canons avec des vivres pour douze jours. On calcule que ces 500 coups suffiront à une canonnade de six à sept jours par pièce; pendant ce temps, les colonnes chargées de l'approvisionnement pourront renouveler les munitions.

» Hier, presque tous les forts ennemis sont demeurés tranquilles. On se prépare aussi dans Paris au grand tournoi d'artillerie.

» Les nouvelles pièces de marine construites à Paris ont une plus grande portée que nos lourdes pièces, qui ne portaient qu'à 7 ou 8,000 pas (*schritt*), tandis que certaines pièces françaises ont atteint 11,000 *schritts*. Cependant l'histoire de cette guerre démontrera que c'est l'artillerie prussienne qui a toujours décidé du résultat par la précision de ses feux.

» Maintenant que le bombardement de Paris est commencé sérieusement, notre artillerie est fortement couverte par l'infanterie, qui a pour mission de repousser les sorties auxquelles on s'attend de la part de l'ennemi.

» A Paris, il semble que l'un des principaux éléments soit sur le point de s'épuiser; notre administration supérieure des approvisonnements a reçu des nouvelles qui annoncent que Paris n'a plus de pain que jusqu'au 20 janvier.

» Nos troupes, qui sont cantonnées dans les villas abandonnées des riches Parisiens, se voient obligées, par le froid, de casser les meubles, chaises, tables, pianos, etc., et de les brûler pour se chauffer.

» L'état sanitaire de notre armée peut toujours être considéré comme excellent; la mortalité n'est environ que de 3 1/2 pour 100. Dans la guerre d'Autriche, pendant que le choléra sévissait, en un mois, elle était de 20 pour 100. »

« Du 6ᵉ corps d'armée silésien, on écrit à la *Gazette de Silésie*:

» Dans la nuit de Noël, quelques-uns de nos chasseurs de grand'garde aux avant-postes, à l'est de Chevilly, avaient allumé un petit feu pour se chauffer. Ils étaient mélancoliquement assis autour du foyer et s'entretenaient tranquillement de leurs affaires, lorsque tout à coup, comme cadeau de Noël, leur arrive un terrible pain de sucre de l'ennemi.

» Les vingt-cinq chasseurs qui faisaient ainsi la causette se levèrent en sursaut, mais la bombe fit de cruels ravages.

Trois d'entre eux furent tués, dix grièvement blessés, les autres en furent quittes pour la peur. Cela leur a donné une rude leçon pour avoir allumé du feu en face d'un ennemi qui est vigilant au dernier degré, et ne néglige pas une seule occasion de nous causer les plus grands dommages quand il le peut.

» L'ordre général est donné de ne pas allumer de feu aux avant-postes : l'ennemi est tellement près, qu'il peut nous infliger des pertes sérieuses, non-seulement avec ses canons, mais même avec ses chassepots.

» Son audace et son astuce sont d'ailleurs constamment en éveil. C'est ainsi qu'il s'est avisé de nous envoyer un énorme bateau charbonnier qu'il a abandonné sur la Seine, afin d'emporter le pont de pilotis que nous avons construit près de Corbeil.

» L'étiage de la Seine est depuis quelque temps si élevé que le fleuve sort de son lit. On présume que les endiguements élevés à Paris ont été installés pour amener des inondations. De plus, d'énormes glaçons arrivent avec une grande vitesse. Ledit bateau, chargé de pierres, venait avec une violence extrême, descendait le courant, et menaçait d'emporter le pont de Corbeil, si précieux pour nos communications.

» Déjà on l'avait signalé à notre attention, à une station précédente, et on avait annoncé son approche par le télégraphe. Il arrivait en faisant craquer et brisant les glaçons ; sa vitesse était tellement grande, qu'à notre sens non-seulement il briserait les piliers de bois du pont construit par nous, mais encore les piliers de pierre du pont de Corbeil. Des hommes armés de cordes et de harpons se tenaient prêts à l'arrêter ; il cassa les cordes, mais, somme toute, on put le guider et il passa intact sous les arches ; ensuite on put l'amener au rivage, où il fut mis en pièces par nous.

» Mais dans un autre endroit, nous n'avons pas été aussi heureux. La glace s'était montrée abondante et très-solide, dans les derniers jours, à Villeneuve-Saint-Georges ; les glaçons s'étaient soudés ensemble, de manière à former une masse énorme. Le pont fut emporté ; les piliers de bois pliaient comme des roseaux, et nos communications par ce point furent totalement coupées. »

« Le Gouvernement français publie les dépêches suivantes :

» *Bordeaux, le 3 janvier.* — Une reconnaissance entre Château-Renault et Vendôme rencontra un corps ennemi composé de hussards et de deux compagnies d'infanterie, qu'elle poursuivit jusque dans les environs de Vendôme en lui causant des pertes sérieuses.

» Le 31, dans la Seine-Inférieure, les Prussiens ont eu plus de 300 morts et blessés. Ils ont été complétement dispersés par les francs-tireurs.

» A l'est, quelques combats ont eu lieu près de Gray et sur la ligne de Baume jusqu'à l'Isle-sur-le-Doubs. L'ennemi a été dispersé sur les deux points ; à Brest sont arrivés hier 800 blessés. »

« *Bordeaux, le 3 janvier, soir* (officiel). — Quelques engagements ont eu lieu, le 31 décembre, dans le voisinage du Loir. Une reconnaissance de la Bazoche-Gouet sur Courtalin a poursuivi un corps de troupe prussienne qui a laissé 65 morts sur la place.

» Un brillant combat a été engagé le 1$^{er}$ janvier par les cavaliers algériens de Laerdin, qui ont fait reculer les avant-postes ennemis jusque près de Longpré et Saint-Amand.

» Le 2, un poste ennemi a été culbuté à Lance et a laissé entre nos mains 10 prisonniers, un fourgon de fourrages et des bêtes à cornes. L'ennemi a eu 10 hommes hors de combat, et s'est réfugié sur Vendôme.

» Près Huisseau, nos tirailleurs ont infligé des pertes à l'ennemi.

» Le 2 janvier, les francs-tireurs de Lyon ont mis en fuite l'ennemi près de Chanes (ou Chanceaux) et l'ont poursuivi durant 10 kilomètres ; on lui a tué de 80 à 100 hommes et 7 chevaux. Nous avons eu 3 morts, 6 blessés et 2 prisonniers. »

« La *Gazette de Prusse* fait, à propos des dépêches, les réflexions suivantes :

» Les villages de Longpré, Saint-Amand, Lance et Huisseau, où les Français prétendent avoir livré d'heureux combats les 1$^{er}$ et 2 janvier, se trouvent au sud de Vendôme, entre cette ville et Château-Renault. La Bazoche et

Courtalin, où l'on se serait également battu le 31 décembre, sont situés à l'ouest de Châteaudun, route du Mans.

» Il est difficile, d'après ces nouvelles, de conclure quelque chose de bien précis. Les noms, par les télégrammes successifs, sont si fréquemment défigurés que c'est à peine si on peut les trouver sur les cartes. De ces notices il ne ressort clairement qu'un seul fait, c'est que l'armée de Chanzy est sur le Loir, entre Châteaudun et Vendôme, et sur la Brenne, entre Vendôme et Tours, et qu'il cherche à inquiéter la 2e armée. Cela n'a pas encore amené l'ennemi à une grande offensive. »

« *Bordeaux, le 4 janvier.* — Les troupes du grand-duc de Mecklembourg qui sont dans le corps de Von der Tann continuent leur concentration. »

« *Le Havre, le 4 janvier.* — Le général Roye a été aujourd'hui attaqué par des forces imposantes prussiennes sur la rive gauche de la Seine et sur plusieurs points. Des détails précis manquent. (Ce sont là les termes en usage quand la chose ne va pas bien. Le général Roye, on le sait, a été battu.) »

« *Dijon, le 3 janvier.* — Hier, une colonne ennemie (allemande) de 7 à 800 hommes, marchant de Semur à Montlay, a été rencontrée à l'entrée du bois de Saulieu par un bataillon de garibaldiens, une compagnie du génie, une compagnie de la légion de l'Orient et la garde nationale de Saulieu. L'ennemi a été mis en fuite en laissant 30 hommes. »

« D'Orléans, quartier général de la 2e armée, on écrit à la *Gazette de Cologne* :

« Aujourd'hui sont arrivés de Dantzig 130 matelots, pour monter les quatre canonnières trouvées le 5 décembre dans le lit de la Loire et qui formaient vraisemblablement une portion de la flottille de la Loire, qui doit se trouver plus bas au sud. Les matelots faisaient une piteuse mine en reconnaissant que ces coquilles de noix, en dehors de la place consacrée aux mouvements de la pièce de canon, ne pouvaient recevoir que dix-huit matelots.

» Ces chaloupes sont de moitié plus courtes que celles de

la Sprée. Chacune d'elles porte une petite machine à vapeur. En tout cas, on s'était figuré que les canons avaient une culasse plus grosse, telle qu'on est habitué à les voir dans les eaux de Dantzig ou dans les ports de guerre prussiens.

» On ne sait si l'on se servira de ces engins, mais ils pourront toujours être utilisés à inquiéter l'ennemi et à l'empêcher de jeter ses ponts de bois.

*Nouvelle Gazette de Prusse* du 4 janvier 1871 :

« *Berlin, le 4 janvier*. — On connaît la mesure prise par le ministre de la guerre relativement à la *Gazette populaire* (*Volkszeitung*) et dont nous avons parlé dans notre numéro du 2. Le journal s'élève contre cette décision, et prétend « qu'il a bien défendu le but national de la guerre et travaillé par là à éveiller l'enthousiasme dans l'âme du soldat. »

» Si l'on veut connaître la façon dont la *Gazette populaire* s'y prend pour éveiller l'enthousiasme du peuple et de l'armée, on n'a qu'à lire l'article suivant: « Celui qui voit dans le passé les semences de l'avenir, celui-là ne peut considérer qu'avec une profonde douleur le sombre avenir qui se prépare. La période des dix dernières années qui viennent de s'écouler avait commencé par une lueur d'espoir ; on espérait un régime constitutionnel, une nouvelle ère, mais cette lueur s'évanouit bientôt, et nous eûmes l'ère du régime sans budget. Le peuple resta ferme et inébranlable devant tous les artifices de la réglementation et des ordonnances de presse ; il se montra inflexible dans sa revendication des droits du citoyen ; alors commença l'ère de sang et de fer dans laquelle, à de courts intervalles, nous avons déjà vu trois campagnes dont les proportions ont toujours été en augmentant. » On comprendra par cet échantillon que le ministre de la guerre n'ait pas jugé que la lecture de cette feuille fût de nature à ranimer l'enthousiasme de ceux qui se trouvent dans les hôpitaux.

« Le général Vogel de Falkenstein est attendu ce soir à Stettin ; il doit descendre à l'hôtel de Saint-Pétersbourg. »

*Nouvelle Gazette de Prusse* du 5 janvier 1871.

« L'*Écho du Luxembourg* mande de Longwy, que le

commandant d'artillerie de Longwy a informé celui de Montmédy qu'il n'avait capitulé que dans la crainte de voir sauter les poudrières. A Longwy on a pris bonne note de ce renseignement, en même temps que toutes les mesures nécessaires pour empêcher le même fait de se reproduire.

» On a mandé de plus, de Montmédy, que 80 pièces de grosse artillerie avaient été amenées dans le voisinage de Longwy par le tunnel de Montmédy et étaient arivées. A cette nouvelle, le commandant a tenté une reconnaissance dans la direction de Villers-la-Chèvre, Fresnay-la-Montigny et Tallencourt (à 10 kilomètres de Longwy). Parti le 27 décembre, à trois heures du matin, il est revenu à dix heures, avec une perte de 3 morts et 11 blessés; l'aide de camp du colonel commandant, 5 soldats et plusieurs chevaux d'officiers ont été pris. On s'est assuré en même temps que l'ennemi n'avait encore entrepris aucuns travaux de siège.

» Les bruits de victoires remportées par Trochu étant ordinairement les indices révélateurs de ses intentions, il est bon de rapporter que le 29 au soir et le 30 au matin, la nouvelle d'une sortie victorieuse s'était répandue à Lille; les Parisiens, disait-on, avaient pénétré à Chelles et avaient tout écrasé.

» Des voyageurs d'Amiens confirmaient cette nouvelle; chacun y croyait et était dans la jubilation; mais, le soir, l'*Echo du Nord* fut obligé d'en rabattre et d'émettre des doutes; mais il se consola en annonçant un bulletin de victoire du général Chanzy, et dans lequel ce chef si jaloux de ses victoires aurait repris l'offensive et taillé en pièces une arrière-garde du prince Frédéric-Charles, tandis que Bourbaki aurait exécuté un mouvement menaçant vers le nord-est.

» Quant à Faidherbe, le correspondant lillois de l'*Indépendance* annonce qu'il ne s'inquiète pas des incursions des Prussiens; qu'il a en tête de plus « hauts plans, » mais qu'il les tient cachés, et que son état-major lui-même ne sait rien de ce qu'il projette, ou du moins qu'il fait l'ignorant. En attendant, le chemin de fer du Nord redoublerait ses mesures de précaution; il évacue toutes ses gares : Lille, Lens, Nœux, Carvin, etc.

» Lille accélérerait ses moyens de défense; mercredi, le conseil municipal a encore voté un crédit supplémentaire de 300,000 francs pour l'approvisionnement de la ville.

» Le même correspondant mande du 31 décembre que ce jour-là, au matin, Faidherbe était parti de Vitry dans la ferme intention de livrer une bataille et que cette nouvelle avait causé une grande agitation à Lille ; car cette bataille déciderait du propre sort des habitants et pourrait leur amener une répétition du bombardement de 1792... En effet, si Faidherbe était battu, il serait matériellement impossible de rassembler à Lille les éléments d'une 3e armée, et la ville courrait le plus grand danger. La campagne du Nord devient toujours plus incertaine pour les Français. »

« On écrit à la *Gazette de Cologne* : D'après des nouvelles de Lille du 1er janvier, la nouvelle de la reddition d'Abbeville n'est pas fondée. Cette ville ne compte plus parmi les places fortes, mais ses remparts n'ont pas été démolis. Elle a demandé, dit-on, des renforts pour être mise en état de résister, et ces renforts lui ont été envoyés. Les communications entre Arras et Lille sont de nouveau rétablies. Aussi croyait-on, à Lille, que l'armée du général de Manteuffel avait commencé son mouvement de retraite. Les communications entre Lille, d'une part, Cambrai et Avesnes, de l'autre, sont toutefois encore coupées.

» Le train parti de Lille pour cette dernière localité a dû revenir sur ses pas. Il y avait eu, en effet, un combat dans le voisinage de Busigny. Des gardes mobiles expédiés par le chemin de fer comme renforts avaient forcé les Prussiens à reculer et à attendre des secours ; dès que ces derniers furent soutenus, ils chassèrent les Français de Busigny, qui est une localité importante, parce que plusieurs voies ferrées viennent s'y embrancher.—Les uhlans se sont montrés très-hardis dans le département du Nord ; 27 d'entre eux ont traversé les avant-postes français et poussé jusque sous les murs d'Arras.

» La prompte capitulation de Mézières surprendra généralement, cette forteresse étant considérée comme imprenable.

» D'après des nouvelles de Givet (29 décembre), la canonnade était si épouvantable dans les environs de Mézières, que toute la population des campagnes, saisie d'effroi, s'enfuyait avec tout ce qu'elle possédait.

*Nouvelle Gazette de Prusse* du 5 janvier 1871.

*Nouvelles d'Autriche.* — « Le grand événement de la

transformation de l'Allemagne par l'hégémonie de la Prusse a été, à notre grande satisfaction, accueilli par le cabinet de Vienne avec amitié et bienveillance, et salué d'une manière sympathique par le chancelier comte de Beust, dans une dépêche à l'ambassadeur d'Autriche à Berlin, le 26 du mois dernier.

» Nous ne serons en mesure d'apprécier à sa véritable valeur toute l'importance de cette démarche qu'après la publication des documents autrichiens; mais déjà le simple fait qu'à Vienne l'empereur et son gouvernement ont manifesté de vives sympathies pour la transformation de l'Allemagne et exprimé l'espoir que la paix et la concorde sortiront de ce grand fait historique, a pour nous une signification considérable. On l'appréciera de cette façon dans nos cercles politiques.

» Cette démarche est de nature à fortifier les bons rapports de l'Allemagne avec l'Autriche-Hongrie, ainsi qu'on en trouve le vœu formulé dans la dépêche du chancelier fédéral à M. de Schweinitz, du 14 décembre. »

« On écrit à ce sujet à la *Gazette de Cologne* :

» ... La paix de Prague était, depuis le commencement de la guerre avec la France, considérée par les adversaires de l'unité allemande comme l'unique moyen de conduire à une entente entre la Prusse et l'Autriche dans les affaires allemandes; les journaux demandaient des concessions, posaient des conditions de l'exécution desquelles le chancelier devait faire dépendre la reconnaissance du nouvel état de l'Allemagne. Il n'en est rien.

» M. de Beust avait déjà déclaré précédemment que les stipulations de cette paix ne devaient pas être un obstacle au développement des pays limitrophes de l'Allemagne, et il a tenu parole. Sans se départir du point de vue autrichien, il a subordonné la paix de Prague au grand fait historique de l'unification de l'Allemagne sous la direction de la Prusse.

» Cet événement capital deviendra la règle pour l'appréciation des rapports entre les deux empires de l'Europe centrale. Le comte de Beust affirme que dans tous les cercles influents de l'Autriche-Hongrie existe le désir d'entretenir des relations amicales avec l'Allemagne, et que l'empereur, aussi bien que ses peuples, est animé des mêmes sentiments.

» D'après lui, cette unité contribuera au bien-être d'un empire si étroitement lié à l'Allemagne par la communauté de traditions, de langue, de mœurs et de législation. Ces paroles ont produit une impression extrêmement favorable dans nos cercles influents et fortifié l'espoir de voir s'établir des relations d'amitié durable entre les deux empires. »

« On nous écrit en outre de Vienne, le 2 janvier :

« La réponse du chancelier de Beust à la dépêche de M. de Bismark se termine, dit-on dans les cercles diplomatiques, par un passage où se trouve spécialement exprimée la satisfaction que l'empereur François-Joseph a ressentie des victoires remportées par les armées alliées, qui réalisent le vœu national de l'Allemagne pour son unité et le développement de sa puissance. »

*Nouvelle Gazette de Prusse* du 5 janvier 1871.

« La *Gazette de Cologne* donne les détails suivants sur le combat livré près de Querrieux à l'armée française du Nord, le 23 décembre :

### LE COMBAT DE QUERRIEUX.

» *Bapaume, le 27 décembre.* — Depuis les combats des 26, 27 novembre et 4 décembre, l'ennemi avait rassemblé ses forces, consistant surtout en artillerie de marine, demandé des renforts, et s'était posté entre Amiens et Arras, sur la ligne de Lille.

» Le 22, nous traversâmes le champ de bataille du 27; nous arrivâmes le soir à Blagny, après avoir traversé Boves, où s'était livrée, le 27, l'action principale.

» Le matin du 23, nous passions la Somme sur un pont construit par nos pionniers, les Français ayant détruit tous les ponts. C'était le rendez-vous de notre 15ᵉ division d'infanterie, qui ne tarda pas à paraître. Un instant après, nos avant-postes étaient aux mains avec ceux de l'ennemi. La fusillade s'engagea sur toute la ligne. Nous nous tenions tranquillement derrière un petit bois, mangeant un morceau de pain, quand retentit le cri : Aux armes ! à cheval !

» La position de l'ennemi était excellente; il avait placé

son artillerie derrière des redoutes sur une chaîne de collines d'une demi-lieue de longueur, et disposée de telle sorte qu'elle formait un centre, une aile droite et une aile gauche. En bas, dans la vallée, traversée de cours d'eau, est situé le village de Querrieux d'où l'infanterie ennemie s'étendait jusqu'au sommet des collines ; son front était protégé par d'énormes tranchées.

» Pendant que notre infanterie marchait à l'attaque de Querrieux, notre artillerie prenait position et envoyait des obus sur le village. L'artillerie ennemie répondait, et alors commença un véritable bombardement. Ordre fut donné de nous placer sur une éminence, la plus rapprochée du village.

» Plus à droite se trouvaient les batteries de la 1$^{re}$ division. La canonnade augmenta. Les Français paraissaient connaître fort exactement la distance, et leur tir était très-juste. Quelques obus étant tombés dans la batterie et ayant tué plusieurs hommes, une batterie montée fut envoyée à notre secours ; ce que voyant, les pantalons rouges concentrèrent leur feu sur nous et nous accablèrent de projectiles.

» A peine la batterie arrivait-elle que quelques chevaux, deux canonniers et le commandant lui-même furent mortellement frappés ; nous recevions le feu de trois côtés. Pendant ce temps notre infanterie s'avançait dans la vallée et refoulait l'ennemi sur les pentes de la montagne ; dans le village s'engageait une lutte à la baïonnette, où notre 33$^e$ se distinguait, comme toujours, contre un ennemi supérieur en nombre.

» Nous ne pouvions avancer, et il nous fallut rester ainsi dans la vallée depuis onze heures et demie du matin jusqu'au soir. La position des Français était très-brillante, nous ne pouvions les entamer avec nos pièces ; déjà, dans notre batterie, 20 hommes et 6 chevaux étaient tués ou blessés ; au lieu de 5 canonniers, il n'en restait que 2 ou 3.

» La lutte dura jusqu'au soir, avec de grandes pertes des deux côtés et sans qu'aucune des deux parties abandonnât ses positions d'artillerie.

» Vers quatre heures environ, une pause de trente minutes. L'artillerie française semblait se disposer à la retraite mais ce n'était qu'une feinte ; le feu ne se termina qu'à la nuit.

» Notre batterie avait lancé 545 obus, et les six autres nous avaient également bien secondés.

» Vers le soir, notre infanterie avait gravi la colline sous un feu terrible; le 33ᵉ pénétra dans une batterie ennemie, où il avait déjà encloué un canon; mais des masses d'infanterie française survenant le forcèrent à battre en retraite et à regagner le village.

» Il faisait déjà nuit quand les Français criblèrent encore d'obus les villages que nous avions enlevés, et l'incendie s'alluma en cinq endroits. Nous étions fatigués, harassés; rien à manger, rien à boire pendant toute la journée, et aucune perspective d'avoir quelque chose à se mettre sous la dent.

» Les bâtiments en flammes répandaient une lueur sinistre sur le lieu du combat; nous dûmes bivaquer comme beaucoup d'autres, et cela, le 28 décembre, par un froid de 10 à 12 degrés, l'estomac vide, jusqu'à tomber d'épuisement; on rapportait encore des blessés. Nous pûmes cependant faire du feu en brûlant des haies, et au-dessus du foyer nous fîmes rôtir un morceau de pain gelé, à la pointe du sabre.

» Tel fut le 23 décembre, jour qu'aucun de nous n'oubliera facilement. Le 24, nous fûmes réveillés de bonne heure, nous n'attaquâmes pourtant pas. La 16ᵉ division était arrivée à l'aile gauche; il y eut un feu violent; l'aile droite échangea également quelques coups de fusil.

» Pendant quelques heures, les Français furent ainsi poussés et se retirèrent en partie par le chemin de fer, en partie à pied, abandonnant leur bonne position, naturellement fortifiée.

» Ils se sont repliés probablement sur Arras et sur Lille. Leurs pertes, d'après les médecins, ont été le double des nôtres. Nos troupes sont entrées la veille de Noël dans les villages conquis.

» Le premier jour de Noël, nous avançâmes jusqu'à Albert, le deuxième jusqu'à Bapaume, où nous eûmes le 27, un jour de repos. »

*Gazette universelle du Nord de l'Allemagne (Nord deutsche Allgemeine Zeitung),* du 7 janvier 1871.

(*Dépêches télégraphiques.*)

« *Carlsruhe, le 5 janvier.* — Mise à l'ordre du jour par le général Glümer, à Vesoul, de la conduite admirable de la division du grand-duc sur le champ de bataille de Nuits.

» La même dépêche contient le rapport du général Glümer, de Vesoul, le 30 décembre, au grand-duc, sur l'évacuation de Dijon. Dans ce rapport, on fait connaître que lorsque l'ordre en fut donné par le commandant général du 14e corps d'armée, la division abandonna Dijon le 27 décembre, et atteignit à marche forcée, le 29 au soir, Vesoul et les environs ; elle se composait de la 1re et de la 2e brigade d'infanterie, de la brigade de cavalerie, et de la brigade d'artillerie ; la 3e brigade d'infanterie, deux escadrons et une batterie surveillant près de Gray et d'Arc le passage sur la Saône. »

« *Lille, le 5 janvier* (voie indirecte). — Petite escarmouche près Guise, arrondissement de Vervins. L'armée du Nord, après la bataille du 31, s'est retirée dans ses cantonnements de Noyelles (environ trois quarts de mille au sud-sud-ouest de Cambrai.) Un ordre du jour du général Faidherbe aux troupes de l'armée du Nord loue les chefs et les soldats de leur bravoure éprouvée, de leur solidité dans la victoire remportée, et leur annonce qu'aussitôt leurs munitions et leurs approvisionnements complétés, ils continueront leurs opérations. »

### Détails divers.

### Composition de l'armée des Vosges sous le commandement de Garibaldi.

« 1re brigade. — Général, Bozac-Hanke ; chef d'état-major, Paul Richard ; éclaireurs de Gray, Neveux ; éclaireurs égyptiens, Penazzi ; francs-tireurs du sud, Gent ; 1er bataillon des Alpes-Maritimes, Bruneau ; 42e régiment de marche (Aveyron), Willaume ; une compagnie de francs-tireurs, Tainurier ; volontaires du Rhône.

» 2ᵉ brigade.—Commandant, Delpech ; chef d'état-major, Jolivalt ; 1ᵉʳ bataillon de l'Égalité, Gauthier ; 2ᵉ bataillon de l'Égalité, Raymond ; guérillas de Marseille, Bosquet : guérillas de l'Orient, de Saulcy ; éclaireurs de la brigade, Corso ; bataillon de la garde mobile, Braconnier.

» 3ᵉ brigade. — Commandant, Menotti Garibaldi ; chef d'état-major, Saint-Ambrozio ; 2ᵉ bataillon des Alpes-Maritimes, Monnié ; bataillon des Hautes-Alpes, Barthélemy ; bataillon des Basses-Pyrénées, Hiriart ; légions des volontaires italiens, Fanara ; chasseurs des Alpes-Maritimes, Ravelli ; les francs-tireurs réunis, Loste ; francs-tireurs de Drau, Cruchy ; francs-tireurs de la Franche-Comté, Ordinaire.

» 4ᵉ brigade.—Commandant, Riccioli Garibaldi ; bataillon Nicolaï, Nicolaï ; éclaireurs de l'Allier, Prieurs ; chasseurs savoisiens, Michard ; francs-tireurs de l'Aveyron, Rodat ; chasseurs du Dauphiné, Rostering ; éclaireurs du Doubs, Begey ; francs-tireurs de la Côte-d'Or, Godillot ; francs-tireurs de Dôle, Habert ; chasseurs du Mont-Blanc, Fapper ; francs-tireurs de la Croix-de-Nice, Nivon ; francs-tireurs de Toulouse, Grzybowski ; francs-tireurs des Vosges, Welker ; 1ʳᵉ compagnie du Gers, Duluc ; chasseurs de la Loire, Laberge.

» Artillerie. — Commandant en chef, Ollivier ; commandant des batteries, Dijon ; 2ᵉ batterie de la Charente-Inférieure : commandant, Jeune ; 3ᵉ batterie de la Charente-Inférieure : commandant, Ranson ; batterie de montagne : commandant Pohin ; train et munitions, Lions.

» Cavalerie. — Chasseurs à cheval, Marie ; escadron de hussards, escadron de guides, Farlatti ; cavaliers volontaires de Châtillon, éclaireurs du Rhône, Massoheri ; cavaliers d'exploration, Bardinal ; train d'équipages, Ceriato.

» Corps isolés. — Francs-tireurs de la Mort, Silvestro ; dépôt de recrutement, Cœury, compagnie de la Revanche, Berdah ; bataillon des Enfants perdus de Paris, Delosme ; carabiniers de Gênes, Razetto ; compagnie espagnole, Garcia ; compagnie franco-hispanienne, Arthisala ; génie, Sartory ; pontonniers du Rhône, Kauffmann ; francs-tireurs du

Gard et de l'Alsace, Braun ; francs-tireurs garibaldiens, Eudetine.

» *Divers.* — Intendance, Beaumès ; magasin de moutures, Répoix ; ambulance, Margaillon ; conseil de guerre, Magnien ; commandant de place, du May.

» *Quartier général.* — Chef de l'état-major, Labbja ; chef de l'état-major général, Bordone. »

*Allemagne.*

« *Berlin, le 6 janvier.* — Les élections pour le Reichstag se feront sans doute du 20 au 24 février.

» Les 1,057 officiers français internés à Stettin se trouvent bien, malgré le froid. Parmi eux se trouve le général comte de Lorencez, avec ses adjudants, sa femme (Mexicaine) et ses enfants.

» L'affaire des vaisseaux anglais paraît arrangée par voie diplomatique ; cependant la question de l'insulte au drapeau anglais, dit le *Times*, n'est pas encore vidée. »

*Dépêches télégraphiques, dernière heure.*

« *Bordeaux, le 6 janvier* (voie indirecte). — Gambetta a quitté hier Bordeaux et s'est rendu à l'armée du général Chanzy. »

(*Extrait des journaux.*)

« Le *Times* aurait reçu de son correspondant une dépêche privée annonçant qu'hier, à Versailles, on a reçu la nouvelle que le général Gœben a mis en déroute l'armée de Faidherbe ; que le 8ᵉ cuirassiers a chargé et dispersé deux régiments ennemis. On suppose que l'armée de Chanzy est en marche. »

« *Bruxelles, le 6 janvier.* — Faidherbe persiste à s'attribuer la victoire. Il y aurait eu succès sur l'aile droite à Cavilliers et doute sur l'aile gauche et le centre dans la journée du 2. Le combat a dû recommencer le 3 : il a été violent et a duré toute la journée, depuis sept heures du matin jusqu'au soir. La mobile se serait admirablement battue. Le froid était considérable, mais toute l'armée le supportait vaillamment. »

*Gazette de Cologne* du 9 janvier.

« *Lille, le 8 janvier.* — *(Télégramme de Faidherbe au préfet Testelin.)*—J'espérais que les Prussiens ne nous refuseraient pas notre victoire de Bapaume, mais, par leurs rapports, je vois que nous avons été anéantis pour la seconde fois par le corps d'armée de Manteuffel, que commande le prince Albert. Je maintiens les termes de mon rapport, et me contente de relever les principales inexactitudes renfermées dans les dépêches prussiennes. Celles-ci affirment que l'armée du Nord, après avoir été défaite, aurait la nuit même battu en retraite. Moi, j'affirme que l'armée a passé la nuit dans les villages de Grevilliers, Biefvillers, Favreuil, Sapignies, Behagnies et Achiet, qu'elle avait pris aux Prussiens ; elle a occupé le lendemain matin les cantonnements, où nous nous trouvons, sans que l'ennemi ait donné signe de vie. Pour ce qui concerne la charge de cavalerie, voici la vérité : le 4 janvier, à neuf heures du matin, deux escadrons de cuirassiers blancs chargèrent l'arrière-garde des chasseurs à pied ; les chasseurs formèrent le cercle, firent feu à cinquante pas et détruisirent presque entièrement l'un des escadrons, dont hommes et chevaux restèrent sur le carreau, tandis que l'autre escadron s'enfuyait à bride abattue. Les chasseurs n'eurent que 3 hommes blessés. L'armée est pleine de confiance et ne doute pas de sa supériorité sur les Prussiens.

» Faidherbe.

» Pour copie conforme :

» *Le ministre de l'intérieur par intérim*, J. Favre. »

1 heure du matin. — Combat d'artillerie très-violent. Dans le silence de la nuit, je puis compter jusqu'à cinq coups à la minute.

## 123ᵉ JOURNÉE

**Dimanche 15 Janvier** 3 %

Le froid qui avait sensiblement diminué redouble de force aujourd'hui. Cette nuit le thermomètre est descendu à 10 degrés. Voilà vingt jours qu'il gèle sans discontinuer; ce qui ne s'est presque jamais vu à Paris. La Providence veut nous accabler de tous les maux à la fois.

### RAPPORT MILITAIRE.

« *15 janvier, matin*. — Depuis ce matin, la canonnade est extrêmement violente sur toutes les positions du Sud. Elle n'avait pas encore atteint ce degré d'intensité depuis le commencement du bombardement.

» Les forts, l'enceinte et toutes les batteries extérieures répondent avec une égale vigueur et tiennent en échec certaines batteries de l'ennemi.

» Cette nuit le général Ducrot a fait une sortie et a rasé les maisons et les murs qui restaient encore au parc de Beauséjour. Quelques prisonniers sont restés entre nos mains.

» *Le gouverneur de Paris,*
» *P. O. Le général, chef d'état-major général,*
» SCHMITZ. »

Le général Ducrot adresse au gouverneur de Paris le rapport suivant :

« Quartier général aux Lilas, le 14 janvier 1871.

» Monsieur le gouverneur,

» Hier soir, vers dix heures, une reconnaissance prussienne s'est avancée pour inquiéter les travaux qui sont actuellement en voie d'exécution près de la Suiferie, sur la route de Flandre.

» Prévenu par les sentinelles de l'approche de l'ennemi, l'officier du génie qui dirigeait les travailleurs leur fit abandonner momentanément leur ouvrage, pour les conduire dans les tranchées creusées en arrière. L'ennemi profita de ce moment pour diriger une vive fusillade sur ces hommes, presque à découvert; heureusement aucun d'eux ne fut atteint.

» Les troupes de ligne et de la garde nationale, qui garnissaient à droite et à gauche les tranchées, ripostèrent immédiatement, et le feu devint bientôt d'une extrême vivacité.

» Les Prussiens, qui pensaient nous surprendre, durent se replier, protégés, d'une part, par des pièces de campagne amenées derrière le chemin de fer de Soissons, et les pièces de siége situées du côté de Dugny, et dont les obus étaient dirigés contre nos tranchées, la barricade de la rue de Flandre et la Suiferie, d'autre part, par un feu de mousqueterie très-violent, provenant des troupes qui occupaient le Bourget.

» Malgré la vivacité du feu, le tir de l'ennemi a été peu efficace; nous avons eu 4 blessés et un officier légèrement contusionné.

» Cette première attaque ne dura guère qu'une demi-heure; mais à deux reprises différentes, entre 11 heures et 11 heures 1/2, l'ennemi, craignant probablement une attaque de notre côté, recommença la fusillade, mais chaque fois seulement pendant quelques minutes. A minuit, tout était terminé.

» Le feu d'Aubervilliers et celui de la batterie de la Croix-de-Flandre sur le Bourget ont puissamment contribué à arrêter la marche de l'ennemi; plusieurs maisons fortement crénelées et occupées par les Prussiens ont été détruites.

» Les troupes qui occupaient les tranchées ont fait preuve d'une grande solidité; je cite, entre autres, un bataillon du 119ᵉ de ligne, une compagnie du 42ᵉ et le 213ᵉ bataillon mobilisé de la Seine.

» Signé : DUCROT.

» Pour copie conforme de ces deux rapports : *Le ministre de l'intérieur par intérim.*

» JULES FAVRE. »

### RAPPORT MILITAIRE.

« *15 janvier, soir.* — Il y eu, sur toute notre ligne du Sud, un combat d'artillerie des plus acharnés, soutenu par les forts et les 6e, 7e et 8e secteurs. C'est par milliers qu'il faut compter les projectiles qui se sont entrecroisés sur ces positions.

» Le gouverneur, qui s'était rendu au fort de Montrouge, est rentré à Paris en parcourant les bastions, depuis le n° 80 jusqu'au n° 68. Il a adressé de vives félicitations à tous les défenseurs, dont le courage et l'ardeur ne se démentent pas un seul instant. A la chute du jour, le feu a cessé ; chacun est à son poste de combat pour la nuit.

» Le commandant de Mirandol écrit de la boucle de la Marne qu'il y a eu une affaire au pont de Champigny, dans laquelle cinq Prussiens, dont un officier, ont été tués, et dix blessés.

» Dans l'opération de la nuit dernière, qui a été exécutée par les francs-tireurs, des troupes de ligne, des marins, des sapeurs du génie, des artilleurs, les mobiles du colonel Reitl et les éclaireurs du commandant Poulizac, nous avons eu quelques hommes tués ou disparus dans les lignes ennemies, par suite de la brume épaisse qui assombrissait encore la nuit.

» Le général Ducrot fait connaître, qu'à part l'incident d'une des colonnes, qui n'a pu se diriger convenablement, l'affaire a été bien et énergiquement menée.

» Les troupes ont fait preuve de sang-froid et de vigueur ; partout où elles ont aperçu l'ennemi, elles n'ont pas hésité à l'attaquer à la baïonnette et elles lui ont fait éprouver des pertes.

» Les prisonniers, au nombre de cinq, sont Prussiens ; ils ont été dirigés sur la prison de la Santé, où le dépôt est maintenant établi.

» *Le Gouverneur de Paris,*
» P.O. *Le général chef d'état-major général,* Schmitz.

» Pour copie conforme : *Le ministre de l'intérieur par intérim.*

Jules Favre. »

Le gouverneur de Paris a raison de dire que depuis le bombardement jamais le tir n'a été aussi serré qu'aujourd'hui. L'événement de la journée est notre vigoureuse réponse à l'attaque de l'ennemi à l'aide d'un grand nombre de batteries nouvelles. Les Prussiens n'ont point encore pu établir de batteries au Moulin-de-Pierre contre lequel nous avons fait une sortie avant-hier. C'est un fait important.

Le tir du canon Krupp s'allonge toujours; mais ce sont encore les mêmes quartiers qui ont reçu des projectiles. La situation de la rive gauche s'aggrave d'heure en heure. Malgré les avis réitérés, ces quartiers sont encombrés de curieux qui viennent examiner les dégats faits par les obus. Le gouvernement vient de publier la statistique des victimes que les projectiles prussiens y ont fait pendant les huit premiers jours du bombardement. La voici : 189, dont 51 tués, et 138 blessés.

La disette du pain sur la rive droite, occasionnée par l'émigration, n'est point encore terminée; les boulangers harcelés, ferment à midi n'ayant plus rien à fournir aux acheteurs désolés. L'effet produit est navrant.

Nous voici arrivés à la phase critique du pain bis mélangé. L'aspect n'en est pas plus appétissant que le goût, c'est horrible à manger. Une livre de ce pain renferme : un huitième de farine commune de blé, 4 huitièmes d'un mélange composé de fécule de pomme de terre, de riz, de lentille, de pois cassés, de vesces, d'avoine et de seigle moulus dans des proportions anormales; 2 huitièmes d'eau, 1 huitième de paille et d'autres détritus d'enveloppes de grains de légumes. Une pareille base d'alimentation accroîtra sans aucun doute la mortalité d'une manière considérable. Pour ceux qui sont robustes, ce n'est qu'avec peine qu'ils pourront s'habituer à cette affreuse nourriture.

Le prix des aliments est toujours fixé selon le caprice des vendeurs.

En dehors des boucheries municipales, le cheval, l'âne, et le mulet, valent de 10 à 12 francs la livre.

Presque tous les restaurants sont fermés. Cependant, en y mettant le prix, on peut encore, vis-à-vis l'Opéra-Comique, déjeuner ou dîner très-confortablement ; c'est même assez curieux. Cette taverne anglaise possède: jambons, volailles, bœuf, etc. Les portions de viande sont de 4 francs, et d'une grosseur très-convenable. Aujourd'hui, en fait de rareté, on y trouvait des œufs brouillés aux truffes à 6 francs la portion. Ce qui me confond, c'est qu'on puisse trouver encore à se nourrir. Quoiqu'on dise que nous pouvons aller encore ainsi jusqu'à la fin de février, je ne puis le croire en voyant le pain que nous mangeons aujourd'hui.

Je ne puis terminer aujourd'hui ma petite revue culinaire sans inscrire ici la lettre que M. Gagne adresse aux journaux :

« Monsieur le citoyen rédacteur,

» Paris est aujourd'hui le grand vaisseau de la Méduse, et va mourir sottement de faim ! Pour s'arracher aux griffes de la famine et faire remporter tous les triomphes, je demande à grands cris l'établissement de la philanthropophagie, c'est-à-dire la manducation fraternelle de l'homme par l'homme. Je demande que le gouvernement rende un décret qui déclare que tous les hommes et les femmes âgés de plus de soixante ans *seront mis à la retraite* de la vie et livrés à la boucherie humaine ! J'ose espérer que le gouvernement donnera l'exemple sans condition d'âge, et se sacrifiera glorieusement sur l'autel de la philantropophagie. Tous les membres ont mérité cet honneur suprême.

La charité privée s'exerce depuis quatre mois sur la plus grande échelle, et nous mentionnons ici, pour lui rendre un hommage public le nom de l'Anglais sir R. Wallace, qui a donné encore aujourd'hui 100,000 francs aux pauvres de Paris.

Le ministre des affaires étrangères a reçu de M. Richard Wallace la lettre suivante :

*Paris, 16 janvier 1871.*

« Monsieur le ministre, la conduite admirable de la population des quartiers de Paris si brutalement bombardés me suggère une pensée que je vous demande la permission de vous soumettre, et qui, je l'espère, sera bien accueillie et bien comprise par les habitants de la capitale.

» Je désirerais qu'il fût ouvert sans retard, dans Paris, une souscription patriotique en faveur des malheureuses familles obligées de fuir leur logis, sous le feu de l'ennemi, afin de leur faire distribuer immédiatement les secours de toute nature dont elles ont un si pressant besoin.

» Au cas où ma proposition recevrait l'approbation du Gouvernement de la Défense nationale, je vous prierai de vouloir bien m'inscrire sur cette liste pour la somme de *cent mille francs*, que je ferai verser sur-le-champ au Trésor public, afin que la distribution des secours dont je parle puisse commencer *dès maintenant*.

» J'ai l'honneur d'être, avec un profond respect, monsieur le ministre,

de Votre Excellence,
le très-humble et très-obéissant serviteur,

» RICHARD WALLACE. »

Le ministre a adressé à M. Richard Wallace la réponse suivante:

Monsieur,

» J'accepte avec reconnaissance votre offre généreuse et vous prie, au nom du Gouvernement, au nom de la ville de Paris, dont je me fais l'interprète, de recevoir l'expression de nos sentiments de gratitude. Déjà vous avez puissamment contribué à soulager les souffrances que le siége nous impose. Votre présence au milieu de nous, vos abondantes libéralités feront bénir votre nom par la population parisienne. La conscience du grand devoir qu'elle accomplit la fait rester calme devant les violences de l'ennemi ; elle puisera une nouvelle force dans la certitude d'un secours efficace auquel tous les hommes de cœur s'associeront, et dont ils vous remercieront, monsieur, d'avoir pris la première initiative.

» Veuillez, monsieur, agréer l'assurance des sentiments de haute considération avec lesquels j'ai l'honneur d'être votre très-humble et très-obéissant serviteur,

» JULES FAVRE.

» Paris, ce 15 janvier 1871. »

Conformément au vœu exprimé par M. Richard Wallace, une souscription a été ouverte au profit des familles victimes du bombardement. Les offrandes sont versées au Trésor.

M. Richard Wallace y est inscrit pour une somme de.................................... 100,000 fr.

M. Jules Favre pour............... 1,000

Allons, monsieur le maire de Paris, perpétuez le nom des bienfaiteurs de la ville. Vous qui changez si facilement le nom des rues, faites-le au moins une fois intelligemment et utilement.

*Dix heures du soir.* — Dans sa dernière édition *l'Electeur libre* publie la note suivante :

» Au moment où nous paraissons, le Gouvernement réuni va prendre une grande détermination que connaîtront bientôt nos lecteurs.

» *L'opinion publique*, nous en sommes convaincus, sera satisfaite d'une initiative prise dans l'intérêt de la résistance à outrance, offensive et défensive. »

Il n'y a plus qu'à envoyer le journal aux Prussiens.

Et l'on veut que les opérations militaires soient très-cachées?

Je termine cette journée à une heure du matin ; le bruit du canon est incessant.

## 124ᵉ JOURNÉE

**Lundi 16 Janvier**  3 % 51.40

C'est aujourd'hui la fête de Sa Majesté l'Empereur d'Allemagne. Je ne sais s'il y a eu réjouissance, illumination et salves d'artillerie à Versailles, mais, à coup sûr, l'ennemi ne s'est pas privé de tirer sur Paris. La canonnade est beaucoup plus forte aujourd'hui qu'hier, et au moment où j'écris ces lignes, mes vitres frémissent sous l'ébranlement de l'air provoqué par ce terrible duel d'artillerie engagé entre nos forts et les batteries prussiennes. Le Mont-Valérien, qui, dans l'après-midi avait un peu diminué son tir, n'a pas cessé d'envoyer des projectiles sur Meudon. Cette canonnade redoublée n'a jamais retenti avec plus de violence sur nos forts et nos bastions. Depuis midi, c'est un roulement non interrompu qui domine même le bruit de la ville et dont l'écho, se répercutant dans nos demeures fait naître l'espoir que l'ennemi n'avancera pas d'une ligne et qu'il ne lui sera pas permis de triompher encore aujourd'hui. C'est toujours sur Issy que les Prussiens concentrent leurs efforts. Aussi, pour soutenir ce poste avancé, les remparts correspondants, ont-ils reçu un supplément d'armement considérable.

### BULLETIN MILITAIRE.

« 16 *janvier, soir*. — Pendant la journée, l'horizon étant beaucoup moins brumeux que précédemment, l'artillerie de l'enceinte a pu bien distinguer les batteries de l'ennemi, et les a *contre-battues*; elle a pu soulager avec une grande efficacité les forts de Montrouge, Vanves et Issy. Les batteries de Châtillon ont tiré contre nous beaucoup moins vivement que d'habitude.

» Le feu a été continu, mais lent et sans aucun résultat sur le fort de Nogent.

» Ce matin, vers huit heures, nos troupes ont repoussé une attaque faite sur la maison Millaud : le fort de Montrouge a pu tirer à courte distance sur les hommes qui étaient sortis de Bagneux pour concourir à cette attaque.

» Le général Ribourt fait connaître que c'est au lieutenant Laurent, des mobiles de l'Hérault, que revient l'honneur de l'affaire de Champigny, citée au rapport militaire d'hier.

» La boucle de la Marne a été canonnée constamment, sans en éprouver aucun dommage.

» P. O. *Le général chef d'état-major général,*

» SCHMITZ. »

En entendant le bruit du canon, on est surpris de voir le bulletin militaire déclarer que les Prussiens ont ralenti leur feu. On peut cependant le comprendre en faisant observer que les détonations provenaient beaucoup de nos batteries, qui ont tiré sans relâche.

Sous la pluie d'obus qui tombe sur notre malheureuse ville, l'hôtel des Invalides n'a reçu que deux projectiles. Un est tombé dans ce quartier sur une pension de jeunes filles, a pénétré dans le dortoir, y brisant tout, mais respectant les enfants. L'obus qui a pénétré aujourd'hui le plus avant dans Paris est tombé rue Visconti, près de l'École des Beaux-Arts. Ce n'est pas bien loin du Louvre, hélas! Nos généraux pensent que l'ennemi donne tout ce qu'il peut donner, et leur conviction est qu'il ne peut allonger son tir davantage. Espérons-le pour la population et pour nos monuments. Le Panthéon a reçu un obus qui a traversé la la coupole et éclaté à l'intérieur.

Le 53ᵉ bataillon de la garde nationale est venu sur la place de l'Hôtel-de-Ville offrir au Gouvernement de la Défense une batterie complète : Six canons avec affuts, caissons et chevaux. Ces six canons présentés par le 53ᵉ bataillon portent à 57 le nombre des pièces déjà offertes.

En date de ce jour, un décret du Gouvernement lève l'arrêt de réquisition fait sur les pommes de terre.

Le recensement des vaches laitières, existant encore à Paris le 31 décembre 1870, donnait un total de 4,353 vaches. Aujourd'hui le dernier recensement offre une différence de 1,353. 3,000 seulement subsistent encore et sont réparties dans les arrondissements, au prorata de leur population.

Le froid a disparu. Le vent du sud nous apporte le dégel, et c'est une véritable souffrance de moins, puisque le bois nous fait complétement défaut. Avec cette température l'espoir renaît encore, car elle permettra à nos pigeons de pouvoir voyager et de nous apporter des nouvelles de France.

La mortalité a encore été très violente pendant la dernière semaine et fait grossir le chiffre déjà si élevé des décès, qui ne pourront, hélas! que s'accroître avec le changement de temps et le pain noir qui ne peut être digéré par beaucoup de personnes.

Voici le tableau des décès du 7 au 13 janvier, avec l'indication de l'augmentation ou de la diminution des chiffres par rapport au précédent bulletin.

|  | DÉCÈS. | EN MOINS. | EN PLUS. | OBSERVATIONS |
|---|---|---|---|---|
| Variole............ | 339 | » | 10 | |
| Scarlatine.......... | 11 | 2 | » | |
| Rougeole .......... | 40 | » | 9 | |
| Fièvre typhoïde..... | 301 | » | 51 | |
| Erysipèle .......... | 10 | » | 1 | |
| Bronchite.......... | 457 | » | 114 | |
| Pneumonie......... | 390 | » | 128 | |
| Diarrhée........... | 143 | 8 | » | |
| Dyssenterie ........ | 46 | 6 | » | |
| Choléra............ | 3 | » | » | même chiffre |
| Angine couenneuse... | 22 | » | 3 | |
| Croup............ | 20 | » | » | même chiffre |
| Affections puerpérales. | 11 | » | » | d° |
| Autres causes ...... | 2189 | » | 3 | |
| TOTAL........ | 3982 | 16 | 319 | |

Trois cent trois décès en plus que la semaine dernière !

## 125ᵉ JOURNÉE

**Mardi 17 Janvier**  3 % 51.35

Les journées semblent toutes les mêmes ; la canonnade suspendue, reprend, s'arrête de nouveau pour recommencer encore avec plus d'intensité.

Voici le bulletin militaire du jour.

### BULLETIN MILITAIRE

« *17 janvier, midi.* — Le feu ennemi, qui s'était ralenti cette nuit, a repris ce matin avec une nouvelle violence.

» Ce matin, à huit heures, le fort de Vanves a ouvert le feu sur la batterie de la Plâtrière, qui n'a répondu que par quelques coups; les batteries de Châtillon ont alors recommencé à tirer sans causer jusqu'à cette heure un dommage réel.

» L'enceinte a repris son tir ce matin, et le combat d'artillerie se continue sur tous les points.

» L'ennemi a tenté une attaque contre Bondy, pendant la nuit; il a été repoussé; il avait massé des troupes en avant de Créteil; mais la pluie ayant rendu la plaine impraticable, il n'y a pas eu d'attaque contre nos tranchées.

» Contre Montrouge, le feu n'a pas été très-vif cette nuit, nous avons eu cependant un officier de marine tué : M. Saisset, fils du vice-amiral.

» Le gouverneur croit être l'interprète de la population et de l'armée en adressant ici à ce vaillant officier général l'expression de toutes ses sympathies et de tous ses regrets.

» P. O. *Le général chef d'état-major général des armées de la défense* : SCHMITZ.

» Pour copie conforme : *Le ministre de l'intérieur par intérim* : JULES FAVRE. »

« *17 janvier, soir*. — Le bombardement des forts du Sud s'est ralenti un peu aujourd'hui. Le tir sur les Hautes-Bruyères a été assez vif; la redoute du Moulin-Saquet a été canonnée par une batterie de campagne à laquelle notre artillerie de position a fait éprouver, en hommes et en chevaux, des pertes tellement sérieuses que le feu de l'ennemi a été éteint en quelques instants, et la batterie démontée, laissant hommes et chevaux sur le terrain.

» L'ennemi a continué à tirer lentement sur Nogent et sur le fort, mais sans résultats.

» La ville a reçu également un grand nombre d'obus qui ont atteint les mêmes quartiers que les jours précédents.

» La tenue des forts est toujours excellente : une communication télégraphique interrompue a été rétablie en quelques heures, malgré le feu persistant de l'ennemi.

» *Le gouverneur de Paris.*

» P. O. *Le général chef d'état-major*, SCHMITZ. »

Le bulletin militaire inséré plus haut, et qui mentionne la perte du fils de l'amiral Saisset, est bien réellement l'interprète du sentiment général lorsqu'il exprime les sympathies et les douloureux regrets que lui fait éprouver cette mort prématurée.

Ce jeune et brillant officier de marine venait d'être promu, depuis huit jours seulement, au grade de lieutenant de frégate, lorsque hier, à neuf heures du soir, il a été tué au fort de Montrouge, bastion n° 4.

Le lieutenant Saisset était occupé à pointer lui-même une pièce d'artillerie : un obus vient s'abattre à quelques pas, éclate, et le perce de part en part.

C'est le onzième officier de marine tué à l'ennemi depuis le commencement du siége.

Je puis ajouter quelques détails à ceux que j'ai donnés sur le dernier conseil du Gouvernement. Il est bien positif que M. le général Trochu a été mis en demeure par ses collègues de donner satisfaction aux légitimes impatiences de la population.

Quelques-uns se seraient même portés ou emportés jusqu'à mettre en question le maintien du gouverneur de Paris à la tête de la défense. Il aurait été proposé de lui substituer un triumvirat composé des généraux Vinoy, Frébault et Clément-Thomas.

Le général Trochu aurait déclaré ne vouloir accepter, dans aucun cas, l'adjonction de ces trois généraux en tant que conseil permanent, se déclarant d'ailleurs prêt à les consulter sur tel ou tel cas de guerre qui se présenterait, mais ne s'en fiant qu'à lui seul de l'exécution générale de son plan.

Il aurait protesté, du reste, qu'il était tout prêt à déposer ce pouvoir dictatorial si ses collègues l'exigeaient et voulaient supporter à sa place le poids des responsabilités de la fin de la guerre; dans ce cas, il entendait aller prendre dans l'armée son simple rang de général de division, sous les ordres du chef suprême que l'on voudrait élire.

Le général aurait terminé en signifiant nettement que, tant qu'il conserverait la direction des opérations militaires, il ne sortirait qu'à son jour et à son heure.

Mis ainsi face à face de l'immense péril de désorganiser peut-être l'ensemble de la défense nationale par un choix nouveau et hasardeux, les membres de l'opposition dans le conseil, MM. Picard, Jules Ferry, Emmanuel Arago, ont reculé.

La séance hebdomadaire de l'Hôtel de Ville a été ouverte hier soir, à cinq heures, sous la présidence de M. Jules Ferry. Ce dernier a remis sur le tapis la question du logement et des subsistances de la partie de la population que le bombardement chasse de chez elle.

L'administration centrale a déjà mis à la disposition des réfugiés 10,233 lits qui se répartissent comme suit :

Le 4ᵉ arrondissement a reçu 2,332 lits dans le 4ᵉ même ; le 5ᵉ en a reçu 1,002 dans le 10ᵉ ; le 6ᵉ, 1,614 dans le 2ᵉ et 1,200 dans le 3ᵉ ; le 13ᵉ, 948 dans le 12ᵉ ; le 14ᵉ, 740 dans le 1ᵉʳ et 954 dans le 11ᵉ ; le 15ᵉ, 694 dans le 1ᵉʳ ; le 16ᵉ, 328 dans le 8ᵉ et 344 dans le 9ᵉ.

Il restait encore hier 6,000 lits vacants environ à l'administration centrale.

D'autre part, le bombardement augmentant d'intensité, il paraît urgent de trouver de nouveaux locaux.

Il n'y a pas à s'occuper outre mesure de ceux des émigrants qui ne veulent pas se dessaisir de leur mobilier. Quelques-uns auront cherché sans doute eux-mêmes et trouvé des appartements vides. Pour les autres, les moyens de transport manquent à la plupart ; l'administration ne peut leur en fournir. Bon gré mal gré, ils devront faire comme tout le monde, subir la fatale loi de la guerre, et accepter les logements plus ou moins bien meublés qu'on pourra mettre à leur disposition.

Les baraquements installés dans certains quartiers, et qui avaient été offerts par la mairie centrale, répugnent à bon droit à la presque totalité des émigrants. Il y aurait trop de promiscuité. Ce qui peut convenir à des hommes en troupe et à des soldats n'est point acceptable, surtout quand on peut faire mieux, pour des familles entières. C'est donc là un expédient qu'il est prudent et sage d'abandonner.

Un membre a demandé que les églises fussent transformées en casernes ; que les casernes et les théâtres fussent abandonnés à la population émigrante. Ceux de nos soldats ou gardes nationaux mobilisés qui rentreront à Paris pour être momentanément casernés, consentiront sans regret à coucher dans les églises, où ils seront pourvus de matelas et de bonnes couvertures.

C'est un sacrifice à faire, au profit des familles déjà si éprouvées, auxquelles les casernes pourront donner un abri suffisant et exempt des inconvénients ou des dangers signalés à propos des baraquements. Quant aux théâtres, s'il en est plusieurs qui servent déjà d'ambulances, on pourra profiter des autres.

Le maire du 2ᵉ arrondissement a fait observer, à ce propos, qu'il avait déjà offert la Bourse pour les blessés. Cet édifice est admirablement organisé et pourrait servir d'ambulance modèle, à plusieurs étages, suivant le système américain. L'exposition est admirable. Ce local remplit, en un mot, toutes les conditions de confort et de salubrité.

Ce projet, déjà soumis par le maire du 2ᵉ arrondissement à M. le ministre de l'intérieur et à M. Jules Ferry, avait reçu leur approbation. Mais il n'en était pas de même des agents de change, qui l'avaient formellement désapprouvé et semblaient vouloir s'opposer à son exécution. Une telle prétention de la part des hommes de finances, à un pareil moment, a été énergiquement blâmée par l'unanimité de l'assemblée. Le meilleur est de n'en tenir nul compte et de passer outre. La Bourse, a dit un des membres, pourra se transporter à la galerie d'Orléans, au Palais-Royal.

Il est encore beaucoup d'autres locaux vacants, dans divers arrondissements, de grands hôtels abandonnés par leurs propriétaires, et dont les communs seuls ont été mis jusqu'à ce jour à la disposition des maires ; des édifices et établissements publics ou privés : tout cela doit faire l'objet d'un recensement et d'une enquête sérieuse. L'assemblée a nommé, séance tenante, une commission de cinq membres chargée de faire une enquête, et qui se réunira à la mairie centrale. Ont été nommés : MM. Adam, du 1ᵉʳ arrondissement ; Chéron, du 2ᵉ ; Aubry, du 8ᵉ ; E. Brelay, du 10ᵉ ; J.-A. Lafont, du 18ᵉ.

Cette commission, adjointe à celle qui fonctionne déjà à l'Hôtel de Ville, sera chargée de réunir, dans le plus bref délai possible, les renseignements recueillis dans les vingt arrondissements. Le travail de répartition sera dès lors singulièrement facilité à la mairie centrale. Il a été admis, en principe, que tout local vacant, sans exception, devait supporter les charges actuelles, sauf à sauvegarder de la façon la plus équitable les intérêts des propriétaires.

Il a été entendu que les arrondissements abandonnés continueraient à délivrer des billets de logement à leurs administrés, qui ne pourraient se présenter dans un quartier quelconque, pour s'y installer définitivement, qu'après avoir accompli cette formalité.

En ce qui concerne le mode de distribution de pain, les choses resteront en l'état, chacun sera servi par les boulangers du quartier qu'il habitera. Seulement les maires devront envoyer la liste des émigrés qu'ils auront reçus chez eux, avec indication de leurs quartiers. La proportion des farines sera augmentée.

Le mode de distribution de viande adopté à la séance du lundi précédent a été maintenu, et n'a présenté jusqu'à ce jour aucun inconvénient.

Une autre question importante a été discutée. Beaucoup de personnes qui ont quitté Paris ont laissé chez elles des approvisionnements de toute espèce en quantité souvent considérable, soit comme vivres, soit comme combustible. Les maires seront saisis par décret du droit de perquisition dans ces domiciles. L'assemblée a adopté, en l'amendant légèrement, la proposition d'un de ses membres, de laquelle il résulte que le maire ou un de ses délégués, assisté d'un expert et du commissaire de police, s'il y a lieu, dressera l'inventaire.

Enfin, on s'est également occupé de la distribution du pain, en vue de la prolongation du siège, des quantités à donner journellement à la population, des réserves à faire. L'administration a soumis à l'assemblée un projet de rationnement qui ne va pas tarder à être mis à exécution, et qui empêchera tout gaspillage inutile.

Certaines compensations en vins, denrées ou autres, seront accordées. On a nommé, pour s'occuper de cette dernière question et décider des mesures à prendre, une commission qui doit se réunir aujourd'hui à l'Hôtel de Ville. Cette commission est composée de MM. Bonvalet, Favre, Grivot, Pernolet et Mottu.

Les journaux parus ce soir, s'occupent de trois choses : De la province, du bombardement, de l'alimentation.

Malgré la logique, ces donneurs de bonnes nouvelles, quand même, voient toujours tout au travers d'un prisme des plus charmants, tant pour la délivrance que pour la nourriture. Le pain, pour ce dernier objet, leur donne un démenti des plus formels ; et en attendant la délivrance, le bombardement continue toujours en tuant et en blessant les Parisiens. Les arrondissements touchés sont les 5º, 6º et surtout le 13º. Le tir n'a pas subi de variation sensible ; ce pendant un projectile est arrivé non loin de la Bastille. Dans la journée la canonnade s'entend plus ou moins, selon les caprices du vent ; mais elle continue sur tous les points. Je reçois directement des nouvelles de l'enceinte du côté du fort d'Issy, point le plus menacé, où l'on m'assure que nous faisons chaque jour des travaux considérables armés au fur et à mesure de grosse artillerie. On affirme que *Joséphine* est partie pour Montrouge. Rien de saillant à enregistrer du côté de Saint-Denis.

Pour répondre aux journaux au sujet de la province, je ne puis que renvoyer le lecteur aux extraits des journaux allemands que j'enregistre fréquemment, on peut jusqu'a un certain point y débrouiller la vérité.

Le décret levant la réquisition des pommes de terre, a fait sensation dans Paris ; mais il ne sert à rien, puisque ce légume est devenu légendaire.

Le maire du 2º arrondissement vient de rationner le pain dans les quartiers soumis à son autorité municipale. Ce rationnement a été fixé ainsi : 400 grammes par personne. Cette mesure qui fait prévoir un rationnement général d'ici à quarante-huit heures, nous indique évidemment une diminution indiscutable dans les subsistances. A peine en avons-nous encore pour trois semaines.

« Le Gouvernement de la Défense nationale,

» Considérant qu'il y a lieu de développer pour la défense les moyens de prompte exécution des travaux du génie,

» DÉCRÈTE : —Art 1er. Il est formé, sous le nom de *bataillon auxiliaire du génie*, un bataillon du génie composé de volontaires. Les grades ne sont conférés et les engagements n'ont lieu que pour la durée de la guerre.

» Art. 2. Le bataillon est composé de huit compagnies de 150 hommes chacune.

» Les cadres sont réglés de la manière suivante :

» 1 chef de bataillon, 1 capitaine-major, 1 capitaine adjudant-major, 1 capitaine d'habillement, officier de détail, 1 lieutenant-trésorier, 1 médecin-major, 2 aides-majors, 2 adjudants sous-officiers, 1 caporal clairon, 1 caporal infirmier, 8 capitaines-commandants, 8 lieutenants, 8 sous-lieutenants en 1er, 8 sous-lieutenants en 2e, 8 sergents-majors, 8 sergents-fourriers, 8 caporaux élèves-fourriers, 64 sergents, 128 caporaux, 16 clairons.

» Art. 3. Le ministre de la guerre est chargé de l'exécution du présent décret.

» Fait à Paris, le 16 janvier 1871.

(*Suivent les signatures*)

Décret bien tardif.

D'autres décrets autorisent les déposants à la Caisse d'épargne y désignés à faire une nouvelle demande de remboursement ;

Portent nominations : dans la garde nationale mobile ; dans l'ordre national de la Légion d'honneur ;

Confèrent la médaille militaire ;

Nomment dans le corps des officiers de la marine.

1 heure du matin. — J'entends le bruit monotone et régulier du canon.

## 126ᵉ JOURNÉE

**Mercredi 18 Janvier**  3/°₀ 51.35

L'émigration sur la rive droite augmente tous les jours et il devient difficile de loger tout le monde. Aussi cela donne lieu au petit arrêté suivant, émanant du maire de Paris :

« Réquisition est faite au nom de la Ville de Paris des logements des personnes absentes. Ces locaux sont mis à la disposition de la Mairie Centrale et de la Mairie de l'arrondissement. »

J'enregistre ensuite le décret relatif à la décision des maires d'avant-hier.

« Le membre du Gouvernement de la Défense nationale, délégué à la mairie de Paris,

» Considérant qu'il existe à Paris, au domicile des personnes absentes, des combustibles et des subsistances de diverse nature, qu'il importe de mettre en réquisition, dans l'intérêt de la défense nationale ;

» Considérant que les locaux délaissés par les absents, peuvent d'ailleurs être utilement employés, soit au placement des blessés et des malades, soit au logement des réfugiés des arrondissements atteints par le bombardement ;

» ARRÊTE : — Art. 1ᵉʳ. Des perquisitions seront faites à Paris et dans le département de la Seine, au domicile de toutes les personnes absentes, à l'effet de rechercher les combustibles, comestibles, denrées et liquides de toute nature qui peuvent s'y trouver.

» Art. 2. Ces perquisitions seront effectuées par le maire de chaque arrondissement ou par un délégué spécial du maire avec l'assistance, s'il y a lieu, du commissaire de police.

» Le commissaire de police pourra recevoir lui-même la délégation du maire.

» Art. 3. Le maire ou son délégué dressera procès-verbal de ses opérations.

» Ce procès-verbal donnera sommairement la nature, le poids et la quantité des objets trouvés.

» Cette formalité accomplie, le maire ou son délégué pourra faire procéder à l'enlèvement immédiat des denrées et combustibles. S'il laisse momentanément ces objets au domicile de l'absent, son procès-verbal devra être dressé en double ; l'original restera aux mains du fonctionnaire et la copie sera laissée au concierge ou gardien préposé, lequel, après y avoir apposé sa signature, sera responsable des objets commis à sa garde sous les peines portées par la loi.

» Il sera tenu compte au propriétaire absent de la valeur des objets enlevés sur les évaluations faites par un ou plusieurs experts désignés par le maire de l'arrondissement.

» Paris le 18 janvier 1871.   JULES FERRY. »

Arrive alors le décret fixant le rationnement du pain. triste preuve de l'épuisement de nos ressources.

« Le membre du Gouvernement délégué à la mairie de Paris,

» Considérant qu'il est indispensable de régulariser la distribution du pain dans l'intérêt de la défense nationale ;

» Après avoir pris l'avis de l'assemblée des maires, qui ont reconnu à l'unanimité la nécessité du rationnement.

» ARRÊTE : — Art. 1er. A partir du jeudi 19 janvier, les boulangers ne distribueront du pain qu'aux porteurs d'une carte d'alimentation de boucherie ou de boulangerie, et dans la mesure indiquée par l'article suivant.

» Art. 2. La ration de pain est fixée à 300 grammes pour les adultes et à 150 grammes pour les enfants au-dessous de cinq ans.

» Art. 3. Le prix de la ration de 300 grammes sera de 10 centimes; celui de la ration de 150 grammes sera de 5 centimes.

» Art. 4. Les bons de pain de 500 grammes actuellement en circulation donneront droit à une ration de 300 grammes, ceux de 250, à une ration de 150 grammes. Les porteurs de ces bons qui n'auraient pas encore de carte d'alimentation se présenteront aux bureaux de réclamations, dont il est question à l'article 9, où la carte de boulangerie leur sera délivrée.

» Art. 5. Les personnes appartenant au département de la Seine ou à d'autres départements réfugiées dans Paris, devront également être munies d'une carte qui leur sera délivrée par le maire de l'arrondissement où elles habitent.

» Art. 6. La clientèle de chaque boulanger sera déterminée par un tableau officiel. Une affiche, apposée dans chaque quartier, indiquera la répartition des habitants par maisons entre les diverses boulangeries du quartier. Du jour de l'apposition des affiches, les habitants ne pourront se fournir d'autres boulangeries qu'à celles qui leur sont assignées par le tableau.

» Art. 7. Les boulangeries ouvriront à sept heures du matin. Il y aura dans chaque boulangerie deux gardes nationaux et deux délégués de la mairie de l'arrondissement.

» Art. 8. Un des délégués détachera le coupon de la carte de boulangerie; si la carte ne porte pas de coupon, elle sera timbrée ou poinçonnée; l'adresse et les noms inscrits sur la carte seront copiés sur une feuille spéciale, et un timbre sera apposé à la suite de chaque nom sur une colonne correspondant au jour de la livraison.

» Art. 9. Il sera ouvert dans chaque quartier des bureaux destinés à recevoir les réclamations auxquelles le service de la distribution du pain pourra donner lieu.

» Ces bureaux seront composés de cinq membres au moins, délégués par la mairie de l'arrondissement. Ils délivreront des cartes de boulangerie aux personnes qui n'en seraient pas munies. Une affiche, apposée par les soins des maires, indiquera le lieu des bureaux de réclamations.

» Art. 10. Les compagnies de garde nationale de service aux remparts et les bataillons de guerre casernés dans Paris auront le choix de prendre leurs rations dans les boulangeries spéciales désignées à l'avance par les maires de l'arrondissement.

» Art. 11. Les délégués des maires chargés d'assister à la distribution du pain feront chaque jour, au plus tard avant 4 heures, un rapport à la mairie centrale sur la quantité de pain délivrée, le montant des farines reçues et à recevoir, et sur l'excédant ou le déficit qui se sera produit.

» Art. 12. Le colportage du pain à domicile est absolument interdit.

» Art. 13. Toute fraude dans les déclarations, tout usage

de cartes d'alimentation de boucherie ou de boulangerie obtenues à l'aide de déclarations frauduleuses sont passibles des peines édictées par les articles 160 et 161 du code pénal.

» Paris, le 18 janvier 1871.

» JULES FERRY. »

Les journaux ne chercheront plus, je crois, à dissimuler a vérité, mais que devient la déclaration du gouvernement: Le pain ne sera jamais rationné ?

Je termine les arrêtés et les décrets par cette note odieuse lancée par M. Magnin, ministre de l'agriculture et du commerce :

AVIS

*Blés, orges et seigles cachés.*

« Toute personne qui découvrira du blé, de l'orge et du seigle soustraits aux réquisitions, et qui en fera connaître l'existence, recevra, après vérification, une récompense de vingt-cinq francs pour chaque quintal métrique, soit en grain soit en farine.

» Les renseignements sont reçus au ministère de l'agriculture et du commerce. 60, rue Saint-Dominique-Saint-Germain (bureau des subsistances), de 10 heures du matin à cinq heures du soir.

» Paris, le 17 janvier 1871.

» *Le ministre de l'agriculture et du commerce :*
» J. MAGNIN. »

Monsieur le ministre de l'agriculture et du commerce a eu du courage en signant cet avis. Si M. Magnin, s'est promené aujourd'hui dans les rues de Paris, il a dû voir la population lui donner une leçon de morale en lacérant ses affiches. Prenez, réquisitionnez, mais ne poussez pas l'homme à devenir dénonciateur ; il a déjà assez de défauts et de vices, sans lui en donner de nouveaux. Tout cela pour quelques quintaux de farine qui ne vous feront pas tenir un jour de plus !

Toutes ces réquisitions de vivres, ces rationnements me font croire de plus en plus que le dénoûment du drame approche ; et j'estime que vers le 30 Paris sera ouvert. Fatalement nous tomberons car les secours attendus n'arrivent pas.

Les journaux s'occupent beaucoup de la conférence de Londres et de ce pauvre M. Jules Favre. Le club de l'École de Médecine, qui n'y va pas par quatre chemins, déclare que si M. Jules Favre se rend en Angleterre, il brûlera sa maison. Comment trouvez vous la résolution? vraiment M. Jules Favre doit trouver que sa grande et belle liberté a parfois des inconvénients.

### RAPPORT MILITAIRE

« Le feu des batteries ennemies dans le Sud a été continu, mais beaucoup moins nourri que les jours précédents. Les forts, les batteries de Vaugirard et du Point-du-Jour, et surtout le fort de Vanves, ont canonné sans relâche et avec succès les positions prussiennes. Le 6ᵉ secteur a même complétement éteint le feu de la batterie des Chalets.

» Pendant toute la nuit, la ville a été bombardée, et un commencement d'incendie s'est déclaré à la Halle aux vins.

» On s'en est rendu promptement maître, grâce au concours empressé de la population.

» P. O. *Le général chef d'état-major,*
  » SCHMITZ. »

Le bombardement a fait beaucoup de mal cette nuit dans les 5ᵉ, 6ᵉ, 15ᵉ et 16ᵉ arrondissements. Ce dernier a surtout souffert plus que les autres. Rue Notre-Dame-des-Champs, à côté du Luxembourg, 43 maisons ont été atteintes. Les Invalides, la boulangerie centrale, le Jardin des Plantes et la gare d'Orléans ont reçu des projectiles. On assure que l'ennemi a encore beaucoup de batteries à démasquer du côté ouest, ce qui ne nous promet rien d'agréable.

Aujourd'hui, un mouvement inusité a eu lieu dans les bataillons de marche, qui sont tous partis. Sans doute on craint une attaque des Prussiens ou il se prépare une sortie considérable. La garde nationale sédentaire a pris cette nuit le service des piquets intérieurs. Tout fait supposer une opération militaire prochaine et ces prévisions seraient justifiées à en croire un article du journal *la France* publié ce soir et ainsi conçu :

« Sans sortir de la réserve que nous avons toujours observée, nous croyons pouvoir publier, sans inconvénient, les lignes suivantes :
» Nous venons d'assister à l'exécution d'une opération militaire qui s'est accomplie avec une telle précision et une telle promptitude, que les chefs supérieurs de l'armée en ont été émerveillés, et ils en augurent les meilleurs résultats.
» Nos lecteurs comprendront les motifs qui nous imposen le silence. Nous n'en dirons donc pas davantage.
» Qu'il nous soit seulement permis de dire que M. le général Trochu vient de donner une grande preuve d'habileté et de science stratégiques. »

Évidemment Paris va tenter encore une fois de rompre les lignes prussiennes.

Minuit et demi. — Le bombardement continue.

## 127ᵉ JOURNÉE

**Jeudi 19 Janvier.**           3 %    51.75

Le Gouvernement adresse encore à la population de Paris cette proclamation :

« Citoyens, l'ennemi tue nos femmes et nos enfants ; il nous bombarde jour et nuit ; il couvre d'obus nos hopitaux. Un cri : Aux armes ! est sorti de toutes les poitrines.

» Ceux d'entre nous qui peuvent donner leur vie sur le champ de bataille marcheront à l'ennemi ; ceux qui restent, jaloux de se montrer dignes de l'héroïsme de leurs frères, accepteront au besoin les plus durs sacrifices comme un autre moyen de se dévouer pour la patrie.

» Souffrir et mourir, s'il le faut ; mais vaincre. Vive la République !

» *Les membres du Gouvernement* :

» JULES FAVRE, JULES FERRY, JULES SIMON, EMMANUEL ARAGO, ERNEST PICARD, GARNIER-PAGÈS, EUGÈNE PELLETAN.

» *Les ministres* :

» Général LE FLÒ, DORIAN, MAGNIN.

» *Les secrétaires du Gouvernement* :

» HÉROLD, LAVERTUJON, DURIER, DRÉO. »

Un ordre du ministre de la guerre suit cette proclamation.

### ORDRE GÉNÉRAL

« Un ordre du Gouvernement de la Défense nationale m'a investi, en l'absence du gouverneur de Paris, le général Trochu, du commandement des troupes de la garde nationale, de la garde mobile et de l'armée qui restent chargées de la défense de Paris, des forts et des ouvrages avancés.

» J'entre, à dater de ce jour, en possession de ce commandement. Le commandant en chef de Saint-Denis, les commandants en chef du génie et de l'artillerie, les chefs d'états-majors généraux de la garde nationale et de l'armée, tous les généraux de division et de brigade chargés de commandements supérieurs, les commandants des divers groupes des forts et des secteurs passent, en conséquence, sous mes ordres directs. Ils devront se mettre, pour toutes les questions d'ensemble ou de détail qui intéressent la défense et les divers services, en relations directes avec moi.

» Les commandants en chef du génie et de l'artillerie, le chef d'état-major général de l'armée et celui de la garde nationale, un officier de l'état-major de chaque arrondissement de commandement, le général commandant la 1<sup>re</sup> division et l'intendant de cette même division se réuniront aujourd'hui, au ministère de la guerre, à une heure de l'après-midi.

» Cette réunion constituera le rapport quotidien.
» Paris, 19 janvier 1871.

» *Le ministre de la Guerre, gouverneur de Paris par intérim,* Général LE FLÔ. »

Le doute n'est plus permis. Nous allons livrer bataille. Le grand mouvement de troupes remarqué hier est expliqué ; les hostilités sont commencées déjà ou vont commencer. Elles le sont, car à trois heures la preuve en est affichée aux mairies. On lit le rapport suivant :

### BULLETIN MILITAIRE

« *Gouverneur au ministre de la Guerre et au général Schmitz, au Louvre.*

» *Mont-Valérien, le 19 janvier 1871.* — 10 h. 10, *matin.* — Concentration très-difficile et laborieuse pendant une nuit obscure. Retard de deux heures de la colonne de droite. Sa tête arrive en ligne en ce moment. Maisons Béarn, Armengaud et Pozzo di Borgo occupées immédiatement.

» Long et vif combat autour de la redoute de Montretout ; nous en sommes maîtres. La colonne Bellemare a occupé la maison du curé et pénétré par brèche dans le parc de Buzenval.

» Elle tient le point 112, le plateau 155, le château et les hauteurs de Buzenval. Elle va attaquer la maison Craon. La colonne de droite (général Ducrot) soutient vers les hauteurs de la Jonchère un fier combat de mousqueterie. Tout va bien jusqu'à présent. »

A 4 heures, nouvelles dépêches.

« Mont-Valérien, 19 janvier, 10 h. 39, matin.
» *Officier d'ordonnance au ministre de la Guerre.*

» *Mont-Valérien, 10 h. 32 m.* — Montretout occupé par nous à 10 heures. L'artillerie reçoit l'ordre d'occuper le plateau à côté et de tirer sur Garches.

» Bellemare entre dans Buzenval, attaque maintenant vers la Bergerie ; fusillade très-vive.

» Brouillard intense, observations très-difficiles. Je n'ai pas encore entendu un coup de canon prussien.

» Pour copie conforme de ces deux rapports :
» *Le ministre de l'intérieur par intérim,*
» JULES FAVRE. »

» *Gouverneur au ministre de la Guerre et au général Schmitz.*

» *Mont-Valérien, 10 h. 50 m. matin.* — Un épais brouillard me dérobe absolument les phases de la bataille. Les officiers porteurs d'ordres ont de la peine à trouver les troupes. C'est très-regrettable et il me devient difficile de centraliser l'action comme je l'avais fait jusqu'ici. Nous combattons dans la nuit.

» Pour copie conforme : *Le général chef d'état-major général,* SCHMITZ. »

A 10 heures du soir on affiche de nouveau ces trois rapports.

« 6 *heures du soir.* — La bataille engagée en avant du Mont-Valérien dure depuis ce matin. L'action s'étend depuis Montretout, à gauche, jusqu'au ravin de la Celle-Saint-Cloud, à droite.

» Trois corps d'armée formant plus de cent mille hommes et pourvus d'une puissante artillerie sont aux prises avec l'ennemi. Le général Vinoy à gauche tient Montretout et le bat, à Garches; le général de Bellemarre et le général Ducrot ont attaqué le plateau de la Bergerie et le battent depuis plusieurs heures au château de Buzenval. Les troupes ont déployé la plus brillante bravoure et la garde nationale mobilisée a montré autant de solidité que de patriotique ardeur.

» Le gouverneur, commandant en chef, n'a pu faire connaître encore les résultats définitifs de la journée. Aussitôt que le Gouvernement les aura reçus, il les communiquera à la population de Paris.

» Le ministre de l'intérieur par-intérim : JULES FAVRE. »

« *Commandant supérieur des gardes nationales à chef d'état-major général.*

» *8 h. 40 du soir.* — La nuit seule a pu mettre fin à la sanglante et honorable bataille d'aujourd'hui. L'attitude de la garde nationale a été excellente. Elle honore Paris.

» GÉNÉRAL CLÉMENT-THOMAS. »

« *Amiral commandant le 6ᵉ secteur à général le Flô.*

» A la tombée du jour nos troupes, en vue du 6ᵉ secteur, occupent Montretout avec de l'artillerie, les hauteurs au-dessus de Garches et une partie à droite dans Saint-Cloud.

» De fortes réserves sont au repos depuis midi sur les contreforts de Garches et de la Fouilleuse, vers la Seine.

» Les derniers ordres du gouverneur, qui était au Mont-Valérien avec le général Vinoy, pour le tir de nos bastions, sont de tirer énergiquement sur le parc de Saint-Cloud et la vallée de Sèvres au-dessus de laquelle s'élève une fumée continue depuis deux heures. »

A deux heures du matin, nous lisons le rapport suivant :

« *2 heures du matin.* — Notre journée, heureusement commencée, n'a pas eu l'issue que nous pouvions espérer.

» L'ennemi, que nous avions surpris le matin par la soudaineté de l'entreprise, a, vers la fin du jour, fait converger sur nous des masses d'artillerie énormes avec ses réserves d'infanterie.

» Vers trois heures, la gauche, très-vivement attaquée, a fléchi. J'ai dû, après avoir ordonné partout de tenir ferme, me porter à cette gauche, et, à l'entrée de la nuit, un retour offensif des nôtres a pu se prononcer.

» Mais la nuit venue et le feu de l'ennemi continuant avec une violence extrême, nos colonnes ont dû se retirer des hauteurs qu'elles avaient gravies le matin.

» Le meilleur esprit n'a cessé d'animer la garde nationale et la troupe, qui ont fait preuve de courage et d'énergie dans cette lutte longue et acharnée.

» Je ne puis encore savoir quelles sont nos pertes. Par des prisonniers j'ai appris que celles de l'ennemi étaient fort considérables.

» Général Trochu. »

Voici donc une journée qui, comme toutes les autres, semble ne pas vouloir tourner à notre avantage. Pour juger cependant, attendons à demain.

« Le Gouvernement de la Défense nationale,

» Considérant que la durée des subsistances est un élément indispensable de la défense de Paris;

» Considérant qu'il y a lieu de consacrer à l'alimentation de la population les quantités de blé réservées par les cultivateurs réfugiés à Paris et dans la banlieue pour l'ensemencement des terres, sauf à assurer en temps opportun le remplacement des quantités mises en réserve pour cet important objet,

» DÉCRÈTE : — Les cultivateurs qui ont mis en réserve du blé de semence, et généralement tous détenteurs de blé, devront en faire la déclaration au ministère de l'agriculture et du commerce dans le délai de trois jours à partir de la promulgation du présent décret, sous peine de confiscation du blé non déclaré, de 1,000 fr. d'amende et de trois mois de prison.

» Ce blé sera payé aux cultivateurs au prix de 50 fr. le quintal métrique.

» Les déclarants devront conduire immédiatement leur

blé à la Halle aux blés, où il sera pesé, expertisé et payé comptant.

» Le ministre de l'agriculture et du commerce est chargé de l'exécution du présent décret.

» *Fait à Paris, le* 19 *janvier* 1871.

» JULES FAVRE, GARNIER-PAGÈS, ERNEST PICARD, JULES SIMON, EUGÈNE PELLETAN, JULES FERRY, EMMANUEL ARAGO. »

### LE VIN DISTRIBUÉ PAR LES BOULANGERIES.

Une commission chargée par les maires de régler des distributions en vin et autres denrées destinées à compenser la diminution du pain, et dont font partie MM. Bonvalet, Grivot, Pernolet, Favre, Mottu, s'est réunie à 4 heures.

Elle a décidé que du vin serait donné dans les boulangeries.

Par suite de cette décision, la lettre suivante a été envoyée ce matin à tous les maires par M. Jules Ferry.

« Monsieur le maire, la commision nommée hier par l'assemblée des maires a décidé qu'un cinquième de litre de vin serait délivré gratuitement, à partir de jeudi, dans chaque boulangerie, à tout nécessiteux porteur d'un bon de pain.

» En conséquence, une pièce de vin sera déposée dans la journée de demain 18 dans chacune des boulangeries de votre arrondissement. Vous voudrez donc bien en prévenir immédiatement chaque boulanger, en lui commandant de se munir d'un *cinquième* et d'un entonnoir. Vous voudrez bien aussi veiller à ce qu'un marchand de vin, voisin du boulanger, fasse placer cette pièce sur un chantier. »

Ce soir, à la tombée de la nuit, un pigeon est rentré au colombier. Demain nous aurons, dit-on, des nouvelles importantes et 25,000 dépêches privées.

Aujourd'hui les Prussiens, occupés du côté du Mont-Valérien, ont eu la bonne idée de ne pas nous bombarder avec tant de rage. Le plateau de Châtillon a tiré cependant avec sa vigueur ordinaire.

---

## 128ᵉ JOURNÉE

**Vendredi 20 Janvier.**      3 % 51.35

Le pigeon arrivé hier au soir a apporté un nombre considérable de dépêches qu'il est matériellement impossible de communiquer aujourd'hui. Voici comment s'explique, à ce sujet, le *Moniteur officiel*.

« Le Gouvernement a reçu hier au soir, fort tard, des dépêches qu'il n'a pas été possible de déchiffrer avant la publication du *Journal officiel*. Elles contiennent des bulletins des opérations du général Chanzy et du général Bourbaki. Nous les ferons connaître demain.

» Les premières phrases qui ont été lues indiquent assez le sens général de ces dépêches pour que nous puissions dire, dès à présent, qu'il y a eu un temps d'arrêt dans le progrès de nos armées de l'Ouest, et que nous avons remporté dans l'Est des succès importants. »

Comme on dit vulgairement, il y a à boire et à manger dans ce *petit* article, et l'on ne sait vraiment à quoi s'en tenir. Ce soir les journaux donnent la teneur de l'une des dépêches reçues, et qui explique clairement ce que le Gouvernement appelle un temps d'arrêt dans l'armée de Chanzy, et que moi, je nomme tout simplement une bataille perdue.

« *Extrait d'une dépêche de M. de Chaudordy
au ministre des affaires étrangères.*

» *Bordeaux, 14 janvier 1871.* — Le général Chanzy, après deux jours de brillantes batailles près du Mans, a dû se replier derrière la Mayenne.

» Il croit qu'il a eu affaire à 180,000 combattants commandés par Frédéric-Charles et Mecklembourg en personne.

» Il n'est pas découragé, ni la France non plus, et le général annonce que sous peu de jours il reprendra ses opérations offensives.

» Il a perdu une douzaine de canons et environ 10,000 prisonniers, mais les ennemis ont eu de leur côté de grandes pertes.

» Le général Bourbaki est tout près de Belfort. Il a gagné une première bataille à Villersexel et une seconde avant-hier.

» Vesoul et Lure sont évacués. Il a grande confiance et se loue beaucoup des troupes et des officiers.

» Le général Faidherbe a eu encore quelques succès.

» Pour copie copie conforme :

» *Le ministre de l'intérieur par intérim :*

» JULES FAVRE. »

Je ne suis pas soldat, et par conséquent j'entends très-peu la tactique militaire et les opérations qu'elle nécessite. Depuis que j'écris ce journal, convaincu que j'étais incompétent pour juger toute action de guerre, je me suis abstenu, et jamais il ne m'est arrivé de dire : On devrait prendre tel ou tel point. Aujourd'hui, cependant, je ne puis m'empêcher, au risque d'être ridicule, de faire cette réflexion : A quoi peut servir le mouvement de Bourbaki sur Belfort, pour sauver Paris? Bourbaki est maintenant à cent lieues de nous environ. On aurait pu comprendre une marche sur Châlons ou Nancy... Mais sur Belfort... vraiment... c'est...

Le général Chanzy vient de perdre une bataille et se trouve de son côté à 60 ou 70 lieues de Paris. A quoi toutes ces armées peuvent-elles donc nous servir? A rien. Nous ne devons plus compter sur la province. Les rapports militaires du gouverneur ne font que confirmer cette opinion dans mon esprit.

« *Mont-Valérien, 20 janvier, 9 h. 30 du matin. — Gouverneur à général Schmitz, au Louvre.* — Le brouillard est épais. L'ennemi n'attaque pas. J'ai reporté en arrière la plupart des masses qui pouvaient être canonnées des hauteurs, quelques-unes dans leurs anciens cantonnements.

» Il faut, à présent, parlementer d'urgence à Sèvres pour un armistice de deux jours qui permettra l'enlèvement des blessés et l'enterrement des morts.

» Il faudra pour cela du temps, des efforts, des voitures très-solidement attelées et beaucoup de brancardiers. Ne perdez pas de temps pour agir dans ce sens.

» Pour copie conforme :

*Le ministre de l'intérieur par intérim :*

« JULES FAVRE. »

Cette dépêche jette la panique dans Paris, et je ne comprends pas comment M. Jules Favre l'a fait inscrire au *Journal officiel*. Ce rapport est fort exagéré, du reste, à ce que m'assure un membre de la Convention de Genève.

La sortie est terminée, la garde nationale rentre dans Paris et les troupes rentrent dans leurs cantonnements. Un parlementaire français s'est présenté aujourd'hui à deux heures à la ferme de la Fouilleuse, pour obtenir des autorités militaires prussiennes une suspension d'armes de deux jours pour l'enlèvement de nos blessés et l'enterrement de nos morts. Cette demande aurait été, dit-on, rejetée.

### RAPPORT MILITAIRE.

« Les rapports des commandants de colonne sur la journée d'hier ne sont pas encore tous parvenus au gouverneur ; il croit cependant devoir donner dès à présent un aperçu général des opérations qui se sont accomplies le 19 janvier.

» L'armée était partagée en trois colonnes principales, composées de troupes de ligne, de garde mobile et de garde nationale mobilisée incorporée dans les brigades.

» Celle de gauche, sous les ordres du général Vinoy, devait enlever la redoute de Montretout, les maisons de Béarn, Pozzo di Borgo, Armengaud et Zimmermann.

» Celle du centre, général de Bellemare, avait pour objectif la partie est du plateau de la Bergerie.

» Celle de droite, commandée par le général Ducrot, devait opérer sur la partie ouest du parc de Buzenval, en même temps qu'elle devait attaquer Longboyau, pour se porter sur le haras Lupin.

» Toutes les voies de communication ayant accès dans la presqu'île de Gennevilliers, y compris les chemins de fer, ont été employées pour la concentration de ces forces considérables, et, comme l'attaque devait avoir lieu dès le matin, la droite, qui avait un chemin extrêmement long (12 kilomètres) à parcourir au milieu de la nuit, sur une voie ferrée qui se trouva obstruée, et sur une route qu'occupait une colonne d'artillerie égarée, ne put parvenir à son point de réunion qu'après l'attaque commencée à gauche et au centre.

» Dès onze heures du matin, la redoute de Montretout et les maisons indiquées précédemment avaient été conquises sur l'ennemi, qui laissa entre nos mains 60 prisonniers.

» Le général de Bellemare était parvenu sur la crête de la Bergerie, après s'être emparé de la maison dite du Curé, mais en attendant que sa droite fût appuyée, il dut employer une partie de sa réserve pour se maintenir sur les positions dont il s'était emparé.

» Pendant ce temps, la colonne du général Ducrot entrait en ligne. Sa droite, établie à Rueil, fut canonnée de l'autre côté de la Seine par des batteries formidables contre-battues par l'artillerie qu'elle avait à sa disposition et par le Mont-Valérien.

» L'action s'engagea vivement sur la porte de Longboyau où elle rencontra une résistance acharnée, en arrière de murs et de maisons crénelés qui bordent le parc.

» Plusieurs fois de suite, le général Ducrot ramena à l'attaque les troupes de ligne et la garde nationale, sans pouvoir gagner du terrain de ce côté.

» Vers quatre heures, un retour offensif de l'ennemi entre le centre et la gauche de nos positions, exécuté avec une violence extrême, fit reculer nos troupes, qui, cependant, se reportèrent en avant vers la fin de la journée. La crête fut encore une fois reconquise, mais la nuit arrivait, et l'impossibilité d'amener de l'artillerie, pour constituer un établissement solide sur des terrains déformés, arrêta nos efforts.

» Dans cette situation, il devenait dangereux d'attendre, sur ces positions si chèrement acquises, une attaque de l'ennemi qui, amenant des forces de toutes parts, ne devait pas manquer de se produire dès le lendemain matin. Les troupes étaient harassées par douze heures de combat et par les marches des nuits précédentes employées à dérober les mouvements de concentration ; on se retira alors en arrière, dans les tranchées, entre les maisons Crochard et le Mont-Valérien.

» Nos pertes sont sérieuses ; mais, d'après le récit des prisonniers prussiens, l'ennemi en a subi de considérables. Il ne pouvait en être autrement après une lutte acharnée qui, commencée au point du jour, n'était pas encore terminée à la nuit close.

» C'est la première fois que l'on a pu voir, réunis sur un même champ de bataille, en rase campagne, des groupes de citoyens unis à des troupes de ligne, marchant contre un ennemi retranché dans des positions aussi difficiles ; la garde nationale de Paris partage avec l'armée l'honneur de les avoir abordés avec courage au prix de sacrifices dont le pays leur sera profondément reconnaissant.

» Si la bataille du 19 janvier n'a pas donné les résultats que Paris en pouvait attendre, elle est l'un des événements les plus considérables du siège, l'un de ceux qui témoignent le plus hautement de la virilité des défenseurs de la capitale. »

Le bombardement a subi depuis hier de notables variations. Très-faible dans la nuit du 19. Il s'est accentué à partir de minuit pour ne se ralentir qu'aujourd'hui vers midi.

Les projectiles, dont un grand nombre n'ont pas éclaté, ont frappé les mêmes quartiers. Le Jardin des Plantes a reçu cette nuit dix-huit obus ; l'un d'eux a causé des dégâts assez sérieux dans la galerie du musée zoologique ; mais pas d'incendie. On cite une maison privilégiée dans le quartier du Luxembourg ; c'est celle des *Dames de la Retraite*, rue du Regard, qui depuis le 6 janvier a reçu cent cinq obus.

Mauvais pronostic. Aujourd'hui quelques boutiques de vivres ont été pillées aux Halles.

Allons, messieurs les journalistes, où sont vos illusions? Selon vous, Chanzy était près de Paris, Bourbaki à Senlis... nous étions vainqueurs! Il fallait la trouée en masse ; de l'action ! toujours de l'action ! Où en êtes-vous maintenant?

Voici les détails sur le combat d'hier et d'avant-hier :

### BATAILLE DE MONTRETOUT

« L'attaque d'hier avait été bien conçue. Tandis que les autres jours nous annoncions naïvement de quel côté nous devions diriger nos efforts, comme pour mieux donner à l'ennemi le temps de se préparer, on avait cette fois pris toutes les précautions commandées par la prudence. Une action était imminente, chacun le devinait, le sentait, mais quel point devions-nous aborder? Nul n'aurait pu le dire.

» Afin de mieux égarer l'ennemi, le général Trochu avait eu recours à deux précautions très-sage. De nombreux bataillons de la garde nationale sédentaire avaient été dirigés sur les bords de la Marne. Ils avaient si bien été remarqués que les Prussiens dirigèrent de ce côté un assez vif feu d'artillerie qui ne nous causa heureusement aucun mal.

» Enfin les ambulances, qui d'habitude reçoivent la veille

des indications très-précises, n'ont cette fois été prévenues que dans la nuit.

» En un mot, rien n'avait été négligé, toutes les précautions commandées par la prudence et l'expérience avaient été prises.

» Malheureusement le temps était peu propice ; la nuit noire, brumeuse, le terrain glissant, se prêtaient peu à une semblable concentration de troupes.

» Notre armée avait été divisée en trois parties commandées : l'aile droite par le général Ducrot, l'aile gauche par le général Vinoy, le centre par le général de Bellemare.

» D'après les ordres du gouverneur, les trois corps devaient à la même heure aborder les positions ennemies qui leur étaient désignées.

» Un fâcheux contre-temps vint, dès le début, tout compromettre.

» Les troupes du général Ducrot n'arrivaient pas, et c'est à elles qu'incombait la plus dure besogne.

» Parties de Saint-Denis, elles devaient rapidement traverser la presqu'île de Gennevilliers. L'ordre fut-il mal compris ? la distance avait-elle été mal calculée ? n'avait-on pas fait la part du hasard, de cet aléa terrible qui a perdu tant de batailles ? Je ne sais, mais un obstacle imprévu arrêta nos troupes en route. Une batterie prussienne établie à Carrières-Saint-Denis, c'est-à-dire à moins de 2,700 mètres, balayait la route. Notre artillerie de campagne essaya mais en vain, de forcer l'ennemi au silence. Les Prussiens, comprenant toute l'importance de leur attaque, redoublaient d'efforts.

» Que faire ?

» Passer sous cette pluie de boulets et d'obus était chose périlleuse. On le pouvait sans doute, mais il eût été fou de le tenter : nos soldats seraient arrivés au combat épuisés, décimés avant d'avoir brûlé une cartouche.

» Pourtant, il fallait passer ; on entendait déjà le crépitement de la fusillade et le roulement strident des mitrailleuses.

» Sur l'ordre du commandant en chef, une locomotive blindée, armée de puissantes pièces, fut envoyée sur la voie. Elle ouvrit un feu si terrible que l'ennemi fut obligé de se taire.

» Nos troupes purent passer; mais deux heures avaient été perdues.

» Deux heures, qui devaient influer d'une façon terrible sur l'issue de la journée.

» A l'heure convenue, au point du jour, le signal fut donné à nos troupes; Ducrot n'arrivait pas, il est vrai; mais le retard pouvait ne pas être long.

» D'ailleurs, le temps pressait; il fallait agir à tout prix.

» Le général Vinoy suivit la voie parallèle à la Seine, laissant à sa droite la Briqueterie. Les zouaves et le 136ᵉ de ligne, soutenus par de nombreux bataillons de marche de la garde nationale, formaient la première colonne d'assaut.

» Rapidement les hauteurs de Montretout furent enlevées. On se battait avec acharnement. Les Prussiens surpris à l'improviste, se défendaient vigoureusement, mais s'ils avaient l'avantage de la position, nous avions l'avantage du nombre : il leur fallut céder.

» Ce premier résultat n'avait pas été obtenu sans peine; nos troupes avaient souffert du feu ennemi, et plusieurs de nos officiers étaient tombés en héros.

» Je n'en citerai qu'un : Rochebrune. Ce nom n'éveille-t-il pas haut le souvenir de la dernière guerre de Pologne?

» Eh bien! Rochebrune, des zouaves de la mort, Rochebrune l'héroïque, lui que ses compagnons d'armes appelaient le tigre, Rochebrune est mort par une balle polonaise!

» Les Polonais occupaient Montretout.

» Les hauteurs conquises, nos soldats, sans prendre un moment de repos, se jetèrent sur Saint-Cloud. La ville fut fouillée en tous sens. Cette fois, on ne négligea pas de chasser l'ennemi des caves.

» Un épais rideau de tirailleurs faisait le coup de feu avec les Prussiens qui occupaient les bois.

» Si la victoire avait été chèrement payée, en revanche elle était complète. Onze pièces de canon étaient en notre pouvoir, le général de Belfort en informait le général Trochu, et un troupeau de bœufs assez considérable passait des mains de l'ennemi dans les nôtres.

» Outre ces prisonniers, nous en avions d'autres moins sympathiques; presque tous Polonais; on voyait aussi quelques Silésiens, ces prisonniers paraissaient peu mécontents de leur sort.

» Ils envoyaient des baisers en passant dans les rangs de nos soldats.

» Pendant que l'aile gauche (général Vinoy) s'emparait de Montretout, le centre, commandé par le général de Bellemare, descendait les pentes du Mont-Valérien et abordait les positions de l'ennemi. Cette ligne s'étendait depuis la porte de Longboyau jusqu'à la porte Jaune.

» Le premier obstacle que l'on rencontra fut la ferme de la Fouilleuse, située entre Garches et notre forteresse. Deux fois nos troupes se lancèrent contre cet obstacle, deux fois elles durent reculer. Plusieurs bataillons de la garde nationale arrivaient. Un même cri sortit de toutes les poitrines :

» — A la baïonnette !

» Et ces soldats citoyens se ruèrent sur l'ennemi. Un terrible feu de mousqueterie les accueillit ; mais l'élan était donné ; la furie française devait triompher des obstacles ; l'ennemi balayé s'enfuit en toute hâte.

» Ce premier triomphe de notre centre fut salué par un hourrah ! Mais ce n'était encore là qu'un jeu d'enfants, le plus terrible de la besogne restait à faire, nos troupes reprirent leur élan.

» Elles s'avancèrent sans trouver grande résistance jusqu'à la hauteur 112, où elles purent donner la main à l'aile gauche.

» Là encore nous avons vu tomber un brave et loyal officier, Seveste, de la Comédie-Française. Les quinze carabiniers parisiens qu'il commandait étaient couchés en tirailleurs faisant face à l'ennemi.

» A quelque distance, une compagnie de mobiles de la Drôme maintenait les Prussiens en respect. Les balles sifflaient comme grêle. Le capitaine des mobiles voulut avancer. Seveste s'élança à ses côtés, il voulait avoir sa part d'héroïsme et de victoire. Il tomba, la cuisse traversée.

» A la droite, le général de Bellemare rencontrait une terrible résistance. Mais nos soldats, enlevés par la garde nationale, surmontaient un à un tous les obstacles. Le château de Buzenval et le parc étaient enlevés et fouillés dans tous les sens. Le bois de Béranger, la fontaine des Villarmains, le bois des Quatre-Vents, toutes ces positions étaient à nous.

» Le combat avait pris une forme nouvelle : on se battait

non plus en ligne, mais isolément. Dans tous ces replis de terrain, plantés de vignes, coupés de petits bois, une attaque de front est impossible. Nos soldats, couchés, rampant, s'avançaient en tirailleurs, gagnant du terrain à chaque seconde, mais aussi à chaque pas laissant des blessés et des morts.

» L'ennemi combattait avec acharnement, mais partout il perdait du terrain.

» Depuis longtemps déjà les troupes du général Ducrot étaient entrées en ligne. Elles avaient rapidement balayé la droite et occupaient la Malmaison.

» A ce moment, il est possible de jeter un coup d'œil sur le champ de bataille. Le terrain représente assez bien un vaste triangle. A l'un des angles se trouve le Mont-Valérien, à l'autre Montretout, au troisième enfin la Jonchère. La Jonchère et Montretout sont les positions extrêmes occupées par les corps d'armée Ducrot et Vinoy.

» La base de ce triangle fait face au Mont-Valérien, dont elle est distante de 3,500 mètres. Cette base a environ 7,000 mètres. Là, se trouvent toutes les positions ennemies : La Jonchère, la Celle-Saint-Cloud, Saint-Cucufa, sur la droite ; sur la gauche, Garches, et enfin, au centre, la Bergerie.

» Le plan de la bataille apparaît alors bien clair, bien précis. Pendant que nos soldats crient : « A Versailles! » le mouvement important s'opère. De la gauche et de la droite nos colonnes se rabattent vers le centre ; on dirait un éventail qui se ferme. Toutes nos forces convergent vers un point unique, la *Bergerie*.

» Cette position est des plus importantes. De ce plateau on domine Versailles, on commande toutes les routes qui rayonnent vers Saint-Germain et Meudon. Maîtres de la Bergerie, nous pouvons cribler, brûler, Bougival, La Celle-Saint-Cloud, Louveciennes, et nous ouvrir un passage par Rocquencourt.

» La Bergerie en notre pouvoir, la trouée est non-seulement possible, mais presque facile, car Versailles peut être tourné.

» La lutte va être longue, acharnée. Qu'importe, si nous restons maîtres du plateau?

» Le premier mouvement de concentration s'opère rapidement; il est environ deux heures. L'aile droite attaque la Jonchère et Longboyau; l'aile gauche se jette sur Garches. Malheureusement, les Prussiens ont eu, depuis sept heures du matin, le temps de faire venir des renforts considérables.

» Eux aussi, ils ont bien vu où était le nœud de l'action : ils ont laissé massacrer leurs troupes aux points extrêmes, et ils ont massé leurs renforts au point central. Le corps de Bellemare attaque la Bergerie, mais il trouve là une résistance invincible. Une formidable artillerie, rangée sur le plateau, foudroie nos soldats. Les renforts qui doivent arriver de la droite (Ducrot) et de la gauche (Vinoy) n'arrivaient pas. Eux aussi sont arrêtés par l'artillerie.

» J'ai vu de près la batterie de Garches; elle est puissamment armée.

» Dissimulée derrière une maison blanche qui est tournée vers le rempart, elle menace le Mont-Valérien et est à deux étages; vingt-huit embrasures laissent passer la gueule d'énormes pièces qui tirent sans relâche. Un nuage épais de fumée s'élève lentement.

» Jusqu'à quatre heures environ dure ce duel formidable; plus de cinq cents bouches à feu sont en présence; enfin, vers la nuit, il devient évident que l'on ne peut triompher de cette résistance. Nos troupes reculent pas à pas, le Mont-Valérien tonne, et la plaine jusqu'alors si tranquille devient le théâtre d'un dernier combat.

» Il faut le dire sans réticence, crûment, nous avons échoué.

» D'autres chercheront si le retard de deux heures du matin n'a pas été pour beaucoup dans notre insuccès. Ils se demanderont s'il n'aurait pas fallu tenter une pointe du côté de Chatou ou de Meudon pour attirer l'attention de l'ennemi et barrer la route aux renforts prussiens.

» Peu importe tout cela, à cette heure, le fait brutal est là qui s'impose : nous avons échoué.

» Faut-il pour cela désespérer de notre sainte cause, abandonner la lutte suprême?

» Allons donc!

» Si nous ne pouvons battre l'ennemi, il faut l'écraser à force de défaites : il nous faut au cœur la foi robuste, invincible, inaltérable. Si nous avons été vaincus aujourd'hui, nous serons vainqueurs demain.

» Après le passé sombre, il y a l'avenir glorieux.

» D'ailleurs, ce n'est pas une défaite : loin de là ; cette journée a eu un résultat immense ; elle a prouvé que l'on pouvait entièrement, absolument compter sur la garde nationale.

» Nos jeunes soldats se sont montrés héroïques au feu ; ils ont lutté sans faiblesse, avec une énergie indomptable. J'ai vu de vieux zouaves rendre hautement hommage à la tenue de ces recrues qui se conduisaient comme des vétérans.

» Je ne puis citer tous les bataillons qui se sont distingués ; mais je ne veux pas oublier le 116°, déjà mis à l'ordre du jour.

» Le commandant Langlois a été blessé au bras d'un éclat d'obus. Le capitaine adjudant-major est tombé. Les 72°, 82°, 107° 16°, 239°, 35°, 94°, 84°, 242°, 136°, 78°, 193°, 74°, ont vaillamment donné.

» Le lieutenant-colonel du 35° régiment de la garde nationale a été grièvement blessé.

» Vers cinq heures et demie, une cinquantaine de prisonniers ont passé par la Porte-Maillot.

» Je ne veux pas passer sous silence un fait très-grave qui pourrait encore être exagéré. Pendant la nuit on a arrêté aux portes un certain nombre de gardes nationaux de marche, entre autres trente-deux hommes du 140°, qui se disaient les seuls survivants du bataillon.

» Le fait est grave, mais il faut l'apprécier comme il doit l'être. Il y a là, non pas lâcheté, mais indiscipline. Tant que le combat a duré, tout le monde a combattu, non pas seulement avec courage, mais avec héroïsme. Mais, la nuit venue, chacun de ces hommes s'est souvenu qu'il avait à Paris une femme, des enfants : de là cette action répréhensible, coupable même, mais qu'il serait absurde d'assimiler à la fuite.

» Ce n'est que le combat fini que se sont produits les faits que je cite.

» La preuve que ce n'est pas la lâcheté qui inspirait ces hommes, c'est que le 140° s'est héroïquement battu ; ce bataillon était sous les ordres de Rochebrune, qui commandait encore les 90°, 100° et 122°. Ce régiment a tellement souffert, que vers une heure du matin on l'a fait rentrer à Paris.

» Le nombre de nos blessés est malheureusement considérable. A trois heures, on n'en comptait encore que 226 d'arrivés à la Porte-Maillot; mais à partir de trois heures, les convois se succèdent sans interruption; à quatre heures il y en a plus de 450; 600 environ à quatre heures et demie, et dans la nuit on en comptait plus de 2,000.

» Le service avait d'ailleurs été admirablement organisé sur l'avenue de Neuilly; le docteur Worms dirigeait les blessés sur les hôpitaux, prévoyant tout, soignant les plus malades avec zèle et dévouement.

» Parmi les régiments de ligne les plus éprouvés, il faut citer les zouaves, qui ont vaillamment combattu et souffert, les 136e, 134e, 140e, et enfin les mobiles de la Vendée. »

(*Journal le Soir.*)

Parmi les morts de cette journée, il faut compter le jeune Regnault, artiste plein d'espérance, mort glorieusement devant Montretout.

Afin que le public soit mis, de la façon la plus complète, au courant des opérations militaires effectuées pendant la fin de décembre et la première quinzaine de janvier, je commence à publier la série des dépêches adressées au ministre de la guerre de la délégation de Bordeaux par les généraux qui commandent nos armées de l'Est et de l'Ouest et celles échangées par eux avec les officiers généraux placés sous leurs ordres.

« *Général Bourbaki au ministre de la guerre,*
*Bordeaux.*

» *Chalon, le 29 décembre 1870, 10 h. 40 m. soir.* — Notre concentration a été retardée par la rigueur de la saison. Néanmoins, le 20e corps sera rendu à Dôle le 31, le 18e à Auxonne le 1er janvier. Je hâterai le plus possible les mouvements ultérieurs. Je confie au général Logerot, nouvellement promu, le commandement de la 1re brigade de la 1re division du 20me corps. »

« *Général Bourbaki à Guerre.*

» *Dôle, 2 janvier 1871, 2 h. 35 m. du soir.* — L'ennemi fait des démonstrations de quelques importance pour menacer Dijon, en se portant sur Vittaux. La défense de Dijon me semble susceptible d'être assurée par les troupes du général Pélissier et par celles du général Garibaldi. Le général Cremer, qui couche ce soir entre Champlitte et Dijon, rétrogradera sur cette dernière ville pour concourir à sa défense, s'il le juge nécessaire. Je crois que l'ennemi veut nous déterminer soit à réduire l'effectif des forces marchant sur Vesoul, soit à nous retarder. Je tiens à déjouer ce projet en ne me privant d'aucun élément autre que la division Cremer.

» Nous éprouvons beaucoup de peine à marcher rapidement, vu l'état actuel des routes et les difficultés de s'approvisionner de vivres. Le 15ᵉ corps constituera un très-bon appoint, mais il faut qu'il ne perde pas de temps. Le 18ᵉ et le 20ᵉ corps doivent coucher ce soir sur les bords de l'Ognon et continuer leur marche demain matin. J'ai établi aujourd'hui mon quartier général à Dôle. »

« *Général Bourbaki au général Chanzy, au Mans.*

» *Montbazon, 8 janvier 1871, 10 h. 30 m., matin.* — Mon quartier général est à Montbazon. Il y sera encore demain avec celui du 18ᵉ corps. Ceux du 20ᵉ et du 24ᵉ seront à Rougemont et à Cuze. Le 15ᵉ corps est dirigé sur Clerval. Une brigade sera détachée à Blamont, menaçant Montbéliard. Le reste du corps sera dirigé au fur et à mesure des débarquements dans la direction de Fontenelle et formera l'extrême droite. J'ai quitté Bourges pour faire évacuer Dijon, Gray, Vesoul, lever le siège de Belfort. Les garnisons de ces deux premières villes menacées de se voir couper leur retraite sur le Haut-Rhin se sont retirées sans combat. Je continue l'exécution de mon programme.

» Les avant-postes ont eu quelques engagements avec l'ennemi. Il peut se faire que notre première rencontre sérieuse soit à Villersexel. Mes mouvements ont été retardés par la difficulté de faire vivre des corps lorsqu'ils s'éloignent des voies ferrées, comme par l'état des chemins et des routes qu'une couche de verglas rend peu praticables. On m'annonce que l'ennemi n'occupe plus Orléans, et qu'il dirige des forces considérables vers l'est.

» Je chercherai le plus promptement possible à couper les communications de l'ennemi. »

« *Général de Serres à Guerre, Bordeaux.*

» *Rougemont, le 9 janvier 1871, 7 h. 45, soir.* — La bataille finit à sept heures. La nuit seule nous empêche d'estimer l'importance de notre victoire. Le général en chef couche près Villersexel au centre du champ de bataille; toutes les positions assignées à l'armée pour ce soir par l'ordre général de marche d'hier, occupées par elle. Villersexel, clef de la position, a été enlevé au cri de : Vive la France! A demain les résultats. »

« *De Serres à Guerre, Bordeaux, confidentielle.*

» *Bournel, le 10 janvier 1871, 1 h. 40, soir.* — J'ai étudié cette nuit, avec le général Bourbaki, toutes les mesures nécessaires pour préparer la bataille d'aujourd'hui, bataille que l'ennemi doit absolument livrer, quelles qu'en soient les conditions, s'il a conscience de sa situation par rapport à la nôtre. Toutes les dispositions sont arrêtées entre nous, et notre situation comme forces et positions est beaucoup plus belle qu'hier, où l'ennemi avait tous avantages. Nous prendrons, s'il y a lieu, l'offensive. La lutte au château de Villersexel a duré toute la nuit. Le splendide château dominant toute la ville, refuge de quelques compagnies prussiennes, a été incendié par elles pour couvrir leur salut.

» Le général en chef, parti dès quatre heures du matin, est magnifique de vigueur, d'entrain et d'élan. C'est à lui que revient incontestablement l'honneur de la journée, dont les premières heures écoulées en dehors de son action personnelle ont laissé à désirer. Il a enlevé les régiments déjà fatigués du 20e corps avec un élan irrésistible, et les a lancés dans Villersexel regorgeant d'ennemis. La position était à nous. Quant à ce que vous qualifiez de savantes manœuvres entre les deux groupes des forces ennemies, vous devez vous féliciter vous-même en n'oubliant pas que ce sont encore vos idées qui, par ma voie, ont collaboré à cette belle tâche. Je laisse au général, qui n'y manquera pas, le soin de le dire et de l'écrire. »

« *Général Bourbaki à Guerre, Bordeaux.*

» *Bournel, le 10 janvier 1871, 2 h. 20 m. matin.* — L'armée a exécuté, hier 9, le mouvement ordonné. Le général Clinchant a enlevé avec un entrain remarquable Villersexel, le général Billot a occupé Espfels et s'y est maintenu. Nous sommes maîtres de nos positions. Tous les ordres sont donnés pour répondre convenablement à une attaque de l'ennemi si elle venait à se produire, ou pour prendre telle autre disposition que les circonstances rendraient nécessaire. Je vous adresserai... ultérieurement sur cette affaire, qui fait honneur à nos armes, et qui permet de concevoir des espérances, malgré la rigueur de la saison et les difficultés de ravitaillement. »

« *Général Chanzy à Guerre, Lyon et Bordeaux.*

» *Le Mans, 25 décembre 1870, 7 h. 15 m., soir.* — La communication par chemin de fer entre Le Mans et Tours est rétablie, l'ennemi paraît avoir abandonné les vallées de la Loire et du Loir. En arrière de Châteaurenault et de Montoire, il masque mouvements par un corps d'une vingtaine de mille hommes aux environs de Vendôme. Sa cavalerie battant tout le Perche. Trois escadrons, appuyés de cinq ou six cents hommes d'infanterie avec du canon, ont fait une démonstration sur Saint-Calais, où se trouvaient les éclaireurs du capitaine Bernard.

» Le général Jouffroy va se porter sur la Baraye et de là sur Vendôme, si de nouveaux renseignements constatent que l'ennemi n'est point solidement établi. Dans la vallée de l'Huisne, l'ennemi s'est retiré de la Ferté-Bernard, où se trouve la colonne mobile du général Rousseau. Nogent paraît abandonné; les éclaireurs Lipowski y arriveront demain et fouilleront le Perche dans les directions de Brou et Illiers. Il est maintenant constant que l'ennemi opère deux mouvements principaux : l'un dans la direction de Chartres et au delà, l'autre par Blois et Orléans.

» Ici l'armée se reconstitue aussi rapidement que possible ; mais le froid est rigoureux, les malades augmentent, les souliers et les vêtements sont lents à arriver. Il me serait très-nécessaire de connaître les renseignements que vous pouvez avoir sur ce qui se passe à Orléans, sur la direction suivie par la 1re armée, dont j'ignore complétement les mouvements, et dans le Nord. »

« *Général Chanzy à général de Curten, et à général Cléret, à Neuillé-Pont-Pierre, et général Barry, à Chassaignes, par Ecommoy, et amiral Jauréguiberry, à Pontlieu.*

« Neuillé-Pont-Pierre du Mans, 17 décembre 1870, 5 h. 30, soir. — D'après tous les renseignements qui me parviennent, l'ennemi est en très-petit nombre à Blois et sur les deux rives de la Loire, de Blois à Tours. Il y aurait encore une force considérable à Vendôme, et enfin des partis battraient le pays du Loir en menaçant Montoire, Châteaurenault et jusqu'à Monnaie. Général Jouffroy, avec colonne mobile, a ordre de faire démonstration en avant de Saint-Calais sur Vendôme. Il reste à protéger efficacement la ligne ferrée importante du Mans à Tours.

» Général Barry assure cette protection sur la rive droite du Loir ; général de Curten, afin de se relier avec la division du 16e corps qu'il commande, s'avancera de Château-Lavallière à Neuillé-Pont-Pierre, poussant forts avant-postes à Neuvy-le-Roi et à Beaumont-la-Ronce ; général Cléret, avec les troupes dont il dispose prendra position à Saint-Antoine du-Rocher avec avant-poste à Cerelles et à Notre-Dame-d'Oé, utilisant pour s'éclairer dans la direction de Monnaie et dans celle de Blois des escadrons Lacombe qu'il est inutile de conserver à Saint-Fatery.

» Général de Curten pourra tirer approvisionnements du Mans par chemin de fer et général Cléret de Tours, par la même voie. La mission de tous est donc, je le répète, de couvrir chemin de fer du Mans à Tours, et les forces dont on dispose suffisent et au delà pour assurer cette protection, quoi qu'il arrive. Me tenir exactement renseigné sur les mouvements de l'ennemi et sa force en contrôlant avec soin toutes les nouvelles. »

« *Général Chanzy à Guerre, Lyon et Bordeaux.*

» *Du Mans, 28 décembre 1870.* — Le général Jouffroy, parti hier de Besse avec colonne mobile pour surprendre l'ennemi à Montoire, a eu un engagement assez vif entre Fontaine, Saint-Quentin et Montoire. L'ennemi a opéré sa retraite dans la direction de Châteaurenault, poursuivi jusqu'à 5 kilomètres au delà de Montoire ; il a laissé entre nos mains une centaine de prisonniers, des caissons, des équipages, ses ambulances, deux officiers tués et plusieurs blessés. Le général Jouffroy a l'ordre de continuer soit sur Vendôme, soit sur Châteaurenault, selon les indications qu'il recueillera. Je le fais appuyer.

» Dans la vallée de l'Huisne, la situation est la même. Général Rousseau resté à La Ferté-Bernard et surveille le Perche. Colonel Lipowski est à Nogent, et Cathelineau à Vibraye. Général Jaurez fait observer la direction de Mamers par une colonne mobile établie à Ballon. Le mouvement de l'ennemi sur Chartres et au delà continue. Dans les lettres prises sur le courrier prussien à la Loupe, qu'ils attendent des vêtements et préparent à une revue du roi, qui semble avoir quitté Versailles. »

« *Général Chanzy à général de Curten, à général Cléret, à Neuillé-Pont-Pierre.*

» *Neuillé-du-Mans, 30 décembre 1870, 12 h. 5, matin.* — Le général Jouffroy, appuyé par général Barry, a continué aujourd'hui son mouvement de Montoire sur Vendôme. Il est de toute nécessité que dès demain matin vous poussiez de fortes reconnaissances en avant-postes et dans la direction de Châteaurenault.

» La cavalerie du colonel Lacombe ne doit pas hésiter à battre tout le pays en avant de Monnaie et jusqu'à la Loire à hauteur d'Amboise. D'après les renseignements de Tours et ceux qui me parviennent d'autres sources, vous n'avez devant vous que des partis peu nombreux qu'il faut enlever ou repousser, en empêchant de leur part toute réquisition dans le pays que vous avez mission de protéger. »

« *Général Chanzy à Préfet Tours, Romorantin.*

» *Le Mans*, 1<sup>er</sup> janvier, 11 h. 30 m. — La colonne envoyée sur Vendôme a culbuté hier l'ennemi au delà du Loir, en lui faisant deux cents prisonniers. Nous occupons les hauteurs de la rive droite en face de la ville; tout va bien. »

« *Général Chanzy à Guerre, Bordeaux.*

» *Le Mans*, 1<sup>er</sup> janvier, 11 h. 30. m. — Général Jouffroy a repoussé l'ennemi sur la rive gauche du Loir et occupe en face de Vendôme les positions de Bel-Air, la Tuilerie, la Garde et Courtain. Il a fait deux cents prisonniers. Cette reconnaissance offensive a été vigoureusement conduite par le général, brillamment exécutée par les troupes. J'espère que nous ne resterons pas sur ce succès. »

« *Général Chanzy à Guerre.*

» *Le Mans*, 2 janvier 1871. — L'ennemi ayant fait venir ses renforts d'infanterie et d'artillerie de Blois, dans la nuit du 31 au 1<sup>er</sup>, a pu armer fortement les hauteurs qui dominent Vendôme, sur la rive gauche. Le général Jouffroy attend, sur les positions de la rive droite, l'effet que produiront les démonstrations en avant de Châteaurenault. Les troupes du général Curten ont repoussé les avant-postes prussiens à Longpré et à Saint-Amans, en leur faisant subir des pertes. Les cavaliers algériens du colonel Goursault ont eu brillant engagement en avant de Lavardin, ont fait quelques prisonniers et tué du monde à l'ennemi; ils ont eu de leur côté dix chevaux tués ou blessés, un homme tué et six blessés, dont un officier. Il est très-important pour moi d'être fixé sur les forces et les intentions de l'ennemi, entre le Loir et la Loire, pour mes opérations ultérieures. Le 31, une forte reconnaissance de la colonne Rousseau, sur la Bazoche-Gouet, a poursuivi l'ennemi jusqu'à Courtalin, lui tuant soixante-cinq hommes; nos éclaireurs, à Saint-Calais, et Cathelineau, dans la forêt de Vibraye, font une chasse active aux coureurs ennemis qui battent le Perche. Le général Rousseau doit faire une démonstration sur Bretoncelles. »

« *Général Chanzy à Guerre, Bordeaux.*

» *Le Mans, le 2 janvier 1871, 10 h. 9 m., soir.* — L'ennemi a essayé en vain des attaques contre les avant-postes du général Jouffroy que je maintiens sur ses positions. Sur la rive gauche du Loir, une reconnaissance de cavalerie s'est avancée jusqu'à 7 kilomètres de Vendôme, et a ramené treize prisonniers, dont un officier. J'envoie une batterie au général Curten, puisqu'il croit en avoir besoin, et je compte, pour la remplacer, sur celle que vous m'annoncez devant arriver ici le 4, venant de Rennes. »

« *Général Chanzy à Guerre, Bordeaux.*

» *Le Mans, le 5 janvier 1871, 12 h. 30 m., matin.* — Rien de sérieux aujourd'hui en avant de Nogent et dans le Perche, où l'ennemi manœuvre sans être bien inquiétant nulle part. Le général Jouffroy n'a que quelques affaires d'avant-postes sur la rive droite du Loir ; sur la rive gauche, le général Curten maintient ses positions et harcèle l'ennemi. Le colonel Lacombe, avec une petite colonne mobile, s'est porté sur Lancé, où il a fait à l'ennemi quinze prisonniers, dont un officier, lui a enlevé fourrages et bestiaux réquisitionnés, tué ou blessé une dizaine d'hommes et mis le reste en fuite sur Vendôme. De notre côté, un capitaine de hussards légèrement blessé. L'ennemi fait de nombreux mouvements entre Vendôme et Blois, et paraît inquiet. »

« *Général Chanzy à Guerre, Bordeaux.*

» *Le Mans, 6 janvier, 12 h. 30 m., matin.* — L'ennemi a cherché sans succès à attaquer aujourd'hui les avant-postes des généraux Curten et Cléret, à la Fourche. Le général Rousseau a été également attaqué et a repoussé vigoureusement l'ennemi, lui infligeant des pertes sensibles ; de notre côté un tué et deux blessés.

» Tout va bien sur toutes nos positions. »

« *Général Chanzy à général Curten, Châteaurenault*
*(urgence extrême).*

» *Le Mans, 6 janvier 1871, 10 h., soir.* — Le général Jouffroy m'apprend à l'instant qu'il se bat depuis ce matin sur toutes ses positions, de Montoire à Espereuses, contre des forces considérables, et qu'il a dû se replier sur Savigny et Espesé. Il se peut que l'ennemi, maître des ponts de Montoire, vous menace sur votre flanc gauche. Faites surveiller sur le Loir, et, dans le cas où vous auriez à craindre une attaque dangereuse, repliez-vous sur vos premières positions, en ayant soin de conserver les passages à Château-du-Loir pour assurer votre ligne de retraite. Je reçois à l'instant votre dépêche télégraphique qui me dit que les choses se sont bien passées de votre côté. Je vous en félicite ; j'espère que vous ne perdrez pas votre succès de demain. »

« *Le Mans, le 7 janvier 1871, 12 h. 40 m., soir.* — L'ennemi a attaqué hier sur plusieurs points et avec des forces assez considérables. En avant de Nogent, des troupes venues de Chartres et de Bonneval, au nombre de 12,000 environ, ont attaqué la Fourche dès le matin ; l'action a été sérieuse. Le général Rousseau a dû abandonner la position en perdant trois pièces. Nous avons eu une centaine de blessés, dont deux officiers. Nous avons néanmoins fait des prisonniers. Sur la rive droite du Loir, le général Jouffroy, vivement pressé par des forces venues de Vendôme, de Blois, et dit-on, de Beaugency et Orléans, a dû quitter ses positions sur la rivière après un combat acharné, et venir s'établir en avant de Saint-Calais. Enfin, le général de Curten, attaqué du côté de Saint-Cyr, Villeperches et Villecharmes, s'est maintenu sur ses positions et a occupé Saint-Armand. De ce côté, succès pour nous sans pertes sensibles ; du côté de l'ennemi, des prisonniers, des tués et des blessés en nombre assez considérable. Il y a évidemment tentative combinée du prince Frédéric-Charles et du duc de Mecklembourg pour nous attirer en dehors de nos positions. Il est possible que ces attaques se renouvellent aujourd'hui. J'ai fait renforcer les colonnes et compléter les munitions. »

« *Général Chanzy aux généraux de Curten, Barry,
Jouffroy, à Châteaurenault, Château-du-Loir.*

« *Le Mans, 8 janvier, 2 h. 30 du soir.* — L'amiral
Jauréguiberry part aujourd'hui à 2 heures par voies ferrées
pour Château-du-Loir. Il prendra le commandement de
toutes les forces des 16ᵉ et 17ᵉ corps qui opèrent sur les
deux rives du Loir. Vous voudrez donc bien vous mettre
aussitôt en communication avec lui et prendre ses ordres. »

« *Général Chanzy à Guerre, Bordeaux.*

» *Le Mans, le 8 janvier 1871, 10 h. 20 soir.* — L'ennemi a continué aujourd'hui ses attaques sur l'Huisne et sur
le Loir.

» Il agit avec des forces considérables, les premières
tirées de Chartres et de la direction de Paris, les secondes
de la vallée de la Loire. Au nord, le général Rousseau a dû
se replier sur Conerré. J'envoie là le général Jaurès et une
partie du 21ᵉ corps ; sur le Loir, quelques positions ont été
également abandonnées sans assez de résistance. L'amiral
Jauréguiberry parti pour Château-du-Loir, en va prendre
le commandement. Je fais occuper la route de Saint-Calais
par une division du 17ᵉ corps. On m'annonce que dans
l'Orne les mobilisés se sont retirés de Belesme et de Mortagne devant quelques Prussiens, sans essayer de résistance.
J'ai donné l'ordre au général Malherbe de faire reprendre
ces points et de faire des exemples sur les chefs de ces
troupes. »

« *Général Chanzy à ministre Guerre, Bordeaux.*

» *Le Mans, le 9 janvier 1871, 11 h. 50 m. du matin.*
— Les projets de l'ennemi sont aujourd'hui manifestes ; son
but est de nous attirer en dehors de nos positions du Mans
pour chercher à nous battre en détail ou bien de nous y
bloquer.

» Les trois lignes d'attaque principales sont par la vallée
de l'Huisne, armée du duc de Mecklembourg, avec menace sur Alençon par Belesme et Mortagne ; par la route de
Vendôme au Mans par Saint-Calais, où se trouverait, dit-on,

le prince Charles ; et, enfin, au sud du Loir par Herbault, Châteaurenault, pour couper la ligne de Tours au Mans. Ces deux dernières attaques sont faites par l'armée du prince Charles, qui paraît nombreuse et formée de tout ce qu'il a pu tirer de la vallée de la Loire.

» Dans ces conditions, obligé de faire tête à l'ennemi sur autant de directions, il est indispensable et urgent de faire arriver à Alençon au moins une division du 19e corps et de diriger immédiatemet sur Tours ce que le 25e corps peut avoir maintenant de disponible à Vierzon. Je renouvelle également et instamment ma demande de faire venir de suite sur Alençon, pour couvrir le chemin de fer du Mans à Caen, les 9,000 mobilisés de la Mayenne que le sous-préfet m'a déclaré être prêts et bien outillés.

» Tous ces mouvements sont urgents et doivent être faits par les voies rapides. Il nous faut être nombreux partout et ne pas nous exposer à voir nos lignes forcées en certains endroits. »

« *Général Chanzy à général Bourbaki, Montbazon.*

» *Le Mans, 9 Janvier, 9 h. 35 m. du soir.* — Votre télégramme d'hier me fixe sur vos positions, la marche et le but de vos opérations.

» Si l'ennemi ne vous offre pas jusqu'ici grande résistance, il se montre de ce côté-ci très-entreprenant. Depuis notre arrivée au Mans, ce ne sont que combats continuels dans la vallée de l'Huisne, sur la route de Saint-Calais, sur les deux rives du Loir et en avant du chemin de fer du Mans à Tours.

» Le duc de Mecklembourg, après avoir concentré ses forces sur l'Eure et tiré des renforts d'un contingent venu d'Allemagne, cherche à descendre l'Huisne, nous refoulant sur le chemin de fer de Chartres au Mans, et menaçant celui du Mans à Alençon.

» Le prince Frédéric-Charles, après quelques démonstrations sur Gien et la rive gauche de la Loire, a réuni son armée entre Vendôme et Blois et nous menace par Saint-Calais, où il est de sa personne, et par la vallée du Loir, par laquelle il est disposé à tourner nos positions et à couper la ligne ferrée du Mans à Tours. Il est évident que le but de l'ennemi est d'en finir avec l'armée de la Loire, soit en l'attirant en dehors de ses positions, soit en la bloquant sur ses positions. »

« *Général Chanzy à Guerre, Bordeaux.*

» *Le Mans, 10 janvier 1871, 11 h. 50, soir.* — Les armées du prince Frédéric-Charles et du grand-duc de Mecklembourg ont redoublé d'efforts tout aujourd'hui dans leurs attaques sur l'Huisne et au sud-est du Mans. Pressées de tous côtés, nos colonnes ont dû battre en retraite sur les positions définitives qui leur avaient été assignées à l'avance. L'action a été des plus vives à Montfort, à Champagne, à Parigné-l'Évèque, à Jupilles, à Changé. Sur ce dernier, la brigade Ribel, après une résistance de plus de six heures, a dû abandonner le village à l'ennemi qui l'occupe depuis la nuit. Nous sommes évidemment en présence d'un effort des plus sérieux de l'ennemi, et d'une ferme volonté de sa part d'en finir avec la 2ᵉ armée. Nous allons lutter comme à Dornes ; j'ordonne partout la résistance à outrance, je défends formellement toute retraite et tout abandon des positions. Il me faut, pour obtenir cette résistance et un succès, je l'espère, pouvoir ôter son commandement à tout chef de corps qui n'écouterait pas strictement les ordres reçus ou ne saurait maintenir sa troupe ; mais aussi pouvoir récompenser sur-le-champ les officiers et les soldats qui donneront l'exemple du dévouement et de la ténacité. Nous avons fait aujourd'hui des pertes sensibles, mais l'ennemi a plus souffert que nous, de l'aveu des prisonniers faits sur plusieurs points. Il y a eu beaucoup de morts et de blessés, depuis quelques jours, par notre mousqueterie ; dans une brigade, celle à laquelle appartient le 36ᵉ fusiliers, le général Rothmales blessé, le major blessé, l'adjudant de brigade tué, l'adjudant de régiment et plusieurs officiers tués. Je vous adresse par lettre copie de mes instructions. »

*Général Chanzy à Guerre, Bordeaux.*

« *Le Mans, le 10 janvier 1871, 11 h. 30 m. du soir.* — Nous avons eu aujourd'hui bataille du Mans. L'ennemi nous a attaqués sur toute la ligne. Le général Jauréguiberry s'est solidement maintenu sur la rive droite de l'Huisne ; le général de

Colomb s'est battu pendant six heures avec acharnement sur le plateau d'Anvrous; le général Bougeard, qui a eu son cheval percé de six balles, a montré la plus grande vigueur, et les troupes de Bretagne ont puissamment contribué à conserver cette position importante. J'ai annoncé au général Bougeard qu'il était commandeur. Au-dessous de Changé, le général Jouffroy s'est maintenu, malgré la fatigue de sa division et les efforts de l'ennemi. La division Roquebrune ne s'est pas laissé entamer sur la route de Parigné. Nous coucherions sur toutes nos positions sans une panique des troupes du général Lalande qui, cédant sans résister, devant un retour offensif tenté à la tombé de la nuit par l'ennemi, ont abandonné la position importante de la Tuilerie. Le vice-amiral Jauréguiberry, chargé de la défense de Pontlieu, a déjà pris ses dispositions pour faire reprendre la Tuilerie avant le jour. C'est bien le prince Frédéric-Charles que nous avons devant nous et qui n'est nullement parti pour l'Est. (Nous avons fait des prisonniers dont j'ignore le nombre; tous l'affirment, citent les divisions de son armée et de celle du duc de Mecklembourg, et évaluent l'ensemble des forces engagées ou en réserve à 180,000 hommes.) Le combat n'a cessé qu'après la nuit venue. Je sais déjà que deux de nos colonels sont grièvement blessés. Je crois à des pertes sensibles, mais j'espère en avoir infligé de cruelles à l'ennemi. Je m'attends demain à une nouvelle attaque.

« *Général Chanzy à Guerre, Bordeaux.*

» Les têtes de colonnes ennemies ont passé ce soir sur les routes aboutissant sur nos positions. Il y a eu engagement entre les avant-gardes prussiennes et les éclaireurs algériens à Conlie. Le général Lebouedec s'est battu ce soir à Longues avec une colonne assez forte. Je m'attends à être attaqué demain sur plusieurs points. Mes dispositions sont prises. Le préfet d'Alençon a signalé les Prussiens à Bourg-le-Roi et à Ancines marchant sur Alençon. Je doute que les mobilisés de la Mayenne tiennent mieux qu'à Beaumont. Le général Bougeard a perdu un de ses commandants de brigade; il me demande et je lui donne le colonel Jehense, officier vigoureux, commandant la 2e légion de la Loire-Inférieure, pour cette position, car il sera engagé demain. Je vous envoie par télégraphe copie d'un ordre à l'armée. »

« *Chanzy à ministre Guerre, Bordeaux.*

» ......, 13 *janvier.* — Je ne prévoyais certes, hier, ni les défaillances de la nuit dernière, ni la retraite à laquelle elles allaient me contraindre. Je vais exécuter le mouvement que vous me prescrivez. Ma retraite s'effectue jusqu'ici dans d'assez bonnes conditions, malgré deux pieds de neige sur les routes. »

« *Général Chanzy à Guerre, Bordeaux.*

» ...*le 13 janvier 1871.* — Je reçois à l'instant votre télégramme de ce jour. Je suis reconnaissant au Gouvernement de la confiance qu'il me conserve; je la justifierai. L'armée sera installée dès demain dans une ligne de défense...; elle s'y reconstituera. Je prends des dispositions pour faire ramener à leurs corps tous les fuyards. Je ne puis donc vous donner les renseignements sur les troupes et le nombre des fuyards. Je n'aurai que demain le chiffre des pertes. Mon quartier général est à... ainsi que celui du 21ᵉ corps. Celui du 17ᵉ est à..., celui du 16ᵉ, à... »

« *Général Chanzy à Guerre, Bordeaux.*

» ....*le 14 janvier 1871, 10 h. 25 du soir.* — Le temps est exécrable. Le pays est couvert de neige, les routes de verglas. Une brume épaisse empêche de voir et retarde l'installation sur les positions. La marche pénible des convois sur les rares communications n'a pas permis de réparer le désordre...»

« *Général Chanzy à Guerre, Bordeaux.*

» .... 16 *janvier.* — Le 16ᵉ corps, commandé par l'amiral Jauréguiberry, attaqué hier à midi dans sa retraite, a résisté avec succès jusqu'à six heures. Pris à revers la nuit par une forte colonne qui l'avait tourné à la faveur de l'obscurité, il a dû se retirer jusqu'à... ramenant son artillerie.

» Le combat a été acharné. Nos pertes sont sérieuses.

L'amiral a eu un cheval tué sous lui. Le colonel Bérard, son chef d'état-major, tué à ses côtés. Le temps est de plus en plus mauvais; il a plu toute la nuit; je suis néanmoins forcé de continuer mon mouvement de retraite, qui devient très-difficile. »

### DÉPÊCHES DU GÉNÉRAL BOURBAKI

« *Bourbaki à général Crémer, à Gray.*

» ...., *le 11 janvier 1871, 11 h. 35 du matin.* — En raison de votre éloignement et de la possibilité, pour le 7e corps ennemi d'arriver avant vous à Chaumont, je reviens sur l'autorisation que je vous ai donnée cette nuit. Informez-vous soigneusement de ce qui se trouve encore à Vesoul et, si vous en avez la possibilité, avec vos seules ressources, occupez cette ville. Je reçois le télégramme par lequel vous m'annoncez votre marche sur.... »

« *De Serres, à de Freycinet, Bordeaux.*

» .... *le 13 janvier 1871, 10 h. 10 matin.* — Comme je vous l'avais annoncé dans ma dépêche n° 75, du 11, Vesoul est complétement évacué depuis hier. La précipitation de l'évacuation, est caractérisée par l'abandon d'une quantité d'effets, bagages, et particulièrement de papiers non sans importance. »

« *Général Bourbaki à Guerre, Bordeaux.*

» ..., *le 13 janvier, 5 h. soir.* — Les villages d'Arcey et de Sainte-Marie viennent d'être enlevés avec beaucoup d'entrain et sans que nous ayons éprouvé de pertes trop considérables eu égard aux résultats obtenus. Je suis très-content de mes commandants de corps d'armée et de mes troupes. Je gagne encore du terrain. Je ne perdrai pas de temps et tâcherai de profiter dès demain ou après-demain de mon succès pour... Je me hâterai de poursuivre l'exécution du plan convenu. Je prie le ministre de remarquer qu'il ne saurait m'accuser de lenteur, s'il veut bien se reporter au moment où mes opérations ont commencé. En manœuvrant, j'ai fait évacuer successivement Dijon, Gray et Vesoul, dont il a été pris possession dès hier, enfin Lure. Les journées de Villersexel et d'Arecy font grandement honneur à la 1ʳᵉ armée, qui n'a cessé d'opérer depuis six semaines par un temps des plus rudes, en marchant constamment malgré le froid, la neige et le verglas.

» Je vous prie de bien me renseigner sur ce que vous croirez que je doive faire de mieux. Ne me ménagez ni vos avis ni vos renseignements. Envoyez-moi toujours les chevaux pour mon artillerie. »

## 129ᵉ JOURNÉE

**Samedi 21 Janvier**　　　　　　　　　3 °/₀ 50.80

Le général Clément-Thomas adresse aux gardes nationaux la proclamation suivante :

### ORDRE DU JOUR.

« C'est avec fierté que le commandant supérieur de la garde nationale rend hommage, par la voie de l'ordre, au courage dont ont fait preuve les régiments de Paris engagés dans la bataille du 19 janvier. Il a eu la satisfation de l'entendre louer, sur le terrain même, par les divers chefs de l'armée sous les ordres desquels ces régiments ont combattu.

» Engagés dès le point du jour, ils ont soutenu avec ardeur une lutte que l'état de l'atmosphère rendait plus difficile, jusqu'à une heure avancée de la nuit, qui seule a mis fin au combat.

» N'ayant pas encore reçu des chefs de corps les renseignements nécessaires, le commandant supérieur ne peut faire connaître aujourd'hui les noms des officiers, sous-officiers et gardes qui ont succombé, ou de ceux qui se sont particulièrement distingués. Mais, dès aujourd'hui, il ne craint pas de dire ce mot qui sera répété par la France entière : « Dans la journée du 19 janvier, la garde nationale de Paris, comme l'armée et comme la mobile, a fait dignement son devoir.

» *Le général commandant supérieur*, CLÉMENT-THOMAS. »

Par arrêté en date de ce jour, le maire de Paris fixe le prix de la livre de sucre à 4 franc. En cas de refus du marchand de vendre à cette taxe, la Ville prend le droit de réquisition.

Le ministre du commerce rapporte l'arrêté qui donnait 25 francs de prime à la délation.

La Ville fera distribuer demain des cartes de boulangerie. En attendant, on va chercher son pain avec celles affectées au service de la boucherie.

Cette nuit le 52e ballon lancé pendant le siége est parti.

La charité privée dont on ne pourrait énumérer les bienfaits vient de faire ouvrir des chauffoirs publics où les pauvres peuvent venir manger et les femmes coudre.

### RAPPORTS MILITAIRES.

« *21 janvier, 2 heures*. — Ce matin, à 8 h. 45 m., le bombardement a commencé sur les forts et sur la ville de Saint-Denis.

» Il y a également une vive canonnade dans le Sud.

» Le gouverneur est parti pour Saint-Denis »

« *21 janvier, soir*. — La canonnade entre les forts du Sud, les secteurs 6, 7 et 8, et les batteries prussiennes de Châtillon, Clamart, Bagneux, Meudon et Breteuil a été très-vive de part et d'autre dans la journée. Un de nos obus a fait sauter une poudrière ennemie au Moulin-de-Pierre. L'explosion a été violente, et les dégâts qu'elle a dû occasionner des plus sérieux.

» Le bombardement de Saint-Denis et des forts qui couvrent la ville a commencé ce matin à 8 h. 45. Le feu, très-vif pendant la journée, a redoublé contre la ville, depuis la tombée de la nuit. Plusieurs commencements d'incendie ont été promptement éteints. Les forts n'ont eu que des dégâts matériels insignifiants,

» L'ennemi a continué à canonner Nogent, lentement, comme d'habitude, et sans résultat.

» *Le gouverneur de Paris,*

» P. O. *Le général chef d'état major*, Schmitz. »

Ce soir, les journaux discutent les opérations militaires du 19. Comme bien on pense, il y a le pour et le contre. Selon les uns tout a été parfaitement mené, selon les autres il y a incurie et trahison. Quelques feuilles paraissant être bien renseignées affirment que le Gouvernement a agité, dans une réunion, une question grave tendant à opérer un changement dans le gouvernement militaire. Ces mêmes journaux nous apprennent qu'une nouvelle réunion des maires a eu lieu au ministère des affaires étrangères, en présence de tous les membres du Gouvernement, que le général Trochu voulait donner sa démission, et que M. Jules Favre avait offert aux maires de remettre le pouvoir entre leurs mains Cette proposition aurait été rejetée. La discussion a été, dit-on, très-violente.

Je me défie toujours de ce que les journaux avancent, mais je dois avouer qu'il n'y a qu'une voix pour blâmer le retard de deux heures du général Ducrot dans la journée du 19.

Bref, il y a unanimité pour mettre de côté le gouverneur de Paris.

Ce matin, le feu a commencé par un tel brouillard, que les forts ne pouvaient absolument voir les batteries ennemies. A Saint-Denis un obus est tombé dans la grande rue. Peu d'habitants ont quitté cette ville, dont le séjour va cependant devenir dangereux, car la Double-Couronne, objectif de l'ennemi, touche la ville. Sur Paris, le bombardement a été très-vif; 10 projectiles tombaient par minute. Dans le 6e arrondissement on prend d'utiles précautions; on dépave les cours, ce qui diminue sensiblement le danger. Le couvent des Carmélites, rue d'Enfer, a éprouvé des dégâts sérieux; la chapelle est détruite. Grenelle et Vaugirard sont criblés et abandonnés en grande partie.

Sur les boulevards le bruit circule que les clubs veulent se réunir à l'Hôtel de Ville pour renverser le Gouvernement. Vous voyez que toujours nous sommes menacés par les ennemis du dehors et du dedans. C'est une position épouvantable.

## 130e JOURNÉE

**Dimanche 22 Janvier.** 3 %

Allons, les journalistes ne montaient pas cette fois. Le Gouvernement de la Défense a fait des siennes. Ce matin, on lit à l'*Officiel* :

« Le Gouvernement de la Défense nationale a décidé que le commandement en chef de l'armée de Paris serait désormais séparé de la présidence du Gouvernement.

» M. le général de division Vinoy est nommé commandant en chef de l'armée de Paris.

» Le titre et les fonctions de gouverneur de Paris sont supprimés.

» M. le général Trochu conserve la présidence du Gouvernement. »

Poussé par la presse et par l'opinion publique, le gouverneur a fait faire une sortie aux troupes et à la garde nationale : il n'a pas réussi, il tombe ! Le général Trochu eût été victorieux, on aurait loué même les lenteurs dont on l'a tant blâmé !

A midi, le bruit se répand que des troubles sérieux ont lieu à Belleville et à l'Hôtel de Ville. Les prévisions d'hier se sont-elles réalisées ? En effet.

Voici une première affiche apposée sur les murs à midi et donnant à la population anxieuse des détails impatiemment attendus.

### A LA GARDE NATIONALE

*Le commandant supérieur des gardes nationales de la Seine.*

« Cette nuit, une poignée d'agitateurs a forcé la prison de Mazas et délivré plusieurs prévenus, parmi lesquels M. Flourens.

» Ces mêmes hommes ont tenté d'occuper la mairie du 20ᵉ arrondissement et d'y installer l'insurrection ; votre commandant en chef compte sur votre patriotisme pour réprimer cette coupable sédition.

» Il y va du salut de la cité.

» Tandis que l'ennemi la bombarde, les factieux s'unissent pour anéantir la défense.

» Au nom du salut commun, au nom des lois, au nom du devoir sacré qui nous ordonne de nous unir tous pour défendre Paris, soyons prêts à en finir avec cette criminelle entreprise ; qu'au premier appel la garde nationale se lève tout entière et les perturbateurs seront frappés d'impuissance.

» *Le commandant supérieur des gardes nationales,*
» CLÉMENT-THOMAS.

» *Le ministre de l'intérieur par intérim,*
» JULES FAVRE. »

« *Général Callier, commandant 2ᵉ secteur, à maire de Paris.*

» *Paris, 22 janvier 1871, 11 h. 48 du matin.* — Le

passage de Flourens à la mairie du 20ᵉ arrondissement a coûté environ 2,000 rations de pain supprimées ou emportées.

» La commission municipale est dans le plus grand embarras; elle compte sur vous pour obtenir le remplacement de ces 2,000 rations, soit par l'Hôtel de Ville, soit par une intendance quelconque.

» C'est un besoin d'ordre public et des plus urgents. »

A deux heures le rappel est battu dans tous Paris.

Les faits racontés ici en sont la cause nécessaire.

La nuit dernière, au moment même où le Gouvernement de la Défense nationale achevait de délibérer sur les nouvelles mesures dont le *Journal officiel* a, ce matin, informé le public, on apprenait que la prison de Mazas venait d'être forcée par une poignée d'agitateurs. Plusieurs prévenus politiques, parmi lesquels M. Flourens avaient été mis de vive force en liberté.

Après ce premier acte de violence, les émeutiers, en assez petit nombre, se sont portés sur la mairie du 20ᵉ arrondissement, dans le but d'y installer le quartier général de l'insurrection. Leur entreprise n'a pas obtenu un succès de longue durée. Néanmoins, elle s'est assez prolongée pour qu'ils aient pu commettre les actes les plus blâmables. Les insurgés, en effet, au risque de livrer au supplice de la faim toute la population indigente de Belleville, se sont emparés de 2 000 rations de pain. Ils ont en outre bu une barrique de vin réservée aux nécessiteux, et dévalisé un épicier du voisinage.

M. Flourens s'est retiré en déclarant qu'on n'était point en nombre et qu'on reviendrait.

Le commandant du 2ᵉ secteur, aussitôt qu'il a été avisé de l'envahissement de la mairie, a envoyé quelques compagnies de garde nationale, et la mairie a été évacuée sans effusion de sang. A six heures et demie, l'ordre était complétement rétabli à Belleville.

On s'explique difficilement la surprise de la prison de Mazas, sans la connivence du directeur, car un coup de main n'est pas possible sur cette maison qui est une véritable forteresse. On l'explique de la façon suivante :

» On sait que c'est à la prison de Mazas que sont détenus les prévenus du 31 octobre. Hier matin, la garde nationale qui devait occuper la porte de la prison de Mazas, quand elle se présenta pour remplacer le bataillon qui avait été de garde la nuit précédente, trouva le poste occupé par un bataillon qui, sans ordre écrit, était venu prendre la garde. Ces hommes étaient exclusivement dévoués à MM. Flourens, Pyat, et à leurs amis.

» Des mesures furent prises dans la journée pour mettre un terme à ce désordre, dans lequel il était facile de reconnaître le premier effort d'une entreprise insurrectionnelle. Dans la nuit, Mazas a été entouré par une bande d'hommes armés de chassepots.

» Trente-cinq hommes de garde nationale seulement formaient le poste de la prison. Sur la menace de faire feu, le chef de poste a laissé entrer trois délégués. A peine dans la cour de la prison, les délégués tirèrent trois coups de feu. On entendit du bruit dans l'intérieur de la prison.

» Le chef de poste ayant voulu expulser les délégués, la foule, profitant de l'ouverture des portes, pénétra dans la prison, força le directeur à donner les clefs, et délivra les huit prisonniers politiques détenus à la suite de l'affaire du 31 octobre.

» Pendant la matinée, la ville semblait calme, tout danger de tumulte paraissait écarté. Le conseil de gouvernement, constitué en permanence, délibérait avec le nouveau commandant en chef, dont on venait d'afficher la proclamation.

» Une autre réunion avait eu lieu au ministère de l'instruction publique, elle se composait de MM. Dorian et Jules Simon, membres du Gouvernement; de MM. François Favre, Henri Martin, Arnaud de l'Ariége, Clémenceau, Bonvalet, Tirard et Hérisson, maires de divers arrondissements de Paris; enfin de neuf officiers, parmi lesquels on comptait un général, huit colonels et trois chefs d'escadron. Deux des colonels appartenaient à la garde nationale.

» Cette réunion a donné lieu à une discussion des plus intéressantes, et tous les assistants, tour à tour consultés, ont apporté au débat le tribut de leur expérience et de leur patriotisme.

» A l'heure même de cette réunion, les émeutiers vaincus le matin à la mairie de Belleville reprenaient courage. La place de l'Hôtel-de-Ville se garnissait de groupes nombreux et animés, sans qu'il y eût pourtant à prévoir aucune tentative de violence. Deux députations avaient été successivement introduites auprès des membres de la municipalité : le colonel Vabre, commandant militaire, les reconduisait jusqu'à la grille extérieure, lorsque cent ou cent cinquante gardes nationaux, appartenant pour la plupart au 104ᵉ bataillon de marche, avec officiers et tambours, débouchèrent sur la place de l'Hôtel-de-Ville.

» Il n'y avait à ce moment aucune troupe au dehors, on avait même retiré les factionnaires de l'extérieur. Seuls, le commandant de l'Hôtel-de-Ville et les officiers du bataillon du Finistère étaient sur le trottoir, entre la grille et la façade, parlant à la foule et l'exhortant au calme. Tout à coup les gardes nationaux qui s'étaient disposés non en masse, mais par petits groupes, répandus selon un certain ordre, sur toute l'étendue de la place, mirent le genou en terre et firent feu sur trois ou quatre officiers placés auprès de la porte de la mairie, sans les atteindre.

» Le colonel Vabre, qui était devant l'autre porte, celle du gouvernement, les interpelle avec indignation. Un individu en bourgeois, qui paraissait donner des ordres aux gardes nationaux, et qui se vantait d'être un commandant révoqué, donna l'ordre de faire feu, cette fois sur le colonel. Une centaine de coups sont tirés. Un des officiers de la garde mobile, l'adjudant-major Bernard, est grièvement blessé aux deux bras et à la tête. C'est seulement en le voyant tomber que les gardes mobiles font feu à leur tour et la place est instantanément vidée.

» Néanmoins tout n'était pas terminé.

» La fusillade recommença. Elle partait des encoignures des rues qui font face à la place, des angles du quai et de la rue de Rivoli ; elle partait surtout des fenêtres de deux maisons voisines du bâtiment de l'Assistance publique. Le feu des assaillants était dirigé contre les fenêtres du premier étage de l'Hôtel-de-Ville, dont tous les carreaux furent brisés. Malgré l'emploi des balles explosibles et de petites bombes fulminantes qu'on a ramassées en grand nombre au dedans et au dehors de l'Hôtel-de-Ville, nul n'a été blessé dans l'intérieur.

» Au bout de quelques minutes, l'arrivée des gardes républicains mettait en fuite les émeutiers.

» Une vingtaine d'individus ont été faits prisonniers dans les maisons d'où la fusillade était partie.

» Ce triste combat, engagé au bruit des obus prussiens qui tombaient sur la rive gauche et sur la ville de Saint-Denis, n'a pas duré plus de vingt minutes. Le capitaine du 101ᵉ a été arrêté. D'après les renseignements recueillis jusqu'à présent, il y aurait cinq morts et dix-huit blessés. »

C'est pendant que l'ennemi bombarde la capitale et Saint-Denis, qu'une tentative de guerre civile éclate dans Paris. Les clubs ont tenu leur promesse et l'émeute armée est descendue à l'Hôtel-de-Ville. Il y a eu du sang de répandu !... du sang français ! ô honte ! M. de Bismark avait raison et sa prédiction de Ferrières s'est accomplie presque entièrement. Que toutes ces fautes, que toutes ces lâchetés, que tous ces crimes retombent sur le parti extrême qui n'a pas voulu faire mentir nos ennemis ! Honte sur eux !

Les deux dépêches suivantes ont été envoyées de suite par M. Jules Ferry, afin de prévenir des désordres plus grands.

### MAIRE DE PARIS AUX COMMANDANTS DES NEUF SECTEURS.

« *Paris, 22 janvier 1871, 4 h. 52 m., soir.* — Quelques gardes nationaux factieux, appartenant au 101ᵉ de marche, ont tenté de prendre l'Hôtel-de-Ville. Ils ont tiré sur les officiers de service et blessé grièvement un adjudant-major. L'Hôtel-de-Ville a été fusillé des fenêtres des maisons qui lui font face, de l'autre côté de la place, et qui étaient d'avance occupées.

» On a lancé sur nous des bombes et tiré des balles explosibles. L'agression a été la plus lâche et la plus odieuse d'abord au début, puisqu'on a tiré plus de cent coups de fusil sur le colonel et ses officiers au moment où ils congédiaient une députation admise un instant avant dans l'Hôtel-de-Ville ; non moins lâche ensuite, quand, après la première décharge, la place s'étant vidée et le feu ayant cessé de notre part, nous fûmes fusillés des fenêtres en face.

» Dites bien des choses aux gardes nationaux et tenez-moi au courant si tout est rentré dans l'ordre. La garde républicaine et la garde nationale occupent la place et les abords. JULES FERRY. »

MAIRE DE PARIS AUX VINGT MAIRES.

« *Paris, 22 janvier 1871, 5 h. 40 m., soir.*—L'Hôtel-de-Ville a été attaqué par une compagnie du 104e de marche au moment où une délégation qu'on venait de recevoir amicalement redescendait et venait de franchir la grille.

» A ce moment, le colonel commandant l'Hôtel-de-Ville et deux de ses officiers qui étaient occupés entre la grille et le bâtiment à parler aux groupes assez peu nombreux d'ailleurs ont été assaillis par une vive fusillade. L'adjudant du bataillon de garde mobile est tombé frappé de trois balles. C'est alors seulement que les mobiles ont riposté.

» La place se vida en un instant, et le feu cessa du côté des défenseurs de l'Hôtel-de-Ville, mais les maisons qui font face des deux côtés du bâtiment de l'Assistance publique étaient occupées d'avance et une nouvelle et plus vive fusillade partit de leurs fenêtres dirigée sur le premier étage de l'Hôtel-de-Ville qui en porte les traces. Il est à noter que parmi les projectiles on a trouvé beaucoup de balles *explosibles* et de petites *bombes*. L'arrivée de la garde nationale et de la garde républicaine a mis fin à tout.

» On a arrêté douze gardes nationaux et un officier, embusqués dans les maisons, un capitaine du 104e de marche, qui avait commandé le feu avec l'ex-commandant Sapia. Ainsi, par le crime de quelques-uns cette extrémité douloureuse n'aura pas été épargnée à notre glorieux et malheureux Paris.

» Une agression aussi lâche que folle a souillé une page

si pure. Vous en serez, comme moi, pénétré de la plus profonde douleur. L'Hôtel-de-Ville et ses abords sont occupés par des forces considérables. Il n'y a rien à craindre pour l'ordre. JULES FERRY. »

A cette heure, la population libérale met toute sa confiance dans le général Vinoy, chef de l'armée de Paris. Le général, par un ordre du jour qui peint bien la situation actuelle, et qui s'occupe plus de l'intérieur que de l'extérieur, fait connaître à l'armée et à la population, le pouvoir dont il est investi.

« Le Gouvernement de la Défense nationale vient de me placer à votre tête ; il fait appel à mon patriotisme et à mon dévouement ; je n'ai pas le droit de me soustraire. C'est une charge bien lourde, je n'en veux accepter que le péril, et il ne faut pas se faire d'illusions.

» Après un siége de plus de quatre mois, glorieusement soutenu par l'armée et par la garde nationale, virilement supporté par la population de Paris, nous voici arrivés au moment critique.

» Refuser le dangereux honneur du commandement dans une semblable circonstance serait ne pas répondre à la confiance qu'on a mise en moi. Je suis soldat et ne sais pas reculer devant les dangers que peut entraîner cette grande responsabilité.

» A l'intérieur, le parti du désordre s'agite, et cependant le canon gronde. Je veux être soldat jusqu'au bout, j'accepte ce danger, bien convaincu que le concours des bons citoyens, celui de l'armée et de la garde nationale, ne me feront pas défaut pour le maintien de l'ordre et le salut commun. Général VINOY. »

Le peuple, toujours ingrat, ne tiendra pas compte sans doute des sacrifices que vous faites en acceptant le commandement, général ; de bien tristes choses vous sont réservées, vous les prévoyez trop bien dans votre langage pour ne pas les voir se réaliser.

Quant à moi, je vous admire, j'admire votre courage et j'ose dire bien haut que vous êtes un grand citoyen et que vous aimez sincèrement votre patrie. Oh oui, vous verrez s'accomplir de bien tristes choses !

Pendant que les Prussiens de Paris nous fusillent sur nos places, les Prussiens d'Allemagne nous bombardent vigoureusement tous les jours. Du côté sud, le feu est toujours violent ; Châtillon, les forts et les remparts tonnent à qui mieux mieux. La ville a tellement reçu d'obus que le service des églises a été suspendu aujourd'hui. Du côté nord, Saint-Denis a été très-éprouvé ; l'église a reçu plusieurs projectiles. Beaucoup d'habitants se sont réfugiés dans Paris, d'autres se sont abrités dans des caves.

Comme nous nous trouvons dans la dernière période du siège, l'alimentation devient toujours de plus en plus difficile. On trouve peu de chose à acheter. Les volailles maigres valent de 50 à 60 francs pièce. On ne voit plus de légumes frais ni secs. On vend cependant encore des conserves, chez quelques épiciers, mais elle sont hors de prix. L'âne, le cheval et le mulet, en dehors des boucheries, deviennent introuvables et la livre, lorsqu'on peut se la procurer, se paye 15 francs.

Le rationnement du pain ne donne qu'une quantité très-insuffisante ; pour y suppléer, on mange beaucoup de pâtes, du riz en salade, ce qui n'a rien de désagréable. On prend aussi beaucoup de café. Cette boisson est tonique et donne des forces. Le sucre qu'on y met est d'ailleurs très-nourrissant. On fait toujours grand usage de chocolat, qui devient très-rare.

On parle d'un nouveau genre de pain très-nourrissant. Nos moulins pouvant à peine suffire à moudre la farine débitée tous les jours, on ferait ce pain avec du blé égrugé tout simplement.

Avec ce grain on fait en ce moment un aliment parfait que l'on nomme : *bouillie romaine*. On commence à en donner dans les cantines. Cette bouillie se compose de blé, légèrement torréfié, qu'on passe au moulin, comme le café ; puis on fait cuire cette mouture avec de l'eau, du sel, du poivre, et un peu de graisse. Le goût n'en est point désagréable, et c'est assez nutritif. Il est possible qu'avec de l'avoine et de l'orge on obtienne aussi des résultats aussi satisfaisants. En ce moment, il n'y a que deux classes bien distinctes qui mangent bien : les millionnaires et les indigents. Les premiers en faisant de grandes dépenses, les autres en se faisant inscrire au bureau de bienfaisance. Les millionnaires trouvent des dindes à 200 francs, des poulets à 70 francs, des lapins à 45 francs, des choux à 20 francs, et des conserves de toutes sortes à 30 ou 40 francs la boîte. Les indigents reçoivent des fourneaux, ou trouvent dans les cantines municipales, de bonne viande, du lard, des légumes, et dans les mairies du vin comme supplément à la ration de pain diminuée. Les classes intermédiaires sont les plus à plaindre, car n'ayant point de fortune ou n'étant point assistées, c'est à leurs faibles ressources qu'ils demandent la subsistance de chaque jour, et j'ai démontré combien elle était difficile.

Sur les portes des restaurants encore ouverts on lit ces mots : *Le consommateur est prié d'apporter son pain.*

Lorsque l'on va dîner chez quelqu'un on porte son pain.

Le bilan de la mort est encore effrayant à enregister cette semaine. Le chiffre des décès du 14 au 21, est de 4,465. 483 de plus que la semaine précédente.

*Causes de décès du 14 au 20 janvier 1871.*

| | | |
|---|---:|---|
| Variole | 380 | 44 en plus. |
| Scarlatine | 8 | 3 en moins |
| Rougeole | 44 | 4 en plus. |
| Fièvre typhoïde | 375 | 74 — |
| Erysipèle | 18 | 8 — |
| Bronchite | 598 | 144 — |
| Pneumonie | 426 | 36 — |
| Diarrhée | 137 | 6 en moins. |
| Dyssenterie | 42 | 4 — |
| Choléra | 0 | 0 |
| Angine couenneuse | 13 | 9 en moins. |
| Croup | 27 | 7 en plus. |
| Affections puerpérales | 15 | 4 — |
| Autres causes | 2.382 | 93 — |
| Total | 4.465 | 483 en plus. |

Le *Journal des Débats* que j'ai toujours lu pendant ces longs mois avec grand intérêt, donne aujourd'hui un article charmant et je ne résiste pas à vous procurer un véritable plaisir en vous le mettant sous les yeux.

### LE CLUB DE BELLEVILLE.

« *Dimanche soir*. — La tranquillité la plus complète régnait ce soir à Belleville ; aucun attroupement dans la rue de Paris. Le club *Farié* est ouvert comme d'habitude ; mais la salle ne se remplit que lentement. Cependant l'émotion y est grande. Au moment où nous entrons, un orateur, orné d'une vaste ceinture rouge, reproche avec amertume aux Bellevillois leur « fainéantise. »

» Pendant deux jours, dit-il, nous vous avons appelés aux armes pour renverser le gouvernement infâme de l'Hôtel de Ville. Chaque fois vous avez répondu : Tous ! tous ! et vous étiez bien mille ou douze cents. Combien en est-il venu ce matin à l'Hôtel de Ville ? Je vais vous le dire, car j'y étais. Nous n'étions pas quarante. (Cris : C'est une honte !) Ce n'est pas Belleville qui a donné, c'est le 13e arrondissement. Belleville, qui se vante d'être le cratère de la révolution, Belleville se déshonore, il abdique. (Oui! oui! — C'est vrai! nous sommes des lâches!)

» Un autre citoyen qui a été à l'Hôtel de Ville à trois heures, mais qui a cru devoir se replier lorsque les mobiles ont menacé le peuple, déclare qu'il croyait trouver Belleville couvert de barricades. Qu'a-t-il vu? des citoyens et des citoyennes qui se promenaient bras dessus bras dessous comme des fainéants. Est-ce ainsi qu'on se délivre des tyrans et qu'on sauve la patrie? Ah! Belleville, vous savez parler, mais vous ne savez pas agir. (Hilarité, applaudissements, faibles protestations.)

» Un troisième citoyen prétend que tout le mal vient des clubs. Comment voulez-vous qu'on prenne des résolutions viriles au milieu d'un tas de femmes, d'enfants et de propres à rien qui viennent ici pour digérer leur dîner? (Nouveaux rires.) D'ailleurs, quand nous prenons une résolution, quand nous nous donnons rendez-vous publiquement, est-ce que nos ennemis n'en sont pas informés tout de suite? Ce sont les clubs qui nous perdent. Des sociétés de carbonaros, voilà ce qu'il nous faut. (Il a raison! plus de clubs! des sociétés secrètes!) Alors nous pourrons nous concerter, donner des mots d'ordre, et, quand le moment sera venu d'agir, nous ne trouverons pas des mobiles à l'Hôtel de Ville avec des mitrailleuses. (Applaudissements.)

» Un quatrième orateur est d'avis qu'il faut agir d'une manière ou d'une autre, car le temps presse. Si nous ne parvenons pas, dit-il, à nous débarrasser de la bande « trochienne, » si nous ne réussissons pas à nous défaire des Prussiens des bords de la Seine, comment chasserons-nous les Prussiens des bords de la *Neva* (sic)? (Applaudissements.) Mais comment agir? Que faut-il faire? — Il faut d'abord, s'écrie un citoyen qui porte son fusil en bandoulière (une cinquantaine de gardes nationaux sont venus en armes), il faut nous emparer de la mairie qui a été occupée dans la journée par les douaniers, au mépris des droits du peuple. (Cris : Oui! oui! allons-y!) — Vous dites : Allons y! mais quand il s'agira d'y aller, je vous connais (rires), vous êtes mille à présent, vous ne serez pas cinquante! — (Faibles protestations. — Applaudissements. — Rires ironiques.)

» Non! vos *allons-y*! ne suffisent pas, il faut que les

citoyens de bonne volonté aillent chercher leurs armes et qu'ils me suivent. (Oui ! oui ! C'est cela.) Nous nous compterons, et si nous sommes en nombre, nous reprendrons notre mairie : sinon, non ! mille fois non ! Nous n'irons pas nous faire fusiller bêtement parce que nous aurons crié : *Allons-y tous ! tous !* — C'est comme l'*Alliance républicaine*, qui a publié hier un Manifeste (oui ! l'affiche rouge !) avec les signatures des citoyens Delescluze et Ledru-Rollin. Ces gens-là nous poussent, mais quand il s'agit d'aller au rendez-vous, ils restent chez eux. (Voix : C'est vrai ! ce sont des blagueurs !)

» Un autre citoyen prétend que la municipalité provisoire a déclaré qu'elle était prête à céder la place aux élus du peuple. Eh bien ! notre élu, nous l'avons, il est en liberté, c'est le citoyen Flourens. (Immense acclamation) ; portons-le à la mairie. (Oui ! oui ! Voix féminines : Tout de suite ! tout de suite !) Le président intervient pour recommander la réflexion et le sang-froid. Il faut d'abord, dit-il, nous assurer des dispositions réelles de la municipalité provisoire. Il faut savoir, d'un autre côté, si les douaniers sont disposés à nous rendre notre mairie. Il faut enfin que nous sachions si le citoyen Flourens consentira à se laisser porter à la mairie dans la situation critique où il se trouve, car Trochu, Vinoy et leur « clique » ont mis sa tête à prix, et il peut être fusillé sans jugement, en vertu de l'état de siége. (Sensation prolongée. Voix de femmes : C'est une horreur !) En conséquence, le président propose de nommer deux commissions, l'une pour aller trouver la municipalité provisoire et les douaniers, et sonder leurs intentions, l'autre pour aller chercher la décision de Flourens.

» Un citoyen fait remarquer assez judicieusement que la première commission court le risque d'être « flanquée » au poste, si elle n'est pas appuyée par des forces suffisantes. Le président se rend à cette objection, et il demande au club de voter une résolution à cet égard. Le club vote, mais non sans une hésitation sensible, qu'une force suffisante escortera la commission chargée d'exprimer à la municipalité provisoire et aux douaniers la volonté du club. (Applaudissements ; mouvements divers.) Cependant, avant d'envoyer la commission, le président insiste. Nous ne pouvons nous contenter, dit-il, de paroles vagues et de votes qui n'engagent personne. Il faut que nous sachions sur qui nous pouvons compter. J'invite donc les citoyens qui s'engagent à aller en armes à la mairie à passer d'un côté de la salle. (Oui! oui! Tumulte; réclamations. Ce n'est pas pratique! Ils fileront après!)

» Le président se rend de nouveau à ces objections. Eh bien! dit-il, le moyen le plus sûr, c'est de venir s'inscrire au bureau, et de donner son nom et son adresse. (C'est cela! Tous! tous!) La proposition est votée par acclamation.

» La séance est suspendue, et les citoyens disposés à se rendre en armes à la mairie, et de là au besoin à l'Hôtel de Ville, montent successivement au bureau. Au bout de trois quarts d'heure, la séance est reprise.

» Le président déclare qu'il y a vingt-trois inscriptions. (Mouvement de stupeur. Cris d'indignation des citoyennes et des citoyens armés.) Au moment où le président découragé va lever la séance, un citoyen qui vient du dehors s'élance à la tribune. Il apporte, dit-il, une bonne nouvelle. Les douaniers qui occupaient la mairie viennent de l'évacuer, en déclarant qu'ils ne veulent point contrarier la volonté du peuple de Belleville. (Immense acclamation.)

» Le président remercie avec effusion le porteur de cette nouvelle vraie ou fausse. Maintenant, dit-il, que notre mairie est à nous, il faut empêcher qu'on nous la reprenne. Il faut que les citoyens et les citoyennes elles-mêmes fassent bonne garde toute la nuit autour de la mairie. (Faibles cris: Oui! oui! nous irons!) Pendant ce temps, les vingt-trois citoyens qui ont donné leur nom et leur adresse iront se concerter avec Flourens, et ils prendront des résolutions à la hauteur des événements. (Marques générales d'approbation.)

» Il est près de onze heures. La salle se vide peu à peu. Dans la nuit tout est calme; les citoyens, accompagnés des citoyennes, paraissent généralement plus disposés à rentrer chez eux qu'à aller monter la garde autour de la mairie. »

*Deux heures et demie du matin.* — Paris est calme, les places sont généralement occupées par des piquets de garde nationale. Sur les boulevards, dans les groupes qui stationnent encore çà et là, des orateurs cherchent à persuader leurs auditeurs qu'à l'affaire de l'Hôtel de ville les gardes mobiles ont tiré les premiers. Cette affirmation n'a pas d'écho.

Les environs de la Préfecture de police sont gardés par la troupe, qui campe sur le Pont-Neuf et les quais. Les feux de bivouac sont allumés ; le soldat cause tranquillement, et le canon gronde au loin. Contraste étrange ! Demain, que ferons-nous ?... que serons-nous ?

---

## 131ᵉ JOURNÉE

**Lundi 23 Janvier**     3 % 50.70

Ce matin, en sortant de leurs demeures, les Parisiens lisent la proclamation suivante, apposée sur les murs :

« Citoyens, un crime odieux vient d'être commis contre la patrie et contre la République.

» Il est l'œuvre d'un petit nombre d'hommes qui servent la cause de l'étranger.

» Pendant que l'ennemi nous bombarde, ils ont fait couler le sang de la garde nationale et de l'armée, sur lesquelles ils ont tiré.

» Que ce sang retombe sur ceux qui le répandent pour satisfaire leurs criminelles passions.

» Le Gouvernement a le mandat de maintenir l'ordre, l'une de nos principales forces en face de la Prusse.

» C'est la cité tout entière qui réclame la répression sévère de cet attentat audacieux et la ferme exécution des lois.

» Le Gouvernement ne faillira pas à son devoir.

» Paris, 22 janvier 1871.

» *Les membres du Gouvernement de la Défense nationale.* »

### RAPPORT MILITAIRE.

« 23 *janvier*. — Le bombardement a été lent, mais continu, sur Vaugirard et Grenelle, pendant la nuit dernière ; au jour, il a repris avec plus de vigueur.

» Les forts du Sud ont continué leur tir contre les batteries ennemies, soutenus par les feux de l'enceinte. Le canon de Bicêtre a tiré sur les batteries de Bagneux et de l'Hay. Dans la matinée, la batterie des marins (7ᵉ secteur) a fait sauter la poudrière de la batterie de gauche de Châtillon. A partir de deux heures de l'après-midi, le feu a complètement cessé. Les dégâts ne présentent nulle part de dangers sérieux, quoique, au fort d'Issy, ils continuent à être considérables.

» A l'est, les Prussiens ont établi à 5,000 mètres du fort de Charenton une batterie de six embrasures, reliée par une tranchée à Montmesly et placée sur le chemin de fer de Lyon. Des troupes de soutien sont massées en arrière, entre Boissy-Saint-Léger et Limeil. Le tir sur les forts de ce côté a continué, mais lent, si ce n'est sur le front sud du fort de Nogent, où il a été très-actif. Les dégâts, d'ailleurs, ne sont pas graves. Un seul homme a été légèrement blessé.

» Au nord, le bombardement de Saint-Denis a été d'une grande violence. Des batteries nouvelles ont été établies. Des travaux sont signalés reliant Pont-Iblon aux batteries de Blancmesnil.

» On peut évaluer à mille le nombre des projectiles lancés aujourd'hui par l'ennemi sur le fort de La Briche, qui a eu à supporter les feux croisés à angle droit de six batteries : deux au-dessous d'Enghien, une à Deuil, une à Montmorency, deux à la Butte Pinson. Deux pièces de 24 et une de 12 ont été mises hors de service.

» L'ennemi semble vouloir établir des batteries dans les tranchées de Villetaneuse et d'Épinay. Il a poussé une reconnaissance jusqu'à 300 mètres environ du fort ; quelques coups de fusil l'ont forcé à se retirer. Les Prussiens se sont montrés en grand nombre du côté de Pierrefitte, où ils font des tranchées.

» A l'ouest, le feu a été sans importance aujourd'hui, et suspendu par ordre pendant une partie de la journée.

» P. O. *Le général chef d'état-major général*, DE VALDAN.

» Pour copie conforme : *Le ministre de l'intérieur par intérim*, JULES FAVRE. »

Je constate ici le changement d'allure des rapports militaires, et notamment la rédaction, bien préférable à celle du général Schmitz. Les détails ne sont point négligés, ce qui est toujours d'une extrême importance. Ainsi, depuis huit jours, différents bruits circulaient sur le fort d'Issy, et on ne pouvait connaître l'exacte vérité; aujourd'hui, le rapport de M. de Valdan nous éclaire complétement.

La nouvelle batterie des Prussiens établie devant Charenton ne peut rien faire à Paris, mais Saint-Denis, par contre, aura beaucoup à souffrir des nouveaux ouvrages de l'ennemi sur ce point.

Les mêmes quartiers sont toujours très-éprouvés dans Paris. Le jardin du Luxembourg a reçu dix-sept obus. A l'est, le fort de Vincennes a reçu également des projectiles. La journée d'hier préoccupe tout le monde. Malgré d'actives recherches, peu de coupables ont été arrêtés. Aujourd'hui, je suis allé voir l'Hôtel de ville; il est moucheté de balles, et plusieurs statues sont brisées. Deux décrets, élaborés cette nuit et portant la date du 22, paraissent ce matin à *l'Officiel*.

« Le Gouvernement de la Défense nationale,

» DÉCRÈTE : Art. 1er. Le journal *le Réveil* et le journal *le Combat* sont supprimés.

» Art. 2. Le préfet de police est chargé de l'exécution du présent décret. »

« Le Gouvernement de la Défense nationale,

» DÉCRÈTE : Art. 1er. Les clubs sont supprimés jusqu'à

la fin du siège. Les locaux où ils tiennent leurs séances seront immédiatement fermés.

» Les contrevenants seront punis conformément aux lois.

» Art. 2. Le préfet de police est chargé de l'exécution du présent décret. »

« Le Gouvernement de la Défense nationale,

» DÉCRÈTE : Art. 1er. Le nombre des conseils de guerre de la 1re division militaire est porté de deux à quatre.

» Art. 2. Les nouveaux conseils de guerre seront immédiatement constitués par le ministre de la guerre.

» Le ministre de la guerre est autorisé à choisir les officiers instructeurs et les commissaires de la République parmi les commissaires de la République près les conseils de guerre de la garde nationale.

» Art. 3. Les conseils de guerre pourront statuer, sur instruction faite à l'audience et sans aucun délai sur les attentats contre la paix publique et les tentatives armées contre les lois.

» Art. 4. Le présent décret sera exécutoire à partir de sa promulgation. »

Ce n'est pas d'aujourd'hui seulement que l'on devrait enregistrer le décret concernant les clubs. Dès le début de la guerre cette mesure aurait dû être prise dans l'intérêt général.

Je fais la même réflexion pour les journaux *le Réveil* et *le Combat*, qu'un décret, portant la même date que les précédents, vient de supprimer.

Mieux vaut tard que jamais.

*Commission de la souscription pour secours d'urgence à distribuer aux familles nécessiteuses des arrondissements bombardés.*

« Toute victime du bombardement, soit qu'elle ait continué d'habiter l'arrondissement où elle était domiciliée, soit qu'elle ait cherché refuge dans un autre, devra, si elle a besoin d'un secours, s'adresser à sa mairie qui lui délivrera un certificat constatant le dommage éprouvé. Munie de ce certificat elle pourra se présenter, à dater du lundi 23, à la commission, siégeant tous les jours, de dix à trois heures, au ministère des finances (cour de l'Horloge), rez-de-chaussée, 26.

» La commission se réserve d'apprécier l'importance de la somme qui pourra être allouée.

» Les offrandes seront reçues de neuf heures à deux heures : 1° au ministère des finances, caisse des recettes, galerie vitrée, 4 ; 2° dans les bureaux du *Journal officiel*, quai Voltaire, 31 ; 3° à la mairie du 8° arrondissement, rue d'Anjou-Saint-Honoré, 11. »

Louis Blanc a adressé la lettre suivante au comité de la Société de secours mutuels de la garde nationale, fondée par la 4° compagnie du 117° bataillon, le 103° jour du siége de Paris :

« *Paris*, 15 *janvier* 1871. — Mes chers concitoyens. vous me demandez mon opinion sur l'idée que vous avez eue de fonder dans la garde nationale une Société de secours mutuels. Comment pourrais-je ne pas applaudir à un projet si conforme à ce grand principe de fraternité dont les malheurs de notre pays mettent en relief avec tant de force la signification profonde et la valeur pratique ?

» Ramenés vivement par la communauté des périls au sentiment de notre égalité devant la mort, nous traversons une de ces épreuves terribles qui servent à convaincre l'égoïsme de folie, en faisant du salut de tous l'indispensable condition du salut de chacun. Riches et pauvres, savants et ignorants, hommes de plaisir et hommes de labeur, nous voici à présent rapprochés et confondus là où l'on combat, là où l'on souffre, là où l'on meurt.

» Il ne suffit pas de dire : « Aide-toi, le ciel t'aidera. » Le moment est venu de dire : « Aidez-vous les uns les autres, et le ciel vous aidera. » Voilà le solennel enseignement qui ressort de cette crise suprême. Nos malheurs ne seront pas perdus pour nous et pour le monde, si, quand elle sera passée, le résultat de l'enseignement lui survit.

» C'est pourquoi, mes chers concitoyens, je trouve très-désirable que votre projet se réalise. Et combien il serait plus désirable encore que le sentiment où il a pris naissance conduisît à découvrir le moyen de nouer un lien de confraternité permanente et active entre les gardes nationaux, les gardes mobiles et les soldats de la ligne, qui tous sont engagés dans la même œuvre de patriotisme et de dévouement !

» Salut fraternel. LOUIS BLANC. »

Le ballon-poste le *Général-Daumesnil*, monté par le matelot Robin, est parti de l'usine Godard, à la gare de l'Est à trois heures quinze minutes du matin, se dirigeant au nord, et emportant deux cent quatre-vingts kilogrammes de dépêches et trois pigeons.

Le général Vinoy, commandant en chef de l'armée de Paris, s'installe avec son état-major au Louvre, cour Caulaincourt, dans les anciens appartements du général Fleury.

Une expérience très-concluante a eu lieu, hier soir et pendant toute la nuit, pour l'éclairage électrique de la place du Carrousel.

Le foyer lumineux, élevé à environ cinq mètres de hauteur, au centre de la place, est relié par des fils conducteurs à une pile Bunsen de cinquante couples.

Il est, de plus, recouvert par un abat-jour ou réflecteur, conique et métallique incliné à 120 degrés, de façon à ce qu'aucune parcelle de lumière ne se perde vers la voûte céleste.

Comme on le voit, l'appareil est fort simple.

Mis en activité à cinq heures, il projeta une vive clarté sur la place et fit pâlir les lampes placées dans les lanternes des becs, sur les trottoirs.

Un quart d'heure après on éteignit toutes les lampes, et la lumière électrique, demeurée seule, éclaira très-avantageusement la vaste superficie et tous les abords de cette place, et s'étendit même jusqu'à l'extrémité des avenues qui bordent le square intérieur du Louvre.

C'est un résultat d'autant plus précieux pour Paris que le gaz manque et que les huiles peuvent devenir rares, par suite de la prolongation du siége.

La dépense, d'ailleurs, si l'on voulait s'arrêter à cette considération d'ordre secondaire dans les circonstances actuelles, ne surpasse pas celle de l'éclairage au pétrole. Une lampe à l'huile minérale consomme pour 60 centimes environ par nuit; une lumière électrique éclairant au minimum autant que cent lampes coûte environ 60 francs pour douze heures.

On peut, d'ailleurs, réduire souvent ce prix de revient. Indépendamment des frais de manutention, d'entretien et de surveillance, qui sont nécessairement moindres, le bec électrique, pouvant s'éteindre et se rallumer facilement, permet de profiter des clairs de lune permanents ou accidentels.

Il serait donc important d'aviser au plus tôt à éclairer ainsi toutes nos longues voies et nos grandes places. On économiserait ainsi le luminaire fluide qui doit être réservé pour les endroits où l'électricité ne peut être employée.

M. l'ingénieur Georges Delaporte, qui dirigeait l'expérience, avait déjà, au commencement d'octobre dernier, proposé son appareil au Gouvernement; mais on a jugé alors inutile de l'utiliser, malgré l'économie que cela eût apporté à la consommation du gaz et du charbon.

C'est sur l'invitation et l'ordre de M. Dorian, ministre des travaux publics, que l'expérience de cette nuit a été faite.

Je ne puis résister à l'insertion de la lettre qu'on va lire, sur la bataille du 19, parce qu'elle contient des détails intéressants et qu'elle est tracée par un témoin oculaire.

« Mon cher ami, vous voulez bien me demander une relation de ce qui s'est fait autour de moi dans la journée du 19, à l'attaque et pendant l'occupation trop courte, hélas! de Montretout.

» Je n'ai pas, comme vous pensez bien, l'intention ridicule de faire un récit de bataille; personne n'est plus mal placé pour voir qu'un combattant. Ce sont des impressions que je recueille, et je ne ferai que coudre de courts commentaires aux faits qui me reviennent au hasard de la mémoire.

» Notre 6ᵉ bataillon de guerre comptait déjà trois campagnes sous Paris, deux devant Bagneux et l'Hay, une à Rosny, au début du bombardement. Mercredi, on nous mena coucher au Mont-Valérien, qui avait, cette même nuit, le général Trochu pour hôte.

» A quatre heures du matin tout le monde est debout; on nous dit de ne pas oublier une seule de nos cent cartouches, mais on nous dispense du sac. C'est assez nous dire qu'on a besoin d'hommes dispos et libres pour l'action. Un peu de pain et du chocolat, dans la musette, et le bidon en bandoulière, c'est assez pour la nourriture d'un jour.

» Nous descendons dans l'obscurité; encore les encombrements de troupes, artillerie, ligne, mobile, garde nationale, voitures d'ambulances, cacolets, tout cela un peu pêle-mêle, suivant les saines traditions de la discipline française. Le général Noël, commandant du Mont-Valérien, suit cette même route à pied et distribue tout ce monde en diverses directions. Un officier d'état-major à cheval l'y rejoint à grand fracas : « Ordre du gouverneur; le signal qui a été donné tout à l'heure est nul et non avenu, il en sera lancé un autre; Ducrot est en retard, on ne sait pourquoi; il faut attendre que l'aile droite arrive en position. » Ces choses-là se crient à haute voix dans la foule, toujours suivant les plus saines traditions de la stratégie française.

» Nous faisons partie de l'aile gauche, destinée à l'attaque de Montretout, sous les ordres de Vinoy. On nous porte en avant sur la route qui, de la Tuilerie, mène là tout droit. Il y a déjà des tirailleurs dans la plaine, et le feu s'engage en face et vers la droite de la redoute ; il est déjà très-vif sur les coteaux de Buzenval. La redoute s'éveille et fait siffler une grêle de balles de notre côté ; on nous met à couvert en contre-bas à gauche de la route ; mais ce jeu prudent ne tarde pas à impatienter notre nouveau commandant, M. de Monicaut. Laissez-moi dire un peu de lui tout le bien que nous en pensons : ce n'est pas banal. Il a été toute la journée superbe de sang-froid, d'audace et d'initiative.

» C'est d'ailleurs un ancien lieutenant de vaisseau qui, jeune encore, avait quitté le service en devenant le gendre de M. Dufaure. Impassible au milieu du sifflement des balles, il fouillait de sa lorgnette la plaine, où les francs-tireurs de la ligne (139e) montaient à travers les vignes dans la direction de la redoute. « Il faut soutenir ces gens-là, dit-il ; première compagnie du 6e, passez lestement par-dessus la route et déployez-vous en doublant les tirailleurs. » Ainsi fait-on d'un seul élan ; les autres compagnies passent à leur tour, ainsi que les deux bataillons suivants, tandis que le 7e bataillon, sous les ordres du lieutenant-colonel Martin (du Nord), poursuit son chemin à couvert en colonne, ayant destination d'attaquer la redoute par la gauche avec de la mobile et des francs-tireurs.

» Pendant que nous grimpons, le dos courbé, dans les vignes, les balles font une musique du diable autour de nous ; notre vieux sous-lieutenant Guerrier tombe roide mort, frappé à la tête, au moment où il nous criait : « Alignez-vous, en avançant toujours ! »

» Un garde nommé Dassier tombe mort non loin de là. On avance toujours, dépassant les traînards de la ligne et rejoignant les braves du premier rang. Pour des « pékins, » c'est un début sérieux ; et l'on nous rapporta dans la soirée que le général Noël, en nous suivant des yeux, nous a décorés de ce mot d'éloge : « Ils vont vraiment bien, ces c.....-là ! » Les militaires ne peuvent pas s'habituer à l'idée qu'on ait du courage quand on n'est pas breveté pour cela.

» Tout à coup, le clairon sonne le pas de charge ; instinctivement on se redresse et l'on court en avant ; on n'est plus qu'à deux pas de la redoute, et tout le monde se jette à la fois, aux cris de : « Vive la France ! vive la République ! En avant ! » Les entrées étroites ne suffisant pas, la plupart se laissent glisser dans les tranchées profondes et grimpent de l'autre côté, Dieu sait comment, car cette terre sablonneuse, détrempée par le dégel, s'éboule sous les pieds ; on s'entr'aide, on se tend la main, le bout du fusil... Les Prussiens continuent la fusillade en se retirant par l'autre extrémité de la redoute, du côté des maisons du village ; ils nous laissent une quarantaine de prisonniers et quelques blessés, dont un officier. Le pêle-mêle des vainqueurs est complet ; numéros les plus divers se lisent sur les képis des lignards et des gardes nationaux : pour ceux-ci, j'ai souvenir du 6ᵉ, du 7ᵉ, du 36ᵉ, du 53ᵉ, du 71ᵉ... Que ceux que j'oublie me pardonnent.

» A peine les compagnies du 6ᵉ se sont-elles reformées autour du commandant, que celui-ci reconnaît la nécessité d'occuper les premières habitations voisines pour prévenir toute surprise de ce côté : nos deux premières compagnies sont détachées à cet effet, et comme le tour qu'elles ont à faire est assez long, pour retrouver une entrée, il ordonne à quelques hommes de passer sur une planche étroite jetée sur un fossé de quelque vingt pieds de profondeur. Ce n'est pas très-commode, avec plusieurs kilos de sable aux souliers, mais on s'en tire. En approchant des maisons, un des nôtres tombe encore, il a reçu une balle au-dessous de l'épaule ; les gémissements qu'il ne peut retenir nous font mal ; mais il faut aller en avant ; près de là est le cadavre d'un Prussien de Posnanie ; un peu plus loin repose un franc-tireur ; dans le vestibule de la maison occupée par la première compagnie est étendu un Saxon à qui un éclat d'obus a emporté la moitié du visage. Tout cela est plus affreux à la réflexion qu'à première vue, tant la chaleur de l'action était grande.

» Cette maison a été occupée par nous jusqu'au soir, et si je n'avais honte de m'arrêter aux détails, je dirais vingt petits épisodes de ces escarmouches perpétuelles de fenêtre à fenêtre, de muraille à muraille, contre les Prussiens qui occupaient les maisons d'en face et filaient dans les sentiers et les jardins de Montretout. Une compagnie de Prussiens, reprenant l'offensive, tenta de nous tourner ; ce fut une impression désagréable, je l'avoue, lorsqu'aux aguets derrière un coin de mur je vis déboucher ces hommes noirs, qui couraient de toutes leurs forces en faisant leurs *hurrahs* de sauvages. Nous n'étions là qu'une vingtaine. On se replia en faisant tête et en rendant fusillade pour fusillade. Le commandant de Monicaud eut le temps d'accourir, avec une poignée d'hommes de la 2e compagnie et des gardes mobiles, détachés des postes qui veillaient du côté de la station. Cet homme avait décidément le don de l'autorité personnelle ; j'ai vu des officiers de mobiles qui n'avaient pas affaire à lui lui obéir comme des enfants. On reprit vivement l'offensive. Les Prussiens disparurent derrière les haies et les enclos ; une maison de plus fut occupée en avant.

» Dans les intervalles de repos que nous nous accordions, nous suivions des yeux, tantôt la lutte acharnée qui se livrait du côté de Buzenval, tantôt les dégâts causés par les obus des batteries prussiennes de Garches sur la redoute de Montretout occupée par les nôtres. En somme, on avait pleinement réussi de ce côté, du côté de Vinoy. Quand la nuit vint, mes camarades et moi nous eûmes encore l'honneur des premières factions en sentinelles perdues en avant de la redoute, derrière une barricade de pierres meulières et quelques tas de bois. Passer la nuit à la belle étoile, avec la probabilité d'une attaque des Prussiens, n'était pas de tout point une perspective agréable après toute une journée de fatigue et sans dîner ; mais on tâchait de se réchauffer en pensant qu'on avait l'honneur de garder les positions conquises... C'est vers huit heures que nous vint l'ordre de retourner coucher au mont Valérien, ordre bien accueilli, d'autant que nous nous croyions relevés par des troupes fraîches. Ce ne fut que le lendemain que nous apprîmes de la bouche du général Clément-Thomas que la redoute avait été évacuée sans coup férir par ordre du général Trochu.

» Il paraît que l'insuccès de l'aile droite rendaient inutiles les succès du centre et de l'aile gauche. Et voilà comme il nous fallut rentrer à Paris, le cœur contrit, nous qui nous étions endormis sous l'impression d'une journée glorieuse. Nous avons d'autant plus douloureusement ressenti les pertes de notre cher 6e bataillon : trois morts, cinq blessés très-sérieusement. Sur ce nombre, notre 1re compagnie réclame trois blessés et deux morts, dont un officier.

» A quand le début des opérations du nouveau commandant en chef ? Il doit tarder au général Vinoy d'en finir avec les mauvais citoyens de Belleville et de retourner aux Prussiens. Nous comptons bien être invités ce jour-là.

» Pardon de cette épître sans fin, et mille amitiés.

» G. B. »

Presque tous les prisonniers faits à l'affaire de Montretout sont Polonais. Ce sont pour la plupart tous des jeunes gens, très-mal équipés et très-délabrés.

L'un d'eux, employé de commerce à Berlin, a fait une déclaration qui est très-importante et que je reproduis textuellement.

Interrogé par le général Trochu lui-même sur ce qui se passait dans le camp ennemi, le prisonnier répondit difficilement, disant ne pas bien parler le français

Une des personnes présentes, sachant l'allemand, s'offrit de servir d'interprète. Aussitôt que le prisonnier pût parler sa langue, il fut aussi expansif que possible.

Il semblait être sincère dans tout ce qu'il avançait, et il ne cachait nullement son grand amour pour l'Allemagne, son *Vaterland* (sic).

Comme on lui demandait s'il savait des nouvelles de nos armées de province, il crut ne pas devoir répondre ; quant à la situation des troupes d'investissement, il la dit être aussi satisfaisante que possible.

Mais l'important de sa déclaration est ceci :

« Depuis deux mois, disait-il, on nous lit deux fois par semaine un ordre à peu près ainsi conçu :

» Le chef supérieur informe les troupes qu'elles n'ont rien à craindre autour de Paris. Tant que durera le siège, elles ne prendront jamais l'offensive et n'auront qu'à faire le service d'avant-postes. Paris tombera tout seul entre nos mains. Quand les habitants auront faim, ils viendront nous supplier d'entrer pour leur donner du pain. Ce grand acte ne saurait tarder et nous espérons tous qu'il terminera cette longue guerre.

» Patience donc et courage. »

Ce premier ordre n'a encore rien d'extraordinaire, mais le second est d'une haute importance. Il n'est connu des troupes que depuis huit jours.

Le voici presque littéralement :

« Notre brave roi a fait connaître aux chefs supérieurs de la Confédération que la guerre touchait à sa fin.

» Vous, soldats, qui combattez depuis six mois, il vous appartient de savoir comment notre brave roi entend mettre vivement une fin à cette terrible lutte.

» Vous savez tous que Paris succombera bientôt, faute de pain et de viande.

» La faim commence à se faire sentir dans la grande capitale, et le mois de février ne commencera pas sans que Paris ait capitulé.

» Mais, à côté de Paris, nous avons des armées de secours parfaitement organisées, admirablement dirigées et avec lesquelles nos vaillants frères se rencontrent tous les jours.

» Paris capitulant, la France n'entend pas arrêter la guerre, et, malgré la grande victoire d'avoir anéanti Paris, nous serions encore forcés de continuer la lutte.

» Notre brave roi a donc décidé que le jour où Paris, réduit par la famine, nous ouvrira ses portes, nous n'y entrerons que quand toutes les armées de province auront déposé les armes.

» Ce sera là une condition principale de la reddition. Si les Français, par un stupide orgueil, entendaient ne pas se soumettre à cette condition, *nous continuerions à investir la capitale jusqu'au jour où la famine les forcera bien à faire déposer les armes à leurs soldats de la province.*

» Nous pouvons donc dire que la guerre est près de finir, car, encore une fois, le roi entend que la guerre finisse avec la capitulation de Paris.

» Sans cela nous n'y entrerons pas et laisserons les Parisiens mourir de faim et d'orgueil.

» Nous sommes donc certains que la prochaine paix se signera au palais des Tuileries. »

Cette déclaration est bien nette, bien précise, et, si elle était vraie ce serait affreux. Ma pauvre fille que deviendras-tu ?

Minuit. — En ce moment, le combat est des plus violents dans les deux camps.

## 132ᵉ JOURNÉE

Mardi 24 Janvier            3 %, 50.95.

Paris a repris aujourd'hui son allure ordinaire, sa physionomie des jours précédents. Les troupes et l'artillerie qui occupaient encore hier les maisons et la place de l'Hôtel-de-Ville, les quais, le Palais de Justice, le Pont-Neuf. Notre-Dame, les rues de Rivoli et du Temple, sont toutes rentrées cette nuit dans leurs quartiers respectifs. Il n'existe plus sur l'Hôtel-de-Ville que les traces de la honte de cette détestable journée.

BULLETIN MILITAIRE.

« *24 janvier matin.* — L'activité de l'armée assiégeante se remarque sur tous les points de la ligne d'investissement. De nouvelles batteries sont installées en arrière de la gorge de Montretout, comme si l'ennemi voulait augmenter ses défenses contre un nouveau retour offensif sur le terrain où s'est produit l'engagement du 19 janvier.

» Le pont de bateaux de l'île de la Loge, au-dessous de

Bougival, a été complétement rétabli dans la journée d'hier, et une tête de pont est en construction.

» Le 6ᵉ secteur (Passy et le Point du-Jour) n'a eu qu'un seul blessé dans la journée d'hier, malgré le feu continu qu'il a eu à supporter.

» Au sud, le fort d'Issy signale l'établissement d'une batterie ennemie à la maison à clochetons, près de la gare de Meudon. Le tir a continué pendant la nuit, mais à longs intervalles ; nuls dégâts nouveaux. Le fort de Vanves n'a subi qu'un feu très-ralenti. Les travaux de tranchées que nous exécutons en avant du fort ont été contrariés par la pluie.

» Une reconnaissance faite pendant la nuit n'a signalé que le bruit continu de voitures marchant de l'Ouest à l'Est. Les travaux de l'ennemi continuent entre Châtillon et Bagneux. Le fort de Montrouge a réparé les dégâts qu'il avait subis. — L'énergie des défenseurs de ce fort, terriblement éprouvé depuis le commencement du bombardement, augmente avec les difficultés et soutient vaillamment la lutte.

» A l'est, pendant toute la journée du 23, l'observatoire de Vincennes a signalé de nombreux mouvements de troupes en arrière de Villiers. Au fort neuf de Vincennes, et sur les redoutes de la Faisanderie, de Gravelle, ainsi qu'aux batteries de la boucle de la Marne, bombardement très-lent.

» Le fort de Nogent a été battu par deux nouvelles batteries, situées à 3,500 mètres du fort. Ce matin, le feu a repris avec assez de violence. Un seul blessé dans la journée d'hier.

» Les forts de Rosny et de Noisy, la redoute de la Boissière et les batteries de la route stratégique n'ont reçu que quelques obus envoyés par les batteries du Raincy, dont le tir est très-diminué depuis plusieurs jours, notamment depuis l'ouverture des nouvelles batteries de marine sur la route stratégique.

» Au nord, des mouvements de troupes assez considérables sont observés entre Aulnay, Gonesse, le Bourget, Pont-Iblon et la route de Poissy. A Saint-Denis, le bombardement a continué avec violence. Les forts souffrent peu. Le nombre des tués et des blessés est encore faible. Un tué et sept blessés au fort de l'Est. — Sept blessés au fort de la

Double-Couronne, qui a à supporter le feu de huit batteries ennemies.

» Nos pièces ripostent avec succès, et réussissent à éteindre ou à déplacer successivement plusieurs des pièces qui les battent. Les premières journées du bombardement ont été dures pour la garnison de Saint-Denis et des ouvrages voisins. Mais la résistance s'y est organisée aussi ferme et aussi dévouée que sur les autres points de nos lignes.

» P. O. *Le général, chef d'état major général.*

» DE VALDAN »

RAPPORT MILITAIRE.

« *24 janvier, 8 h. 30 du soir.* — Au sud, pendant la journée, ralentissement sensible du tir de l'ennemi, causé sans doute par la brume.

» Le 6ᵉ secteur (Passy et le Point-du-Jour) supporte avec énergie les efforts des batteries de Breteuil et de Meudon. L'activité des travailleurs de la garde nationale aux remparts et des compagnies du génie auxiliaire aux batteries extérieures permet de réparer les dégâts produits et de créer de nouveaux moyens de défense. L'ennemi répare comme nous avec rapidité les dommages sérieux que lui cause le tir, notamment à Breteuil.

» Vingt-deux obus ont passé au-dessus du 7ᵉ secteur. Le 8ᵉ a été plus éprouvé cette nuit; nos pièces de l'enceinte ont riposté avec succès.

» Le fort de Vanves n'a plus eu à souffrir de la batterie du Moulin-de-Pierre, que ses mortiers avaient battue hier. Un homme seulement a été blessé.

» Le fort de Montrouge a réparé ses avaries et s'est préparé à de nouveaux efforts. Le fort de Bicêtre a complété son armement pour répondre aux travaux que fait l'ennemi dans la direction de Sceaux. A Ivry, trois soldats ennemis, dont un sous-officier, se sont fait volontairement prendre dans nos lignes.

» A l'est, le bombardement a continué lentement sur la boucle de la Marne, les redoutes de Gravelle et de la Faisanderie et le fort de Vincennes. Feu vif sur Nogent; un tué, six blessés. Moins de mouvement qu'hier de ce côté des lignes prussiennes.

» Au nord, deux batteries nouvelles attaquent le Drancy, le Petit-Drancy et Aubervilliers ; des projectiles parviennent jusqu'aux points les plus rapprochés de l'enceinte. Au Petit-Drancy, le lieutenant-colonel Bisson, légèrement blessé, a continué son service. Au fort d'Aubervilliers, trois blessés. Nos travaux se poursuivent en même temps que ceux de l'ennemi.

» Feu vif contre les forts de l'Est et de La Briche. Sur le premier sont tombés 244 obus, de 7 heures du matin à 4 heures du soir : 6 blessés. Le feu s'est concentré surtout sur le second, qu'attaque un cercle de batteries : 2 blessés seulement. L'ennemi creuse une nouvelle tranchée à peu de distance du fort.

» Canonnade plus vigoureuse sur Saint-Denis, à partir de 2 heures. La butte d'Orgemont, où de nouveaux travailleurs sont signalés, envoie quelques obus vers l'enceinte, par-dessus Saint-Ouen.

» Les travaux défensifs de l'ennemi vers Buzenval et Boispréau ont continué.

» P. O. *Le général, chef d'état-major général,*

» DE VALDAN. »

» *Le ministre de l'intérieur par intérim,*

» JULES FAVRE. »

Après des rapports aussi explicites, je n'ai que quelques notes à ajouter pour compléter les renseignements relatifs au bombardement. A l'hôpital de la Pitié, 7 personnes ont encore été blessées ; rue Poliveau, une femme de 40 ans a été tuée. Grand nombre de victimes sont à compter dans les rues des Gobelins, de la Santé, Clisson, Censier, du Puits-de-l'Hermite et de la Clef. Les rues Descartes, Gay-Lussac et de l'Ourcine ont été fortement éprouvées.

La fin de la Bourse a été assez animée aujourd'hui ; le 3 0/0 était très-ferme ; des bruits d'armistice ont circulé.

On assure que nous n'avons plus de pain que jusqu'au 20 février. Il est bien compris qu'au lieu de s'améliorer, la qualité ne fera que subir une baisse regrettable. Dieu sait s'il est mauvais cependant!

Voici quelques renseignements de nature à mettre en relief la part active prise par le génie civil à la défense de la capitale.

Dans la dernière séance des ingénieurs civils, M. Lepainteur a offert à la Société les divers types de projectiles fabriqués par la succursale des fonderies d'Évreux.

Pendant trois mois, d'octobre à la fin de décembre, le nombre des projectiles fabriqués à Paris par les soins de cet industriel s'élève à 177,900, savoir:

| | |
|---|---:|
| Obus de 4, | 6,400 |
| — 7, | 19,900 |
| — 8 ordinaires, | 12,000 |
| — 8 à balles, | 1,700 |
| — 12 ordinaires, | 65,000 |
| — 12 à balles, | 3,000 |
| — 24 | 67,000 |
| — 16 de marine, | 2,400 |
| — 24 de marine, | 500 |
| | 177,900 |

Soit environ 2,000 obus par jour.

On peut juger par l'importance de la production d'un seul établissement ce que l'atelier de Paris a été capable de fabriquer depuis quatre mois pour l'artillerie et la marine. Pas plus que la poudre et les canons, les projectiles ne manqueront au général Vinoy. Le matériel de guerre ne lui manquera pas davantage.

On vient de transférer à la maison d'arrêt cellulaire de

Mazas, sous l'inculpation d'avoir entretenu des intelligences avec l'ennemi, les huit personnes dont les noms suivent : MM. Jean-François Mottu, Moïse Branche, Charles Arnaud, Antoine Daix, Thomas Becker, Adrien-Joseph Plumart, Pierre Gilberton et Maurice Mulet.

Pendant l'après-midi, dans les groupes qui stationnaient sur la place de l'Hôtel-de-Ville, un certain nombre d'individus qui essayaient de soutenir la *Commune* ont été fort maltraités. Quelques-uns ont même été conduits au poste, au milieu des cris d'indignation de la foule.

M. Baillet, directeur de la maison cellulaire de Mazas, qui a été mis en état d'arrestation à la suite de l'évasion de Gustave Flourens, a été transféré hier au dépôt de la préfecture de police.

Les détenus qui ont été enlevés de Mazas dans la nuit de samedi à dimanche sont au nombre de sept : MM. Gustave Flourens, écroué le 7 décembre à Mazas; Henri Bauer, écroué le 28 décembre; Jean-Jacques Pillot, Nicolas-Léo Meillet, Jean-Alphonse Humbert, Antoine-Mathieu Demay et Eugène-Romain Dupas, écroués tous les cinq depuis le 7 janvier.

J'ai publié la lettre adressée au comte de Bismark par les membres du corps diplomatique et consulaire résidant à Paris. Voici la réponse du chancelier de l'Allemagne du Nord. Cette réponse est adressée à M. Kern, ministre de Suisse, doyen actuel du corps diplomatique. Celui-ci l'a communiquée dimanche dernier aux signataires dans une réunion qui a eu lieu à la légation suisse. Nous croyons savoir que, sur le préavis d'une commission, et après délibération générale, M. Kern a été chargé d'écrire à M. de Bismark pour rectifier différentes erreurs de faits qui se rencontrent dans cette réponse. Quant à la question de principe, les membres du corps diplomatique et les consuls avaient décidé de ne pas entrer dans de nouvelles discussions, tout en maintenant le bien fondé de leur demande.

Le point de vue auquel les autorités militaires allemandes se placent est, en effet, très-différent de celui des signataires, et leur refus est conçu en termes trop positifs pour qu'une continuation de la correspondance puisse aboutir à un résultat conforme aux vœux des neutres. Les signataires auraient, en outre, résolu de faire connaître à M. de Bismark qu'il était de leur devoir, en raison de la gravité de la question et de l'importance des intérêts engagés, de transmettre à leurs gouvernements et de soumettre à leur appréciation les diverses notes échangées.

M. de Bismark invoque l'autorité de Vattel pour démontrer que l'assiégeant a le droit de recourir au bombardement pour réduire une place forte, ce qui n'est contesté par personne. Ce que les membres du corps diplomatique et les consuls affirment et maintiennent, c'est qu'il est contraire aux principes et aux usages du droit des gens de bombarder une ville *sans avertissement préalable*.

Cette règle est confirmée par les auteurs les plus distingués du droit international *moderne* et par un certain nombre de précédents, à l'occasion desquels la Prusse elle-même a défendu, dans l'intérêt de l'humanité, les mêmes principes que soutiennent aujourd'hui les neutres.

Voici la teneur de la réponse de M. de Bismark :

*Le comte de Bismark-Schœnhausen, chancelier de la Confédération de l'Allemagne du Nord, à Versailles, à M. Kern, ministre de la Confédération suisse, à Paris.*

« *Versailles, 17 janvier 1871.* — Monsieur le ministre,

j'ai eu l'honneur de recevoir la lettre du 13 de ce mois, signée par vous et par M. le ministre des États-Unis, ainsi que par plusieurs des agents diplomatiques accrédités antérieurement à Paris, par laquelle vous me demandez, en invoquant les principes du droit des gens, d'intervenir auprès des autorités militaires pour que des mesures soient prises qui permettraient aux nationaux des signataires de se mettre à l'abri, eux et leurs propriétés, durant le siége de Paris.

» Je regrette qu'il me soit impossible de reconnaître que les réclamations que les signataires de la lettre me font l'honneur de m'adresser trouvent dans les principes du droit international l'appui nécessaire pour être justifiées.

» Il est incontestable que la résolution unique dans l'histoire moderne de transformer en forteresse la capitale d'un grand pays, et de faire de ses environs un vaste camp fortifié renfermant presque trois millions d'habitants, a créé pour ces derniers un état de choses pénible et extrêmement regrettable. La responsabilité en retombe exclusivement sur ceux qui ont choisi cette capitale pour en faire une forteresse et un champ de bataille. Dans tous les cas, ceux qui ont élu leur domicile dans une forteresse quelconque et continuent de leur propre gré à y séjourner pendant la guerre ont dû être préparés aux inconvénients qui en résultent.

» Paris étant la forteresse la plus importante en France, dans laquelle l'ennemi a concentré ses forces principales, qui, de leurs positions fortifiées au milieu de la population, attaquent constamment les armées allemandes par des sorties et par le feu de leur artillerie, aucun motif valable ne peut être allégué pour exiger des généraux allemands de renoncer à l'attaque de cette position fortifiée ou de conduire les opérations militaires d'une manière qui serait en contradiction avec le but qu'il s'agit d'atteindre.

» Je me permettrai de rappeler ici que, de notre côté, rien n'a été négligé pour préserver la partie paisible de la population appartenant à des pays neutres des inconvénients et des dangers inséparables d'un siége. Le 26 septembre dernier, le secrétaire d'État, M. de Thile, adressa une circulaire à ce sujet aux ministres accrédités à Berlin, et je fis observer de mon côté, par une lettre en date du 10 octobre dernier, à Son Excellence le nonce apostolique et aux autres agents diplomatiques résidant encore à Paris, que les habitants de la ville auraient à supporter désormais les effets des opérations militaires. Une seconde circulaire, en date du 4 octobre dernier, s'attachait à faire ressortir les conséquences qui résulteraient pour la population civile de Paris d'une résistance prolongée jusqu'à son extrême limite.

» Le 29 du même mois, le contenu de cette circulaire fut communiqué par moi à M. le ministre des États-Unis d'Amérique, que je priai en même temps d'en donner connaissance aux membres du corps diplomatique.

» Il résulte de ce qui précède que les avertissements et les recommandations de quitter la ville assiégée n'ont pas fait défaut aux nationaux des puissances neutres, quoique ces avertissements, inspirés par un sentiment d'humanité et par les égards que nous tenons à témoigner aux citoyens appartenant à des nations amies, soient aussi peu prescrits par les principes du droit international que la permission qui leur fut accordée de franchir nos lignes.

» Les usages et les principes reconnus du droit des gens exigent encore moins que l'assiégeant avertisse l'assiégé des opérations militaires qu'il croit devoir entreprendre dans le cours du siége, comme j'ai eu l'honneur de le constater relativement au bombardement, dans une lettre adressée à M. Jules Favre, le 26 décembre dernier. Il était évident que le bombardement de Paris devait avoir lieu, si la résistance était prolongée, et on devait, par conséquent, s'y attendre. Quoique un exemple d'une ville fortifiée de cette importance et contenant dans ses murs des armées et des moyens de guerre aussi nombreux fût inconnu à Vattel, il dit à ce sujet :

» Détruire une ville par les bombes et les boulets rouges est une extrémité à laquelle on ne se porte pas sans de grandes raisons. Mais elle est autorisée cependant par les lois de la guerre, lorsqu'on n'est pas en état de réduire autrement une place importante, de laquelle peut dépendre le succès de la guerre ou qui sert à nous porter des coups dangereux.

» Dans le cas actuel, il serait d'autant moins fondé d'élever une objection contre le siége de Paris que notre intention n'est nullement de détruire la ville, ce qui serait pourtant admissible d'après le principe émis par Vattel, mais de rendre intenable la position centrale et fortifiée où l'armée française prépare ses attaques contre les troupes allemandes. et qui lui sert de refuge après leur exécution.

» Je me permettrai enfin de vous faire remarquer, monsieur le ministre, ainsi qu'aux autres signataires de la lettre du 13 de ce mois, qu'après les avertissements que j'ai rappelés, il a été permis pendant des mois entiers, aux neutres qui en faisaient la demande, de franchir nos lignes sans autre restriction que de faire constater leur nationalité et leur identité, et que, jusqu'à ce jour, nos avant-postes mettaient à la disposition des membres du corps diplomatique et de ceux qui étaient réclamés par leurs gouvernements ou par leurs représentants diplomatiques des sauf-conduits pour continuer leur voyage. Plusieurs des signataires de la lettre du 13 janvier courant sont avertis depuis quelques mois qu'ils peuvent franchir nos lignes, et ils ont depuis longtemps l'autorisation de leurs gouvernements respectifs de quitter Paris.

» Des centaines de nationaux des puissances neutres, dont les représentants nous avaient adressé la même demande en leur faveur, se trouvent dans une situation analogue. Nous n'avons pas de renseignements authentiques sur les raisons qui les ont empêchés de profiter d'une permission qu'ils possèdent depuis si longtemps. Mais, s'il faut en croire des communications particulières, ce sont les autorités françaises qui s'opposent à leur départ et même à celui de leurs représentants diplomatiques. Si cette information est exacte, il n'y aurait qu'à recommander à ceux qui sont forcés, contre leur gré, de séjourner encore à Paris, d'adresser leurs plaintes et leurs protestations aux représentants du pouvoir actuel. Dans tous les cas, je me crois autorisé, d'après ce qui précède, à ne pas admettre, en ce qui concerne les autorités allemandes, l'assertion contenue dans la lettre du 13 janvier, que les nationaux des signataires auraient été « empêchés de se soustraire au danger par les difficultés opposées à leur départ par les belligérants. »

» Nous maintiendrons même aujourd'hui l'autorisation accordée aux membres du corps diplomatique de franchir nos lignes, que nous considérons comme un devoir de courtoisie internationale, quelque difficile et nuisible que puisse en être l'exécution pour les opérations militaires dans la phase actuelle du siége. Quant à leurs nombreux nationaux, je regrette de ne voir plus, à l'heure qu'il est, d'autre moyen que la reddition de Paris pour les mettre à l'abri des dangers inséparables du siége d'une forteresse. S'il était admissible, sous le point de vue militaire, d'organiser la sortie de Paris d'une partie de la population que l'on peut évaluer à 50,000 hommes avec leurs familles et leurs biens, nous n'aurions pas les moyens de pourvoir à leur alimentation ni aux moyens de transport qui seraient nécessaires pour leur faire franchir la zone que les autorités françaises ont fait évacuer et dégarnir de leurs ressources avant l'investissement de la ville.

» Nous nous trouvons dans la triste situation de ne pas pouvoir subordonner l'action militaire aux sympathies que nous inspirent les souffrances de la population civile de Paris ; notre ligne de conduite est rigoureusement tracée par les nécessités de la guerre et par le devoir de préserver nos troupes contre de nouvelles attaques de l'armée ennemie.

» Après l'observation consciencieuse de la convention de Genève, dont nous avons fait preuve dans les circonstances les plus difficiles, il serait superflu de donner l'assurance que l'artillerie allemande ne dirige pas son feu avec intention sur des constructions occupées par des femmes, par des enfants ou par des malades.

» Par suite de la nature des fortifications de Paris, et de la distance à laquelle se trouvent encore nos batteries, il est aussi difficile d'éviter que des bâtiments que nous désirerions épargner soient endommagés par hasard que de prévenir des blessures parmi la population civile, qui sont à déplorer dans le cours de chaque siége. Si ces accidents pénibles, que nous regrettons sincèrement, se produisent à Paris sur une plus grande échelle que dans d'autres forteresses assiégées, il faut en conclure qu'on aurait dû éviter d'en faire une forteresse ou de prolonger la défense au delà d'un certain terme.

» En aucun cas il ne peut être permis à une nation quelconque, après avoir déclaré la guerre à ses voisins, de préserver sa forteresse principale de la reddition, en invoquant les égards de l'ennemi pour la population inoffensive, les étrangers qui habitent la forteresse, où les hôpitaux qui s'y trouvent et au milieu desquels ses troupes cherchent un asile dans lequel, après chacune de leurs attaques, elles pourraient à l'abri des hôpitaux en préparer d'autres.

» Je vous prie, monsieur le ministre, de vouloir bien porter le contenu de ma réponse à la connaissance des signataires de la lettre du 13 janvier dernier, et d'agréer l'assurance réitérée de ma haute considération.

» Von Bismark. »

On assure que la conférence convoquée à Londres pour régler la question de la mer Noire n'a pas commencé ses travaux. Elle a donné lieu, dit-on, à une séance préparatoire, suivie d'une première séance dans laquelle les représentants des puissances ont échangé leurs pouvoirs. Il y a eu ensuite ajournement sans époque fixe. Depuis il n'a pas été envoyé de convocation nouvelle.

Quoique l'importance de la question ait été très-réduite par suite de l'adoption du programme de conciliation présenté par l'Angleterre, nous croyons savoir que les puissances ne sont pas d'accord sur tous les points de détail qui, en pareille matière, jouent un grand rôle.

On affirme que M. Jules Favre a définitivement reçu le sauf-conduit qui lui était nécessaire pour se rendre à la conférence de Londres.

On parle encore ce soir de négociations avec la Prusse, pour la signature d'un armistice. Que devons-nous croire? A mon avis, une conclusion serait tout ce qu'il y a de plus désirable en ce moment.

Ce que nous voudrions demander au Gouvernement, c'est une sincérité absolue. A l'heure où nous sommes, il n'est plus permis de nous bercer d'illusions. Paris, d'ailleurs, est prêt à tout; et il peut envisager d'un cœur ferme les plus graves éventualités.

Jusqu'à présent les communications du Gouvernement ont été soumises à des oscillations regrettables. On nous alarmait ou l'on nous rassurait outre mesure.

C'est ainsi que le général Ducrot nous annonce qu'il va percer les lignes ennemies et qu'il ne reviendra que vainqueur ou mort; c'est ainsi que M. Jules Favre nous apprend que notre armée de l'Ouest a fait reculer l'ennemi, et que notre armée du Nord s'avance à notre secours; c'est ainsi qu'à la dernière affaire le général Trochu, comme en proie à une panique soudaine, nous adresse une dépêche où un simple échec prend les proportions d'un désastre.

Paris veut savoir la vérité, toute la vérité.

Pourquoi, par exemple, après la dépêche de M. de Chaudordy, notifiant la défaite de notre armée de la Loire et sa retraite derrière la Mayenne, n'avoir pas publié *in extenso* la dépêche de Chanzy sur cet événement? M. de Chaudordy accuse 10,000 prisonniers. C'est là un assez gros chiffre pour que Chanzy ait dû le mentionner. Or, nous n'en trouvons aucune trace dans l'extrait de sa dépêche inséré dans l'*Officiel*. L'*Officiel*, en outre, se borne à désigner par des points les localités où il a porté ses forces.

Que signifient ces réticences? Le Gouvernement croit-il masquer ainsi notre situation aux yeux de l'ennemi? Il ne peut ignorer cependant que l'ennemi est informé beaucoup mieux que nous *des choses qui nous concernent*, et que nous n'avons jamais pu lui infliger une surprise.

Quant à la population parisienne, les réticences dont il s'agit vont tout à fait contre le but qu'on s'était proposé. On a voulu évidemment empêcher qu'elle ne s'alarmât; elle s'est alarmée.

Le Gouvernement sait-il ce qui se dit de la défaite de Chanzy? Il se dit que cette défaite est une déroute; qu'au lieu de 10,000 prisonniers, il y en a 20,000, et que le nombre des fuyards dépasse 50,000.

D'un autre côté, on affirme que, si la dépêche de Chanzy n'eût pas été tronquée, sa situation eût paru beaucoup moins compromise qu'on ne prétend le faire croire.

Ainsi, avec son système de réticences si mal calculées, le Gouvernement n'aboutit qu'à alarmer ou à troubler la population. Elle veut autre chose, elle veut voir clair devant elle; elle veut qu'on lui donne les dépêches quelles qu'elles soient et telles qu'on les reçoit.

Tant que le Gouvernement n'en viendra pas là, il favorisera les résolutions les plus outrées et les défaillances les plus funestes.

Quels sont ses desseins? Voilà ce qu'il doit dire d'une manière précise. Après tout, les membres du Gouvernement se sont assez prévalus, durant leur carrière, de l'opinion publique, pour qu'ils comptent aujourd'hui avec elle et lui donnent les satisfactions auxquelles elle a droit.

Le Gouvernement, assure-t-on, ne lit pas les journaux. Nous n'en croyons rien. Il lit les journaux, mais il s'en défie. Retranché, comme tous ceux qui l'ont précédé, dans son omnipotence, il croit tout trouver en lui-même, et n'admet pas qu'aucune lumière puisse lui venir du dehors.

Cependant, puisque le Gouvernement finit nécessairement par se rendre au vœu de l'opinion publique, nous lui demandons que désormais il se montre vis-à-vis d'elle plus sincère et plus franc.

Quels sont donc ses desseins?

Le Gouvernement ne doit pas l'oublier, il est avant tout Gouvernement de la Défense nationale. C'est à ce titre qu'il a été acclamé le 4 septembre; c'est à ce titre qu'il a été confirmé le 3 novembre. Veut-il remplir son mandat jusqu'au bout?

Le Gouvernement de la Défense nationale, répétons-le, veut-il se défendre? et s'il ne le veut pas, que veut-il? Négocier? La Prusse évidemment ne s'y refusera pas ; la Prusse accepte toujours les négociations ; et nous savons si M. de Bismark sait les faire tourner à son profit. Bazaine aussi avait négocié : cela a-t-il empêché Metz de se rendre à discrétion?

Est-ce le même sort que le Gouvernement voudrait revendiquer pour Paris? Je suis convaincu, quant à moi, qu'au moment actuel il n'en obtiendrait point d'autre.

La position est cruelle, mais il faut en sortir. Allons, messieurs de la Défense nationale, dites-nous le fond de votre pensée.

## 133ᵉ JOURNÉE

**Mercredi 25 Janvier** 3 % 51.85

Les bruits de négociations prennent plus en plus de consistance. Le journal l'*Électeur libre*, se donne la peine de publier ce matin un article à sensation finissant par ces mots : « Combattre, si c'est possible, et négocier, s'il le faut. » Il a grandement raison, l'*Électeur libre*, car les nouvelles reçues de la province par voie du *Nouvelliste de Versailles*, inscrivent à notre avoir de bien tristes choses.

Voici ce qu'on lit dans l'*Officiel* :

« *Versailles, 16 janvier. — Partie officielle. — Communication officielle.* — On a reçu des colonnes qui poursuivent l'armée battue du général Chanzy les nouvelles suivantes du 14 : Le général de Schmidt a rencontré à Barry, près de Chassillé, à deux milles et demi à l'ouest du Mans, une division ennemie. Énergiquement attaquée, cette division s'est retirée sur Laval, en complète déroute ; elle a laissé plus de 400 prisonniers entre nos mains. Nous avons perdu, tant en morts qu'en blessés, un officier et dix-neuf hommes. Le camp de Conlie a été occupé par nous presque sans résistance. Nous y avons trouvé de grandes quantités d'armes, de munitions et de provisions de bouche. Beaumont a été pris après un léger combat de rues. Nous avons conquis 40 voitures de munitions et fait environ 1,000 prisonniers. — On mande aussi que le 14, un détachement sous les ordres du général de Rantzau a été attaqué à Briare par des divisions ennemies considérables. Le détachement s'est néanmoins dégagé avec des pertes insignifiantes. »

« *Versailles, 17 janvier.* — *Partie officielle.* — *Communication officielle.* — Le 15, le général de Werder a été attaqué par plusieurs corps au sud de Belfort. Dans un combat qui a duré neuf heures, il a repoussé victorieusement toutes les attaques de l'ennemi. Nos pertes sont de 300 hommes. Devant Paris, l'ennemi est entré en lice avec de nouvelles batteries construites au front sud. Nous avons répondu avec succès au feu de ces batteries en perdant deux officiers et sept hommes.

» Le 15, le major de Koppen, du 77ᵉ régiment, à livré un combat d'une heure et demie contre 1,000 gardes mobiles près de Marac, au nord-ouest de Langres. Ces gardes mobiles ont été rejetés, en pleine déroute, sur Langres, en perdant un drapeau. D'après les rapports de la seconde armée arrivés jusqu'à ce jour, nos pertes totales en morts et en blessés, dans les combats victorieux livrés du 6 jusqu'au 12, se montent à 177 officiers et 3,203 hommes.

» Quant à l'ennemi, il a perdu jusqu'à présent 22,000 prisonniers non blessés, 2 drapeaux, 19 pièces d'artillerie, plus de 1,000 voitures chargées et quantités d'armes, de munitions et de matériel de guerre.

» Devant Paris, le feu de nos batteries continue avec succès et avec des pertes minimes de notre côté. »

« *Versailles, 18 janvier.* — *Partie officielle.* — *Communication officielle.* — Le général de Werder s'est

maintenu le 16 dans sa position au sud de Belfort, malgré
de nouvelles attaques de l'ennemi. Le général de Schmidt,
poursuivant l'ennemi qui se retire sur Laval, s'est avancé
jusqu'au delà de Vaiges et a fait de nouveau plus de 2,000
prisonniers. Alençon a été occupé après une escarmouche
dans la nuit du 16 au 17.

» Le 17, nouvel essai du général Bourbaki contre le
général de Werder. Celui-ci s'est victorieusement maintenu
dans sa position retranchée et fortifiée par de la grosse artillerie et a repoussé toutes les attaques. Nos pertes pendant
les trois jours de combat sont évaluées à 1,200 hommes.
Devant Paris, continuation du bombardement dont l'effet est
satisfaisant. Nous avons 2 officiers et 1 homme morts,
1 officier et 6 hommes blessés. »

« *Versailles*, 19 *janvier*. — *Partie officielle*. —
*Communication officielle*. — L'armée du général Bourbaki,
après avoir, grâce aux combats victorieux livrés pendant
trois jours par le général de Werder, vainement essayé de
délivrer Belfort, est en pleine retraite. »

« *Versailles*, 21 *janvier*. — *Partie officielle*. —
*Communication officielle*. — Le général de Gœnben
mande : Dans la soirée du 19 déjà la gare de Saint-Quentin
fut prise d'assaut par nos troupes, et la ville occupée ensuite.
Nous y avons trouvé 2,000 blessés ennemis. Jusqu'à la
matinée du 20, le nombre des prisonniers non blessés
tombés entre nos mains a atteint 7,000, et la prise de 6
canons a été constatée.

» Nos pertes devant Paris, dans la journée du 19, sont
évaluées à 400 hommes. La perte de l'ennemi était tellement
considérable qu'il a demandé une suspension d'armes de
48 heures pour recueillir ses morts. Nous avons fait à l'ennemi 500 prisonniers. »

« *Versailles*, 23 *janvier*. — *Partie officielle*. —
*Communication officielle*. — Le bombardement de Paris
a été continué pendant les derniers jours. Le 21, l'artillerie
de siége a ouvert le feu sur Saint-Denis. Le nombre des prisonniers non blessés tombé entre nos mains à la suite de la
victoire de Saint-Quentin est monté à 9,000. Une tentative

de coup de main venant de Langres et dirigée, dans la nuit du 24, contre les compagnies de la landwehr postées dans les environs de Chaumont a complétement échoué. Dans la même nuit, devant Belfort, les bois de Taillis et de Bailly, fortement occupés et fortifiés par l'ennemi, et le village de Pérouse, ont été pris ; 5 officiers ainsi que 80 hommes non blessés faits prisonniers. Devant Paris, le bombardement de Saint-Denis a produit de bons résultats. Le 22, le feu ennemi s'est tu presque complètement. On a remarqué plusieurs incendies à Saint-Denis et à Paris. Une colonne mobile, sous les ordres du lieutenant colonel Dobschütz, a mis en déroute des gardes mobiles dans les environs de Bourmont, sur la Meuse supérieure. L'ennemi a perdu 180 hommes. De notre côté 4 blessés. »

Que faire en présence de ces faits qui pour moi doivent être exacts ? La réponse est forcée : traiter.

La Bourse est agitée. On y parle sérieusement de reddition. Ce qu'il y a de certain, c'est que M. Jules Favre est allé à Versailles, ce qui ferait certes supposer que ces bruits ne sont point controuvés.

On parle aussi du suicide de Gambetta. Le jeune ministre ne pouvant survivre à nos désastres se serait brûlé la cervelle. Encore une nouvelle de journal, mais que d'avis différents sur cette fin dramatique ! Malgré tout cela, Paris est calme, sérieux et réfléchi ; et MM. les Prussiens ne cessent de nous bombarder. Vous pouvez en juger.

**BULLETIN MILITAIRE.**

« 25 *janvier, matin*. — Le tir de l'ennemi s'est beaucoup ralenti pendant la nuit, mais il a persisté à longs intervalles sur toute l'étendue de nos lignes.

» Au Sud, l'ennemi continue à organiser chaque jour de nouveaux emplacements de batterie, déplaçant celles qui sont battues par nos pièces ; on signale des travaux au viaduc de Fleury. Un sapeur blessé à Vanves. Deux incendies ont éclaté cette nuit par suite du bombardement dans le 8ᵉ secteur.

» A l'Est, nuit calme. Nombreux convois du côté de Valenton. Deux blessés pendant la nuit au fort de Nogent. Reprise du feu assez vive contre ce fort, à sept heures du matin ; deux hommes légèrement atteints.

» Au Nord, trois blessés au fort d'Aubervilliers ; peu de dégâts matériels ; 500 obus atteignent le fort de La Briche, aucun homme atteint. Trois tués, cinq blessés à la Double-Couronne. Trois blessés légèrement au fort de l'Est, malgré un bombardement violent.

» Nouvelle batterie ouverte à Villetaneuse. Le fort de La Briche continue à se défendre avec vigueur, mais le feu qui le couvre depuis deux jours déjà rend inutile d'exposer trop le personnel pendant qu'il est l'objectif principal des batteries allemandes.

» A l'Ouest, rien à signaler, si ce n'est la mise en batterie de quelques pièces volantes contre la maison Crochard et nos avant-postes en face de Longboyau. Les brèches des parcs ont été en partie réparées par les avant-postes prussiens.

» *Le général chef d'état-major général,* DE VALDAN.

» Pour copie conforme :

» *Le ministre de l'intérieur par intérim,* JULES FAVRE. »

« *Mercredi* 25 *janvier, soir.* — Le feu de l'ennemi a été moins vif ce soir. Dans la journée, il a été très-violent contre le fort d'Issy, les ouvrages de Vincennes et les ouvrages de Saint-Denis. La lutte d'artillerie a été sérieuse contre les ouvrages de Champigny et Villiers. L'activité des travaux prussiens à Montmesly, au Bourget, à Villetaneuse, et au viaduc de Meudon, s'est fait encore remarquer aujourjourd'hui. De nombreux convois sont toujours attendus à l'Est, et au Nord surtout.

» Nos blessés sont peu nombreux : un à Issy, quatre à Montrouge, cinq au 8e secteur, deux à la Faisanderie, sept à Vincennes et batteries annexes, un à Nogent, deux à la Double-Couronne, sept au fort de l'Est, et trois à la Briche.

» La population de Saint-Denis, mal protégée contre les effets des projectiles, a dû en grande partie se replier vers l'enceinte de la ville, et a rencontré quelques difficultés sérieuses, inévitables dans les conditions où elle se déplaçait.

» Le fort de Rosny a reçu 45 obus pour sa 30ᵉ journée de bombardement ; il ne se produit heureusement plus ni dégâts ni blessures sur ceux qui continuent à l'occuper et à le défendre.

» Nous continuons ce soir de tous côtés la réparation des dégâts matériels éprouvés dans nos ouvrages ; leur importance est naturellement plus grande dans les ouvrages du nord, où le bombardement est très-violent et n'est encore commencé que depuis peu de jours.

» Les incendies du village de Saint-Cloud brûlent toujours.

» *P. O. Le général, chef d'état-major général,*
» DE VALDAN. »

Le résumé de ce bulletin peut se traduire ainsi : attaque générale et formidable. Cependant je ferai remarquer que le bombardement a perdu beaucoup de violence cette nuit, du côté de la rive gauche. Les bombardés peuplent les caves de plus en plus ou émigrent sur la rive droite. Des poêles ont été installés dans les sous-sols et les tuyaux de ces calorifères improvisés prennent air par les soupiraux, ce qui ne laisse pas que d'être assez original.

La couleur du pain varie beaucoup selon les boulangers. Il y en a qui est d'un gris bleuâtre, ayant à peu près l'aspect de la cendre délayée dans l'eau. D'autres sont jaune terreux, couleur de glaise ferrugineuse, ou gris, etc. Ces diverses nuances tiennent aux proportions diverses des farines qui entrent dans la composition du pain : froment, seigle, avoine, riz, légumes secs. On m'a montré hier un morceau de pain noir, de teinte gris bleuâtre, ardoise : nous croyons qu'il y entrait une notable proportion de sarrasin ou blé noir. Du reste, au goût, ces pains de couleurs variées se valent. Les meilleurs sont ceux dont la pâte a été la mieux levée et la mieux cuite.

Il ne faut pas que les Parisiens oublient que des populations entières ne mangent pas de pain meilleur pendant toute l'année, quand elles ont du pain. Pain de seigle, pain de sarrasin, bouillie de maïs, châtaignes, voilà ce que mangent, sans se plaindre, bien des pauvres paysans que n'assiégent point les Prussiens.

## 134ᵉ JOURNÉE

**Jeudi 26 Janvier.** 3 %  52.05

Le doute n'est plus permis cette fois sur nos armées commandées par Chanzy, Faidherbe et Bourbaki. Tous ont été battus, et opèrent des retraites qui ne laissent aucun espoir à la capitale assiégée. Buvons la coupe jusqu'à la lie; c'est une déroute générale.

*L'Électeur libre* qui affirme un jour le voyage de M. Jules Favre à Versailles, un autre jour qu'il n'a point quitté Paris, annonce que cependant le ministre est allé deux fois au quartier général prussien. On ne sait rien de positif, et cependant, dans des cercles qui doivent être bien informés, on assure qu'en cas de reddition, les Prussiens n'entreront pas à Paris.

Le bombardement ne discontinue pas cependant.

### RAPPORT MILITAIRE.

« *26 janvier 1871.* — Le tir de l'ennemi s'est encore sensiblement ralenti cette nuit sur les fronts sud et est de l'enceinte des forts, mais il a continué avec la plus grande vigueur sur les forts du nord.

» Malgré la brume épaisse qui a régné dans la journée du

25 et la matinée du 26, et gêné nos vues, nos batteries ont profité de quelques éclaircies pour tirer sur les travaux ennemis poussés très-activement à Saint-Cloud, Garches et Montretout, où nos obus ont allumé plusieurs incendies, à Mesly, Montmesly, Chaussée de Valenton et chemin de fer de Lyon; en face le Drancy où les travailleurs ennemis ont dû s'enfuir précipitamment; sur la route de Pierrefite où le canon de la Double-Couronne a démoli la barricade prussienne.

» Les forts de Vanves, d'Issy et Montrouge, violemment bombardés dans la journée du 25, ont de nouveau réparé leurs dégâts matériels pendant la nuit. Ils ont eu 2 tués et 3 blessés. Une petite reconnaissance faite en avant de leurs lignes a rejeté avec vigueur un détachement prussien sur ses batteries.

» Les Hautes-Bruyères ont éteint le feu de l'Hay et de Chevilly qui attaquaient cette redoute avec vigueur.

» Sur les fronts de l'Est, un combat violent d'artillerie a eu lieu toute la matinée, sans aucun résultat fâcheux de notre côté.

» Les défenses du Nord, depuis le Drancy jusqu'au fort de La Briche, sont l'objet d'un bombardement très-actif. On ne signale que 1 tué et 18 blessés. Les dégâts n'offrent aucun danger sérieux: d'ailleurs chacun déploie la plus grande activité pour réparer les avaries.

» Les garnisons des forts du Nord se montrent, par leur dévouement et leur vigueur, à la hauteur de celles des forts du Sud, éprouvées, depuis longtemps déjà par un feu des plus terribles.

» *P. O. Le général chef d'état-major général,*
» DE VALDAN.

» Pour copie conforme :
» *Le ministre de l'intérieur par intérim* : JULES FAVRE. »

Derniers bruits du soir, dix heures :

Les négociations sont entamées à l'heure qu'il est entre le Gouvernement de la Défense nationale et le quartier général allemand.

Ces négociations, conduites jusqu'à présent par l'intermédiaire de l'un des diplomates étrangers présents à Paris, auraient pour but la conclusion d'un armistice rendu indispensable par les nouvelles de la province et l'état de nos approvisionnements.

Il va de soi que la Prusse se refuserait à signer tout armistice qui n'aurait pas pour conditions premières, outre la reddition effective de la place, les préliminaires de la paix. Les préliminaires de paix reposeraient, assure-t-on, sur les bases suivantes :

1° Indemnité de dix milliards payable en dix ans.

2° Occupation de l'Alsace et de la Lorraine par la Prusse pendant dix ans.

3° Après la dixième année et le payement complet de l'indemnité, les habitants de l'Alsace et de la Lorraine seraient appelés à se prononcer par voie de plébiscite sur la question d'annexion à l'Allemagne ou de retour à la France.

4° Dans le cas de retour à la France de la Lorraine et de l'Alsace, cession de l'Algérie à la Prusse.

5° Reconnaissance par la France de l'unité allemande.

6° Reconnaissance par l'empire d'Allemagne de la République parlementaire française.

Ces conditions sont fort dures. D'après une autre version généralement admise au ministère des affaires étrangères, le chancelier fédéral n'aurait demandé que six milliards d'indemnité et se contenterait probablement de cinq. Cette opinion paraît assez plausible, si l'on se souvient que la Prusse a toujours parlé d'une indemnité de 30 millions par jour. 30 millions par jour depuis le commencement de la guerre donnent un chiffre de 5 milliards environ. La Prusse occuperait Metz et Strasbourg pendant un temps déterminé, mais renoncerait à l'annexion de l'Alsace et de la Lorraine.

Les boulevards sont très-animés encore à minuit ; le lecteur comprendra facilement l'agitation des esprits. Mais malgré tous ces bruits, nous entendons toujours le canon. Nous voici au trente-deuxième jour du bombardement !

## 135ᵉ JOURNÉE

**Vendredi 27 Janvier.** 3 % 52.85

Les nouvelles annoncées hier par les journaux, sur nos armées de l'extérieur, ne sont réellement que trop vraies. Je laisse la parole au *Journal officiel*.

« Tant que le Gouvernement a pu compter sur l'arrivée d'une armée de secours, il était de son devoir de ne rien négliger pour prolonger la défense de Paris.

» En ce moment, quoique nos armées soient encore debout, les chances de la guerre les ont refoulées, l'une sous les murs de Lille, l'autre au delà de Laval ; la troisième opère sur les frontières de l'Est. Nous avons dès lors perdu tout espoir qu'elles puissent se rapprocher de nous, et l'état de nos subsistances ne nous permet plus d'attendre.

» Dans cette situation, le Gouvernement avait le devoir absolu de négocier. Les négociations ont lieu en ce moment. Tout le monde comprendra que nous ne pouvons en indiquer les détails sans de graves inconvénients. Nous espérons pouvoir les publier demain. Nous pouvons cependant dire dès aujourd'hui que le principe de la souveraineté nationale sera sauvegardé par la réunion immédiate d'une assemblée ; que l'armistice a pour but la convocation de cette assemblée ; que pendant cet armistice, l'armée allemande occupera les forts, mais n'entrera pas dans l'enceinte de Paris ; que nous conserverons notre garde nationale intacte et une division de l'armée, et qu'aucun de nos soldats ne sera emmené hors du territoire. »

En présence de cet article, tous les bruits et cancans doivent cesser. Attendons l'*Officiel* du 28.

Beaucoup de rassemblements se forment dans la journée sur les boulevards. Ce soir ils sont encore plus nombreux. On discute la situation, et les avis sont bien partagés, comme on doit le supposer.

Aujourd'hui, pas de rapport militaire. Le dénoûment est donc venu, le drame est terminé !

Ainsi, la France est vaincue? Cependant la France reste debout ; et c'est la France maintenant qui va parler.

En effet, grâce à l'armistice, nous allons avoir une Assemblée nationale. Nous sortons enfin des griffes des avocats à coups de mains.

Préparons-nous donc aux élections générales! C'est là, pour nous, le point capital; c'est là la seule voie ouverte pour sortir de l'abîme où nous ont précipités des hommes qui ont eu le courage de faire une révolution, tandis que l'étranger foulait le sol de la patrie.

A quoi bon des protestations, à quoi bon des insurrections et des émeutes? Les Prussiens tiennent bien ce qu'ils tiennent ; ils ne le lâcheront pas. L'Assemblée nationale jugera les hommes et les choses. Espérons qu'elle saura sévir.

C'est la première fois, dans l'histoire, que la France subit une pareille catastrophe. La France ne périra pas; la France s'en relèvera, au contraire, plus vivante. Nous en avons pour garants les efforts qu'elle a faits, les efforts plus grands encore qu'elle était résolue à faire. Mise en face d'elle-même, éclairée et dirigée par des représentants de son choix, elle reprendra la place qu'elle occupait, qu'elle a le droit d'occuper dans le monde.

Le général Trochu nous disait, dans une de ses proclamations: « Je ne céderai à aucune impatience; j'ai mon plan. » Et c'est sur les espérances inspirées par ce plan que nous avons vécu pendant plus de quatre mois.

Quel était donc le plan du général Trochu ? Maintenant que tout est consommé, il n'y aurait, ce me semble, aucun inconvénient à le faire connaître. Nous saurions alors si nous avons été victimes d'espérances illusoires ou si nous avons réellement succombé sous une destinée implacable.

Le général Trochu, il est vrai, s'est démis *in extremis* de son commandement militaire en faveur du général Vinoy ; mais en dégageant ainsi sa personne, il n'a nullement dégagé sa responsabilité.

Le ballon-poste *Richard-Wallace*, monté par l'aéronaute Lacaze, est parti aujourd'hui de la gare du Nord à trois heures trente minutes du matin, se dirigeant au Sud, et emportant 220 kilogrammes de lettres et deux pigeons.

Pendant la journée, le Gouvernement avait fait prier le directeur général des postes de préparer pour la nuit le départ de deux ballons. C'était, paraît-il, dans l'intention de faire sortir de Paris un personnage important qu'on voulait soustraire aux Prussiens. Mais cette personne a refusé de partir.

Après le conseil du soir, le Gouvernement donna contre-ordre à la direction générale des postes. Celle-ci ne lança qu'un seul ballon destiné à emporter nos lettres.

Les quelques ballons qu'on pourrait encore faire partir n'emporteront plus de voyageurs. Ceux-ci quitteront Paris par la voie ordinaire, munis de sauf-conduits.

Depuis plus d'un mois, c'est la première fois que je termine une journée sans entendre le bruit terrible du canon. Malgré les chagrins qui nous accablent, l'espérance brille à l'horizon. On va donc revoir les êtres chéris desquels on est séparé depuis si longtemps. Pères, mères, femmes, enfants, vont se retrouver après cinq mois de souffrances Mais que de vides, hélas ! vont nous être révélés !

ACTES OFFICIELS.

« Le Gouvernement de la Défense nationale,

» Vu la loi du 13 août, les décrets des 10 septembre, 11 octobre, 10 novembre, 12 décembre 1870 et 12 janvier 1871, relatifs aux effets de commerce;

» Considérant que, dans les circonstances actuelles, il importe de suspendre provisoirement toutes poursuites en matière commerciale.

» DÉCRÈTE:—Art. 1er. La prorogation de délais accordée par le paragraphe 2 du décret du 12 janvier 1871, aux effets souscrits postérieurement à la loi du 13 août 1870 et aux décrets de prorogation qui l'ont suivie, est étendue jusques et y compris le 13 février prochain.

» Art. 2. Le présent décret sera immédiatement exécutoire.

» Fait à Paris, le 27 janvier 1871. »

(Suivent les signatures.)

« Le Gouvernement de la Défense nationale,

» DÉCRÈTE.—La ville de Paris est autorisée à prélever une nouvelle somme de trois millions sur celle de quatre-vingt-trois millions que l'article 3 de la loi du 23 juillet 1870 l'a autorisée à se procurer au moyen de l'émission de bons sur la caisse municipale, pour l'exécution de travaux neufs, et à employer ladite somme de trois millions aux dépenses de toute nature faites ou à faire par suite de la guerre, consistant, soit en travaux, soit en secours.

» Fait à Paris, le 27 janvier 1871. »

(Suivent les signatures.)

Minuit. Je prête l'oreille. Silence complet : ce qui veut dire que les négociations marchent.

# 136ᵉ JOURNÉE

**Samedi 28 Janvier**  3 % 52.40

C'est fini; plus de canon. Le silence règne partout : cette nuit tous les avant-postes ont reçu cet ordre :

« Par ordre du général Vinoy, suspension d'armes, à minuit. Cesser le feu sur toute la ligne. Exécuter rigoureusement cet ordre. »

Aussitôt la réception de cet avis, le fort de Rosny, qui tirait depuis la fin du jour, cessait son feu ; c'est l'un des derniers forts qui ait tiré, ainsi que celui de Nogent.

La troupe et la garde nationale paraissent consternées en apprenant la note de l'*Officiel*; leurs chefs ont du mal à comprimer leur élan.

Le colonel Louis Noir réunit ses hommes pour leur expliquer la situation et les engage à l'accepter avec courage.

La veille encore, une reconnaissance avait été faite par le capitaine Poupart-Davy, accompagné des officiers Benassit et Sauton, jusqu'au village du Perreux.

Arrivés aux extrêmes grand'gardes, on voyait distinctement les Prussiens passant et repassant sur la route pendant que le capitaine reconnaissait la position ; une fusillade assez vive accueillit les nôtres.

Elle venait d'une maison que l'ennemi incendiait. C'est de ce côté que le dernier fait d'armes s'est produit ; un seul homme fut blessé.

Jusqu'à minuit, le feu de nos redoutes fut très-nourri. Les Prussiens ont aussi envoyé des obus jusqu'à l'heure où l'ordre de cesser le feu nous parvenait.

Ce matin chacun se précipite sur l'*Officiel*. Voici ce qu'il contient :

PROCLAMATION DU GOUVERNEMENT AUX HABITANTS DE PARIS.

« Citoyens,

» La convention qui met fin à la résistance de Paris n'est pas encore signée, mais ce n'est qu'un retard de quelques heures.

» Les bases en demeurent fixées telles que nous les avons annoncées hier :

» L'ennemi n'entrera pas dans l'enceinte de Paris ;

» La garde nationale conservera son organisation et ses armes ;

» Une division de douze mille hommes demeure intacte ; quant aux autres troupes, elles resteront dans Paris, au milieu de nous, au lieu d'être, comme on l'avait d'abord proposé, cantonnées dans la banlieue. Les officiers garderont leur épée.

» Nous publierons les articles de la convention aussitôt que les signatures auront été échangées, et nous ferons en même temps connaître l'état exact de nos subsistances.

» Paris veut être sûr que la résistance a duré jusqu'aux dernières limites du possible. Les chiffres que nous donnerons en seront la preuve irréfragable, et nous mettrons qui que ce soit au défi de les contester.

» Nous montrerons qu'il nous reste tout juste assez de pain pour attendre le ravitaillement, et que nous ne pouvions prolonger la lutte sans condamner à une mort certaine deux millions d'hommes, de femmes et d'enfants.

» Le siége de Paris a duré quatre mois et douze jours ; le bombardement un mois entier. Depuis le 15 janvier la ration de pain est réduite à 300 grammes ; la ration de viande de cheval, depuis le 15 décembre, n'est que de 30 grammes. La mortalité a plus que triplé. Au milieu de tant de désastres, il n'y a pas eu un seul jour de découragement.

» L'ennemi est le premier à rendre hommage à l'énergie morale et au courage dont la population parisienne tout entière vient de donner l'exemple. Paris a beaucoup souffert ; mais la République profitera de ses longues souffrances, si noblement supportées. Nous sortons de la lutte qui finit, retrempés pour la lutte à venir. Nous en sortons avec tout notre honneur, avec toutes nos espérances, malgré les douleurs de l'heure présente ; plus que jamais nous avons foi dans les destinées de la patrie.

» Paris, le 28 janvier 1871.

» *Les membres du Gouvernement* :

» Général TROCHU, JULES FAVRE, EMMANUEL ARAGO, JULES FERRY, GARNIER-PAGÈS, EUGÈNE PELLETAN, ERNEST PICARD, JULES SIMON.

» *Les ministres* : Général LE FLÔ, DORIAN, MAGNIN. »

Il serait oiseux de dire que Paris est triste, même profondément triste. Peu de circulation dans les rues, et pas de voitures. Dans les groupes quelques individus cherchent à exciter les esprits contre le Gouvernement, mais sans aucun succès.

Dans le 1ᵉʳ arrondissement des affiches sont déjà répandues à profusion, prévenant les habitants que des bureaux sont ouverts pour les radiations et additions d'électeurs.

« *Au général Clément-Thomas.*

» *Paris, le 26 janvier 1871.* — Général. j'ai l'honneur de vous informer qu'après avoir pris l'avis conforme du ministre des finances, je m'empresse de donner mon adhésion à la proposition que vous avez faite, par votre lettre du 26 janvier, d'autoriser l'allocation immédiate d'un secours de cent francs aux veuves des gardes nationaux tués à l'ennemi.

» Veuillez agréer, général, l'assurance de mes sentiments de considération très-distinguée.

» *Le ministre de l'intérieur par intérim :*

» *Pour le ministre et par autorisation, le chef de cabinet,* CH. FERRY. »

« *Paris, le 27 janvier 1871.* — Par décision ministérielle du 26 janvier, il est alloué, à titre de secours aux veuves des gardes nationaux tués à l'ennemi, une somme de cent francs qui sera payée à l'état-major général à l'Élysée, sur la présentation des pièces à l'appui de la demande, qui sont : l'acte de décès du garde, l'acte de mariage et le certificat d'identité de la veuve émanant de la mairie.

» Cette somme une fois payée doit remplacer jusqu'à la liquidation de leur pension l'indemnité que ces femmes recevaient du vivant de leurs maris.

» Par ordre : *Le lieutenant-colonel délégué à la solde,*

» H. LEVRAT. »

*A la population de Paris.*

« Dès la nuit qui a suivi la bataille du 19 janvier, le commandant supérieur, comprenant ses obligations envers les familles de ceux de ses camarades qui avaient succombé, a prié le général en chef de lui fournir les moyens de recueillir leurs corps.

» Le général en chef, malgré les difficultés que présentait l'exécution de cette demande, y accéda avec empressement, et, le jour suivant, il envoya dans ce but un parlementaire à l'ennemi.

» Le chef d'escadron Faivre, officier d'ordonnance, secondé par deux officiers de l'état-major général de la garde nationale, furent chargés de relever sur le champ de bataille les corps de tous ceux que n'avaient pu emporter les régiments ou les ambulances de la garde nationale, et après deux jours consacrés à cette œuvre, ils firent transporter à Paris deux cents morts, ramassés en dedans et en dehors des lignes ennemies.

» Ces morts, exposés dans un bâtiment situé à l'intérieur du cimetière du Père-Lachaise, ont été reconnus, au nombre de cent quarante.

» Soixante inconnus n'ont pas été réclamés, mais comme les familles absentes ou empêchées peuvent avoir intérêt à les rechercher un jour, l'état-major général a fait prendre leurs photographies qui resteront exposées dans une salle de l'Élysée.

» Aujourd'hui, à onze heures, ces soixante soldats du devoir, décemment ensevelis dans leurs bières, ont été inhumés coude à coude, unis dans la mort comme ils l'avaient été dans le combat.

» Un bataillon de gardes nationaux leur a rendu les honneurs funèbres.

» Le commandant supérieur espère que la garde nationale de Paris comprendra que le terrain dans lequel ils reposent devra leur être acquis, et un modeste monument s'élever sur leur tombe.

» Il ouvre, à cet effet, à l'état-major général, une souscription à laquelle chacun pourra venir apporter son offrande.

» *Le général commandant supérieur de la garde nationale de la Seine*: CLÉMENT-THOMAS. »

Un ordre vient d'être lu aux bataillons, d'après lequel est supprimée toute distinction entre la garde nationale mobilisée et la sédentaire. Les bataillons mobilisés ne seront plus affectés qu'au service des remparts.

« Le Gouvernement de la Défense nationale,

» Vu les articles 35 de la loi du 18 juillet 1837 et 17 de la loi du 24 juillet 1867, ensemble l'article 1046 du règlement du 20 juin 1859, sur la comptabilité publique ;

» Vu le budget des recettes et des dépenses de l'administration de l'Assistance publique pour l'exercice 1870 ;

» Vu l'arrêté pris par le conseil général des hospices le 28 janvier courant, ledit arrêté approuvé par le membre du Gouvernement délégué pour l'administration du département de la Seine et à la mairie de Paris ;

» Considérant que les événements survenus depuis plusieurs mois n'ont pas permis et ne permettent pas encore d'apprécier suffisamment les éléments des recettes et des dépenses à effectuer par l'administration pendant l'année 1871 ;

» Considérant que, dans cette situation, il y a lieu, pour ne pas entraver la marche des services, d'effectuer les recettes et les dépenses ainsi qu'il est prévu par la loi, à défaut de budget régulier,

» DÉCRÈTE : — Art. 1er. En attendant la présentation et l'approbation du budget de 1871, l'administration des hospices et hôpitaux du département de la Seine effectuera ses recettes et ses dépenses ordinaires pendant l'année 1871 conformément au budget de l'Assistance publique voté et approuvé pour l'exercice 1870.

» Art. 2. Le ministre de l'intérieur, le membre du Gouvernement délégué à l'administration du département de la Seine et à la mairie de Paris, et l'agent général des hospices, sont chargés de l'exécution du présent décret.

» Paris le 28 janvier 1871.

» Général TROCHU, JULES FAVRE, JULES SIMON, JULES FERRY, EMMANUEL ARAGO, EUGÈNE PELLETAN, GARNIER-PAGÈS, ERNEST PICARD. »

GARDE NATIONALE DE LA SEINE.

## Ordre.

« La nuit dernière, des officiers de la garde nationale ont tenté de réunir leur troupe et de prendre des dispositions militaires en dehors de tout commandement.

» Leur général, tout en ressentant aussi vivement qu'eux la douleur patriotique qui les a égarés, ne saurait partager leurs illusions, et il a le devoir de prévenir la garde nationale qu'en cédant à de tels entraînements elle compromettrait un armistice honorable et l'avenir de Paris et de la France entière.

» Quelque douloureux qu'il puisse être pour un chef de calmer les ardeurs de la troupe placée sous son commandement et de blâmer comme une faute les actes qu'elles inspirent, le commandant supérieur n'hésite pas à le faire dans cette circonstance.

» Il rappelle à la garde nationale que de son attitude, du calme et de la dignité avec lesquels sera supportée la douleur qui nous atteint, dépendent aujourd'hui l'ordre dans Paris, dont elle va être la garnison, et le ravitaillement de cette grande ville, dont l'éternel honneur sera d'avoir prolongé la lutte au milieu des plus cruelles privations et jusqu'au complet épuisement de ses ressources.

» Paris, le 28 janvier 1871.

» *Le général commandant supérieur* :

» CLÉMENT-THOMAS. »

« A la suite de l'agitation sans gravité qui s'est produite dans la soirée d'hier, les sieurs Brunel et Piazza, ayant usurpé quelques instants, dans un but de désordre, le titre et les fonctions de général en chef et de général d'état-major de l'armée de Paris, ont, pendant la nuit, réussi à rassembler un petit nombre de gardes nationaux attirés sur la voie publique par la générale et par le tocsin sonné dans plusieurs églises.

» Les sieurs Brunel et Piazza ont été arrêtés ce matin, boulevard Voltaire, à la tête d'une troupe armée.

» Ils auront à répondre devant un conseil de guerre des menées coupables qu'établissent les ordres signés par eux.

» Une note, trouvée à la préfecture de police, signale le

nommé Piazza comme ayant, en 1869, sollicité un emploi de la faveur des ministres de l'empire. »

« Tous les gardes nationaux qui appartiennent à des compagnies de chemins de fer sont, jusqu'à nouvel ordre, dispensés de tout service et mis à la disposition immédiate de leur compagnie.

» P. O. *Le lieutenant-colonel sous-chef d'état-major,*

» B. DE MORTEMART. »

Aujourd'hui, il est rentré beaucoup d'artillerie dans Paris et les journaux du soir disent que les Allemands occupent déjà le Mont-Valérien.

Quelques rassemblements d'officiers de la garde nationale sont allés à l'état-major, d'autres à l'Hôtel de Ville pour protester contre l'armistice. Il leur a été formellement répondu que sur la question de l'alimentation qu'ils mettaient en avant pour raison de leur protestation, ils se faisaient d'étranges illusions de quantité ; que d'ailleurs l'armistice était signé et que les Prussiens avaient pris, aujourd'hui même, *possession des forts.*

On parle beaucoup ravitaillement qu'on suppose devoir être assez difficile. Les deux chemins de fer en mesure d'être utilisés sont les lignes du Nord et d'Orléans.

J'ai enregistré récemment la réponse du comte de Bismark à la réclamation du corps diplomatique et consulaire au sujet du bombardement de Paris, sans dénonciation préalable. Nous avons annoncé en même temps que le doyen actuel du corps diplomatique, M. Kern, avait été chargé de répliquer au chancelier de l'Allemagne du Nord, au nom de tous les signataires de la première note du 13 janvier. Je suis heureux de pouvoir mettre aujourd'hui sous les yeux de mon lecteur la lettre adressée au commencement de cette semaine par l'honorable ministre de Suisse à

M. de Bismark, et transmise par parlementaire au quartier général de Versailles.

*Le ministre de la Confédération suisse, à Paris, au comte de Bismark-Schœnhausen, chancelier de la Confédération de l'Allemagne du Nord, à Versailles.*

« Paris, le 23 janvier 1871.—Monsieur le comte, j'ai eu l'honneur de recevoir la réponse adressée par Votre Excellence le 17 janvier à la note signée, le 13 du même mois, par les membres du corps diplomatique présents à Paris, ainsi que par un certain nombre de membres du corps consulaire, en l'absence de leurs ambassades et légations respectives.

» Conformément au désir exprimé par Votre Excellence, j'ai communiqué immédiatement cette réponse aux signataires de la note du 13 janvier.

» J'ai été chargé, par une résolution unanime, d'appeler l'attention de Votre Excellence sur certaines erreurs de fait qui se sont glissées dans sa réponse.

» Votre Excellence informe les signataires que, par une circulaire en date du 4 octobre, elle s'est attachée à faire ressortir les conséquences qui résulteraient pour la population civile de Paris d'une résistance prolongée jusqu'à son extrême limite, et elle ajoute : « Le 29 du même mois, le contenu de cette circulaire fut communiqué par moi à M. le ministre des États-Unis d'Amérique, que je priai en même temps d'en donner connaissance aux membres du corps diplomatique. » Après avoir fait les recherches nécessaires, M. Washburne a déclaré qu'aucune communication exprimant un désir de ce genre ne lui est parvenue, et que cette assertion repose sur une erreur.

» Dans un autre passage de sa réponse, Votre Excellence s'exprime comme suit :

« Je me crois autorisé, d'après ce qui précède, à ne pas admettre, en ce qui concerne les autorités allemandes, l'assertion contenue dans la lettre du 13 janvier, que les nationaux des signataires auraient été empêchés de se soustraire au danger par les difficultés opposées à leur départ par *les* belligérants. »

» Tout en reconnaissant l'empressement avec lequel Votre Excellence a mis, au début du siége des sauf-conduits à la disposition des personnes appartenant aux États neutres, et sans contester le fait que les autorités militaires françaises ont cru devoir revenir au commencement du mois de novembre sur les autorisations de départ précédemment accordées. Il résulte néanmoins des déclarations de plusieurs membres du corps diplomatique et du corps consulaire que, dans le courant du même mois, Votre Excellence leur a fait savoir que les autorités militaires allemandes avaient « résolu de ne plus accorder à personne la permission de traverser les lignes » des troupes assiégeantes. — Les signataires de la note du 13 janvier étaient donc fondés à déclarer que des difficultés ont été opposées au départ de leurs nationaux par *les* belligérants.

» Votre Excellence ajoute que, d'après des « communications particulières » qui lui sont parvenues, les autorités françaises se seraient même « opposées au départ de représentants diplomatiques » des États neutres. Ce fait n'étant connu d'aucun des chefs de mission diplomatique présents à Paris, il y a donc lieu d'admettre que ces « communications particulières » reposent sur des renseignements erronés.

» En soumettant à un nouvel examen les correspondances échangées, vous vous convaincrez facilement, monsieur le comte, de l'exactitude des rectifications que j'ai l'honneur de vous soumettre.

» Quant au fond même de leur demande, il a paru aux signataires de la note du 13 janvier que le point de vue auquel se placent les autorités militaires allemandes était trop différent du leur, et le refus conçu en termes trop positifs, pour que des développements ultérieurs sur les principes et usages du droit des gens, pussent aboutir au résultat désiré. Ils ne peuvent cependant s'empêcher de faire observer que Votre Excellence s'attache principalement à démontrer, en invoquant l'autorité Vattel : que les lois de la guerre autorisent, comme dernière extrémité, le *bombardement d'une ville fortifiée*. L'intention des signataires de la note du 13 janvier n'a point été de constater ce droit extrême. Ils se sont bornés à affirmer, et ils croient pouvoir maintenir, d'accord avec les autorités les plus considérables du droit international moderne et avec des précédents de différentes époques, la règle, que le bombardement d'une ville fortifiée doit être précédé d'une dénonciation.

» Il ne reste donc aux représentants diplomatiques et consulaires des États neutres, en raison des devoirs qui leur sont imposés par la gravité de la situation et de l'importance des intérêts engagés, qu'à faire part à leurs gouvernements respectifs des correspondances échangées avec Votre Excellence, tout en maintenant le bien fondé de leur réclamation.

» Il me sera permis, en terminant, d'exprimer, tant au nom des signataires de la note du 13 janvier qu'en mon nom personnel, le vif et sincère regret de ce que les autorités allemandes n'aient pu se décider à concilier les nécessités de la guerre avec le désir d'atténuer les souffrances de la population civile de toute nationalité établie à Paris.

» Je saisis cette occasion pour vous prier d'agréer, monsieur le comte, les assurances réitérées de ma très-haute considération.

» *Le ministre de la Confédération suisse*, KERN. »

## 137ᵉ JOURNÉE

**Dimanche 29 Janvier.** 3 %

Dimanche. Jour néfaste pour nous. J'enregistre la convention qui met fin à la résistance de Paris.

« C'est le cœur brisé de douleur que nous déposons les armes. Ni les souffrances ni la mort dans le combat n'auraient pu contraindre Paris à ce cruel sacrifice. Il ne cède qu'à la faim. Il s'arrête quand il n'a plus de pain. Dans cette cruelle situation, le Gouvernement a fait tous ses efforts pour adoucir l'amertume d'un sacrifice imposé par la nécessité. Depuis lundi soir il négocie; ce soir a été signé un traité qui garantit à la garde nationale tout entière son organisation et ses armes; l'armée, déclarée prisonnière de guerre, ne quittera point Paris. Les officiers garderont leur épée. Une Assemblée nationale est convoquée. La France est malheureuse, mais elle n'est pas abattue. Elle a fait son devoir ; elle reste maîtresse d'elle-même.

» Voici le texte de la Convention signée ce soir à huit heures, et rapportée par le ministre des affaires étrangères. Le Gouvernement s'est immédiatement occupé de régler toutes les conditions du ravitaillement, et d'expédier les agents qui partiront dès demain matin.

## CONVENTION

» Entre M. le comte de Bismark, chancelier de la Confédération germanique, stipulant au nom de S. M. l'empereur d'Allemagne, roi de Prusse, et M. Jules Favre, ministre des affaires étrangères du Gouvernement de la Défense nationale, munis de pouvoirs réguliers,

» Ont été arrêtées les conditions suivantes :

» Article premier. Un armistice général, sur toute la ligne des opérations militaires en cours d'exécution entre les armées allemandes et les armées françaises, commencera pour Paris aujourd'hui même, pour les départements dans un délai de trois jours; la durée de l'armistice sera de vingt et un jours, à dater d'aujourd'hui, de manière que, sauf le cas où il serait renouvelé, l'armistice se terminera partout le dix-neuf février, à midi.

» Les armées belligérantes conserveront leurs positions respectives qui seront séparées par une ligne de démarcation. Cette ligne partira de Pont-l'Évêque, sur les côtes du département du Calvados, se dirigera sur Lignières, dans le nord-est du département de la Mayenne, en passant entre Briouze et Fromentet; en touchant au département de la Mayenne, à Lignières, elle suivra la limite qui sépare ce département de celui de l'Orne et de la Sarthe, jusqu'au nord de Morannes, et sera continuée de manière à laisser à l'occupation allemande les départements de la Sarthe, Indre-et-Loire, Loir-et-Cher, du Loiret, de l'Yonne, jusqu'au point où, à l'est de Quarre-les-Tombes, se touchent les départements de la Côte-d'Or, de la Nièvre et de l'Yonne. A partir de ce point, le tracé de la ligne sera réservé à une entente qui aura lieu aussitôt que les parties contractantes seront renseignées sur la situation actuelle des opérations militaires en exécution dans les départements de la Côte-d'Or, du Doubs et du Jura. Dans tous les cas, elle traversera le territoire composé de ces trois départements, en laissant à l'occupation allemande les départements situés au nord, à l'armée française ceux situés au midi de ce territoire.

» Les départements du Nord et du Pas-de-Calais, les forteresses de Givet et de Langres, avec le terrain qui les entoure à une distance de dix kilomètres, et la péninsule du Havre, jusqu'à une ligne à tirer d'Étretat, dans la direction de Saint-Romain, resteront en dehors de l'occupation allemande.

» Les deux armées belligérantes et leurs avant-postes, de part et d'autre, se tiendront à une distance de dix kilomètres au moins des lignes tracées pour séparer leurs positions.

» Chacune des deux armées se réserve le droit de maintenir son autorité dans le territoire qu'elle occupe, et d'employer les moyens que ses commandants jugeront nécessaires pour arriver à ce but.

» L'armistice s'applique également aux forces navales des deux pays, en adoptant le méridien de Dunkerque comme ligne de démarcation, à l'ouest de laquelle se tiendra la flotte française, et à l'est de laquelle se retireront, aussitôt qu'ils pourront être avertis, les bâtiments de guerre allemands qui se trouvent dans les eaux occidentales. Les captures qui seraient faites après la conclusion et avant la notification de l'armistice, seront restituées, de même que les prisonniers qui pourraient être faits de part et d'autre, dans des engagements qui auraient eu lieu dans l'intervalle indiqué.

» Les opérations militaires sur le terrain des départements du Doubs, du Jura et de la Côte-d'Or, ainsi que le siége de Belfort, se continueront indépendamment de l'armistice, jusqu'au moment où on se sera mis d'accord sur la ligne de démarcation, dont le tracé à travers les trois départements mentionnés a été réservé à une entente ultérieure.

» Art. 2. L'armistice ainsi convenu a pour but de permettre au Gouvernement de la Défense nationale de convoquer une Assemblée librement élue qui se prononcera sur la question de savoir : si la guerre doit être continuée, ou à quelles conditions la paix doit être faite.

» L'Assemblée se réunira dans la ville de Bordeaux.

» Toutes les facilités seront données par les commandants des armées allemandes pour l'élection et la réunion des députés qui la composeront.

» Art. 3. Il sera fait immédiatement remise à l'armée allemande, par l'autorité militaire française, de tous les forts formant le périmètre de la défense extérieure de Paris, ainsi que de leur matériel de guerre. Les communes et les maisons situées en dehors de ce périmètre ou entre les forts pourront être occupées par les troupes allemandes, jusqu'à une ligne à tracer par des commissions militaires. Le terrain restant entre cette ligne et l'enceinte fortifiée de la ville de Paris sera interdit aux forces armées des deux parties. La manière de rendre les forts et le tracé de la ligne mentionnée formeront l'objet d'un protocole à annexer à la présente Convention.

» Art. 4. — Pendant la durée de l'armistice, l'armée allemande n'entrera pas dans la ville de Paris.

» Art. 5. L'enceinte sera désarmée de ses canons, dont les affûts seront transportés dans les forts à désigner par un commissaire de l'armée allemande.

» Art. 6. Les garnisons (armée de ligne, garde mobile et marins) des forts et de Paris seront prisonnières de guerre, sauf une division de douze mille hommes que l'autorité militaire dans Paris conservera pour le service intérieur.

» Les troupes prisonnières de guerre déposeront leurs armes, qui seront réunie dans des lieux désignés et livrées suivant règlement par commissaires suivant l'usage ; ces troupes resteront dans l'intérieur de la ville, dont elles ne pourront pas franchir l'enceinte pendant l'armistice. Les autorités françaises s'engagent à veiller à ce que tout individu appartenant à l'armée et à la garde mobile reste consigné dans l'intérieur de la ville. Les officiers des troupes prisonnières seront désignés par une liste à remettre aux autorités allemandes.

» A l'expiration de l'armistice tous les militaires appartenant à l'armée consignée dans Paris auront à se constituer prisonniers de guerre de l'armée allemande, si la paix n'est pas conclue jusque-là.

» Les officiers prisonniers conserveront leurs armes.

» Art. 7. La garde nationale conservera ses armes; elle sera chargée de la garde de Paris et du maintien de l'ordre. Il en sera de même de la gendarmerie et des troupes assimilées, employées dans le service municipal, telles que garde républicaine, douaniers et pompiers ; la totalité de cette catégorie n'excèdera pas trois mille cinq cents hommes.

» Tous les corps de francs-tireurs seront dissous par une ordonnance du Gouvernement français.

» Art. 8. Aussittôt après la signature des présentes et avant la prise de possession des forts, le commandant en chef des armées allemandes donnera toutes facilités aux commissaires que le Gouvernement français enverra, tant dans les départements qu'à l'étranger, pour préparer le ravitaillement et faire approcher de la ville les marchandises qui y sont destinées.

» Art. 9. Après la remise des forts et le désarmement de l'enceinte et de la garnison stipulés dans les articles 5 et 6, le ravitaillement de Paris s'opérera librement par la circulation sur les voies ferrées et fluviales. Les provisions destinées à ce ravitaillement ne pourront être puisées dans le terrain occupé par les troupes allemandes, et le Gouvernement français s'engage à en faire l'acquisition en dehors de la ligne de démarcation qui entoure les positions allemandes, à moins d'autorisation contraire donnée par les commandants de ces dernières.

» Art. 10. Toute personne qui voudra quitter la ville de Paris devra être munie de permis réguliers délivrés par l'autorité militaire française, et soumis aux avant-postes allemands. Ces permis et visa seront accordés de droit aux candidats à la députation en province et aux députés à l'Assemblée.

» La circulation des personnes qui auront obtenu l'autorisation indiquée, ne sera admise qu'entre six heures du matin et six heures du soir.

» Art. 11. La ville de Paris payera une contribution municipale de guerre de deux cents millions de francs. Ce payement devra être effectué avant le quinzième jour de l'armistice. Le mode de payement sera déterminé par une commission mixte allemande et française.

» Art. 12. Pendant la durée de l'armistice, il ne sera rien distrait des valeurs publiques pouvant servir de gages au recouvrement des contributions de guerre.

» Art. 13. L'importation dans Paris d'armes, de munitions ou de matières servant à leur fabrication, sera interdite pendant la durée de l'armistice.

» Art. 14. Il sera procédé immédiatement à l'échange de tous les prisonniers de guerre qui ont été faits par l'armée française depuis le commencement de la guerre. Dans ce but, les autorités françaises remettront, dans le plus bref délai, des listes nominatives des prisonniers de guerre allemands aux autorités militaires allemandes à Amiens, au Mans, à Orléans et à Vesoul. La mise en liberté des prisonniers de guerre allemands s'effectuera sur les points les plus rapprochés de la frontière. Les autorités allemandes remettront en échange, sur les mêmes points, et dans le plus bref délai possible, un nombre pareil de prisonniers français, de grades correspondants, aux autorités militaires françaises.

» L'échange s'étendra aux prisonniers de condition bourgeoise, tels que les capitaines de navires de la marine marchande allemande, et les prisonniers français civils qui ont été internés en Allemagne.

» Art. 15. Un service postal pour des lettres non cachetées sera organisé entre Paris et les départements, par l'intermédiaire du quartier général de Versailles.

» En foi de quoi les soussignés ont revêtu de leurs signatures et de leur sceau les présentes conventions.

» Fait à Versailles, le vingt-huit janvier mille huit cent soixante et onze.

» *Signé* : JULES FAVRE, BISMARK. »

Le Gouvernement de la Défense nationale.

« DÉCRÈTE : — Art. 1ᵉʳ. Les colléges électoraux sont convoqués à l'effet d'élire l'Assemblée nationale, pour le dimanche 5 février, dans le département de la Seine, et pour le mercredi 8 février, dans les autres départements.

» Art. 2. Dans les départements et fractions de départements où, à raison des circonstances de guerre ou autres, le vote ne pourrait avoir lieu le 8 février, le jour du vote sera déterminé par un arrêté préfectoral, si ce vote peut s'accomplir avant la réunion de l'Assemblée ; par une décision de l'Assemblée elle-même, s'il ne peut avoir lieu que postérieurement à cette réunion.

» Art. 3. L'élection aura lieu par département, au scrutin de liste, conformément à la loi du 15 mars 1849.

» Chaque département élira le nombre de députés déterminé par le tableau annexé au décret du 15 septembre 1870, ci-après reproduit.

» Art. 4. L'éligibilité sera réglée conformément aux dispositions du titre IV de la loi du 15 mars 1849.

» Toutefois, l'incompatibilité créée par l'article 84, entre le mandat de député et toute fonction publique rétribuée sera suspendue, jusqu'à décision contraire de l'Assemblée, sans néanmoins que le traitement de la fonction puisse être cumulé avec l'idemnité allouée au député.

» Art. 5. Seront applicables les articles 91 (relatif à l'option des députés élus par plusieurs départements), 96 et 97, paragraphe 2 (relatifs à l'indemnité), de la loi du 15 mars 1849.

» Art. 6. Prendront part au scrutin les citoyens régulièrement inscrits sur les listes électorales au moment du vote, ou dont les réclamations auront été admises avant la clôture des opérations.

» A Paris, il sera statué sur les réclamations directement par le juge de paix, sans décision préalable de la commission municipale. Pour les communes rurales de la Seine ou autres dont les électeurs seraient réfugiés à Paris et dans les départements, les réclamations seront jugées par les commissions municipales sans aucun recours.

» Art. 7. Le scrutin ne durera qu'un seul jour.

» Il sera ouvert à huit heures du matin et clos à six heures du soir.

» Il aura lieu au chef-lieu de canton, sous la présidence du maire de ce chef-lieu. Néanmoins, en raison des circonstances locales le canton peut être divisé en sections par arrêté préfectoral publié au plus tard la veille de l'élection. Ces sections seront présidées par le maire de la commune où le vote s'accomplira.

» Art. 8. Les opérations du vote auront lieu conformément aux lois actuellement en vigueur. Néanmoins, seront applicables les articles 56, 63, 64, 65, 66 de la loi du 15 mars 1849, relatifs au fontionnement du scrutin de liste.

» Le second tour de scrutin, prévu par l'article 65, aura lieu le quatrième jour après celui de la proclamation du résultat du premier scrutin.

» Art. 9. Les militaires présents sous les drapeaux voteront pour l'élection des députés du département où ils sont inscrits comme électeurs.

» Les six premiers paragraphes de l'article 62 de la loi du 15 mars 1849 seront observés. Pour les militaires en campagne ou faisant partie de la garnison d'une place en état de défense, le vote aura lieu conformément aux dispositions prises par le chef du corps ou le commandant de la place.

» Art. 10. Il sera statué par l'Assemblée sur les élections de l'Algérie et des colonies.

» Art. 11. l'Assemblée se réunira à Bordeaux le 12 février.

» Fait à Paris, le 29 janvier 1871.

» Général TROCHU, JULES FAVRE, JULES FERRY, JULES SIMON EMMANUEL ARAGO, ERNEST PICARD, GARNIER-PAGÈS, EUGÈNE PELLETAN. »

*Tableau du nombre des députés à élire par département*

| Département | Nb | Département | Nb |
|---|---|---|---|
| Ain, | 7 | Charente, | 7 |
| Aisne, | 11 | Charente-Inférieure, | 10 |
| Allier, | 7 | Cher, | 7 |
| Alpes (Hautes-), | 3 | Corrèze, | 6 |
| Alpes (Basses-), | 2 | Corse, | 5 |
| Alpes-Maritimes, | 4 | Côte-d'or, | 8 |
| Ardèche, | 8 | Côtes-du-Nord, | 13 |
| Ardennes, | 6 | Creuse, | 5 |
| Ariége, | 5 | Dordogne, | 10 |
| Aube, | 5 | Doubs, | 6 |
| Aude, | 6 | Drôme, | 6 |
| Aveyron, | 8 | Eure, | 8 |
| Bouches-du-Rhône, | 11 | Eure-et-Loir, | 6 |
| Calvados, | 9 | Finistère, | 13 |
| Cantal, | 5 | Gard, | 9 |

| | | | |
|---|---|---|---|
| Garonne (Haute-), | 10 | Orne, | 8 |
| Gers, | 6 | Pas-de-Calais, | 15 |
| Gironde, | 14 | Puy-de-Dôme. | 11 |
| Hérault, | 8 | Pyrénées (Basses-). | 9 |
| Ille-et-Vilaine, | 12 | Pyrénées (Hautes-), | 5 |
| Indre, | 5 | Pyrénées-Orientales, | 4 |
| Indre-et-Loire, | 6 | Rhin (Bas-), | 12 |
| Isère, | 12 | Rhin (Haut-), | 11 |
| Jura, | 6 | Rhône, | 13 |
| Landes, | 6 | Saône (Haute ). | 6 |
| Loir-et-Cher, | 5 | Saône-et Loire, | 12 |
| Loire, | 11 | Sarthe, | 9 |
| Loire (Haute-), | 6 | Savoie, | 5 |
| Loire-Inférieure, | 12 | Savoie (Haute-), | 7 |
| Loiret, | 7 | Seine, | 45 |
| Lot, | 6 | Seine-Inférieure, | 13 |
| Lot-et-Garonne, | 6 | Seine-et-Marne, | 6 |
| Lozère, | 3 | Seine-et-Oise, | 11 |
| Maine-et-Loire, | 11 | Sèvres (Deux-), | |
| Manche, | 11 | Somme, | 14 |
| Mayenne, | 8 | Tarn, | 7 |
| Marne (Haute-), | 5 | Tarn-et-Garonne, | 4 |
| Marne, | 7 | Var, | 6 |
| Meurthe, | 8 | Vaucluse, | 5 |
| Meuse, | 6 | Vendée, | 8 |
| Morbihan, | 10 | Vienne, | 6 |
| Moselle, | 9 | Vienne (Haute-), | 7 |
| Nièvre, | 7 | Vosges, | 8 |
| Nord, | 28 | Yonne, | 7 |
| Oise, | 8 | | |

Total 753.

« *Paris, le 29 janvier 1871*. — Le Gouvernement de la Défense nationale,

» Considérant que, dans les circonstances actuelles, il importe de laisser aux électeurs toute la latitude de choix compatible avec la sincérité électorale, sans tenir compte de toutes les causes d'inégibilité admises par le législateur de 1849,

» Décrète : — Ne recevront pas leur application, pour l'élection de l'Assemblée nationale, les articles 84 à 90 de la loi du 15 mars 1849, à l'exception des dispositions du papagraphe 4 de l'article 82, qui concerne les préfets et sous-préfets, et du paragraphe 5 de l'article 85.

» En conséquence, les préfets et sous-préfets ne seront pas éligibles dans les départements où ils exercent leurs fonctions.

» Fait à Paris, le 20 janvier 1871.

» Général TROCHU, JULES FERRY, JULES SIMON, EMMANUEL ARAGO, EUGÈNE PELLETAN, GARNIER-PAGÈS, ERNEST PICARD. »

« Le Gouvernement de la Défense nationale,

» Considérant que les motifs en vue desquels la médaille militaire a été exclusivement attribuée aux sous-officiers et soldats de l'armée ainsi qu'aux généraux qui ont commandé en chef ne sont pas applicables à la garde nationale dont tous les grades sont le résultat de l'élection.

» DÉCRÈTE : — Art. 1$^{er}$. Les officiers de tous grades de la garde nationale, et qui ne sont pas membres de la Légion d'honneur, pourront recevoir pour fait de guerre la médaille militaire.

» Art. 2. Les ministres de l'intérieur et de la guerre sont chargés de l'exécution du présent décret.

» Fait à Paris, le 29 janvier 1871.

*(Suivent les signatures.)*

« Le Gouvernement de la Défense nationale,

» Vu l'article 7 de la convention du 28 janvier 1871, portant :

» Tous les corps de francs-tireurs seront dissous par une ordonnance du Gouvernement français, »

» DÉCRÈTE : — Art. 1$^{er}$. Tous les corps francs (éclaireurs, francs-tireurs, guérillas, etc.), faisant fonction de l'armée de Paris, sont dissous.

» Art. 2. Un règlement spécial déterminera le mode de licenciement et de désarmement de ces corps.

» Art. 3. Ceux de ces corps qui perçoivent des allocations en deniers ou en nature continueront à les recevoir jusqu'au 1$^{er}$ avril.

» Art. 4. Le ministre de la guerre est chargé de l'exécution du présent décret.

» Fait à Paris, le 29 janvier 1871.

(*Suivent les signatures.*)

GARDE NATIONALE DE LA SEINE. — ORDRE DU JOUR.

« MM. les chefs de bataillon sont invités à vouloir bien désigner dans leurs bataillons respectifs des officiers ou gardes chargés de recueillir les souscriptions pour l'érection du monument à élever aux gardes nationaux tués dans la bataille du 19 janvier.

» Ces souscriptions seront centralisées à l'état-major général.

» Paris, le 29 janvier 1871.

» *Le général commandant supérieur*, CLÉMENT-THOMAS. »

Un certain nombre de chefs de bataillon de la garde mobile se sont, à ce que l'on assure, présentés au Gouvernement pour protester contre le désarmement de leurs troupes, principalement pour demander qu'on ne laisse pas dans l'oisiveté la plus funeste les soldats à la tête desquels ils sont placés. Ils ont indiqué les voies et moyens qui pourraient être pris pour leur assurer une organisation utile et conforme aux stipulations de l'armistice. Le ministre des travaux publics emploierait, dans l'intérieur même de Paris, les gardes mobiles à la rectification depuis longtemps demandée par la voirie de certaines routes dont les rampes ont une inclinaison trop forte. Il paraît, en outre, qu'au moyen d'un *recépage* intelligent, une partie des arbres abattus au bois de Boulogne pourraient de nouveau pousser des rejetons; ce travail occuperait un certain nombre de bras, tout en commençant la réparation des dommages causés par la guerre.

Ce matin, les troupes, sans distinction, soldats de la ligne, mobiles, gardes nationaux, francs-tireurs, ont évacué les positions qu'elles occupaient soit dans l'intérieur des forts soit dans les redoutes, soit aux avant-postes.

A dix heures du matin, bataillons, régiments, compagnies avaient repris le chemin de la ville avec armes et bagages.

Au fort d'Issy, après l'évacuation complète par la troupe, un capitaine d'état-major, accompagné d'un lieutenant et d'une estafette à cheval, est arrivé à une heure et a attendu dans les appartements du gouverneur l'arrivée des commissaires prussiens.

A une heure et demie un major saxon et son aide de camp, suivis d'une petite escorte à cheval, ont paru à l'extrémité du fort qui regarde les hauteurs de Sèvres. L'escorte s'est rangée sur le glacis. Les deux officiers ont mis pied à terre et ont franchi le pont-levis.

Le capitaine d'état-major et le lieutenant sont descendus à leur rencontre; le major saxon a exhibé le pouvoir en vertu duquel il devait prendre possession du fort; de son côté, le capitaine français a montré la lettre qui le chargeait de livrer le fort au nom de la place.

Après avoir échangé les saluts d'usage, Français et Allemands sont entrés dans l'intérieur du fort. Notre pauvre ami, le capitaine \*\*\*, était péniblement affecté de la mission qui lui incombait; l'officier ennemi paraissait comprendre et respecter ce sentiment, il avait l'air pensif et n'a pas prononcé une parole.

Arrivé à la chambre du gouverneur, le capitaine tira d'un secrétaire un gros trousseau : « Monsieur le major, dit-il, j'ai la profonde douleur, mais mon devoir me l'impose, de vous livrer les clefs du fort.

Le major prussien prit le trousseau, en faisant un signe d'acquiescement, puis le capitaine d'état-major lui détailla l'emploi des différentes clefs. Celle-ci ouvrait le magasin des munitions, telle autre la sainte barbe, la troisième donne accès aux casemates, etc., etc..

Puis commença la visite dans les magasins, dans les sous-sols, dans les mines. A deux heures et quart tout était terminé, le procès-verbal était signé. Les officiers français se retirèrent alors sur le glacis situé du côté d'Issy ; l'aide de camp du major prussien s'élança bride abattue sur la route de Versailles.

Aussitôt on vit s'avancer sur le viaduc du chemin de fer de la rive gauche une masse noire serrée, compacte; c'étaient les détachements désignés pour tenir garnison dans le fort, qui s'approchaient.

L'entrée des deux régiments chargés d'occuper Issy et le périmètre correspondant jusqu'à cent mètres des fortifications a eu lieu vers trois heures. Elle s'est effectuée sans bruit, pas de musique, les tambours étaient au repos, les hommes avaient le fusil en bandoulière, la baïonnette au fourreau ; les drapeaux étaient serrés autour de la hampe.

Nous n'avons vu nulle part ni jactance ni orgueil insultant pour le vaincu, mais une fois de plus, nous avons pu constater la discipline admirable qui fait la plus grande force de l'ennemi. Pourquoi n'a-t-on pas su éviter aux colonnes prussiennes et à nous-mêmes le pénible spectacle de quelques traînards en pantalon rouge, totalement ivres, qui déshonoraient l'armée et troublaient la dignité du tableau !

A peine les forts avaient-ils été officiellement remis, que le service d'avant-postes, de grand'gardes, de patrouilles, fut organisé presque instantanément. Vingt minutes après, les derniers postes se promenaient, fusil chargé sur l'épaule, à cent mètres des fortifications, et on pouvait voir des officiers à pied et à cheval reconnaître le terrain, un atlas et une carte géographique en main. Pendant toute l'après-midi, des Prussiens, Saxons, Wurtembergeois et Bavarois, sans armes, se promenaient la canne à la main dans les villages de la banlieue, s'entretenant amicalement avec les habitants, buvant la goutte chez les débitants de vin et se félicitant du repos qui leur était accordé.

Avant de rentrer en ville, nous remarquons sur le volet vert d'une maison isolée, de Vanves, l'inscription suivante, à la craie :

*Haus bewacht in Ehren halten!*

(La maison est confiée à notre garde, respectez-là!)

Il est dit que, d'un bout à l'autre de cette longue et pénible défense de Paris, nous arriverons toujours trop tard, qu'il s'agisse de gagner une bataille, de tenter une sortie... ou d'enlever quelques barils de lard.

Les forts d'Issy et de Vanves contenaient des provisions considérables de comestibles et de liquides qui n'avaient pu être enlevées avant l'arrivée des Prussiens. L'intendance commande des voitures deux fois plus qu'il n'en fallait pour l'enlèvement des vivres ; les véhicules arrivent sur le glacis du fort d'Issy à trois heures, alors que le fort était remis, depuis deux heures, avec tout ce qu'il contenait.

Les retardataires, trop honteux de rentrer à vide, se rendent en toute hâte au fort de Vanves, mais là aussi les Prussiens sont installés depuis une heure. De sorte que les Allemands souperont ce soir, déjeuneront et dîneront demain des provisions qu'il eût été si facile de mettre à l'abri.

Une brèche formidable était pratiquée aux forts de Vanves et d'Issy ; les casernes étaient complètement détruites et les murs bastionnés n'offraient plus aucune chance de résister victorieusement à un assaut.

Les remparts sont entièrement dégarnis ; à partir d'aujourd'hui, à midi, les postes des gardes nationaux ont été supprimés; les douaniers, gardes forestiers et gendarmes font le service aux différentes portes de l'enceinte. Une foule énorme garnissait la crête des bastions et suivait avec curiosité l'occupation des forts par les Prussiens.

Le fort de La Briche a été occupé par les Prussiens, ce matin à onze heures.

Les forts de l'Est et d'Aubervilliers ont dû être occupés à midi, les cantonnements à deux heures.

Nous avons vu des marins de Saint-Ouen qui pleuraient de rage en accompagnant leurs batteries et leurs mitrailleuses.

Nous sommes encore heureux dans ces jours d'abaissement, de défaillance et de honte, après tant de sacrifices stériles, de mentionner un trait de patriotisme qui témoigne d'une légitime indignation.

A la nouvelle qu'on allait livrer Saint-Denis, M. Moreau, maire, s'est immédiatement transporté à la tête de son conseil municipal à Paris, pour protester énergiquement auprès du Gouvernement contre l'occupation de Saint-Denis par les Prussiens, et pour lui représenter qu'une ville qui a été nuit et jour bombardée, et où ont été tués des vieillards, des femmes et des enfants, ne pouvait pas recevoir dans ses murs ceux qui en ont fait une ruine et un tombeau.

Ce soir, les Prussiens ont pris possession de Saint-Denis.

A dix heures du matin, un régiment prussien a traversé la Seine, en bateaux, à l'endroit dit Pont-de-Sèvres, et a pris possession du campement de la mobile de l'Aube.

A onze heures, deux régiments wurtembergeois prenaient possession du fort de Charenton.

A partir de mardi 31 janvier, le quartier général prussien sera transféré au Mont-Valérien.

M. Jules Favre est retourné hier à Versailles pour traiter

avec M. de Bismark un certain nombre de questions de détail relatives soit à l'armistice, soit au ravitaillement. Dans cette nouvelle visite au quartier général prussien, il était accompagné de M. Dorian et de plusieurs directeurs de chemins de fer.

Nous croyons savoir qu'entre autres choses le vice-président du Gouvernement de la Défense nationale aurait demandé l'autorisation de faire dans les forêts de Meudon, de Clamart, de Saint-Germain, etc., etc., des coupes de bois destinées au chauffage de la population parisienne. Les coupes précédemment faites dans l'intérieur de nos murs ou dans les bois de Boulogne et de Vincennes sont sur le point d'être épuisées.

MM. Jules Favre et Dorian, qui étaient allés hier à Versailles pour la question du ravitaillement, ne sont revenus que ce matin à trois heures et demie.

On a obtenu l'établissement d'un pont de bateaux à Sèvres.

Aujourd'hui, c'est M. Rampont qui a accompagné M. Jules Favre à Versailles, afin de conférer avec le directeur des postes prussiennes.

On connaîtra demain les dispositions prises pour l'expédition des lettres.

Tout porte à croire que les lettres mises à la poste dans la journée de demain partiront le même jour.

Le ministre de l'intérieur communique la note officielle suivante :

« Le ministre des affaires étrangères a passé toute la journée à Versailles pour s'occuper du règlement de nombreux détails que comporte l'exécution de la convention du 28 janvier. Il y a été accompagné par M. le ministre des travaux publics et les directeurs des principales compagnies de nos chemins de fer. Il s'agissait d'arrêter avec la commission des chemins de fer allemands les conditions d'un arrangement indispensable pour l'arrivage des marchandises destinées au ravitaillement. Cet intérêt capital devait être le premier objet des préoccupations du Gouvernement.

» Dès hier au soir, aussitôt après les signatures échangées, M. le ministre des affaires étrangères expédiait à notre chargé d'affaires à Londres, M. Tissot, un télégramme, par lequel il lui donnait l'ordre d'acheminer d'urgence vers le port de Dieppe toutes les farines, tous les blés, toute la viande, tout le combustible disponibles. Ce télégramme arrivait à Berlin à trois heures du matin, à Londres, à dix heures, et à six heures, le ministre recevait à Versailles la dépêche suivante :

» J'ai pris toutes les dispositions nécessaires pour que les approvisionnements demandés soient dirigés sur Dieppe dans le plus bref délai. » (Signé) Tissot.

» Le port de Dieppe a dû être choisi, bien qu'il soit aux mains de l'ennemi, parce que seul il est en communication avec des lignes ferrées qui n'ont pas été dévastées. Du Havre à Rouen, de Rouen à Paris, de graves dégâts empêchent la circulation.

» Il faudra de Rouen se diriger sur Amiens, Creil et Gonesse. Grâce à l'activité et au dévouement des administrateurs de nos lignes, nous espérons que dans un délai très-court les chemins d'Orléans et de Lyon-Bourbonnais pourront être utilisés. Nos ingénieurs parcourent nos lignes fluviales pour y rétablir la navigation.

» Un télégramme arrivé à Versailles annonce qu'à Bruxelles une grande accumulation de vivres a été faite. Malheureusement, les lignes du Nord sont rompues, et l'ordre a été donné de diriger ces marchandises sur Dunkerque qui a déjà d'importantes réserves.

» Les journaux anglais nous font connaître que l'opinion est vivement émue de l'état de Paris, et que, dès le 25 janvier, le lord-maire invitait tous les marchands à se préoccuper du ravitaillement de Paris.

» Ils peuvent le faire en toute sécurité : l'heure des réquisitions est passée, et ce sera désormais, grâce à la concurrence que produit la liberté du travail, que Paris pourra être abondamment pourvu de ce qui lui est nécessaire.

« Nous croyons donc pouvoir engager nos concitoyens à

bannir toute inquiétude. Ils ont encore quelques mauvais jours à passer, des souffrances à endurer. Hélas! tous nous voudrions qu'elles fussent plus vives encore et que les terribles réalités qui nous accablent pussent nous être épargnées. Au moins, dans notre légitime douleur, pouvons-nous tous nous rendre ce témoignage que nous avons été au delà de ce que commandait le devoir, — car si les moyens qui nous viennent en aide nous avaient manqué, et cela était possible, nous pouvions être exposés à une catastrophe sans précédent dans l'histoire. Nous en avons bravé le péril pour défendre jusqu'au bout notre chère patrie, et ce n'est pas parmi les habitants de Paris que nous rencontrerons quelqu'un qui nous reproche notre témérité. »

L'article de la convention relatif à la sortie de Paris des personnes laisse douteux le point de savoir si les personnes sorties pourront rentrer. L'interprétation générale est que, en vertu de l'axiome : « Tout ce qui n'est pas défendu dans un acte est permis, » ne laisserait pas de doute à ce sujet. Mais nous croyons savoir que, afin de lever le doute, des éclaircissements ont été demandés à Versailles.

Je désigne ici les portes de Paris servant de débouché aux routes indiquées et les principales villes où elles conduisent.

La route de Calais passe par Saint-Denis et Pierrefitte, Beauvais, Abbeville, Amiens, Boulogne et Calais.

La route de Lille commence à la porte de la Villette. Elle dessert Senlis, Compiègne, Saint-Quentin, Arras, Lille, Soissons et Reims.

La route de Metz part de la porte de Pantin et dessert Châlons-sur-Marne, Verdun et Metz.

La route de Strasbourg commence à Vincennes, passe par Nogent et Neuilly-sur-Marne, et conduit à Coulommiers, Bar-le-Duc, Nancy et Strasbourg.

La route de Bâle part de la porte de Charenton et passe

par Charenton et Boissy-St-Léger. Elle dessert Provins, Troyes, Chaumont, Vesoul, Belfort et Bâle.

La route d'Antibes sort par la barrière Fontainebleau et passe par Melun, Montereau, Tonnerre, Dijon, Mâcon, Lyon, Valence, Avignon, Marseille et Toulon.

La route de Toulouse commence à la barrière d'Enfer et passe par Bourg-la-Reine, Etampes, Orléans, Vierzon, Châteauroux, Limoges, Périgueux et Agen.

La route n° 189 part de Vaugirard, passe par Issy, Meudon, Versailles, Chartres, Tours, Poitiers, Angoulême et Bordeaux.

Le pont de Sèvres conduit à Versailles, et de là, à la route précédente, et à toutes les routes de Bretagne.

Le pont de Saint-Cloud ne donne accès qu'aux routes des environs de Paris ; celui de Neuilly ouvre les routes de Saint-Germain par Nanterre et Rueil, de Normandie et de Pontoise.

Enfin, celui d'Asnières conduit à Argenteuil et à la route du Havre, par Sannois.

L'une des premières difficultés qui se soient présentées a été de décider si un commissaire prussien serait envoyé à Paris pour viser les laissez-passer des candidats qui se présentent déjà en grand nombre pour les départements.

Le Gouvernement, pris tout à coup d'un scrupule peut-être exagéré, a pensé que la présence d'un fonctionnaire prussien à côté de fonctionnaires français pourrait éveiller certaines susceptibilités. Et il a décidé que tous les permis de circulation seront envoyés au quartier général de Versailles pour y être visés.

L'inconvénient le plus sérieux de cette résolution serait d'amener un retard d'un jour au moins pour chaque demande, dans des circonstances exceptionnelles qui réclament la plus grande célérité.

Toutes les compagnies de chemins de fer s'occupent activement du rétablissement de leurs communications ; jusqu'ici, du reste, le premier travail à faire consiste à vérifier l'état de la voie dans le grand rayon de Paris.

Sur la ligne de Lyon un train d'employés a poussé hier jusqu'à la Gare-aux-Bœufs, en face de Choisy-le-Roi ; mais, arrivé là, les postes allemands n'ont pas permis le parcours ultérieur du train ; ils consentaient bien à laisser la locomotive continuer sa route, mais ils ont interdit le passage des voitures renfermant les employés envoyés pour les besoins du service.

Aujourd'hui, une nouvelle exploration de la ligne a dû avoir lieu par une simple machine, et on présumait qu'elle pourrait pousser jusqu'à Melun : c'est à une heure de l'après-midi que la locomotive destinée à ce parcours a dû quitter la gare.

Sur le chemin de fer d'Orléans, on a poussé, hier dimanche, jusqu'à Choisy-le-Roi, où la machine a été obligée de s'arrêter et de revenir à Paris ; mais un employé de la Compagnie s'est, assure-t-on, rendu à pied jusqu'à Juvisy, afin de s'assurer sur ce point de l'état de la voie qu'on craignait de trouver assez endommagée.

Nous savons que la ligne principale de l'Est est également l'objet des premières investigations nécessaires pour reconnaître l'état de viabilité du chemin de fer.

Quant au service de banlieue au sud de Paris, on annonce qu'il sera repris très-incessamment jusqu'à Charenton, et d'ici, présume-t-on, à quatre ou cinq jours, sur la ligne de Vincennes, où le combustible fait défaut pour les besoins d'une reprise immédiate de circulation.

La Compagnie des chemins de fer de l'Ouest communique l'avis officiel suivant :

« A partir du 1ᵉʳ février, la circulation des trains, d'heure en heure, sera rétablie sur tout le parcours du chemin de fer de ceinture de Paris, rive gauche et rive droite. »

Dans les limites des moyens de transport qui doivent être pendant quelques jours exclusivement consacrés aux vivres, les sauf-conduits devraient être accordés à tous ceux qui les demandent, aux militaires, avec le visa de l'autorité militaire et sur l'honneur ; aux civils, sur leur simple demande. Car la population civile de Paris n'est pas prisonnière ; elle ne pourrait l'être que si elle avait le droit de recommencer la guerre. Mais la place est rendue ; il est permis de la ravitailler sans mesure ; ses forts sont occupés, ses canons pris, ses soldats désarmés. Le vaincu a la triste satisfaction de garder les prisonniers du vainqueur, et dans des conditions déplorables. Mais nul motif pour l'ennemi d'empêcher plus longtemps les familles de se rejoindre, les réfugiés de retourner dans leurs maisons dévastées.

Aucun article de la convention ne réduit en captivité nos femmes, nos enfants, nos familles, et toute limite à la délivrance des sauf-conduits, uniquement nécessaires pour la sécurité du voyage, serait une rigueur gratuite, injuste, non convenue, à ajouter à tant de rigueurs. C'est dans ce sens, je l'espère, que le Gouvernement entendra et exécutera l'article de la convention. Il a à délivrer des passe-ports, nullement des cartes de faveur.

Ce qui doit d'ailleurs modérer les désirs des Parisiens qui sollicitent le laissez-passer, c'est que les autorités prussiennes se sont jusqu'à présent refusées à assurer leur retour. Cette difficulté est l'objet de pourparlers entre Paris et Versailles.

Aujourd'hui dimanche, une scène de pillage a eu lieu aux Halles centrales.

Certes, on ne saurait approuver les auteurs de ces désordres ; mais, d'un autre côté, il est impossible de ne pas blâmer énergiquement l'âpreté au gain de certains marchands et marchandes qui spéculent sur la misère publique.

La prétention exorbitante d'une vendeuse de pommes de terre a été le signal des incidents regrettables qui se sont produits.

Une marchande qui réclamait 45 fr. pour trois lapins les a vu enlever contre un payement de 15 fr.

Une autre exigeait 60 fr. pour un brochet qu'on lui a pris de force en lui jetant 2 fr. pour solde.

Pendant quelque temps le mouvement populaire s'est borné à rectifier de la sorte les prix demandés. Ensuite, le désordre augmentant, on a vu des individus de mauvaise mine se substituer d'autorité aux marchands, et vendre à bas prix, puis donner, puis enfin jeter à tour de bras toute espèce de denrées, poissons, légumes et fruits. Des pommes et des poires volaient de côté et d'autre.

Le pavillon 7 a été principalement le théâtre de ces scènes violentes.

M. Meurizet, adjoint au maire du 1er arrondissement, a requis une escouade de gendarmes, qui ont fini par rétablir l'ordre.

Grâce à la bonne administration de la boucherie aux Halles centrales, le pavillon où se distribue la viande n'a pas cessé de fonctionner avec une régularité parfaite.

On lit dans *l'Officiel* :

« Le Gouvernement a annoncé qu'il donnerait la preuve irréfragable que Paris a poussé la résistance jusqu'aux extrêmes limites du possible. Hier encore il y avait inconvénient grave à publier des informations de ce genre. Aujourd'hui que la convention relative à l'armistice est signée, le Gouvernement peut remplir sa promesse.

» Il faut d'abord se remettre en mémoire ce que trop de personnes semblent avoir oublié : c'est qu'au début de l'investissement les plus optimistes n'osaient pas croire à un siège de plus de six ou sept semaines.

» Lorsque, le 8 septembre, le *Journal officiel* répétant une déclaration affichée sur les murailles par M. Magnin, ministre du commerce, affirmait « que les approvisionnements en viandes, liquides et objets alimentaires de toute espèce, seraient largement suffisants pour assurer l'alimentation d'une population de deux millions d'âmes pendant deux mois, » cette assertion était généralement accueillie par un sourire d'incrédulité. Or, quatre mois et vingt jours se sont écoulés depuis le 8 septembre.

» Au milieu des plus dures privations, devenues, pendant ces dernières semaines, de cruelles souffrances, Paris, a résisté aussi longtemps qu'il a pu raisonnablement espérer le secours des armées extérieures, aussi longtemps qu'un morceau de pain lui est resté pour nourrir les habitants et ses défenseurs. Il ne s'est arrêté que lorsque les nouvelles venues de province lui ont arraché tout espoir ; en même temps que l'état de ses subsistances lui montrait la famine imminente et inévitable.

» Le 27 janvier, — c'est-à-dire huit jours après la dernière bataille livrée sous nos murs et presqu'au moment où nous apprenions les insuccès de Chanzy et de Faidherbe, — il restait en magasin 42,000 quintaux métriques de blé, orge, seigle, riz et avoine, ce qui, réduit en farine, représente, à cause du faible rendement de l'avoine, 35,000 quintaux métriques de farine panifiable. Dans cette quantité sont compris 14,000 quintaux de blé et 6,000 quintaux de riz, cédés par l'administration de la guerre, laquelle ne possède plus que dix jours de vivres pour les troupes, si on les traite comme des troupes en campagne, savoir : 12,000 quintaux de riz, blé et farine et 20,000 quintaux d'avoine. Telle était la situation de nos approvisionnements en céréales à l'heure de l'ouverture des négociations.

» En temps ordinaire, Paris emploie à sa subsistance 8,000 quintaux de farine par jour, c'est-à-dire 2,000,000 de livres de pain ; mais, du 22 septembre au 18 janvier, sa consommation a été réduite à une moyenne de 6,360 quintaux de farine par jour, et depuis le 18 janvier, c'est-à-dire depuis le rationnement, cette consommation est descendue à 5,300 quintaux, soit un sixième de moins environ que la quantité habituelle, nous pourrions dire nécessaire.

» En partant de ce chiffre de 5,300 quintaux, le total de nos approvisionnements représente une durée de sept jours.

» A ces sept jours, on peut ajouter *un* jour d'alimentation fournie par la farine actuellement distribuée aux boulangers ; *trois* ou *quatre* jours auxquels subviendront les quantités de blé enlevés aux détenteurs par tous les moyens qu'il a été possible d'imaginer, et l'on arrive ainsi à reconnaître que nous avons du pain pour huit jours au moins, pour douze jours au plus.

» Il n'est pas inutile de dire que, depuis trois semaines, il n'existe plus de provision en farine. Nos moulins ne fournissent chaque jour que la farine nécessaire au lendemain. Il eût suffi de quelques obus, tombant sur l'usine Cail, pour mettre instantanément en danger l'alimentation de toute la ville.

» En ce qui concerne la viande, la situation peut se caractériser par un seul mot : depuis l'épuisement de nos réserves de boucherie, nous avons vécu en mangeant du cheval. Il y avait 100,000 chevaux à Paris. Il n'en reste plus que 33,000, en comprenant dans ce chiffre les chevaux de la guerre.

» Ces 33,000 chevaux, d'ailleurs, ne sauraient être tous abattus sans les plus graves inconvénients. Plusieurs services, indispensables à la vie, seraient suspendus ; ambulances, transport des grains, des farines et des combustibles ; services de l'éclairage et des vidanges, pompes funèbres, etc. Il nous faudra, d'autre part, beaucoup de chevaux pour le camionnage, quand le ravitaillement commencera. En réalité, une fois ces diverses nécessités satisfaites, le nombre des animaux disponibles pour la boucherie ne dépassera pas 22,000 environ.

» En ce moment nous consommons, avec l'armée, 650 chevaux par jour, soit 25 à 30 grammes par habitant, après le prélèvement des hôpitaux, des ambulances et des fourneaux. *Vingt-cinq* grammes de viande de cheval, *trois cents* grammes de pain, voilà la nourriture dont Paris se contente à l'heure qu'il est. Dans dix jours, quand nous n'aurons plus de pain, nous aurons consommé 6,500 chevaux de plus, et il ne nous en restera que 26,500. Nous pouvons, il est vrai, y joindre 3,000 vaches réservées pour le dernier moment, parce qu'elles fournissent du lait aux malades et aux nouveaux-nés. Mais, alors, comme il faudra remplacer le pain absent, la ration de viande devra être quadruplée, et nous serons obligés de tuer 3,000 chevaux par jour. Nous vivrions ainsi pendant une semaine environ.

» Mais nous n'en viendrons pas à cette extrémité, précisément parce que le Gouvernement de la Défense nationale s'est décidé à négocier. On dira peut-être : « Pourquoi avoir tant tardé? Pourquoi n'avoir pas révélé plus tôt ces vérités terribles? » A cette question, il y a à répondre que le devoir était de prolonger la résistance jusqu'aux dernières limites, et que la révélation de semblables détails eût été la fin de toute résistance.

» Mais le ravitaillement marchera assez vite pour que nous ne restions pas un seul jour sans pain. Toutes les mesures que la prudence pouvait suggérer ont été prises, et, pourvu que chacun comprenne son devoir, pourvu que les agitations intérieures ne viennent pas troubler la reprise de l'activité industrielle et commerciale, de nouveaux approvisionnements nous arriveront juste au moment où nous aurons épuisé ceux qui nous restent.

» Nous avons le ferme espoir, nous avons la certitude que la famine sera épargnée à deux millions d'hommes, de femmes, de vieillards et d'enfants. Le devoir sacré de pousser la résistance aussi loin que les forces humaines le comportent, nous a obligés de tenir tant que nous avons eu un reste de pain. Nous avons cédé, non pas à l'avant-dernière heure, mais à la dernière. »

Je me suis abstenu de réflexions sur la convention dite de l'armistice. Ce document est par lui-même, assez éloquent. L'histoire, nous le croyons, n'en offre aucun du même genre pour la dureté des conditions.

Parmi ces conditions, il en est une surtout qui mérite d'être relevée comme particulièrement offensante pour notre loyauté nationale. Nous la lisons dans l'article 12, qui est ainsi conçu : « Pendant la durée de l'armistice, il ne sera rien distrait des valeurs publiques pouvant servir de gages au recouvrement des contributions de guerre. »

Ainsi, c'est une *saisie-gagerie* que la Prusse pratique sur nos valeurs. On s'étonne qu'un jurisconsulte comme M. Jules Favre ait pu signer un pareil acte de défiance envers la France.

Autre observation : M. Jules Favre a figuré dans la capitulation comme ministre des affaires étrangères, autorisés et muni de pouvoirs réguliers par le Gouvernement de la défense nationale. Or, il nous semble qu'on ne peut détacher ce gouvernement de celui qui le préside, par conséquent du général Trochu. Le général Trochu, contrairement à la déclaration solennelle du gouverneur de Paris, a donc capitulé. Défions-nous des grands mots ! ils ne résistent jamais à la brutalité des faits.

J'en ai terminé avec la journée du 29 janvier. C'est dire que la tâche que je m'étais imposée, le *Journal du siége de Paris*, est terminé.

J'ai transcrit la dernière scène du lugubre drame qui a eu, près de cinq mois, pour scène la France, et dont le dernier tableau se passait à Paris.

Nous tous qui avons assisté et survécu à cet immense désastre, nous aurons dans la mémoire, ces cinq mois d'angoisses et malgré tout, nous pouvons dire à nos enfants et petits-enfants que Paris a capitulé faute de pain.

FIN.

# ERRATA

47ᵉ JOURNÉE, page 285, ligne 1. — Lisez : *N'a pas encore épuisé la série,* au lieu de *la suite.*

Page 291, ligne 12. — Lisez : *Il est onze heures, Garnier-Pagès et le général Tamisier,* etc., au lieu de *Jules Favre,* etc.

Pages 291, ligne 18. — Lisez : *Flourens fume et Blanqui,* etc. au lieu de *Louis Blanc tremble.*

Page 293, ligne 8. — Supprimez *Jules Favre.*

52ᵉ JOURNÉE, page 313. — Lisez : *Samedi, 5 novembre* au lieu de *5 octobre.*

59ᵉ JOURNÉE, page 351. — Lisez : *Samedi 12 novembre* au lieu de *12 septembre.*

www.ingramcontent.com/pod-product-compliance
Lightning Source LLC
Chambersburg PA
CBHW070801020526
44116CB00030B/952